DIE BIBLI

BEGRÜN

HERAUSGEGEBEN VO

SIEGFRIED MOR

M

RÖMISCHE REIHE

TITUS LIVIUS

DER UNTERGANG DES MAKEDONISCHEN REICHES

RÖMISCHE GESCHICHTE, BUCH 39–45

EINGELEITET, ÜBERSETZT UND ERLÄUTERT
VON HANS JÜRGEN HILLEN

MIT EINEM NACHWORT
VON OLOF GIGON

ARTEMIS VERLAG ZÜRICH
UND MÜNCHEN

DIESER BAND WURDE HERAUSGEGEBEN

VON OLOF GIGON

1972 ARTEMIS VERLAG ZÜRICH UND MÜNCHEN

SATZ UND DRUCK: GENOSSENSCHAFTSDRUCKEREI ZÜRICH

PRINTED IN SWITZERLAND

ISBN 3 7608 3638 0

EINLEITUNG

Titus Livius

T. Livius ist 59 v. Chr.[1] in Patavium (Padua) geboren, das damals zu den reichsten und angesehensten Städten Italiens gehörte[2]. Die Sittenstrenge seiner Bewohner, die noch im 1. Jahrhundert n. Chr. sprichwörtlich war[3], hat ihn entscheidend mitgeprägt. Gewisse Spracheigentümlichkeiten seiner Heimatstadt hat er nie ganz abgelegt, so daß Asinius Pollio ihm spöttisch seine *Patavinitas* vorhielt[4].

Von seinem Leben ist nur wenig bekannt. Er scheint aus einem angesehenen und begüterten Elternhaus zu stammen und zeitlebens in äußerer Unabhängigkeit gelebt zu haben. Wie andere seines Standes genoß er die übliche philosophisch-rhetorische Ausbildung. Später hat er auch selbst über philosophische[5] und rhetorische[6] Themen geschrieben; diese Arbeiten sind jedoch, wie die meisten dieser Art, verlorengegangen. Daß das Vorbild Ciceros stark auf sie eingewirkt hat, wird man vermuten dürfen.

Seine Kindheit fällt in die Jahre, in denen Caesar Gallien eroberte. Der im Januar 49 ausbrechende Bürgerkrieg zwischen Caesar und seinen Gegnern, Caesars Diktatur und seine Ermordung an den Iden des März 44 werden in dem Heranwachsenden einen tiefen Eindruck hinterlassen und auch ihn wenigstens zu einer inneren Parteinahme veranlaßt haben. Wir wissen, daß er Caesar mit tiefster Skepsis gegenübergestanden[7], den Pompejus dagegen bewundert hat und ebenso die Pompejaner Scipio und Afranius und die Caesarmörder Cassius und Brutus[8]. Bei den Auseinandersetzungen, die auf die Ermordung Caesars folgten, wurde im Jahre 43 auch seine Vaterstadt Patavium durch Asinius Pollio heimgesucht, weil sie sich nicht M. Antonius anschließen wollte[9].

Wann Livius nach Rom gekommen ist, wissen wir nicht. Er hat aber zweifellos viele Jahre seines Lebens dort verbracht. Ein politisches Amt scheint er nie bekleidet, politische und administrative Verantwortung nie aus eigener Erfahrung kennengelernt zu haben. Seine Größe ist die des Patrioten, des Psychologen, des Schriftstellers, nicht die des Staatsmannes.

Die Not der schrecklichen Jahre der immer wieder aufs neue ausbrechenden Bürgerkriege hat Livius wie die anderen Menschen seiner Zeit[10] mit Hoffnungslosigkeit und Verzweiflung erfüllt. Noch Jahre später sucht er in der Vorrede zu seinem Werk mit Schaudern die Erinnerung an «das Schlimme, das unsere Zeit so viele Jahre lang gesehen hat», zurückzudrängen[11].

Als Augustus der gequälten Welt endlich den Frieden geschenkt hatte und die Neuordnung des Staates begann, wagte Livius sich an die gewaltige Aufgabe, die Geschichte des römischen Volkes von den Anfängen bis auf seine Zeit darzustellen. Im Vorwort zu seinem Werk «*Ab urbe condita*» («Von der Gründung der Stadt an») spricht er von seiner Absicht, der Überlieferung der Taten des ersten Volkes der Erde zu dienen, soweit es in seinen Kräften stehe[12]. Vom Gesamtablauf der römischen Geschichte hat er ein ähnliches Bild wie Sallust – nur rund 15 Jahre lagen zwischen dem Erscheinen von Sallusts erstem Geschichtswerk «*De coniuratione Catilinae*» und dem Zeitpunkt, an dem Livius zu schreiben begann –: Aus kleinen Anfängen ist Rom aufgrund der Lebensführung, der Sitten und der Eigenschaften seiner Bürger zu seiner gewaltigen Größe emporgewachsen; diesen Jahrhunderten des Aufstiegs und der inneren Größe Roms gehört die ganze Liebe und Bewunderung des Livius. In der neueren Zeit geriet dann die alte Zucht zunächst allmählich ins Wanken, die alten Sitten gingen mehr und mehr verloren, Habsucht und Vergnügungssucht, Üppigkeit und Ausschweifung machten sich breit, und diese schrankenlose Selbstsucht führte zur Zerstörung der Ordnung, die in den früheren Jahrhunderten geschaffen worden war, und zu der Not, die die eigene Zeit des Livius so furchtbar erlebt hatte[13]. Aber über Sallust hinaus weist Livius nicht nur auf den Zusammenhang zwischen den Sitten eines Volkes und seinem Glück und Unglück hin, sondern glaubt an einen Ausweg, wenn die Menschen erkennen, daß ihre eigene Haltung zu ihrem Glück oder Unglück führt. Aus den Beispielen der Geschichte soll der Einzelne und der Staat entnehmen, was er nachahmen und was er meiden soll[14]. So erfüllt den Geschichtsschreiber der augusteischen Zeit die Hoffnung, daß durch die sittliche Erneuerung des Volkes das Heraufziehen einer neuen, glücklichen Zeit verbürgt sei.

Livius ist nicht der erste, der es unternommen hat, die gesamte Geschichte Roms darzustellen. Aber keine der älteren Darstellungen wurde den Anforderungen gerecht, die die damalige Zeit an ein Geschichtswerk stellte. Cicero war nach einer kritischen Musterung der römischen Geschichtsschreibung[15] zu dem vernichtenden Urteil gekommen: «Wir haben in unserer Literatur noch keine Geschichtsschreibung[16].»

Erst die Kunst des Livius genügte den Vorstellungen, die sich der gebildete Römer seiner Zeit von einem Geschichtswerk machte[17]. So wurde seine Darstellung der römischen Geschichte rasch allgemein anerkannt, ließ alle vergleichbaren Werke seiner Vorgänger in Vergessenheit versinken und bestimmte für die Nachwelt das Bild vom republikanischen Rom. Quintilian, der berufenste Kenner, vergleicht Livius mit Herodot und zollt ihm das höchste Lob: «Herodot könnte es nicht übelnehmen, wenn T. Livius ihm gleichgestellt wird sowohl als Erzähler von wunderbarer erquickender Feinheit, vor allem aber als Gestalter politischer Szenen, wobei er sich als unübertroffener Redner zeigt: so ist alles, was gesprochen wird, sowohl den Ereignissen als auch zumal der Rolle des Menschen angepaßt; ihre Gefühlsregungen, zumal die zarteren, hat, um nur das Gelindeste zu sagen, keiner der Historiker mit mehr Geschick dargestellt. Und deshalb hat er durch Vorzüge anderer Art eine Leistung vollbracht, die ihn unsterblich macht, wie den Sallust seine Kürze[18].»

Livius hat an seinem Werk unermüdlich bis zu seinem Ende gearbeitet. Seine Darstellung reicht in 142 Büchern bis zum Tode des Drusus im Jahre 9 v. Chr. An dieser Stelle scheint der Tod seinem Schaffen ein Ende gesetzt zu haben; möglicherweise wollte er die Geschichte bis zum Tode des Augustus im Jahre 14 n. Chr. darstellen.

Die Veröffentlichung des Werkes erfolgte abschnittsweise. Die ersten Bücher erschienen zwischen den Jahren 27 und 25 v. Chr.[19]; vom 121. Buch wissen wir, daß es erst nach dem Tode des Augustus veröffentlicht wurde[20].

Der Ruhm des Livius drang schon zu seinen Lebzeiten bis an die Grenzen der römischen Welt. Es wird von einem Bewohner der spanischen Stadt Gades erzählt, der nach Rom reiste, nur um Livius zu sehen, und als er sein Ziel erreicht hatte, sogleich wieder heimkehrte[21]. Mag diese Anekdote auch erfunden sein, so bezeugt sie doch sehr deutlich, welche Vorstellung man vom Ruhm des Livius hatte. Auch der Kaiser wurde bald auf den Geschichtsschreiber aufmerksam, dessen Werk seine Reformbemühungen unterstützte, in denen er an die alte römische Tradition anknüpfte[22]; er nahm freundlichen Anteil an seiner Arbeit und würdigte ihn seines persönlichen Umgangs[23]. Dieser Verkehr mit dem Kaiserhaus scheint bis in die letzten Lebensjahre des Augustus angedauert zu haben. Im hohen Alter hat Livius den jungen Claudius (geboren

10 v.Chr.), den späteren Kaiser, zur Geschichtsschreibung ermuntert[24].

Gestorben ist Livius 17 n.Chr. in Patavium[25]. Wir wissen nicht, ob er zu einem Besuch in seiner Vaterstadt weilte oder ob er die letzten Jahre seines Lebens ganz in seiner Heimat verbracht hat.

Livius' Werk wurde bis ins 6. Jahrhundert sorgfältig und treu überliefert. Aus buchtechnischen Gründen wurde es in der Spätantike in «Dekaden», Abschnitte von je zehn Büchern, eingeteilt. Daneben wurden schon seit dem 1. Jahrhundert n.Chr.[26] und später immer wieder Auszüge aus dem Gesamtwerk hergestellt.

Mit der Karolingischen Renaissance setzt im 9. Jahrhundert die Bemühung um Bewahrung und Weitergabe des Erhaltenen wieder ein. Inzwischen waren aber unersetzliche Verluste eingetreten, so daß uns heute nur noch etwa ein Viertel des Gesamtwerkes vorliegt: die Bücher 1–10 mit der Darstellung der Geschichte Roms von den Anfängen bis zum Jahre 293 und die Bücher 21–45 mit der Darstellung der Ereignisse vom Ausbruch des Zweiten Punischen Krieges (218) bis zum Triumph des Aemilius Paulus über Makedonien (167). Dazu kommen ein Stück aus dem 91. Buch mit Ereignissen aus den Jahren 77/76 v.Chr. in Spanien, das auf einem Palimpsest erhalten ist, und etwa 80 Zitate aus den verlorenen Büchern bei den verschiedensten Schriftstellern, darunter am umfangreichsten die bei dem älteren Seneca[27] erhaltene Darstellung von Ciceros Tod aus dem 120. Buch.

Von den übrigen Partien haben wir Kunde durch die zu allen Büchern außer dem 136. und 137. erhaltenen Inhaltsangaben[28], durch die Auszüge des Julius Obsequens[28] und durch die Benutzung des Livianischen Werkes beziehungsweise verlorener Auszüge daraus bei einer Reihe späterer Schriftsteller[29].

Die Bücher 39–45

In dem Zeitraum, der in den erhaltenen Büchern der vierten und fünften Dekade des Livius dargestellt ist, spielt sich ein Vorgang ab, «der bis dahin nicht seinesgleichen hatte[30]»: der Aufstieg Roms zur Weltmacht. Nach dem Sieg über Karthago fühlte Rom sich stark genug, als Schiedsrichter und Schutzmacht im östlichen Mittelmeergebiet aufzutreten. Aufgerufen durch ein rhodisch-pergamenisches Hilfsgesuch, trat es der rücksichtslosen Gewaltpolitik Philipps V. von Makedonien entgegen und besiegte ihn im Zweiten Makedonischen Krieg (200–197). Den Griechen, die bisher unter der Herrschaft Makedoniens gestanden hatten, wurde auf den Isthmischen Spielen des Jahres 196 durch T. Quinctius Flamininus die Freiheit verkündet. Nachdem das römische Heer sich noch an den Kämpfen der Griechen gegen den spartanischen Tyrannen Nabis beteiligt hatte, verließen die Römer 194 Griechenland wieder, obwohl Scipio und andere im Senat ihre warnende Stimme erhoben, und bewiesen so, daß sie es mit der «Freiheit der Griechen» ehrlich gemeint hatten.

Aber schon wenige Jahre später wurden die Römer erneut zu einem Eingreifen in Griechenland gezwungen. Verärgert darüber, daß die Römer ihre maßlosen Forderungen im Zweiten Makedonischen Krieg nicht erfüllt hatten, drängten die Ätoler zu einem Rachekrieg gegen Rom und suchten die Griechen gegen die Römer aufzuwiegeln. Schließlich taten sie sich mit dem syrischen König Antiochos III. zusammen, der seinen Herrschaftsbereich in den letzten Jahren in Kleinasien und an der thrakischen Küste erheblich ausgedehnt hatte und mit dem die Römer seit 196 in schwierigen Verhandlungen wegen der Freiheit der kleinasiatischen Griechenstädte standen, und riefen ihn nach Griechenland. Nur durch einen Krieg war noch zu verhüten, daß Griechenland ein Spielball der antirömischen

Kräfte wurde. – Nach ihrem Sieg im Antiochoskrieg (192–189) verkleinerten die Römer das Gebiet der Ätoler, drängten den syrischen König hinter den Taurus zurück und belohnten ihre Verbündeten Pergamon und Rhodos durch eine beträchtliche Erweiterung ihres Gebietes aus der syrischen Beute.

Die Enttäuschung der Römer über die Vorgänge, die zu diesem Krieg geführt hatten, brachte eine Wende ihrer Politik im östlichen Mittelmeer. Von nun an traten sie hier mit dem Anspruch auf unbedingte Vorherrschaft auf.

Dieser Einschnitt ist auch in der Livianischen Darstellung deutlich spürbar. Nach dem im 38. Buch stehenden Bericht über den Friedensschluß von 188 und über einen Teil der Ereignisse des Jahres 187 beginnt mit dem 39. Buch ein neuer Abschnitt.

Hier ist zum erstenmal von den neuen Spannungen zwischen Rom und Makedonien berichtet, die aus dem römischen Hegemonieanspruch erwuchsen und die schließlich zum Ausbruch des Dritten Makedonischen Krieges (171–168) führten, der den Schlußstrich unter die Auseinandersetzung Roms mit den hellenistischen Dynastien des Ostens setzte. Diese Auseinandersetzung zieht sich wie ein Leitmotiv durch die Bücher 39–45.

Schon nach dem Ende des Zweiten Makedonischen Krieges war Philipp V. aufgebracht gewesen, weil seine Handlungsfreiheit gegenüber seinen Untertanen, die im Krieg von ihm abgefallen waren, eingeschränkt worden war. Aber er hatte seinen Groll bezwungen und gehofft, man werde ihm doch schließlich freie Hand lassen.

Zu erneuten Spannungen war es 191 gekommen, als Philipp als Bundesgenosse Roms am Krieg gegen Antiochos und dessen griechische Verbündete teilnahm und dabei von den Römern nicht als gleichberechtigter Bundesgenosse, sondern als Vasall behandelt wurde. Philipps Zorn über die hochfahrende Behandlung, die er erfahren hatte, konnte der römische Konsul nur mit Mühe besänftigen, indem er ihm gewisse territoriale Zugeständnisse in Griechenland machte.

Aber es war nur eine oberflächliche Versöhnung. Der stolze Mann, der sich nicht damit abfinden konnte, daß nun alles nach dem Willen der Römer geschah, traf in den folgenden Jahren in aller Stille seine Vorbereitungen, um für einen Krieg mit Rom gerüstet zu sein, wenn sich in Zukunft eine für ihn günstige Gelegenheit ergeben sollte.

Zu einer schweren Krise führte sein Eingreifen in den Städten Ainos und Maroneia an der thrakischen Küste, die 189 von den Römern für frei erklärt worden waren. Hier war es bald darauf zu heftigen Parteikämpfen gekommen, und die eine Partei hatte Anschluß an Philipp von Makedonien, die andere an Eumenes von Pergamon gesucht. Als die makedonenfreundliche Partei sich als die schwächere erwies, spielte Philipp den Schützer der Bedrängten und legte makedonische Besatzungen in die beiden Städte.

Dagegen protestierte König Eumenes im Winter 186/185 in Rom; gleichzeitig kamen auch Verbannte aus Maroneia dorthin und berichteten von ihrem Schicksal. Auch die Thessaler, Perrhäber und Athamanen hatten sich wegen der Besetzung einiger ihrer Städte durch Philipp an den Senat gewandt. Von Philipp waren ebenfalls Gesandte gekommen, die sein Verhalten zu rechtfertigen versuchten. Der Senat schenkte den Klagen Gehör, wollte aber keine Entscheidung treffen, bevor der König selbst Gelegenheit zu einer Stellungnahme erhalten hatte. Im Frühjahr 185 wurde daher eine Kommission unter Leitung des Q. Caecilius Metellus nach Griechenland und Makedonien geschickt, vor der die streitenden Parteien ihre Standpunkte darlegen sollten. Erst bei diesen Verhandlungen berichtet Livius von den Ereignissen, die zu diesen Spannungen geführt hatten und die teilweise schon viele Jahre zurücklagen[31].

Bei der Zusammenkunft im Tempetal wagte ein Teil der anwesenden Griechen aus Angst vor Philipp kaum, ihren Standpunkt darzulegen, und einige Thessaler erhoben bittere Klagen darüber, daß Philipp sie insgeheim immer noch terrorisiere und daß sie dadurch nicht in den rechten Genuß der Freiheit kämen, die die Römer ihnen geschenkt hätten. In seiner Erwiderung vertrat Philipp nicht nur seinen Rechtsstandpunkt und stritt die gegen ihn erhobenen Vorwürfe ab, sondern drehte – wie er es auch bei anderen Anlässen schon getan hatte – den Spieß herum und beschuldigte seinerseits die Thessaler und Perrhäber: es sei genau umgekehrt, in Wirklichkeit hätten sie sich makedonische Orte mit Waffengewalt angeeignet. In seinem Zorn ließ er sich zu einer wilden Drohung hinreißen. – Nach Prüfung der Rechtslage entschieden die römischen Gesandten, Philipp müsse seine Besatzungen aus den umstrittenen Orten abziehen. Der König war über diese Entscheidung aufs äußerste erbittert[32].

In Thessalonike, wo anschließend über das Schicksal der beiden thrakischen Städte verhandelt wurde, forderten die Gesandten des Eumenes die Römer auf, wenn es ihnen ernst sei mit der Freiheit dieser Städte, sollten sie Philipp energisch in die Schranken weisen, daß er ihre Freiheit respektiere; wenn ihnen aber weniger an ihrer Freiheit liege, sollten sie sie lieber ihm als Philipp überlassen. Diese Forderung verrät, wie wenig es Eumenes in Wahrheit um die Freiheit von Ainos und Maroneia ging. Die Vertreter der antimakedonischen Partei in Maroneia berichteten von der Situation in ihrer Stadt, die von makedonischen Truppen besetzt war und in der die Makedonen alle Schlüsselpositionen ihren Anhängern übertragen hatten.

In seiner Antwort warf Philipp den Römern Parteilichkeit ihm gegenüber vor, die er mehrfach erfahren habe, wies die Ansprüche, die Eumenes erhob, mit aller Schärfe zurück und forderte die Römer auf, sich zu entscheiden, ob sie ihn als

Feind oder als Bundesgenossen behandeln wollten. Diese Rede verfehlte ihren Eindruck nicht. Die Römer trafen daher keine endgültige Entscheidung, sondern wollten diese dem Senat überlassen; sie ordneten aber an, daß bis dahin die makedonischen Truppen die beiden Städte räumen müßten. Philipp war auch mit dieser Entscheidung nicht zufrieden. Seine Verärgerung führte zu einer weiteren Verschlechterung der Beziehungen zwischen ihm und Rom[33]. Livius versichert am Ende dieses Abschnittes[34], daß in Rom niemand ahnte, welche Folgen diese Auseinandersetzung haben würde.

Auch die Fortsetzung der Verhandlungen im nächsten Jahr in Rom brachte keinen Fortschritt[35]. Eine zweite römische Gesandtschaft unter Führung des App. Claudius Pulcher wurde nach Griechenland und Makedonien geschickt; sie sollte überprüfen, ob Philipp die im Tempetal und in Thessalonike erhobenen Forderungen erfüllt hatte. Bevor die römische Gesandtschaft eintraf, ließ Philipp seinen Zorn an den Bewohnern von Maroneia aus und richtete unter ihnen ein furchtbares Blutbad an. Vor den römischen Gesandten stritt er jede Schuld an diesem brutalen Vorgehen ab, fand aber damit bei ihnen keinen Glauben[36].

Um Zeit zu gewinnen und den drohenden Ausbruch eines Krieges zu verhindern, zu dem er sich noch nicht stark genug fühlte, schickte Philipp seinen jüngeren Sohn Demetrios, der schon 196–191 als Geisel in Rom gewesen war, zu weiteren Verhandlungen zum Senat[37]. Er selbst zog mit seinem Heer in das Gebiet der Thraker, um hier seine Macht und seinen Einfluß auszudehnen. Dabei nahm er auch Verbindung mit den Bastarnen auf, einem germanischen Volk, das sich am Rande des thrakischen Raumes nördlich des Unterlaufs der Donau niedergelassen hatte, und versuchte sie zu einem Einfall in Italien aufzuwiegeln[38]. Auch 183 und 181 führten ihn Feldzüge tief in das thrakische Gebiet hinein[39].

Die römische Gesandtschaft unter App. Claudius hatte auch den Auftrag, zur Peloponnes zu reisen und dort den Streit zwischen dem Achäischen Bund und Sparta zu schlichten[40]. Schon die Gesandtschaft des Q. Caecilius Metellus war im Jahr davor im gleichen Auftrag dort gewesen, hatte aber nichts erreicht. Bei ihrer Rückkehr beschwerte sie sich über das Verhalten der Achäer, die ihre Bundesversammlung für sie nicht einberufen hatten. Gleichzeitig beklagten sich die Spartaner durch eine Gesandtschaft im Senat, und die Achäer suchten sich zu rechtfertigen. Livius berichtet von den Streitigkeiten zwischen den Achäern und Spartanern erst in diesem Jahr, das die entscheidenden Verhandlungen brachte. Alles Vorausgegangene erwähnt er nur beiläufig. Er stellt diese Ereignisse nicht um ihrer selbst willen dar, sondern nur soweit sie Rom betreffen; denn es ist sein Grundsatz, «die auswärtigen Angelegenheiten nur so weit zu berühren, wie sie mit den römischen Interessen zusammenhängen[41]».

Die Hauptvorwürfe gegen die Achäer waren, daß sie die Mauern Spartas hatten schleifen lassen, daß sie die Spartaner nicht mehr nach ihren eigenen Gesetzen leben ließen und daß sie eine Anzahl Spartaner hingerichtet hatten.

Die scharfe Zurechtweisung, die die achäischen Gesandten Anfang 184 im Senat erfuhren, weil trotz der ausdrücklichen Bitte der römischen Kommission ihre Bundesversammlung nicht einberufen worden war, und noch mehr die drohenden Worte des App. Claudius bei der Bundesversammlung in Kleitor in Arkadien, es sei am besten, wenn die Achäer freiwillig nachgäben, sonst würden die Römer sie zum Nachgeben zwingen[42], zeigen, mit welchem Anspruch Rom in dieser Zeit den Griechen gegenübertrat. Nicht ohne Bitterkeit kennzeichnete der achäische Stratege Lykortas ihre Situation vor dem römischen Schiedsgericht: sie ständen nicht wie gleichberechtigte Bundesgenossen vor der Römern, sondern wie

Sklaven, die ihre Händel vor ihren Herren austrügen[43]. – Die endgültige Entscheidung der strittigen Punkte erfolgte Anfang 183 im Senat[44].

Inzwischen hatte sich die Kunde, daß die Römer Klagen gegen Philipp nicht ohne Interesse anhörten, unter den Nachbarn Makedoniens verbreitet, und eine Menge Gesandtschaften erschienen 183 in Rom, um sich über Übergriffe Philipps zu beschweren, der nach den Worten des Livius für alle ein schwer zu ertragender Nachbar war[45].

Demetrios hatte bei den vielen Vorwürfen, die gegen seinen Vater erhoben wurden, einen schweren Stand. Aber der Senat behandelte den jungen Mann, dessen Loyalität er kannte, mit größter Zuvorkommenheit. Durch seinen Sohn erlangte Philipp Straffreiheit für alles begangene Unrecht, wenn er die römischen Forderungen wenigstens jetzt erfüllte. Als der römische Gesandte Q. Marcius Philippus in Makedonien erschien, um sich von der Durchführung dieser Anordnungen zu überzeugen, kam der König dieser Aufforderung – wenn auch widerstrebend – endlich nach[46].

Von Makedonien aus ging Marcius auf die Peloponnes, wo er nach den Angelegenheiten der Bundesgenossen sehen sollte[47]. Zu Prusias I., dem König von Bithynien, kam im selben Jahr T. Quinctius Flamininus als Gesandter, um ihn zurechtzuweisen, weil er Hannibal, dessen Pläne immer noch eine Gefahr für die Römer bildeten, bei sich aufgenommen und mit Eumenes Krieg angefangen hatte. Nach dem Eintreffen des Gesandten nahm Hannibal, in seinem Haus von den Soldaten des Prusias umstellt, sich das Leben, um nicht den Römern ausgeliefert zu werden. Livius läßt offen, ob Flamininus den bithynischen König unter Druck gesetzt hatte oder ob sich dieser durch seine Tat bei der Macht beliebt machen wollte, von deren Gunst jetzt auch sein Wohl abhing[48].

Die Bevölkerung Makedoniens, die schon einen Krieg mit Rom befürchtet hatte, begrüßte die Entwicklung, die die Dinge genommen hatten, wandte ihre Sympathien Demetrios zu und wünschte sich ihn als kommenden König[49]. Diese Beliebtheit des Demetrios weckte die Eifersucht seines älteren Bruders Perseus und auch seines Vaters.

Der tödliche Haß des Perseus gegen seinen Bruder und das Mißtrauen des alternden Königs gegen seinen jüngeren Sohn bestimmen die Darstellung der folgenden Ereignisse in Makedonien so sehr, daß sogar die realen Spannungen zwischen Rom und Makedonien dagegen verblassen. Da die Entzweiung im makedonischen Königshaus mit dem römisch-makedonischen Gegensatz aufs engste verflochten war, sieht Livius in ihr einen weiteren Keim des Dritten Makedonischen Krieges[50].

Wie schon beim Blutbad von Maroneia waren die Taten Philipps jetzt immer weniger von der Vernunft als von blinder Leidenschaft bestimmt. Er wütete gegen alle, denen er nicht traute; er wußte, daß man ihn haßte, fühlte sich ständig bedroht und suchte seiner Angst durch immer neuen Terror vergeblich Herr zu werden. Es erinnert an die Tragödie, wenn Livius berichtet, die Götter hätten die schrecklichen Verwünschungen der unter den Untaten Philipps leidenden Menschen erhört und den König gegen sein eigenes Blut wüten lassen[51].

Da Perseus glaubte, daß er nie den Thron erlangen werde, solange Demetrios am Leben sei, beschloß er die Ermordung seines Bruders. Feige und heimtückisch, wie Livius ihn schildert, faßte er den verbrecherischen Plan, den eigenen Vater als tödliches Werkzeug gegen den Bruder zu benutzen. Er brachte einen Teil des makedonischen Hofes auf seine Seite und schürte mit allen Mitteln den Argwohn des Römerhassers Philipp gegen Demetrios, der kein Hehl daraus machte, daß er die Römer bewunderte und ein gutes Einvernehmen mit ihnen für die beste Politik hielt. In einer diabolischen Verkehrung der Wahrheit behauptete Perseus schließlich, Demetrios habe ihn zu töten versucht, und deutete an, er trachte auch Philipp selbst nach dem Leben[52]. Von Zweifel gepeinigt, suchte Philipp nach Gewißheit über die Absichten des Demetrios und schickte Apelles und Philokles nach Rom, um über alle Schritte des Sohnes Erkundigungen einzuziehen[53].

Endlich merkte Demetrios, in welcher Gefahr er schwebte[54], und beschloß, zu den Römern zu fliehen[55]. Diesen Plan vertraute er Didas, dem Statthalter von Päonien, an, der sich im Auftrag des Perseus bei ihm eingeschmeichelt hatte, um ihn auszuhorchen. Perseus machte seinem Vater sogleich Mitteilung von dem Fluchtplan seines Bruders[56]. Den letzten Ausschlag zum Verderben des Demetrios gab dann die Rückkehr der Gesandten Philokles und Apelles aus Rom. Philipp hatte nicht gewußt, daß auch sie Komplizen des Perseus waren. Als sie jetzt bei ihrer Rückkehr einen gefälschten Brief vorlegten, der den Namen und das Siegel des T. Quinctius Flamininus trug und den Demetrios belastete, daß er von Herrschsucht besessen sei[57], war dessen Schicksal entschieden: er wurde im Auftrag Philipps von Didas heimtückisch durch Gift beseitigt (181 v. Chr.)[58].

Die letzten Jahre Philipps waren durch seine Reue über diese grausame Tat verdüstert. Er durchschaute endlich das Schurkenspiel, das Perseus getrieben hatte, und dieser mied seitdem zu seiner eigenen Sicherheit die Nähe seines Vaters. 179 starb Philipp, und Perseus trat seine Nachfolge an[59].

Philipp hatte in all diesen Jahren die bevorstehende Auseinandersetzung mit Rom nie aus dem Auge verloren[60]. Sein Tod bedeutete eine gewisse Verzögerung in dieser Entwicklung. Zwar haßte auch Perseus die Römer, aber er mußte zunächst auf die Festigung seiner Herrschaft bedacht sein.

Er ließ seinen Verwandten Antigonos töten, den Philipp zuletzt als Nachfolger ausersehen hatte, und bat durch eine Gesandtschaft in Rom um seine Anerkennung als König und um Erneuerung des Bündnisvertrages, den die Römer mit seinem Vater geschlossen hatten[61]. Obwohl die Römer Perseus mißtrauten und lieber Demetrios auf dem makedonischen Thron gesehen hätten, den sie seit der Zeit seiner Verbannung in Rom gut kannten, entsprachen sie seiner Bitte[62].

In Makedonien verkündete Perseus den Nachlaß aller Schulden an den Fiskus und eine Amnestie für alle, die von seinem Vater wegen Majestätsverbrechen ins Gefängnis geworfen worden waren. Ein Aufatmen ging durch das Land, und man setzte die schönsten Hoffnungen auf den neuen König.

Auch bei den Griechen bemühte er sich um Popularität. Er nahm sich aller an, die wegen ihrer Schulden oder aus anderen Gründen ihre Heimat hatten verlassen müssen, und sorgte dafür, daß sie zurückkehren konnten[63].

Sein Ansehen in der griechischen Welt war in dieser Zeit so groß, daß der syrische König Seleukos IV. ihm seine Tochter Laodike als Frau anbot (178 v. Chr.) und der bithynische König Prusias II. um die Hand seiner Schwester warb (zwischen 179 und 177). Beide Hochzeiten wurden festlich begangen, und von überallher kamen zahllose Abordnungen mit Glückwünschen und Geschenken[64].

In Rom erschienen in diesen Jahren immer wieder Gesandtschaften aus dem östlichen Mittelmeergebiet. Es war schon fast zur Regel geworden, daß jeder den Römern seine Anliegen unterbreitete. Wer sich bedrängt oder bedroht fühlte, wandte sich an den Senat; meist kam dann auch eine Gesandtschaft der Gegenpartei, um sich zu rechtfertigen und ihren Standpunkt darzulegen. Daß sie sich damit allesamt den Römern auf Gedeih und Verderb auslieferten, scheint keiner dieser Griechen ernstlich bedacht zu haben. Manche kamen auch nur, um die Römer über bestimmte Maßnahmen zu informieren und sie von ihnen gutheißen zu lassen. Livius übergeht viele dieser Gesandtschaften völlig, andere erwähnt er nur ganz kurz.

Eingehender berichtet er erst wieder über die Gesandtschaft der Lykier, die 178 in Rom erschien und sich über die grausame Behandlung durch die Rhodier beklagte. Die Römer traten durch ein Schreiben an die Rhodier für die Rechte der Unterdrückten ein[65]. Dies ist die offizielle römische Version, die Livius in der annalistischen Überlieferung vorfand. Beachtlich ist dabei, daß die Römer für die Lykier Partei ergriffen, ohne ihre Angaben geprüft und die andere Partei gehört zu haben. Über die Hintergründe, die bei Polybios[66] enthüllt werden, schweigt Livius. Die Römer waren über die Rhodier verärgert, weil diese erst kurz vorher ihre Stärke als Seemacht durch Flottenmanöver demonstrativ zur Schau gestellt und Laodike, der Braut des Perseus, bei ihrer Fahrt von Syrien nach Makedonien das Ehrengeleit gegeben hatten. Dieses Verhalten ließ in ihren Augen ein allzu großes Streben nach einer selbständigen Politik erkennen.

175 erschien im Senat eine Gesandtschaft aus Thessalien. Dort hatte T. Quinctius Flamininus 194 den Begüterten zur Macht verholfen, denen ebenso wie den Römern an der Erhaltung der bestehenden Ordnung lag. Sie waren jetzt beunruhigt über das Erstarken ihrer Gegner, die auf einen politischen und sozialen Umsturz hinarbeiteten und sich Makedonien zuneigten, und baten die Römer um Beistand.

Gleichzeitig berichteten Gesandte der Dardaner, daß Bastarnen im Einvernehmen mit Perseus einen Angriff auf ihr Gebiet planten, und baten um Hilfe. Der Senat schickte eine Gesandtschaft unter A. Postumius Albinus, die die Lage bei den Dardanern und den Thessalern überprüfen sollte[67]. Livius berichtet, in Rom habe sich in dieser Zeit Sorge breitgemacht, die Kämpfe zwischen den Dardanern und Bastarnen könnten zu einem Krieg zwischen Rom und Makedonien führen[68]. Die römische Gesandtschaft kehrte bald zurück und meldete, daß der Krieg zwischen den Bastarnen und Dardanern bereits ausgebrochen war. Gleichzeitig kamen auch Gesandte von Perseus nach Rom und versicherten, er habe mit diesem Krieg nichts zu tun. Beiden Seiten scheint an einem Einlenken gelegen zu haben. Der Senat gab sich mit Perseus' Erklärung zufrieden und beließ es bei einer allgemeinen Ermahnung, Perseus solle dafür sorgen, «daß man sehen könne, daß er den Vertrag, den er mit den Römern habe, heilig halte[69]». – Ohne daß es zu weiteren Verwicklungen gekommen wäre, fand der Krieg zwischen den Bastarnen und Dardanern ein Ende, als die Bastarnen nach dem Verlust ihres Lagers im Winter 175/174 beschlossen, in ihre Heimat zurückzukehren. Während sie über das Eis der Donau zogen, brach die Eisdecke; dabei kam der größte Teil der Rückwanderer um[70].

Die Nachricht, daß Perseus in dieser Zeit mit den Karthagern geheime Verhandlungen geführt habe, ist annalistische Erfindung[71], ebenso die Berichte über die Gesandtschaften, die auf diese Gerüchte hin nach Afrika und Makedonien gingen[72].

Eine Erhebung der Doloper, die unter seiner Herrschaft standen, schlug Perseus im Jahre 174 rasch und energisch nieder. Die Doloper hatten die strittigen Punkte nicht in direkten Verhandlungen mit Perseus, sondern vor einem römischen Schiedsgericht klären wollen[73]. Dann zog er mit Gefolge durch Griechenland zum Orakel nach Delphi. Wenn Perseus auch keinem Schaden zufügte und schon nach drei Tagen wieder in sein Königreich zurückkehrte, löste dieses Unternehmen doch in der griechischen Welt erhebliche Unruhe aus. Perseus suchte die Völkerschaften, durch deren Gebiet er ziehen mußte, wie überhaupt alle Griechen durch freundliche Erklärungen für sich zu gewinnen[74].

Das führte in den einzelnen griechischen Staaten zu neuen Meinungsverschiedenheiten. Ein Teil der Menschen glaubte den Worten des Perseus. Andere dagegen verkündeten, Perseus setze – wenn auch mit anderen Mitteln – die antirömische Politik seines Vaters fort, die zweifellos zu einem neuen Krieg zwischen Rom und Makedonien führen werde; er suche die Freundschaft der Griechen nicht um ihrer selbst willen, sondern weil er sie als Bundesgenossen gegen die Römer gewinnen wolle. Livius berichtet eingehend von diesen Auseinandersetzungen bei den Achäern, um die Perseus sich besonders bemüht hatte; hier trugen die Leute, die zu den Römern hielten, den Sieg davon[75].

Bei den Ätolern hatten indessen ungeheure soziale Spannungen zu erbitterten und blutigen Auseinandersetzungen geführt. Als sie keinen Ausweg mehr sahen, baten beide Parteien die Römer um Wiederherstellung der Ordnung und Eintracht. Eine römische Gesandtschaft unter C. Valerius Laevinus begab sich 174 nach Delphi, konnte aber nichts erreichen[76].

Auch die Kreter, auf deren Insel fast unaufhörlich Bürgerkriege tobten, baten die Römer um Schlichtung ihrer Streitigkeiten. Dem römischen Gesandten Q. Minucius gelang es zwar, einen Waffenstillstand zustande zu bringen; aber er war nicht von langer Dauer[77].

Vom Anfang des 42. Buches an, das mit dem Jahre 173 einsetzt, schildert Livius die Zuspitzung des römisch-makedonischen Verhältnisses, die schließlich zum Kriege führte. Hier wird das Bild des Perseus durch die verschiedenen Quellen, denen Livius folgt, in sich widerspruchsvoll. Alles, was nach annalistischer Quelle von einem schroffen und provozierenden Verhalten des Perseus berichtet wird, muß mit Vorbehalten gelesen werden. Diese Nachrichten gehen zum Teil auf die römische Propaganda gegen Perseus in der überhitzten Atmosphäre vor und zu Beginn des Dritten Makedonischen Krieges zurück, zum Teil handelt es sich um freie Erfindungen der römischen Geschichtsschreibung vor Livius. Ein ganz anderes, mehr der Wirklichkeit entsprechendes Bild geben die Partien, die auf Polybios zurückgehen.

Aus annalistischer Quelle berichtet Livius[78], zum Anfang des Jahres 173 sei die römische Gesandtschaft unter C. Laelius zurückgekehrt und habe berichtet, sie sei von Perseus unter den verschiedensten Vorwänden nicht empfangen worden. Aus diesem Verhalten des Perseus habe man geschlossen, daß er den Krieg wolle. Diese Nachrichten sind – wie überhaupt der ganze Bericht über diese Gesandtschaft – wenig glaubwürdig, da Perseus nicht nur bis zum Kriegsausbruch, sondern auch noch nach seinen ersten militärischen Erfolgen die größte Verhandlungsbereitschaft zeigte. Ähnliche Mitteilungen tauchen in der annalistischen Überlieferung immer wieder auf, wenn eine Verschlechterung der Beziehungen dargestellt werden soll.

Im selben Jahr baten die Ätoler die Römer erneut, ihnen bei der Beilegung der Uneinigkeit und Zwietracht in ihrem Bund zu helfen. Gleichzeitig berichteten thessalische Gesandte von der schwelenden Unruhe in ihrem Land und bei anderen griechischen Völkerschaften[79]. Die breite Masse, die in großer Not lebte, glaubte, daß nur eine radikale Änderung der bestehenden Verhältnisse ihr bessere Lebensbedingungen bringen könne. Perseus unterstützte diese Vorstellungen und machte überall in Griechenland den Unzufriedenen durch Versprechungen Hoffnung, so daß sie von ihm ihr Heil erwarteten; noch immer übte die hohe Stellung des makedonischen Königs eine starke Anziehungskraft aus. Dieselben Kreise waren zugleich über die römische Hegemonie empört und «wollten nicht, daß alles den Römern preisgegeben sein solle». Die Berichte von Greueltaten des Perseus, mit denen seine Gegner gegen ihn Propaganda machten, fanden bei der breiten Masse, die ihn bewunderte, keinen Glauben[80].

Die thessalischen Gesandten scheinen die politische Aktivität des Perseus als systematische Kriegsvorbereitung dargestellt zu haben[81]. Eine römische Gesandtschaft unter C. Valerius Laevinus erhielt den Auftrag, nach Makedonien zu gehen und sich über die Situation dort zu informieren[82]. App. Claudius Pulcher wurde zu den Thessalern und Perrhäbern geschickt und M. Claudius Marcellus zu den Ätolern, um bei diesen Völkern die inneren Auseinandersetzungen zu schlichten. Beiden gelang es, eine Lösung zu finden, die von den streitenden Parteien angenommen wurde, und Ruhe und Ordnung wiederherzustellen[83].

Marcellus begab sich anschließend noch zu den Achäern und lobte sie für ihre feste Haltung, die sie im Vorjahr gegenüber den Versprechungen des Perseus gezeigt hatten.

Die entscheidende Wende trat 172 ein, als König Eumenes von Pergamon, der alte Feind Makedoniens, im römischen Senat erschien. Von Eifersucht über die Beliebtheit des Perseus bei den Griechen getrieben, hatte er seit langem alle Schritte des Perseus sorgfältig beobachtet. Jetzt wies er die Senatoren in einer Geheimsitzung mit allem Nachdruck darauf hin, daß Perseus' Ansehen und Einfluß in der griechischen Welt überaus groß sei und noch ständig anwachse und daß er infolge der Maßnahmen, die sein Vater eingeleitet hatte, über ein starkes und gut ausgerüstetes Heer verfüge. Alles, was er erfahren habe, lasse erkennen, daß Perseus einen Krieg mit Rom wolle und vorbereite. Er wiege sich völlig in Sicherheit, da er merke, daß die Römer ihn gewähren ließen. Wenn sie nicht auf der Hut seien, werde er schließlich in Italien einfallen. Diese eindringliche Warnung verfehlte nicht ihre Wirkung[84].

Auch Perseus, der wohl ahnte, in welcher Absicht Eumenes nach Rom gereist war, hatte eine Gesandtschaft dorthin geschickt. Aber seine Gesandten versuchten vergeblich, ihren König zu rechtfertigen; Eumenes hatte die Senatoren von der Gefährlichkeit des Perseus überzeugt. Als gar der Führer der makedonischen Gesandtschaft in seiner Empörung drohende Worte fallen ließ, war der Senat von den kriegerischen Absichten des Perseus vollends überzeugt[85].

Die Gesandten kehrten daraufhin in höchster Eile nach Makedonien zurück und meldeten, die Römer seien durch die Mitteilungen des Eumenes so aufgebracht, daß der Krieg sich nicht mehr vermeiden lasse. Der König war durch diese Nachricht nicht überrascht. Er fühlte sich stark genug zu diesem Krieg und war bereit, ihn zu führen[86].

Eumenes wurde auf seiner Rückreise von Rom in der Nähe von Delphi überfallen und schwer verletzt. Livius läßt keinen Zweifel daran, daß er Perseus an diesem Attentat schuld gibt[87].

Jetzt kehrte auch C. Valerius Laevinus zurück, der im vorigen Jahr ausgeschickt worden war, um genaue Nachrichten aus Griechenland und Makedonien einzuholen. Sein Bericht bestätigte alles, was Eumenes über Perseus mitgeteilt hatte. Dazu brachte er noch zwei wichtige Zeugen mit: Praxo, die Gastfreundin des Perseus, deren Haus in Delphi der Schlupfwinkel für die Banditen gewesen war, die versucht hatten, Eumenes umzubringen, und L. Rammius aus Brundisium, der aussagte, Perseus habe ihn anzustiften versucht, römische Gesandte und Feldherrn zu vergiften[88].

Der römische Senat erklärte daraufhin Perseus zum Staatsfeind und beschloß, eine Vorausabteilung unter dem Prätor Cn. Sicinius solle einen Brückenkopf in Epirus bilden, damit das Gros des römischen Heeres später ungefährdet übersetzen könne[89]. Die übrigen Kriegsvorbereitungen geschahen ohne jede Hast und zogen sich bis zum Jahre 171 hin[90].

Um Gewißheit über die Haltung der Griechen in Kleinasien und auf den Inseln zu gewinnen, wurde eine Gesandtschaft unter Tib. Claudius Nero dorthin geschickt[91]. Sie kehrte noch im selben Jahr zurück[92] und berichtete, daß trotz Perseus' Bemühungen die Staaten Asiens und Ägypten treu zu den Römern hielten; nur die Haltung der Rhodier sei zweifelhaft.

171 wurden römische Gesandtschaften zu Masinissa, zu den Karthagern und nach Kreta und erneut nach Kleinasien und zu den Inseln im östlichen Mittelmeer geschickt, um diese Länder zur Unterstützung der Römer in ihrem Krieg mit Makedonien aufzufordern[93].

Die ganze Mittelmeerwelt richtete ihre Augen auf den bevorstehenden Krieg. Eumenes und Ariarathes von Kappadokien waren bereit, die Sache der Römer zu unterstützen, ebenso der Thrakerkönig Kotys die Sache des Perseus. Die ägyptischen Hilfsversprechungen an die Römer waren wegen des bevorstehenden ägyptisch-syrischen Krieges nur von symbolischer Bedeutung. Der Illyrerkönig Gentius hatte sich noch nicht entschieden, Prusias wollte kein Risiko eingehen und sich zunächst aus dem Krieg heraushalten. Masinissa unterstützte die Römer aus politischer Klugheit, faßte aber auch den Fall ihrer Niederlage ins Auge, die ihm größere Vorteile gebracht hätte. Antiochos hatten den Römern seine Hilfe versprochen, wollte aber aus der kommenden Auseinandersetzung vor allem für sich selbst Nutzen ziehen und während der Zeit, in der die römischen Kräfte gebunden waren, ungehindert gegen Ägypten Krieg führen.

In Griechenland sympathisierten die einfachen Leute zum größten Teil mit Perseus. Von den führenden Männern hielt ein Teil zu den Römern, einige aus Überzeugung, die meisten aber aus selbstsüchtigen Motiven. Andere standen auf der Seite des Perseus, weil sie selbst wie die breite Masse einen Umsturz wünschten oder weil sie sich bei der Masse beliebt machen wollten. Eine dritte Gruppe glaubte, daß das Nebeneinander eines starken Rom und eines starken Makedonien für ihre Staaten das beste sei, da dann der Schwächere vor dem Unrecht eines Stärkeren immer bei einer der beiden Mächte Schutz finden könne. Sie wünschten daher nicht, daß eine der beiden großen Mächte die andere niederwarf. Wenn es aber zur Herrschaft einer einzigen Macht kommen sollte, wollten sie lieber die Vorherrschaft der Römer als die des Makedonenkönigs[94].

Schon 172 war eine Gesandtschaft unter Führung des Q. Marcius Philippus nach Griechenland gegangen, berichtete den Griechen von den Vorwürfen, die gegen Perseus erhoben wurden, und ermahnte sie, in dem bevorstehenden Krieg Rom die Treue zu halten[95]. Während diese Gesandtschaft durch Griechenland reiste, wandte sich Perseus an sie und bat, ihm noch einmal Gelegenheit zu einer Unterredung zu geben. Das wurde ihm bewilligt, und die Römer und Perseus trafen am Peneios zusammen. Marcius zählte noch einmal die Vorwürfe auf, die gegen Perseus erhoben wurden. Dieser antwortete besonnen, verteidigte sich geschickt gegen die Anschuldigungen und versicherte, wenn er einen Fehler gemacht haben sollte, habe er es nicht in böser Absicht getan und sei bereit, Genugtuung zu leisten. Marcius, dem es vor allem darauf ankam, den Ausbruch der Feindseligkeiten hinauszuzögern, da die Römer ihre Kriegsvorbereitungen noch nicht abgeschlossen hatten, schlug vor, daß Perseus noch einmal Gesandte nach Rom schicken solle. Dieser ging bereitwillig auf den Vorschlag ein, da er den Krieg vermeiden wollte[96].

Die arglistige Täuschung des Königs empfanden viele in Rom, vor allem von der älteren Generation, als unehrenhaft und mit der römischen Tradition unvereinbar. Trotzdem billigte die Mehrheit des Senates das Verhalten des Marcius, da es klug gewesen sei und ihrem Staat Vorteile gebracht habe[97].

Völlig anders lautet der annalistische Bericht über die letzten Verhandlungen der Römer mit Perseus[98]. Livius hat nicht erkannt, daß es sich hier um einen Parallelbericht handelt, und daher beide Fassungen überliefert. Dieser Bericht, der im schärfsten Widerspruch zu der erwiesenen Verhandlungsbereitschaft des Perseus steht, ist vor allem dadurch wertvoll, daß er zeigt, wie in der römischen Annalistik Perseus' Bild entstellt wurde.

Nach der Unterredung mit Marcius schickte Perseus nicht nur eine Gesandtschaft nach Rom, sondern benachrichtigte auch eine Reihe griechischer Staaten über die Verhandlungen, die am Peneios stattgefunden hatten. Dabei bat er die Rhodier für den Fall, daß seine Gesandten in Rom nichts erreichten, vorsorglich um Vermittlung zwischen ihm und Rom[99].

Auch der Bericht über die letzte makedonische Gesandtschaft in Rom wird von Livius in zwei Fassungen geboten[100]. Beim Senat konnten die Gesandten des Perseus nichts mehr erreichen und mußten Italien kurzfristig verlassen.

Nach der Rückkehr der Gesandten fand in der makedonischen Hauptstadt Pella der Kriegsrat statt. Ein Teil der Ratgeber des Königs war zu äußerster Nachgiebigkeit bereit, da ihnen das Risiko eines Krieges als zu groß erschien. Die Mehrheit aber war für den Krieg. Sie glaubte, die Römer würden vor allem durch ihr Sicherheitsbedürfnis zu diesem Krieg getrieben und sie wollten die Macht des wiedererstarkten Makedonien brechen, da es das einzige Königreich in ihrer Nähe sei, das ihnen gefährlich werden könne, wenn das Glück sie einmal verlassen sollte. Selbst wenn man jetzt Zugeständnisse mache, würden die Römer immer weitere Forderungen erheben, bis Makedonien alle Macht verloren habe. Davor gebe es nur eine Rettung: sich dem Kampf zu stellen und den Erdkreis von der Herrschaft der Römer zu befreien. Perseus stimmte diesem Rat zu und begab sich zu seinem Heer[101].

Der Krieg wurde hauptsächlich in Thessalien geführt, in das Perseus mit seinem Heer eingerückt war, daneben in Böotien und Illyrien, wo ein Teil der Bevölkerung zu Perseus, ein Teil zu den Römern hielt.

Der erste Zusammenstoß beim Skaeischen Tripolis endete mit einem makedonischen Sieg. Die Mitglieder des makedonischen Kriegsrates, die gegen den Krieg gewesen waren, sahen darin eine Möglichkeit, zu einem ehrenvollen Frieden zu gelangen, und rieten Perseus, dem römischen Konsul die Erneuerung des Vertrages von 196 anzubieten. Dieser Vorschlag war Perseus willkommen und wurde auch von der Mehrheit des makedonischen Kriegsrates gebilligt. Die Römer lehnten dieses Angebot aber ab und forderten bedingungslose Unterwerfung[102].

Im römischen Kriegsrat gab man den ätolischen Bundesgenossen schuld an der Niederlage. Fünf führenden Männern aus ihren Reihen wurde vorgeworfen, sie hätten sich als erste zur Flucht gewandt, und sie wurden nach Rom geschickt, um sich dort zu verantworten[103]. Diese Denunziation ging auf den Ätoler Lykiskos zurück, einen übereifrigen Parteigänger der Römer, der sich so seiner politischen Gegner entledigte und die Römer für seine eigensüchtigen Ziele mißbrauchte. Die Römer scheinen den Vorwand nicht ungern ergriffen zu haben, um die Leute aus Griechenland zu entfernen, die ihnen unbequem waren.

Dieses Ereignis vertiefte die Kluft zwischen den Freunden und den Gegnern Roms, und in der Folgezeit herrschte bei den Ätolern eine Atmosphäre tiefen gegenseitigen Mißtrauens. Einer römischen Gesandtschaft unter C. Popilius Laenas und Cn. Octavius, die 169 zu ihnen kam, gelang es nicht, eine Verständigung herbeizuführen; sie forderten am Ende von den Ätolern Geiseln[104]. Aber auch dadurch konnte nicht verhindert werden, daß 168 ein Teil der Ätoler Perseus ins Land rief[105].

Ebenfalls aufgrund des Verfahrens gegen die ätolischen Offiziere trat im Winter 171/170 ein Teil der Epiroten auf die Seite des Perseus. Antinus und Kephalos und andere führende Männer, die ihre Bündnispflichten gegen Rom getreulich erfüllten, aber keinen übertriebenen Eifer an den Tag legen wollten, fürchteten, daß die Römer den grundlosen Verleumdungen ihres ehrgeizigen und gesinnungslosen Landsmanns Charops Glauben schenken und sie wie vor kurzem die Ätoler als Saboteure und Verräter nach Rom abführen würden. In einem Anschluß an Perseus sahen sie die einzige Möglichkeit zu ihrer Rettung[106].

Spätestens vom Anfang des Jahres 169 an entfaltete Perseus eine verstärkte politische Aktivität. Er glaubte durch seine militärischen Erfolge im Sommer 170 und vor allem durch seinen Einfall in das Gebiet der illyrischen Stämme, die an Makedonien grenzten, im Winter 170/169 Gentius beeindruckt zu haben und versuchte, ihn, der bisher eine unentschlossene Haltung gezeigt hatte, durch seine Gesandten für ein Bündnis zu gewinnen. Gentius erklärte sich grundsätzlich bereit, forderte aber Geld. Die Verhandlungen zogen sich noch bis zum Jahre 168 hin, da Perseus in kleinlichem Geiz nicht willens war, die Geldforderungen des Illyrerkönigs zu erfüllen[107].

Er hatte sich in dieser Zeit auch an seinen Schwager Prusias gewandt, der inzwischen auf römischer Seite in den Krieg eingetreten war, und ihn um Vermittlung eines Friedens gebeten. Eine Gesandtschaft des Prusias machte im Laufe des Jahres 169 dem Senat davon Mitteilung[108].

Ein Gerücht, das auch den Römern zu Ohren drang, besagte, Perseus habe schon 170, dann erneut 169 auch mit Eumenes Verhandlungen aufgenommen und um seine Freundschaft geworben. Da die Römer 169 auch ein Nachlassen von Eumenes' Einsatzbereitschaft im Krieg festzustellen glaubten, beobachteten sie ihn seitdem mit Argwohn[109].

Seit dem Anfang des Jahres 168 versuchte Perseus unter dem Eindruck der römischen Erfolge des Vorjahres, die ihn gezwungen hatten, seine Front zurückzunehmen, noch mehr als bisher, durch Bündnisse und Verhandlungen eine Wendung zu seinen Gunsten zu erreichen. Als erstes brachte er die Verhandlungen mit Gentius zu einem Abschluß und sagte ihm endlich das Geld zu. Er hoffte aber, den Illyrerkönig um den ausbedungenen Lohn für seinen Eintritt in den Krieg betrügen zu können. Dies gelang ihm auch. Als Gentius die ersten zehn Talente erhalten hatte, vergriff er sich an den römischen Gesandten, die zu ihm gekommen waren. Damit war die Entscheidung gefallen, und Perseus rief auf der Stelle die Leute zurück, die das Geld nach Illyrien transportierten und die sich auf seinen ausdrücklichen Befehl hin nur ganz langsam fortbewegt hatten[110].

In der gleichen Zeit nahm er neue Verhandlungen mit Antiochos und Eumenes auf und suchte sie zu überzeugen, daß es in diesem Krieg um ihre eigensten Interessen gehe. Denn es bestehe eine natürliche Feindschaft zwischen der römischen Republik und allen Königreichen. Jetzt spielten die Römer einen König gegen den anderen aus. Wenn es ihnen gelungen sei, Makedonien zu vernichten, würden sie als nächstes Pergamon und dann Syrien überfallen. Sie sollten daher entweder versuchen, die Römer zu einem Frieden zu bewegen, oder aber, wenn die Römer den Krieg weiterführen wollten, in ihnen ihren gemeinsamen Feind sehen. Wie Antiochos reagiert hat, berichtet Livius nicht. Eumenes war zwar nicht bereit, Perseus zu unterstutzen, glaubte aber, durch Vermittlung eines Friedens sich auch bei den Römern beliebt machen zu können; denn er war der Meinung, sie seien kriegsmüde. Von Perseus forderte er für seine Bemühungen Geld. Aber Perseus wollte sich auch in diesem Fall nicht von seinem Geld trennen, und die Verhandlungen zerschlugen sich[111].

Schließlich versuchte Perseus auch noch die Rhodier zu einem Bündnis zu bewegen. Metrodoros, einer der Führer der makedonenfreundlichen Partei in Rhodos, war nach Makedonien gekommen und hatte versichert, Rhodos sei bereit, auf makedonischer Seite in den Krieg einzutreten[112]. Die makedonische Gesandtschaft, die daraufhin nach Rhodos ging, wo der Einfluß der Makedonenfreunde Deinon und Polyaratos immer größer wurde, erhielt die Zusage, die Rhodier würden durch ihren Einfluß dem Krieg ein Ende machen[113]. Die Rhodier schickten zur Friedensvermittlung auch sogleich eine Gesandtschaft zum Senat und zum römischen Heer nach Makedonien[114].

Fast unbegreiflich ist es, daß Perseus die Unterstützung von 20000 Bastarnen nicht annahm, die bereit waren, in seine Dienste zu treten. Auch hier soll ihm sein Geiz im Wege gestanden haben; er weigerte sich, den geforderten Sold zu zahlen, und verzichtete lieber auf diese Hilfe[115].

Die Entscheidung fiel dann rasch. Innerhalb weniger Tage besiegte der römische Prätor L. Anicius Gallus den Illyrerkönig Gentius[116]. An der makedonischen Front schickte der Konsul L. Aemilius Paulus einen Teil seiner Truppen über das Gebirge in den Rücken des Perseus, zwang ihn dadurch zum Aufgeben seiner stark befestigten Stellung am Elpeios und vernichtete am 4. September 168 bei Pydna das makedonische Heer[117]. Der Krieg war für Perseus verloren; ganz Makedonien ergab sich innerhalb weniger Tage dem Sieger; der König, der nach Samothrake geflohen war, geriet in römische Gefangenschaft[118]. Von nun an hatte Rom keinen Gegner mehr und galt sein Machtwort im Mittelmeergebiet unbestritten.

Das erfuhr besonders deutlich Antiochos, der sich inzwischen zum Herrn von fast ganz Ägypten gemacht hatte. Anfang 168 war eine ägyptische Gesandtschaft im Senat erschienen, hatte die Situation in Ägypten geschildert und den Senat gebeten, Antiochos zur Einstellung der Feindseligkeiten zu veranlassen. Es war sogleich eine römische Gesandtschaft unter C. Popilius Laenas ausgeschickt worden[119]. Diese wartete in Delos zunächst die weitere Entwicklung des Kriegs in Makedonien ab. Nach der Nachricht vom Sieg des Aemilius bei Pydna reisten die Gesandten nach Ägypten weiter. Bei Eleusis, ungefähr vier Meilen vor den Mauern von Alexandria, trafen sie auf den syrischen König. Er kam ihnen entgegen und wollte sie freundlich begrüßen. Popilius aber gab ihm nur das Schreiben des Senates, das die Aufforderung enthielt, Ägypten sofort zu räumen. Als Antiochos sich über dieses Schreiben mit seinen Freunden beraten wollte, zog Popilius mit einem Stock, den er in der Hand hielt, einen Kreis um den König und forderte ihn auf, sich zu entscheiden, bevor er aus diesem Kreis heraustrete. Der König war eine Zeitlang wie betäubt; dann erklärte er sich bereit, die Forderung des Senates zu erfüllen[120]. – Den Römern lag wohl nicht nur an einer Demütigung des Antiochos; sie wollten auch mit letzter Deutlichkeit zeigen, daß nun kein König mehr seine Macht auf Kosten eines Schwächeren ausdehnen könne.

Bei der Friedensregelung ließen sich die Römer vor allem von ihrem Sicherheitsbedürfnis leiten. Was sie 197 den Ätolern verweigert hatten, vollzogen sie jetzt selbst: die Zerschlagung Makedoniens. Die Monarchie wurde in den besiegten Ländern abgeschafft, Makedonien verlor seine Außenbesitzungen, und sein Gebiet wurde in vier selbstandige Kleinstaaten aufgeteilt, ähnlich das Reich des Gentius in drei Bezirke. Die makedonischen Staaten durften nur einen schwachen Grenzschutz unterhalten. Um Makedonien wirtschaftlich zu schwächen, wurde verboten, die Gold- und Silberbergwerke weiter zu betreiben und den Holzreichtum des Landes weiter zum Schiffsbau auszubeuten. Alle Makedonen, die Perseus irgendwie nahegestanden hatten, und alle, die im Verdacht standen, die Wiederherstellung des Königtums anzustreben, mußten mit ihren Kindern, die älter als 15 Jahre waren, ihre Heimat verlassen und nach Italien gehen, damit sie die Neuordnung Makedoniens nicht gefährdeten; wer den Befehl nicht befolgte, wurde mit dem Tode bestraft. Besonders hart wurde die Bevölkerung durch die scharfe Isolierung der einzelnen Landesteile getroffen, die es den Makedonen sogar verbot, außerhalb der Grenzen ihres Bezirkes zu heiraten, Handel zu treiben und Land oder Häuser zu erwerben[121].

Mit größter Härte wurden die Städte und Stämme gezüchtigt, die den Zorn der Römer erregt hatten[122]. Das makedonische Agassai, das um ein Bündnis mit Rom gebeten hatte, dann aber wieder zu Perseus abgefallen war, das thessalische Aiginion und das makedonische Aineia, die den Kampf nach der Schlacht von Pydna noch fortgesetzt hatten, wurden geplündert[123]. Antissa auf Lesbos, das die makedonische Flotte unterstützt hatte, wurde völlig zerstört, und seine Bewohner umgesiedelt[124]. Das Gebiet der illyrischen Stämme, die zu Perseus gehalten hatten, wurde verwüstet, und in den Teilen von Epirus, die von den Römern abgefallen waren, 70 Städte geplündert und ihre Bevölkerung, etwa 150000 Menschen, weggeschleppt und in die Sklaverei verkauft[125].

Nach dem römischen Sieg kam es in Griechenland zu schweren inneren Unruhen. Überall gelangten die Parteigänger der Römer an die Macht. Bei den Ätolern ließen die Römerfreunde Lykiskos und Tisippos 550 ihrer Gegner durch römische Soldaten umbringen und trieben andere in die Verbannung. Als sich einige Ätoler deswegen bei dem römischen Feldherrn beschwerten und eine Untersuchung stattfand, wurde nicht gefragt, wer Unrecht getan und wer Unrecht erlitten hatte, sondern nur geprüft, welche Partei zu den Römern und welche zu Perseus gehalten hatte. Die Mörder wurden von aller Schuld freigesprochen, die Tötung und Verbannung ihrer Gegner gutgeheißen[126]. Dieses Urteil zeigte den griechischen Politikern, die auf der Seite der Römer standen, daß sie freie Hand gegen ihre Gegner hatten, und ihr Übermut und ihre Willkür gewannen ein unerträgliches Ausmaß. Sie denunzierten bei den Römern nicht nur die, die makedonenfreundlich gewesen waren, sondern auch die, die eine Neutralitätspolitik getrieben hatten. Alle, die denunziert worden waren, und alle, die durch das Archiv des Königs, das in die Hand der Römer gefallen war, kompromittiert waren, wurden aufgefordert, nach Rom zu kommen, um sich dort zu verantworten. Der Ätoler Andronikos und der Thebaner Neon, die sich besonders eifrig für Perseus eingesetzt hatten, wurden mit dem Beil hingerichtet. Über die Achäer hatte man im Archiv des Perseus kein belastendes Material gefunden. Um auch dort alle auszuschalten, die dem romhörigen Kallikrates und dessen Freunden im Wege standen, begab sich eine römische Kommission nach Achaia, und mehr als 1000 Achäer mußten aufgrund der Denunziation ihrer Gegner nach Italien kommen. Alle diese griechischen Politiker wurden in Italien nicht vor ein Gericht gestellt, sondern viele Jahre ohne Prozeß als Geiseln festgehalten. Erst 150 wurde denen, die noch am Leben waren, die Heimkehr erlaubt[127].

Auch die Bundesgenossen, die sich bei den Römern verdächtig gemacht hatten, bekamen ihre Ungnade zu spüren. Die Rhodier wurden 168 für ihren Versuch, im Interesse des Perseus einen Frieden zu vermitteln, scharf zurechtgewiesen und wegen ihres anmaßenden Auftretens verspottet[128]. Die römischen Gesandten C. Popilius Laenas und C. Decimius forderten bei ihrem Besuch auf Rhodos eine strenge Bestrafung der Schuldigen. Diese wurden daraufhin zum Tode verurteilt. Ein Teil von ihnen hatte vorher fliehen können, andere nahmen sich das Leben, der Rest wurde den Römern ausgeliefert[129]. 167 erwog man in Rom, gegen die Insel eine Strafexpedition durchzuführen; unter dem Eindruck einer energischen Intervention Catos siegte jedoch schließlich das Gefühl für die Gerechtigkeit, und man gab sich mit der Bestrafung der wirklich Schuldigen zufrieden. Rhodos verlor aber alle Gebiete in Lykien und Karien, die ihm nach dem Antiochoskrieg zugesprochen worden waren[130].

Eumenes hätte fast seine Königsherrschaft verloren. Als sein Bruder Attalos 167 in Rom war, um den Römern zu ihrem Sieg über Makedonien zu gratulieren und sie um Hilfe gegen die kleinasiatischen Gallier zu bitten, die in pergamenisches Gebiet eingefallen waren, machten einige Römer ihm Hoffnung auf den Thron von Pergamon. Wenn er den Senat darum bitte, werde er ihm das Königreich seines Bruders geben, dem er nicht mehr traue[131]. Nach anfänglichem Schwanken hielt Attalos seinem Bruder aber die Treue.

Polybios berichtet, der Senat habe deswegen dem Attalos gezürnt[132]. Die römische Gesandtschaft, die einige Zeit später bei den Galliern eintraf, brachte sie nicht zum Einstellen der Feindseligkeiten[133]. Livius drückt seine Verwunderung darüber aus, daß es den Römern hier nicht gelang, dieses Ziel zu erreichen, während doch der mächtige Antiochos in Eleusis dem Befehl des Senates auf der Stelle gehorcht hatte. Polybios deutet an, daß die Römer, die sowohl über Eumenes wie über Attalos verärgert waren, sich gar nicht ernsthaft um die Beilegung des Streites bemüht hätten. Auch in der Folgezeit noch bekam Eumenes das Mißtrauen der Römer zu spüren. Im Winter 167 hatte er sich persönlich aufgemacht, um sich in Rom zu rechtfertigen; aber der Senat wollte ihn nicht empfangen und erließ ein Gesetz, daß es von nun an allen Königen verboten sein solle, die Stadt zu betreten. Und nachdem er 166 aus eigener Kraft die Gallier besiegt hatte, sorgten die Römer dafür, daß diese ihre Selbständigkeit behielten[134].

Der feierliche Ernst, mit dem am Anfang des Krieges gegen Perseus in Rom die Gebete und Gelübde gesprochen und die Opfer dargebracht worden waren[135], und die große innere Anteilnahme, mit der die Römer ihre Heerführer, die nach Makedonien gingen, aus der Stadt geleitet hatten[136], lassen erkennen, daß das römische Volk sich der Bedeutung dieses Krieges voll bewußt war. Der glänzende Triumphzug des Aemilius Paulus, bei dem drei Tage lang ungeheure Schätze aus der Kriegsbeute dem staunenden Volk vorgeführt wurden und an dessen Ende Perseus, der letzte Nachfolger Alexanders des Großen auf dem makedonischen Thron, in Ketten vor dem Triumphwagen des Siegers durch die Stadt geführt wurde, stellte dem römischen Volk die ganze Größe des errungenen Sieges vor Augen[137].

Gemessen an dem Krieg mit Perseus waren die anderen Kriege, die Rom in den zwanzig Jahren von 187 bis 167 geführt hat, von geringerer Bedeutung: die Kämpfe in Ligurien und Spanien, die kein Ende zu nehmen schienen, der Krieg in Histrien, die Aufstände in Sardinien und Korsika und die Sklavenaufstände in Unteritalien, zu denen es infolge des Elends der Sklaven kam. Livius stellt diese Kämpfe nicht in ihrer Bedeutung für die Ausweitung und Festigung der römischen Macht dar, sondern als eine unaufhörliche Bewährungsprobe für die Römer. Von den harten Kämpfen gegen die Ligurer betont er ausdrücklich, daß durch sie in der Epoche zwischen den großen Kriegen die Tapferkeit und Kriegszucht des römischen Heeres aufrechterhalten worden sei[138], und sieht in ihnen ein Gegengewicht gegen die damals in Rom eindringende Üppigkeit und Verschwendungssucht.

Die Bücher 39–45 sind die letzten der erhaltenen Bücher des Livianischen Geschichtswerkes. In ihnen ist zwar noch nicht die Zeit des Verfalls dargestellt, von der Livius in seinem Vorwort schreibt[139], aber erste Spuren des kommenden Niedergangs werden sichtbar.

An einer Reihe von Stellen werden der Geist der alten und der neuen Zeit, werden römisches und unrömisches Wesen einander gegenübergestellt. Als Wesenszüge des alten Römertums erscheinen Einfachheit und Offenheit, Gerechtigkeit und Frömmigkeit und Hingabe an die Interessen der Allgemeinheit; dagegen lassen sich an den Menschen des zweiten Jahrhunderts vielfach andere Eigenschaften beobachten, die in scharfem Gegensatz dazu stehen: Üppigkeit und Verschlagenheit, Gleichgültigkeit gegenüber den Gesetzen und den Göttern und Hemmungslosigkeit im Verfolgen der persönlichen Ziele. Dieses alles war eine Folge der nachlassenden Anspannung nach den Siegen über Hannibal, Philipp und Antiochos, des anwachsenden Reichtums der herrschenden Kreise in Rom und der Berührung mit dem hellenistischen Griechentum.

Der Unterschied zwischen dem Alten und dem Neuen war den Römern damals bewußt geworden, und sie erkannten, was der römische Staat den «Sitten der Vorfahren» zu verdanken hatte und welche Gefahr die neuen Sitten bildeten. Nicht zufällig verkündet Ennius in diesen Jahren in seinen «Annalen»: *Moribus antiquis res stat Romana virisque,* «Auf seinen alten Sitten, seinen Männern ruht das Römertum[140]». Mochte der Einzelne auch dem Einfluß des Fremden und Neuen in dieser Zeit erliegen, immer wieder wurde alles Tun und Treiben an dem Leitbild der «Sitten der Vorfahren» gemessen, und im allgemeinen erwiesen sich die bewahrenden Kräfte der Tradition als die stärkeren.

Der Kampf um die Bewahrung des Alten führte hie und da

zu Übertreibungen. So steigerte sich die Ablehnung des Fremden nach der Aufdeckung der Bacchanalien zur Hysterie, die in jeder Ausschweifung, in jedem Verbrechen und in jeder Freveltat, die verübt wurden, den verderblichen Einfluß des fremdländischen Kultes sah[141]; auf der anderen Seite wurde die Tradition selbst da ängstlich gehütet, wo es nicht angebracht schien, wie beim Antrag des L. Manlius auf Bewilligung eines Triumphes[142].

Der Auseinandersetzung zwischen dem Alten und dem Neuen gehört das besondere Interesse des Livius. Er sah die einzige Rettung für Rom in einer Besinnung auf die «Sitten der Vorfahren», wie sie in der Augusteischen Erneuerung versucht wurde. Daß die Vergnügungs- und Prunksucht in Rom in seiner eigenen Zeit größer war als je zuvor, stellt er bei der Schilderung der Anfänge dieser Entwicklung mehrfach resignierend fest[143]; er selbst stand dem glänzenden Leben der Hauptstadt distanziert gegenüber.

Besonders energisch hat M. Porcius Cato[144] gegen die Fehler der neuen Zeit angekämpft. Den Höhepunkt in diesem Kampf bildete seine Zensur im Jahre 184. Als er sich um das Amt bewarb, verkündete er dem Volk, er wolle «die neuen Schandtaten eindämmen und die alten Sitten wiederherstellen[145]». Diese Parole begeisterte die breite Masse, so daß er trotz der bedeutenden Mitbewerber gewählt wurde; seine Wähler hatten sich von der Gefährlichkeit der neuen Sitten überzeugen lassen, die man vor allem bei vielen Angehörigen der Nobilität beobachten konnte. Zusammen mit seinem Amtsgenossen L. Valerius Flaccus säuberte er ohne jede Rücksicht den Senat von unwürdigen Mitgliedern. Das größte Aufsehen erregte der Fall des L. Quinctius Flamininus. Er war in seinem Konsulat (192) beim Mahl der Laune eines Augenblicks gefolgt und hatte in prahlerischer Geste einen vornehmen Gallier getötet, um seinen Buhlknaben zu beeindrucken. Offensichtlich glaubte er, den Angehörigen des herrschenden Volkes sei gegenüber anderen Völkern alles erlaubt. Bisher war der Fall von seinen Standesgenossen wegen seiner hohen Stellung und aus Rücksicht auf seinen Bruder Titus vertuscht worden. Cato stieß ihn jetzt mit Schande aus dem Senat und enthüllte seinen Frevel vor jedermann[146]. Auch viele andere mußten die Strenge seiner Zensur spüren.

Um dem sich immer mehr ausbreitenden Luxus zu steuern, belegten Cato und Flaccus Schmuck sowie Frauenkleider, Fahrzeuge und Sklaven, deren Preis über einem bestimmten Betrag lag, mit einem Vielfachen des üblichen Steuersatzes. Gegen alle, die sich auf Kosten des Staates bereichert hatten, schritten sie rigoros ein. Beim Verpachten der Staatseinkünfte und beim Vergeben der Staatsaufträge dachten sie keinen Augenblick an die Interessen der Staatspächter, sondern nur an die der Staatskasse und blieben auch hart, als ein großer Teil des Senates sich für die Staatspächter verwandte[147]. – Von den folgenden Zensuren ist vor allem die des C. Claudius Pulcher und des Tib. Sempronius Gracchus im Jahre 169 in ähnlichem Geist geführt worden[148].

Zu einer bedeutsamen Entscheidung kam es 171, als Q. Marcius Philippus aus Griechenland zurückkehrte und voller Stolz im Senat berichtete, wie er Perseus getäuscht hatte, um für die Römer Zeit zum Abschluß ihrer Kriegsvorbereitungen zu gewinnen. Dieses Verhalten wurde von den Senatoren, «die an die alten Sitten dachten», als «neue und allzu durchtriebene Weisheit» heftig getadelt. Es entspreche nicht römischem Wesen, sondern erinnere an punische Verschlagenheit und griechische Durchtriebenheit. Auch gegenüber dem Feind seien die Ahnen immer redlich geblieben. Hinterhältige Täuschung des Gegners könne vielleicht im Augenblick Vorteile bringen; aber sie trage einem Verachtung ein und schade auf die Dauer; nur ein redlich errungener Sieg werde von dem Unterlegenen als Zeichen der Überlegenheit hingenommen. Die Mehrheit des Senates hieß jedoch trotz allem das klug berechnende Vorgehen des Marcius gut. Diese Entscheidung bedeutete eine Abkehr von der Tradition und eine Wende in der römischen Diplomatie[149]. Livius kennzeichnet mißbilligend[150] dieses Verhalten des Senates mit den Worten: «Ihnen war es wichtiger, auf das Rücksicht zu nehmen, was nützlich ist, als auf das, was ehrenhaft ist[151].»

Das Verhalten der Römer anderen Völkern gegenüber war weitgehend durch politische Klugheit[152] und den Glauben an die eigene Sendung[153] bestimmt. Sie fühlten sich daher als die Schützer der Schwachen und Bedrängten, als die Wahrer des Rechts und der Ordnung in der Welt. Darum übten sie Milde gegen die, die sich ihnen unterworfen hatten[154], und waren treu gegen die Bundesgenossen[155].

Hie und da wichen zwischen 187 und 167 aber auch einzelne Heerführer von diesen Grundsätzen ab, überfielen mitten im Frieden arglose Völkerschaften[156] oder verübten sinnlose Grausamkeiten an Städten und Stämmen, die sich ergeben hatten[157]. Diese Taten erwuchsen aus der Zügellosigkeit, dem übersteigerten Ehrgeiz und dem ungestümen Tatendrang einzelner, aus ihrem Wunsch, sich bei den eigenen Soldaten beliebt zu machen, und aus der Maßlosigkeit, mit der sie sich über alle überkommenen Normen hinwegsetzen zu können glaubten.

In ihrem Rechtsgefühl empörten sich die Römer über diese Taten. Man hörte in Rom die Klagen der zu Unrecht Überfallenen und Mißhandelten an, man prüfte die Vorgänge, wies die Schuldigen scharf zurecht und verhängte Strafen über sie, und man bemühte sich, das angerichtete Unrecht wiedergutzumachen. Die zurechtgewiesenen Heerführer allerdings zeigten wenig Reue und beugten sich nur widerwillig der Autorität des Senates. Wenn sie sich stark genug fühlten, konnte es zu unerhört heftigen Auseinandersetzungen zwischen ihnen und dem Senat und der Volksversammlung kommen. So wollte der von einem starken Selbstgefühl beherrschte Konsul M. Popilius Laenas 173 die Zurechtweisung des Senats wegen der grausamen Behandlung der ligurischen Stateller nicht hinnehmen und sich den Anordnungen des Senates zur Wiedergutmachung des Unrechts nicht fügen. Er trotzte dem Senat offen, kam unaufgefordert nach Rom und wagte in seinem Grimm sogar einen weiteren Angriff auf die unglücklichen Stateller. Da sich die Konsuln des nächsten Jahres, von denen der eine sein Bruder war, für ihn einsetzten, zog sich der Kampf zwischen dem Senat und dem rebellierenden Konsul bis tief in das Jahr 172 hin, und erst durch das Eingreifen der Volkstribunen M. Marcius Sermo und Q. Marcius Scilla wurde M. Popilius Laenas endlich zum Nachgeben gezwungen[158].

Auch die Bundesgenossen und die unterworfenen Provinzen mußten gelegentlich die anmaßende Überheblichkeit und die Habgier römischer Beamter erfahren, allerdings noch nicht so häufig wie in späteren Jahren. 173 stellte der Konsul L. Postumius Albinus an die Bewohner der Stadt Praeneste Forderungen, wie sie bis dahin noch nie ein römischer Beamter bei Bundesgenossen erhoben hatte; er zürnte der Stadt, weil sie seiner Person bei einem früheren Besuch nicht die Ehre erwiesen hatte, die er beanspruchen zu können glaubte. Die Pränestiner taten alles, was der Konsul von ihnen forderte, und hatten nicht den Mut, sich über ihn zu beschweren[159]. – Im selben Jahr ließ der Zensor Q. Fulvius Flaccus einen Teil der Marmorziegel des berühmten Tempels der Juno Lacinia in Bruttium herunterholen, um den Tempel der Fortuna der Reiter, den er in Rom baute, damit zu schmücken. Sobald dieser Frevel bekannt wurde, wurde der Zensor scharf zurechtgewiesen und die Ziegel nach Bruttium zurückgeschafft; der Tempel der Juno Lacinia konnte aber nicht wieder mit ihnen gedeckt werden, da man keine Fachleute fand, die diese Arbeit ausführen konnten[160]. – 171 beklagten sich die Spanier im Senat über die Habgier und Überheblichkeit römischer Beamter. Es wurden verschiedene Prozesse gegen ehemalige Statthalter angesetzt. M. Titinius wurde freigesprochen; P. Furius Philus und C. Matienus gingen freiwillig in die Verbannung, nachdem die Prozesse gegen sie angelaufen waren. Der Prätor L. Canulejus Dives verhinderte dann weitere Prozesse, weil er aus einem falschen Solidaritätsgefühl heraus nicht zulassen wollte, daß noch andere Mitglieder des Senates von den Spaniern zur Rechenschaft gezogen wurden[161].

In Umkehrung der alten Wertordnung waren vielen Angehörigen der Nobilität die eigenen Interessen wichtiger geworden als die Interessen des Staates und der Allgemeinheit. Das geht von der Weigerung des M. Licinius Crassus, eine Wasserleitung über sein Gebiet führen zu lassen[162], bis zur Auflehnung des von übermäßigem Stolz besessenen Konsuls M. Popilius Laenas gegen die Anordnungen des Senates[163]. Den Konflikt zwischen den Interessen des Staates und des Einzelnen spiegeln auch die Auseinandersetzungen, zu denen es kam, wenn Heerführer ihre siegreichen Truppen in die Heimat zurückzuführen wünschten, weil damit die Voraussetzung für ihren Triumph gegeben war, ihre Nachfolger aber die kampferprobten Truppen in der Provinz behalten wollten, um die bisher errungenen Erfolge nicht zu gefährden und um selbst an der Spitze dieser Truppen neue Erfolge zu erringen[164].

Der ungeheure persönliche Ehrgeiz, von dem die meisten Politiker dieser Zeit erfüllt waren, läßt die Leidenschaftlichkeit verstehen, mit der die Kämpfe um die Erlangung der

Ämter im zweiten Jahrhundert geführt worden sind. Livius berichtet von unerhörter Hartnäckigkeit beim Durchsetzen der eigenen Bewerbung[165], von würdelosem Jagen nach den Stimmen der Wähler[166] und wieder und wieder von der in früheren Zeiten unbekannten Heftigkeit der Wahlkämpfe; es konnte sogar der Verdacht aufkommen, daß ungeduldiger Ehrgeiz zum Mord getrieben habe[167]. Im Wahlkampf – wie auch in den anderen politischen Kämpfen – stand der einzelne Politiker nicht allein, sondern wurde von seiner Gens und den mit ihr befreundeten Gentes unterstützt. Der Kampf gegen die Mitbewerber wurde so scharf geführt, daß oft lebens- oder gar generationenlange Feindschaft die Folge war. Auch tüchtige und beliebte Politiker erreichten in diesen Wahlkämpfen die angestrebten Ämter oft verhältnismäßig spät und erst nach wiederholter Bewerbung. Es ist bezeichnend, daß in dieser Zeit ein neues Gesetz gegen Mißbräuche bei der Bewerbung um ein Amt erlassen werden mußte[168] und ein anderes, das das Mindestalter für die Bewerbung um die einzelnen Ämter festlegte[169].

In den Ämtern erblickten diese ehrgeizigen Männer vor allem eine Gelegenheit, den eigenen Ruhm und den ihrer Gens zu erhöhen. Wie wenig das Amt von manchem als Dienst am Staat angesehen wurde, zeigt in erschreckender Deutlichkeit der Fall des P. Licinius Crassus. Ihm war nach seiner Wahl zum Prätor 176 die mit dem Amt verbundene Ehre genug, die mit dem Amt verbundenen Pflichten wies er von sich und weigerte sich, nach Spanien zu gehen; religiöse Verpflichtungen dienten seiner Weigerung als Vorwand. Der Prätor M. Cornelius folgte seinem Beispiel[170]. Das Kommando in Spanien, das unter Umständen mehr Schwierigkeiten und Mühsal als Ruhm einbrachte, hielten sie nicht für erstrebenswert. Derselbe P. Licinius Crassus war aber 171 als Konsul durchaus bereit, nach Makedonien zu gehen, und ließ sich auch durch spöttische Hinweise auf seine «religiösen Verpflichtungen» nicht von seinem Ziel abbringen[171]; dieser neue und bedeutendere Aufgabenbereich, auf den alle Welt ihr Augenmerk richtete, schien ihm offensichtlich der Mühe wert. – Die überstürzte Hast, mit der mancher Heerführer in seine Provinz aufbrach[172], legt ein beredtes Zeugnis von der eitlen Ruhmsucht dieser Männer ab. Ihnen war der Gedanke unerträglich, daß ihre Vorgänger ihnen nicht mehr genug zu tun übriglassen könnten; denn sie wollten durch ihre Taten die Aufmerksamkeit aller auf sich lenken. – Mancher Politiker suchte sich auch selbst in seinem Amt eine besondere Gelegenheit zu verschaffen, seine Tüchtigkeit unter Beweis zu stellen. Der Konsul M. Claudius Marcellus bat 183 den Senat um die Erlaubnis zum Krieg gegen die Histrier[173]; der Prätor M'. Juventius Talna beantragte 167 einen Krieg gegen Rhodos, weil er in diesem Krieg das Kommando zu erhalten und sich auszeichnen zu können hoffte[174]. Andere führten ihre Truppen sogar eigenmächtig ohne Wissen des Senates und ohne rechten Anlaß gegen andere Völker, wie der Prätor M. Furius (187)[175], der Konsul M. Popilius Laenas (173)[176] und der Konsul C. Cassius Longinus (171)[177].

Der Verherrlichung der vollbrachten Taten dienten die Triumphzüge, die Weihung von Tempeln und Inschriften[178], die Siegesspiele[179], die Errichtung von Denkmälern[180] und die Leichenspiele nach dem Tode berühmter Männer[181]. Der Dank an die unsterblichen Götter, die alles so gelenkt hatten, war bei diesen Anlässen im Munde vieler zur leeren Floskel erstarrt und diente lediglich als willkommener Vorwand zum Herausstellen der eigenen Taten; das Beispiel des Zensors Q. Fulvius Flaccus, der den Tempel der Juno Lacinia beraubte, um mit den kostbaren alten Ziegeln seinen Tempel der Fortuna der Reiter zu schmücken, zeigt dies besonders deutlich.

Die Maßlosigkeit in allem, was dem persönlichen Ruhm diente, war kennzeichnend für das frühe zweite Jahrhundert. Jetzt wurde zum erstenmal in Italien einem Menschen, dem M'. Acilius Glabrio, von seinem Sohn ein vergoldetes Denkmal errichtet, eine Ehre, die bisher nur den Göttern zuteil geworden war[182]. Die Spiele dieser Zeit stellten alle früheren in den Schatten. Der Zusammenhang zwischen persönlichem Ehrgeiz und Verschwendungssucht wurde hier besonders deutlich; der Senat glaubte schließlich den übertriebenen Aufwand bei diesen Spielen eindämmen zu müssen[183].

Der Ruhmsucht und dem übersteigerten Selbstgefühl eines großen Teils der römischen Nobilität gab man weitgehend freie Bahn und legte ihnen nur da Zügel an, wo das Herkommen empfindlich verletzt wurde. Allein Cato sah bereits in der übertriebenen Ruhmsucht eine Gefahr und trat ihr entgegen. Er tadelte in einer Rede den M. Fulvius Nobilior, weil er 189 als Konsul den Dichter Ennius auf seinen Feldzug gegen die Ätoler mitgenommen hatte, damit er seine Taten verherrliche[184], und berichtete selbst in seinem Geschichtswerk «Origines» alle Taten ohne Nennung eines Namens[185]: für ihn galt die Leistung im Dienst des römischen Volkes, persönlicher Ruhm hatte zurückzustehen.

Die Selbstsucht, die in dieser Zeit um sich griff, ließ manche in ihrem Amt nicht nur nach Ruhm, sondern auch nach materiellen Vorteilen suchen. M. Aemilius Lepidus führte in seiner Zensur 179 auf Staatskosten Bauarbeiten aus, die ihm persönlich Ausgaben ersparten[186]; der Legat App. Claudius war so sehr von Beutegier gepackt, daß er sich zu unbesonnenem Handeln hinreißen ließ[187]; die unterworfenen Städte und Völker hatten über Habgier römischer Beamter zu klagen[188]; der römische Gesandte L. Decimius soll von den Illyrerkönigen sogar Bestechungsgelder angenommen haben[189]. Auch Privatleute ahmten diese schlechten Beispiele der Großen nach, zapften Wasserleitungen an[190] und versuchten sich Staatsland anzueignen[191].

Die Haltung des römischen Volkes wurde weitgehend durch seine Führer bestimmt. Von ernsten Spannungen zwischen der Nobilität und dem Volk ist in dieser Zeit noch nichts zu spüren[192]. Wenn die Beamten und Heerführer sich durch Nachgiebigkeit und Nachsicht beliebt zu machen suchten, waren Disziplinlosigkeit[193], Drückebergerei[194] und Schwierigkeiten bei der Aufstellung neuer Truppenteile[195] die Folge. Wenn dann aber andere Führer Entschiedenheit und Festigkeit zeigten, trat rasch eine Wandlung ein: die junge Mannschaft kam in größerer Zahl als je zuvor zur Aushebung[196], die Truppe wurde wieder von der alten Kriegszucht, ja sogar von Begeisterung erfüllt, und jeder einzelne Mann bemühte sich, es dem anderen zuvorzutun[197].

Wie tief der Geist des alten Römertums in der breiten Masse noch verwurzelt war, können wir nur ahnen. Für eine kurze Stunde lenkte einer aus ihren Reihen, der Zenturio Sp. Ligustinus, die Aufmerksamkeit des ganzen Volkes auf sich. 171 beim Ausbruch des Dritten Makedonischen Krieges hatten sich 23 altgediente Zenturionen beschwert, weil sie nicht entsprechend ihrem früheren Rang eingesetzt werden sollten. Vor der Volksversammlung hatte der Konsul C. Licinius sie gebeten, jeder solle im Interesse des Staates da seine Pflicht tun, wo er hingestellt werde, und nicht an seinen alten Rang denken. Da trat Sp. Ligustinus, einer dieser Zenturionen, vor. Knapp und sachlich sprach der alte Soldat von seinen privaten Verhältnissen. Dann zählte er voll Stolz seine Feldzüge auf, nannte die Feldherrn, unter denen er gedient hatte, berichtete von seinen Beförderungen, seinen 43 Tapferkeitsauszeichnungen, seinen sechs Bürgerkronen. Vor 29 Jahren war er Soldat geworden, inzwischen war er über 50 Jahre und hatte 22 Jahre im Heer gedient. Zum Schluß seiner Rede erklärte er sich bereit, der Bitte des Konsuls nachzukommen und an jedem Platz, auf den er gestellt werde, seine Pflicht zu erfüllen und sich darin von keinem übertreffen zu lassen, und forderte seine Kameraden auf, ein gleiches zu tun. Sein Beispiel bewog auch die anderen Zenturionen, ihren Einspruch zurückzunehmen. Das Volk und der Senat dankten Sp. Ligustinus, und er erhielt in dem Heer, das für den Krieg gegen Makedonien ausgehoben wurde, die höchste Zenturionenstelle[198].

Unter den Männern, die die Geschicke Roms in den Jahren von 187 bis 167 bestimmt haben, ragen in der Livianischen Darstellung einige besonders hervor, wie M. Porcius Cato, M. Fulvius Nobilior, M. Aemilius Lepidus, Q. Marcius Philippus, Q. Fulvius Flaccus, Tib. Sempronius Gracchus, C. Claudius Pulcher, M. und C. Popilius Laenas und P. Cornelius Scipio Nasica.

Sie alle aber überstrahlt die Gestalt des L. Aemilius Paulus, von dem auch sein griechischer Biograph Plutarch sagt, daß er einer der edelsten und bewährtesten Männer gewesen sei[199]. Er stammte aus alter patrizischer Familie und war um 228 geboren. Sein Vater war 219 und 216 Konsul und fiel in der Schlacht von Cannae. 195 war L. Aemilius Paulus Quästor, 193 Ädil, 191 Prätor und erhielt als solcher für zwei Jahre die Statthalterschaft des Jenseitigen Spanien[200]. Durch seine Gerechtigkeit und Zuverlässigkeit erwarb er sich das Vertrauen der Bevölkerung, so daß die Spanier ihn 171 um Wahrnehmung ihrer Interessen gegen die Übergriffe römischer Statthalter baten[201]. Kurz nach seiner Rückkehr aus Spanien wurde er 189 vom Senat zum Mitglied der Zehnerkommission ernannt, die zur Regelung des Friedens nach dem Antiochoskrieg nach Asien geschickt wurde[202]. Diese Ernennung bedeutete eine hohe Auszeichnung.

Das Konsulat erreichte er erst verhältnismäßig spät im Jahre 182[203]. Mindestens zweimal, vielleicht noch öfter hatte er sich vergeblich um dieses Amt beworben[204]; da er zu stolz war, sich um die Gunst des Volkes zu bemühen[205], war er zwar geachtet, aber nicht sonderlich populär. Als Amtsbereich erhielt er Ligurien. Hier geriet er durch einen verräterischen Überfall der Ingauner, die um Waffenstillstand gebeten hatten, mit seinen Truppen in große Not, konnte aber durch einen kühnen Ausfall das feindliche Heer vernichten. Wenige Tage später unterwarfen sich die Feinde und stellten Geiseln. Paulus kehrte mit seinem Heer nach Rom zurück und feierte einen Triumph[206].

Trotz dieses beachtlichen Erfolges blieb auch seine erste Bewerbung um ein zweites Konsulat in einem der folgenden Jahre vergeblich[207]. Erst als der Krieg gegen Perseus in sein entscheidendes Stadium getreten war, wählte man Paulus für das Jahr 168 zum zweitenmal zum Konsul. Das Jahr 169 hatte unter dem Oberbefehl des Q. Marcius Philippus die ersten größeren Erfolge gegen Makedonien gebracht. Von dem kommenden Oberbefehlshaber erwartete man die Entscheidung des Krieges. Das Volk diskutierte erregt, wen man wählen solle; der Senat setzte die Wahl früh an, damit alle Maßnahmen für den Feldzug des nächsten Jahres rechtzeitig durchgeführt werden konnten. Die Wahl fiel auf L. Aemilius Paulus und C. Licinius Crassus[208]. Über die Verteilung der Amtsbereiche ließ man abweichend vom Herkommen nicht das Los entscheiden, sondern das Volk übertrug dem Paulus, dessen Besonnenheit und Tapferkeit sich im Ligurerkrieg gezeigt hatte, gleich nach der Wahl zum Konsul den Oberbefehl gegen Makedonien[209].

Mit größter Umsicht nahm Paulus seine Aufgabe in Angriff und schickte zunächst Gesandte nach Makedonien, die ihm zuverlässige Informationen verschaffen sollten; erst nach ihrer Rückkehr ließ er den Senat die Entscheidungen für den makedonischen Kriegsschauplatz treffen[210]. In der Rede, die er unmittelbar danach vor dem Volk hielt, forderte er absolutes Vertrauen. Sie sollten sich durch kein Gerücht in Unruhe versetzen lassen, sondern nur den Berichten glauben, die er an den Senat schicke, und sie sollten alles sinnlose Schwätzen über Maßnahmen der Kriegführung und jede Kritik an dem Feldherrn unterlassen; nur den kundigen und berufenen Mitgliedern des Kriegsrates stehe es zu, über diese Dinge zu urteilen und dem Heerführer zu raten[211]. Plutarch hebt mit Recht hervor, wie sehr sich diese Zurechtweisung von den üblichen Antrittsreden römischer Konsuln unterschied, «die mit freundlichen Worten von der Rednertribüne zum Volk sprachen und ihm ihren Dank bezeigten[212]». Er berichtet auch, wie diese Rede gewirkt hat: «Mit solchen Worten flößte er seinen Mitbürgern Ehrgefühl und Scheu ihm gegenüber und eine hohe Erwartung für das Kommende ein, und alle freuten sich, daß sie die Schmeichler übergangen und einen Feldherrn gewählt hatten, der Stolz besaß und frei seine Meinung sagte[213].» Kurze Zeit später begab Paulus sich auf den Kriegsschauplatz; eine ungewöhnlich große Menge gab ihm das Geleit aus der Stadt, ein Zeichen für die großen Hoffnungen, die man auf ihn setzte[214].

Nach seiner Ankunft beim Heer traf Paulus neue Anordnungen und ermahnte dann die Soldaten in einer Heeresversammlung, ähnlich wie er das römische Volk ermahnt hatte, und verbot ihnen, über seine Maßnahmen zu diskutieren. Alle Entscheidungen seien nur Sache des Feldherrn und des Kriegsrates. Sie hätten sich nur um drei Dinge zu kümmern: daß sie einen möglichst starken und behenden Körper hätten, daß ihre Waffen in gutem Zustand seien und daß sie ihren Proviant bereit hätten für plötzliche Befehle. Sofort zeigte sich die Wirkung dieser mahnenden Worte, und die Soldaten bemühten sich, alles zu tun, um ihren Feldherrn nicht zu enttäuschen[215].

Paulus erfüllte die auf ihn gesetzten Erwartungen. Durch ein kühnes und schwieriges Umgehungsmanöver über den Olymp ließ er 5000 Mann unter P. Cornelius Scipio Nasica und seinem ältesten Sohn Q. Fabius Maximus Aemilianus in den Rücken der Feinde führen, zwang Perseus dadurch zum Aufgeben seiner fast unüberwindlichen Stellung am Elpeios und besiegte ihn bei Pydna. Der Krieg war entschieden, Makedonien ergab sich dem Sieger[216].

Gegenüber dem besiegten Perseus zeigte sich aufs schönste seine edle Menschlichkeit. Im Schicksal des so hart getroffenen Königs sah er tief erschüttert ein Beispiel für die Unbeständigkeit alles menschlichen Glücks[217]. Die gleiche Haltung, im Leid und Unglück des anderen die Möglichkeit eigenen Leides und Unglücks zu sehen, zeigte etwas mehr als zwanzig Jahre später auch sein Sohn Scipio Aemilianus, der beim Anblick des in Trümmer sinkenden Karthago von dem Gedanken ergriffen wurde, daß Städte, Völker und Reiche wie einzelne Menschen dem Wechsel des Glücks unterworfen seien und daß vielleicht auch seine Vaterstadt einmal ein ähnliches Schicksal erleiden müsse[218]. – Als Perseus einige Wochen nach der Schlacht von Pydna als Gefangener ins römische Lager geführt wurde, wies Aemilius Paulus ihn zwar wegen seines Krieges gegen Rom scharf zurecht, behandelte ihn aber gütig und forderte ihn auf, Zuversicht zu haben und auf die Milde des römischen Volkes zu hoffen. Angesichts des gefangenen Königs wies er die Mitglieder seines Kriegsrates darauf hin, wie wenig man dem Glück des Augenblicks vertrauen könne, und ermahnte sie, im Glück daher nie übermütig und gewalttätig zu werden. Seine Forderung nach Selbstbeherrschung im Glück und im Unglück zeigt deutlich, wie sehr er auch vom griechischen Geist geprägt war[219].

Den Herbst des Jahres 168 benutzte Aemilius Paulus zur Besichtigung der berühmten Stätten Griechenlands[220]. Den großen Leistungen der Griechen in der Geschichte, in der Literatur, der Kunst und den Wissenschaften stand er voller Bewunderung gegenüber. Daher hatte er seine Söhne nicht nur in römischem Geist erzogen, sondern ihnen daneben auch griechische Lehrer gegeben[221]. Aus der makedonischen Beute beanspruchte er später nur die Bibliothek des Königs für sich und überließ sie seinen «für die Wissenschaften interessierten» Söhnen[222]. – Es entspricht seinem milden Wesen, daß er bei seiner Reise durch Griechenland nirgendwo Nachforschungen darüber anstellte, welche Haltung die Menschen im letzten Krieg eingenommen hatten.

Den größten Gegensatz dazu bilden die harten Maßnahmen, die nach dem Eintreffen der Senatskommission im Jahre 167 ergriffen wurden: die Prozesse, die jetzt anhoben und in denen nicht nach dem Recht, sondern nur nach der politischen Gesinnung gefragt wurde, die Internierung zahlloser griechischer Politiker und vor allem die grausame Strafexpedition gegen Epirus[223].

Nach der Rückkehr in die Heimat wäre L. Aemilius Paulus trotz seines gewaltigen Sieges beinahe um die Ehre des Triumphes gebracht worden. Der strenge und stolze Patrizier war bei seinen Truppen nicht sonderlich beliebt. Nur in den ersten Wochen seines makedonischen Kommandos waren die Soldaten ihm mit Begeisterung gefolgt. Nach der Plünderung von Epirus waren sie unzufrieden, weil sie aus der makedonischen Beute kaum etwas erhalten hatten[224]. Ser. Sulpicius Galba, der als Kriegstribun der zweiten Legion am Krieg teilgenommen hatte, aber mit Aemilius Paulus verfeindet war, schürte die Unzufriedenheit: Paulus habe sie zu streng gehalten und ihnen zu wenig von der Beute überlassen. Jetzt hätten sie eine Gelegenheit, sich an ihm zu rächen und seinen Triumph zu verhindern. Nur durch das Eingreifen des M. Servilius, eines alten Helden aus dem Hannibalkrieg, der dem Aemilius eng verbunden war[225], ließen die Soldaten, die die Comitien völlig beherrschten, sich umstimmen, und dem Aemilius wurde der Triumph bewilligt[226].

Die Tage des glänzenden Triumphes vom 27. bis 29. November 167 waren für Aemilius Tage tiefsten Schmerzes. Fünf Tage vor dem Triumph war sein jüngster Sohn gestorben, drei Tage nach dem Triumph starb der zweitjüngste[227]. Die Unbeständigkeit menschlichen Glücks mußte Paulus so selbst auf das bitterste erfahren. Da seine beiden ältesten Söhne von Q. Fabius Maximus und P. Cornelius Scipio adoptiert worden waren, hatte er jetzt keine Söhne mehr, und sein Geschlecht starb mit ihm aus[228].

Die Rede, die er wenige Tage später vor dem Volk über seine Taten hielt[229], ist ein ergreifendes Dokument einer menschlichen Größe, die von römischer Tradition und zugleich von griechischer Lebensweisheit geprägt war. Seine Vaterlandsliebe war so groß, daß er bereit war, alles, auch das Liebste, zum Heil seines Volkes hinzugeben. Das Übermaß seiner Erfolge in Makedonien hatte ihm Angst gemacht, und er glaubte fest, auf so großes Glück müsse großes Unglück folgen. Als er das Heer nach Italien zurückgeschafft hatte, hatte er in heroischer Opfergesinnung gewünscht, daß das Schicksal, «das sich von seiner Höhe rückwärts zu wälzen pflegt», lieber sein Haus als den Staat treffen solle. Jetzt, nach dem Verlust seiner beiden Söhne, hoffte er, daß diese Bitte in Erfüllung gegangen sei und daß er mit dem Unglück seines Hauses das Glück des Staates erkauft habe. Die Worte des Paulus erschütterten seine Zuhörer aufs tiefste.

Was Livius über die letzten Jahre seines Lebens berichtet hat, ist mit dem 46. Buch verlorengegangen. Aemilius scheint sich nach seinem Sieg über Perseus beim römischen Volk größerer Beliebtheit erfreut zu haben, unter anderem auch, weil das römische Volk wegen der ungeheuren Beute aus dem

Dritten Makedonischen Krieg keine Steuern mehr zu zahlen brauchte[230]. M. Pacuvius schrieb ein Drama «Paulus»; es wurde wahrscheinlich bei den Triumphspielen des Paulus aufgeführt[231]. 164 wurde L. Aemilius Paulus zusammen mit Q. Marcius Philippus, dem 169 der erste Einfall nach Makedonien gelungen war, zum Zensor gewählt[232]. Gestorben ist er 160. Livius hat ihm im Anschluß an den Bericht über seinen Tod einen Nachruf gewidmet[233]. Was er von Cato gesagt hat[234], gilt auch für Aemilius Paulus: «Er war nicht von Leidenschaften beherrscht und von unbestechlicher Rechtschaffenheit.» Seine Uneigennützigkeit hat Livius besonders hervorgehoben; Aemilius Paulus hat sich nie bereichert, obwohl er in Spanien und Makedonien Gelegenheit dazu gehabt hätte. Er war – im Gegensatz zu Cato, der eifrig auf Mehrung seines Vermögens bedacht war – dem Geld gegenüber gleichgültig; als er starb, hinterließ er nur gerade so viel, daß man seiner Frau die Mitgift zurückzahlen konnte[235]. Die Götter verehrte er mit der größten Gewissenhaftigkeit. Plutarch berichtet, wie ernst er seine Pflichten als Augur nahm, während die meisten dieses Amt nur wegen des damit verbundenen Ansehens anstrebten[236]. Bei keinem seiner Zeitgenossen berichtet Livius so häufig von Opfern wie bei ihm. Aemilius war in allem ein Muster altrömischer *virtus*. Darüber hinaus war er aber auch aufgeschlossen für alles Schöne und Gute, das er bei den Griechen fand. Gegenüber der inneren Freiheit und der Weite seines Geistes wirkt Cato eng und verkrampft. Aemilius' an Q. Fabius Maximus erinnernde Unbekümmertheit um das Urteil der anderen rührt aus der Selbstsicherheit seiner Person.

Bei den Leichenspielen, die seine Söhne Q. Fabius Maximus und P. Cornelius Scipio zu seiner Ehre durchführten, wurden die «Hecyra» und die «Adelphoe» des Terenz aufgeführt[237].

Die Bewegtheit der Zeit spiegelt sich auch in der inneren Unruhe der Menschen. Ungewöhnliche Vorgänge, die man als Himmelserscheinungen deutete, wurden in großer Zahl beobachtet und gemeldet und von den Priestern des Staates auf Geheiß des Senates gesühnt. Die Aufdeckung der Bacchanalien im Jahre 186[238], die große Zahl ungeklärter Todesfälle in den Jahren 184 bis 179[239], die schweren Seuchen, die Italien 182 bis 178[240] und 175[241] heimsuchten, der Tod der beiden Konsuln im Jahre 176[242] und die Erwartung des Kriegsausbruchs im Jahre 172[243] ließen die Erregung immer wieder aufs höchste anwachsen. Abergläubische Furcht, aber auch andere Formen des Massenwahns, wie die Angst vor Giftmischerei, die allein im Jahre 184 nach Valerius Antias zur Verurteilung von ungefähr 2000 Menschen führte[244], waren die Folge.

Die Staatsreligion nahm auf die religiösen Bedürfnisse des einzelnen kaum Rücksicht. Der Mysterienkult des Bacchus, der sich seit dem dritten Jahrhundert über die ganze Mittelmeerwelt verbreitete, fand daher bei dem Verlangen vieler Menschen nach einem persönlicheren und innigeren Verhältnis zu den göttlichen Mächten und ihrer Sehnsucht nach Erlösung und Teilhabe am göttlichen Heil rasch Verbreitung. Nachdem er in Unteritalien und Kampanien Fuß gefaßt hatte, wurde er durch einen einfachen Griechen nach Etrurien gebracht und gelangte von dort nach Rom, wo er vor allem unter den besitzlosen Massen der Hauptstadt und unter den Zugewanderten eine große Anhängerschaft gewann; eine führende Rolle spielten hier eine Kampanerin und ihre Söhne[245], zwei Männer aus der römischen Plebs und ein Falisker[246]. Die Zahl der Eingeweihten ging schließlich über 7000 hinaus[247]; da diese Außenstehenden keine Mitteilung über die Mysterien machten, erfuhren die Organe des Staates erst 186 von der Tatsache der Bacchanalien in Rom.

Die Einzelheiten dieser Bacchusmysterien sind weitgehend unbekannt. Livius berichtet, daß zur Vorbereitung auf die Weihung zehntägige Enthaltsamkeit verlangt wurde[248], bestimmte Verrichtungen vorgenommen werden mußten[249] und daß der Weihung eine Reinigung mit klarem Wasser voranging[250]. Neben den eigentlichen Zeremonien wird das Kultmahl der Gemeinde des Gottes erwähnt[251]. Die Geheimhaltung[252], die gleichzeitige Teilnahme von Männern und Frauen[253], die Durchführung der kultischen Feiern in der Nacht[254], der orgiastische Lärm, mit dem sie begangen wurden[255], und die Ekstase, von der die Eingeweihten ergriffen wurden[256], erschienen den Anhängern der alten Religion nicht nur fremdartig und abstoßend, sondern in ihrer Zügellosigkeit auch für die römische Religion und sogar für den Bestand des Staates gefährlich[257]. Die Verehrer des Bacchus hatten eine neue Sinngebung ihres Lebens gefunden, die mit der alten römischen Ordnung, in der sich alles auf den Staat bezog, nicht zu vereinbaren war. In dem Zusammengehörigkeitsgefühl der Gläubigen, das auf gemeinsamem religiösen Erleben beruhte, sah man ein verschwörerisches Komplott. Die schwersten Vorwürfe wurden gegen die Anhänger des Bacchus erhoben: Ausschweifungen, Unzucht[258] und Verbrechen jeder Art[259]. Wir wissen nicht, was an diesen Vorwürfen wahr ist, was auf Mißverständnissen beruht und was böswillige Verleumdung ist; zu allen Zeiten haben erfundene Greuel einen bequemen Vorwand für Religionsverfolgungen hergegeben.

Die Konsuln und der Senat griffen zu strengen Gegenmaßnahmen. Alle Kultstätten der Bacchusmysterien wurden zerstört, alle geheimen Kultfeiern und alle nächtlichen Zusammenkünfte verboten, alle Eingeweihten in Haft genommen, alle, die der Kultgemeinschaft beigetreten waren, um Unzucht oder Verbrechen zu verüben, mit dem Tode bestraft;

die Zahl der Verurteilten war sehr groß. Für die Zukunft wurden die Mysterien des Bacchus zwar nicht ganz untersagt, aber sie durften nur aus zwingenden religiösen Gründen und nach vorheriger Anmeldung beim Prätor stattfinden, und es durften nicht mehr als fünf Personen und kein Priester daran teilnehmen. Die Untersuchungen gegen die Eingeweihten nahmen lange Zeit in Anspruch, vor allem in Unteritalien, wo wir noch 184 von Untersuchungen in Tarent[260] und sogar noch 181 von Untersuchungen in Apulien[261] hören.

In der vierten und fünften Dekade schließt sich Livius für die Ereignisse im östlichen Mittelmeergebiet fast überall aufs engste an Polybios an, dessen Zuverlässigkeit im allgemeinen, vor allem aber für diesen Raum er erkannt hatte[262]; ebenso verfährt er bei der Darstellung der Verhandlungen in Rom, die die östliche Mittelmeerwelt betreffen; für andere Ereignisse zieht er ihn gelegentlich heran[263].

Polybios (etwa 200 bis etwa 120), der Sohn des achäischen Politikers Lykortas, war 167 unter den Griechen, die nach Rom geschickt wurden, um sich hier zu verantworten. Er gewann die Freundschaft des Q. Fabius Maximus und des P. Cornelius Scipio, der beiden älteren Söhne des L. Aemilius Paulus, und diese erreichten, daß Polybios nicht wie seine Landsleute in einer italischen Landstadt interniert wurde, sondern in Rom bleiben durfte. Hier begann er sein Geschichtswerk, in dem er sich zum Ziel setzte, den Aufstieg Roms zur Weltherrschaft in der Zeit von 220 bis zur Schlacht von Pydna darzustellen[264]. Er hat sein Werk dann aber über diesen ursprünglich vorgesehenen Endpunkt hinaus bis zur Zerstörung von Karthago und Korinth (146) und der darauf folgenden Neuordnung Griechenlands fortgeführt, um zu zeigen, welchen Gebrauch die Römer von ihrem Erfolg machten und «wie sie die Herrschaft über die Welt führten»; daraus sollte man erkennen, «ob die römische Herrschaft abzulehnen oder... zu bejahen sei»[265].

Das Werk des Polybios umfaßte insgesamt 40 Bücher. Davon sind die ersten fünf fast ganz, von den übrigen 35 umfangreiche Exzerpte erhalten; das Erhaltene entspricht etwa einem Fünftel des ursprünglichen Umfangs[266].

Die Ereignisse in Rom und Italien und auf den Kriegsschauplätzen im Norden und Westen stellt Livius in der vierten und fünften Dekade im Anschluß an die Geschichtswerke zweier jüngerer Annalisten, des Q. Claudius Quadrigarius und des Valerius Antias, dar. Beide schrieben in der sullanischen Epoche. Die Darstellung des Claudius reichte in mindestens 23 Büchern vom Galliereinfall bis in die Zeit Sullas, die des Valerius in mindestens 75 Büchern von den Anfängen der römischen Geschichte bis auf seine Zeit; von beiden Werken sind nur geringe Reste erhalten[267]. Vom 39. Buch an hat Livius den Q. Claudius Quadrigarius als den zuverlässigeren bevorzugt, daneben aber den Valerius Antias ständig zum Vergleich herangezogen, vereinzelt auch andere, ältere Quellen wie Rutilius[268] und Cato[269]. Auch wo Livius dem Polybios folgt, hat er die entsprechenden Partien der Annalisten nachgelesen und aus ihnen den Polybianischen Bericht vereinzelt ergänzt.

In den annalistischen Abschnitten lassen sich deutlich zwei verschiedenen Formen der Darstellung unterscheiden. Die auf amtliche Aufzeichnungen zurückgehenden chronikartigen Partien sind im allgemeinen zuverlässig. In den übrigen, zum Teil breit ausgemalten Berichten dagegen entstammt manches der Phantasie des Claudius und des Valerius und ihrer Vorgänger; anekdotische Ausschmückung, unbekümmerte Eingriffe in das Überlieferte, Übertreibungen und sogar freie Erfindungen lassen sich ihnen nachweisen; sie wurden dabei zum Teil durch künstlerische Motive angetrieben, noch mehr aber durch ihren Anspruch, die Ereignisse so genau als möglich zu berichten und zu motivieren, endlich durch ihr Ziel, die Leistungen der römischen Vergangenheit zu verherrlichen.

Urkunden und Inschriften hat Livius nicht systematisch herangezogen, immerhin aber gelegentlich Inschriften, die ihm bekannt waren, in sein Werk eingebaut[270].

Im Gegensatz zu der Unbekümmertheit der Annalisten hat er das bei seinen Vorgängern Überlieferte mit Geschick und Behutsamkeit gesichtet und im allgemeinen getreu wiedergegeben. Der Vergleich mit den erhaltenen Teilen des Polybios zeigt, wie eng Livius sich an seine griechische Vorlage angeschlossen hat[271]; an manchen Stellen bietet er geradezu eine Übersetzung des Polybios; aber auch dem Polybios hat er nicht unkritisch gegenübergestanden.

Wo die von ihm benutzten Quellen voneinander abweichen, teilt er die Unterschiede häufig mit; gelegentlich hat er bei solchen Abweichungen weitere Quellen, in einem Fall auch die Beamtenlisten[272] herangezogen, um zu einem klareren Urteil zu kommen. Hie und da ist ihm aber auch entgangen, daß ein Ereignis in den verschiedenen Quellen verschieden dargestellt war, und er hat beide Fassungen mitgeteilt, als wenn es sich bei diesen um verschiedene Ereignisse handelte.

Die Bücher 41–45 sind in einer einzigen Handschrift überliefert, die einige größere Lücken aufweist. Der Umfang der Lücken kann in allen Fällen exakt angegeben werden. Um den Text lesbarer zu machen, habe ich an allen diesen Stellen berichtet, was sich über den wahrscheinlichen Inhalt der verlorenen Partien noch erkennen läßt[273]; es ist aber zweifellos auch manches verlorengegangen, ohne in der Überlieferung Spuren zu hinterlassen.

Die Angaben über den Inhalt der Lücken stützen sich zunächst auf die erhaltenen Inhaltsangaben zu den einzelnen Büchern des Livius. Daß die Angaben der *periochae* in der Zuordnung der Fakten nicht unbedingt zuverlässig sind, zeigt die Erwähnung der Bitte des L. Aemilius Paulus, alles Schreckliche, was dem römischen Volk drohe, möge auf sein Haus fallen, in der *periocha* des 44. Buches nach seiner Wahl zum Oberbefehlshaber für Makedonien; Livius hat davon erst nach dem Triumph des Paulus 45, 41, 8 berichtet; auch hat Paulus diese Bitte bei Livius nicht nach seiner Wahl, sondern nach der Heimführung des siegreichen Heeres ausgesprochen. Eine andere Schwierigkeit liegt in der Ungleichmäßigkeit, mit der der Inhalt der einzelnen Bücher in den *periochae* wiedergegeben wird: auf der einen Seite werden verhältnismäßig unwichtige Einzelheiten erwähnt, wie die Tatsache, daß Reden Catos, die Livius anführt, zu seiner Zeit noch im Wortlaut vorlagen[274], und wird über Einzelszenen zum Teil ziemlich breit berichtet, wie zum Beispiel über den Fall das L. Quinctius Flamininus aus Buch 39, wobei sogar eine von Livius mitgeteilte Variante der Überlieferung berücksichtigt wird, über die Geschichte der Theoxena aus Buch 40 und über den Tag von Eleusis aus Buch 45; auf der anderen Seite erwähnt die *periocha* des 43. Buches gar nichts von den militärischen Unternehmungen des Konsuls A. Hostilius gegen Makedonien, die sicherlich einen breiten Raum im 43. Buch eingenommen haben.

Manches ist aufgrund von Mitteilungen, die Livius an anderen Stellen macht, vermutet. Über einen gewissen Grad der Wahrscheinlichkeit war hier nicht hinauszukommen. Einige dieser Angaben wurden nur mit Bedenken aufgenommen, da Livius vieles in Reden, Gesandtschaftsberichten, Mitteilungen an den Senat und ähnlichem anführt, was er vorher als Faktum nicht mitgeteilt hat.

Vieles konnte aus der reichen, direkt oder indirekt auf Livius zurückgehenden Überlieferung für die Lücken des Livius gewonnen werden[275].

Bei dem engen Anschluß des Livius an seine Quellen wurde schließlich auch aus Polybios und der von ihm abhängigen Literatur und aus der (freilich sehr dünnen) auf die Annalisten und ihre Vorgänger direkt zurückgehenden Überlieferung einiges für die verlorenen Partien des Livius zu erschließen versucht. Die einheitliche Polybianische Überlieferung kann dabei als verhältnismäßig zuverlässige Quelle für die Ergänzung der Lücken des Livius angesehen werden, während die mannigfaltigere annalistische oft nur mit Bedenken herangezogen wurde.

DER UNTERGANG
DES MAKEDONISCHEN REICHES

NEUNUNDDREISSIGSTES BUCH

Die Kämpfe in Ligurien

1. Während sich das in Rom ereignete – wenn es sich wirklich 1
in diesem Jahr[1] abspielte –, führten beide Konsuln im Gebiet
der Ligurer[2] Krieg. Dieser Feind war wie geboren, in den 2
Zwischenzeiten zwischen den großen Kriegen bei den Römern
die Kriegszucht aufrechtzuerhalten, und keine andere Provinz
spornte die Soldaten mehr zur Tapferkeit an. Denn Asien 3
machte durch die Schönheit seiner Städte und die Fülle der
Dinge vom Land und aus dem Meer und durch die weich-
liche Art der Feinde und durch die Schätze der Könige die
Heere eher reich als tapfer. Vor allem unter dem Oberbefehl 4
des Cn. Manlius wurden sie zügellos und nachlässig gehalten;
deshalb strafte sie ein etwas schwierigerer Marsch in Thrakien
und ein besser geschulter Feind durch eine schwere Nieder-
lage[3]. Bei den Ligurern gab es alles, was einen Soldaten zur 5
Wachsamkeit treibt: ein gebirgiges und rauhes Land, das zu
besetzen für sie eine Mühe war – wie auch den Feind daraus
zu werfen, wenn er es vorher besetzt hatte; steile, enge und 6
durch einen möglichen Hinterhalt gefährliche Wege; einen
schnellen, gewandten und plötzlich auftauchenden Feind,
der einen keinen Augenblick und an keiner Stelle ruhig und
sicher sein ließ; die Notwendigkeit, ihre festen Plätze im
Sturm zu nehmen, was zugleich mühsam und gefährlich war;
eine arme Gegend, welche die Soldaten zu einem kargen
Leben zwang und ihnen nicht viel Beute einbrachte. Deshalb 7
folgte ihnen kein Marketender, und keine lange Reihe von
Lasttieren zog den Heereszug in die Länge. Es gab nichts

außer Waffen und Männern, deren ganze Hoffnung auf ihren
8 Waffen beruhte. Und es fehlte niemals an einem Anlaß oder einem Grund zum Krieg mit ihnen, weil sie wegen der Armut ihres Landes in die Gebiete ihrer Nachbarn einfielen. Und doch kämpfte man nicht bis zur letzten Entscheidung.

1 2. Nachdem der Konsul C. Flaminius gegen die ligurischen Friniaten in ihrem Land mehrere siegreiche Kämpfe geführt hatte, nahm er ihre Unterwerfung entgegen und nahm ihnen
2 die Waffen weg. Als sie bestraft wurden, weil sie diese nicht ehrlich und aufrichtig ablieferten, verließen sie ihre Dörfer
3 und flüchteten auf den Auginus. Sofort folgte ihnen der Konsul. Aber sie entkamen wieder und flohen, der größte Teil ohne Waffen, Hals über Kopf durch wegloses Gebiet und über abschüssige Felsen, wo der Feind nicht folgen konnte. So kamen sie über die Apenninen davon. Die in ihrem Lager
4 geblieben waren, wurden umzingelt und überwältigt. Darauf wurden die Legionen über die Apenninen geführt. Dort behaupteten sich die Feinde kurze Zeit dank der Höhe des Berges, den sie besetzt hatten, ergaben sich aber bald. Jetzt wurden ihre Waffen mit größerer Sorgfalt gesucht und ihnen alle weggenommen.

5 Der Krieg wurde dann zu den ligurischen Apuanern hinübergetragen, die in das Gebiet von Pisae und Bononia ein-
6 gefallen waren, so daß es nicht bestellt werden konnte. Auch diese wurden ganz bezwungen, und der Konsul verschaffte so ihren Nachbarn Frieden. Und da er dafür gesorgt hatte, daß die Provinz Ruhe vor dem Krieg hatte, legte er eine Straße von Bononia nach Arretium an, damit die Soldaten nicht unbeschäftigt blieben.

7 M. Aemilius, der andere Konsul, verbrannte und verwüstete die Felder der Ligurer und ihre Dörfer, die in der Ebene oder in den Tälern lagen, während sie selbst die beiden
8 Berge Ballista und Suismontium besetzt hielten. Dann griff

er die, die auf den Bergen waren, an und machte sie zuerst durch leichte Gefechte mürbe; zuletzt zwang er sie, zum Kampf hinabzusteigen, und besiegte sie völlig in einer regelrechten Schlacht, in der er auch der Diana einen Tempel
gelobte. Als alle diesseits der Apenninen unterworfen waren, 9
griff Aemilius die auf der anderen Seite des Gebirges an – darunter befanden sich auch die ligurischen Friniaten, zu denen C. Flaminius nicht gekommen war –, unterwarf sie alle, nahm ihnen die Waffen weg und führte die Menge von den Bergen in die Ebene hinab.

Nach der Unterwerfung der Ligurer führte er sein Heer 10
ins Gallische Gebiet und legte eine Straße von Placentia nach Ariminum an, um eine Verbindung mit der Via Flaminia
herzustellen. In dem letzten Kampf, in dem er mit den 11
Ligurern in offener Schlacht kämpfte, gelobte er der Königin Juno einen Tempel.

Dies geschah in Ligurien in diesem Jahr.

Ereignisse in Gallien

3. In Gallien[4] hatte der Prätor M. Furius den Cenomanen, die 1
sich nichts hatten zuschulden kommen lassen, die Waffen abgenommen und im Frieden den Anschein zu erwecken
gesucht, als sei Krieg. Die Cenomanen beklagten sich darüber 2
in Rom beim Senat. Sie wurden an den Konsul Aemilius verwiesen, dem der Senat gestattet hatte, die Untersuchung durchzuführen und die Entscheidung zu treffen. Und nachdem es großen Streit mit dem Prätor gegeben hatte, behielten
sie recht; der Prätor wurde aufgefordert, den Cenomanen ihre 3
Waffen zurückzugeben und die Provinz zu verlassen.

Verhandlungen über die Latiner in Rom

4 Darauf fand eine Senatssitzung statt für die Gesandten der
latinischen Bundesgenossen, die aus ganz Latium von allen
Seiten zahlreich zusammengekommen waren. Diese beklagten
sich darüber, daß eine große Menge ihrer Mitbürger nach
5 Rom gezogen und dort geschätzt worden sei[5]. Der Prätor
Q. Terentius Culleo erhielt den Auftrag, diese herauszufinden
und die, von denen die Bundesgenossen nachwiesen, daß sie
selbst oder ihre Väter in der Zensur des C. Claudius und
M. Livius[6] oder später bei ihnen geschätzt worden seien, zu
zwingen, dorthin zurückzukehren, wo sie geschätzt worden
seien.

6 Infolge dieser Untersuchung kehrten 12000 Latiner in ihre
Heimat zurück. Schon damals war die Menge der anderswo
Geborenen für Rom eine Last.

Der Triumph des M. Fulvius über die Ätoler und Cephallania

1 4. Bevor die Konsuln nach Rom zurückkehrten, kam der
2 Prokonsul M. Fulvius aus Ätolien zurück; und als er im Tem-
pel des Apollo vor dem Senat über seine Taten in Ätolien
und Cephallania[7] gesprochen hatte, bat er die Senatoren, sie
sollten, wenn sie es für recht hielten, wegen der guten und
erfolgreichen Wahrnehmung der Staatsinteressen anordnen,
daß den unsterblichen Göttern Ehre erwiesen werde, und für
ihn einen Triumph beschließen.

3 Der Volkstribun M. Aburius erklärte, wenn man in dieser
Sache etwas vor der Ankunft des Konsuls M. Aemilius be-
4 schließe, werde er Einspruch erheben. Der wolle dagegen
sprechen, und beim Aufbruch in seine Provinz habe er es ihm
aufgetragen, daß diese Debatte bis zu seiner Ankunft auf-

geschoben werde. Fulvius verliere nur Zeit; der Senat werde
auch in Anwesenheit des Konsuls beschließen, was er wolle.

Darauf entgegnete Fulvius: Wenn die Streitigkeiten des 5
M. Aemilius mit ihm den Leuten unbekannt wären und mit
wie maßlosem und fast tyrannischem Zorn der diese persön-
liche Feindschaft pflege, wäre es doch nicht zu ertragen, daß 6
der abwesende Konsul der Ehrung der unsterblichen Götter
im Wege stehe und den verdienten und gebührenden Triumph
hinauszögere und daß ein Feldherr nach hervorragenden Lei- 7
stungen und ein siegreiches Heer mit Beute und Gefangenen
vor den Toren stehe, solange es dem Konsul beliebe, der
gerade deswegen nach Rom zurückzukehren zögere. Aber 8
wahrhaftig, da seine persönliche Feindschaft mit dem Konsul
allgemein bekannt sei, wie könne da einer von diesem ein
billiges Verhalten erwarten, wo er doch in einem nur schwach
besetzten Senat verstohlen den Senatsbeschluß zustande ge-
bracht und ihn dann im Staatsarchiv hinterlegt habe, Am- 9
bracia scheine nicht im Sturm genommen worden zu sein.
Dabei sei es mit einem Damm und mit Schutzdächern an-
gegriffen worden; dort seien, nachdem die Belagerungs-
anlagen in Brand gesteckt worden waren, andere von neuem
errichtet worden; dort habe man um die Mauern auf und
unter der Erde fünfzehn Tage lang gekämpft; dort habe der 10
Kampf vom Morgengrauen, als schon Soldaten über die
Mauern gestiegen waren, bis zur Nacht lange unentschieden
angehalten; und dort seien mehr als 3000 Feinde erschlagen
worden. Wie heimtückisch habe er jetzt vor den Pontifices 11
kritisiert, daß die Tempel der unsterblichen Götter in der
eroberten Stadt beraubt worden seien! Solle nur in dem 12
eroberten Ambracia das Kriegsrecht keine Geltung gehabt
haben, während es recht gewesen sei, Rom mit Kostbarkeiten
aus Syrakus[8] und anderen eroberten Städten auszuschmücken?
Er bitte den Senat und ersuche den Tribunen, nicht einen 13

überaus hochmütigen Feind mit ihm sein Spiel treiben zu
lassen.

1 5. Von allen Seiten wandten sich alle teils mit Bitten, teils
mit Vorwürfen an den Tribunen. Den größten Eindruck
2 machte die Rede seines Amtsgenossen Tib. Gracchus. Nicht
einmal, wenn man seine eigenen Streitigkeiten in seiner
Eigenschaft als Beamter austrage, sei das ein gutes Beispiel.
Daß aber ein Volkstribun sich zum Anwalt fremder Streitig-
keiten mache, sei schimpflich und der Vollmacht dieses
3 Kollegiums und seiner geheiligten Gesetze unwürdig. Jeder
müsse nach seiner eigenen Entscheidung die Menschen has-
sen oder lieben und Tatsachen billigen oder verwerfen; er
dürfe nicht von dem Mienenspiel und dem Nicken eines
anderen abhängen und sich nicht von den Beweggründen
eines anderen lenken lassen; und ein Volkstribun dürfe nicht
4 einem erzürnten Konsul vollkommen beipflichten und sich
an das erinnern, was M. Aemilius ihm privat aufgetragen
habe, und das Amt des Tribunen vergessen, das ihm vom
römischen Volk übertragen worden sei, und zwar übertragen
zur Hilfe und zum Schutz der Freiheit von Privatleuten, nicht
5 für die uneingeschränkte Machtstellung eines Konsuls. Abu-
rius sehe nicht einmal, daß es dazu kommen werde, daß man
der Nachwelt überliefere, aus demselben Kollegium habe
von zwei Volkstribunen der eine seine persönliche Feind-
schaft dem Staat zuliebe aufgegeben[9], der andere eine fremde
und ihm aufgetragene gepflegt.

6 Als der Tribun durch diese Vorwürfe zur Einsicht gebracht
worden war und den Tempel verlassen hatte, wurde auf
Antrag des Prätors Ser. Sulpicius dem M. Fulvius der Triumph
7 bewilligt. Er dankte den Senatoren und fügte hinzu, er habe
dem Jupiter Optimus Maximus an dem Tage, an dem er
Ambracia genommen habe, große Spiele gelobt; dafür hätten
8 ihm die Gemeinden 100 Pfund Gold entrichtet. Er bitte

darum, sie sollten anordnen, daß dieses Gold von dem Geld abgesondert werde, das er im Triumphzug vorübertragen lassen und dann in die Staatskasse legen werde. Der Senat 9
ordnete an, das Kollegium der Pontifices zu befragen, ob es nötig sei, dieses Gold ganz für die Spiele zu verbrauchen. Als 10
die Pontifices sagten, es habe mit der Verpflichtung gegenüber dem Gott nichts zu tun, wieviel für die Spiele ausgegeben werde, überließ der Senat dem Fulvius so viel, wie er auslegte, wenn es nur nicht über den Betrag von 80000 As hinausging.

Er hatte beschlossen, im Januar zu triumphieren. Als er 11
aber hörte, der Konsul M. Aemilius habe einen Brief des Volkstribunen M. Aburius erhalten, daß er seinen Einspruch aufgegeben habe, und er sei selbst auf dem Weg nach Rom, 12
um den Triumph zu verhindern, sei aber unterwegs krank geworden und habe Station gemacht, verlegte er den Tag seines Triumphes vor, um bei seinem Triumph nicht mehr Kämpfe zu haben als im Kriege.

Er feierte seinen Triumph über die Ätoler und Cephallania 13
am 21. Dezember. Goldene Kränze im Gewicht von 112 Pfund 14
wurden vor seinem Wagen hergetragen, 1803 Pfund Silber, 243 Pfund Gold, 118000 attische Tetrachmen, 12322 Phi- 15
lippeen, 785 eherne Bildwerke, 230 Marmorstatuen, eine große Anzahl Waffen und Geschosse und andere den erschlagenen Feinden abgenommene Dinge, dazu Pfeil- und Stein- 16
schleudermaschinen und Wurfmaschinen jeder Art. Ungefähr 27 ätolische und cephallanische Heerführer und auch welche vom König, die Antiochus dort zurückgelassen hatte, wurden vor dem Triumphwagen hergeführt. Fulvius verlieh an die- 17
sem Tage, bevor er in die Stadt einzog, im Circus des Flaminius an viele Tribunen, Präfekten, Reiter und Zenturionen, Römer und Bundesgenossen, Kriegsauszeichnungen. An jeden Soldaten verteilte er von der Beute 25 Denare, den

doppelten Betrag an den Zenturio, den dreifachen an den Reiter.

Beamtenwahlen

1 6. Schon kam die Zeit der Konsulwahlen heran. Weil M. Aemilius, dem diese Aufgabe durch das Los zugefallen war, sich dazu nicht einfinden konnte, kam C. Flaminius nach Rom. Unter seiner Leitung wurden Sp. Postumius Albinus und
2 Q. Marcius Philippus zu Konsuln gewählt. Prätoren wurden dann T. Maenius, P. Cornelius Sulla, C. Calpurnius Piso, M. Licinius Lucullus, C. Aurelius Scaurus und L. Quinctius Crispinus.

Der Triumph des Cn. Manlius Volso über die Gallier in Asien

3 Am Ende des Jahres, als die Beamten schon gewählt waren, am 5. März, triumphierte Cn. Manlius Volso über die Gallier,
4 die in Asien wohnen[10]. Daß er so spät triumphierte, hatte seinen Grund darin, daß er nicht in der Amtszeit des Prätors Q. Terentius Culleo nach dem Gesetz der Petilier vor Gericht gestellt und von den Flammen eines fremden Prozesses ergriffen werden wollte, in dem L. Scipio verurteilt worden
5 war[11]; denn die Richter waren gegen ihn noch mehr aufgebracht als gegen jenen, weil die Kunde gekommen war, er habe die Kriegszucht, auf die jener streng geachtet hatte, als sein Nachfolger untergraben, indem er seinen Soldaten jede
6 Freiheit ließ. Und nicht allein das brachte ihn in schlechten Ruf, was in der Provinz fern von ihren Augen geschehen sein sollte, sondern mehr noch das, was man an seinen Sol-
7 daten täglich sah. Denn der Anfang der ausländischen Üppigkeit wurde von dem Heer aus Asien in Rom eingeschleppt.

Diese brachten zuerst Speisesofas mit Bronzefüßen, kostbare
Teppiche, Vorhänge und andere Gewebe und, was damals
als prächtiges Hausgerät galt, Tischchen mit einem Fuß und
Prunktische nach Rom. Damals ließ man Zither- und Harfen- 8
spielerinnen bei den Mahlzeiten auftreten und sorgte auch
für andere Arten von Kurzweil zur Unterhaltung beim Gast-
mahl. Man fing auch an, die Mahlzeiten selbst mit größerer
Sorgfalt und größerem Aufwand zuzubereiten. Damals begann 9
der Koch, der billigste Sklave bei den Alten nach Einschät-
zung und Verwendung, etwas zu gelten, und was eine Dienst-
leistung gewesen war, begann man für eine Kunst zu halten.
Das, was man damals zu Gesicht bekam, waren jedoch kaum
erst die Keime der späteren Üppigkeit.

7. In seinem Triumphzug ließ Cn. Manlius 212 goldene 1
Kränze, 220000 Pfund Silber, 2103 Pfund Gold, 127000 atti-
sche Tetrachmen, 250000 Cistophoren und 16320 Gold-
Philippeen vorbeitragen und viele gallische Waffen und den 2
gefallenen Gegnern abgenommene Rüstungen auf zwei-
rädrigen Karren vorüberfahren. 52 Heerführer der Feinde
wurden vor dem Triumphwagen hergeführt. Er verteilte an
jeden Soldaten 42 Denare, den doppelten Betrag an den
Zenturio, den dreifachen an die Reiter, und er gab ihnen
doppelten Sold. Von den Soldaten aller Dienstgrade, die 3
seinem Wagen folgten, hatten viele Kriegsauszeichnungen
erhalten, und aus den Liedern, welche die Soldaten auf ihren
Feldherrn sangen, konnte man leicht erkennen, daß sie auf
einen nachsichtigen und um Beliebtheit bemühten Feldherrn
gesungen wurden und daß der Triumph mehr von der Gunst
der Soldaten als von der des Volkes getragen war. Aber die 4
Freunde des Manlius hatten genug Einfluß, ihm auch Beliebt-
heit beim Volk zu verschaffen; denn durch ihre Bemühungen 5
kam ein Senatsbeschluß zustande, daß von dem Geld, das im
Triumphzug vorübergetragen worden war, die Steuer, die

das Volk an die Staatskasse gezahlt hatte, zurückgezahlt werden solle, soweit sie nicht schon vorher zurückgezahlt worden war. Die Stadtquästoren zahlten sorgfältig und gewissenhaft 25½ As für je 1000 As aus[12].

Nachrichten aus Spanien

6 Zur selben Zeit kamen zwei Kriegstribunen aus den beiden spanischen Provinzen[13] mit Briefen von C. Atinius und L. Man-
7 lius, die diese Provinzen innehatten. Aus diesen Briefen erfuhr man, daß die Keltiberer und Lusitaner in Waffen standen und das Land der Bundesgenossen verwüsteten. Die Beratung darüber verwies der Senat an die neuen Beamten.

Die Römerspiele und die Plebejerspiele

8 Bei den Römerspielen[14] in diesem Jahr, die P. Cornelius Cethegus und A. Postumius Albinus durchführten, fiel ein Mast im Zirkus, der nicht fest gestanden hatte, auf das Stand-
9 bild der Pollentia und warf es hinab. Diese Verletzung der Gottheit beunruhigte die Senatoren, und sie beschlossen, die Spiele um einen Tag zu verlängern, zwei Standbilder statt des einen aufzustellen und das neue zu vergolden.

10 Auch die Plebejerspiele[14] wurden von den Ädilen C. Sempronius Blaesus und M. Furius Luscus um einen Tag verlängert.

Die Verteilung der Amtsbereiche

1 8. Im folgenden Jahr hatten die Konsuln Sp. Postumius Albinus und Q. Marcius Philippus keine Zeit für das Heer und

für Kriege und Provinzen, sondern mußten ihre Aufmerksamkeit auf die Unterdrückung eines Komplotts im Innern des Staates richten.

Die Prätoren losten um die Amtsbereiche, und T. Maenius 2
erhielt die städtische Prätur, M. Licinius Lucullus die Rechtsprechung zwischen Bürgern und Ausländern, C. Aurelius Scaurus Sardinien, P. Cornelius Sulla Sizilien, L. Quinctius Crispinus das Diesseitige Spanien und C. Calpurnius Piso das Jenseitige Spanien.

Den beiden Konsuln wurde die Untersuchung wegen der 3
geheimen Vereine übertragen.

Die Bacchanalien

Ein Grieche von einfacher Herkunft kam zuerst nach Etrurien, ohne eine von den Fertigkeiten zu besitzen, die dieses von allen am höchsten gebildete Volk uns in großer Zahl zur Bildung des Geistes und des Körpers gegeben hat, ein Winkelpriester und Wahrsager, aber nicht einer, der die Gemüter 4
mit Aberglauben erfüllte, indem er seine Zeremonien offen ausübte und sich zu seinem Gewerbe und seiner Lehre bekannte, sondern ein Priester geheimer und nächtlicher Kulthandlungen. Es waren Mysterien, die zuerst nur wenigen 5
mitgeteilt wurden, dann aber unter Männern und Frauen bekannt zu werden begannen. Zu den Zeremonien kamen die Freuden des Weins und des Mahles hinzu, um so mehr Menschen anzulocken. Wenn der Wein die Gemüter erhitzt hatte 6
und die Nacht und das Zusammensein von Männern und Frauen, von Jüngeren und Älteren jeden Sinn für Scham aufgehoben hatte, kam es zuerst zu Ausschweifungen jeder Art, weil jeder zu dem, wozu er von Natur aus größere Begierde verspürte, das Vergnügen bei der Hand hatte. Und es blieb 7

nicht bei einer einzigen Art von strafbaren Handlungen, der Unzucht mit Freigeborenen und Frauen durcheinander, sondern auch falsche Zeugen, falsche Siegel, Testamente und
8 Aussagen gingen aus derselben Werkstatt hervor, von dort auch Gifte und heimliche Mordtaten, wobei zuweilen nicht einmal die Leichen zum Begräbnis vorhanden waren. Vieles wurde heimtückisch, das meiste mit Gewalt gewagt. Die Gewalt blieb unentdeckt, da man in dem Geheul und dem Lärm der Tamburine und der Becken keinen Laut der bei den Schändungen und Mordtaten um Hilfe schreienden Opfer hören konnte.

1 9. Der verderbliche Einfluß dieses Übels drang wie eine ansteckende Krankheit von Etrurien nach Rom ein. Zuerst blieb es durch die Größe der Stadt verborgen, die solche Übel besser in sich aufnehmen und ertragen konnte. Endlich gelangte eine Anzeige im wesentlichen auf folgende Art an den Konsul Postumius.

2 P. Aebutius, dessen Vater seinen Kriegsdienst mit einem Staatspferd[15] abgeleistet hatte, war unmündig zurückgeblieben und war dann nach dem Tode seiner Vormünder unter der Vormundschaft seiner Mutter Duronia und seines Stiefvaters
3 T. Sempronius Rutilius erzogen worden. Die Mutter war dem Mann hörig, und weil der Stiefvater die Vormundschaft so geführt hatte, daß er keine Rechenschaft ablegen konnte, wünschte er, daß sein Mündel entweder aus dem Weg geschafft oder daß er durch irgendeine Fessel von ihm abhängig werde.

4 Der einzige Weg zur Verführung waren die Bacchanalien. Die Mutter sprach den jungen Mann an: Als er krank war, habe sie für ihn gelobt, sobald er gesund geworden sei, werde sie ihn in die Bacchusmysterien einweihen lassen, und da sie durch die Güte der Götter zur Erfüllung dieses Gelübdes verpflichtet sei, wolle sie es einlösen. Zehntägige Enthaltsamkeit sei notwendig; wenn er am zehnten Tag gegessen

und sich mit klarem Wasser gewaschen habe, werde sie ihn
zu der Kultstätte führen.

Eine bekannte Dirne, die Freigelassene Hispala Faecenia, 5
die für dieses Gewerbe eigentlich zu schade war, an das sie
sich als junge Sklavin gewöhnt hatte, brachte sich auch,
nachdem sie freigelassen worden war, auf dieselbe Art durch.
Sie hatte durch ihre Nachbarschaft ein Verhältnis mit Aebu- 6
tius, das für das Vermögen und den Ruf des jungen Mannes
keineswegs schädlich war; denn sie hatte ihn von sich aus
geliebt und war an ihn herangetreten, und da seine Angehö-
rigen ihm alles nur karg boten, wurde er von der Freigebig-
keit der Dirne ausgehalten. Ja, infolge ihres Verhältnisses war 7
sie sogar so weit gegangen, daß sie nach dem Tod ihres
Schutzherrn, weil sie in niemandes Hand stand, die Tribunen
und den Prätor um einen Vormund bat[16] und, als sie ihr
Testament machte, Aebutius als Alleinerben einsetzte.

10. Da dies Beweise der Liebe waren und sie kein Geheim- 1
nis voreinander hatten, sagte der junge Mann ihr im Scherz,
sie solle sich nicht wundern, wenn er einige Nächte allein
schlafe; er wolle wegen einer religiösen Verpflichtung, um 2
ein Gelübde einzulösen, das für seine Gesundheit gemacht
worden war, sich in die Bacchusmysterien einweihen lassen.
Als die Frau das hörte, sagte sie in höchster Erregung: «Das
mögen die Götter verhüten!» Es sei für sie und für ihn besser
zu sterben, als daß er das tue, und sie wünschte Drohungen
und Gefahren auf das Haupt derer herab, die dazu geraten
hatten. Der junge Mann wunderte sich über ihre Worte und 3
vor allem über ihre große Erregung und forderte sie auf, sich
in den Verwünschungen zu mäßigen; seine Mutter habe es
ihm mit Zustimmung seines Stiefvaters befohlen. «Dann hat 4
dein Stiefvater», sagte sie, «es also eilig damit – denn es
dürfte vielleicht nicht recht sein, deine Mutter zu beschul-
digen –, deine Sittsamkeit, deinen Ruf, deine Hoffnung und

5 dein Leben dadurch zugrunde zu richten.» Als er sich darüber
noch mehr wunderte und fragte, was das für eine Sache sei,
bat sie Götter und Göttinnen um Gnade und Erbarmen, wenn
sie aus Liebe zu ihm etwas verrate, worüber man schweigen
müsse, und sagte, sie habe, als sie noch Sklavin gewesen sei,
als Begleiterin ihrer Herrin diese Kultstätte betreten, als
6 Freie sei sie niemals dort hingegangen. Sie wisse, daß es eine
Brutstätte für Ausschweifungen jeder Art sei, und es stehe
fest, daß schon seit zwei Jahren keiner mehr dort die Weihen
7 erhalten habe, der älter als zwanzig Jahre war. Sobald einer
hineingeführt worden sei, werde er den Priestern wie ein
Opfertier übergeben. Diese führten ihn an einen Ort, der
ringsum widerhalle von Geheul und mehrstimmigem Gesang
und dem Schlagen der Tamburine und Becken, damit man die
Stimme des um Hilfe Schreienden nicht hören könne, wenn
8 er gewaltsam geschändet werde. Sie bitte und beschwöre ihn
daher, er möge diese Sache, ganz gleich wie, zum Scheitern
bringen und nicht dorthin stürzen, wo man alles Unaussprech-
9 liche zuerst erleiden und dann tun müsse. Und sie ließ den
jungen Mann nicht fort, bis er ihr sein Wort gegeben hatte,
er werde sich von diesen Mysterien fernhalten.

1 11. Als er nach Hause kam und seine Mutter zur Sprache
brachte, was er an diesem Tage und was er der Reihe nach
an den übrigen Tagen im Zusammenhang mit den Mysterien
tun müsse, sagte er, er werde nichts davon tun und er habe
2 nicht vor, sich weihen zu lassen. Bei der Unterredung war
der Stiefvater zugegen. Sofort schrie die Frau, er könne wohl
nicht zehn Nächte darauf verzichten, bei der Hispala zu
schlafen. Unter der Wirkung der Lockmittel und Zauber-
tränke jener Schlange habe er weder vor seiner Mutter noch
vor seinem Stiefvater noch vor den Göttern Respekt. Zan-
kend trieben ihn auf der einen Seite seine Mutter, auf der
anderen sein Stiefvater mit vier Sklaven aus dem Haus heraus.

Der junge Mann begab sich von da zu seiner Tante Aebutia 3
und erzählte ihr den Grund, warum er von seiner Mutter her-
ausgeworfen worden war. Dann teilte er auf ihre Empfehlung
hin am folgenden Tag die Sache dem Konsul Postumius unter
vier Augen mit. Der Konsul befahl ihm, nach drei Tagen wie- 4
derzukommen, und entließ ihn. Er selbst erkundigte sich bei
seiner Schwiegermutter Sulpicia, einer würdevollen Frau, ob
sie eine alte Frau Aebutia vom Aventin kenne. Als sie antwor- 5
tete, sie kenne sie als eine rechtschaffene Frau vom alten
Schlag, sagte er, er müsse mit ihr zusammenkommen; sie solle
einen Boten zu ihr schicken, damit sie komme. Aebutia, nach 6
der gerufen worden war, kam zu Sulpicia, und kurz danach
brachte der Konsul, als wenn er zufällig dazugekommen wäre,
die Rede auf Aebutius, den Sohn ihres Bruders. Der Frau ka- 7
men die Tränen, und sie fing an, das Unglück des jungen
Mannes zu beklagen, den die um sein Vermögen gebracht
hätten, die es am wenigsten gedurft hätten, und der jetzt bei
ihr sei, von seiner Mutter hinausgeworfen, weil der brave
junge Mann sich nicht in Mysterien einweihen lassen wolle,
welche – die Götter möchten ihr gnädig sein – in dem Ruf
der Unzucht ständen.

12. Der Konsul glaubte, er habe über Aebutius zur Genüge 1
erfahren, daß er ein durchaus glaubwürdiger Gewährsmann
sei, entließ Aebutia und bat seine Schwiegermutter, sie solle
die Freigelassene Hispala aus derselben Gegend vom Aventin,
die in ihrer Nachbarschaft nicht unbekannt sei, zu sich kom-
men lassen; es gebe etwas, wonach er sich auch bei ihr erkun-
digen wolle.

Bei dieser Nachricht geriet Hispala in Bestürzung, weil sie, 2
ohne den Grund zu wissen, zu einer so hochgeborenen und
würdevollen Frau gerufen wurde. Nachdem sie die Liktoren
in der Vorhalle und das Gefolge des Konsuls und den Konsul
selbst erblickt hatte, verlor sie fast die Besinnung. Sie wurde 3

in den inneren Teil des Hauses geführt; der Konsul sagte in
Anwesenheit seiner Schwiegermutter, wenn sie sich vorge-
genommen habe, die Wahrheit zu sagen, brauche sie nicht be-
4 unruhigt zu sein. Das Versprechen solle sie sich entweder von
Sulpicia, einer solchen Frau, oder von ihm geben lassen. Sie
solle ihm darlegen, was im Hain der Stimula bei den Bacchana-
lien in der nächtlichen Mysterienfeier zu geschehen pflege.
5 Als die Frau das hörte, wurde sie von so großer Furcht und
Zittern an allen Gliedern befallen, daß sie lange kein Wort
6 hervorbringen konnte. Endlich faßt sie sich und sagte, sie sei
noch als Mädchen, als sie Sklavin gewesen sei, mit ihrer Her-
rin eingeweiht worden. Seit einigen Jahren, seit sie freigelas-
sen worden sei, wisse sie gar nicht mehr, was dort geschehe.
7 Schon allein das lobte der Konsul, daß sie nicht in Abrede
stellte, sie sei eingeweiht worden; aber sie solle auch das an-
8 dere mit derselben Aufrichtigkeit darlegen. Als sie leugnete,
weiter noch etwas zu wissen, sagte er, sie werde nicht die-
selbe Schonung und Nachsicht erfahren, wenn sie von einem
anderen überführt werde, als wenn sie von sich aus gestehe.
Der es von ihr gehört habe, habe ihm alles geschildert.

1 13. Die Frau glaubte, wie es auch war, daß zweifellos Aebu-
2 tius das Geheimnis verraten habe, warf sich Sulpicia zu Füßen
und begann sie zuerst zu bitten, sie solle das Gespräch einer
freigelassenen Frau mit ihrem Liebhaber doch nicht zu einer
ernsten Angelegenheit und sogar zu einer Sache auf Tod und
Leben machen. Sie habe das gesagt, um ihn abzuschrecken,
3 nicht weil sie etwas wisse. Da sagte Postumius zornentbrannt,
auch jetzt glaube sie wohl noch mit ihrem Liebhaber Aebutius
zu scherzen, nicht im Haus einer sehr würdevollen Frau und
mit dem Konsul zu sprechen. Und Sulpicia hob die Zitternde
auf und sprach ihr Mut zu und besänftigte zugleich den Zorn
4 ihres Schwiegersohnes. Endlich faßte sich Hispala, erhob hef-
tige Vorwürfe gegen die Treulosigkeit des Aebutius, der ihr,

die sich um ihn sehr verdient gemacht habe, solchen Dank
erwiesen habe, und sagte, sie habe große Furcht vor den Göt- 5
tern, deren geheime Weihen sie verrate, aber noch viel grö-
ßere vor den Menschen, die sie als Verräterin mit ihren eige-
nen Händen zerreißen würden. Deshalb bitte sie Sulpicia und 6
den Konsul darum, sie sollten sie an einen Ort außerhalb
Italiens schicken, wo sie den Rest ihres Lebens in Sicherheit
verbringen könne. Der Konsul forderte sie auf, guten Muts zu 7
sein, und sagte, er werde dafür sorgen, daß sie in Rom in
Sicherheit wohnen könne. Da berichtete Hispala über den 8
Ursprung der Mysterien:

Es sei zuerst eine Kultstätte für Frauen gewesen, und man
habe keinen Mann dort zuzulassen gepflegt. Sie hätten drei
feste Tage im Jahr gehabt, an denen man am Tage in die
Bacchusmysterien eingeweiht habe, und man habe als Prie-
sterinnen im Wechsel verheiratete Frauen zu wählen gepflegt.
Die Kampanerin Paculla Annia habe als Priesterin, wie auf Ge- 9
heiß der Götter, alles geändert; denn sie habe als erste auch
Männer eingeweiht, ihre Söhne Minius und Herennius Cerin-
nius, und sie habe aus der Kulthandlung bei Tage eine bei
Nacht gemacht, und anstelle von drei Tagen im Jahr habe sie
fünf Tage in jedem Monat für die Kultfeiern festgesetzt. Seit- 10
dem die Mysterien gemeinschaftlich seien und das Miteinan-
der von Männern und Frauen und die Ungebundenheit der
Nacht dazugekommen sei, sei keine Untat und keine Schand-
tat dort unterblieben. Es gebe mehr Unzucht von Männern
untereinander als mit Frauen. Wenn welche die Schande nicht 11
über sich ergehen lassen wollten und weniger Bereitschaft zu
einer Untat zeigten, würden sie wie Opfertiere geschlachtet.
Nichts für unerlaubt zu halten, das sei das höchste Gebot
unter ihnen. Männer weissagten, als wenn sie von Sinnen 12
wären, unter ekstatischem Hin- und Herwerfen ihres Körpers;
verheiratete Frauen liefen im Aufzug von Bacchantinnen mit

aufgelöstem Haar und mit brennenden Fackeln zum Tiber
hinab, hielten die Fackeln ins Wasser und zögen sie mit un-
versehrter Flamme wieder heraus, da natürlicher Schwefel mit
13 Kalk darin sei. Man sage, von den Göttern seien die Menschen
geraubt worden, die sie an eine Maschine bänden und in ver-
borgenen Höhlen verschwinden ließen; das seien die, die sich
entweder geweigert hätten, den Eid zu leisten oder die
Schandtaten mitzumachen oder Unzucht mit sich treiben zu
14 lassen. Es sei eine gewaltige Menge, fast schon ein zweites
Volk, darunter auch einige Männer und Frauen aus bekannten
Familien. In den letzten beiden Jahren sei der Brauch aufge-
kommen, daß keiner eingeweiht werde, der älter sei als zwan-
zig Jahre. Man suche die Altersstufe einzufangen, die für
Aberglauben und Unzucht empfänglich sei.

1 14. Als sie mit ihrer Aussage fertig war, fiel sie ihm wieder
zu Füßen und wiederholte dieselbe Bitte, daß er sie weg-
2 schicke. Der Konsul bat seine Schwiegermutter, einen Teil
ihres Hauses frei zu machen, damit Hispala dort einziehe. Ihr
wurde das Obergeschoß über dem Haus gegeben, das einen
Zugang zum Haus hatte, und die Treppe, die auf die Straße
3 ging, wurde verriegelt. Alle Sachen der Faecenia wurden so-
gleich herübergeschafft und ihre Sklaven herbeigerufen. Und
Aebutius erhielt den Befehl, zu einem Klienten des Konsuls
zu ziehen.

Nachdem so die beiden, die die Anzeige gemacht hatten, in
seiner Hand waren, brachte Postumius die Sache vor den Senat
und berichtete alles der Reihe nach, was ihm zuerst angezeigt
worden war und was er dann im Verhör herausgefunden hatte.
4 Die Senatoren ergriff gewaltige Angst, sowohl um den Staat,
daß diese Komplotte und nächtlichen Zusammenkünfte heim-
liche Verbrechen oder Gefahr herbeiführten, vor allem aber
auch persönlich um jeden ihrer Angehörigen, daß einer in die-
ses Vergehen verwickelt sei.

Der Senat beschloß aber, dem Konsul seinen Dank dafür 5
auszusprechen, daß er dieser Sache mit einzigartiger Sorgfalt
und ohne Unruhe auszulösen auf die Spur gekommen sei.
Daraufhin übertrugen sie den Konsuln die Untersuchung 6
wegen der Bacchanalien und der nächtlichen Mysterienfeiern
mit außerordentlicher Vollmacht[17]; sie forderten sie auf, dafür
zu sorgen, daß diese Sache Aebutius und Faecenia, die die An-
zeige gemacht hatten, keinen Schaden bringe, und andere
durch Belohnungen zu einer Anzeige zu ermuntern. Die Prie- 7
ster dieser Mysterien, seien es Männer oder Frauen, sollten
nicht nur in Rom, sondern in allen Markt- und Gerichtsorten
aufgespürt werden, damit die Konsuln sie in der Hand hätten.
Außerdem sollte in der Stadt Rom bekanntgegeben und durch
ganz Italien die Bekanntmachung geschickt werden, daß kei- 8
ner, der in die Bacchusmysterien eingeweiht sei, sich zu
Mysterienfeiern versammeln oder zusammenkommen noch
etwas von solchem Kult ausüben dürfe. Vor allem sollte eine
Untersuchung gegen die geführt werden, die sich versammelt
oder den Eid geleistet hätten, um Unzucht oder Schandtaten
zu verüben. Dies beschloß der Senat.

Die Konsuln befahlen den kurulischen Ädilen, alle Priester 9
dieses Kultes aufzuspüren und die Verhafteten bis zur Unter-
suchung in freier Haft[18] zu halten. Die plebejischen Ädilen
sollten dafür sorgen, daß keine Mysterienfeiern im geheimen
begangen würden. Die Dreierkommission, in deren Hand der 10
Strafvollzug lag und die für die Sicherheit in der Stadt zu sor-
gen hatte, erhielt den Auftrag, in der Stadt Nachtwachen zu
verteilen und darauf zu achten, daß keine nächtlichen Zu-
sammenkünfte stattfänden und daß vorsorglich Maßnahmen
gegen Brandstiftung getroffen würden; und als Gehilfen der
Dreierkommission sollten fünf Männer diesseits und jenseits
des Tiber jeder die Oberaufsicht über die Gebäude seines Be-
zirks haben.

1 15. Nachdem die Beamten zu diesen Aufgaben entlassen worden waren, stiegen die Konsuln auf die Rednerbühne, und nachdem die Volksversammlung einberufen worden war und der Konsul die feierliche Gebetsformel beendet hatte, die die Beamten gewöhnlich vorher sprechen, bevor sie das Volk anreden, begann er so:

2 «Mitbürger, für keine Volksversammlung ist je diese feierliche Anrufung der Götter so passend und notwendig gewesen, die euch daran erinnern soll, daß es nur die Götter gibt, die zu verehren, zu ehren und im Gebet anzurufen eure Vor-
3 fahren angeordnet haben, und nicht jene, die mit verkehrten und ausländischen Zeremonien die Gemüter betören und wie mit den Stacheln der Furien zu jedem Verbrechen und zu jeder
4 Ausschweifung treiben. Ich kann nicht herausfinden, was ich verschweigen soll noch wieweit ich mich auslassen soll. Wenn ihr etwas nicht wißt, fürchte ich, daß ich Anlaß gebe zur Gleichgültigkeit; wenn ich alles enthülle, daß ich euch einen
5 allzu großen Schrecken einjage. Ihr müßt wissen, daß alles, was ich sagen werde, noch zu wenig ist im Verhältnis zu der Abscheulichkeit und der Bedeutung der Sache; daß es ausreicht, uns Sicherheit zu verschaffen, darum werden wir uns bemühen.

6 Daß es schon längst in ganz Italien Bacchanalien gibt und jetzt auch an vielen Stellen in unserer Stadt, habt ihr, wie ich bestimmt weiß, nicht nur gerüchtweise erfahren, sondern auch aus dem nächtlichen Lärm und Geheul, das in der ganzen
7 Stadt ertönt; aber ihr wißt nicht, was das bedeutet. Die einen glauben, es sei irgendeine Verehrung der Götter, die anderen, es sei ein erlaubtes ausgelassenes Spiel und es hätten, was es
8 auch sei, nur wenige damit zu tun. Was ihre Menge betrifft, so müßt ihr auf der Stelle heftig erschrecken, wenn ich euch sage, daß es viele tausend Menschen sind, und nicht hinzu-
9 füge, wer das ist und von welcher Art sie sind. Zuerst also

sind ein großer Teil Frauen, und das ist die Quelle dieses
Übels gewesen; dann Männer, die die größte Ähnlichkeit
mit Frauen haben, die Unzucht mit sich treiben lassen und
selbst Unzucht treiben, Schwärmer und durch das Wachsein,
den Wein und das nächtliche Getöse und Geschrei in Ekstase
Versetzte. Das Komplott hat bis jetzt noch keine Macht, aber 10
einen gewaltigen Zuwachs an Macht, weil es von Tag zu Tag
mehr werden.

Eure Vorfahren haben nicht einmal gewollt, daß ihr euch 11
von ungefähr zufällig versammelt, außer wenn die Fahne auf
der Burg[19] aufgesteckt war und das Bürgerheer[20] wegen der
Wahlen auf das Marsfeld geführt wurde oder wenn die Tribunen
für die Plebs eine Versammlung angeordnet hatten
oder einer der Beamten zur Volksversammlung gerufen hatte;
und überall, wo eine Menge war, dort, meinten sie, müsse
auch ein gesetzlicher Leiter der Menge sein. Welcher Art, 12
glaubt ihr, sind erstens nächtliche Zusammenkünfte und dann
solche von Frauen und Männern miteinander? Wenn ihr wüß- 13
tet, in welchem Alter die Männer stehen, die eingeweiht werden,
würden sie euch nicht nur jammern, sondern ihr würdet
euch auch schämen. Meint ihr, Mitbürger, daß junge Männer,
die durch diesen Eid eingeweiht worden sind, Soldaten
werden dürfen? Daß man diesen, wenn sie aus der Kultstätte
der Unsittlichkeit herausgeführt worden sind, Waffen anvertrauen
darf? Werden diese, die mit der Unzucht ganz besudelt 14
sind, die mit ihnen getrieben worden ist und die sie mit anderen
getrieben haben, für die Keuschheit eurer Frauen und
Kinder mit der Waffe kämpfen?

16. Es wäre jedoch weniger wichtig, wenn sie nur durch ihr 1
schimpfliches Tun weibisch geworden wären – das war zum
großen Teil ihre eigene Schande – und ihre Hände von Untaten
und ihren Geist von Verbrechen ferngehalten hätten. Nie- 2
mals hat es im Staat ein so großes Übel gegeben, in das mehr

Menschen verwickelt waren und das mehr zur Folge hatte. Ihr müßt wissen, daß jede Ausschweifung, jede Freveltat, jedes Verbrechen, das in diesen Jahren begangen worden ist, von dieser einen Kultstätte seinen Ausgang genommen hat.
3 Und noch sind nicht alle Untaten herausgekommen, zu denen sie sich verschworen haben. Bisher beschränkt sich dieses gottlose Komplott noch auf Vergehen gegen Privatleute, weil sie noch nicht genug Kraft dazu haben, den Staat zu vernichten. Doch das Übel wächst und breitet sich täglich weiter aus. Schon ist es zu groß, als daß es sich mit dem privaten Bereich begnügen könnte; es richtet seinen Blick auf den ganzen
4 Staat. Wenn ihr nicht Vorsorge trefft, Mitbürger, kann schon eine Volksversammlung in der Nacht genauso stark sein wie diese am Tage, die gesetzmäßig vom Konsul einberufen worden ist. Jetzt fürchten jene euch – die einzelnen die Gemeinschaft, die die Volksversammlung bildet; sofort aber, wenn ihr in eure Häuser und auf euer Land auseinandergegangen seid, werden jene sich versammeln und werden zugleich über ihre Rettung und euer Verderben beraten. Dann muß jeder einzelne von euch ihre Gemeinschaft fürchten.

5 Ein jeder von euch muß also wünschen, daß alle seine Angehörigen bei gesundem Verstand sind. Wenn einen Ausschweifung, wenn einen Raserei in jenen Strudel weggerissen hat, soll man der Meinung sein, daß er zu jenen gehört, mit denen er sich zu jeder Schandtat und Untat verschworen hat, nicht
6 zu einem selbst. Ich bin nicht ohne Sorge, daß auch einer von euch, ihr Mitbürger, durch die Irrlehre zu Fall kommt. Denn nichts hat einen so trügerischen Schein wie verkehrte Reli-
7 giosität. Wo der Wille der Götter zum Vorwand für Verbrechen genommen wird, befällt den Menschen Furcht, daß wir, indem wir die Verbrechen von Menschen bestrafen, etwas von dem göttlichen Recht verletzen, das damit verflochten ist. Von dieser abergläubischen Furcht befreien euch unzäh-

lige Entscheidungen der Pontifices, Beschlüsse des Senats und
schließlich Auskünfte der Haruspices. Wie oft ist diese Auf- 8
gabe in der Zeit unserer Väter und Großväter den Beamten
gestellt worden, die Ausübung fremdländischer Kulthandlun-
gen zu verbieten, Winkelpriester und Wahrsager vom Forum,
dem Circus und der Stadt fernzuhalten, Wahrsagebücher zu
suchen und zu verbrennen und jeden Opferritus, der nicht rö-
mischem Herkommen entsprach, abzuschaffen! Denn die Män- 9
ner, die sich auf das göttliche und menschliche Recht am besten
verstanden, waren der Meinung, daß nichts in gleicher Weise
zur Zersetzung der Religion führe, als wenn nicht nach dem hei-
mischen, sondern nach fremdländischem Ritus geopfert werde.

Ich glaubte, dieses müsse euch vorweg gesagt werden, da- 10
mit nicht irgendeine abergläubische Besorgnis eure Gemüter
beunruhigt, wenn ihr seht, daß wir die Stätten der Bacchus-
mysterien zerstören und die ruchlosen Versammlungen aus-
einandertreiben. Wir werden alles mit der Gnade und Huld 11
der Götter tun. Weil diese empört darüber waren, daß ihre
Göttlichkeit durch Verbrechen und Ausschweifungen besu-
delt wurde, haben sie diese aus dem geheimen Dunkel ans
Licht gezogen, und sie haben sie nicht sichtbar werden lassen,
damit sie straflos blieben, sondern damit sie bestraft und
unterdrückt würden.

Der Senat hat mir und meinen Amtsgenossen wegen dieser 12
Sache eine Untersuchung mit außerordentlicher Vollmacht
übertragen. Wir werden das, was wir selbst tun müssen, un-
ermüdlich vollziehen; die Verantwortung für die nächtlichen
Wachtposten in der Stadt haben wir den niedrigeren Beamten
übertragen. Es ist recht und billig, daß auch ihr, soweit sich 13
eure Obliegenheiten erstrecken, unermüdlich leistet, was be-
fohlen wird, jeder an der Stelle, an die er gestellt wird, und
daß ihr euch Mühe gebt, daß aus den Verbrechen der Schul-
digen keine Gefahr und keine Unruhe erwächst.»

1 17. Sie befahlen dann, die Senatsbeschlüsse zu verlesen, und
versprachen dem, der eine Anzeige machte, eine Belohnung,
wenn einer ihnen einen brachte oder den Namen eines Ab-
2 wesenden angab. Wenn einer angegeben worden war und floh,
würden sie für ihn einen bestimmten Termin festsetzen; wenn
er sich bis dahin auf die Vorladung hin nicht gestellt habe,
werde er in Abwesenheit verurteilt werden. Wenn einer von
denen, die jetzt außerhalb Italiens seien, angegeben werde,
würden sie ihm einen größeren Spielraum geben, wenn er
3 kommen wolle, um sich zu verteidigen. Dann ordneten sie an,
daß keiner im Zusammenhang mit einer Flucht etwas verkau-
fen oder kaufen dürfe; keiner solle Flüchtige aufnehmen, ver-
stecken oder in irgendeiner Form unterstützen.

4 Nachdem die Volksversammlung entlassen war, herrschte
in der ganzen Stadt großer Schrecken. Und er beschränkte
sich nicht nur auf die Mauern der Stadt und das Gebiet von
Rom, sondern überall in ganz Italien begann man unruhig zu
werden aufgrund von Briefen, die man von Gastfreunden er-
hielt und in denen über den Senatsbeschluß, die Volksver-
sammlung und den Erlaß der Konsuln berichtet war.

5 In der Nacht, die auf den Tag folgte, an dem in der Volks-
versammlung die Sache vor die Öffentlichkeit gebracht wor-
den war, wurden viele, da Posten rings um die Tore aufge-
stellt waren, auf der Flucht von der Dreierkommission festge-
nommen und zurückgebracht. Viele wurden angezeigt. Einige
6 von diesen, Männer und Frauen, nahmen sich das Leben. Über
7000 Männer und Frauen sollten den Eid geleistet haben. Es
stand aber fest, daß die Häupter des Komplotts M. und
C. Atinius aus der römischen Plebs waren und der Falisker
7 L. Opicernius und der Kampaner Minius Cerinnius. Von die-
sen seien alle Untaten und Schandtaten ausgegangen, diese
vor allem seien die Priester und Gründer dieses Kultes. Man
bemühte sich, sie so bald wie möglich zu verhaften. Sie wur-

den vor die Konsuln geführt, legten ein Geständnis ab und zögerten ihre Aussage nicht hinaus.

18. Es flohen aber so viele aus der Stadt, daß die Prätoren 1
T. Maenius und M. Licinius vom Senat gezwungen wurden, weil vielen das Klagerecht und der Rechtsanspruch verlorenging[21], die Gerichtsverhandlungen auf den dreißigsten Tag zu verschieben, bis die Untersuchungen durch die Konsuln abgeschlossen waren. Dieselbe Verlassenheit der Stadt zwang 2
die Konsuln, weil sich die, die angezeigt worden waren, in Rom nicht stellten und man sie nicht finden konnte, durch die Marktorte ringsum zu ziehen und dort ihre Untersuchungen durchzuführen und Gericht zu halten.

Die nur eingeweiht waren und nach der heiligen Formel, 3
die der Priester vorsprach, die Gebete gesprochen hatten, in denen die verruchte Verschwörung zu jeder Untat und Ausschweifung enthalten war, aber von den Dingen, zu denen sie sich durch den Eid verpflichtet hatten, nichts an sich oder anderen hatten geschehen lassen, die ließen sie im Gefängnis. Die durch Unzucht oder Mord schuldig geworden waren, die 4
durch falsches Zeugnis, durch falsche Siegel, durch Testamentsunterschiebung und andere Verbrechen besudelt waren, an denen ließen sie die Todesstrafe vollstrecken. Es wurden 5
mehr hingerichtet als ins Gefängnis geworfen. Bei beiden Gruppen war eine große Anzahl Männer und Frauen. Die ver- 6
urteilten Frauen übergaben sie den Verwandten oder denen, in deren Hand sie waren, damit diese selbst zu Hause die Strafe an ihnen vollzogen; wenn kein geeigneter Vollstrecker der Todesstrafe da war, wurde die Strafe vom Staat vollzogen.

Den Konsuln wurde dann der Auftrag gegeben, alle Stätten 7
der Bacchusmysterien zunächst in Rom, dann in ganz Italien zu zerstören, außer wenn dort ein alter Altar oder ein heiliges Götterbild war.

8 Für die Zukunft wurde dann durch einen Senatsbeschluß
verfügt, daß in Rom und in Italien keine Bacchanalien statt-
finden sollten; wenn einer glaube, eine solche Kulthandlung
sei durch die Sitte geheiligt und sei notwendig und er könne
sie nicht ohne religiöse Bedenken und ohne Sünde unterlassen,
solle er es bei dem Stadtprätor angeben, und der Prätor solle
9 den Senat befragen; wenn es ihm gestattet worden sei, wobei
im Senat mindestens hundert anwesend sein müßten, solle
er diese Kulthandlung vollziehen dürfen, aber nur, wenn
nicht mehr als fünf an der Opferhandlung teilnähmen und
wenn es keine gemeinsame Kasse und keine Vorsteher oder
Priester bei den Kulthandlungen gebe[22].

1 19. Ein anderer Senatsbeschluß wurde dann auf Antrag des
Konsuls Q. Marcius gefaßt, der mit diesem zusammenhing:
Über die, welche die Anzeigen bei den Konsuln gemacht
hatten, solle erneut vor dem Senat beraten werden, wenn
Sp. Postumius seine Untersuchungen durchgeführt habe und
2 nach Rom zurückgekehrt sei. Sie beschlossen, den Kampaner
Minius Cerinnius nach Ardea ins Gefängnis zu schicken und
den Behörden in Ardea einzuschärfen, ihn besonders sorgfältig
zu bewachen, nicht nur, damit er nicht entfliehe, sondern
damit er keine Gelegenheit habe, sich das Leben zu nehmen.
3 Sp. Postumius kam erheblich später nach Rom. Als er eine
Belohnung für P. Aebutius und Hispala Faecenia beantragte,
weil durch sie die Bacchanalien aufgedeckt worden seien,
4 beschloß der Senat, die Stadtquästoren sollten jedem von
ihnen 100000 As aus der Staatskasse geben; und der Konsul
solle mit den Volkstribunen verhandeln, daß sie so bald wie
möglich vor dem Volk den Antrag stellten, daß P. Aebutius
vom Kriegsdienst befreit sein solle, wenn er nicht freiwillig
diene, und daß der Zensor ihm nicht gegen seinen Willen ein
5 Staatspferd anweisen solle[23]; und Faecenia Hispala solle das
Recht zur Übertragung und zur teilweisen Veräußerung

ihres Vermögens[24], das Recht, aus ihrer Sippe[25] heraus zu heiraten, und das Recht zur freien Wahl eines Vormundes ebenso haben, als wenn es ihr ein Mann im Testament gegeben hätte[26], und ihr solle erlaubt sein, einen Freigeborenen zu heiraten, und es solle dem, der sie heirate, daraus kein
Nachteil oder Schimpf erwachsen[27]; und die Konsuln und 6
Prätoren, die jetzt im Amt seien oder es später sein würden, sollten dafür sorgen, daß dieser Frau kein Unrecht geschehe und daß sie sicher sei. Das wolle der Senat und halte es für recht, daß es so geschehe.

Dies alles wurde vor das Volk gebracht und geschah ent- 7
sprechend dem Senatsbeschluß. Die Entscheidung über die Straffreiheit und die Belohnung der übrigen, die eine Anzeige gemacht hatten, wurde den Konsuln übertragen.

Die Verteilung der Truppen

20. Und nachdem Q. Marcius die Untersuchungen in seinem 1
Gebiet abgeschlossen hatte, machte er sich schon daran, in seine Provinz, das Gebiet der Ligurer, aufzubrechen[28]; er hatte 3000 römische Fußsoldaten und 150 Reiter und von den Bundesgenossen und Latinern 5000 Fußsoldaten und 200 Rei-
ter als Ersatz erhalten. Auch sein Amtsgenosse sollte dieselbe 2
Provinz und dieselbe Anzahl Fußsoldaten und Reiter erhalten. Sie übernahmen die Heere, die im vorigen Jahr die Konsuln C. Flaminius und M. Aemilius gehabt hatten.

Außerdem erhielten sie den Auftrag, zwei neue Legionen 3
aufgrund eines Senatsbeschlusses aufzustellen. Sie forderten von den Bundesgenossen und Latinern 20000 Fußsoldaten und 800 Reiter an und zogen 3000 römische Fußsoldaten und
200 Reiter ein; dieses ganze Heer bis auf die Legionen sollte 4
nach Spanien geführt werden als Ersatz für das dortige Heer.

Solange die Konsuln selbst durch ihre Untersuchungen gehindert wurden, übertrugen sie deshalb dem T. Maenius die Durchführung der Aushebung.

Der Krieg in Ligurien

5 Nach Abschluß seiner Untersuchungen brach Q. Marcius als
6 erster in das Gebiet der ligurischen Apuaner auf. Während er
ihnen tief in die abgelegenen Wälder hinein folgte, die für sie
immer Versteck und Zuflucht gewesen waren, wurde er in
einer vorher besetzten Enge auf ungünstigem Gelände um-
7 zingelt. Er verlor 4000 Soldaten, und drei Feldzeichen der
zweiten Legion und 19 Fahnen[29] der Bundesgenossen und
Latiner gerieten in die Hand der Feinde und viele Waffen,
die überall weggeworfen wurden, weil sie auf der Flucht über
8 die Waldwege hinderlich waren. Die Ligurer hörten eher mit
der Verfolgung auf als die Römer mit der Flucht.

9 Sobald der Konsul aus dem Gebiet der Feinde entkommen
war, löste er das Heer in einem ruhigen Gebiet auf, damit
sich nicht zeigte, wie sehr die Truppen zusammengeschmol-
10 zen waren. Aber er konnte die Kunde von seinem Mißerfolg
doch nicht aus der Welt schaffen; denn die Schlucht, aus der
ihn die Ligurer verjagt hatten, wurde Marcius-Schlucht genannt.

Der Krieg in Spanien

1 21. Etwa in der Zeit, als diese Nachrichten aus dem Liguri-
schen bekannt wurden, wurde ein Brief aus Spanien verlesen,
2 der Trauer vermischt mit Freude auslöste. C. Atinius, der vor
zwei Jahren als Prätor in diese Provinz[30] aufgebrochen war,
kämpfte mit den Lusitanern im Gebiet von Hasta in offener

Feldschlacht. An die 6000 Feinde wurden erschlagen, die
übrigen zersprengt und in die Flucht gejagt und ihr Lager
genommen. Dann führte er seine Legionen zum Sturm auf die 3
Stadt Hasta. Auch diese nahm er in einem nicht viel härteren
Kampf als das Lager; aber als er sich ziemlich unvorsichtig
den Mauern näherte, wurde er getroffen und starb wenige
Tage später an der Wunde.

Nachdem der Brief über den Tod des Proprätors vorgelesen 4
worden war, ordnete der Senat an, es solle einer geschickt
werden, der dem C. Calpurnius zum Hafen Luna folgen und
ihm mitteilen solle, der Senat halte es für angebracht, daß er
eilends aufbreche, damit die Provinz nicht ohne Oberbefehl
sei. Am vierten Tag kam der, der geschickt worden war, 5
nach Luna; wenige Tage vorher war Calpurnius aufgebrochen.

Und im Diesseitigen Spanien kämpfte L. Manlius Acidinus, 6
der in derselben Zeit wie C. Atinius in die Provinz gegangen
war, in einer Schlacht mit den Keltiberern. Man trennte sich 7
unentschieden, nur daß die Keltiberer von dort in der nächsten Nacht wegzogen und die Römer so Gelegenheit erhielten,
ihre Gefallenen zu begraben und die Waffen der erschlagenen
Feinde zu sammeln.

Wenige Tage später hatten die Keltiberer ein größeres 8
Heer zusammengezogen und reizten von sich aus bei der
Stadt Calagurris die Römer zum Kampf. Es ist nicht über- 9
liefert, warum sie schwächer geworden waren, obwohl ihre
Zahl gewachsen war. Sie wurden im Kampf besiegt; ungefähr
12000 Mann wurden erschlagen, mehr als 2000 gefangen,
und die Römer bemächtigten sich ihres Lagers. Und wenn 10
nicht der Nachfolger durch seine Ankunft dem Schwung des
Siegers Einhalt geboten hätte, wären die Keltiberer unterworfen worden.

Die beiden neuen Prätoren führten ihre Heere ins Winterlager.

Spiele

1 22. Während der Tage, an denen diese Nachrichten aus Spanien kamen, wurden die Taurischen Spiele[31] zwei Tage lang aus religiösen Gründen gefeiert.

Dann veranstaltete M. Fulvius zehn Tage lang glänzend ausgestattete Spiele, die er im Ätolerkrieg gelobt hatte[32].
2 Ihm zu Ehren kamen viele Künstler aus Griechenland. Damals wurde den Römern auch zum erstenmal ein Ringerwettkampf[33] als Schauspiel geboten, und eine Tierhetze auf Löwen und Panther[34] fand statt, und es wurde ein Spiel gefeiert, das fast eine Fülle und Buntheit wie in unserer Zeit aufwies.

Himmelszeichen und ihre Sühnung

3 Ein neuntägiges Opfer fand dann statt, weil es in Picenum drei Tage Steine geregnet hatte und weil man nachdrücklich sagte, an vielen Stellen habe sich Feuer vom Himmel gezeigt und die Kleider mehrerer Menschen durch einen leichten Anhauch versengt.

4 Auf Beschluß der Pontifices wurde noch ein eintägiger Bittgang hinzugefügt, weil der Tempel der Ops auf dem Kapitol vom Blitz getroffen worden war. Die Konsuln brachten nach der Vorschrift voll ausgewachsene Opfertiere dar und entsühnten die Stadt.

5 Gleichzeitig wurde aus Umbrien gemeldet, man habe einen Zwitter im Alter von ungefähr zwölf Jahren entdeckt. Um das Unheil von sich abzuwenden, befahl man, das unnatürliche Geschöpf vom Gebiet Roms fernzuhalten und so bald wie möglich zu töten.

Das Eindringen von Galliern in Oberitalien

In demselben Jahr kamen Gallier aus dem Land jenseits der 6
Alpen[35] nach Venetien[36] hinüber und nahmen, ohne das Land
zu verwüsten oder Krieg zu führen, nicht weit von der Stelle,
wo jetzt Aquileja liegt, einen Platz in Besitz, um dort eine
Stadt zu gründen. Als römische Gesandte deswegen über die 7
Alpen geschickt wurden, erhielten sie die Antwort, diese
seien nicht aufgrund einer Empfehlung ihres Volkes auf-
gebrochen, und sie wüßten auch nicht, was sie in Italien
täten.

Die Spiele des L. Scipio

L. Scipio feierte zu dieser Zeit zehn Tage lang die Spiele, die 8
er, wie er sagte, im Antiochuskrieg gelobt hatte[37]; das Geld
dazu war ihm von den Königen und Gemeinden zur Ver-
fügung gestellt worden. Valerius Antias berichtet, er sei 9
nach seiner Verurteilung und dem Verkauf seiner Güter als
Gesandter nach Asien geschickt worden, um die Streitigkei-
ten zwischen den Königen Antiochus und Eumenes zu
schlichten; damals sei ihm das Geld zur Verfügung gestellt 10
und es seien Scharen von Künstlern in Asien zusammenge-
zogen worden, und während diese Spiele nach dem Kriege, in
dem sie angeblich gelobt worden waren, nicht erwähnt worden
seien, sei darüber erst nach seiner Gesandtschaft im Senat
verhandelt worden[38].

Beamtenwahlen

23. Als das Jahr schon zu Ende ging, wollte Q. Marcius in 1
Abwesenheit sein Amt niederlegen. Sp. Postumius hatte die
Untersuchungen mit höchster Zuverlässigkeit und Sorgfalt

durchgeführt und leitete die Wahlen. App. Claudius Pulcher und M. Sempronius Tuditanus wurden zu Konsuln gewählt.
2 Am folgenden Tag wurden P. Cornelius Cethegus, A. Postumius Albinus, C. Afranius Stellio, C. Atilius Serranus, L. Postumius Tempsanus und M. Claudius Marcellinus Prätoren.

Beschluß zur Wiederbesiedlung von Sipontum und Buxentum

3 Der Konsul Sp. Postumius hatte gemeldet, er habe, als er wegen der Untersuchungen an beiden Küsten Italiens unterwegs war, die Kolonien Sipontum am Adriatischen Meer und Buxentum am Tyrrhenischen Meer verlassen gefunden;
4 daher wurde am Ende des Jahres, um Siedler für diese Orte in eine Liste einzutragen, auf Senatsbeschluß von dem Prätor T. Maenius eine Dreierkommission eingesetzt, die aus L. Scribonius Libo, M. Tuccius und Cn. Baebius Tamphilus bestand.

Die Ursachen für den Dritten Makedonischen Krieg

5 Der Krieg mit König Perseus und den Makedonen[39], der drohte, hatte seine Ursachen nicht da, wo die meisten vermuten, und nicht bei Perseus selbst. Die ersten Anfänge liegen bei Philipp, und er selbst hätte diesen Krieg geführt, wenn
6 er länger gelebt hätte. Eine Sache quälte ihn vor allem, als ihm nach seiner Niederlage[40] die Bedingungen auferlegt wurden: daß ihm vom Senat das Recht genommen worden war, an den Makedonen, die im Krieg von ihm abgefallen
7 waren[41], seine Wut auszulassen; denn weil Quinctius die Angelegenheit bei den Friedensverhandlungen[42] offengelassen hatte, hatte er die Hoffnung nicht aufgegeben, er könne es noch erreichen.

Als König Antiochus dann in der Schlacht bei den Ther- 8
mopylen besiegt und die Aufgaben verteilt worden waren[43],
hatte an denselben Tagen der Konsul Acilius Heraclea und
Philipp Lamia angegriffen; nach der Einnahme von Heraclea 9
erhielt er aber den Befehl, von den Mauern von Lamia abzu-
ziehen, und die Stadt ergab sich den Römern; daran hatte er
schwer getragen. Der Konsul besänftigte seinen Zorn; denn 10
als er selbst nach Naupactus eilte, wohin sich die Ätoler auf
der Flucht zurückgezogen hatten, erlaubte er Philipp, Atha-
manien und Amynander anzugreifen[44] und die Städte, welche
die Ätoler den Thessalern abgenommen hatten[45], seinem
Reich anzugliedern. Ohne großen Kampf hatte er Amynander 11
aus Athamanien vertrieben und einige Städte eingenommen.
Auch Demetrias, eine starke und in jeder Hinsicht günstig 12
gelegene Stadt, und die Völkerschaft der Magnesier hatte er
unter seine Herrschaft gebracht[46]. Dann nahm er auch in 13
Thrakien einige Städte, in denen es durch Streitigkeiten der
führenden Männer – ein Übel, das mit der neuen und noch
ungewohnten Freiheit zusammenhing – zu Unruhen gekom-
men war, indem er sich der Parteien annahm, die in der innen-
politischen Auseinandersetzung besiegt wurden[47].

24. Hierdurch wurde der Zorn des Königs gegen die Römer 1
für den Augenblick besänftigt. Niemals jedoch hörte er auf,
im Frieden seine Streitkräfte zu sammeln, um sie zum Krieg
zu gebrauchen, wenn sich die Gelegenheit dazu ergab. Er 2
vergrößerte die Einnahmen seines Königreiches nicht nur
durch die Abgaben auf den Bodenertrag und die Hafenzölle,
sondern er nahm auch die alten Bergwerke, die stillgelegt
worden waren, wieder in Betrieb und legte an vielen Stellen
neue an. Um aber die alte Bevölkerungszahl, die sich durch 3
die Verluste im Krieg verringert hatte, wiederherzustellen,
sorgte er nicht nur für Nachwuchs aus seinem Volk, indem
er alle zwang, Kinder zu zeugen und aufzuziehen[47a], sondern 4

er hatte auch eine große Menge Thraker nach Makedonien
hinübergeführt[48], und als er eine Zeitlang vor Kriegen Ruhe
hatte, war er mit aller Sorgfalt darum bemüht gewesen, die
Machtmittel seines Königreiches zu vergrößern.

5 Es stellten sich dann aber wieder Gründe ein, die von neuem
6 seinen Zorn gegen die Römer weckten. Die Klagen der
Thessaler und Perrhäber wegen der Städte, von denen er
Besitz ergriffen, und die der Gesandten von König Eumenes
wegen der thrakischen Städte, die er gewaltsam besetzt, und
wegen der Menge, die er nach Makedonien hinübergeführt
hatte, waren so angehört worden, daß man deutlich merkte,
7 daß man darüber nicht hinweggehen werde[49]. Vor allem hatte
es den Senat beunruhigt, zu hören, daß er schon nach dem
Besitz von Aenus und Maronea trachtete. Weniger kümmer-
8 ten sie sich um die Thessaler. Auch Gesandte aus Athamanien
waren gekommen, die sich nicht über den Verlust eines Teiles
ihres Landes und Gebietes beklagten, sondern daß ganz
Athamanien unter die Gewalt und die Gerichtsbarkeit des
9 Königs gekommen sei[50]. Und Verbannte aus Maronea waren
gekommen, die vertrieben worden waren, weil sie die Sache
der Freiheit gegenüber der Besatzung des Königs verteidigt
hatten; diese berichteten, nicht nur Maronea, sondern auch
Aenus befinde sich in der Hand Philipps.

10 Es waren auch Gesandte von Philipp gekommen, um ihn
dagegen zu rechtfertigen; sie versicherten, es sei nichts ohne
11 die Erlaubnis der römischen Feldherrn geschehen. Die Ge-
meinden der Thessaler, Perrhäber und Magnesier und die
Völkerschaften der Athamanen mit Amynander seien in der-
12 selben Rechtslage gewesen wie die Ätoler. Nach dem Sieg
über König Antiochus habe der Konsul, der mit der Erobe-
rung der ätolischen Städte beschäftigt war, Philipp geschickt,
um diese Gemeinden zurückzuerobern; mit Waffengewalt
bezwungen, leisteten sie ihm Gehorsam.

Um nichts in Abwesenheit des Königs festzusetzen, schickte 13
der Senat Q. Caecilius Metellus, M. Baebius Tamphilus und
Tib. Sempronius als Gesandte, um diese Streitigkeiten zu
schlichten. Gleich nach ihrer Ankunft wurde beim Tempetal 14
in Thessalien für alle Gemeinden, die mit dem König im
Streit lagen, eine Zusammenkunft angesetzt[51].

25. Als sie dort Platz genommen hatten, die römischen 1
Gesandten als Schiedsrichter, die Thessaler, Perrhäber und
Athamanen als sehr entschlossene Ankläger, Philipp, um die
Vorwürfe anzuhören wie ein Angeklagter, sprach jeder von 2
den Führern der Gesandtschaften seinem Wesen entsprechend,
entweder aufgrund seines guten Einvernehmens mit
Philipp oder aufgrund seines Hasses schärfer oder milder.
Bei dem Streit ging es aber darum, ob Philippopolis, Tricca, 3
Phaloria und Eurymenae und die anderen Städte in ihrer Umgebung
zu Thessalien gehört und ob die Ätoler sie mit Ge- 4
walt genommen und besetzt hätten – denn daß Philipp sie den
Ätolern weggenommen hatte, stand fest – oder ob diese
Städte seit alters ätolisch gewesen seien. Denn Acilius habe 5
sie dem König dann überlassen, wenn sie ätolisch gewesen
seien und wenn sie freiwillig, nicht mit Waffengewalt gezwungen,
auf der Seite der Ätoler ständen. Bei der Verhand- 6
lung über die Städte der Perrhäber und Magnesier ging es
um dieselbe Frage; denn die Ätoler hatten die Rechtsverhältnisse
von allen durcheinandergebracht, indem sie Besitz ergriffen,
wo sich Gelegenheit bot.

Zu dem, worüber verhandelt wurde, kamen die Klagen der 7
Thessaler hinzu, daß Philipp diese Städte, wenn sie ihnen jetzt
zurückgegeben würden, beraubt und verödet zurückgeben
werde. Denn abgesehen von denen, die durch das Kriegs- 8
geschick umgekommen seien, habe er 500 angesehene junge
Männer nach Makedonien weggeführt und mißbrauche sie
zu Sklavenarbeiten, und er habe dafür gesorgt, daß er das,

was er gezwungen den Thessalern zurückgegeben habe, so
9 zurückgab, daß es nicht mehr zu gebrauchen war. Das
Phthiotische Theben sei einst der einzige Seehandelsplatz für
die Thessaler gewesen, einträglich und gewinnbringend; dort
habe der König Handelsschiffe bauen lassen, die an Theben
vorbei Kurs auf Demetrias nehmen sollten, und habe allen
10 Seehandel dorthin abgezogen. Schon schrecke er nicht einmal
vor der Verletzung von Gesandten zurück, die nach dem bei
allen Völkern geltenden Recht unverletzlich seien; er habe
denen, die zu T. Quinctius gingen, nach dem Leben getrach-
11 tet[52]. Daher seien also alle Thessaler in so große Furcht ver-
setzt, daß in ihren Städten und auf den gemeinsamen Land-
tagen der Völkerschaft niemand den Mund aufzutun wage.
Denn die Römer, denen sie ihre Freiheit zu verdanken hät-
ten, seien weit weg. Ihnen sitze ein schwer zu ertragender
Herr im Nacken, der sie hindere, die Wohltaten des römi-
12 schen Volkes zu genießen. Was aber sei frei, wenn es die Rede
nicht sei? Jetzt, im Vertrauen auf die Gesandten und unter
ihrem Schutz, seufzten sie mehr, als daß sie sprächen. Wenn
die Römer nicht Vorsorge träfen, daß die Furcht der Grie-
chen, die Nachbarn Makedoniens seien, und die Frechheit
Philipps abnehme, hätten sie vergeblich jenen besiegt und sie be-
13 freit. Wie ein störrisches Pferd, das nicht gehorchen wolle, müsse
er mit schärferem Zaumzeug zur Ordnung gebracht werden.
14 Dies sagten bitter die letzten, während die früheren sanft
15 seinen Zorn beschwichtigt und ihn gebeten hatten, er möge
ihnen verzeihen, die für ihre Freiheit sprächen, und die
Strenge eines Herrn ablegen und sich daran gewöhnen, sich
als Bundesgenossen und Freund zu zeigen, und er solle das
römische Volk nachahmen, das seine Bundesgenossen mehr
durch Liebe als durch Furcht an sich binden wolle.

16 Nachdem die Thessaler gehört worden waren, sagten die
Perrhäber, Gonnocondylum, das Philipp Olympias genannt

habe, habe zu Perrhäbien gehört, und sie beantragten, daß es ihnen zurückgegeben werde; und wegen Malloea und Ericinium war die Forderung dieselbe.

Die Athamanen wollten ihre Freiheit wiederhaben und die 17
festen Plätze Athenaeum und Poetneum.

26. Um lieber den Anschein eines Anklägers als eines An- 1
geklagten zu erwecken, begann Philipp selbst mit Klagen und beschwerte sich: Die Thessaler hätten Menelais in Dolopien, das zu seinem Königreich gehört habe, mit Waffengewalt erobert; ebenso sei Petra in Pierien von denselben
Thessalern und Perrhäbern eingenommen worden. Xyniae, 2
zweifellos eine ätolische Stadt, hätten sie sich angeeignet, und Parachelois, das von Athamanien abhängig sei, sei ohne jedes
Recht thessalisch geworden. Denn von den Vorwürfen, die 3
gegen ihn erhoben würden, daß er Gesandten nach dem Leben getrachtet und daß er dafür gesorgt habe, daß Seehäfen viel
oder nicht angelaufen würden, sei das eine lächerlich, daß er 4
darüber Rechenschaft ablegen solle, welche Häfen die Kaufleute oder die Seeleute anliefen; das andere stehe in Wider-
spruch zu seinen Sitten. Es seien so viele Jahre, in denen die 5
Gesandten niemals gesäumt hätten, bald bei den römischen Feldherrn, bald in Rom beim Senat Vorwürfe gegen ihn zu erheben. Wer sei jemals auch nur durch ein Wort gekränkt
worden? Als einmal welche zu Quinctius gingen, solle er 6
ihnen nach dem Leben getrachtet haben! Aber was jenen geschehen sei, werde nicht hinzugefügt. Das seien Vorwürfe von Leuten, die nach etwas suchten, was sie fälschlich vor-
werfen könnten, da sie nichts anderes hätten. Unverschämt 7
und maßlos mißbrauchten die Thessaler die Nachsicht des römischen Volkes, als wenn sie nach langem Durst allzu
gierig die reine Freiheit tränken; so erprobten sie wie Sklaven, 8
die wider Erwarten plötzlich freigelassen worden seien, die Zügellosigkeit des Wortes und der Sprache und brüsteten

sich mit Beschimpfungen und Schmähungen gegen ihre Her-
9 ren. Er ließ sich dann vom Zorn hinreißen und sagte, es sei
noch nicht aller Tage Abend. Dieses drohende Wort bezogen
nicht nur die Thessaler auf sich, sondern auch die Römer.

10 Und als sich die Unruhe, die nach diesem Wort entstanden
war, endlich gelegt hatte, antwortete er dann den Gesandten
der Perrhäber und Athamanen, die Lage der Gemeinden, von
11 denen jene sprächen, sei dieselbe. Der Konsul Acilius und die
Römer hätten sie ihm gegeben, als sie den Feinden gehörten.
12 Wenn die, die sie ihm gegeben hätten, ihm ihr Geschenk
wegnehmen wollten, wisse er, daß er nachgeben müsse; aber
sie würden unzuverlässigen und unnützen Bundesgenossen
zuliebe einem besseren und treueren Freund Unrecht antun.
13 Denn für nichts halte der Dank weniger lange an als für die
Freiheit, vor allem bei denen, die schlechten Gebrauch von
ihr machten und sie verfälschten.

14 Nachdem die Gesandten die Sache untersucht hatten,
gaben sie bekannt, die Besatzungen der Makedonen sollten
aus diesen Städten abgezogen werden und das Königreich
solle auf die alten Grenzen Makedoniens beschränkt werden.
Wegen der Ungerechtigkeiten, die sie nach ihren Klagen sich
gegenseitig zugefügt hätten, müsse ein Grundsatz zur Rechts-
findung aufgestellt werden, nach dem zwischen diesen Völ-
kerschaften und den Makedonen die Entscheidung getroffen
werden solle.

1 27. Der König war darüber sehr unwillig. Man brach dann
nach Thessalonice auf, um die Untersuchungen wegen der
thrakischen Städte durchzuführen.

2 Dort sagten die Gesandten des Eumenes, wenn die Römer
wollten, daß Aenus und Maronea frei seien, gebiete ihnen ihr
Ehrgefühl, nichts weiter zu sagen, als daß sie die Mahnung
aussprechen sollten, die Bewohner dieser Städte in Wirklich-
keit, nicht nur dem Wort nach frei zurückzulassen und nicht

zu dulden, daß ihr Geschenk von einem anderen geraubt
werde. Wenn sie aber weniger Interesse an den Gemeinden 3
in Thrakien hätten, sei es viel eher angebracht, daß das, was
unter der Herrschaft des Antiochus gestanden habe, als
Kriegslohn an Eumenes falle als an Philipp, entweder für die 4
Verdienste seines Vaters Attalus in dem Krieg, den das
römische Volk gegen Philipp selbst geführt habe, oder für
seine eigenen, weil er in dem Krieg gegen Antiochus zu Lande
und zu Wasser an allen Mühen und Gefahren Anteil gehabt
habe. Er habe außerdem die Vorentscheidung der zehn Ge- 5
sandten[53] in dieser Sache; als sie ihm die Chersones und Lysi-
machia gegeben hätten, hätten sie ihm in der Tat auch
Maronea und Aenus gegeben, die schon durch die Nähe ihres
Gebietes sozusagen Anhängsel des größeren Geschenkes
seien. Denn für welches Verdienst gegen das römische Volk 6
oder mit welchem Recht auf Herrschaft habe Philipp Besat-
zungen in diese Gemeinden gelegt, obwohl sie so weit von
den Grenzen Makedoniens entfernt seien? Sie sollten die
Leute aus Maronea rufen lassen. Von denen würden sie alles
über die Lage in diesen Gemeinden noch genauer erfahren.

Die Gesandten aus Maronea[54] wurden gerufen und sagten, 7
nicht nur an einer Stelle der Stadt sei die Besatzung des
Königs wie in anderen Städten, sondern an mehreren zu-
gleich, und Maronea sei voll von Makedonen. Deshalb herrsch- 8
ten die Schmeichler des Königs. Diese allein dürften in ihrem
Gemeinderat und in ihren Volksversammlungen sprechen,
diese besetzten selbst alle Ämter und vergäben sie auch an
andere. Gerade die Besten, denen die Freiheit und die Gesetze 9
am Herzen lägen, seien entweder aus ihrer Vaterstadt ver-
trieben und lebten in der Verbannung oder müßten, ohne
Ämter und schlechteren Männern untertan, schweigen. Auch 10
über die rechtliche Situation in der Grenzfrage fügten sie noch
einiges hinzu: Als Q. Fabius Labeo in dieser Gegend gewesen

sei[55], habe er als Grenze für Philipp die alte Königsstraße bestimmt, die sich Paroreia in Thrakien nähere, aber nirgendwo zum Meer abbiege; Philipp habe später eine neue Straße abweichend davon angelegt, durch die er die Städte und das Land von Maronea mit einbezog.

1 28. Darauf beschritt Philipp einen ganz anderen Weg der
Auseinandersetzung als kurz vorher gegen die Thessaler und
Perrhäber und sagte: «Nicht mit den Leuten von Maronea
und mit Eumenes, sondern mit euch, ihr Römer, habe ich
jetzt zu verhandeln, von denen ich, wie ich schon lange merke,
2 nichts erlange, was recht ist. Ich hielt es für recht, daß mir
die Gemeinden der Makedonen zurückgegeben wurden, die
von mir während des Waffenstillstands abgefallen waren[56],
nicht weil das ein großer Zuwachs zu meinem Reich gewesen
wäre – es sind nämlich kleine Städte, und sie liegen an den
äußersten Grenzen –, sondern weil dieses Beispiel von großer
Bedeutung war, um die übrigen Makedonen im Gehorsam
3 zu halten. Es wurde mir abgelehnt. Im Ätolerkrieg wurde ich
von dem Konsul M'. Acilius aufgefordert, Lamia anzugreifen,
und als ich mich dort lange mit Belagerungswerken und in
Gefechten abgemüht hatte und ich mich schon daran machte,
die Mauern zu übersteigen, rief der Konsul mich von der
schon fast eroberten Stadt zurück und zwang mich, meine
4 Truppen von dort abzuziehen. Zum Trost für dieses Unrecht
wurde mir erlaubt, einige feste Plätze Thessaliens, Perrhäbiens und bei den Athamanen einzunehmen – Städte kann
man sie kaum nennen. Sogar diese selbst habt ihr mir vor
5 wenigen Tagen abgenommen, Q. Caecilius. Die Gesandten
des Eumenes hielten es gerade eben, wenn es die Götter so
wollen, für unbestreitbar, daß es gerechter sei, wenn das,
was Antiochus gehabt habe, dem Eumenes gehöre als mir.
Ich aber bin der Meinung, daß es ganz anders ist. Eumenes
hätte nämlich seine Herrschaft verloren, wenn die Römer nicht

gesiegt hätten, ja sogar, wenn sie nicht Krieg geführt hätten.
So habt ihr euch um ihn verdient gemacht, nicht er sich um
euch. Mein Reich aber war so weit davon entfernt, daß auch 6
nur irgendein Teil davon in Gefahr war, daß ich, als Antio-
chus mir von sich aus 3000 Talente und 50 Schiffe mit Deck
und alle Städte Griechenlands, die ich vorher gehabt hatte,
als Lohn für ein Bündnis versprach, es verschmähte[57]. Ich 7
habe es vorgezogen, sein Feind zu sein, noch bevor M'. Acilius
sein Heer nach Griechenland hinüberschaffte. Und mit die-
sem Konsul habe ich jeden Teil des Krieges auf mich genom-
men, den er mir übertrug; und als der folgende Konsul 8
L. Scipio beschlossen hatte, sein Heer auf dem Landweg zum
Hellespont zu führen, habe ich ihm nicht nur den Durch-
marsch durch unser Königreich gestattet, sondern ich habe
sogar Straßen befestigt, Brücken gebaut und Proviant ge-
stellt, nicht nur in Makedonien, sondern auch in Thrakien, 9
wo unter anderem auch dafür gesorgt werden mußte, daß die
Barbaren Frieden hielten. Was gehörte sich da? Daß ihr, 10
Römer, für diesen meinen Eifer – um nicht zu sagen Ver-
dienst – euch gegenüber etwas hinzufügtet und mein Reich
in eurer Freigebigkeit vergrößertet und erweitertet? Oder
daß ihr mir entreißt, was ich nach meinem Recht oder durch
eure Wohltat habe, wie ihr es jetzt tut? Gemeinden der 11
Makedonen, die, wie ihr zugebt, zu meinem Königreich
gehört haben, werden mir nicht zurückgegeben. Eumenes
ist gekommen, um mich zu berauben, als wenn ich Antiochus
wäre, und beschönigt, wenn es den Göttern so gefällt, die
unverschämteste Rechtsverdrehung mit der Entscheidung
der zehn Gesandten, durch die er wie durch nichts anderes
widerlegt und auch überführt werden kann. Denn sehr be- 12
redt und sehr deutlich ist darin geschrieben, daß die Chersones
und Lysimachia dem Eumenes gegeben wird. Wo steht denn
da etwas von Aenus und Maronea und den thrakischen

Gemeinden? Was er von jenen nicht einmal zu fordern gewagt hat, wird er das bei euch behaupten, als wenn er es von jenen erlangt hätte?

13 Es kommt darauf an, als was ihr mich betrachten wollt. Wenn ihr euch vorgenommen habt, mich wie einen Gegner und Feind zu verfolgen, dann fahrt fort, so zu handeln, wie
14 ihr angefangen habt. Wenn es aber noch irgendeine Rücksicht auf mich als auf einen verbündeten und befreundeten König gibt, dann bitte ich euch, nicht zu glauben, daß ich ein solches Unrecht verdiene.»

1 29. Die Rede des Königs beeindruckte die Gesandten sehr. Deshalb ließen sie die Sache in der Schwebe und gaben eine hinhaltende Antwort: Wenn diese Gemeinden durch die Entscheidung der zehn Abgesandten dem Eumenes gegeben
2 worden seien, änderten sie nichts daran; wenn Philipp sie im Krieg eingenommen hätte, werde er sie nach Kriegsrecht als Siegespreis behalten; wenn beides nicht der Fall sei, solle dem Senat die Entscheidung vorbehalten bleiben, und damit alles im ursprünglichen Zustand bleibe, sollten die Besatzungen, die in diesen Städten seien, abgezogen werden.

3 Hauptsächlich diese Streitigkeiten entfremdeten Philipp den Römern, so daß man sehen kann, daß der Krieg nicht von seinem Sohn Perseus wegen neuer Streitigkeiten vom Zaune gebrochen, sondern ihm aufgrund dieser Streitigkeiten von seinem Vater als Vermächtnis hinterlassen worden ist.

4 In Rom dachte niemand an einen Krieg mit Makedonien.

Der Triumph des L. Manlius über Spanien

Der Prokonsul L. Manlius war aus Spanien zurückgekehrt. Als er vom Senat im Tempel der Bellona[58] einen Triumph forderte, hätte er ihn aufgrund seiner Leistungen wohl erhalten kön-

nen; aber die Tradition stand dem entgegen, da es nach der 5
Sitte der Vorfahren so eingerichtet war, daß keiner, der sein
Heer nicht wieder in die Heimat geführt hatte, einen Triumph
feiern durfte, es sei denn, er habe seine Provinz seinem Nach-
folger völlig bezwungen und unterworfen übergeben. Es wurde
ihm jedoch eine Ehre erwiesen, die in der Mitte lag: im kleinen
Triumph[59] in die Stadt einzuziehen. Er ließ 50 goldene 6
Kränze vorbeitragen, außerdem 132 Pfund Gold und 16300
Pfund Silber und kündigte im Senat an, der Quästor Q. Fabius 7
bringe 10000 Pfund Silber und 80 Pfund Gold heran; auch das
werde er in den Staatsschatz legen.

Der Sklavenaufstand in Apulien

In diesem Jahr kam es zu einem großen Sklavenaufstand in 8
Apulien. Der Prätor L. Postumius hatte Tarent als Amts- 9
bereich. Er führte die Untersuchung über die Verschwörung
der Hirten, die die Straßen und das Weideland im Gemein-
besitz unsicher gemacht hatten, streng durch. Ungefähr 7000
Menschen verurteilte er. Viele flohen darauf, an vielen wurde
die Todesstrafe vollstreckt.

Der Aufbruch der Konsuln aus Rom

Die Konsuln, die lange durch Aushebungen bei der Stadt zu- 10
rückgehalten worden waren, brachen endlich in ihre Amts-
bereiche auf.

Der Krieg in Spanien

30. Im selben Jahr führten in Spanien die Prätoren C. Calpur- 1
nius und L. Quinctius bei Beginn des Frühlings ihre Truppen

aus dem Winterlager, vereinigten sie in Bäturien und rückten
nach Karpetanien vor, wo das Lager der Feinde war, ent-
schlossen, den Krieg nach einem gemeinsamen Plan zu führen.
2 Nicht weit von den Städten Dipo und Toletum kam es zu
einem Kampf zwischen den Futterholern, und während man
ihnen von beiden Seiten aus dem Lager zu Hilfe eilte, wurden
3 allmählich alle Truppen in die Schlacht geworfen. Bei diesem
ungeordneten Gefecht war sowohl das vertraute Gelände wie
auch die Art des Kampfes für den Feind von Vorteil. Die bei-
den römischen Heere wurden geschlagen und in das Lager ge-
4 trieben. Die Feinde setzten den Entmutigten nicht nach. Da-
mit nicht am nächsten Tag das Lager angegriffen wurde, führ-
ten die römischen Prätoren in der Stille der nächsten Nacht
auf ein stummes Zeichen hin das Heer weg.

5 Im Morgengrauen hatten die Spanier ihr Heer zur Schlacht
aufgestellt und kamen an den Wall heran, drangen in das La-
ger ein, das sie wider Erwarten leer fanden, und plünderten,
was bei der nächtlichen Verwirrung zurückgelassen worden
war; dann kehrten sie in ihr Lager zurück und blieben wenige
6 Tage ruhig in dem Standlager. Von den Römern und Bundes-
genossen fielen im Kampf an die 5000; ihre Rüstungen nah-
men die Feinde und bewaffneten sich damit.

7 Von dort zogen sie zum Tagus. Die römischen Prätoren be-
nutzten inzwischen diese ganze Zeit, um von den verbündeten
Stämmen der Spanier Hilfstruppen zusammenzuziehen und
um nach dem Schrecken der ungünstig verlaufenen Schlacht
8 den Mut der Soldaten wieder zu beleben. Sobald sie stark ge-
nug zu sein glaubten und auch die Soldaten schon nach dem
Feind verlangten, um die vorausgegangene Schmach zu til-
gen, brachen sie auf und schlugen zwölf Meilen vom Tagus
9 entfernt ihr Lager auf. Von dort rückten sie in der dritten
Nachtwache aus und gelangten in einem Karree[60] beim ersten
10 Licht des Tages an das Ufer des Tagus. Auf der anderen Seite

des Flusses war auf einem Hügel das Lager der Feinde. Sofort
führten sie durch die Untiefen, die der Fluß an zwei Stellen
sichtbar werden ließ, ihre Heere hinüber, auf der rechten
Seite Calpurnius, auf der linken Quinctius. Der Feind blieb
dabei ruhig, während er sich über ihre plötzliche Ankunft
wunderte und sich beriet; dabei hätte er in dem Durcheinan-
der beim Überschreiten des Flusses eine Panik auslösen kön-
nen. Inzwischen hatten die Römer auch ihren ganzen Troß 11
hinübergeführt und an einer Stelle zusammengezogen; weil
sie sahen, daß der Feind sich jetzt in Bewegung setzte, und
weil keine Zeit blieb, ein festes Lager aufzuschlagen, ordneten
sie ihr Heer zur Schlacht. Im Zentrum standen die fünfte 12
Legion des Calpurnius und die achte des Quinctius. Das war
der Kern des ganzen Heeres. Sie hatten ein offenes Feld bis
zum Lager der Feinde und brauchten daher keinen Hinterhalt
zu fürchten.

31. Als die Spanier auf ihrer Seite des Flusses zwei Kolonnen 1
der Römer erblickten, strömten sie plötzlich aus dem Lager
und stürzten sich in den Kampf, um sie anzugreifen, bevor sie
sich vereinigen und ordnen konnten. Am Anfang war der 2
Kampf furchtbar, da die Spanier durch den jüngst errungenen
Sieg kampfbegierig und die römischen Soldaten über die un-
gewohnte Schande aufgebracht waren. Am heftigsten kämpfte 3
das Zentrum der Schlachtreihe, die beiden überaus tapferen
Legionen. Als der Feind merkte, daß diese anders nicht von
der Stelle verdrängt werden konnten, begann er in Keilforma-
tion zu kämpfen, und in immer größerer Zahl und immer
dichter bedrängten sie das Zentrum. Nachdem der Prätor 4
Calpurnius sah, daß dort die Schlachtreihe in Gefahr geriet,
schickte er eilends die Legaten T. Quinctilius Varus und L. Ju-
ventius Talna; jeder sollte eine Legion anfeuern. Er befahl 5
ihnen, sie darauf hinzuweisen und daran zu erinnern, daß alle
Hoffnung auf den Sieg und die Behauptung Spaniens auf ihnen

ruhe. Wenn sie von der Stelle wichen, werde keiner von diesem Heer Italien oder auch nur das jenseitige Ufer des Tagus je-
6 mals wiedersehen. Er selbst machte mit den Reitern der beiden Legionen einen kleinen Bogen und stürmte dann von der Seite her auf den Keil der Feinde zu, der das Zentrum der
7 Schlachtreihe bedrängte. Quinctius drang mit den Reitern der Bundesgenossen auf die andere Flanke der Feinde ein. Aber die Reiter des Calpurnius kämpften weitaus heftiger,
8 und der Prätor vor den anderen. Denn er erschlug als erster einen Feind und mischte sich so mitten unter sie, daß man kaum erkennen konnte, zu welcher der beiden Parteien er ge-
9 hörte. Und die Reiter wurden durch die außerordentliche Tapferkeit des Prätors angefeuert, und durch die der Reiter auch die Fußsoldaten. Scham packte die Kommandanten der Kohorten, die den Prätor zwischen den Waffen der Feinde erblickten. Deshalb drängten sie jeder für sich die Feldzeichenträger, ließen die Feldzeichen vortragen und die Soldaten so-
10 gleich folgen. Erneut erhoben alle das Feldgeschrei und machten einen Angriff wie von oben herab. Nicht anders also wie ein Wildbach rissen sie die Bestürzten weg und schlugen sie zu Boden, und da einer über den anderen angriff, konnten sie
11 nicht aufgehalten werden. Die Feinde flohen in das Lager, und die Reiter verfolgten sie und gelangten, unter die Schar der Feinde gemischt, hinter den Wall, wo der Kampf von denen, die als Bedeckung des Lagers zurückgelassen worden waren, wieder aufgenommen wurde. Die römischen Reiter wurden
12 gezwungen, von den Pferden zu springen. Während sie kämpften, kam die fünfte Legion dazu; dann strömten alle Truppen
13 heran, wie sie es konnten. Überall im ganzen Lager wurden die Spanier erschlagen, und nicht mehr als 4000 Mann entkamen. Von diesen besetzten ungefähr 3000, die ihre Waffen behalten hatten, einen Berg in der Nähe, 1000 zerstreuten
14 sich, größtenteils halbbewaffnet, über die Felder. Es waren

über 35000 Feinde gewesen, von denen nur ein so kleiner Teil
den Kampf überlebte. 133 Feldzeichen wurden erbeutet. Von 15
den Römern und den Bundesgenossen fielen mehr als 600 und
von den Hilfstruppen aus der Provinz ungefähr 150. Der Verlust 16
von fünf Kriegstribunen und einigen römischen Rittern erweckte den Eindruck, als sei der Sieg besonders blutig gewesen.

Sie blieben im Lager der Feinde, weil sie selbst keine Zeit
gehabt hatten, ein eigenes festes Lager aufzuschlagen. Vor der 17
Heeresversammlung wurden die Reiter am nächsten Tag gelobt und von Calpurnius mit Stirn- und Halsschmuck für die Pferde ausgezeichnet, und er gab bekannt, daß vor allem durch ihren Einsatz die Feinde geschlagen und das Lager eingenommen und erobert worden sei. Quinctius, der andere 18
Prätor, zeichnete seine Reiter mit Ketten und Spangen aus. Ausgezeichnet wurden auch sehr viele Zenturionen aus dem Heer der beiden, vor allem solche, die im Zentrum der Schlachtreihe gestanden hatten.

Der Krieg in Ligurien

32. Die Konsuln beendeten die Aushebungen und die anderen 1
Dinge, die in Rom getan werden mußten, und führten dann ihr Heer in ihren Amtsbereich[61], das Gebiet der Ligurer.
Sempronius brach von Pisae aus in das Gebiet der ligurischen 2
Apuaner auf, verwüstete ihre Felder, setzte ihre Dörfer und festen Plätze in Brand und bahnte sich einen Weg durch das
waldige Bergland bis zur Macra und dem Hafen Luna. Die 3
Feinde besetzten einen Berg, den alten Sitz ihrer Vorfahren; aber nachdem das schwierige Gelände überwunden war, wurden sie von dort im Kampf hinabgeworfen.

Und App. Claudius war im Gebiet der ligurischen Ingauner 4
genauso glücklich und so tapfer wie sein Amtsgenosse und

siegte in einigen Kämpfen. Außerdem eroberte er sechs von ihren Städten. Viele tausend Menschen nahm er in ihnen gefangen; 43, die für den Krieg verantwortlich waren, ließ er mit dem Beil hinrichten.

Beamtenwahlen

5 Schon näherte sich die Zeit der Wahlen. Claudius kam jedoch,
weil sein Bruder P. Claudius sich um das Konsulat bewarb,
eher nach Rom als Sempronius, dem das Los zugefallen war,
6 die Wahlen durchzuführen. P. Claudius hatte als Mitbewerber
die Patrizier L. Aemilius, Q. Fabius und Ser. Sulpicius Galba,
die sich schon früher beworben hatten und sich jetzt wieder
um das Amt bewarben, als wenn sie nach ihren Wahlnieder-
lagen einen größeren Anspruch darauf hätten, weil es ihnen
7 zuerst abgeschlagen worden war. Auch weil es nicht erlaubt
war, daß mehr als einer aus dem Kreis der Patrizier gewählt
wurde, war die Bewerbung für die vier Kandidaten weniger
8 aussichtsreich. Die Plebejer, die sich bewarben, waren eben-
falls beliebte Leute, L. Porcius, Q. Terentius Culleo und
Cn. Baebius Tamphilus. Auch diese waren schon früher durch-
gefallen und machten sich Hoffnung, sie würden endlich ein-
9 mal das Amt erlangen. Claudius war als einziger von allen ein
neuer Kandidat. Nach der Meinung der Leute hatten zweifel-
los Q. Fabius Labeo und L. Porcius Licinus die besten Aus-
10 sichten. Aber der Konsul Claudius eilte ohne Liktoren mit
seinem Bruder auf dem ganzen Forum von einem zum andern,
während die Gegner und der größte Teil des Senates laut rie-
11 fen, er müsse sich eher daran erinnern, daß er der Konsul des
römischen Volkes als daß er der Bruder des P. Claudius sei.
Warum sitze er nicht auf der Tribüne und zeige sich als
Schiedsrichter oder stiller Zuschauer bei der Wahl? Doch man
12 konnte seinem maßlosen Eifer keine Schranken setzen. Auch

durch heftige Streitigkeiten unter den Volkstribunen, die entweder gegen den Konsul oder für seine Interessen kämpften, wurde die Wahlhandlung einige Male gestört, bis Appius erzwang, daß Fabius geschlagen wurde und er seinen Bruder
mit Mühe durchbrachte. Gewählt wurde P. Claudius Pulcher 13
wider sein eigenes Erwarten und das der übrigen. L. Porcius Licinus behauptete seinen Platz, weil unter den Plebejern mit maßvollem Eifer gekämpft wurde, nicht mit der Heftigkeit der Claudier.

Darauf fanden die Prätorenwahlen statt. C. Decimius Fla- 14
vus, P. Sempronius Longus, P. Cornelius Cethegus, Q. Naevius Matho, C. Sempronius Blaesus und A. Terentius Varro wurden Prätoren.

Dies geschah in dem Jahr, in dem App. Claudius und 15
M. Sempronius Konsuln waren, zu Hause und im Felde.

Senatsverhandlungen über die Lage in Makedonien und Griechenland

33. Am Anfang des folgenden Jahres berichteten zunächst 1
Q. Caecilius, M. Baebius und Tib. Sempronius, die zur Schlichtung des Streites zwischen den Königen Philipp und Eumenes und den Gemeinden der Thessaler geschickt worden waren,
über ihre Gesandtschaft. Dann führten die Konsuln P. Clau- 2
dius und L. Porcius auch die Gesandten dieser Könige und der
Gemeinden in den Senat. Es wurde dasselbe von beiden Seiten 3
wiederholt, was vor den Gesandten in Griechenland gesagt worden war.

Darauf beschloß der Senat, eine andere, neue Gesandtschaft unter Führung des App. Claudius nach Griechenland und Makedonien zu schicken, um zu überprüfen, ob den Thessalern und Perrhäbern ihre Gemeinden zurückgegeben worden
seien. Ihnen wurde weiter aufgetragen, von Aenus und Ma- 4

ronea sollten die Besatzungen abgezogen und die ganze Meeresküste Thrakiens solle von Philipp und den Makedonen befreit werden.

5 Sie erhielten auch den Befehl, die Peloponnes aufzusuchen, von wo die frühere Gesandtschaft weggegangen war und die Dinge verworrener zurückgelassen hatte, als wenn sie nicht gekommen wären[62]. Denn unter anderem waren sie sogar ohne Antwort entlassen worden, und trotz ihrer Aufforderung war der Landtag der Achäer für sie nicht zusammengetreten.
6 Darüber beklagte sich Q. Caecilius sehr, und zugleich jammerten die Spartaner[63], daß ihre Mauern geschleift, daß die einfachen Leute nach Achaia weggeführt und verkauft worden seien und daß man ihnen die Gesetze des Lycurgus genommen habe, auf denen ihre Gemeinde bis zu diesem Tag geruht habe.
7 Die Achäer entschuldigten sich für die Verweigerung eines Landtages vor allem damit, daß sie ein Gesetz vorlasen, das verbot, einen Landtag einzuberufen, wenn es nicht um Krieg oder Frieden ging und wenn Gesandte vom Senat mit einem
8 Brief oder mit schriftlichen Aufträgen kämen. Damit das später nicht mehr als Entschuldigung dienen könne, erklärte ihnen der Senat, sie müßten dafür sorgen, daß römische Gesandte immer Gelegenheit bekämen, vor den Landtag ihres Bundes zu treten, wie auch für sie, so oft sie wollten, eine Senatssitzung stattfinde.

Die Ereignisse in Makedonien

1 34. Als diese Gesandtschaften entlassen worden waren, wurde Philipp von seinen Leuten[64] benachrichtigt, er müsse die Gemeinden räumen und die Besatzungen abziehen. Gegen alle Welt aufgebracht, ließ er seinen Zorn an den Bewohnern von
2 Maronea aus. Dem Onomastus, der das Kommando an der

Meeresküste hatte, trug er auf, die Führer der Gegenpartei zu
töten. Jener ließ durch einen gewissen Casander, einen von
den Leuten des Königs, der schon lange in Maronea wohnte,
bei Nacht die Thraker herein und richtete ein Blutbad an, als
wenn die Stadt im Kriege erobert worden wäre.

Die römischen Gesandten beklagten sich darüber[65], daß man 3
sich so grausam gegen die unschuldigen Bewohner von Maro-
nea und so überheblich gegen das römische Volk verhalten
habe, daß man die, denen auf Beschluß des Senates die Frei-
heit wiedergegeben werden sollte, wie Feinde hingeschlachtet
habe; vor ihnen stritt derselbe Mann ab, daß er oder einer
seiner Leute mit dieser Sache etwas zu tun habe. Infolge inne- 4
rer Zerwürfnisse hätten sie miteinander gekämpft, da die
einen ihre Gemeinde auf seine Seite, die anderen sie auf die des
Eumenes bringen wollten. Das würden sie leicht erkennen, 5
wenn sie die Bewohner von Maronea selbst befragten. Er war
sicher, daß alle von dem Schrecken über das so frische Blutbad
noch bestürzt waren und daß niemand es wagen werde, gegen
ihn den Mund aufzutun. Appius sagte, eine so offenkundige 6
Sache brauche nicht untersucht zu werden, als ob es einen
Zweifel gebe. Wenn Philipp die Schuld von sich abwälzen
wolle, solle er Onomastus und Casander, durch die, wie man
sage, die Sache ausgeführt worden sei, nach Rom schicken,
damit der Senat sie befragen könne. Zuerst beunruhigte diese 7
Äußerung den König so sehr, daß seine Farbe und seine Miene
sich änderte; dann nahm er sich endlich zusammen und sagte,
wenn sie es unbedingt wollten, werde er Casander schicken,
der in Maronea gewesen sei. Was habe aber Onomastus, der 8
nicht nur nicht in Maronea, sondern nicht einmal in der Nähe
gewesen sei, mit dieser Sache zu tun? Er schonte den Onoma- 9
stus, einen Freund, der höher im Rang stand, mehr und fürch-
tete dessen Aussage auch erheblich mehr, weil er selbst die
Unterredung mit ihm gehabt hatte und er sein Helfershelfer

10 und Mitwisser in vielen solchen Fällen gewesen war. Mit Casander wurden Leute geschickt, die ihm durch Epirus zum Meer das Geleit geben sollten, und auch[66] er wurde, wie man glaubt, durch Gift aus dem Wege geschafft, damit nicht irgendwie etwas herauskomme.

1 35. Die Gesandten gingen von der Unterredung mit Philipp weg und machten kein Hehl daraus, daß ihnen nichts davon
2 gefalle, und auch Philipp war keineswegs im Zweifel, daß er wieder Krieg führen müsse. Weil jedoch seine Kräfte dazu noch nicht ausreichten, beschloß er, um Zeit zu gewinnen, seinen jüngeren Sohn Demetrius nach Rom zu schicken, um sich gegen die Vorwürfe zu rechtfertigen und zugleich um den
3 Zorn des Senates durch Bitten zu besänftigen; denn er war voll und ganz davon überzeugt, daß auch die Person des jungen Mannes etwas Einfluß ausüben werde, weil er in Rom als Geisel[67] ein Vorbild königlicher Art abgegeben hatte.

4 Inzwischen brach Philipp auf – unter dem Vorwand, den Bewohnern von Byzanz Hilfe zu bringen[68], in Wirklichkeit, um den Fürsten der Thraker Schrecken einzujagen. Er schlug sie in einem einzigen Kampf und nahm ihren Feldherrn Amadocus gefangen; dann kehrte er nach Makedonien zurück. Vorher hatte er noch Leute geschickt, um die Barbaren, die am Hister wohnen[69], aufzuwiegeln, in Italien einzufallen.

Die römische Gesandtschaft in der Peloponnes

5 Und in der Peloponnes wartete man auf die Ankunft der römischen Gesandten, denen befohlen worden war, von Makedonien aus nach Achaia zu gehen. Um ihnen gegenüber Pläne vorbereitet zu haben, berief der Stratege Lycortas eine Bun-
6 desversammlung ein. Dort wurde über die Spartaner verhandelt. Aus Feinden seien sie zu Anklägern geworden, und es

bestehe Gefahr, daß man sie nach ihrer Niederlage mehr
fürchten müsse als im Kriege. Denn im Krieg hätten die
Achäer die Römer als Bundesgenossen gehabt; jetzt seien die-
selben Römer den Spartanern mehr gewogen als den Achäern;
denn auch Areus und Alcibiades, die beiden Verbannten, die 7
durch ihre Gnade zurückgerufen worden seien, hätten eine
Gesandtschaftsreise nach Rom unternommen gegen den
Bund der Achäer, der sich um sie selbst so verdient gemacht
habe, und hätten so feindselig gesprochen, daß es so aussah,
als ob sie aus der Vaterstadt vertrieben, nicht als ob sie in sie
zurückgerufen worden wären[70]. Von allen Seiten erhob sich 8
Geschrei, er solle ihren Fall namentlich auf die Tagesordnung
setzen. Und da man sich in allem vom Zorn, nicht von der
Einsicht leiten ließ, wurden sie zum Tode verurteilt.

Wenige Tage später kamen die römischen Gesandten. Für
sie trat in Clitor in Arkadien die Bundesversammlung zusam-
men. 36. Bevor sie noch etwas verhandelten, kam den Achäern 1
die bange Ahnung, daß die Untersuchung nicht unter gleichen
Bedingungen durchgeführt werde, weil sie Areus und Alcibia- 2
des, die von ihnen auf der letzten Bundesversammlung zum
Tode verurteilt worden waren, unter den Gesandten sahen;
aber niemand wagte den Mund aufzutun. Appius erklärte, 3
das, worüber sich die Spartaner beim Senat beklagt hätten,
gefalle dem Senat nicht. Zuerst seien bei Compasium die er-
mordet worden, die Philopoemen vorgeladen habe, damit sie
sich verantworteten, und die daraufhin gekommen seien.
Nachdem gegen die Menschen so gewütet worden sei, daß 4
ihre Grausamkeit nichts ausließ, seien dann die Mauern der
hochberühmten Stadt geschleift, seien die sehr alten Gesetze
abgeschafft und sei die unter den Völkern berühmte Verfas-
sung des Lycurgus aufgehoben worden.

Als Appius das gesagt hatte, antwortete Lycortas, weil er 5
Stratege war und auch weil er zu der Partei Philopoemens ge-

hörte, der für alles, was in Sparta geschehen war, die Verant-
6 wortung trug, folgendermaßen: «Appius Claudius, für uns ist
eine Rede vor euch schwieriger, als sie es vor kurzem in Rom
7 vor dem Senat war. Damals nämlich mußte den Spartanern
geantwortet werden, die Anklage erhoben; jetzt sind wir von
euch selbst angeklagt und müssen uns auch vor euch recht-
8 fertigen. Dieses Unbillige unserer Lage nehmen wir auf uns in
der Hoffnung, daß du uns mit dem Geist eines Richters an-
hören und die Leidenschaft ablegen wirst, mit der du gerade
eben erst gesprochen hast. Da das, worüber sich die Spartaner
früher hier vor Q. Caecilius und später in Rom beklagt haben,
von dir gerade eben erst berichtet worden ist, werde ich jeden-
falls glauben, daß ich nicht dir, sondern jenen vor dir antworte.
9 Ihr werft uns den Mord an denen vor, die getötet worden
sind, als sie von dem Strategen Philopoemen vorgeladen wa-
ren, um sich zu verantworten. Ich glaube, daß dieser Vorwurf
nicht nur von euch, ihr Römer, gegen uns nicht erhoben wer-
den durfte, sondern nicht einmal vor euch. Wieso? Weil es in
dem Vertrag mit euch stand, daß die Spartaner den Küsten-
10 städten fernbleiben sollten. Als sie zu den Waffen gegriffen
hatten und in nächtlichem Angriff die Städte besetzten, denen
sie fernbleiben sollten, hätten zweifelsohne die Bewohner der
besetzten und überfallenen Städte, wenn T. Quinctius und
wenn ein römisches Heer wie früher in der Peloponnes gewe-
11 sen wäre, dort ihre Zuflucht gesucht. Da ihr aber weit weg
wart, wo hätten sie anders ihre Zuflucht suchen sollen als bei
uns, euren Bundesgenossen, die, wie sie gesehen hatten, früher
Gytheum Hilfe[71] gebracht und Sparta zusammen mit euch
12 aus ähnlichem Grund[72] angegriffen hatten? An eurer Stelle
also haben wir einen gerechten und frommen Krieg auf uns
genommen. Während andere ihn loben und nicht einmal die
Spartaner ihn tadeln können und auch die Götter selbst ihn
gutgeheißen und uns den Sieg gegeben haben, wie kommt

denn da das zur Verhandlung, was nach Kriegsrecht geschehen ist?

Mit dem größten Teil davon haben wir jedoch nichts zu
tun. Unsere Sache ist es, daß wir die vorgeladen haben, sich 13
zu verantworten, welche die Menge zu den Waffen gerufen
hatten, welche die Küstenstädte erobert hatten, welche sie
geplündert hatten, welche das Blutbad unter den führenden
Männern angerichtet hatten. Daß diese aber getötet worden 14
sind, als sie ins Lager kamen, ist eure Sache, Areus und Alci-
biades, die ihr uns jetzt anklagt, wenn es die Götter so wollen,
nicht unsere. Verbannte aus Sparta, zu denen auch diese bei- 15
den gehört haben, waren auch damals bei uns, und weil sie
sich die Küstenstädte als Wohnsitz ausgesucht hatten und
sich angegriffen glaubten, gingen sie auf diese Männer los;
denn sie waren darüber aufgebracht, daß sie, die aus ihrer
Vaterstadt verbannt waren, durch deren Tätigkeit nicht ein-
mal an ihrem Verbannungsort in Sicherheit alt werden konn-
ten. Spartaner also, nicht Achäer haben diese Spartaner ge- 16
tötet[73]. Und es bringt uns nicht weiter, Beweise anzuführen,
ob sie zu Recht oder zu Unrecht getötet worden sind.

37. ‹Aber jenes ist doch bestimmt euer Werk, ihr Achäer, 1
daß ihr die Gesetze und die sehr alte Verfassung des Lycurgus
aufgehoben und daß ihr die Mauern geschleift habt.› Dieses 2
kann nicht beides von denselben Leuten zum Anklagepunkt
gemacht werden, da den Spartanern die Mauern nicht von
Lycurgus errichtet worden sind, sondern erst vor wenigen
Jahren, um die Verfassung des Lycurgus umzustoßen[74]. Denn 3
Tyrannen[75] haben sie vor kurzem als Wehr und Bollwerk für
sich, nicht für die Bürgerschaft gebaut. Und wenn Lycurgus
heute aus der Unterwelt erscheinen würde, dürfte er sich wohl
über ihre Trümmer freuen und sagen, jetzt erkenne er seine
Vaterstadt und das alte Sparta wieder. Ihr, Spartaner, hättet 4
nicht auf Philopoemen und nicht auf die Achäer warten, son-

dern selbst mit euren eigenen Händen alle Spuren der Tyran-
5 nei beseitigen und niederreißen müssen. Denn es waren die
schimpflichen Kennzeichen eurer Sklaverei, und während ihr
ohne Mauern fast 800 Jahre lang Freie, einmal auch die füh-
rende Macht in Griechenland gewesen seid, wart ihr 100 Jahre
lang Sklaven, durch die Mauern gefesselt, als wenn man euch
Fußfesseln angelegt hätte.

6 Was die Abschaffung der Gesetze betrifft, so glaube ich,
daß die Tyrannen den Spartanern die alten Gesetze wegge-
nommen haben und daß wir ihnen nicht die ihren weggenom-
7 men haben, die sie nicht hatten, sondern daß wir ihnen unsere
Gesetze gegeben und nicht schlecht für ihre Gemeinde ge-
sorgt haben, indem wir sie zu einem Mitglied unseres Bundes
machten und sie mit uns vereinigten, damit es nur noch einen
8 Organismus und Bund auf der ganzen Peloponnes gebe. Ich
glaube, wenn wir damals selbst nach unseren Gesetzen gelebt
und ihnen andere auferlegt hätten, könnten sie sich beklagen,
daß sie nicht gleiches Recht hätten, und sich darüber em-
pören.

9 Ich weiß, App. Claudius, daß diese Rede, die ich bis jetzt
gehalten habe, weder eine von Bundesgenossen vor Bundes-
genossen noch die eines freien Volkes ist, sondern in Wahrheit
eine von Sklaven, die ihre Händel vor ihren Herren austragen.
10 Denn wenn die bekannten Worte des Herolds nicht eitel ge-
wesen sind, durch die ihr angeordnet habt, daß von allen als
erste die Achäer frei sein sollten[76], wenn der Vertrag[77] rechts-
gültig ist, wenn das Freundschaftsbündnis gleicherweise ge-
halten wird, warum frage ich dann nicht, was ihr Römer getan
habt, als Capua eingenommen war[78]? Ihr aber fordert Rechen-
schaft darüber, was wir Achäer mit den im Krieg besiegten
11 Spartanern gemacht haben? Einige sind getötet worden.
Nimm einmal an, von uns. Was soll man dazu sagen? Habt ihr
12 nicht kampanische Senatoren mit dem Beil enthauptet? Aber

wir haben die Mauern geschleift. Ihr habt nicht nur Mauern,
sondern die Stadt und das Land weggenommen. ‹Dem An- 13
schein nach›, sagst du, ‹gibt der Vertrag gleiche Rechte; in
Wahrheit aber ist für die Achäer die Freiheit ein Gnaden-
erweis, für die Römer auch Oberherrschaft.› Ich merke es, 14
Appius, und wenn ich es nicht darf, entrüste ich mich nicht
darüber. Aber ich bitte euch, es mag ein beliebig großer Un-
terschied sein zwischen den Römern und Achäern, es sollen
nur nicht unsere und eure Feinde gleiche Rechte bei euch
haben wie wir, eure Bundesgenossen, ja sogar noch größere.
Denn daß sie gleiche Rechte haben, dafür haben wir gesorgt, 15
als wir sie zu Mitgliedern des Achäischen Bundes machten.
Für die Besiegten ist zu wenig, was für die Sieger genug ist!
Die Feinde fordern mehr, als die Bundesgenossen haben! Was 16
durch einen Eid, was durch ein zum ewigen Gedächtnis in
Stein gemeißeltes Dokument[79] heilig und geweiht ist, das
wollen sie aufheben, wodurch wir des Meineids schuldig wür-
den. Wir haben zwar Respekt vor euch, ihr Römer, und, wenn 17
ihr so wollt, auch Furcht; aber mehr Respekt und mehr
Furcht haben wir vor den unsterblichen Göttern.»

Er wurde mit Zeichen des Beifalls vom größten Teil ange- 18
hört, und alle meinten, er habe entsprechend der Bedeutung
seines Amtes gesprochen, so daß man leicht sehen konnte, daß
die Römer, wenn sie milde reagierten, ihr Ansehen nicht be-
haupten konnten. Da sagte Appius, er rate den Achäern sehr, 19
die Römer freundlich zu stimmen, solange sie es von sich aus
noch tun könnten, damit sie es nicht bald unfreiwillig und ge-
zwungen täten. Alle seufzten zwar, als sie diese Worte hörten, 20
aber sie jagten ihnen Angst ein, die Aufforderung abzuschla-
gen. Sie baten nur darum, daß die Römer, was ihnen gut 21
schien, bei den Spartanern änderten und daß sie das Gewissen
der Achäer nicht dadurch belasteten, daß sie das für ungültig
erklärten, wozu sie sich durch einen Eid verpflichtet hätten.

Nur die Verurteilung des Areus und des Alcibiades, die neulich erfolgt war, wurde aufgehoben.

Die Verteilung der Amtsbereiche und der Truppen

1 38. In Rom wurde am Anfang dieses Jahres, als über die Amts-
bereiche der Konsuln und der Prätoren verhandelt wurde, für
die Konsuln das Gebiet der Ligurer bestimmt, weil nirgend-
2 wo anders Krieg war. Von den Prätoren erhielt durch das Los
C. Decimius Flavus die städtische Prätur, P. Cornelius
Cethegus die Rechtsprechung in den Prozessen zwischen
3 Bürgern und Ausländern, C. Sempronius Blaesus Sizilien,
Q. Naevius Matho Sardinien und den Auftrag, die Unter-
suchungen wegen Giftmischerei zu führen, A. Terentius
Varro das Diesseitige und P. Sempronius Longus das Jensei-
tige Spanien.

4 Aus diesen beiden Provinzen kamen ungefähr in dieser Zeit
5 die Legaten L. Juventius Talna und T. Quinctilius Varus. Sie
setzten den Senat davon in Kenntnis, welch großer Krieg in
Spanien jetzt zu Ende gebracht sei, und forderten zugleich,
daß die unsterblichen Götter wegen dieser so großen Erfolge
geehrt würden und daß den Prätoren erlaubt werde, ihr Heer
6 in die Heimat zu führen[80]. Ein zweitägiges Dankfest wurde
beschlossen. Zu der Frage, ob die Legionen in die Heimat ge-
führt werden sollten, ordnete man an, die Sache solle erneut
auf die Tagesordnung gesetzt werden, wenn über die Heere
der Konsuln und Prätoren verhandelt werde.

7 Wenige Tage später wurden jedem der beiden Konsuln für
das Gebiet der Ligurer zwei Legionen bewilligt, die App. Clau-
8 dius und M. Sempronius gehabt hatten. Wegen der Heere in
Spanien kam es zu einem großen Streit zwischen den neuen
Prätoren und den Freunden der abwesenden, des Calpurnius

und des Quinctius. Jede der beiden Parteien hatte ihre Volks- 9
tribunen, jede ihren Konsul. Diese kündigten an, sie würden
gegen den Senatsbeschluß Einspruch erheben, wenn man be-
schließe, die Heere sollten aus Spanien in die Heimat geführt
werden; jene, wenn es zu diesem Einspruch komme, würden
sie nicht zulassen, daß irgendeine andere Sache entschieden
werde[81]. Schließlich wurde der Einfluß der Abwesenden nie- 10
dergerungen, und der Senat beschloß, die Prätoren sollten
4000 römische Fußsoldaten ausheben und 300 Reiter und von
den Bundesgenossen und Latinern 5000 Fußsoldaten und 500
Reiter und sie nach Spanien mitnehmen. Wenn sie diese 4000 11
römischen Fußsoldaten auf die Legionen verteilt hätten, soll-
ten sie, was über die Zahl von 5000 Fußsoldaten und 300 Rei-
tern in jeder Legion hinausging, entlassen, zuerst die, die 12
ihren Kriegsdienst voll abgeleistet hätten, dann die, die unter
Calpurnius und Quinctius im Kampf am tapfersten gewesen
seien.

Der Streit um die Nachwahl eines Prätors

39. Nachdem dieser Streit beigelegt war, entbrannte ein ande- 1
rer unmittelbar danach infolge des Todes des Prätors C. Deci-
mius. Es bewarben sich Cn. Sicinius und L. Pupius, die im letz- 2
ten Jahr Ädilen gewesen waren, und C. Valerius, der Flamen
des Jupiter, und Q. Fulvius Flaccus – dieser, weil er zum kuru-
lischen Ädil gewählt war, nicht in der weißen Toga[82], aber
mit der größten Leidenschaftlichkeit von allen. Der Kampf 3
spielte sich zwischen ihm und dem Flamen ab. Und nachdem
er zuerst gleich stark, bald sogar stärker zu sein schien, sagte
ein Teil der Tribunen, man könne ihn nicht berücksichtigen,
weil einer nicht zugleich zwei Ämter, vor allem kurulische, 4
ergreifen und ausüben könne[83]. Ein anderer Teil hielt es für
billig, daß die gesetzlichen Bestimmungen auf ihn nicht ange-

wandt würden, damit das Volk Gelegenheit erhielt, den zum
Prätor zu wählen, den es wollte.

5 Der Konsul L. Porcius war zuerst der Meinung, er solle ihn
6 nicht zur Wahl zulassen. Um dasselbe mit Ermächtigung des
Senats zu tun, rief er dann die Senatoren zusammen und sagte
vor ihnen, er setze die Frage auf die Tagesordnung, weil einer,
der zum kurulischen Ädil gewählt worden sei, sich gegen
jedes Recht um die Prätur bewerbe und damit ein Beispiel
gebe, das für einen freien Staat unerträglich sei. Wenn sie
nichts anderes beschlössen, habe er vor, die Wahl dem Gesetz
7 entsprechend durchzuführen. Die Senatoren beschlossen, der
Konsul L. Porcius solle mit Q. Fulvius verhandeln, damit der
nicht verhindere, daß die Nachwahl eines Prätors an Stelle des
C. Decimius dem Gesetz entsprechend durchgeführt werde.
8 Als der Konsul nach dem Senatsbeschluß die Verhandlung
führte, antwortete Flaccus, er werde nichts tun, was seiner
unwürdig sei. Durch diese zweideutige Antwort hatte er bei
denen, die sie nach ihrem Wunsch auslegten, die Hoffnung
geweckt, er werde sich der Autorität des Senates beugen.

9 Am Wahltag bewarb er sich noch ungestümer und erhob
den Vorwurf, er werde durch den Konsul und den Senat um
die Auszeichnung durch das römische Volk gebracht, und sie
weckten Mißgunst wegen der Verdoppelung der Ehre, als
wenn es nicht klar wäre, daß er, sobald er zum Prätor gewählt
10 sei, sofort das Amt des Ädilen niederlegen werde. Als der
Konsul sah, daß die Hartnäckigkeit des Bewerbers zunahm
und daß die Gunst des Volkes sich ihm mehr und mehr zu-
neigte, löste er die Versammlung auf und berief den Senat. In
großer Zahl versammelt, beschlossen sie, da die Autorität des
Senates auf Flaccus keinen Eindruck gemacht habe, solle vor
11 dem Volk mit Flaccus verhandelt werden. Als die Volksver-
sammlung berufen war und der Konsul geredet hatte, änderte
Flaccus auch jetzt nicht seine Meinung und dankte dem römi-

schen Volk dafür, daß es ihn mit so großem Eifer zum Prätor
habe machen wollen, sooft ihm Gelegenheit gegeben worden
sei, seinen Willen zu bekunden. Er habe nicht vor, diesen 12
Eifer seiner Mitbürger zu enttäuschen. Diese Äußerung aber,
die so feste Entschlossenheit verriet, brachte ihm so große
Gunst ein, daß er ohne Zweifel Prätor geworden wäre, wenn
der Konsul ihn zur Wahl zugelassen hätte. Es kam zu einem 13
heftigen Streit der Tribunen untereinander und auch mit dem
Konsul, bis eine Senatssitzung unter der Leitung des Konsuls
stattfand und erklärt wurde, weil die Hartnäckigkeit des 14
Q. Flaccus und der unrechte Eifer der Leute verhindere, daß
die Nachwahl des Prätors entsprechend den Gesetzen durch-
geführt werde, ordne der Senat an, man habe genug Prätoren.
P. Cornelius solle beide Aufgabenbereiche der Rechtsprechung 15
in der Stadt haben und die Spiele für Apollo durchführen.

Die Wahl der Zensoren M. Porcius Cato und L. Valerius Flaccus

40. Nachdem diese Wahl durch die Klugheit und die Festig- 1
keit des Senates abgesetzt worden war, begann eine andere,
die noch heftigeren Streit brachte, bei dem es um etwas Grö-
ßeres ging und an dem sich mehr und mächtigere Männer be-
teiligten. Um die Zensur bewarben sich mit höchster Leiden- 2
schaft die Patrizier L. Valerius Flaccus, P. und L. Scipio,
Cn. Manlius Volso und L. Furius Purpurio und die Plebejer 3
M. Porcius Cato, M. Fulvius Nobilior, Tib. Sempronius Lon-
gus und M. Sempronius Tuditanus. Aber alle Patrizier und
Plebejer, die den bekanntesten Familien angehörten, über-
ragte M. Porcius bei weitem.

Dieser Mann besaß so große Kraft des Geistes und des Ver- 4
standes, daß man sah, er hätte sich sein Glück selbst geschmie-
det, ganz gleich, wo er geboren war. Ihm fehlte keine Fähig-

keit, private sowie politische Aufgaben zu erledigen. Auf die
Dinge in der Stadt und auf dem Land verstand er sich gleicher-
5 maßen. Zu den höchsten Staatsämtern hat die einen ihre
Kenntnis des Rechtes aufsteigen lassen, andere ihre Bered-
samkeit, wieder andere ihr Kriegsruhm. Seine Natur war so
gleichermaßen zu allem geschickt, daß man, was er auch tat,
6 hätte sagen können, er sei gerade dazu geboren. Im Kriege
war er persönlich sehr tapfer und durch seine hervorragenden
Leistungen in vielen Schlachten berühmt. Derselbe Mann
war, nachdem er zu den hohen Staatsämtern gelangt war, ein
vortrefflicher Feldherr; derselbe Mann zeigte im Frieden,
wenn man ihn um eine Rechtsauskunft bat, die größte Kennt-
nis, und wenn vor Gericht eine Rede gehalten werden mußte,
7 die größte Beredsamkeit. Und er war nicht nur ein Mann, des-
sen Redefähigkeit zu seinen Lebzeiten geschätzt war, von
dessen Beredsamkeit es aber kein Denkmal gibt, nein, seine
Beredsamkeit lebt und ist geschätzt, da sie in Schriften jeder
8 Art verewigt ist. Es gibt noch viele Reden, die er für sich und
für andere und gegen andere gehalten hat. Denn nicht nur als
Ankläger, sondern auch als Verteidiger machte er seine Geg-
9 ner mürbe. Gar zu viele Streitigkeiten ließen ihm keine Ruhe,
und auch er selbst ließ von ihnen nicht ab, und man kann
nicht leicht sagen, ob die bekannten Familien ihm mehr zu-
gesetzt haben oder ob er die bekannten Familien mehr geplagt
10 hat. Er hatte ohne Zweifel ein rauhes Wesen und eine scharfe
und völlig hemmungslose Zunge, aber er war nicht von Lei-
denschaften beherrscht, von unbeugsamer Rechtschaffenheit
11 und ein Verächter von Gunst und Reichtum. In Sparsamkeit,
in Ausdauer gegen Mühen und Gefahren zeigte er einen ge-
radezu eisernen Körper und Geist; nicht einmal das Greisen-
12 alter, das alles schwächt, hat ihn gebrochen; im Alter von
86 Jahren hat er noch einen Prozeß geführt und selbst zu seiner
Verteidigung gesprochen und die Rede aufgezeichnet, und

im 90. Jahr hat er Ser. Galba vor das Gericht des Volkes gebracht[84].

41. Diesem machten – wie in seinem ganzen Leben – da- 1
mals, als er sich bewarb, die bekannten Familien zu schaffen. Bis auf L. Flaccus, der sein Amtsgenosse im Konsulat gewesen war, hatten sich alle Bewerber zusammengetan, um dafür zu
sorgen, daß er das Amt nicht bekam, nicht nur, weil sie es 2
selbst lieber erhalten wollten und weil sie es für empörend hielten, einen neuen Mann[85] als Zensor zu sehen, sondern auch, weil sie von ihm eine strenge und für den Ruf von vielen gefährliche Zensur erwarteten, da er von sehr vielen gekränkt
worden war und selbst begierig war zu kränken. Denn auch 3
damals bewarb er sich unter Drohungen und erhob den Vorwurf, diejenigen, die eine freie und mutige Zensur fürchteten,
arbeiteten gegen ihn. Und zugleich unterstützte er die Be- 4
werbung des L. Valerius: Nur wenn jener sein Amtsgenosse sei, könne er die neuen Schandtaten eindämmen und die alten Sitten wiederherstellen. Hierdurch begeistert, machten die Leute gegen den Widerstand der bekannten Familien nicht nur M. Porcius zum Zensor, sondern gaben ihm auch den L. Valerius Flaccus als Amtsgenossen.

Der Aufbruch der Beamten in ihre Provinzen und die Untersuchungen in Italien

Nach der Wahl der Zensoren brachen die Konsuln und Präto- 5
ren in ihre Provinzen auf bis auf Q. Naevius, den die Untersuchungen wegen der Giftmischerei nicht weniger als vier Monate festhielten, bevor er nach Sardinien ging; einen großen Teil dieser Untersuchungen führte er außerhalb von Rom in den Landstädten und Gerichtsorten durch, weil es so ange-
brachter schien. Wenn man Valerius Antias glauben will, hat 6

er an die 2000 verurteilt. Und der Prätor L. Postumius, dem Tarent als Provinz zugefallen war, bestrafte die großen Verschwörungen unter den Hirten[86] und verfolgte sorgfältig, was von der Untersuchung wegen der Bacchanalien noch übrig-
7 geblieben war. Viele, die entweder nicht erschienen waren, als man sie vorgeladen hatte, oder die ihre Bürgen im Stich gelassen hatten[87] und die sich in dieser Gegend Italiens versteckt hielten, sprach er teils schuldig, teils nahm er sie fest und schickte sie nach Rom zum Senat. Sie wurden alle von P. Cornelius in den Kerker geworfen.

Die Lage in Spanien

1 42. Im Jenseitigen Spanien war alles ruhig, da im letzten Krieg die Macht der Lusitaner gebrochen worden war.

Im Diesseitigen eroberte A. Terentius im Gebiet der Suessetaner die Stadt Corbio mit Sturmdächern und Belagerungsanlagen; die Gefangenen verkaufte er. Darauf hatte auch die Diesseitige Provinz im Winter Ruhe.

Rückkehr und Triumph der Prätoren C. Calpurnius und L. Quinctius

2 Die alten Prätoren C. Calpurnius Piso und L. Quinctius kehrten nach Rom zurück. Beiden wurde vom Senat in großer Ein-
3 stimmigkeit der Triumph bewilligt. Als erster triumphierte C. Calpurnius über die Lusitaner und Keltiberer. Er ließ 83
4 goldene Kränze und 12000 Pfund Silber vorübertragen. Wenige Tage später triumphierte L. Quinctius Crispinus ebenfalls über die Lusitaner und Keltiberer. Ebensoviel Gold und Silber wurde in diesem Triumphzug vorübergetragen.

Die Amtsführung der Zensoren M. Porcius Cato und L. Valerius Flaccus

Die Zensoren M. Porcius und L. Valerius veröffentlichten, 5
während sich Erwartung mit Furcht mischte, die Senatsliste.
Sieben stießen sie aus dem Senat aus, darunter einen, der
durch seine vornehme Abstammung und durch die Ämter,
die er bekleidet hatte, hervorstach, den ehemaligen Konsul
L. Quinctius Flamininus. Man sagt, zur Zeit der Väter sei die 6
Einrichtung geschaffen worden, daß die Zensoren bei denen,
die aus dem Senat ausgestoßen wurden, die Rüge auch schrift-
lich festhielten. Von Cato existieren zwar auch andere harte
Reden gegen die, die er aus dem Senat ausgestoßen oder denen
er den Rittertitel genommen hat. Aber die bei weitem bedeu- 7
tendste ist die Rede gegen L. Quinctius; wenn sie ein Anklä-
ger vor der Rüge, nicht der Zensor nach der Rüge gehalten
hätte, hätte nicht einmal sein Bruder T. Quinctius, wenn er
damals Zensor gewesen wäre, den L. Quinctius im Senat hal-
ten können. Unter anderem warf er ihm vor, er habe den Pu- 8
nier Philipp, einen bekannten Buhlknaben, den er liebte,
durch die Aussicht auf ungeheure Geschenke dazu gebracht,
mit ihm von Rom in die Provinz Gallien zu gehen[88]. Wenn 9
dieser Junge den Konsul in ausgelassener Laune neckte, habe
er, um seinem Liebhaber seine Willfährigkeit anzupreisen, ihm
sehr oft vorzuhalten gepflegt, daß er unmittelbar vor einem
Gladiatorenspiel von Rom weggeführt worden sei. Als sie ein- 10
mal gerade beim Mahle lagen und schon vom Wein erhitzt
waren, sei während des Gelages gemeldet worden, ein vorneh-
mer Bojer sei mit seinen Kindern als Überläufer gekommen.
Er wolle mit dem Konsul zusammenkommen, um von ihm
persönlich die Zusicherung des Schutzes zu erhalten. Man 11
habe ihn in das Zelt hineingeführt, und er habe begonnen, mit
Hilfe seines Dolmetschers den Konsul anzureden. Während er

noch sprach, sagte Quinctius zu dem Buhlknaben: «Willst du,
weil du auf das Gladiatorenspiel verzichtet hast, jetzt diesen
12 Gallier[89] sterben sehen?» Und als dieser kaum im Ernst ja ge-
nickt hatte, habe auf das Nicken des Buhlknaben hin der Kon-
sul das Schwert gezogen, das über seinem Kopf hing, den
Gallier, während er noch sprach, zuerst am Kopf getroffen und
dann, als er floh und den Schutz des römischen Volkes und der
Anwesenden anrief, seine Seite durchbohrt.

1 43. Weil Valerius Antias die Rede Catos nicht gelesen und
nur einer Erzählung Glauben geschenkt hat, für die es keinen
Gewährsmann gibt, stellt er den Vorgang anders dar, aber
2 ähnlich, was die Willkür und die Grausamkeit angeht. Er
schreibt, Quinctius habe in Placentia eine Frau mit üblem
Ruf, in die er sterblich verliebt war, zu einem Gelage geholt.
Dort habe er, um sich vor der Dirne zu brüsten, ihr unter an-
derem berichtet, wie scharf er seine Untersuchungen geführt
und wie viele zum Tode Verurteilte er im Kerker habe, die er
3 mit dem Beil enthaupten lassen werde. Da habe jene, die rechts
von ihm zu Tische lag, gesagt, sie habe noch nie gesehen, wie
jemand mit dem Beil hingerichtet wurde, und sie wolle das
sehr gerne einmal sehen. Hierauf sei ihr Liebhaber ihr zu Wil-
len gewesen und habe befohlen, einen von jenen Unglück-
lichen herbeizuschleppen, und habe ihn mit dem Beil ent-
4 haupten lassen. Eine wilde und grausige Tat, ganz gleich, ob
sie so verübt wurde, wie es ihm der Zensor vorgeworfen hat,
oder so, wie Valerius sie überliefert! Beim Trinken und Essen,
wo es Sitte war, den Göttern von den Speisen zu spenden und
Segenswünsche zu sprechen, wurde als Schauspiel für ein
freches Hurenstück, das sich an die Brust des Konsuls lehnte,
ein Mensch als Opfertier geschlachtet und der Tisch mit Blut
bespritzt!

5 Am Ende von Catos Rede wurde Quinctius der Vorschlag
gemacht, wenn er diese Tat und das übrige, was ihm vorge-

worfen werde, leugne, solle er sich in einer Prozeßwette verteidigen[90]. Wenn er sie aber zugebe, glaube er dann, daß jemand über seine Schande trauern werde, wo er selbst, durch Wein und Liebe von Sinnen, mit dem Blut eines Menschen beim Gelage sein Spiel getrieben habe?

44. Bei der Musterung der Ritter wurde L. Scipio Asiaticus 1
der Rittertitel genommen[91].

Auch bei der Schätzung war die Zensur streng und hart gegen alle Stände. Sie forderten ihre Amtsgehilfen auf, Schmuck, 2
Frauenkleider und Fahrzeuge, die mehr als 15 000 As kosteten, mit dem Zehnfachen ihres Wertes in die Steuerliste einzutragen. Ebenso sollten auch die Sklaven, die jünger als 20 Jahre 3
waren und seit dem letzten Reinigungsopfer[92] für 10 000 As oder mehr verkauft[93] worden waren, zu dem Zehnfachen ihres Wertes taxiert werden, und alle diese Dinge sollten mit drei Promille besteuert werden[94].

Alles Wasser aus öffentlichen Wasserleitungen, das in das 4
Haus oder auf das Feld eines Privatmanns abgeleitet war, nahmen sie weg; und was Privatleute auf Staatsland erbaut oder errichtet hatten, wurde innerhalb von 30 Tagen abgerissen.

Darauf vergaben sie die Bauarbeiten von dem dafür bewil- 5
ligten Geld: das Auslegen der Brunnen mit Steinplatten, die Reinigung der Kanalanlagen, wo es nötig war, und die Errichtung von neuen auf dem Aventin und in den anderen Stadtteilen, wo es noch keine gab.

Und allein ließ Flaccus einen Damm bei den Neptunquellen 6
bauen, damit das Volk dort einen Weg hatte, und eine Straße durch das Gebirge bei Formiae[95]. Cato kaufte die beiden Häu- 7
ser der Maenier und der Titier im Bezirk der Steinbrüche[96] und vier Verkaufsstände für den Staat und errichtete dort eine Basilika, die die Porcische genannt wurde[97].

Und die Staatseinkünfte verpachteten sie zu einem sehr hohen Preis und vergaben die Staatsaufträge zu einem sehr

8 niedrigen. Als der Senat sich durch die Bitten und Tränen der Staatspächter erweichen ließ und diese Abschlüsse aufzuheben und sie von neuem zu tätigen befahl, schlossen die Zensoren durch einen Erlaß die von der Ausschreibung aus, die den früheren Abschluß hintertrieben hatten, und vergaben dasselbe alles zu einem nur ganz wenig verringerten Preis.

9 Die Zensur war berühmt und voller Streitigkeiten, die M. Porcius, dem man für diese Schärfe die Schuld gab, sein ganzes Leben lang zu schaffen machten.

Die Gründung der Kolonien Potentia und Pisaurum

10 Im selben Jahr wurden zwei Kolonien gegründet, Potentia im Picenischen und Pisaurum im Gallischen Gebiet. Jeder Siedler erhielt zehn Morgen. Die Dreierkommission, die das Ackerland verteilte und die Siedler hinführte, bestand aus Q. Fabius Labeo, M. Fulvius Flaccus und Q. Fulvius Nobilior.

Die Konsuln dieses Jahres vollbrachten weder zu Hause noch im Felde etwas Erwähnenswertes.

Beamtenwahlen und Verteilung der Amtsbereiche

1 45. Für das folgende Jahr wählte man M. Claudius Marcellus und Q. Fabius Labeo zu Konsuln.

M. Claudius und Q. Fabius setzen am 15. März, dem Tag, an dem sie ihr Amt antraten, die Verteilung der Amtsbereiche
2 an sie und die Prätoren auf die Tagesordnung. Zu Prätoren waren C. Valerius, der Flamen des Jupiter, der sich auch im vorigen Jahr beworben hatte, und Sp. Postumius Albinus, P. Cornelius Sisenna, L. Pupius, L. Julius und Cn. Sicinius gewählt worden.
3 Für die Konsuln wurde das Gebiet der Ligurer

als Amtsbereich bestimmt; sie sollten dieselben Heere behal-
ten, die P. Claudius und L. Porcius gehabt hatten. Die spani- 4
schen Provinzen blieben ohne Los den Prätoren des Vorjahres mit ihren Heeren.

Die Prätoren wurden aufgefordert, so zu losen, daß dem Flamen des Jupiter auf jeden Fall einer der beiden Aufgabenbereiche der Rechtsprechung in Rom zufiel[98]. Er erhielt die
Rechtsprechung in den Prozessen mit Ausländern. Sisenna 5
Cornelius fiel die städtische Prätur zu, Sp. Postumius Sizilien, L. Pupius Apulien, L. Julius Gallien und Cn. Sicinius Sardinien.

L. Julius wurde aufgefordert, sich zu beeilen. Die Gallier aus 6
dem Land jenseits der Alpen, die auf einem bisher unbekannten Weg über das Gebirge nach Italien hinübergekommen waren, wie vorne gesagt ist, waren dabei, in dem Gebiet, das
jetzt zu Aquileja gehört, eine Stadt zu erbauen. Der Prätor er- 7
hielt den Auftrag, sie daran zu hindern, soweit er das ohne Krieg könne. Wenn sie mit Waffengewalt daran gehindert werden müßten, sollte er die Konsuln benachrichtigen. Einer von diesen sollte dann die Legionen gegen die Gallier führen.

Tod und Nachwahl von Priestern

Am Ende des vorigen Jahres hatte die Wahl eines Augurs an 8
Stelle des verstorbenen Cn. Cornelius Lentulus stattgefunden. Sp. Postumius Albinus war gewählt worden.

46. Am Anfang dieses Jahres starb der Pontifex maximus 1
P. Licinius Crassus; an seiner Stelle wurde M. Sempronius Tuditanus als Pontifex nachgewählt; zum Pontifex maximus wurde C. Servilius Geminus gewählt[99].

Die Leichenspiele für P. Licinius und ein Zeichen vom Himmel

2 Anläßlich des Begräbnisses von P. Licinius wurde Fleisch an das Volk verteilt, und 120 Gladiatoren kämpften gegeneinander, und die Leichenspiele wurden drei Tage lang gefeiert;
3 nach den Spielen war ein Festschmaus. Dabei waren auf dem ganzen Forum Speisesofas zurechtgemacht. Aber es kam ein Sturm auf mit heftigen Böen und zwang die meisten, auf dem
4 Forum Zelte aufzuschlagen. Diese wurden bald danach wieder weggetragen, als es sich von allen Seiten aufgeheitert hatte. Man glaubte allgemein, man habe nun hinter sich gebracht, was die Seher unter den Dingen, die vom Schicksal bestimmt seien, verkündet hatten: es sei unabwendbar, daß Zelte auf dem Forum aufgeschlagen würden[100].

5 Nachdem sie von dieser Angst befreit waren, wurden sie von einer anderen befallen, weil es zwei Tage lang auf dem Platz des Volcanus Blut geregnet hatte. Und durch die Dezemvirn wurde ein Bittgang angesetzt, um dieses Zeichen vom Himmel zu sühnen.

Verschiedene Gesandtschaften in Rom

6 Bevor die Konsuln in ihre Amtsbereiche aufbrachen, führten sie die Gesandten aus den Ländern jenseits des Meeres in den Senat. Und niemals vorher waren so viele Menschen von da in
7 Rom gewesen. Denn seitdem sich unter den Völkern, die Makedonien benachbart sind, die Kunde verbreitet hatte, Beschuldigungen gegen Philipp und Klagen über ihn würden von den Römern nicht ohne Interesse angehört und vielen sei
8 es der Mühe wert gewesen, sich zu beklagen, kamen Gemeinden und Völkerschaften, jede für sich, nach Rom, einzelne Personen auch privat – denn er war für alle ein schwer zu er-

tragender Nachbar –, entweder in der Hoffnung, einem Unrecht abhelfen zu können oder um in den Tränen Trost darüber zu finden. Auch von König Eumenes kam eine Gesandt- 9
schaft mit seinem Bruder Athenaeus, um sich darüber zu beklagen, daß die Besatzungen aus Thrakien nicht abgezogen würden, und zugleich auch, daß dem Prusias, der gegen Eumenes Krieg führte, Hilfstruppen nach Bithynien geschickt worden seien[101].

47. Auf alles mußte der damals noch sehr junge Demetrius 1
antworten. Es war nicht leicht, die Vorwürfe, die erhoben wurden, und was dagegen gesagt werden mußte, dem Gedächtnis einzuprägen; denn es war nicht nur vieles, sondern 2
das meiste war auch äußerst unwichtig[102]; es ging um Gebietsstreitigkeiten, darum, daß Menschen geraubt und Vieh weggetrieben, daß nach Willkür Recht gesprochen oder nicht gesprochen worden war und daß Dinge durch Gewalt oder nach Laune entschieden worden waren. Und der Senat sah, daß De- 3
metrius keinen dieser Punkte klar darstellen konnte und daß sie es von ihm nicht präzise genug erfahren konnten; und zugleich wurde er durch die Unerfahrenheit und die Verwirrung des jungen Mannes gerührt. Er ließ ihn daher fragen, ob er von seinem Vater eine Denkschrift über diese Dinge erhalten habe. Als er antwortete, er habe eine erhalten, wollten sie 4
nichts eher und lieber hören als die Antworten des Königs selbst auf die einzelnen Punkte. Sie forderten sogleich das Schreiben; dann erlaubten sie, daß er es selbst vorlas. Zu je- 5
dem einzelnen Punkt aber war der Sachverhalt knapp zusammengefaßt, wobei er sagte, er habe das eine entsprechend den Anordnungen der Gesandten getan, bei anderem habe es nicht an ihm gelegen, daß er es nicht getan habe, sondern an denen selbst, die ihn anklagten. Er hatte auch Klagen über die Un- 6
billigkeit der Anordnungen eingeflochten, und wie nicht unter gleichen Bedingungen vor Caecilius verhandelt worden

sei und wie auf unwürdige Weise alle gegen ihn angestürmt
7 seien, ohne daß er es verdient hätte. Diese Anzeichen seiner
Aufgebrachtheit nahm der Senat zur Kenntnis. Aber da der
junge Mann das eine entschuldigte, bei anderem versprach,
8 es werde genau so geschehen, wie der Senat wolle, beschloß
der Senat ihm zu antworten, ganz gleich, wie diese Dinge sich
abgespielt hätten, sei nichts von dem, was sein Vater getan
habe, richtiger und mehr nach dem Willen des Senates ge-
wesen, als daß er sich durch seinen Sohn Demetrius vor den
9 Römern habe rechtfertigen wollen. Der Senat könne über vie-
les Vergangene hinwegsehen und es vergessen und es hinneh-
men, und er glaube auch, daß man Demetrius Vertrauen
10 schenken müsse; denn sie hätten seinen Geist als Geisel, wenn
sie auch seinen Körper seinem Vater zurückgegeben hätten,
und sie wüßten, daß er ein Freund des römischen Volkes sei,
soweit er es unbeschadet der Ergebenheit gegenüber seinem
11 Vater sein könne. Ihm zu Ehren würden sie Gesandte nach
Makedonien schicken, damit, wenn etwas nicht so geschehen
sei, wie es habe geschehen müssen, es auch jetzt noch ohne
Strafe für die Unterlassungen geschehe. Sie wollten auch, daß
Philipp merke, daß zwischen ihm und dem römischen Volke
durch das Verdienst seines Sohnes Demetrius alles wie früher
1 sei. 48. Dieses, geschehen, um sein Ansehen zu vergrößern,
trug dem jungen Mann sogleich Mißgunst ein und schlug
bald sogar zu seinem Verderben aus.

2 Darauf wurden die Spartaner hereingeführt. Viele kleine
Streitfragen[103] kamen zur Sprache; aber die Hauptpunkte
waren folgende: ob die zurückgeführt werden sollten, die die
3 Achäer verurteilt hatten[104], oder nicht; ob die, die sie getötet
hatten[105], ungerecht oder zu Recht getötet worden waren;
und ob die Spartaner im Achäischen Bund bleiben sollten oder
ob diese Gemeinde, wie es früher gewesen sei, als einzige in
4 der Peloponnes eigenes Recht haben sollte. Man beschloß, sie

sollten zurückgeführt und die ergangenen Urteile aufgehoben werden, Sparta solle im Achäischen Bund bleiben und dieser Beschluß solle aufgeschrieben werden und die Spartaner und Achäer sollten ihr Siegel daruntersetzen.

Entsendung des Q. Marcius nach Makedonien und zur Peloponnes

Q. Marcius wurde als Gesandter nach Makedonien geschickt 5
und erhielt den Auftrag, auch in der Peloponnes nach den Angelegenheiten der Bundesgenossen zu schauen; denn es gab auch dort Unruhen, Überreste der alten Streitigkeiten, und Messene war vom Achäischen Bund abgefallen[106].

Krieg zwischen Messene und dem Achäischen Bund, Tod Philopoemens

Wenn ich die Ursachen dieses Krieges und die Abfolge der Er- 6
eignisse darlegen wollte, würde ich meinem Vorsatz untreu
werden, den ich gefaßt habe: die auswärtigen Angelegenhei-
ten nur so weit zu berühren, wie sie mit den römischen Inter-
essen zusammenhängen. 49. Sein Ausgang jedoch verdient 1
Erwähnung. Denn die Achäer waren zwar im Krieg überlegen;
aber ihr Stratege Philopoemen wurde gefangen: er war aufge-
brochen, um Corone, auf das der Feind anrückte, vor diesem
zu besetzen, und war dabei in dem ungünstigen Gelände eines
Tales, in das er mit wenigen Reitern hineingeritten war, über-
fallen worden. Es ist überliefert, er selbst hätte mit Hilfe von 2
Thrakern und Kretern entkommen können. Aber die Scham,
die Reiter, die Vornehmsten des Volkes, die er selbst erst vor
kurzem ausgewählt hatte, zurückzulassen, hielt ihn davon ab.
Während er ihnen Gelegenheit gab, aus der Enge herauszu- 3

kommen, indem er selbst den Schluß übernahm und die Angriffe der Feinde aufhielt, stürzte sein Pferd, und es hätte nicht viel daran gefehlt, daß er infolge seines Sturzes und weil die
4 Last des Pferdes auf ihn fiel, das Leben verlor. Er war schon 70 Jahre alt und durch eine lange Krankheit, von der er gerade
5 erst wieder zu Kräften kam, noch sehr geschwächt. Als er dalag, stürzten die Feinde sich auf ihn und überwältigten ihn. Nachdem sie ihn erkannt hatten, hoben sie ihn voll Achtung und in Erinnerung an seine Verdienste nicht anders auf, als wenn er ihr eigener Heerführer wäre, ließen ihn wieder zu sich kommen, trugen ihn aus dem abgelegenen Tal auf die Straße und konnten vor unerwarteter Freude ihren eigenen Augen
6 kaum glauben. Ein Teil schickte Boten nach Messene voraus, der Krieg sei zu Ende, Philopoemen werde gefangen herangeführt.

7 Zuerst schien die Sache so unglaublich, daß der Bote nicht nur angehöit wurde, als sei er unglaubwürdig, sondern als sei er kaum recht bei Sinnen. Als dann einer nach dem anderen kam und sie alle dasselbe versicherten, glaubte man es end-
8 lich. Und bevor sie noch recht wußten, daß er sich der Stadt näherte, strömten zu dem Schauspiel alle zugleich heraus, Freie und Sklaven, auch Kinder zusammen mit den Frauen. Der Schwarm hatte daher das Tor verstopft; denn es schien, daß jeder für sich kaum glauben werde, er habe in einer so bedeutenden Sache Gewißheit, wenn er es nicht selbst mit eige-
9 nen Augen gesehen hätte. Nur mit Mühe konnten die, die Philopoemen heranführten, die Entgegenströmenden wegdrängen und in das Tor treten. Eine ebenso dichte Menge
10 hatte den übrigen Weg verstopft. Und da der größte Teil von dem Schauspiel ausgeschlossen war, füllten sie plötzlich das Theater an, das nahe an der Straße lag, und alle forderten einstimmig, daß er dort hingeführt werde, damit das Volk ihn
11 sehen könne. Die Beamten und führenden Männer fürchteten,

daß das Mitleid mit diesem großen Mann, wenn er leibhaftig
vor ihnen stehe, Unruhe auslösen werde, da die einen Scheu
vor seiner ehemaligen hohen Stellung, verglichen mit seinem
gegenwärtigen Schicksal, die anderen die Erinnerung an seine
ungeheuren Verdienste[107] bewegen werde, und sie stellten ihn
daher in weiter Entfernung vor ihre Blicke. Dann schafften sie 12
ihn hastig aus den Augen der Menge, und der Stratege Dino-
crates sagte, es gebe etwas, was für die Entscheidung des Krie-
ges von Bedeutung sei und worüber die Beamten ihn befragen
wollten. Darauf führten sie ihn in das Amtsgebäude, beriefen
ihren Senat und begannen zu beraten.

50. Es wurde schon Abend. Und sie wurden nicht nur mit 1
dem übrigen nicht fertig, sondern nicht einmal mit der Frage,
wo er für die nächste Nacht mit ausreichender Sicherheit be-
wacht werden könne. Sie waren nämlich erstarrt vor der 2
Größe seines früheren Glücks und seiner Tapferkeit und wag-
ten weder selbst, ihn in ihr Haus aufzunehmen, um ihn zu be-
wachen, noch trauten sie einem einzelnen seine Bewachung
recht zu. Dann erinnerten einige daran, daß die Schatzkam- 3
mer ihrer Gemeinde unter der Erde liege, aus Quadersteinen
gemauert. In diese wurde er in Fesseln hinabgelassen und der
gewaltige Stein, durch den sie bedeckt wird, mit einer Hebe-
maschine daraufgelegt. So glaubten sie eher einem Platz als 4
einem Menschen seine Bewachung anvertrauen zu dürfen und
erwarteten das Licht des folgenden Tages.

Am nächsten Tag meinte zwar die unbefangene Menge, 5
eingedenk seiner alten Verdienste um ihre Gemeinde, er müsse
geschont und durch ihn ein Ausweg aus der gegenwärtigen
Not gesucht werden. Aber die, die zum Abfall getrieben hat- 6
ten und in deren Hand die Macht lag, berieten sich heimlich
und stimmten alle für seinen Tod, konnten sich aber nicht
entscheiden, ob sie sich damit beeilen oder ob sie es aufschie-
ben sollten. Es siegte der Teil, den es mehr nach einer Bestra- 7

fung verlangte, und es wurde einer geschickt, der ihm das Gift bringen sollte. Es ist überliefert, er habe den Becher genommen und nichts anderes gesagt, sondern nur gefragt, ob Lycortas unverletzt sei – er war der andere Feldherr[108] der
8 Achäer – und ob die Reiter entkommen seien. Nachdem ihm geantwortet worden war, sie seien unverletzt, sagte er: «Dann ist es gut», leerte furchtlos den Becher und starb nicht sehr viel später.

9 Für die, die für diese Grausamkeit verantwortlich waren, dauerte die Freude über seinen Tod nicht lange. Denn Messene wurde im Krieg besiegt[109] und lieferte den Achäern die Schuldigen aus, als sie das verlangten; und die Gebeine Philopoemens wurden zurückgegeben, und er wurde vom ganzen Achäischen Bund begraben[110] und so sehr mit allen menschlichen Ehren überhäuft, daß man ihm sogar göttliche Ehren erwies[111].

10 Von den griechischen und römischen Geschichtsschreibern wird dieser Mann für so bedeutend gehalten, daß einige von ihnen als besonderes Kennzeichen dieses Jahres überliefert haben, drei berühmte Feldherrn seien in diesem Jahr gestor-
11 ben, Philopoemen, Hannibal und P. Scipio; so sehr haben sie ihn den beiden bedeutendsten Feldherrn der beiden mächtigsten Völker gleichgestellt[112].

Der Tod Hannibals

1 51. T. Quinctius Flamininus kam als Gesandter zu König Prusias[113]. Der hatte sich bei den Römern dadurch verdächtig gemacht, daß er Hannibal nach seiner Flucht von Antiochus aufgenommen[114] und einen Krieg gegen Eumenes[115] vom Zaune
2 gebrochen hatte. Entweder hatte Flamininus dort dem Prusias unter anderem vorgeworfen, bei ihm befinde sich der Mensch,

der von allen, die lebten, der ärgste Feind des römischen Vol-
kes sei und der zuerst sein eigenes Vaterland, dann, nachdem
dessen Macht gebrochen worden sei, König Antiochus zum
Krieg gegen das römische Volk getrieben habe[116]; oder Pru- 3
sias faßte selbst, um sich bei dem anwesenden Flamininus und
den Römern beliebt zu machen, von sich aus den Plan, Hanni-
bal zu töten oder ihn den Römern auszuliefern. Jedenfalls wur-
den unmittelbar nach Beginn der Verhandlungen mit Flami-
ninus Soldaten geschickt, um das Haus Hannibals zu bewa-
chen. Immer hatte Hannibal ein solches Ende seines Lebens 4
vorausgeahnt, da er den unversöhnlichen Haß der Römer ge-
gen sich sah und zu der Treue der Könige kein rechtes Ver-
trauen hatte. Die Unzuverlässigkeit des Prusias aber hatte er
auch schon erfahren[117]. Auch hatte er die Ankunft des Flami-
ninus gefürchtet als etwas, das für ihn verhängnisvoll sein
werde. Gegen alle Bedrohungen von allen Seiten hatte er, um 5
immer einen Weg zur Flucht vorbereitet zu haben, sieben
Ausgänge aus seinem Haus angelegt, davon einige versteckt,
damit sie nicht durch eine Wache versperrt werden sollten.
Aber die drückende Herrschaft der Könige läßt nichts uner- 6
kundet, was sie herausfinden wollen. Das Haus wurde rings-
um so völlig mit Wachen umstellt, daß keiner von dort ent-
schlüpfen konnte. Nachdem Hannibal gemeldet worden war, 7
Soldaten des Königs seien in der Vorhalle seines Hauses, ver-
suchte er durch den hinteren Teil des Hauses, der am abgele-
gensten war und den verborgensten Ausgang hatte, zu fliehen;
als er aber merkte, daß auch dieser durch herbeigeeilte Solda- 8
ten versperrt und alles ringsum durch die aufgestellten Posten
abgeriegelt war, ließ er sich das Gift bringen, das er schon seit
langem für solche Fälle bereithielt. «Wir wollen», sagte er, 9
«das römische Volk von einer langen Sorge befreien, da sie
glauben, es daure zu lange, auf den Tod eines alten Mannes zu
warten. Flamininus wird keinen großen und keinen denkwür- 10

digen Sieg über einen Unbewaffneten und Verratenen davontragen. Wie sehr die Sitten des römischen Volkes sich geändert
11 haben, wird gerade dieser Tag beweisen. Ihre Väter haben König Pyrrhus, einen bewaffneten Feind, der mit einem Heer in Italien stand, gewarnt, er solle sich vor Gift hüten[118]; diese haben einen ehemaligen Konsul als Gesandten geschickt, um
12 Prusias zu veranlassen, seinen Gast frevelhaft zu töten.» Er stieß dann Verwünschungen gegen das Haupt und das Reich des Prusias aus, rief die Götter des Gastrechts als Zeugen dafür an, daß dieser die Treue gebrochen habe, und leerte den Becher. Das war das Ende von Hannibals Leben.

Das Todesjahr Scipios

1 52. Sowohl Polybius als auch Rutilius schreiben, Scipio sei in diesem Jahr gestorben. Ich schließe mich weder ihrer Meinung noch der des Valerius an, diesen nicht, weil ich überliefert finde, daß in der Zensur von M. Porcius und L. Valerius der Zensor L. Valerius als Erster in der Senatsliste erschien, während es in den beiden Lustren[119] davor Africanus gewesen war;
2 wenn er noch am Leben gewesen wäre, wäre kein anderer als Erster an seiner Stelle in der Senatsliste erschienen, außer wenn er aus dem Senat ausgestoßen worden wäre; eine solche
3 schimpfliche Maßnahme hat aber niemand überliefert. Die Darstellung des Antias[120] wird dadurch widerlegt, daß eine Rede des P. Africanus den Titel trägt «Gegen den Volkstribu-
4 nen M. Naevius». Dieser Naevius ist in den Beamtenlisten Volkstribun im Konsulat von P. Claudius und L. Porcius, und er trat sein Tribunenamt im Konsulat von App. Claudius und
5 M. Sempronius am 10. Dezember an. Von da an sind drei Monate bis zum 15. März, an dem P. Claudius und L. Porcius ihr
6 Konsulat antraten. Scipio scheint also in der Zeit, als Naevius

Tribun war, noch gelebt zu haben und von diesem angeklagt worden, aber noch vor der Zensur[121] des L. Valerius und M. Porcius gestorben zu sein.

Zum Tod Philopoemens, Hannibals und Scipios

Der Tod der drei Männer, von denen jeder der berühmteste 7
in seinem Volk war, scheint nicht nur durch das zeitliche Zusammenfallen vergleichbar, sondern auch dadurch, daß keiner von ihnen ein Ende gehabt hat, das dem Glanz seines Lebens angemessen war. Zuerst einmal sind sie alle nicht auf dem Bo- 8
den ihrer Heimat gestorben und begraben. Hannibal und Philopoemen wurden durch Gift dahingerafft; Hannibal starb als ein Verbannter, von seinem Gastgeber verraten, Philopoemen als ein Gefangener im Kerker und in Fesseln. Scipio war 9
zwar nicht verbannt und auch nicht verurteilt, aber er war angeklagt worden, und als er zu dem Termin als Angeklagter nicht erschienen war, war er in Abwesenheit aufgerufen worden, und er erlegte sich nicht nur selbst eine freiwillige Verbannung auf, sondern wollte auch in der Verbannung begraben werden[122].

Die Lage in Makedonien

53. Während das in der Peloponnes geschah, wovon meine 1
Darstellung abgeschweift ist, hatte die Rückkehr des Demetrius und der Gesandten nach Makedonien die einen so, die anderen so gestimmt. Die große Masse der Makedonen, die 2
die Furcht vor einem drohenden Krieg mit den Römern geschreckt hatte, betrachtete Demetrius als Friedensstifter mit stürmischer Zuneigung und bestimmte ihn gleichzeitig in fester Zuversicht für die Herrschaft nach dem Tode seines

3 Vaters. Denn wenn er auch an Jahren jünger sei als Perseus,
sei er von der rechtmäßigen Frau, jener von einem Kebsweib[123]
geboren. Jener habe, da er aus einem Leib stamme, der für je-
den zu haben war, kein Zeichen eines bestimmten Vaters;
dieser trage auffallende Ähnlichkeit mit Philipp zur Schau.
4 Dazu würden die Römer Demetrius auf den Thron seines Va-
ters setzen, Perseus dagegen erfreue sich nicht ihrer Gunst.
5 Dies wurde allgemein gesagt.

Deshalb quälte auch Perseus die Sorge, daß das Alter allein
zu wenig für ihn ins Gewicht falle, da sein Bruder in allen an-
6 deren Dingen überlegen sei. Und Philipp selbst glaubte, es
werde kaum in seiner Entscheidung liegen, wen er als Erben
seines Thrones zurücklasse, und er sagte, auch in seinen Au-
7 gen sei sein jüngerer Sohn bedeutender, als ihm lieb sei. Er
war mitunter aufgebracht, wenn die Makedonen bei diesem
zusammenströmten, und ärgerte sich darüber, daß es schon zu
seinen Lebzeiten einen zweiten Hofstaat gab.

8 Und der junge Mann selbst war zweifellos aufgeblasener
zurückgekehrt, gestützt auf die Haltung des Senates ihm ge-
genüber und auf die Zugeständnisse, die man ihm gemacht,
9 aber seinem Vater verweigert hatte. Und jede Erwähnung der
Römer brachte ihm bei den übrigen Makedonen großes An-
sehen ein, bei seinem Bruder dagegen und auch bei seinem
10 Vater Mißgunst, besonders nachdem andere römische Ge-
sandte gekommen waren[124] und der König gezwungen wurde,
Thrakien zu räumen und die Besatzungen abzuziehen und
anderes entsprechend der Anordnung der früheren Gesandten
oder entsprechend der neuen Festsetzung des Senates zu tun.
11 Er grämte sich zwar und seufzte, um so mehr, weil er seinen
Sohn fast häufiger bei jenen als bei sich sah; aber er tat es
alles doch im Gehorsam gegenüber den Römern, um ihnen
keinen Grund zu geben, sofort einen Krieg vom Zaune zu
brechen.

Da er sogar glaubte, die Menschen vom Verdacht solcher 12
Pläne ablenken zu müssen, führte er sein Heer mitten durch
Thrakien in das Gebiet der Odrysen, Dentheleten und Bessen.
Er besetzte die Stadt Philippopolis, die verlassen dalag, weil 13
die Bewohner geflohen waren und sich mit ihren Familien auf
die Gebirgskämme in der Nähe zurückgezogen hatten, und
nachdem er die Felder der Barbaren, die im flachen Land
wohnten, völlig verwüstet hatte, nahm er ihre Unterwerfung
entgegen. Er ließ dann bei Philippopolis eine Besatzung zu- 14
rück, die nicht lange danach von den Odrysen vertrieben
wurde, und begann in Deuriopus eine Stadt zu bauen – das
ist eine Gegend in Päonien – in der Nähe des Erigonus, der aus 15
Illyrien kommt und durch Pelagonien fließt und in den Axius
mündet, nicht weit von Stobi, einer alten Stadt. Er befahl, die 16
neue Stadt Perseis zu nennen, um damit seinem älteren Sohn
eine Ehre zu erweisen.

Die Ausweisung der Gallier aus Italien

54. Während dies in Makedonien geschah, brachen die Kon- 1
suln in ihre Amtsbereiche auf. Marcellus schickte einen Boten 2
zu dem Prokonsul L. Porcius voraus, er solle die Legionen an
die neue Stadt der Gallier heranrücken lassen. Als der Konsul 3
ankam, ergaben die Gallier sich ihm. Es waren 12 000 Bewaff-
nete, die meisten hatten ihre Waffen aus dem Land geraubt.
Diese wurden ihnen weggenommen, was sie nur ungern ge- 4
schehen ließen, und auch alles andere, was sie beim Verwüsten
des Landes geraubt oder was sie mitgebracht hatten.

Sie schickten Gesandte nach Rom, die sich hierüber bekla-
gen sollten. Diese wurden von dem Prätor C. Valerius in den 5
Senat geführt und erklärten, da Gallien eine zu große Bevölke-
rung habe, seien sie, durch Mangel an Ackerland und durch

Armut gezwungen, über die Alpen gezogen und hätten sich,
wo sie in der Einöde unbestelltes Land gesehen hätten, nieder-
6 gelassen, ohne einem Unrecht zuzufügen. Sie hätten auch be-
gonnen, eine Stadt zu bauen, was ein Zeichen dafür sei, daß
sie nicht gekommen seien, um einem Gebiet oder einer Stadt
Gewalt anzutun. Vor kurzem habe M. Claudius einen Boten
an sie geschickt, er werde mit ihnen Krieg führen, wenn sie
7 sich nicht ergäben. Sie hätten einen sicheren, wenn auch nicht
blendenden Frieden den Unsicherheiten eines Krieges vorge-
zogen und sich mehr in den Schutz des römischen Volkes als
8 in seine Gewalt begeben. Wenige Tage später seien sie auf-
gefordert worden, ihre Stadt und ihr Gebiet zu verlassen, und
sie hätten vorgehabt, schweigend wegzuziehen, wohin in aller
Welt sie es könnten. Dann seien ihnen die Waffen und zuletzt
alles andere, was sie bei sich trugen und mit sich trieben, weg-
9 genommen worden. Sie bäten den Senat und das römische
Volk, gegen sie, die sich nichts hätten zuschulden kommen
lassen und die sich ergeben hätten, nicht strenger zu wüten
als gegen Feinde.

10 Der Senat befahl, auf diese Rede folgendes zu antworten:
Sie hätten nicht recht gehandelt, als sie nach Italien hinüber-
gezogen seien und auf fremdem Land ohne Erlaubnis des römi-
schen Beamten, der in dieser Provinz das Kommando hatte[125],
eine Stadt zu bauen versucht hätten. Aber der Senat wolle
nicht, daß Leute, die sich unterworfen hätten, beraubt wür-
11 den. Deshalb würden sie mit ihnen Gesandte zum Konsul
schicken; die sollten anordnen, daß ihnen alles, was ihnen
gehöre, zurückgegeben werde, wenn sie dorthin zurückkehr-
ten, woher sie gekommen seien, und die Gesandten sollten
dann weiter über die Alpen gehen und den gallischen Völkern
verkünden, sie sollten ihre Bevölkerung in ihrem Land halten;
12 die Alpen lägen als eine fast unüberwindliche Grenze zwischen
ihnen. Es werde ihnen jedenfalls nicht besser ergehen als

denen, die sich als erste einen Weg über sie gebahnt hätten.

Als Gesandte wurden L. Furius Purpurio, Q. Minucius und 13
L. Manlius Acidinus geschickt. Die Gallier verließen Italien, nachdem ihnen alles zurückgegeben worden war, was sie zu Recht besaßen.

55. Den römischen Gesandten antworteten die Völker jen- 1
seits der Alpen freundlich. Ihre Ältesten tadelten das römische Volk wegen seiner allzu großen Milde, daß sie die Leute unge- 2
straft hätten wegziehen lassen, die ohne Befehl ihres Volkes aufgebrochen seien und versucht hätten, Land unter römischer Herrschaft in Besitz zu nehmen und auf fremdem Grund und Boden eine Stadt zu bauen. Für diese Verwegenheit hätte eine schwere Strafe verhängt werden müssen. Aber sie fürch- 3
teten, daß durch die so große Nachsicht, mit der sie ihnen sogar noch ihr Eigentum zurückgegeben hätten, noch mehr angetrieben würden, solches zu wagen. Sie nahmen die Gesand- 4
ten bei sich auf und gaben ihnen beim Abschied Geschenke mit auf den Weg.

Die Pläne des Claudius zu einem Krieg gegen Histrien und die Beratungen über die Gründung der Kolonie Aquileja

Nachdem der Konsul M. Claudius die Gallier aus seiner Provinz vertrieben hatte, begann er auf einen Krieg gegen die Histrier hinzuarbeiten[126] und schickte einen Brief an den Senat, man möge ihm erlauben, seine Legionen nach Histrien hinüberzuführen. Das wollte der Senat nicht. 5

Sie waren dabei, die Gründung der Kolonie Aquileja[127] vorzubereiten, und es stand noch nicht ganz fest, ob es eine Latinerkolonie oder eine römische Bürgerkolonie werden sollte. Zuletzt beschlossen die Senatoren, es sollte besser eine Latiner-

6 kolonie werden. In die Dreierkommission wurden P. Scipio Nasica, C. Flaminius und L. Manlius Acidinus gewählt.

Die Gründung der Kolonien Mutina, Parma und Saturnia

Im selben Jahr wurden die römischen Bürgerkolonien Mutina
7 und Parma gegründet. Je 2000 Menschen erhielten in dem Gebiet, das zuletzt den Bojern, früher den Etruskern gehört
8 hatte, in Parma jeder acht, in Mutina jeder fünf Morgen. Die Dreierkommission, die die Gründung der Kolonien durchführte, bestand aus M. Aemilius Lepidus, T. Aebutius Parrus und L. Quinctius Crispinus.

9 Und im Gebiet von Caletra wurde die römische Bürgerkolonie Saturnia gegründet. Die Dreierkommission, die die Gründung der Kolonie durchführte, bestand aus Q. Fabius Labeo, C. Afranius Stellio und Tib. Sempronius Gracchus. Jeder Siedler erhielt zehn Morgen.

Die Ereignisse in Spanien und Ligurien

1 56. Im selben Jahr kämpfte der Prokonsul A. Terentius nicht weit vom Ebro im Gebiet der Ausetaner mehrmals erfolgreich mit den Keltiberern und eroberte einige Städte, die sie dort befestigt hatten.

2 Im Jenseitigen Spanien herrschte in diesem Jahr Frieden, weil der Prokonsul P. Sempronius von einer langwierigen Krankheit befallen wurde und die Lusitaner auch zum großen Glück ruhig blieben, da keiner sie reizte.

3 Im Gebiet der Ligurer wurde von dem Konsul Q. Fabius nichts Nennenswertes vollbracht.

Beamtenwahlen

M. Marcellus, der aus Histrien zurückgerufen worden war, verließ sein Heer und kehrte wegen der Wahlen nach Rom zurück. Cn. Baebius Tamphilus und L. Aemilius Paulus wur- 4
den zu Konsuln gewählt. Dieser war mit M. Aemilius Lepidus kurulischer Ädil gewesen; seit dessen Konsulat waren schon vier Jahre vergangen; dabei war dieser Lepidus selbst erst nach zwei Wahlniederlagen Konsul geworden.

Darauf wurden Q. Fulvius Flaccus, M. Valerius Laevinus, 5
P. Manlius zum zweitenmal, M. Ogulnius Gallus, L. Caecilius Denter und C. Terentius Istra Prätoren.

Zeichen vom Himmel und ihre Sühnung

Am Ende des Jahres fand wegen der Zeichen vom Himmel ein 6
Bittgang statt; denn man glaubte fest, es habe zwei Tage lang auf dem Platz der Concordia Blut geregnet[128], und es war gemeldet worden, nicht weit von Sizilien sei eine Insel, die es vorher nicht gegeben habe, neu aus dem Meere aufgetaucht.

Nachtrag zu Hannibals Tod

Valerius Antias berichtet, Hannibal sei in diesem Jahr gestor- 7
ben, und als Gesandte seien deswegen außer T. Quinctius Flamininus, dessen Name in dieser Angelegenheit vielgenannt ist, auch L. Scipio Asiaticus und P. Scipio Nasica zu Prusias geschickt worden[129].

VIERZIGSTES BUCH

Die Verteilung der Amtsbereiche und der Truppen

1. Am Anfang des folgenden Jahres losten die Konsuln und 1
Prätoren um die Amtsbereiche. Die Konsuln erhielten außer
dem Gebiet der Ligurer keine weitere Provinz. Die Recht-
sprechung in der Stadt fiel dem Prätor M. Ogulnius Gallus zu,
die in Prozessen mit Ausländern dem M. Valerius; das Dies- 2
seitige Spanien kam an Q. Fulvius Flaccus, das Jenseitige an
P. Manlius, Sizilien an L. Caecilius Denter und Sardinien an
C. Terentius Istra.

Die Konsuln wurden beauftragt, Truppen auszuheben. 3
Q. Fabius hatte aus dem Gebiet der Ligurer geschrieben, die
Apuaner faßten eine Wiederaufnahme des Krieges ins Auge,
und es bestehe Gefahr, daß sie das Gebiet von Pisae angriffen.
Und man wußte, daß von den spanischen Provinzen die Dies- 4
seitige zu den Waffen gegriffen hatte und daß man mit den
Keltiberern im Kriege lag und daß im Jenseitigen Spanien,
weil der Prätor schon lange krank war, durch Genußsucht und
Müßiggang die Kriegszucht gelockert war. Deshalb beschloß 5
man, neue Heere aufzustellen, und zwar vier Legionen gegen
die Ligurer, wobei jede einzelne 5200 Fußsoldaten und 300
Reiter haben sollte; von den Bundesgenossen und Latinern
kamen noch 15000 Fußsoldaten und 800 Reiter dazu. Das
sollten die beiden konsularischen Heere sein. Außerdem er- 6
hielten sie den Auftrag, 7000 Fußsoldaten und 400 Reiter bei
den Bundesgenossen und Latinern einzuziehen und sie zu
M. Marcellus nach Gallien zu schicken, dessen Kommando
nach seinem Konsulat verlängert worden war. 4000 Fußsol- 7

daten und 200 Reiter sollten unter den römischen Bürgern eingezogen werden, um in die beiden spanischen Provinzen geschickt zu werden, und unter den Bundesgenossen 7000
8 Fußsoldaten mit 300 Reitern. Und dem Q. Fabius Labeo wurde das Kommando im Gebiet der Ligurer für ein Jahr verlängert, und er behielt das Heer, das er hatte.

Himmelszeichen

1 2. Der Frühling war stürmisch in diesem Jahr. Am Tag vor den Parilien, ungefähr am Mittag, brach ein unbändiger Sturmwind los und richtete an vielen Heiligtümern und auch an vielen anderen Stellen Verwüstungen an. Eherne Standbil-
2 der auf dem Kapitol stürzte er um und riß eine Tür vom Tempel der Luna los, der auf dem Aventin liegt, trug sie davon und schleuderte sie gegen die hinteren Mauern des Cerestempels. Andere Standbilder im Circus maximus warf er zusam-
3 men mit den Säulen um, auf denen sie standen. Der Figurenschmuck einiger Tempel wurde von den Dächern gerissen und furchtbar umhergewirbelt. Daher wurde dieses Unwetter als ein Himmelszeichen gedeutet, und die Haruspices wurden
4 beauftragt, Sühnopfer darzubringen. Zugleich wurden Sühnopfer dargebracht, weil gemeldet worden war, in Reate sei ein Maultier mit drei Füßen geboren worden, und aus Formiae, der Tempel des Apollo in Cajeta[1] sei vom Blitz getroffen worden. Wegen dieser Himmelszeichen wurden 20 voll ausgewachsene Opfertiere dargebracht, und es fand ein eintägiger Bittgang statt.

Tod des P. Sempronius Longus

In diesen Tagen erfuhr man aus einem Brief des Proprätors 5
A. Terentius, daß P. Sempronius im Jenseitigen Spanien ge-
storben sei, nachdem er länger als ein Jahr krank gewesen war.
Die Prätoren wurden darum aufgefordert, schneller nach Spa-
nien aufzubrechen.

Verschiedene Gesandtschaften im römischen Senat

Darauf wurden die Gesandtschaften aus Ländern jenseits des 6
Meeres in den Senat geführt, zuerst die der Könige Eumenes
und Pharnaces und die der Rhodier, die sich über das Unglück
der Bewohner von Sinope beklagten[2]. Ungefähr zur gleichen 7
Zeit kamen auch Gesandte von Philipp[3], den Achäern[4] und
Spartanern[5]. Nachdem man zuvor den Bericht des Marcius
gehört hatte, der ausgeschickt worden war, um die Dinge in
Griechenland und Makedonien in Augenschein zu nehmen,
bekamen sie ihren Bescheid[6]. Den Königen von Asien und den 8
Rhodiern wurde geantwortet, der Senat werde Gesandte zur
Untersuchung dieser Dinge schicken.

Das Verhalten Philipps

3. Die Sorgen wegen Philipp hatte Marcius noch vergrößert. 1
Er berichtete nämlich, dieser habe die Senatsbeschlüsse so
ausgeführt, daß man leicht erkennen konnte, er werde es nicht
länger tun, als nötig sei. Und es war ganz klar, daß er den 2
Krieg wieder aufnehmen werde und daß alles, was er damals
tat und sagte, darauf hinauslief. Zunächst einmal hatte er fast 3
die ganze Bevölkerung aus den Gemeinden am Meer mit ihren

Familien nach Emathia, wie es heute heißt – damals hieß es
4 Päonien – umgesiedelt und den Thrakern und anderen Barbaren ihre Städte zum Wohnen gegeben, da er glaubte, dieser Menschenschlag werde in einem Krieg gegen Rom eher treu
5 sein. Diese Sache erregte in ganz Makedonien große Unruhe. Nur wenige, die mit Frauen und Kindern ihre Häuser verließen, ertrugen schweigend ihren Schmerz, und in den Scharen der Wegziehenden hörte man Verwünschungen gegen den
6 König, da der Haß stärker war als die Furcht. Hierüber aufgebracht, fühlte er sich von allen Menschen, an jedem Platz und
7 zu jeder Zeit bedroht. Schließlich sagte er in aller Öffentlichkeit, für ihn gebe es keine ausreichende Sicherheit, wenn er nicht die Kinder derer, die er umgebracht hatte, gefangen im Kerker habe, um den einen bei dieser, den anderen bei jener Gelegenheit aus dem Wege zu räumen.

Theoxena

1 4. Diese Grausamkeit, an sich schon abscheulich, machte der
2 Untergang eines Hauses noch abscheulicher. Herodicus, einen angesehenen Thessaler[7], hatte er vor vielen Jahren umgebracht; auch seine Schwiegersöhne hatte er später getötet. Seine Töchter blieben als Witwen zurück, und jede hatte
3 einen kleinen Sohn. Diese Frauen hießen Theoxena und Archo. Theoxena wollte nicht wieder heiraten, obwohl viele um sie
4 warben; Archo heiratete einen Mann namens Poris, den weitaus Angesehensten aus der Gemeinde der Änianer[8], schenkte ihm mehrere Kinder und starb, als diese alle noch sehr klein
5 waren. Theoxena heiratete den Poris, damit die Kinder ihrer Schwester unter ihren Händen erzogen würden, und als ob sie alle diese Kinder selbst zur Welt gebracht hätte, wandte sie die gleiche Fürsorge ihrem eigenen Sohn und den Söhnen

ihrer Schwester zu. Nachdem sie von den Anordnungen des 6
Königs über die Ergreifung der Kinder der Gemordeten gehört
hatte, glaubte sie, daß sie nicht nur der Lust des Königs, son-
dern auch der der Wächter zum Spiel dienen würden; sie
faßte daher einen schrecklichen Entschluß und wagte zu 7
sagen, sie würde sie lieber alle mit eigner Hand töten, als daß
sie in die Gewalt Philipps kämen. Poris verabscheute den Ge- 8
danken an eine so abscheuliche Tat und sagte, er werde sie
nach Athen zu treuen Gastfreunden schaffen und selbst ihr
Begleiter auf der Flucht sein. Sie fuhren von Thessalonice 9
nach Aenea zu dem regelmäßigen Opfer, das man dort dem
Stadtgründer Aeneas mit großer Feierlichkeit jedes Jahr dar-
bringt. Nachdem sie dort den Tag bei einem festlichen Mahl 10
verbracht hatten, bestiegen sie um die dritte Nachtwache,
während alle schliefen, ein von Poris ausgerüstetes Schiff, als
ob sie nach Thessalonice zurückkehren wollten; aber sie hat-
ten vor, nach Euböa überzusetzen. Doch spannten sie bei dem 11
ungünstigen Wind vergeblich die Segel, und das Tageslicht
überfiel sie in der Nähe des Landes, und die Leute des Königs,
die das Kommando über die Hafenwache hatten, schickten
einen bewaffneten Kutter, um dieses Schiff zurückzuholen,
mit dem strengen Befehl, nicht ohne es zurückzukehren. Als 12
sie nun näherkamen, war Poris eifrig bemüht, die Ruderer und
Seeleute anzufeuern; zuweilen hob er die Hände zum Himmel
und bat die Götter um Hilfe. Die leidenschaftliche Frau kam 13
unterdessen auf die schon lange vorher ins Auge gefaßte Tat
zurück, löste das Gift auf und holte Schwerter hervor, und sie
stellte den Becher vor sie hin und zog die Schwerter aus der
Scheide und sagte: «Der Tod ist die einzige Rettung. Dies 14
sind die Wege zum Tod. Entflieht dem Übermut des Königs,
jeder auf dem Wege, zu dem es ihn zieht! Nun, meine jungen
Männer, ergreift ihr, die ihr schon älter seid, zuerst das
Schwert oder trinkt den Becher, wenn ein Tod, zu dem weni-

ger Energie gehört, euch lieber ist!» Die Feinde waren da, und
15 ihre Mutter bedrängte sie mit dem Rat zu sterben. Die einen
schieden auf diese, die anderen auf jene Art aus dem Leben
und stürzten halbentseelt aus dem Schiff. Sie selbst umarmte
darauf ihren Mann als Gefährten im Tode und stürzte sich in
das Meer. Den Leuten des Königs fiel das Schiff ohne seine
Herren in die Hand.

Die Verhältnisse am makedonischen Königshof

1 5. Das Entsetzliche dieser Tat gab dem glühenden Haß gegen
den König neue Nahrung, so daß man allgemein ihn selbst
und seine Kinder verfluchte. Diese schrecklichen Verwün-
schungen wurden in kurzer Zeit von allen Göttern erhört und
bewirkten, daß er selbst gegen sein eignes Blut wütete.

2 Denn da Perseus sah, daß die Gunst und das Ansehen seines
Bruders Demetrius bei der Masse der Makedonen und seine
Beliebtheit bei den Römern von Tag zu Tag mehr wuchsen,
glaubte er, für ihn selbst bleibe keine Hoffnung auf den Kö-
nigsthron, es sei denn durch ein Verbrechen, und einzig auf
3 dies richtete er alle seine Gedanken. Weil er sich aber allein
nicht einmal zu dem, was er in seinem weibischen Gemüt
plante, stark genug glaubte, begann er einzelne unter den
Freunden seines Vaters mit dunklen Reden auf die Probe zu
4 stellen. Und zuerst machten einige von diesen den Eindruck,
als ob sie eine solche Tat von sich wiesen, da sie mehr Hoff-
5 nung auf Demetrius setzten. Als dann von Tag zu Tag der
Haß Philipps gegen die Römer wuchs, den Perseus schürte,
dem Demetrius aber mit aller Macht entgegentrat, sahen sie
im Geiste schon das Ende des jungen Mannes voraus, der sich
gegen die Tücke seines Bruders nicht vorsah; und sie glaub-
ten, was doch geschehen werde, müsse gefördert und die Hoff-

nung des Mächtigeren müsse begünstigt werden, und schlos-
sen sich Perseus an. Alle weiteren Maßnahmen verschoben sie 6
auf eine passende Gelegenheit. Für den Augenblick gefiel es ihnen, wenn der König mit aller Macht gegen die Römer aufgehetzt und zu Kriegsplänen getrieben wurde, zu denen er
schon von sich aus neigte. Damit zugleich Demetrius von 7
Tag zu Tag verdächtiger wurde, brachten sie mit Absicht im Gespräch die Rede auf die Römer. Dann verspotteten die einen ihre Sitten und Einrichtungen, andere ihre Taten, wieder andere das Aussehen der Stadt selbst, die bisher weder schöne öffentliche Plätze noch schöne Privathäuser habe, und
wieder andere einzelne ihrer führenden Männer. Der junge 8
Mann war in seiner Liebe zu allem Römischen und in seinem Zerwürfnis mit seinem Bruder nicht auf der Hut, nahm alles in Schutz und machte sich dadurch bei seinem Vater verdäch-
tig und bot ein leichtes Ziel für Beschuldigungen. Deshalb 9
schloß sein Vater ihn von allen Beratungen aus, in denen es um das Verhältnis zu Rom ging, wandte sich ganz dem Perseus zu und besprach mit diesem Tag und Nacht seine Gedanken hierüber.

Gerade waren die Leute zurückgekommen, die er zu den 10
Bastarnen geschickt hatte, um Hilfstruppen zu holen, und sie hatten von dort junge Männer aus dem Adel und einige von königlicher Abstammung mitgebracht; einer von ihnen versprach seine Schwester dem Sohn des Philipp zur Ehe. Das Bündnis mit diesem Volk hatte den Geist des Königs hoch-
gestimmt. Da sagte Perseus: «Was nützt dies? Die Unterstüt- 11
zung von außen gibt nicht entfernt so viel Schutz, wie die
Arglist im eigenen Hause Gefahr bringt. Wir haben, ich will 12
nicht sagen einen Verräter, aber sicherlich einen Spion in unseren Reihen, den uns die Römer zurückgegeben haben, nachdem er als Geisel in Rom gewesen ist, dessen Herz sie selbst
aber noch besitzen. Die Blicke fast aller Makedonen sind auf 13

ihn gerichtet, und sie glauben, sie würden nur den zum König
14 haben, den die Römer ihnen gäben.» Hierdurch wurde der
schon an sich kranke Geist des alten Mannes abermals gereizt,
und diese Anklagen gingen ihm mehr zu Herzen, als er sich
anmerken ließ.

Der offene Ausbruch des Streites zwischen Perseus und Demetrius

1 6. Es kam gerade die Zeit für die Entsühnung des Heeres, eine
feierliche Handlung, die so verläuft: Das vordere Stück einer
in der Mitte durchgeschnittenen Hündin wird auf die rechte
Seite des Weges gelegt, das hintere mit den Eingeweiden auf
2 die linke. Zwischen diesem geteilten Opfertier werden die
Truppen in Waffen hindurchgeführt. Vorangetragen werden
vor der Spitze des Heeres ausgezeichnete Waffen aller Könige
3 Makedoniens vom frühesten Anfang an, dann folgt der König
selbst mit seinen Kindern, das nächste ist die Umgebung des
Königs und seine Leibwächter, das Ende des Zuges bildet die
4 übrige Menge der Makedonen. An den Seiten des Königs rit-
ten seine beiden erwachsenen Söhne, Perseus, der im 30. Le-
bensjahr stand, und Demetrius, der fünf Jahre jünger war,
jener mitten in der Kraft der Jugend, dieser in ihrer Blüte, zur
vollen Reife herangewachsene Kinder eines Vaters, der glück-
lich hätte sein können, wenn sein Geist nicht verblendet ge-
wesen wäre.

5 Es bestand die Sitte, daß das Heer nach dem Sühnopfer
Manöver durchführte und daß das in zwei Parteien aufgeteilte
6 Heer sich ein Scheingefecht lieferte. Die Prinzen erhielten das
Kommando in diesem Kampfspiel. Aber es war kein Schein-
gefecht, sondern sie stürmten gegeneinander, als wenn um die
Herrschaft gekämpft würde; viele Wunden wurden mit den
Fechtstöcken geschlagen, und bis auf die Schwerter fehlte

nichts zum Bild eines richtigen Kampfes. Der Teil, der unter 7
dem Kommando des Demetrius stand, war weitaus überlegen.
Perseus ärgerte sich darüber; seine schlauen Freunde aber
freuten sich und sagten, gerade diese Sache werde ihnen einen
Anlaß bieten, den jungen Mann zu verdächtigen.

7. An diesem Tag veranstaltete jeder der beiden für sich ein 1
Gelage mit seinen Freunden, die an dem Manöver teilgenom-
men hatten; denn Perseus hatte eine Einladung des Demetrius
zum Essen ausgeschlagen. An dem Festtag verleitete die 2
freundliche Aufforderung und die jugendliche Ausgelassen-
heit beide Gruppen zum Trinken. Dabei wurde das Kampfspiel 3
erwähnt, und scherzhafte Worte wurden über die Gegner ge-
äußert, wobei man nicht einmal vor den Führern selbst halt-
machte. Um diese Worte zu erlauschen, war einer von den 4
Gästen des Perseus als Späher ausgeschickt worden. Da dieser
sich ziemlich unvorsichtig herumtrieb, wurde er von den jun-
gen Männern, die zufällig das Speisezimmer verließen, ergrif-
fen und übel zugerichtet. Demetrius wußte nichts davon und 5
sagte: «Warum ziehen wir nicht zu einem Nachtrunk zu mei-
nem Bruder und mildern seinen Zorn, der etwa noch vom
Kampf in ihm steckt, durch unsere Unbefangenheit und Aus-
gelassenheit?» Alle schrien, daß sie mitgingen, bis auf die, die 6
auf der Stelle die Rache dafür fürchteten, daß sie den Späher
verprügelt hatten. Da Demetrius auch diese mitschleppte,
verbargen sie ein Schwert in ihrem Gewand, um sich damit
schützen zu können, wenn es irgendwie zu Gewalttätigkeiten
käme.

Nichts kann geheim bleiben bei Zwietracht in einer Fami- 7
lie. Beide Häuser waren voll von Spähern und Verrätern. Ein
Zuträger lief zu Perseus vor und meldete, mit Demetrius
kämen vier junge Männer, die ein Schwert umgegürtet hätten.
Wenn auch der Grund klar war – denn er hatte gehört, daß 8
sein Gast von ihnen verprügelt worden war –, befahl er, um

die Sache in ein übles Licht zu stellen, die Tür zu verriegeln,
und hinderte vom oberen Stockwerk seines Hauses und den
Fenstern an der Straßenseite aus den Schwarm der Zecher
daran, zur Tür zu gelangen, als ob sie gekommen wären, um
9 ihn zu ermorden. Demetrius schrie eine kurze Weile im Rausch,
weil er nicht hineingelassen wurde, und kehrte dann zu sei-
nem Gelage zurück, ohne die Sache ganz zu begreifen.

1 8. Sobald Perseus am folgenden Tag die Möglichkeit hatte,
mit seinem Vater zusammenzutreffen, ging er in den Königs-
palast und blieb mit verstörter Miene schweigend in weitem
2 Abstand vor den Augen seines Vaters stehen. Als ihn sein
Vater anredete: «Ist alles in Ordnung?» und ihn fragte, was
für ein Kummer das denn sei, sagte er: «Du sollst wissen, daß
ich es für einen Gewinn erachte, daß ich überhaupt noch lebe.
Jetzt werde ich nicht mehr nur mit geheimen Anschlägen von
meinem Bruder bedroht. In der Nacht ist er mit Bewaffneten
zu meinem Haus gekommen, um mich zu töten, und nur da-
durch, daß ich die Tür verschloß, und durch den Schutz mei-
ner Wände habe ich mich vor seiner Raserei schützen können.»
3 Als er seinen Vater in Schrecken und Erstaunen versetzt hatte,
fuhr er fort: «Und doch werde ich, wenn du es über dich brin-
gen kannst zuzuhören, dafür sorgen, daß du einen klaren Be-
4 weis dafür bekommst.» Philipp sagte, er werde es sich gewiß
anhören, und befahl auf der Stelle den Demetrius zu rufen und
ließ zwei ältere Freunde herbeiholen, die keinen Anteil an den
jugendlichen Streitereien unter den Brüdern hatten und die
nur noch selten im Königspalast waren, den Lysimachus und
5 den Onomastus; diese wollte er als Ratgeber haben. Bis die
Freunde kamen, ging er allein auf und ab und dachte über
vieles nach, während sein Sohn weit weg stand.

6 Nachdem ihre Ankunft gemeldet worden war, zog er sich
mit seinen beiden Freunden und ebenso vielen Leibwächtern
in das Innere des Palastes zurück; seinen Söhnen erlaubte er,

je drei Unbewaffnete mit sich hereinzuführen. Als er sich dort 7
hingesetzt hatte, sagte er: «Hier sitze ich ärmster Vater als
Richter zwischen meinen beiden Söhnen, von denen der eine
Anklage auf Brudermord erhebt und der andere angeklagt
wird, und werde an den Meinen entweder den Makel finden,
ein Verbrechen erdichtet oder eins begangen zu haben. Aller- 8
dings habe ich schon längst diesen heraufziehenden Sturm ge-
fürchtet, wenn ich euch durchaus nicht brüderliche Blicke
wechseln sah und wenn ich gewisse Worte hörte. Aber zuwei- 9
len beschlich mich die Hoffnung, euer Zorn könne sich legen
und euer Argwohn geheilt werden – sogar Feinde haben doch
die Waffen niedergelegt und Bündnisse geschlossen, und per-
sönliche Streitigkeiten vieler haben ein Ende gefunden –; euch 10
würde einmal die Erinnerung kommen, daß ihr Brüder seid,
an eure Aufrichtigkeit in der Kindheit und den vertrauten
Verkehr untereinander, schließlich auch an meine Lehren, von
denen ich fürchte, daß ich sie tauben Ohren umsonst verkün-
det habe. Wie oft habe ich vor euch Beispiele von Zwietracht 11
unter Brüdern verflucht und von ihrem schrecklichen Ende
berichtet, wodurch sie sich und ihre Familie, ihre Häuser und
ihre Reiche bis auf den Grund zerstört haben! Auch gute Bei- 12
spiele habe ich andererseits vor euch hingestellt: die einträch-
tige Gemeinschaft zwischen den beiden Königen der Sparta-
ner, die viele Jahrhunderte lang für sie selbst und für ihre
Vaterstadt zum Segen war; den Untergang derselben Stadt, 13
nachdem die Sitte aufgekommen war, daß jeder die Allein-
herrschaft an sich zu reißen suchte[9]; und dann die Brüder 14
Eumenes und Attalus, die so klein angefangen haben, daß sie
sich fast genieren mußten, sich Könige zu nennen, und die so
mächtig geworden sind wie ich, Antiochus und jeder andere
König dieser unserer Zeit, und das vor allem durch ihre brü-
derliche Eintracht[10]. Ich habe auch vor Beispielen aus Rom 15
nicht haltgemacht, die ich gesehen oder gehört hatte, T. und

L. Quinctius, die mit mir Krieg geführt haben[11], P. und L. Sci-
pio, die Antiochus besiegt haben[12], ihren Vater und ihren
Onkel, deren lebenslange Eintracht auch der Tod nicht ge-
16 trennt hat[13]. Und doch konnten euch weder die Verbrechen
der einen und ihr Ende, das ihrem Verbrechen ähnlich war[14],
von eurer wahnsinnigen Zwietracht abschrecken, noch konnte
euch die rechte Gesinnung der anderen und ihr Glück zur
17 Vernunft bringen. Während ich noch lebe und atme, habt ihr
beide in eurem Hoffen und eurer ruchlosen Gier schon meine
18 Erbschaft angetreten. Ihr wollt, daß ich noch so lange lebe,
bis ich einen von euch überlebt habe und den anderen durch
meinen Tod zum unbestrittenen König mache. Weder den
Bruder noch den Vater könnt ihr ertragen; nichts ist euch
teuer, nichts heilig. An die Stelle von all dem ist einzig das
19 unersättliche Verlangen nach der Herrschaft getreten. Wohl-
an, befleckt mit euren Freveltaten die Ohren eures Vaters;
sucht die Entscheidung mit Beschuldigungen, ihr, die ihr die
Entscheidung bald mit dem Schwert suchen werdet. Sagt
offen, was ihr Wahres sagen könnt oder was euch zu erfinden
20 beliebt! Meine Ohren sind aufgetan; späterhin werden sie für
die geheimen Beschuldigungen des einen gegen den andern
verschlossen sein.» Als er dies rasend vor Zorn gesagt hatte,
brachen alle in Tränen aus, und lange herrschte bedrücktes
Schweigen.

1 9. Dann sagte Perseus: «Natürlich, ich hätte in der Nacht
die Tür öffnen, die bewaffneten Zecher aufnehmen und meine
Kehle dem Schwert darbieten müssen, weil man an eine Tat
erst dann glaubt, wenn sie vollbracht ist, und ich, dem man
nach dem Leben trachtet, höre dasselbe wie ein Räuber und
2 Meuchelmörder. Nicht ohne Grund sagen die Leute, du hät-
test nur einen Sohn, den Demetrius, ich sei untergeschoben
3 und von einem Kebsweib geboren. Denn wenn ich die Stel-
lung eines Sohnes bei dir einnähme, wenn du mich wie einen

Sohn liebtest, würdest du nicht gegen mich wüten, der ich
mich über einen entdeckten Anschlag beklage, sondern gegen
den, der ihn verübt hat, und mein Leben wäre dir nicht so 4
wenig wert, daß du weder durch die Gefahr bewegt wirst, der
ich entgangen bin, noch durch die, die mir droht, wenn der
Mordanschlag ungestraft bleibt. Daher will ich schweigen, 5
wenn es sich gehört, schweigend zu sterben, und nur die Göt-
ter bitten, daß das Verbrechen, das bei mir angefangen hat,
bei mir auch ein Ende findet und nicht durch meine Brust hin-
durch auf dich zielt. Wenn es aber auch mir erlaubt ist, meine 6
Stimme zu erheben, wenn ich das Schwert auf mich gezückt
sehe, wie es den in der Einöde Umzingelten die Natur selbst
eingibt, den Beistand auch von Menschen anzuflehen, die sie
noch nie gesehen haben, so bitte ich bei dir und dem Vater- 7
namen – wem von uns beiden er heiliger ist, merkst du schon
längst –, daß du mich so anhörst, als wenn du, durch einen
Ruf und laute nächtliche Klage aufgeweckt, dazugekommen
wärest, wie ich um Hilfe rief, und den Demetrius mit Bewaff-
neten in tiefer Nacht in meiner Vorhalle ertappt hättest. Was
ich dann voller Angst in der Situation des Augenblicks geru-
fen hätte, das bringe ich nun am folgenden Tag als Klage vor:
‹Bruder, wir verkehren schon lange nicht miteinander wie 8
Leute, die sich gegenseitig zum Nachtrunk besuchen. Du
willst um jeden Preis König sein. Dieser deiner Hoffnung steht
mein Alter entgegen, steht das bei den Völkern geltende
Recht entgegen, steht die alte makedonische Sitte entgegen,
steht sogar die Entscheidung unseres Vaters entgegen. Dar- 9
über kannst du dich nicht hinwegsetzen, ohne mein Blut zu
vergießen. Alles unternimmst und versuchst du. Bis jetzt hat
meine Aufmerksamkeit und mein Glück verhindert, daß du
deinen Bruder umbrachtest. Am gestrigen Tage hast du bei 10
dem Sühnopfer, dem Manöver und dem Kampfspiel einen fast
tödlichen Kampf geliefert, und nichts anderes hat mich vor

dem Tode gerettet, als daß ich duldete, daß ich und die Mei-
11 nen besiegt wurden. Nach dem feindseligen Kampf wolltest du mich wie nach einem brüderlichen Spiel zum Essen mit dir fortziehen.›

Glaubst du, Vater, daß ich unter unbewaffneten Tischgenossen gespeist hätte, wo doch Bewaffnete zu einem Nachtrunk zu mir gekommen sind? Glaubst du, daß mir in der Nacht keine Gefahr von Schwertern gedroht hätte, wo sie mich mit Fechtstöcken vor deinen Augen fast totgeschlagen haben?

12 ‹Wozu kommst du so tief in der Nacht, wozu als Feind zu einem Erzürnten, wozu mit jungen Männern, die ein Schwert bei sich haben? Ich habe nicht gewagt, mich dir als Gast anzuvertrauen. Soll ich dich aufnehmen, wenn du mit Bewaffneten zu einem Nachtrunk kommst?›

13 Wenn die Tür offen gewesen wäre, würdest du jetzt in diesem Augenblick, in dem du mich meine Klage vorbringen hörst, mein Begräbnis rüsten, Vater. Ich gehe nicht wie ein Ankläger verleumderisch zu Werke und indem ich zweifel-
14 hafte Beweise sammle. Wozu denn? Leugnet er, daß er mit einer Schar zu meiner Tür gekommen ist oder daß Leute bei ihm waren, die ein Schwert trugen? Hole die herbei, die ich nenne! Denen, die dies gewagt haben, ist zwar alles zuzutrauen; aber es abzustreiten, werden sie doch nicht wagen. Wenn ich sie in meinem Hause mit einem Schwert ertappt und zu dir geführt hätte, würdest du die Sache für bewiesen ansehen. Nimm ihr Geständnis für die Tat!

1 10. Verfluche nun das Verlangen nach dem Königsthron und rufe die Rachegöttinnen herbei, die den Brudermord rächen! Aber deine Flüche mögen nicht blind sein, Vater! Mach einen Unterschied, halte den Attentäter und sein Opfer
2 auseinander! Wende dich gegen das schuldige Haupt! Der seinen Bruder töten wollte, soll auch den Zorn der Götter seines Vaters gegen sich haben! Der durch das Verbrechen

seines Bruders umkommen sollte, soll seine Zuflucht im Mit-
leid und in der Gerechtigkeit seines Vaters finden! Denn wohin 3
soll ich sonst fliehen, dem nicht das feierliche Sühnopfer deines
Heeres Sicherheit bietet, nicht das Manöver der Soldaten,
nicht das Haus, nicht die Mahlzeit, nicht die Nacht, die den
Sterblichen durch eine Wohltat der Natur zur Ruhe gegeben
ist? Wenn ich auf eine Einladung hin zu meinem Bruder gehe, 4
muß ich sterben; wenn ich meinen Bruder zu einem Nach-
trunk in mein Haus aufnehme, muß ich sterben. Weder wenn 5
ich gehe noch wenn ich bleibe, entgehe ich seinen Nachstel-
lungen. Wohin soll ich mich begeben? Vater, nichts als die
Götter und dich habe ich verehrt. Ich habe nicht die Römer,
zu denen ich fliehen könnte. Sie möchten, daß ich tot wäre,
weil ich unter dem dir zugefügten Unrecht leide, weil ich
darüber entrüstet bin, daß dir so viele Städte, so viele Völker-
schaften und vor kurzem erst das Küstengebiet Thrakiens ab-
genommen worden ist. Sie hoffen, daß Makedonien ihnen ge-
hören wird, wenn ich und du nicht mehr sind. Wenn mich das 6
Verbrechen meines Bruders und dich das Alter dahingerafft
oder man nicht einmal dies abgewartet hat, wissen sie, daß der
König von Makedonien und sein Reich ihnen gehören wird.
Wenn die Römer dir etwas außer Makedonien zurückgelassen
hätten, würde ich glauben, daß dies auch als Zuflucht für
mich geblieben sei.

‹Aber du hast doch bei den Makedonen Schutz genug!› Du 7
hast am gestrigen Tag den Angriff der Soldaten auf mich ge-
sehen. Was hat ihnen gefehlt als ein Schwert? Was ihnen am
Tag gefehlt hat, haben die Zechkumpane meines Bruders in
der Nacht ergriffen. Was soll ich von der großen Zahl der 8
Adligen sprechen, die alle Hoffnung wegen ihrer Stellung und
ihres Glücks auf die Römer gesetzt haben und auf den, der bei
den Römern alles gilt? Beim Herkules, sie ziehen diesen nicht
nur mir, dem älteren Bruder, vor, sondern es ist fast so, daß

9 sie ihn sogar dir selbst, dem König und Vater, vorziehen. Er
nämlich ist es, dem zu Gefallen der Senat dir die Strafe erlassen
hat, der dich jetzt vor den römischen Waffen schützt, der
meint, es sei recht, wenn dein Alter seiner Jugend verpflichtet
10 und von ihr abhängig ist. Für ihn stehen die Römer ein, für
ihn alle Städte, die von deiner Herrschaft befreit sind, für ihn
die Makedonen, die sich über den Frieden mit Rom freuen.
Was habe ich irgendwo an Hoffnung oder Schutz, Vater, wenn
nicht bei dir?

1 11. Was meinst du, worauf jener Brief des T. Quinctius zielt,
den er jetzt an dich geschickt hat und in dem er sagt, daß du
deine Interessen gut vertreten hättest, als du Demetrius nach
Rom schicktest, und dich ermuntert, ihn wieder mit mehr
Gesandten, und zwar aus den vornehmen Familien Makedo-
2 niens, zurückzuschicken[15]? Von T. Quinctius geht jetzt alles
aus, was er tut, und er gibt ihm seine Anweisungen. Er hat
sich von dir, seinem Vater, losgesagt und ihn an deine Stelle
gesetzt. Dort sind alle heimlichen Beschlüsse vorher zusam-
3 mengebraut. Sie suchen Helfer für ihre Pläne, wenn er dich
auffordert, mehr Leute, und zwar aus dem makedonischen
Adel, zu ihm zu schicken. Die lauter und rein von hier nach
Rom gehen und glauben, Philipp sei ihr König, kehren von
dort besudelt und befleckt von den römischen Lockungen zu-
4 rück. Demetrius allein ist ihnen alles. Ihn nennen sie jetzt
schon König, obwohl sein Vater noch lebt. Wenn ich darüber
empört bin, muß ich sogleich nicht nur von anderen, sondern
auch von dir, Vater, die Beschuldigung hören, ich strebte nach
5 der Königsherrschaft. Ich aber lasse es nicht gelten, wenn es
vorgebracht wird. Denn wen vertreibe ich von seiner Stelle,
um selbst an seine Stelle zu treten? Vor mir ist nur der Vater,
6 und ich bitte die Götter, daß er es noch lange sei. Wenn ich
am Leben bleibe – und hoffentlich bin ich so, daß er selbst
wünscht, daß ich es bleibe, wenn ich es verdiene –, werde ich

das Erbe der Königsherrschaft übernehmen, wenn der Vater
es mir übergibt. Nach der Herrschaft strebt, und zwar strebt er 7
verbrecherisch danach, der sich überstürzt über die Ordnung
des Lebensalters, der Natur, der makedonischen Sitte und des
Rechtes bei den Völkern hinwegsetzt. ‹Im Wege steht der
ältere Bruder, dem die Königsherrschaft nach dem Recht,
auch nach dem Willen des Vaters, zukommt; er soll aus dem
Wege geräumt werden. Ich werde nicht der erste sein, der 8
durch Ermordung seines Bruders nach dem Königsthron
strebt; der Vater, ein alter, einsamer Mann, wird mehr um
seine Person fürchten, als daß er die Ermordung seines Sohnes
rächt; die Römer werden sich freuen, sie werden die Tat gut-
heißen, werden sie verteidigen.› Dies sind ungewisse Hoff- 9
nungen, Vater, aber keine eitlen. Denn so steht die Sache. Du 10
kannst die Lebensgefahr von mir abwenden, indem du die be-
strafst, die das Schwert ergriffen haben, um mich zu töten.
Wenn ihnen ihre Untat gelingt, wirst selbst du meinen Tod
nicht bestrafen können.»

12. Nachdem Perseus mit seiner Rede aufgehört hatte, rich- 1
teten sich die Blicke der Anwesenden auf Demetrius, als wenn
er sofort antworten würde. Darauf herrschte lange Schweigen, 2
wobei es allen deutlich war, daß er, von Tränen überströmt,
nicht sprechen konnte. Endlich, als man ihn aufforderte zu
reden, siegte die Notwendigkeit über den Schmerz, und er be-
gann so: «Alles, was zuvor für Angeklagte Hilfe bedeutete, 3
Vater, hat der Kläger vorweggenommen. Durch die zum Ver-
derben des Bruders vergossenen falschen Tränen hat er dir
meine echten Tränen verdächtig gemacht. Während er selbst, 4
seit ich von Rom zurückgekehrt bin, in heimlichen Gesprä-
chen mit seinen Anhängern Tag und Nacht Anschläge aus-
brütet, hat er mir obendrein nicht nur die Rolle eines Intri-
ganten, sondern eines überführten Räubers und Mörders zu-
geschoben. Durch eine ihm drohende ‹Gefahr› versetzt er dich 5

in Schrecken, um seinen schuldlosen Bruder ausgerechnet
durch dich recht bald ins Verderben zu stürzen. Er sagt, er
habe nirgendwo auf der Welt eine Zuflucht, damit ich nicht
6 einmal mehr bei dir etwas zu hoffen habe. Auf den Umgarnten,
Isolierten, Machtlosen lädt er den Haß wegen der Beliebtheit
bei einer auswärtigen Macht, die mehr schadet als nützt. Wie
sprach er gleich zu Anfang ganz im Stil eines Anklägers, als er
die Beschuldigung wegen dieser Nacht mit den übrigen An-
7 griffen gegen meine Lebensführung verband; damit wollte er
diese Angelegenheit – du weißt jetzt schon, wie sie sich ver-
hält – durch den sonstigen Verlauf meines Lebens verdächtig
machen und jene falsche Beschuldigung meines Hoffens, mei-
nes Wollens und meiner Absichten durch diesen erdichteten
und zurechtgemachten nächtlichen ‹Beweis› stützen.

8 Zugleich bemühte er sich auch darum, daß die Anklage
plötzlich und völlig unvorbereitet schien, da sie ja aus der
Furcht und dem plötzlichen Wirrwarr dieser Nacht herrührte.
9 Es hätte sich aber gehört, Perseus, wenn ich ein Verräter am
Vater und am Königreich war, wenn ich mit den Römern,
wenn ich mit anderen Feinden meines Vaters Pläne geschmie-
det hatte, nicht die Ereignisse dieser Nacht abzuwarten, son-
10 dern mich schon vorher des Verrates anzuklagen. Wenn jene
Anklage ohne dieses aussichtslos war und mehr dazu angetan,
deinen Haß gegen mich als mein Verbrechen zu zeigen, so
hätte sie auch heute entweder übergangen oder auf eine an-
11 dere Zeit verschoben werden müssen, damit für sich unter-
sucht würde, ob ich dir oder du mir mit einer neuen und ein-
maligen Art des Hasses nach dem Leben getrachtet hättest.
12 Ich aber werde, soweit ich das bei dieser plötzlichen Verwir-
rung kann, das trennen, was du zusammengebracht hast, und
die Ränke dieser Nacht aufdecken, deine oder meine.

13 Er legt es darauf an, daß es so scheint, als ob ich den Plan
gefaßt hätte, ihn zu töten. Ich, der jüngere, wollte, nachdem

der ältere Bruder aus dem Weg geräumt war, dem nach dem Recht der Völker, nach der Sitte der Makedonen, auch nach deiner Entscheidung, wie er sagt, der Thron gehören wird, an
die Stelle dessen treten, den ich ermordet hätte. Was soll da 14
jener andere Teil seiner Rede, in dem er sagt, ich hätte die Römer verehrt, und im Vertrauen auf sie hätte ich mir Hoff-
nung auf die Herrschaft gemacht. Denn wenn ich glaubte, daß 15
die Römer so viel Einfluß haben, daß sie, wen sie wollten, zum König in Makedonien einsetzen könnten, und auf meine Beliebtheit bei ihnen so sehr vertraute, wozu war dann ein
Brudermord nötig? Etwa, um ein vom Brudermord blutiges 16
Diadem zu tragen? Um selbst bei ihnen, deren Gunst ich mir durch echte oder mindestens durch geheuchelte Anständig-
keit gewonnen habe, fluchwürdig und verhaßt zu sein? Oder 17
glaubst du etwa, daß T. Quinctius, durch dessen Einfluß und Ratschläge ich, wie du mir vorwirfst, jetzt gelenkt werde, mich zur Ermordung meines Bruders angestiftet hat, während er selbst in einem so guten Verhältnis mit seinem Bruder lebt?

Er hat nicht nur meine Beliebtheit bei den Römern, sondern 18
die Entscheidung der Makedonen und die Übereinstimmung fast aller Götter und Menschen zusammengestellt und hat geglaubt, daß er sich aufgrund von all dem mit mir nicht messen
könne; derselbe bezichtigt mich, ich hätte, als wenn ich in 19
allen anderen Dingen schwächer wäre, als letzte Hoffnung
zum Verbrechen meine Zuflucht genommen. Willst du die 20
Untersuchung so geführt haben, daß entschieden wird, der von uns beiden habe den Plan gefaßt, seinen Bruder zu verderben, der gefürchtet hat, daß der andere der Herrschaft würdiger scheine?

13. Laßt uns trotzdem den Ablauf des Verbrechens verfol- 1
gen, auf welche Weise es auch erfunden wurde. Er hat den Vorwurf erhoben, er sei auf mehrere Arten bedroht worden, und hat alle diese Versuche, ihn umzubringen, auf einen Tag

2 gelegt. Ich wollte ihn am Tage totschlagen nach dem Sühn-
opfer, als wir aufeinander losstürmten, und zwar, wenn es die
Götter so wollen, am Tage des Sühnopfers; ich wollte ihn, als
ich ihn zum Mahl einlud, aus dem Wege räumen, mit Gift
natürlich; ich wollte ihn mit dem Schwert umbringen, als ich
zu einem Nachtrunk zu ihm zog und Leute mit Schwertern
3 mir folgten. Was für Zeitpunkte zum Brudermord ausgesucht
wurden, siehst du: ein Spiel, ein Gelage, ein Nachtrunk.
Weiter, welcher Tag? An dem das Heer entsühnt wurde, an
dem wir beide allein an deiner Seite, Vater, zwischen dem ge-
teilten Opfertier hindurchgeritten sind, wobei von allen ma-
kedonischen Königen, die es jemals gegeben hat, die könig-
lichen Waffen vorausgetragen wurden und der Heereszug der
4 Makedonen folgte. Durch diese heilige Handlung wäre ich ge-
reinigt und entsühnt gewesen, auch wenn ich vorher etwas
begangen hätte, was Sühne erforderte. Da dachte ich gerade in
dem Augenblick, als ich das Opfertier sah, das auf beiden Sei-
ten unseres Weges lag, an Brudermord, an Gifte, an Schwerter,
die bereitgehalten wurden für den Nachtrunk, um später
durch irgendwelche anderen Opferhandlungen mein durch je-
5 des Verbrechen besudeltes Herz zu entsühnen? Aber der
Mensch ist blind in dem Verlangen zu verdächtigen und ver-
quickt, indem er alles verdächtig machen will, eins mit dem
6 anderen. Denn wenn ich dich mit Gift beim Essen hätte be-
seitigen wollen, was war dann weniger geeignet, als dich
durch einen hartnäckigen Kampf und Zusammenprall zornig
zu machen, daß du mit Recht, wie du es getan hast, meine
7 Einladung zum Essen ausschlugst? Wenn du dich aber im
Zorn geweigert hattest, mußte ich mir dann Mühe geben,
dich zu besänftigen, um eine andere Gelegenheit zu suchen, da
8 ich ja einmal das Gift bereitet hatte? Oder mußte ich von die-
sem Plan zu einem anderen sozusagen hinüberspringen, näm-
lich dich, und dazu noch an demselben Tag, mit dem Schwert

unter dem Vorwand eines Nachtrunks zu töten? Wenn ich der 9
Meinung war, daß du aus Angst um dein Leben mein Mahl
gemieden hattest, wieso glaubte ich dann nicht, daß du nicht
aus derselben Angst heraus auch einen Nachtrunk mit mir
vermeiden würdest?

14. Ich habe keinen Grund zu erröten, Vater, wenn ich an 1
einem Festtag unter Gleichaltrigen ziemlich viel Wein getrun-
ken habe. Ich möchte, daß du auch untersuchst, mit welcher 2
Ausgelassenheit, mit welcher Unbeschwertheit das gestrige
Gelage bei mir gefeiert worden ist, wobei auch jene – vielleicht
verkehrte – Freude darüber wuchs, daß beim jugendlichen
Wettkampf mit den Waffen unsere Partei nicht unterlegen
war.

Diese Not jetzt und die Angst haben den Rausch schnell
verscheucht. Wenn dies nicht eingetreten wäre, würden wir 3
‹Intriganten› im tiefen Schlaf liegen. Wenn ich dein Haus er- 4
obern und nach der Einnahme deines Hauses seinen Herrn
töten wollte, hätte ich dann nicht im Trinken Maß gehalten
für diesen einen Tag? Hätte ich nicht meine Soldaten vom
Trinken zurückgehalten?

Und nicht ich allein will mich mit allzu großer Unbefangen- 5
heit schützen; auch mein keineswegs schlechter und argwöh-
nischer Bruder hat gesagt: ‹Nichts anderes weiß ich, nichts
werfe ich ihnen vor, als daß sie mit dem Schwert zum Nach-
trunk zu mir gekommen sind.› Wenn ich dich fragte, woher 6
du das so genau weißt, wirst du notgedrungen entweder zu-
geben müssen, daß mein Haus von deinen Spähern voll ge-
wesen ist oder daß jene so offen das Schwert genommen haben,
daß alle es sehen konnten. Und damit er nicht selbst irgend 7
etwas vorher untersucht zu haben oder jetzt verleumderisch
zu argumentieren scheint, hat er dich aufgefordert, die, die er
genannt hatte, zu befragen, ob sie ein Schwert bei sich gehabt
hätten; wie bei einer zweifelhaften Sache würden sie dann,

wenn du sie nach dem gefragt hättest, was sie selbst zugeben,
8 als überführt angesehen werden. Warum verlangst du nicht,
daß danach gefragt wird, ob sie das Schwert genommen
haben, um dich zu töten, und ob auf meine Veranlassung und
mit meinem Wissen? Denn du willst doch, daß man das
glaubt, nicht jenes, was sie bekennen und was offenkundig ist.
Sie sagen, sie hätten die Waffen genommen, um sich zu schüt-
9 zen. Ob sie damit richtig oder falsch gehandelt haben, sie wer-
den sich selbst für ihre Tat verantworten. Bringe meinen Fall,
der mit dieser Sache überhaupt nichts zu tun hat, nicht damit
zusammen! Oder erkläre, ob wir dich offen oder heimlich an-
greifen wollten! Wenn offen, warum haben wir dann nicht alle
10 eine Waffe gehabt? Warum niemand außer denen, die deinen
11 Späher verprügelt haben? Wenn aber heimlich, wie wollten
wir vorgehen? Als das Gelage vorbei war und ich im fröh-
lichen Schwarm wegging, sollen da vier zurückgeblieben sein,
um dich im Schlaf anzugreifen? Wie hätten sie jemanden täu-
schen können, Fremde, Leute aus meinem Gefolge und ganz
besonders verdächtige, da sie kurz vorher noch den Streit ge-
gehabt hatten? Wie aber hätten sie nach deiner Ermordung
selbst entkommen können? Hätte mit vier Schwertern dein
Haus eingenommen und erstürmt werden können?

1 15. Warum läßt du nicht diese nächtliche Geschichte und
kehrst zu dem zurück, was dich schmerzt, was dich mit glü-
2 hendem Haß erfüllt? ‹Warum spricht man überhaupt von dei-
ner Herrschaft, Demetrius? Warum erscheinst du gewissen
Leuten als ein würdigerer Nachfolger für die Stellung unseres
Vaters als ich? Warum machst du meine Hoffnung zweifelhaft
3 und unruhig, die sicher war, wenn du nicht wärest?› Dies
meint Perseus, auch wenn er es nicht sagt. Das macht ihn zu
meinem Feind, das zu meinem Ankläger; das erfüllt dein Haus
und dein Königreich mit Beschuldigungen und Verdächtigun-
4 gen. Ich aber, Vater, darf weder jetzt auf den Thron hoffen

noch vielleicht jemals darum einen Streit führen, weil ich jün-
ger bin und weil du willst, daß ich dem Älteren weiche; aber
ich durfte und darf doch auch nichts tun, daß ich allen unwür-
dig scheine, dich zum Vater zu haben; denn das würde ich 5
erreichen, wenn ich Fehler machte und nicht bescheiden dem
gegenüber nachgäbe, bei dem es recht und billig ist.

Du wirfst mir die Römer vor und legst mir das als Verbre-
chen aus, was mir Ruhm bringen muß. Ich habe nicht darum 6
gebeten, den Römern als Geisel übergeben, und auch nicht,
als Gesandter nach Rom geschickt zu werden; als ich von dir
geschickt wurde, habe ich mich nicht geweigert zu gehen.
Bei beiden Gelegenheiten habe ich mich so verhalten, daß ich
dir, daß ich deinem Reich, daß ich dem Volk der Makedonen
keine Schande brachte. Daher bist du, Vater, für mich der An- 7
laß zu meiner Freundschaft mit den Römern gewesen. Solange
jene im Frieden mit dir leben, werde auch ich in ihrer Gunst
stehen. Wenn aber ein Krieg ausbricht, werde ich, der ich als
Geisel und als Gesandter im Dienste meines Vaters nicht un-
nütz gewesen bin, für sie ein sehr harter Feind sein. Ich for- 8
dere heute nicht, daß mir die Gunst der Römer nützt; ich bitte
nur darum, daß sie mir nicht schadet. Sie hat nicht im Krieg
angefangen und wird nicht für den Krieg bewahrt. Ich bin ein
Bürge für den Frieden gewesen. Um den Frieden zu erhalten,
bin ich als Gesandter geschickt worden. Beides soll mir keinen
Ruhm, aber auch keinen Vorwurf einbringen.

Wenn ich gegen dich, Vater, irgendwie ruchlos gehandelt 9
habe, wenn ich etwas Verbrecherisches gegen meinen Bruder
begangen habe, bitte ich nicht um Straffreiheit. Wenn ich
aber unschuldig bin, so bitte ich darum, daß ich nicht unter
Haß zu leiden habe, wo man mir nichts vorwerfen kann.
Heute klagt mich mein Bruder nicht zum ersten Male an; 10
aber heute tut er es zum ersten Male offen, ohne daß ich etwas
gegen ihn verschuldet hätte.

Wenn mir mein Vater zürnen würde, würde es sich gehören,
daß du als der ältere Bruder für den jüngeren Fürbitte ein-
legtest, daß du für meine Jugend, daß du für meinen Irrtum
Gnade zu erlangen suchtest. Wo Schutz sein sollte, da ist Ver-
11 derben. Vom Gelage und vom Herumschwärmen noch fast
halb im Schlaf, bin ich hochgerissen worden, um mich wegen
eines Brudermordes zu verteidigen. Ich werde gezwungen,
ohne Rechtsbeistand, ohne Verteidiger[16] selbst für mich zu
12 sprechen. Wenn ich für einen anderen reden müßte, hätte ich
mir Zeit genommen, meine Rede zu überdenken und sie recht
zu gestalten, obwohl ich dabei nichts anderes als den Ruf
meines Talentes aufs Spiel setzte. Ohne zu wissen, warum ich
gerufen worden war, hörte ich, daß du erzürnt seiest und mich
auffordertest, mich zu verteidigen, und daß mein Bruder eine
13 Anklage vorbrächte. Jener hat eine lange vorher vorbereitete
und überdachte Rede gegen mich gehalten; ich aber habe, um
zu erkennen, um was es ging, nur die Zeit gehabt, in der ich
14 angeklagt wurde. Hätte ich in jenem kurzen Augenblick den
Ankläger hören oder über meine Verteidigung nachdenken
sollen? Bestürzt über dieses plötzliche und unerwartete Übel,
konnte ich kaum erkennen, was mir vorgeworfen wurde;
wie soll ich da recht wissen, wie ich mich schützen kann!
15 Was hätte ich noch an Hoffnung, wenn ich nicht meinen
Vater zum Richter hätte? Wenn er auch meinen älteren
Bruder lieber hat als mich, so darf ich doch als Angeklagter
16 jedenfalls mehr Mitleid finden. Denn ich bitte dich, daß
du mich für mich und dich rettest. Jener fordert, daß du
mich zu seiner Sicherheit tötest. Was glaubst du, daß er mit
mir machen wird, wenn du ihm den Thron überläßt – der
schon jetzt meint, es sei recht, wenn ihm mein Blut geopfert
werde!»

1 16. Bei diesen Worten hinderten ihn seine Tränen zugleich am Atmen und am Sprechen.

Philipp forderte sie auf, sich zu entfernen, und besprach sich kurze Zeit mit seinen Freunden. Dann verkündete er, er 2
werde nicht aufgrund ihrer Worte und nicht aufgrund der Verhandlung einer einzigen Stunde ihren Fall entscheiden, sondern er werde das Leben und das Verhalten von ihnen beiden untersuchen und ihre Worte und Taten in großen und kleinen Dingen beobachten. Damit war allen klar, daß der 3
Vorwurf wegen der letzten Nacht mühelos widerlegt worden, die allzu große Freundschaft des Demetrius mit den Römern aber verdächtig war.

Schon zu Lebzeiten Philipps wurde im wesentlichen so der Keim gelegt zu dem Makedonischen Krieg, der mit Perseus ausgetragen werden mußte.

Ereignisse in Ligurien

Die beiden Konsuln brachen ins Gebiet der Ligurer auf, das 4
damals die einzige konsularische Provinz war. Und weil sie dort erfolgreich waren[17], wurde ein eintägiges Dankfest beschlossen.

Ungefähr 2000 Ligurer kamen an die äußerste Grenze der 5
Provinz Gallien, wo Marcellus sein Lager hatte, und baten um Aufnahme[18]. Marcellus befahl den Ligurern, an derselben Stelle zu warten, und fragte den Senat in einem Brief um Rat. Der Senat befahl dem Prätor M. Ogulnius, dem Marcellus zu 6
antworten, es wäre richtiger gewesen, wenn die Konsuln, die für die Provinz zuständig seien, die Entscheidung getroffen hätten, was im Interesse des Staates liege, und nicht der Senat. Auch jetzt wollten sie, daß die Ligurer nur bei einer Unterwerfung aufgenommen und ihnen nach der Aufnahme die Waffen abgenommen würden; und der Senat halte es für richtig, wenn sie zu den Konsuln geschickt würden.

Ereignisse in Spanien

7 Der Prätor P. Manlius gelangte zur selben Zeit ins Jenseitige
Spanien, das er auch bei seiner vorigen Prätur als Provinz ge-
habt hatte[19], der Prätor Q. Fulvius Flaccus ins Diesseitige
und übernahm das Heer von A. Terentius; denn[20] das Jensei-
tige war durch den Tod des Prokonsuls P. Sempronius ohne
8 Oberbefehl gewesen. Als Fulvius Flaccus eine spanische Stadt
mit Namen Urbicna bestürmte, griffen ihn die Keltiberer an.
Dort fanden einige harte Kämpfe statt, die römischen Soldaten
hatten viele Verwundete und Tote. Fulvius siegte durch seine
Ausdauer, weil er durch keine Gewalt gezwungen werden
konnte, die Belagerung aufzugeben; die Keltiberer zogen ab,
9 durch die wechselvollen Kämpfe ermüdet. Nachdem ihr Ver-
such zur Hilfeleistung abgewehrt worden war, wurde die Stadt
innerhalb weniger Tage eingenommen und geplündert; die
10 Beute überließ der Prätor den Soldaten. Fulvius führte sein Heer
nach der Einnahme dieser Stadt ins Winterlager; das gleiche
tat Manlius, der sein Heer, das zerstreut gewesen war, nur an
einer Stelle zusammengezogen und sonst keine erwähnenswerte
11 Tat vollbracht hatte. Das geschah in diesem Sommer in Spanien.

Terentius, der die Provinz verlassen hatte, zog in einem kleinen Triumph in die Stadt ein. 9320 Pfund Silber, 82 Pfund Gold und goldene Kränze im Gewicht von 67 Pfund wurden im Triumphzug mitgeführt.

Streitigkeiten zwischen Karthago und König Masinissa

1 17. Im selben Jahr waren die Römer an Ort und Stelle Schieds-
richter zwischen dem karthagischen Volk und König Masi-
2 nissa im Streit um ein Stück Land[21]. Gala, der Vater des
Masinissa, hatte es von den Karthagern erobert; Syphax hatte

den Gala von dort vertrieben und es später seinem Schwieger-
vater Hasdrubal zu Gefallen den Karthagern geschenkt. Ma-
sinissa hatte die Karthager in diesem Jahr vertrieben. Mit der 3
gleichen Leidenschaft, mit der sie auf dem Schlachtfeld mit
der Waffe gegeneinander gekämpft hatten[22], wurde die Sache
vor den Römern verhandelt. Die Karthager verlangten das 4
Land zurück, weil es ihren Vorvätern gehört hatte und dann
von Syphax an sie gelangt war. Masinissa sagte, er habe ein
Stück von dem Reich seines Vaters wieder an sich gebracht
und besitze es kraft des bei allen Völkern geltenden Rechtes.
Sowohl nach dem Rechtstitel als auch durch die Tatsache des
Besitzes sei er in der besseren Position. Bei dieser Entschei- 5
dung fürchte er nur, daß das Ehrgefühl der Römer ihm Scha-
den bringe, wenn sie Angst hätten, es könne den Anschein
haben, daß sie einen verbündeten und befreundeten König
gegen ihre und seine gemeinsamen Feinde begünstigt hätten.
Die Gesandten änderten den Besitzstand nicht und brachten 6
die Sache unentschieden in Rom vor den Senat.

Der Rest des Jahres in Ligurien

Im Gebiet der Ligurer ist weiterhin nichts geschehen. Sie
hatten sich zunächst in unwegsame Waldschluchten zurück-
gezogen, dann entließen sie ihr Heer und zerstreuten sich nach
allen Richtungen in ihre Dörfer und festen Plätze. Auch die 7
Konsuln wollten ihr Heer entlassen und fragten deshalb im Senat
an. Dieser bestimmte, der eine von ihnen solle sein Heer verlas-
sen und zu den Beamtenwahlen für dieses Jahr nach Rom kom-
men, der andere mit seinen Legionen in Pisae überwintern.

Es ging das Gerücht, daß die Gallier jenseits der Alpen ihre 8
jungen Leute bewaffneten, und man wußte nicht, in welchen
Teil Italiens sich die Menge ergießen würde.

Die Konsuln kamen überein, daß Cn. Baebius zu den Wahlen gehen solle[23], weil sein Bruder M. Baebius sich um das Konsulat bewarb.

Beamtenwahlen und Verteilung der Amtsbereiche und der Truppen

1 18. Die Konsulwahlen fanden statt. Gewählt wurden P. Cor-
2 nelius Lentulus[24] und M. Baebius Tamphilus. Darauf wurden
Q. Fabius Maximus und Q. Fabius Buteo, Tib. Claudius
Nero, Q. Petilius Spurinus, M. Pinarius Rusca und L. Duro-
nius Prätoren.
3 Als sie ihr Amt angetreten hatten, fielen ihnen die Amts-
bereiche folgendermaßen durchs Los zu: Die Konsuln erhiel-
ten das Gebiet der Ligurer, von den Prätoren Q. Petilius die
Rechtsprechung in der Stadt, Q. Fabius Maximus die Recht-
sprechung für die Ausländer, Q. Fabius Buteo erhielt Gallien,
Tib. Claudius Nero Sizilien, M. Pinarius Sardinien und L. Du-
4 ronius Apulien, und das Gebiet der Histrier wurde noch hin-
zugefügt, weil die Bewohner von Tarent und Brundisium
meldeten, das Küstengebiet sei unsicher durch räuberische
Überfälle von Schiffen von der gegenüberliegenden Küste.
Dieselben Klagen erhoben die Bewohner von Massilia wegen
der Schiffe der Ligurer.
5 Dann fielen die Entscheidungen über die Truppen: Die
Konsuln erhielten vier Legionen, die je 5200 römische Fuß-
soldaten und 300 Reiter haben sollten, und von den Bundes-
6 genossen und Latinern 15000 Mann und 800 Reiter. In den
spanischen Provinzen wurde den alten Prätoren das Kom-
mando verlängert, sie behielten die Heere, die sie hatten, und
zur Verstärkung wurden ihnen 3000 römische Bürger und 200
Reiter bewilligt und von den Bundesgenossen und Latinern
6000 Fußsoldaten und 300 Reiter.

Man ließ es auch an Aufmerksamkeit für die Vorgänge auf 7
dem Meer nicht fehlen. Die Konsuln erhielten den Auftrag, dafür zwei Flottenbefehlshaber einzusetzen. Diese sollten 20 Schiffe zu Wasser lassen und mit römischen Bürgern, die früher Sklaven gewesen waren, als Seesoldaten bemannen, nur
daß Freigeborene das Kommando über sie haben sollten. Zwi- 8
schen den beiden Flottenbefehlshabern wurde der Schutz der Küste mit je zehn Schiffen so aufgeteilt, daß das Kap der Minerva sozusagen der Angelpunkt war; der eine sollte von da den rechten Teil bis Massilia, der andere den linken bis Barium schützen.

Himmelszeichen und ihre Sühnung

19. Viele schreckliche Himmelszeichen wurden in diesem Jahr 1
in Rom beobachtet und von auswärts gemeldet. Auf dem Platz 2
des Volcanus und der Concordia regnete es Blut; und die Pontifices meldeten, daß die Lanzen[25] sich bewegt hätten, und die Bewohner von Lanuvium, daß das Standbild der Juno
Sospita geweint habe. Auf dem Land, an den Markt- und Ge- 3
richtsorten und in der Stadt Rom wütete eine so schwere Seuche, daß die Geräte aus dem Hain der Libitina[26] für die Begräbnisse kaum ausreichten.

Durch diese Himmelszeichen und die Menschenverluste 4
verängstigt, beschlossen die Senatoren, die Konsuln sollten den Göttern, bei denen sie es für richtig hielten, voll ausgewachsene Opfertiere darbringen, und die Dezemvirn sollten
die Sibyllinischen Bücher befragen. Nach ihrem Bescheid 5
wurde für einen Tag ein Bittgang zu allen Tempeln Roms angeordnet. Ebenfalls auf ihre Veranlassung hin beschloß der Senat, in ganz Italien sollten drei Sühne- und Ruhetage gehalten werden, und die Konsuln erließen eine entsprechende Verfügung.

Folgen der Seuche

6 Die Seuche hatte eine verheerende Wirkung. Als man wegen
des Abfalls der Korsen und wegen des Krieges, der von den
Iliensern auf Sardinien entfacht worden war[27], 8000 Fußsolda-
ten und 300 Reiter unter den Bundesgenossen und Latinern
einzuziehen beschloß, die der Prätor M. Pinarius mit sich nach
7 Sardinien hinüberführen sollte, berichteten die Konsuln, so
viele Menschen seien gestorben und so viele seien überall
krank, daß man diese Zahl von Soldaten nicht aufbringen
8 könne. Der Prätor erhielt den Auftrag, was ihm an Soldaten
fehlte, von dem Prokonsul Cn. Baebius zu nehmen, der in Pisae
überwinterte, und von dort nach Sardinien überzusetzen.

Neue Untersuchungen wegen der Bacchanalien

9 Dem Prätor L. Duronius, der Apulien als Provinz erhalten
hatte, wurde dazu eine Untersuchung über die Bacchanalien
aufgetragen. Schon im vorigen Jahr hatte es sich gezeigt, daß
gewisse Keime von dem alten Übel noch zurückgeblieben
10 waren. Aber die Untersuchungen waren bei dem Prätor
L. Pupius nur in Angriff genommen, jedoch nicht bis zu einem
Ende geführt worden. Die Senatoren befahlen dem neuen
Prätor, dieses Übel auszurotten, damit es nicht weiter wu-
chere.

Ein neues Gesetz

11 Die Konsuln brachten auf Vorschlag des Senats ein Gesetz gegen Mißbräuche bei der Bewerbung um ein Amt vor das Volk.

Verschiedene Gesandtschaften in Rom

20. Darauf wurden die Gesandtschaften in den Senat geführt, zuerst die der Könige, des Eumenes, des Ariarathes von Kappadokien und des Pharnaces von Pontus[28]. Ihnen wurde jedoch nur geantwortet, man werde Gesandte schicken, die ihre Streitigkeiten untersuchen und eine Entscheidung treffen sollten. 1

Dann wurden die Gesandten der verbannten Spartaner[29] und der Achäer vorgelassen, und den Verbannten wurde Hoffnung gemacht, der Senat werde den Achäern schreiben, man solle ihnen die Rückkehr gestatten[30]. Die Achäer berichteten über die Rückgewinnung von Messene und die Ordnung der Verhältnisse dort und fanden die Zustimmung des Senats. 2

Auch von Philipp, dem König der Makedonen, kamen zwei Gesandte, Philocles und Apelles, aber nicht in einem Anliegen, mit dem sie sich an den Senat hätten wenden müssen, sondern sie waren geschickt, um zu spionieren und um Nachforschungen über die Unterredungen anzustellen, die Demetrius, wie Perseus ihm fälschlich vorgeworfen hatte, mit den Römern, vor allem mit T. Quinctius, gegen seinen Bruder über die Königsherrschaft gehabt haben sollte. Der König hatte diese als Neutrale geschickt, die keinen von beiden begünstigten; aber auch sie waren Helfer und Komplizen des Perseus bei seiner Intrige gegen seinen Bruder. 3 4

Vorsichtsmaßnahmen des Demetrius

Demetrius wußte von allem nichts bis auf das, was er aus dem Frevel seines Bruders, der neulich ans Licht gekommen war, schließen konnte. Er hatte zunächst zwar keine große Hoffnung, war aber auch nicht ganz ohne Hoffnung, den Vater besänftigen zu können. Dann aber schwand sein Vertrauen zu 5

seinem Vater immer mehr, da er sah, daß sein Bruder ihm be-
6 ständig in den Ohren lag. Deshalb sah er sich bei seinen Wor-
ten und Taten genau vor, um nicht den Verdacht bei irgend
jemand zu vergrößern, und hielt sich vor allem von jeder Er-
wähnung und jedem Kontakt mit den Römern zurück, so daß
er nicht einmal wollte, daß man ihm schrieb, weil er merkte,
daß sein Vater durch diese Art von Beschuldigungen ganz be-
sonders aufgebracht wurde.

Philipps Zug zum Haemus-Gebirge

1 21. Damit seine Soldaten nicht durch Müßiggang an Schlag-
kraft einbüßten und zugleich um den Verdacht von sich abzu-
wenden, er treffe Vorbereitungen für einen Krieg gegen Rom,
beorderte Philipp sein Heer nach Stobi in Päonien und führte
es weiter nach Mädien.
2 Ihn hatte die Begierde gepackt, auf den Gipfel des Haemus-
Gebirges zu steigen, weil er der allgemein verbreiteten An-
sicht Glauben geschenkt hatte, das Schwarze Meer, das Adria-
tische Meer, der Hister und die Alpen könnten gleichzeitig
von dort erblickt werden. Wenn dies sich vor seinen Blicken
ausbreitete, hätte es für ihn nicht geringe Bedeutung für sei-
3 nen Kriegsplan gegen Rom[31]. Er befragte Leute, die die Ge-
gend kannten, nach dem Aufstieg zum Haemus-Gebirge; bei
allen herrschte völlige Übereinstimmung darüber, daß es für
ein Heer keinen Weg hinauf gebe und auch für wenige ohne
Gepäck der Aufstieg schon sehr schwierig sei.
4 Er hatte beschlossen, seinen jüngeren Sohn nicht mitzuneh-
men. Um ihn durch ein freundliches Gespräch zu beschwich-
tigen, fragte er ihn zunächst, ob man das Unternehmen fort-
setzen solle, da ihnen ein so schwieriger Weg vor Augen ge-
5 stellt würde, oder ob man es aufgeben solle. Wenn er trotzdem

weiterziehe, könne er unter solchen Umständen den Antigonus[32] nicht vergessen; als der von einem wütenden Sturm hin- und hergeworfen wurde und im selben Schiff alle seine Angehörigen bei sich hatte, habe er, wie man sage, seinen Kindern eingeschärft, keiner solle es wagen, mit seiner ganzen Sippe zugleich in eine schwierige und gefährliche Lage zu kommen; das sollten sie selbst behalten und auch ihren Nach-
kommen weitergeben. Er erinnere sich also an diese Lehre und 6
werde nicht das Leben von zwei Söhnen zugleich aufs Spiel setzen in dieser Gefahr, die ihnen vor Augen gestellt würde; und da er seinen älteren Sohn mitnehme, werde er den jüngeren nach Makedonien zurückschicken als Stütze seiner Hoffnung und als Schutz für seinen Thron.

Demetrius war sich klar darüber, daß er weggeschickt 7
wurde, damit er bei der Beratung nicht dabei wäre, wenn sie mit dem Blick auf das Gelände berieten, welche Wege am schnellsten zum Adriatischen Meer und nach Italien führten
und wie der Kriegsplan sein solle. Aber er mußte nicht nur 8
seinem Vater gehorchen, sondern ihm auch zustimmen, um nicht den Verdacht zu erregen, als ob er nur unwillig gehorche.

Damit sein Weg nach Makedonien aber sicher sei, wurde 9
Didas, einer von den Statthaltern des Königs, der in Päonien das Kommando hatte, aufgefordert, ihm mit einer kleinen
Schar das Geleit zu geben. Auch diesen konnte Perseus – wie 10
die meisten von den Freunden seines Vaters, seitdem es keinem mehr zweifelhaft war, wer bei der Gesinnung des Königs den Thron erbte – zu denen rechnen, die sich zum Verderben
seines Bruders verschworen hatten. Für den Augenblick gab 11
er ihm den Auftrag, durch völlige Willfährigkeit sich bei ihm in ein möglichst vertrautes Verhältnis einzuschmeicheln, so daß er ihm alle Geheimnisse entlocken und seine verborgenen Gedanken erspähen könne. So ritt Demetrius davon mit einer

Begleitung, die für ihn gefährlicher war, als wenn er allein geritten wäre.

1 22. Philipp zog zuerst durch Mädien, dann durch die Einöden, die zwischen Mädien und dem Haemus-Gebirge liegen, und gelangte am siebten Tage endlich an die Ausläufer des Gebirges. Dort blieb er einen Tag, um die Leute auszuwählen, die er mitnehmen wollte, und begann am dritten Tag den
2 Aufstieg. Die Mühe war zunächst im untersten Teil der Berge nur mäßig. Wie sie aber in die Höhe kamen, schloß sich mehr und mehr waldiges und größtenteils unwegsames Gelände an.
3 Sie kamen dann auf einen so dunklen Weg, daß man wegen der Dichte der Bäume und der ineinander verschlungenen
4 Äste den Himmel kaum noch erblicken konnte. Als sie sich aber dem Kamm näherten, war, was in hohen Lagen selten ist, alles so sehr in Nebel gehüllt, daß sie nicht weniger behindert wurden als bei einem Nachtmarsch. Am dritten Tag gelangte man endlich auf den Gipfel.

5 Als sie von dort wieder hinabgestiegen waren, sagten sie nichts, was der allgemein verbreiteten Ansicht widersprach, ich glaube, mehr damit die Erfolglosigkeit ihres Aufstiegs sie nicht zum Gespött machte, als weil die weit auseinanderliegenden Meere und Gebirge und Flüsse von einer Stelle aus
6 hätten erblickt werden können. Alle waren erschöpft von der Beschwerlichkeit des Weges, vor allem der König selbst, weil
7 er an seinen Jahren sehr schwer zu tragen hatte. Nachdem er dort dem Jupiter und dem Sol zwei Altäre geweiht und Opfer dargebracht hatte, stieg er den Weg, auf dem er in drei Tagen hinaufgestiegen war, in zwei Tagen hinab, in größter Angst vor der nächtlichen Kälte, die trotz des Aufgangs des Hunds-
8 sterns[33] ähnlich war wie zur Zeit der Wintersonnenwende. An diesen Tagen hatte er mit vielen Schwierigkeiten zu kämpfen. Keineswegs erfreulichere Zustände fand er im Lager vor, wo höchster Mangel herrschte; denn man befand sich in einer

Gegend, die ringsum von Einöden umgeben war. Deshalb 9
blieb er nur einen Tag, damit die, die er bei sich gehabt hatte,
sich ausruhen konnten, und eilte dann in einem Marsch, der
einer Flucht ähnlich war, ins Gebiet der Dentheleten. Sie 10
waren Bundesgenossen, aber wegen des Mangels verheerten
die Makedonen ihr Gebiet nicht anders als das von Feinden.
Denn beim Rauben verwüsteten sie ringsumher zunächst die 11
Gutshäuser völlig, dann auch einige Dörfer, nicht ohne daß
der König sich sehr schämte, weil er hörte, wie die Bundes-
genossen vergeblich die Schutzgötter des Bündnisses und sei-
nen Namen anriefen. Er versorgte sich dort mit Getreide, 12
kehrte nach Mädien zurück und begann eine Stadt, die sie
Petra nennen, anzugreifen. Er selbst schlug sein Lager auf, wo 13
man von der Ebene her einen Zugang zur Stadt hatte; seinen
Sohn Perseus schickte er mit einer kleinen Schar um die Stadt
herum, daß er sie von oben her angriff. Die Bürger ergaben 14
sich, da der Schrecken von allen Seiten drohte, für den Augen-
blick und stellten Geiseln. Nachdem das Heer abgezogen war,
dachten sie nicht mehr an die Geiseln, verließen ihre Stadt
und flohen in befestigte Orte und in die Berge.

Die Ermordung des Demetrius

Philipp kehrte nach Makedonien zurück; seine Soldaten waren 15
durch jede Art von Strapazen, die keinen Erfolg gebracht
hatten, erschöpft, und der Verdacht gegenüber seinem Sohn
war infolge der Tücke des Statthalters Didas gewachsen.
23. Dieser war als Begleiter mitgeschickt worden, wie oben 1
gesagt ist. Er überlistete den unbefangenen jungen Mann, der
unvorsichtig war und den Seinen nicht ohne Grund zürnte,
indem er ihm beipflichtete und sich auch selbst für ihn ent-
rüstete, bot ihm in allem von sich aus seine Hilfe an, gab ihm

2 sein Wort und entlockte ihm so seine Geheimnisse. Demetrius
sann auf eine Flucht zu den Römern. Für diesen Plan schien
durch eine Gnade der Götter der Statthalter von Päonien sich
als Helfer anzubieten, durch dessen Provinz er ungefährdet
3 entkommen zu können hoffte. Dieser Plan wurde sofort seinem
Bruder hinterbracht und auf dessen Veranlassung hin auch
4 seinem Vater angezeigt. Zuerst wurde ihm, als er Petra be-
lagerte, ein Brief gebracht; dann wurde Herodorus – er war
der angesehenste unter den Freunden des Demetrius – in den
Kerker geworfen und Befehl gegeben, Demetrius zu über-
wachen, ohne daß er es merke.

5 Dies machte neben allem anderen für den König die An-
kunft in Makedonien traurig. Ihn bewegten auch die jetzt
vorliegenden Beschuldigungen; er meinte aber doch, auf die
Gesandten warten zu müssen, die er nach Rom geschickt
6 hatte, um alles zu erkunden. Als er, von diesem Kummer ge-
quält, einige Monate verbracht hatte, kamen endlich die Ge-
sandten, die schon vorher in Makedonien sich ausgedacht
7 hatten, was sie aus Rom melden wollten. Neben anderen Ver-
dächtigungen überbrachten sie dem König auch einen fingier-
ten Brief, der mit einem nachgemachten Siegel des T. Quinc-
8 tius gesiegelt war. In ihm stand eine Entschuldigung, wenn
der junge Mann, von Herrschsucht hingerissen, mit ihm ver-
handelt hätte: Demetrius werde nichts gegen irgendeinen der
Seinen unternehmen, und er selbst sei kein Mensch, von dem
man glauben könne, daß er der Anstifter zu irgendeinem fre-
velhaften Plan sein werde. Infolge dieses Briefes fanden die
9 Verdächtigungen des Perseus Glauben. Deshalb wurde Hero-
dorus sofort lange gefoltert und starb auf der Folter, ohne eine
Aussage über etwas gemacht zu haben.

1 24. Perseus klagte den Demetrius noch einmal bei seinem
Vater an. Ihm wurde vorgeworfen, die Flucht durch Päonien
vorbereitet und Leute bestochen zu haben, ihn auf dem Weg

zu begleiten; am meisten aber wurde er in die Enge getrieben
durch den fingierten Brief des T. Quinctius. In der Öffentlich- 2
keit wurden jedoch keine schwereren Vorwürfe gegen ihn er-
hoben. Man wollte ihn lieber mit Hinterlist töten, das aber
nicht aus Rücksicht auf ihn, sondern damit nicht seine Be-
strafung die Pläne gegen die Römer enthülle. Als Philipp 3
selbst von Thessalonice nach Demetrias[34] zog, schickte er den
Demetrius nach Astraeum in Päonien mit demselben Didas
als Begleiter, den Perseus aber nach Amphipolis, um die Gei-
seln der Thraker entgegenzunehmen. Als Didas von ihm weg- 4
ging, soll er ihm den Auftrag gegeben haben, seinen Sohn zu
töten. Didas wollte ein Opfer darbringen, oder er tat so, und 5
um es festlich zu begehen, wurde Demetrius eingeladen und
kam von Astraeum nach Heraclea. Bei diesem Mahl soll ihm
das Gift gegeben worden sein. Als er den Becher ausgetrunken 6
hatte, merkte er es sofort, und als bald die Schmerzen an-
fingen, verließ er die Tischgesellschaft und zog sich in sein
Schlafgemach zurück, wurde von Schmerzen gefoltert und
klagte über die Grausamkeit seines Vaters und klagte seinen
Bruder wegen des Brudermordes und den Didas wegen seiner
Untat an. Dann wurden ein Mann namens Thyrsis aus Stu- 7
berra und Alexander aus Beroea hineingeschickt, warfen ihm
Decken auf den Kopf und die Kehle und erstickten ihn. So 8
wurde der schuldlose junge Mann getötet, da seine Feinde
sich bei ihm nicht einmal mit einer einfachen Todesart be-
gnügt hatten.

Der Krieg in Ligurien

25. Während dieser Vorgänge in Makedonien führte L. Aemi- 1
lius Paulus, dem das Kommando nach seinem Konsulat ver-
längert worden war, beim Beginn des Frühlings sein Heer
gegen die ligurischen Ingauner. Sobald er sein Lager im Ge- 2

biet der Feinde aufgeschlagen hatte, kamen Gesandte zu ihm.
Sie gaben vor, um Frieden zu bitten, wollten aber in Wirk-
3 lichkeit spionieren. Paulus sagte, er könne einen Friedensver-
trag erst schließen, wenn sie sich unterworfen hätten. Sie
lehnten das nicht ab, sagten aber, sie hätten Zeit nötig, um
4 den rohen Menschenschlag dazu zu überreden. Als ihnen da-
für ein Waffenstillstand von zehn Tagen gewährt worden war,
baten sie weiter darum, daß die Soldaten nicht, um Futter und
Holz zu holen, über die Berge in der nächsten Nähe des Lagers
hinausgingen; das seien die Teile ihres Gebietes, die bestellt
5 seien. Sobald sie das erreicht hatten, zogen sie unmittelbar
hinter den Bergen, wo sie jetzt vor dem Feind sicher waren,
ihr ganzes Heer zusammen und begannen plötzlich mit einer
gewaltigen Menge das Lager der Römer an allen Toren zu-
6 gleich anzugreifen. Mit höchster Erbitterung stürmten sie
den ganzen Tag, so daß die Römer nicht einmal Zeit hatten,
aus dem Lager auszurücken, und keinen Platz, ihre Schlacht-
7 reihe zu entfalten. Sie standen dichtgedrängt an den Toren
und schützten das Lager mehr dadurch, daß sie sich in den
Weg stellten, als daß sie kämpften. Als die Feinde sich gegen
Sonnenuntergang zurückgezogen hatten, schickte L. Aemilius
zwei Reiter mit einem Brief zu dem Prokonsul Cn. Baebius
nach Pisae, er solle ihm, der während des Waffenstillstandes
belagert werde, so schnell wie möglich zu Hilfe kommen.
8 Baebius hatte sein Heer dem Prätor M. Pinarius übergeben,
als der nach Sardinien ging. Aber er benachrichtigte den Senat
durch einen Brief, daß L. Aemilius von den Ligurern belagert
9 werde, und schrieb auch dem M. Claudius Marcellus, dessen
Provinz von dort aus am nächsten war, er solle, wenn es ihm
gut scheine, sein Heer aus Gallien ins Gebiet der Ligurer hin-
überführen und L. Aemilius von der Belagerung befreien.
10 Diese Hilfe wäre zu spät gekommen.

Die Ligurer kamen am nächsten Tag zum Lager zurück.

Obwohl Aemilius gewußt hatte, daß sie kommen würden, und sein Heer vor dem Lager in Schlachtordnung hätte aufstellen können, hielt er seine Truppen hinter dem Wall zurück, um die Sache bis zu dem Zeitpunkt hinauszuzögern, in dem Baebius mit seinem Heer aus Pisae kommen konnte.

26. In Rom löste der Brief des Baebius große Erregung aus, 1
um so größere, als Marcellus wenige Tage später nach Rom 2
kam, nachdem er sein Heer dem Fabius übergeben hatte, und
die Hoffnung nahm, daß das Heer, das in Gallien stehe, ins
Gebiet der Ligurer hinübergeführt werden könne; denn es sei
Krieg mit den Histriern, die die Anlage der Kolonie Aquileja
zu hindern versuchten[35]; Fabius sei dorthin aufgebrochen, 3
und er könne von dort nicht zurückkehren, nachdem der
Krieg angefangen habe.

Es gab nur eine einzige Hoffnung auf Hilfe – und auch die 4
konnte nicht so schnell erfolgen, wie es die Situation erfor-
derte: nämlich wenn die Konsuln sich beeilt hätten, in die
Provinz zu ziehen. Das sollten sie tun, rief ihnen jeder der
Senatoren von sich aus zu. Die Konsuln sagten, sie würden 5
erst gehen, wenn sie die Aushebung durchgeführt hätten, und
nicht ihre Saumseligkeit, sondern die Stärke der Seuche sei
der Grund dafür, daß die Aushebung so spät abgeschlossen
werde. Aber sie konnten doch dem einmütigen Drängen des 6
Senates nicht widerstehen, gingen im Kriegsmantel hinaus
und nannten den Soldaten, die sie schon ausgehoben hatten,
den Termin, an dem sie in Pisae zusammenkommen sollten.
Ihnen wurde erlaubt, wo sie gingen, ohne weiteres rasch Sol-
daten auszuheben und mitzunehmen.

Auch die Prätoren Q. Petilius und Q. Fabius erhielten Be- 7
fehle: Petilius sollte wegen der gefährlichen Lage zwei Re-
servelegionen aus römischen Bürgern ausheben und alle unter
50 Jahren den Fahneneid leisten lassen, Fabius von den Bun-
desgenossen und Latinern 15 000 Mann zu Fuß und 800 Reiter

8 anfordern. Als Flottenbefehlshaber wurden C. Matienus und C. Lucretius gewählt, und Schiffe wurden für sie ausgerüstet, und Matienus, dessen Operationsgebiet am Gallischen Meerbusen war, erhielt den Befehl, mit seiner Flotte so bald wie möglich an die ligurische Küste zu fahren, um zu versuchen, ob er L. Aemilius und seinem Heere irgendwie von Nutzen sein könne.

1 27. Als sich nirgends eine Hilfe zeigte, glaubte Aemilius, die Reiter seien abgefangen worden, und hielt es für richtig, nicht länger zu warten, sondern aus eigener Kraft sein Glück zu ver-
2 suchen. Er stellte daher, bevor die Feinde kamen, die sehr nachlässig und unbekümmert angriffen, an den vier Toren sein Heer auf. Wenn das Signal gegeben würde, sollten sie auf
3 allen Seiten einen Ausfall machen. Die vier Elitekohorten der Bundesgenossen verstärkte er durch zwei Kohorten, übertrug dem Legaten M. Valerius das Kommando über sie und befahl
4 ihnen, aus dem Vordertor hervorzubrechen. An dem rechten Seitentor stellte er die Hastati der ersten Legion auf; die Principes aus derselben Legion stellte er als Reserve dahinter. Die Kriegstribunen M. Servilius und L. Sulpicius erhielten das
5 Kommando über sie. Die dritte Legion wurde gegenüber dem
6 linken Seitentor aufgestellt. Nur wurde folgendes geändert: die Principes wurden in das erste Treffen gestellt und die Hastati als Reserve dahinter. Die Kriegstribunen S. Julius Caesar und L. Aurelius Cotta erhielten das Kommando über
7 diese Legion. Der Legat Q. Fulvius Flaccus wurde mit der rechten Ale am Hintertor aufgestellt. Zwei Kohorten und die Triarier der beiden Legionen erhielten den Befehl, als Be-
8 deckung des Lagers zurückzubleiben. Der Feldherr ritt selbst von Tor zu Tor und sprach zu den Soldaten, und mit allen nur
9 möglichen Mitteln schürte er ihren Zorn. Bald prangerte er die Hinterlist der Feinde an, die um Frieden gebeten hätten und denen ein Waffenstillstand gewährt worden sei und die

ausgerechnet zur Zeit des Waffenstillstandes gegen das Recht
der Völker gekommen seien, um das Lager zu bestürmen;
bald wies er darauf hin, eine wie große Schande es sei, daß ein 10
römisches Heer von Ligurern, die eher Räuber als richtige
Feinde seien, belagert werde. «Was für ein Gesicht werdet ihr 11
machen, wenn ihr von hier mit fremder Hilfe, nicht durch
eure eigene Tapferkeit entkommen seid und wenn einer von
euch – ich will nicht sagen den Soldaten begegnet, die Hanni-
bal, die Philipp, die Antiochus, die größten Könige und Feld-
herrn unserer Zeit, besiegt –, sondern denen, die gerade diese 12
Ligurer mehrmals, als sie wie Vieh durch ihre unwegsamen
Waldschluchten flohen, verfolgt und niedergehauen haben?
Was die Spanier, was die Gallier, was die Makedonen oder 13
Punier wohl nicht wagen würden, das tut der ligurische Feind:
er rückt an den römischen Wall heran, belagert und bestürmt
ihn seinerseits, er, den wir vorher, als wir die unwegsamen
Waldschluchten durchsuchten, nicht fanden, da er sich ver-
borgen und versteckt hielt.» Darauf erhob sich einhelliges Ge- 14
schrei der Soldaten, es sei nicht Schuld der Soldaten, denen
keiner das Signal zum Ausbrechen gegeben hätte. Er solle das 15
Signal geben; dann werde er erkennen, daß die Römer und
die Ligurer dieselben seien wie vorher.

28. Zwei Lager der Ligurer waren diesseits der Berge. Aus 1
diesen rückten an den ersten Tagen bei Sonnenaufgang alle
zugleich geordnet und aufgestellt vor. Dann griffen sie nur 2
noch zu den Waffen, wenn sie sich an Speise und Wein ge-
sättigt hatten, und kamen zerstreut und ungeordnet heraus,
da sie fast sicher waren, daß die Feinde ihr Lager nicht ver-
lassen würden. Als sie so ungeordnet herankamen, erhoben 3
alle, die im Lager waren, auch die Troßknechte und Marke-
tender, zugleich ein Geschrei, und gleichzeitig brachen die
Römer aus allen Toren gegen sie vor. Für die Ligurer kam das 4
so unerwartet, daß sie in Panik gerieten, als wenn sie in einen

Hinterhalt geraten und umzingelt wären. Kurze Zeit gab es
5 so etwas wie einen Kampf. Dann folgte eine wilde Flucht, und
überall wurden die Fliehenden niedergehauen. Den Reitern
wurde das Signal gegeben, aufzusitzen und keinen entkom-
men zu lassen. Alle wurden in panikartiger Flucht in den La-
gern zusammengetrieben, dann wurden auch die Lager selbst
6 genommen. Über 15000 Ligurer wurden an diesem Tage nie-
dergehauen, gefangen wurden 2500.

Drei Tage später kamen die ligurischen Ingauner zur Unter-
7 werfung und stellten Geiseln. Nach den Steuerleuten und See-
leuten, die auf den Piratenschiffen gewesen waren, wurde ge-
sucht, und alle wurden in den Kerker geworfen. Und von
C. Matienus, dem einen der beiden Flottenbefehlshaber, wur-
den 32 Schiffe dieser Art an der ligurischen Küste aufgebracht.
8 Um dies zu melden und den schriftlichen Bericht zum Senat
zu bringen, wurden L. Aurelius Cotta und C. Sulpicius Gallus
nach Rom geschickt, zugleich auch, um zu bitten, daß
L. Aemilius, nachdem er seinen Auftrag durchgeführt habe,
seine Provinz verlassen und seine Soldaten mit sich nehmen
9 und entlassen dürfe. Beides wurde vom Senat erlaubt und ein
dreitägiges Dankfest in allen Tempeln beschlossen, und der
Prätor Petilius erhielt den Auftrag, die Reservelegionen zu
entlassen, und der Prätor Fabius, den Bundesgenossen und
10 Latinern ihr Aufgebot zurückzuschicken, und der Stadtprätor
sollte den Konsuln schreiben, der Senat halte es für richtig, die
wegen der gefährlichen Lage in Eile ausgehobenen Soldaten
so bald wie möglich zu entlassen.

Gründung der Kolonie Graviscae

1 29. Die Kolonie Graviscae wurde in diesem Jahr gegründet in
einem Gebiet Etruriens, das man einst von den Bewohnern

von Tarquinii erobert hatte[36]. Jeder erhielt fünf Morgen Land. 2
Die Dreierkommission, die die Gründung der Kolonie durchführte, bestand aus C. Calpurnius Piso, P. Claudius Pulcher und C. Terentius Istra.

Die Dürre in diesem Jahr

Das Jahr war ungewöhnlich durch seine Trockenheit und den geringen Ertrag an Feldfrüchten. Es ist berichtet, daß es in sechs Monaten kein einziges Mal geregnet habe.

Die Bücher des Königs Numa

In demselben Jahr wurden auf dem Acker des Schreibers 3
L. Petilius[37] am Fuße des Janiculum, als die Landarbeiter die Erde tiefer aufpflügten, zwei steinerne Kisten gefunden, jede ungefähr acht Fuß lang und vier Fuß breit, deren Deckel mit
Blei befestigt waren. Beide Kisten waren mit lateinischen und 4
griechischen Buchstaben beschriftet. Auf der einen stand, daß Numa Pompilius, der Sohn des Pompo, der König der Römer, darin begraben sei, auf der anderen, daß die Bücher des Numa
Pompilius darin seien. Als der Besitzer diese Kisten nach dem 5
Rat seiner Freunde geöffnet hatte, erwies sich die, welche die Inschrift trug, der König sei in ihr bestattet, als leer, ohne jede Spur von einem menschlichen Körper oder sonst etwas, da durch die Verwesung in so vielen Jahren alles vergangen war.
In der anderen enthielten zwei Bündel, die in Wachsschnüre 6
gewickelt waren, je sieben Bücher, die nicht nur unverletzt
waren, sondern wie ganz neu aussahen. Sieben waren in latei- 7
nischer Sprache und handelten vom Pontifikalrecht[38], sieben griechisch mit Weisheitslehren, wie es sie in jener Zeit geben

8 konnte. Valerius Antias fügt hinzu, es seien pythagoreische
Schriften gewesen[39], und macht mit einer glaubhaften Lüge
der allgemein verbreiteten Ansicht, nach der man Numa für
9 einen Hörer des Pythagoras hält, ein Zugeständnis. Zuerst
wurden die Bücher von den Freunden, die an Ort und Stelle
waren, gelesen. Als bald noch andere sie lasen und sie weiteren
Kreisen bekannt wurden, war auch der Stadtprätor Q. Peti-
lius darauf erpicht, diese Bücher zu lesen, und ließ sie sich von
10 L. Petilius geben; denn es bestand ein freundschaftliches Ver-
hältnis zwischen ihnen, weil Q. Petilius während seiner Quä-
stur ihn als Schreiber angestellt und zum Mitglied dieser
11 Gilde gemacht hatte. Als er das Wichtigste gelesen hatte und
merkte, daß das meiste zur Zersetzung der Religion führe,
sagte er dem L. Petilius, er werde diese Bücher ins Feuer wer-
fen. Bevor er das tue, erlaube er ihm, sein Glück zu versuchen,
wenn er glaube, ein Recht zu haben, diese Bücher wiederzu-
bekommen, oder eine Hilfe zu finden; das könne er tun, ohne
12 seine Gunst zu verscherzen. Der Schreiber wandte sich an die
Volkstribunen; von den Tribunen wurde die Sache an den
Senat verwiesen. Der Prätor sagte, er sei bereit zu schwören,
es sei nicht richtig, wenn diese Bücher gelesen und aufbe-
13 wahrt würden. Der Senat beschloß, sich damit zufriedenzu-
geben, daß der Prätor den Eid versprach. Die Bücher sollten
so bald wie möglich auf dem Comitium verbrannt werden.
Für die Bücher sollte dem Besitzer ein Preis bezahlt werden,
wie ihn der Prätor Q. Petilius und die Mehrheit der Volks-
tribunen für angemessen halte. Der Schreiber nahm das Geld
14 nicht an. Auf dem Comitium wurde von den Opferdienern ein
Feuer angezündet, und die Bücher wurden vor den Augen des
Volkes verbrannt.

Die Kämpfe in Spanien

30. Ein schwerer Krieg brach in diesem Sommer im Diesseiti- 1
gen Spanien aus. Ungefähr 35000 Mann, soviel wie fast noch nie zuvor, hatten die Keltiberer zusammengebracht. Q. Ful- 2
vius Flaccus hatte diese Provinz. Weil er gehört hatte, daß die Keltiberer ihre jungen Leute bewaffneten, hatte er auch selbst von den Bundesgenossen so viele Hilfstruppen zusammengezogen, wie er konnte, aber er kam mit der Zahl seiner Soldaten an den Feind keineswegs heran.

Am Anfang des Frühlings führte er sein Heer nach Karpe- 3
tanien, schlug sein Lager bei der Stadt Aebura auf und legte eine schwache Besatzung in die Stadt. Wenige Tage später 4
schlugen die Keltiberer ungefähr zwei Meilen von dort am Fuß eines Hügels ihr Lager auf. Als der römische Prätor ihre Anwesenheit bemerkte, schickte er seinen Bruder M. Fulvius mit zwei Schwadronen bundesgenössischer Reiterei zum Lager der Feinde, um es zu erkunden; ihm war aufgetragen, möglichst nahe an den Wall heranzureiten, um zu sehen, wie groß das Lager sei; er sollte sich aber auf keinen Kampf ein- 5
lassen und sich zurückziehen, wenn er sah, daß die Reiterei der Feinde ausrückte. Er tat so, wie ihm befohlen war.

Einige Tage lang geschah weiter nichts, als daß diese zwei Schwadronen sich sehen ließen, sich dann aber zurückzogen, sobald die Reiterei der Feinde aus dem Lager vorstürmte. Schließlich stellten sich die Keltiberer, die zugleich mit allen 6
ihren Streitkräften zu Fuß und zu Pferde das Lager verlassen hatten, in geordneter Schlachtlinie ungefähr in der Mitte zwischen den beiden Lagern auf. Das Gelände war ganz flach 7
und zum Kampf geeignet. Da standen die Spanier und warteten auf den Feind; der Römer hielt seine Truppen innerhalb des Walles. Vier Tage hintereinander stellten jene ihre Schlachtreihe an derselben Stelle auf, und es geschah auf

8 seiten der Römer nichts. Darauf blieben die Keltiberer ruhig
in ihrem Lager, weil ihnen keine Gelegenheit zum Kampf
geboten wurde. Nur die Reiter ritten auf Vorposten, damit
man bereit war, wenn vom Feind etwas unternommen würde.
9 Hinter ihren Lagern gingen beide Parteien Futter und Holz
holen, und keiner behinderte den anderen.

1 31. Als der römische Prätor glaubte, dadurch, daß er sich
so viele Tage lang ruhig verhielt, habe er dem Feind genug
Hoffnung gemacht, er werde nicht zuerst etwas unternehmen,
befahl er dem L. Acilius, mit der linken Ale und 6000 von
den Hilfstruppen aus der Provinz den Berg zu umgehen, der
2 im Rücken der Feinde lag; von dort sollte er, sobald er Kampf-
geschrei hörte, sich auf ihr Lager stürzen. Sie brachen bei
Nacht auf, um nicht gesehen zu werden.

3 Flaccus schickte im Morgengrauen C. Scribonius, einen
Befehlshaber der Bundesgenossen, zum Wall der Feinde mit
4 den Elitereitern der linken Ale. Als die Keltiberer sahen, daß
diese näher herankamen und daß sie mehr waren als gewöhn-
lich, stürzte ihre ganze Reiterei aus dem Lager, und zugleich
wurde den Fußtruppen das Zeichen zum Ausrücken gegeben.
5 Sobald Scribonius den Lärm der Pferde hörte, machte er
kehrt, wie ihm befohlen war, und galoppierte zum Lager
6 zurück. Um so wilder folgten ihm die Feinde. Zuerst waren
die Reiter da, bald auch die Schlachtreihe der Fußsoldaten,
in der festen Hoffnung, sie würden an diesem Tage das Lager
erobern. Sie waren nicht mehr als 500 Schritte vom Wall ent-
7 fernt. Als Flaccus, der sein Heer hinter dem Wall aufgestellt
hatte, glaubte, daß sie weit genug vom Schutz ihres Lagers
weggelockt seien, brach er daher in drei Gruppen zugleich
vor und erhob Kampfgeschrei, nicht nur um die Kampfeswut
zu entfachen, sondern auch damit die, die auf den Bergen
8 waren, ihn hören sollten. Diese stürmten unverzüglich hinab
zum Lager, wie ihnen befohlen war. Dort waren nicht mehr

als 5000 Bewaffnete als Schutz zurückgelassen. Da diese durch 9
ihre geringe Zahl, die Menge der Feinde und die Über-
raschung in Panik gerieten, wurde das Lager fast ohne Kampf
genommen. Als Acilius es eingenommen hatte, warf er Feuer
in den Teil, der von den Kämpfenden am besten gesehen
werden konnte.

32. Die Keltiberer, die in der letzten Reihe der Schlacht- 1
ordnung standen, sahen als erste das Feuer; dann verbreitete
sich in der ganzen Schlachtordnung, daß das Lager verloren
sei und lichterloh brenne. Das erfüllte jene mit Entsetzen, 2
den Römern aber wuchs davon der Mut. Schon erscholl das
Siegesgeschrei ihrer Kameraden, schon sah man das Lager der
Feinde brennen. Die Keltiberer schwankten kurze Zeit un- 3
entschieden hin und her. Da sie aber, wenn sie geschlagen
waren, keinen Zufluchtsort hatten und nur noch im Kampf
Hoffnung sahen, nahmen sie mit größter Verbissenheit die
Schlacht wieder auf. In der Mitte ihrer Schlachtreihe wurden 4
sie von der fünften Legion scharf bedrängt; gegen den linken
Flügel, auf dem die Römer, wie sie sahen, ihresgleichen,
nämlich Hilfstruppen aus der Provinz, aufgestellt hatten,
trugen sie mit größter Zuversicht den Angriff vor. Es war 5
schon nahe daran, daß der linke Flügel der Römer geschlagen
wurde, wenn nicht die siebente Legion zu Hilfe gekommen
wäre. Zugleich trafen aus der Stadt Aebura die, die dort als
Besatzung zurückgelassen worden waren, mitten im Kampf-
getümmel ein und stand Acilius in ihrem Rücken. Lange 6
wurden die Keltiberer in der Mitte niedergehauen. Die übrig-
blieben, ergriffen überall nach allen Seiten die Flucht. Die
Reiter wurden nach zwei Seiten gegen sie ausgeschickt und
richteten ein furchtbares Blutbad an. Ungefähr 23 000 Feinde
wurden an diesem Tag getötet, gefangen wurden 4700 mit
mehr als 500 Pferden und 88 Feldzeichen. Es war ein großer, 7
aber doch nicht unblutiger Sieg. Römische Soldaten fielen

von den zwei Legionen etwas mehr als 200, von den Bundes-
genossen und Latinern 830, von den ausländischen Hilfstrup-
8 pen ungefähr 2400. Der Prätor führte das siegreiche Heer ins
Lager zurück; Acilius erhielt den Befehl, in dem von ihm
eroberten Lager zu bleiben. Am folgenden Tag wurden die
erbeuteten Rüstungen der Feinde zusammengetragen, und
vor der Heeresversammlung wurden die ausgezeichnet, die
besonders tapfer gewesen waren.

1 33. Die Verwundeten wurden darauf in die Stadt Aebura
geschafft und die Legionen durch Karpetanien nach Contrebia
2 geführt. Diese Stadt wurde belagert und hatte die Keltiberer
um Hilfstruppen gebeten. Die blieben aber aus, nicht weil
sie selbst gezögert hätten, sondern weil durch ununterbro-
chene Regengüsse ungangbare Wege und angeschwollene
Flüsse sie aufhielten, nachdem sie von Hause aufgebrochen
waren. Da verzweifelte die Stadt an der Hilfe ihrer Landsleute
3 und ergab sich. Auch Flaccus führte sein ganzes Heer, durch
4 das starke Unwetter genötigt, in die Stadt. Die Keltiberer,
die von Hause aufgebrochen waren und von der Kapitulation
nichts wußten, konnten endlich, sobald die Regengüsse
nachließen, die Flüsse überwinden und gelangten nach Con-
trebia. Als sie kein Lager außerhalb der Mauern sahen, glaub-
ten sie, es sei entweder auf die andere Seite verlegt oder die
Feinde seien abgezogen, und näherten sich in Sorglosigkeit
5 ungeordnet der Stadt. Gegen sie machten die Römer aus zwei
Toren einen Ausfall, griffen den ungeordneten Haufen an
6 und jagten ihn in die Flucht. Was sie daran hinderte, Wider-
stand zu leisten und den Kampf aufzunehmen, nämlich daß
sie nicht in einer Kolonne und nicht in großer Zahl hinter
ihren Feldzeichen kamen, das brachte einem großen Teil
7 von ihnen bei der Flucht Rettung. Denn überall in der ganzen
Ebene verstreut liefen sie auseinander, und nirgendwo konnte
sie der Feind in dichten Scharen umzingeln. Dennoch wurden

ungefähr 12000 erschlagen, gefangen wurden mehr als 5000 Mann und 400 Pferde und 62 Feldzeichen erbeutet. Die zer- 8
streut von der Flucht auf dem Weg nach Hause waren, veranlaßten durch ihren Bericht von der Kapitulation Contrebias und von ihrer eigenen Niederlage eine andere Abteilung Keltiberer, die herankam, zum Umkehren. Sofort liefen sie alle auseinander in ihre Dörfer und festen Plätze.

Flaccus brach von Contrebia auf, führte die Legionen durch 9
Keltiberien, verwüstete das Land und eroberte viele feste Plätze, bis der größte Teil der Keltiberer sich unterwarf.
34. Dies geschah in diesem Jahr im Diesseitigen Spanien. Im 1
Jenseitigen kämpfte der Prätor Manlius einige Male erfolgreich mit den Lusitanern.

Die Gründung der Kolonie Aquileja

Die Latinerkolonie Aquileja wurde im selben Jahr im Gebiet 2
der Gallier gegründet. 3000 Fußsoldaten erhielten je 50 Morgen, die Zenturionen je 100, die Reiter je 140[40]. Die Dreier- 3
kommission, welche die Gründung der Kolonie durchführte, bestand aus P. Cornelius Scipio Nasica, C. Flaminius und L. Manlius Acidinus.

Weihung von zwei Tempeln

Zwei Tempel wurden in diesem Jahr geweiht: einer der 4
Venus vom Eryx[41] an der Porta Collina – ihn weihte der Duumvir L. Porcius Licinus, der Sohn des Lucius; gelobt worden war er von dem Konsul L. Porcius im Ligurerkrieg –, ein zweiter der Pietas[42] auf dem Forum Olitorium. Diesen 5
Tempel weihte der Duumvir M'. Acilius Glabrio, und er

stellte ein vergoldetes Standbild seines Vaters Glabrio auf, das allererste dieser Art[43], das überhaupt in Italien aufgestellt
6 wurde. Das war der, der diesen Tempel an dem Tag gelobt hatte, an dem er mit König Antiochus bei den Thermopylen bis zur Entscheidung gekämpft und der auch selbst auf Senatsbeschluß die Aufträge zum Tempelbau vergeben hatte.

Der Triumph des L. Aemilius Paulus über die Ingauner

7 Während derselben Tage, an denen diese Tempel geweiht wurden, triumphierte der Prokonsul L. Aemilius Paulus über
8 die ligurischen Ingauner. Er ließ 25 goldene Kränze im Triumphzug vorbeitragen, außerdem aber wurde nichts an Gold und Silber in diesem Triumphzug mitgeführt. Viele führende Männer der Ligurer gingen als Gefangene vor dem Triumphwagen. Er gab jedem Soldaten 300 As.

9 Erhöht wurde der Ruhm dieses Triumphes durch Gesandte der Ligurer, die um immerwährenden Frieden baten. Das Volk der Ligurer habe sich entschlossen, niemals mehr zu den Waffen zu greifen, es sei denn auf Befehl des römischen
10 Volkes. Von dem Prätor Q. Fabius wurde den Ligurern im Auftrag des Senates geantwortet, solche Worte seien bei den Ligurern nichts Neues. Daß sie aber eine neue Haltung zeigten, die mit ihren Worten übereinstimme, das sei für sie selbst
11 von größter Wichtigkeit. Sie sollten zu den Konsuln gehen und deren Befehle ausführen. Der Senat werde nur den Konsuln glauben, daß die Ligurer aufrichtig und treu im Frieden lebten.

Die Lage in Ligurien, auf Korsika und Sardinien

12 Im Gebiet der Ligurer herrschte Friede.

In Korsika wurde mit den Korsen gekämpft. Ungefähr 2000 von ihnen erschlug der Prätor M. Pinarius im Kampf. Infolge dieser Niederlage stellten sie Geiseln und lieferten 100000 Pfund Wachs. Darauf wurde das Heer nach Sardinien 13
geführt und mit den Iliensern, einem Volksstamm, der nicht einmal jetzt ganz unterworfen ist, erfolgreich gekämpft.

Einigung mit den Karthagern

Den Karthagern wurden im selben Jahr 100 Geiseln zurück- 14
gegeben[44], und das römische Volk gewährte ihnen Frieden, nicht nur in seinem Namen, sondern auch im Namen von König Masinissa, der mit einer bewaffneten Truppe das Gebiet, dessen Besitz umstritten war, besetzt hielt.

Beamtenwahlen

35. Die Konsuln hatten Ruhe in ihrer Provinz. M. Baebius 1
wurde, um die Wahlen durchzuführen, nach Rom zurückgerufen. Zu Konsuln wurden gewählt A. Postumius Albinus Luscus und C. Calpurnius Piso, dann zu Prätoren Tib. Sem- 2
pronius Gracchus, L. Postumius Albinus, P. Cornelius Mammula, Tib. Minucius Molliculus, A. Hostilius Mancinus und C. Maenius. Diese alle traten ihr Amt am 15. März an.

Beratung über das Heer in Spanien
Verteilung der Amtsbereiche und der Truppen

Zu Anfang dieses Jahres, in dem A. Postumius Albinus und 3
C. Calpurnius Piso Konsuln waren, wurden von dem Konsul

A. Postumius der Legat L. Minucius und die beiden Kriegs-
tribunen T. Maenius und L. Terentius Massaliota, die von
Q. Fulvius Flaccus aus dem Diesseitigen Spanien gekommen
4 waren, in den Senat geführt. Diese berichteten von den bei-
den siegreichen Kämpfen, der Unterwerfung Keltiberiens
und der Beruhigung der Provinz und daß in diesem Jahr
weder Sold noch Getreide wie sonst zum Heer geschickt
5 werden müsse; dann baten sie den Senat zunächst, wegen
des glücklichen Ausgangs der Ereignisse den unsterblichen
6 Göttern Ehre zu erweisen, und weiter, daß Q. Fulvius beim
Verlassen seiner Provinz auch das Heer, dessen tapfere Dienste
er selbst und viele Prätoren vor ihm in Anspruch genommen
hätten, von dort wegführen dürfe. Daß dies geschehe, sei –
abgesehen davon, daß man dazu verpflichtet sei – auch fast
7 unvermeidlich. Die Soldaten beständen so hartnäckig darauf,
daß sie offensichtlich nicht weiter in der Provinz zurückgehal-
ten werden könnten; sie würden ohne Befehl von dort ab-
ziehen, wenn man sie nicht entlasse, oder, wenn einer sie mit
Gewalt zurückhalte, sich zu einer gefährlichen Meuterei
hinreißen lassen.

8 Der Senat ordnete an, daß die beiden Konsuln das Gebiet
der Ligurer als Provinz erhielten. Dann losten die Prätoren.
A. Hostilius fiel die städtische Prätur zu, Tib. Minucius die
Rechtsprechung in den Prozessen mit Ausländern, P. Cor-
9 nelius bekam Sizilien und C. Maenius Sardinien. Das Jen-
seitige Spanien fiel durch das Los an L. Postumius, das Dies-
seitige an Tib. Sempronius.

10 Weil der die Nachfolge des Q. Fulvius antreten sollte,
sagte er, um der Provinz das alte Heer zu erhalten: «Ich frage
dich, L. Minucius, da du die Beruhigung der Provinz mel-
dest, ob du glaubst, daß die Keltiberer uns immer treu bleiben
werden, so daß diese Provinz ohne Heer behauptet werden
11 kann. Wenn du dich aber nicht für die Treue der Barbaren

verbürgen und uns keine sichere Angabe darüber machen
kannst und wenn du meinst, daß man dort auf jeden Fall ein
Heer unterhalten muß, veranlaßt du denn eigentlich darum
den Senat, Verstärkung nach Spanien zu schicken, damit nur
die Soldaten, deren Dienstzeit abgelaufen ist, entlassen und
unter die alten Soldaten Rekruten gemischt werden? Oder 12
sollen wir, nachdem die alten Legionen aus der Provinz weg-
geführt worden sind, neue Legionen aufstellen und dort hin-
schicken, obwohl die mit Verachtung angesehene Unerfahren-
heit der Rekruten sogar friedlichere Barbaren zu einer Er-
hebung reizen könnte? Mit einer von Natur aus ungestümen 13
und aufsässigen Bevölkerung fertig zu werden, ist leichter
gesagt als getan. Nur wenige Stämme – wenigstens, soweit
ich höre –, die das Winterlager in ihrer unmittelbaren Nähe
unter Druck hielt, haben sich regelrecht unterworfen. Die 14
weiter weg leben, stehen noch unter Waffen. Unter diesen
Umständen sage ich schon hier, Senatoren: Ich werde mit
dem Heer, das jetzt dort steht, die Staatsinteressen wahr-
nehmen; wenn Flaccus die Legionen mit sich wegführt,
werde ich mir eine ruhige Gegend für ein kleines Winterlager
aussuchen und nicht Rekruten gegen einen so ungestümen
Feind führen.»

36. Der Legat antwortete auf das, was er gefragt worden 1
war, weder er noch irgendein anderer könne prophezeien,
was die Keltiberer vorhätten oder was sie später vorhaben
würden. Deshalb könne er auch nicht abstreiten, daß es rich- 2
tiger sei, auch zu den unterworfenen Barbaren, die sich noch
nicht richtig an die Oberherrschaft gewöhnt hätten, ein Heer
zu schicken. Ob dazu aber ein neues oder ein altes Heer nötig 3
sei, das zu sagen liege im Ermessen dessen, der wissen könne,
wie die Keltiberer im Frieden Treue halten würden, und der
zugleich sicher wäre, daß die Soldaten ruhig blieben, wenn
man sie länger in der Provinz zurückhalte. Wenn aus dem, 4

was sie unter sich sagten, oder aus dem, was ihre Zurufe an
den Feldherrn bei den Heeresversammlungen ausdrückten,
auf ihre Gesinnung geschlossen werden könne: sie hätten in
aller Öffentlichkeit laut geschrien, sie würden entweder den
Feldherrn in der Provinz zurückhalten oder mit ihm nach
Italien kommen.

5 Die Verhandlungen zwischen dem Prätor und dem Lega-
ten unterbrach ein Antrag der Konsuln, die es für recht hiel-
ten, daß die Mittel für ihre Provinz bewilligt würden, ehe
6 man über das Heer des Prätors verhandle. Ein ganz neues
Heer wurde den Konsuln bewilligt, zwei Legionen aus
Römern mit der zugehörigen Reiterei, und von den Bundes-
genossen und Latinern die übliche Zahl, 15 000 Fußsoldaten
7 und 800 Reiter. Sie erhielten den Auftrag, mit diesem Heer
in das Gebiet der Apuaner in Ligurien einzurücken. Das Kom-
mando des P. Cornelius und des M. Baebius wurde verlängert,
und ihnen wurde aufgetragen, ihre Amtsbereiche zu behalten,
bis die Konsuln kämen. Dann sollten sie das Heer, das sie
hätten, entlassen und nach Rom zurückkehren.

8 Darauf wurde über das Heer des Tib. Sempronius beraten.
Die Konsuln erhielten den Auftrag, für ihn eine neue Legion
von 5200 Fußsoldaten und 400 Reitern aufzustellen und
9 außerdem 1000 römische Fußsoldaten und 50 Reiter, und
von den Bundesgenossen und Latinern 7000 Fußsoldaten und
300 Reiter anzufordern. Mit diesem Heer sollte Tib. Sem-
10 pronius ins Diesseitige Spanien ziehen. Dem Q. Fulvius
wurde gestattet, die römischen Bürger und die Bundesgenos-
sen, die vor dem Konsulat des Sp. Postumius und Q. Mar-
cius als Soldaten nach Spanien geschickt worden waren,
wenn es ihm gut schien, mit sich wegzuführen und außer-
dem, wenn die Verstärkung herangeführt sei, alle die, deren
tapfere Dienste Q. Fulvius in den beiden Kämpfen gegen die
Keltiberer in Anspruch genommen hatte, soweit die Stärke

der zwei Legionen über 10400 Fußsoldaten und 600 Reiter
und die der Bundesgenossen und Latiner über 12000 Mann 11
und 600 Reiter hinausging. Und es wurde ein Dankfest be- 12
schlossen, weil er für den Staat glücklich gekämpft hatte.

Und die übrigen Prätoren wurden in ihre Provinzen ge- 13
schickt. Das Kommando des Q. Fabius Buteo in Gallien
wurde verlängert. Man beschloß, daß es in diesem Jahr, ab-
gesehen von dem alten Heer, das im Gebiet der Ligurer in
naher Erwartung seiner Entlassung stand, nur acht Legionen
geben sollte; und selbst dieses Heer konnte nur mit Mühe 14
auf die volle Zahl gebracht werden wegen der Seuche, die
schon das dritte Jahr die Stadt Rom und Italien heimsuchte.

Rätselhafte Todesfälle in Rom und Italien

37. Der Prätor Tib. Minucius starb und nur kurze Zeit später 1
auch der Konsul C. Calpurnius und viele andere bedeutende
Männer aus allen Ständen. Schließlich fing man an, diese
Todesfälle als ein Zeichen vom Himmel anzusehen. Der Pon- 2
tifex maximus C. Servilius wurde beauftragt, nach Mitteln
zu suchen, um den Zorn der Götter zu versöhnen, die Dezem-
virn sollten die Sibyllinischen Bücher befragen, der Konsul
dem Apollo, dem Äskulap und der Salus Geschenke geloben
und vergoldete Standbilder weihen; dies tat er. Die Dezem- 3
virn ordneten wegen der Krankheit einen zweitägigen Bitt-
gang in der Stadt und in allen Markt- und Gerichtsorten an.
Alle, die älter als zwölf Jahre waren, sollten bekränzt und
mit einem Lorbeerzweig in der Hand daran teilnehmen.

Auch der Verdacht auf menschlichen Frevel hatte die Leute 4
befallen, und eine Untersuchung wegen Giftmischerei, soweit
sie in der Stadt oder in einem Umkreis von weniger als zehn
Meilen um die Stadt vorgekommen war, wurde auf Senats-

beschluß dem Prätor C. Claudius übertragen, der an Stelle
von Tib. Minucius nachgewählt worden war; in den Markt-
und Gerichtsorten jenseits des zehnten Meilensteines sollte
C. Maenius sie durchführen, bevor er in die Provinz Sardinien
hinüberging.

5 Am meisten Verdacht erregte der Tod des Konsuls. Man
sagte, er sei von seiner Frau Quarta Hostilia umgebracht
6 worden. Als gar sein Sohn Q. Fulvius Flaccus an Stelle seines
Stiefvaters zum Konsul ausgerufen worden war, kam der
Tod Pisos noch bedeutend mehr in Verruf. Und es gab Zeu-
gen, die sagten, nachdem Albinus und Piso zu Konsuln aus-
gerufen worden seien – Flaccus war bei dieser Wahl durch-
gefallen –, seien ihm von seiner Mutter Vorwürfe gemacht
worden, daß er auch bei seiner dritten Bewerbung das Kon-
sulat nicht erreicht hätte, und sie habe auch hinzugefügt, er
solle sich für eine Kandidatur bereithalten; innerhalb von
zwei Monaten werde sie dafür sorgen, daß er Konsul werde.
7 Neben vielen anderen Zeugenaussagen, die sich auf die Sache
bezogen, führte auch diese Äußerung, die durch den wirk-
lichen Ausgang allzusehr bestätigt wurde, zur Verurteilung
der Hostilia.

Umsiedlung eines Teils der Apuaner

8 Im Anfang dieses Frühlings, während die Aushebung die
neuen Konsuln in Rom festhielt und dann der Tod des einen
und die Wahl eines neuen Konsuls an seiner Stelle alles ver-
9 zögerte, führten inzwischen P. Cornelius und M. Baebius,
die in ihrem Konsulat nichts Erwähnenswertes vollbracht
1 hatten, ihr Heer ins Gebiet der ligurischen Apuaner. 38. Die
Ligurer, die vor der Ankunft der Konsuln in der Provinz nicht
mit einem Krieg gerechnet hatten und jetzt unvermutet an-
gegriffen wurden, ergaben sich, ungefähr 12000 Mann.

Cornelius und Baebius beschlossen, nachdem sie vorher in 2
einem Brief im Senat angefragt hatten, sie von den Bergen hinabzuführen in ein Gebiet in der Ebene weit weg von ihrer Heimat, damit sie keine Hoffnung auf Rückkehr hätten; denn sie glaubten, der Ligurerkrieg werde sonst kein Ende finden. Im Gebiet der Samniten gab es Staatsland des römi- 3
schen Volkes, das den Bewohnern von Taurasia[45] gehört hatte. Da sie die ligurischen Apuaner dorthin umsiedeln wollten, ordneten sie an, die ligurischen Apuaner sollten mit ihren Frauen und Kindern von ihren Bergen herabsteigen und all ihr Hab und Gut mitbringen. Die Ligurer baten oft 4
und dringend durch Gesandte, man solle sie nicht zwingen, ihre Hausgötter, ihre Wohnsitze, in denen sie geboren seien, und die Gräber ihrer Ahnen zu verlassen, und versprachen Waffen und Geiseln. Nachdem sie immer nichts erreichten 5
und auch keine Kräfte zum Kriegführen hatten, gehorchten sie dem Erlaß. Umgesiedelt wurden auf Staatskosten ungefähr 6
40000 Freie mit ihren Frauen und Kindern[46]. 150000 Silbermünzen[47] wurden ihnen gegeben, damit sie sich für ihre neuen Wohnsitze beschaffen könnten, was sie nötig hätten. Die Aufteilung des Ackerlandes und die Zuteilung leiteten 7
dieselben, die sie umgesiedelt hatten, Cornelius und Baebius. Auf ihre Forderung wurde ihnen dann jedoch vom Senat eine Fünferkommission beigegeben, nach deren Rat sie verfahren sollten.

Als sie die Sache zu Ende gebracht und das alte Heer nach 8
Rom geführt hatten, wurde ihnen vom Senat ein Triumph bewilligt. Diese haben als erste von allen triumphiert, ohne 9
einen Krieg geführt zu haben. Es wurden nur Opfertiere vor dem Triumphwagen geführt, weil es bei ihren Triumphzügen nichts gegeben hatte, was hätte vorübergetragen und als gefangen vorgeführt und was den Soldaten hätte gegeben werden können.

Die Kämpfe in Spanien

1 39. Im selben Jahr führte in Spanien der Prokonsul Fulvius Flaccus, weil sein Nachfolger ziemlich spät in die Provinz kam, sein Heer aus dem Winterlager und fing an, das jenseitige Gebiet Keltiberiens zu verwüsten, dessen Bevölke-
2 rung sich nicht unterworfen hatte. Dadurch reizte er die Barbaren mehr, als daß er sie in Schrecken versetzt hätte. Und sie brachten heimlich Truppen zusammen und besetzten das Manlianische Bergland, durch welches das römische Heer, wie sie sicher wußten, hindurchziehen würde.

3 Gracchus hatte seinem Amtsgenossen L. Postumius Albinus, als er nach dem Jenseitigen Spanien ging, den Auftrag gegeben, den Q. Fulvius zu benachrichtigen, er solle sein
4 Heer nach Tarraco führen. Dort wolle er die Veteranen entlassen, den Ersatz verteilen und das ganze Heer neu ordnen. Auch der Termin wurde Flaccus genannt, und zwar ein
5 naher, an dem der Nachfolger ankommen würde. Dieser neue Umstand hatte den Flaccus gezwungen, das begonnene Unternehmen abzubrechen und das Heer eilig aus Keltiberien wegzuführen; die Barbaren aber kannten den Grund nicht, glaubten, er habe ihren Abfall und ihre heimlichen Rüstungen bemerkt und sei in große Angst geraten, und lagen um so
6 kampflustiger im Bergland im Hinterhalt. Als das römische Heer im Morgengrauen das Bergland betrat, zeigten sich plötzlich von zwei Seiten zugleich die Feinde und griffen die
7 Römer an. Als Flaccus das sah, überwand er die erste Verwirrung im Heereszug, indem er durch die Zenturionen den Befehl gab, daß alle stehenbleiben sollten, jeder an seinem
8 Platz, und daß sie sich kampfbereit machen sollten; er ließ das Gepäck und die Zugtiere an eine Stelle bringen und stellte ohne jede Aufregung alle Truppen teils selbst, teils durch die Legaten und Kriegstribunen auf, wie es die Um-

stände und das Gelände forderten, und erinnerte sie daran,
daß sie es mit Leuten zu tun hätten, die schon zweimal kapi-
tuliert hatten. Nur ihre Tücke und Treulosigkeit sei ge- 9
wachsen, nicht ihre Tapferkeit und nicht ihr Mut, und sie
hätten ihnen Gelegenheit gegeben, ihre Rückkehr ins Vater-
land, die sonst ohne Ruhm gewesen wäre, berühmt und denk-
würdig zu machen; sie würden von der eben erst erfolgten
Niedermetzelung der Feinde blutige Schwerter und von Blut
triefende erbeutete Rüstungen zum Triumph nach Rom
bringen. Die Zeit erlaubte nicht, mehr zu sagen. Die Feinde 10
griffen schon an, und an den äußersten Enden wurde schon
gekämpft. Dann stießen die Schlachtreihen zusammen.

40. Überall tobte ein wilder Kampf, aber das Kriegsglück 1
schwankte. Die Legionen kämpften hervorragend, nicht weni-
ger die beiden Alen. Die ausländischen Hilfstruppen gerieten
durch Truppen mit ähnlicher Bewaffnung, die aber etwas
bessere Soldaten waren, in Bedrängnis und konnten ihren
Platz nicht behaupten. Als die Keltiberer merkten, daß sie 2
den Legionen nicht gewachsen waren, nachdem diese sich
in Schlachtordnung aufgestellt hatten und es zum regel-
rechten Kampf gekommen war, griffen sie in keilförmiger
Formation an, einer Kampfesart, in der sie so stark sind, daß 3
man ihnen, wohin auch immer sie ihren Angriff vorgetragen
haben, nicht standhalten kann. Auch jetzt wurden die Legio-
nen verwirrt und die Schlachtreihe beinahe durchbrochen.
Sobald Flaccus dieses Durcheinander sah, ritt er zu den Rei- 4
tern der Legionen und sagte: «Wenn bei euch keine Hilfe ist,
ist es jetzt um dieses Heer geschehen.» Als sie ihm von allen
Seiten zuriefen, warum er nicht sage, was sie tun sollten, sie
würden seinen Befehl nicht säumig ausführen, sagte er: «Bil- 5
det Doppelschwadronen, ihr Reiter der beiden Legionen,
und laßt die Pferde gegen den Keil der Feinde ansprengen,
mit dem sie die Unsern bedrängen. Das werdet ihr mit um

so größerer Gewalt tun, wenn ihr die Pferde ohne Zügel auf
6 sie einstürmen laßt. Es ist überliefert, daß römische Reiter
7 das oft zu ihrem großen Ruhm getan haben.» Sie gehorchten
aufs Wort, zogen die Zügel ab und ritten zweimal hindurch,
hin und zurück, mit schweren Verlusten für den Feind, und
8 alle Lanzen zerbrachen dabei. Als der Keil zersprengt war,
auf den sie alle Hoffnung gesetzt hatten, gerieten die Keltibe-
rer in Panik, gaben den Kampf fast auf und sahen sich nach
9 einer Gelegenheit zur Flucht um. Und als die Reiter der Alen
diese denkwürdige Tat der römischen Reiter sahen, wurden
sie auch selbst von deren Tapferkeit angesteckt und ließen
ohne irgend jemandes Befehl ihre Pferde auf die völlig ver-
10 wirrten Feinde einstürmen. Da wurden die Keltiberer alle in
die Flucht gejagt, und als der römische Feldherr die fliehenden
Feinde sah, gelobte er der Fortuna der Reiter einen Tempel
11 und dem Jupiter Optimus Maximus Spiele. Die Keltiberer,
die über das ganze Bergland zerstreut flohen, wurden nieder-
gehauen. 17000 Feinde sollen an diesem Tag erschlagen wor-
den sein, mehr als 3700 gerieten in Gefangenschaft mit 77
12 Feldzeichen und ungefähr 600 Pferden. Das siegreiche Heer
blieb an diesem Tag in seinem Lager. Der Sieg war aber nicht
13 ohne Verluste an Soldaten errungen: 472 römische Soldaten
und 1019 Bundesgenossen und Latiner kamen um, mit die-
sen 3000 Soldaten von den Hilfsvölkern. So wurde das sieg-
reiche Heer, nachdem es seinen früheren Ruhm erneuert
14 hatte, nach Tarraco geführt. Als Flaccus kam, ging ihm der
Prätor Tib. Sempronius, der zwei Tage vorher gekommen
war, entgegen und beglückwünschte ihn, weil er hervorragend
für den Staat gekämpft habe. In völliger Eintracht setzten sie
fest, welche Soldaten sie entlassen und welche sie zurück-
15 halten wollten. Dann wurden die verabschiedeten Soldaten
eingeschifft, und Fulvius brach nach Rom auf, Sempronius
führte die Legionen nach Keltiberien.

Der Krieg in Ligurien

41. Die beiden Konsuln führten ihre Heere an verschiedenen 1
Stellen ins Gebiet der Ligurer. Postumius belagerte mit der 2
ersten und dritten Legion die Berge Ballista und Letum, und indem er ihre engen Waldschluchten mit Truppen besetzte, schnitt er ihnen den Nachschub ab und machte sie durch Mangel an allem ganz willfährig.

Fulvius griff mit der zweiten und vierten Legion von Pisae 3
aus den Teil der ligurischen Apuaner an, die an dem Fluß Macra wohnten. Sie ergaben sich ihm, ungefähr 7000 Mann. Er ließ sie auf Schiffe bringen und schickte sie an der Küste
des Tyrrhenischen Meeres entlang nach Neapel. Von dort 4
wurden sie nach Samnium gebracht, und es wurde ihnen Land unter ihren Landsleuten gegeben.

Von A. Postumius wurden die Weinstöcke der im Berg- 5
land wohnenden Ligurer umgehauen und ihr Getreide verbrannt, bis sie, durch alles Unglück des Krieges gezwungen,
sich ergaben und ihre Waffen auslieferten. Dann fuhr Postu- 6
mius mit Schiffen zur Inspektion der Küste der ligurischen Ingauner und Intemelier.

Vorzeitige Entlassung der zweiten Legion durch M. Fulvius Nobilior

Bevor diese Konsuln zum Heer kamen, das sich in Pisae ein- 7
finden sollte, hatte A. Postumius[48] das Kommando. Ein 8
Bruder des Q. Fulvius, M. Fulvius Nobilior[49] – er war Kriegstribun der zweiten Legion –, entließ während der Zeit seines Kommandos die Legion, nachdem er die Zenturionen durch einen Eid verpflichtet hatte, an die Quästoren das Geld
für die Staatskasse abzuliefern. Als dies dem Aulus in Placentia 9
gemeldet wurde – denn er war gerade dahin gegangen –,

folgte er mit Reitern ohne Gepäck den Entlassenen. Die von ihnen, die er erreichen konnte, wies er zurecht und führte sie nach Pisae zurück; über die anderen erstattete er dem
10 Konsul[50] Bericht. Der brachte es im Senat zur Sprache, und es erging ein Senatsbeschluß, daß M. Fulvius nach Spanien verbannt werden solle über Neu-Karthago hinaus; und ihm wurde vom Konsul ein Brief gegeben, den er zu P. Manlius
11 ins Jenseitige Spanien bringen sollte. Die Soldaten erhielten Befehl, wieder zu ihrer Truppe zurückzukehren. Zu ihrer Schande wurde beschlossen, diese Legion solle in diesem Jahr nur für sechs Monate Sold bekommen. Der Konsul erhielt den Auftrag, wenn ein Soldat nicht zum Heer zurückgekehrt sei, ihn selbst und sein Hab und Gut zu verkaufen.

Nachrichten aus Illyrien

1 42. In demselben Jahr kehrte L. Duronius, der im vorigen Jahr Prätor gewesen war, aus Illyrien mit zehn Schiffen nach Brundisium zurück. Er ließ die Schiffe im Hafen und kam nach Rom. Als er über die Taten berichtete, die er dort vollbracht hatte, schob er ganz entschieden die Schuld für alle
2 Seeräuberei auf den Illyrerkönig Gentius[51]. Alle Schiffe, die die Küste des Adriatischen Meeres verwüstet hätten, stammten aus seinem Reich. Deswegen habe er Gesandte geschickt, aber diesen sei keine Gelegenheit gegeben worden, mit dem
3 König zusammenzutreffen. Nach Rom waren Gesandte von Gentius gekommen, die sagen sollten, als die Römer gekommen seien, um mit dem König zusammenzutreffen, habe er gerade krank in den fernsten Teilen seines Reiches gelegen;
4 Gentius bitte den Senat, sie sollten frei erfundenen Beschuldigungen gegen ihn keinen Glauben schenken, die persönliche Gegner von ihm vorgebracht hätten. Duronius fügte

noch hinzu, daß vielen römischen Bürgern und Bundesgenos-
sen und Latinern in seinem Reich Unrecht zugefügt worden
sei und daß es heiße, römische Bürger würden in Corcyra[52]
festgehalten. Es wurde beschlossen, diese alle sollten nach 5
Rom geführt werden, der Prätor C. Claudius solle eine Un-
tersuchung durchführen und König Gentius und seinen
Gesandten solle vorher keine Antwort gegeben werden.

Ergänzung der Priesterkollegien

Unter vielen anderen, die die Seuche in diesem Jahr dahin- 6
raffte, starben auch mehrere Priester. Es starb der Pontifex
L. Valerius Flaccus; an seiner Stelle wurde Q. Fabius Labeo
nachgewählt. Weiter starb P. Manlius, einer aus dem Dreier- 7
kollegium der Epulonen, der erst kürzlich aus dem Jensei-
tigen Spanien zurückgekehrt war. Q. Fulvius, ein Sohn des
Marcus, wurde an seiner Stelle in dieses Dreierkollegium
gewählt; er war damals noch nicht erwachsen.

Bei der Nachwahl des Opferkönigs an Stelle des Cn. Cor- 8
nelius Dolabella kam es zu einem Streit zwischen dem Pon-
tifex maximus C. Servilius und L. Cornelius Dolabella, einem
der beiden Flottenbefehlshaber[53], dem der Pontifex befahl,
sein Kommando niederzulegen, damit er ihn weihen könne[54].
Als der Flottenbefehlshaber sich weigerte, dies zu tun, wurde 9
ihm deswegen vom Pontifex eine Strafe auferlegt, und als er
dagegen Berufung eingelegt hatte, wurde darüber vor dem
Volk verhandelt. Nachdem die meisten Stimmbezirke bereits 10
zur Abstimmung gerufen worden waren und sich dafür ent-
schieden hatten, daß der Flottenbefehlshaber dem Pontifex
aufs Wort gehorchen müsse, daß ihm aber die Strafe erlassen
werden solle, wenn er sein Amt niedergelegt habe, fuhr ein
Blitz vom Himmel dazwischen, der die Abstimmung ungültig

machte[55]. Die Pontifices hatten daraufhin Bedenken, Dola-
11 bella zu weihen. Sie weihten P. Cloelius Siculus, der an
zweiter Stelle genannt worden war.

Am Ende des Jahres starb auch der Pontifex maximus
C. Servilius Geminus; er war auch Dezemvir gewesen. Als
Pontifex wurde an seiner Stelle vom Priesterkollegium
12 Q. Fulvius Flaccus nachgewählt; zum Pontifex maximus
wurde dann M. Aemilius Lepidus gewählt; viele bekannte
Männer hatten sich beworben. Und als Dezemvir wurde an
seiner Stelle Q. Marcius Philippus gewählt.

13 Auch der Augur Sp. Postumius Albinus starb; an seiner
Stelle wählten die Auguren P. Scipio, den Sohn des Africanus.

Ereignisse in Italien

Den Bewohnern von Cumae wurde in diesem Jahr auf ihre Bitte hin erlaubt, das Lateinische als Amtssprache zu gebrauchen, und ihren Ausrufern das Recht zugestanden, bei Versteigerungen in lateinischer Sprache auszubieten[56].

1 43. Weil die Bewohner von Pisae Land für eine Latinerkolonie versprachen, wurde ihnen der Dank des Senates ausgesprochen[57]. In die Dreierkommission für diese Aufgabe wurden Q. Fabius Buteo und M. und P. Popilius Laenas gewählt.

2 Von dem Prätor C. Maenius, dem, als er die Provinz Sar-
dinien erhalten hatte, noch aufgetragen worden war, Unter-
suchungen wegen der Giftmischerei in einem Umkreis von
mehr als zehn Meilen um die Stadt durchzuführen, kam ein
3 Brief, er habe schon 3000 Menschen verurteilt und die Zahl
der Untersuchungen wachse weiter durch Denunziation. Er
müsse entweder die Untersuchung fallenlassen oder seine
Provinz aufgeben.

Rückkehr des Q. Fulvius Flaccus aus Spanien und Konsulwahlen

Q. Fulvius Flaccus kehrte ruhmreich aus Spanien nach Rom 4
zurück. Als er sich wegen seines Triumphes noch außerhalb
der Stadt aufhielt, wurde er zum Konsul gewählt, zusammen
mit L. Manlius Acidinus[58]. Und nach wenigen Tagen zog er 5
mit den Soldaten, die er mit sich nach Hause gebracht hatte,
im Triumph in die Stadt ein. In seinem Triumphzug ließ 6
er 124 goldene Kränze vorübertragen, außerdem 31 Pfund
Gold und von unbearbeitetem Silber ...[59] und von geprägtem
Silber 173200 Münzen aus Osca. Jedem einzelnen Soldaten 7
gab er von der Beute 50 Denare, den Zenturionen den doppelten Betrag, den Reitern den dreifachen und ebensoviel den Bundesgenossen und Latinern und allen doppelten Sold.

Ein Gesetz des Volkstribunen L. Villius

44. In diesem Jahr wurde zum erstenmal von dem Volks- 1
tribunen L. Villius ein Gesetzesantrag gestellt, in welchem Alter man sich um jedes einzelne Amt bewerben und es erhalten dürfe[60]. Davon bekam die Familie ihren Beinamen, so daß sie Annalis genannt wurde.

Prätorenwahlen

Nach vielen Jahren wurden aufgrund des Gesetzes des Baebius, 2
nach dem in jedem zweiten Jahr nur vier Prätoren gewählt werden sollten[61], nur vier Prätoren gewählt; es waren Cn. Cornelius Scipio, C. Valerius Laevinus und Q. und P. Mucius Scaevola, die Söhne des Quintus.

Verteilung der Amtsbereiche und Verstärkung des Heeres in Spanien

3 Die Konsuln Q. Fulvius und L. Manlius erhielten dieselbe Provinz wie die Konsuln des Vorjahres, und Fußtruppen und Reiter von den Bürgern und von den Bundesgenossen wurden
4 ihnen in gleicher Stärke bewilligt. In den beiden spanischen Provinzen wurde das Kommando für Tib. Sempronius und L. Postumius verlängert, und sie behielten die Truppen, die
5 sie hatten; und die Konsuln wurden aufgefordert, als Verstärkung ungefähr 3000 römische Fußsoldaten und 300 Reiter und 5000 Bundesgenossen und Latiner und 400 Reiter aus-
6 zuheben. P. Mucius Scaevola erhielt durchs Los die städtische Prätur und den Auftrag, die Untersuchung gegen die Giftmischer in der Stadt und in einem Umkreis von zehn Meilen
7 um die Stadt zu führen; Cn. Cornelius Scipio wurde Prätor für die Prozesse mit Ausländern, Q. Mucius erhielt Sizilien, C. Valerius Laevinus Sardinien.

Einlösung von Gelübden

8 Bevor der Konsul Q. Fulvius irgendein Staatsgeschäft in Angriff nahm, sagte er, er wolle sich und den Staat durch die Einlösung der Gelübde von einer religiösen Verpflichtung
9 befreien. An dem Tage, an dem er zum letzten Male mit den Keltiberern gekämpft habe, habe er gelobt, er werde dem Jupiter Optimus Maximus zu Ehren Spiele veranstalten und der Fortuna der Reiter einen Tempel errichten. Das Geld
10 dafür habe er von den Spaniern erhalten. Die Spiele wurden beschlossen und daß zwei Männer gewählt werden sollten, um für den Bau des Tempels zu sorgen. Wegen des Geldes wurde festgelegt, daß zu den Spielen nicht mehr verbraucht werden solle, als dem Fulvius Nobilior nach dem Ätolerkrieg

bei der Durchführung der Spiele bewilligt worden war[62]; und er solle zu diesen Spielen nichts holen, nichts eintreiben, 11 nichts annehmen und überhaupt nichts tun, was dem Senatsbeschluß entgegen sei, der unter dem Konsulat von L. Aemilius und Cn. Baebius gefaßt worden war[63]. Das hatte der 12 Senat beschlossen wegen des verschwenderischen Aufwandes, den der Ädil Tib. Sempronius bei seinen Spielen getrieben hatte[64] und der nicht nur für Italien und die Latiner, sondern auch für die auswärtigen Provinzen eine Last gewesen war.

Himmelszeichen und ihre Sühnung

45. Der Winter war in diesem Jahr streng; es gab viel Schnee 1 und jede Art von Unwettern. Die Bäume, die frostempfindlich sind, waren alle erfroren. Und der Winter dauerte auch erheblich länger als sonst. Daher störte plötzlicher Schneefall 2 und ein unerträgliches Unwetter auf dem Berge[65] das Latinerfest, und es wurde nach einer Anordnung der Pontifices wiederholt. Dieses Unwetter warf auch auf dem Kapitol 3 einige Götterbilder um, und an mehreren Stellen schlugen Blitze ein: in Tarracina im Tempel des Jupiter, in Capua im Weißen Tempel und dem Tor nach Rom; Mauerzinnen waren an mehreren Orten herabgeschleudert worden. Zu- 4 gleich mit diesen Zeichen vom Himmel wurde noch aus Reate von der Geburt eines Maultieres mit drei Füßen berichtet[66].

Wegen dieser Vorfälle erhielten die Dezemvirn den Auf- 5 trag, ihre Bücher zu Rate zu ziehen. Sie ordneten an, welchen Göttern geopfert werden sollte und mit wie vielen Opfertieren und daß ein eintägiges Sühnefest stattfinden sollte.

Die Spiele des Konsuls Q. Fulvius

6 Die Spiele, die der Konsul Q. Fulvius gelobt hatte, wurden dann zehn Tage lang mit großer Pracht gefeiert.

Wahl und Versöhnung der Zensoren M. Aemilius Lepidus und M. Fulvius Nobilior

Darauf fand die Zensorenwahl statt; gewählt wurden der Pontifex maximus M. Aemilius Lepidus und M. Fulvius
7 Nobilior, der über die Ätoler triumphiert hatte. Zwischen diesen bekannten Männern herrschte Feindschaft, und in vielen heftigen Auseinandersetzungen im Senat und vor dem Volk war diese oft ausgebrochen.

8 Nach der Wahl nahmen die Zensoren, wie es seit alter Zeit üblich ist, auf dem Marsfeld am Altar des Mars auf ihren Amtssesseln Platz. Dorthin kamen nun unerwartet die führenden Männer des Senates mit einer Gruppe Bürger, und
1 aus ihren Reihen sagte Q. Caecilius Metellus: 46. «Zensoren, wir haben nicht vergessen, daß ihr eben erst vom ganzen Volk zu Aufsehern über unsere Sitten bestellt worden seid und daß wir von euch ermahnt und geführt werden müssen,
2 nicht ihr von uns. Es muß aber doch gesagt werden, woran alle guten Bürger bei euch Anstoß nehmen oder wovon sie
3 jedenfalls möchten, daß es geändert wird. Wenn wir euch einzeln anschauen, M. Aemilius und M. Fulvius, haben wir heute keinen in unserer Bürgerschaft, von dem wir wollten, daß er euch vorgezogen würde, wenn wir wieder zur Abstim-
4 mung gerufen würden. Wenn wir euch beide aber zusammen ansehen, müssen wir fürchten, daß ihr ein schlechtes Paar seid und daß es dem Staat nicht so sehr nützt, daß ihr uns allen außerordentlich gefallt, als es ihm schadet, daß ihr

einander mißfallt. Ihr lebt schon viele Jahre in einer Feind- 5
schaft, die für euch selbst schwer und schrecklich ist, und
es besteht Gefahr, daß sie von diesem Tag an für uns und den
Staat noch schwerer als für euch wird. Wir haben viele 6
Gründe, dies zu fürchten, und wir würden sie auch nennen,
wenn es nicht besser wäre, etwas zu erwähnen, was euch
besänftigen könnte, wenn nicht etwa unversöhnliche Wut
eure Herzen umstrickt. Daß ihr diese Streitigkeiten heute an 7
dieser heiligen Stätte beendet, darum bitten wir alle euch,
und daß ihr, die das römische Volk durch seine Wahl zusam-
mengegeben hat, euch auch von uns durch Wiederherstellung
eines guten Verhältnisses verbinden laßt. Eines Herzens und 8
eines Sinnes sollt ihr die Senatsliste zusammenstellen, die
Ritter mustern, den Zensus durchführen und das Reinigungs-
opfer am Ende eurer Amtszeit darbringen. Was ihr bei fast 9
allen euren Gebeten aussprecht mit den Worten: ‹Diese Sache
soll für mich und meinen Amtsgenossen gut und glücklich aus-
gehen!›, sollt ihr so aussprechen, daß ihr es auch wahr und auf-
richtig wünscht, und sollt dafür sorgen, daß auch wir Menschen
glauben, daß ihr das wünscht, worum ihr die Götter bittet.
T. Tatius und Romulus haben in der Stadt, in der sie mitten auf 10
dem Forum als Feinde zusammengestoßen waren, einträchtig
miteinander regiert[67]. Nicht nur Streitigkeiten, sondern auch 11
Kriege werden beendet. Aus erbitterten Feinden werden mei-
stens treue Bundesgenossen, manchmal sogar Mitbürger. Die 12
Albaner sind nach der Zerstörung von Alba nach Rom umgesie-
delt worden[68]; die Latiner[69] und die Sabiner[70] haben das Bürger-
recht erhalten. Diese allbekannte Tatsache ist, weil sie Wahr-
heit war, zu einem Sprichwort geworden, daß Freundschaft
unvergänglich, Feindschaft dagegen vergänglich sein muß.»

Zustimmender Lärm brach los, und dann flossen die Stim- 13
men von allen, die dieselbe Bitte vorbrachten, in eins zu-
sammen und setzten der Rede ein Ende.

14 Darauf beklagte sich Aemilius über vieles andere, vor allem aber darüber, daß er zweimal von M. Fulvius um ein schon sicheres Konsulat gebracht worden sei[71]. M. Fulvius dagegen beklagte sich, er sei von ihm immer gereizt worden und eine Prozeßwette habe ihm Schande gebracht[72]. Dennoch gaben beide zu verstehen, sie würden sich der Autorität so vieler angesehener Männer der Bürgerschaft beugen, wenn
15 der andere es wolle. Da alle Anwesenden in sie drangen, gaben sie sich die Hand und versprachen, ihren Haß fahrenzulassen und zu beenden. Da wurden sie von allen gelobt und zum Kapitol geleitet. Sowohl die Sorge der führenden Männer in einer so wichtigen Sache wie auch das Entgegenkommen der Zensoren wurden vom Senat ganz besonders anerkannt und gelobt.

16 Als die Zensoren darauf forderten, ihnen einen Geldbetrag für die Durchführung der öffentlichen Arbeiten zu bewilligen, wurden die Einkünfte eines ganzen Jahres dazu bestimmt.

Die Kämpfe in Spanien

1 47. Im selben Jahr einigten sich in Spanien die Proprätoren L. Postumius und Tib. Sempronius so untereinander, daß Albinus durch Lusitanien in das Gebiet der Vaccäer ziehen und von dort nach Keltiberien zurückkehren sollte; Gracchus sollte in die fernsten Teile Keltiberiens eindringen, wenn es
2 dort zu einem größeren Kriege käme. Er griff zunächst die Stadt Munda unvermutet bei Nacht an und nahm sie im Sturm. Nachdem er Geiseln erhalten und eine Besatzung in die Stadt gelegt hatte, bestürmte er dann die festen Plätze und brannte die Felder nieder, bis er zu einer sehr starken
3 Stadt gelangte – die Keltiberer nennen sie Certima. Als er dort schon die Belagerungsanlagen bis nahe an die Stadt

vorgetrieben hatte, kamen Gesandte aus der Stadt, deren
Rede von altertümlicher Einfalt war, da sie gar nicht ver-
hehlten, daß sie kämpfen würden, wenn sie die dazu nötigen
Kräfte hätten. Denn sie baten, ihnen zu erlauben, ins Lager 4
der Keltiberer zu gehen, um Hilfstruppen herbeizuholen;
wenn sie diese nicht erhielten, dann würden sie getrennt von
jenen ihre Entscheidung treffen. Gracchus erlaubte es ihnen,
und sie gingen hin. Und nach wenigen Tagen führten sie
zehn andere Gesandte mit sich heran. Es war Mittagszeit. 5
Sie baten den Prätor zuerst, er solle ihnen zu trinken geben
lassen. Als sie die ersten Becher ausgetrunken hatten, forder-
ten sie ein zweites Mal, unter großem Gelächter der Um-
stehenden über Menschen, die so ungebildet waren und keine
Manieren kannten. Da sagte der älteste von ihnen: «Wir 6
sind von unserem Volk geschickt, um in Erfahrung zu brin-
gen, worauf in aller Welt du vertraust, wenn du uns angreifst.»
Auf diese Frage antwortete Gracchus, er sei gekommen im 7
Vertrauen auf sein hervorragendes Heer. Wenn sie es selbst
sehen wollten, um ihren Landsleuten zuverlässiger berichten
zu können, werde er ihnen Gelegenheit dazu geben. Den 8
Kriegstribunen befahl er, sie sollten alle Truppen zu Fuß
und zu Pferde sich vollständig rüsten und in Waffen vorbei-
ziehen lassen. Als die Gesandten von diesem Schauspiel ent-
lassen worden waren, hielten sie ihre Landsleute davon ab,
der belagerten Stadt Hilfe zu bringen. Die Bürger ließen in 9
der Nacht vergeblich von den Türmen Feuerbrände auf-
leuchten, was als Zeichen vereinbart worden war. Da ihre
einzige Hoffnung auf Hilfe zuschanden geworden war, er-
gaben sie sich. 2400000 Sesterzen wurden von ihnen gefor- 10
dert und 40 Reiter aus dem höchsten Adel, zwar nicht aus-
drücklich als Geiseln – denn sie wurden aufgefordert, Kriegs-
dienste zu leisten –, und doch in Wirklichkeit, um als Unter-
pfand für ihre Treue zu dienen.

1 48. Von dort führte er das Heer dann zu der Stadt Alce,
wo das Lager der Keltiberer war, von dem neulich die Ge-
2 sandten gekommen waren. Nachdem er sie einige Tage lang
durch kleine Kämpfe gereizt hatte, indem er Leichtbewaffnete
gegen ihre Vorposten schickte, ließ er sich von Tag zu Tag
auf größere Kämpfe ein, um alle aus den Befestigungsanlagen
3 herauszulocken. Als er merkte, daß er seine Absicht völlig
erreicht hatte, befahl er den Kommandanten der Hilfstrup-
pen, wenn es zum Kampf gekommen sei, plötzlich kehrtzu-
machen, als wenn sie von der Übermacht überwunden wür-
den, und in wilder Flucht zum Lager zu stürzen. Er selbst
stellte innerhalb des Walles hinter allen Toren seine Truppen
4 auf. Es verging nicht viel Zeit, da erblickte er den Trupp
der Seinen, der nach der Vereinbarung floh, dann auch die
5 Barbaren, die ohne Ordnung folgten. Gerade dazu hatte er
innerhalb des Walles sein Heer aufgestellt. Deshalb wartete
er so lange, daß er seine Leute durch das offene Tor ins Lager
zurückfliehen ließ, erhob dann das Kampfgeschrei und brach
zugleich aus allen Toren hervor. Die Feinde konnten dem
6 unerwarteten Angriff nicht standhalten. Die gekommen wa-
ren, um das Lager zu bestürmen, konnten nicht einmal ihr
eigenes schützen; denn sie wurden sogleich zersprengt und
in die Flucht gejagt, dann voller Angst in ihrem Lager zu-
sammengedrängt, und zuletzt wurde ihr Lager genommen.
7 An diesem Tag wurden 9000 Feinde erschlagen; gefangen
wurden 320, und 112 Pferde und 37 Feldzeichen erbeutet.
Vom römischen Heer fielen 109.

1 49. Nach diesem Kampf ließ Gracchus die Legionen Kelt-
iberien völlig verwüsten. Und da er überall alles wegführte
und wegtrieb und die Völker teils freiwillig, teils aus Furcht
das Joch auf sich nahmen, nahm er die Unterwerfung von
103 Städten innerhalb weniger Tage entgegen und gewann
2 ungeheure Beute. Dann machte er kehrt und zog mit seinem

Heer wieder nach Alce zurück, von wo er gekommen war, und begann diese Stadt zu bestürmen. Die Bürger hielten 3
dem ersten Angriff der Feinde stand. Als sie dann aber nicht nur mit Waffen, sondern auch mit Belagerungsmaschinen angegriffen wurden, glaubten sie die Stadt nicht länger schützen zu können und zogen sich alle auf die Burg zurück.
Zuletzt wurden auch von dort Unterhändler geschickt, und 4
sie ergaben sich mit all ihrer Habe den Römern. Dort wurde große Beute gemacht. Viele vornehme Gefangene fielen in die Hand der Römer, darunter auch zwei Söhne und eine
Tochter des Thurrus. Der war der Fürst dieser Völker- 5
schaften und bei weitem der mächtigste Mann von allen Spaniern. Als er von dem Mißgeschick der Seinen gehört hatte, schickte er Leute, die um freies Geleit bitten sollten,
wenn er ins Lager zu Gracchus komme, und kam dann. Und 6
zuerst fragte er ihn, ob er und die Seinen am Leben bleiben dürften. Als der Prätor antwortete, er werde leben, fragte er weiter, ob er bei den Römern Kriegsdienste leisten dürfe.
Als Gracchus auch das erlaubte, sagte er: «Ich werde euch 7
gegen meine alten Bundesgenossen folgen, weil sie keine Lust hatten, für mich zu den Waffen zu greifen.» Von da an folgte er den Römern und setzte sich bei vielen Gelegenheiten tapfer und treu für die römische Sache ein.

50. Dann öffnete Ergavica, eine berühmte und mächtige 1
Stadt, durch das Schicksal der anderen Völkerschaften ringsum erschreckt, den Römern die Tore.

Einige Quellen behaupten, diese Übergabe von Städten sei 2
nicht in ehrlicher Absicht erfolgt. Sobald er aus einer Gegend die Legionen weggeführt hätte, sei dort sofort der Krieg wiederaufgenommen worden, und er habe später in einem schweren Kampf am Chaunus-Gebirge mit den Keltiberern vom Morgengrauen bis zur sechsten Stunde des Tages in offener Schlacht gekämpft. Viele seien auf beiden Seiten

3 gefallen. Und die Römer hätten nicht gerade viel getan, daß
man hätte glauben können, sie hätten gesiegt; sie hätten nur
am folgenden Tag die Feinde zum Kampf gereizt, während
diese hinter ihrem Wall blieben, und den ganzen Tag lang
4 die Waffen der gefallenen Gegner gesammelt. Am dritten
Tag sei noch einmal gekämpft worden, und zwar noch härter,
und da erst seien die Keltiberer ohne jeden Zweifel besiegt
5 und ihr Lager erobert und geplündert worden. 22000 Feinde
seien an diesem Tag getötet worden und mehr als 300 ge-
fangen und fast die gleiche Anzahl Pferde und 72 Feldzeichen
erbeutet worden. Da sei der Krieg zu Ende gewesen, und die
Keltiberer hätten wirklich Frieden geschlossen, nicht nur
zum Schein wie vorher.

6 Man schreibt, daß im selben Sommer auch L. Postumius
im Jenseitigen Spanien zweimal mit den Vaccäern erfolgreich
gekämpft habe; er habe ungefähr 35000 Feinde erschlagen
7 und ihr Lager erobert. Es kommt der Wahrheit aber näher,
daß er zu spät in die Provinz gelangt ist, als daß er in diesem
Sommer noch etwas hätte unternehmen können[73].

Die Zensur des Fulvius und Lepidus

1 51. Die Zensoren hielten treu ihr Wort und veröffentlichten
in Eintracht die Senatsliste. Erster des Senates wurde der
Zensor und Pontifex maximus M. Aemilius Lepidus selbst.
Drei wurden aus dem Senat ausgestoßen; Lepidus behielt
einige im Senat, die sein Amtsgenosse nicht wieder in die
Liste aufgenommen hatte[74].

2 Folgende öffentliche Arbeiten ließen sie von dem Teil des
ihnen zugewiesenen Geldes ausführen, das sie unter sich auf-
geteilt hatten: Lepidus einen Damm bei Tarracina[75], eine
Arbeit, durch die er sich unbeliebt machte, weil er dort Güter

besaß und seine eigenen Unkosten auf die Staatskasse ab-
gewälzt hatte. Er ließ ein Theater mit Zuschauerraum und 3
Bühne[76] am Apollotempel errichten und den Jupitertempel
auf dem Kapitol und die Säulen ringsum mit Kalk glätten,
und er ließ an diesen Säulen die Standbilder entfernen, die
ihm unpassend angebracht zu sein schienen, und die Rund-
schilde und die Feldzeichen jeder Art, die an den Säulen
befestigt waren, herabnehmen.

M. Fulvius ließ mehr Arbeiten und solche von größerem 4
Nutzen durchführen: einen Hafen[77] und Pfeiler einer Brücke
im Tiber[78], auf die nach einer Reihe von Jahren[79] die Zen-
soren P. Scipio Africanus und L. Mummius die Bögen setzen
ließen; eine Basilika[80] hinter den Neuen Wechselstuben[81] und 5
den Fischmarkt[82] mit Läden ringsum, die er an Privatleute ver-
kaufte; und ein Forum und eine Säulenhalle vor der Porta 6
Trigemina[83] und eine andere hinter den Werften[84] und am
Heiligtum des Herkules und hinter dem der Spes am Tiber
und beim Tempel Apollos des Arztes[85].

Sie hatten außerdem auch einen Betrag gemeinsam. Davon 7
ließen sie zusammen eine Wasserleitung bauen und die Bögen
errichten. Ein Hindernis bei dieser Arbeit bildete M. Lici-
nius Crassus, der nicht dulden wollte, daß die Wasserleitung
über sein Land geführt wurde. Auch Zölle und indirekte 8
Steuern führten sie in großer Zahl ein[86]. Sie sorgten dafür,
daß mehrere kleine Heiligtümer und öffentliche Plätze, die
von Privatleuten in Besitz genommen worden waren, wieder
in den Besitz des Staates kamen und wieder Heiligtümer
wurden und dem Volk offenstanden. Die Methode der Ab- 9
stimmung änderten sie und teilten die Stimmbezirke in sich
nach der Herkunft der Leute, nach ihren Verhältnissen und
nach ihrem Gewerbe ein[86].

52. Und der eine Zensor, M. Aemilius, bat den Senat, ihm 1
für die Spiele anläßlich der Einweihung der Tempel der Köni-

gin Juno und der Diana, die zu bauen er im Ligurerkrieg vor
2 acht Jahren gelobt hatte, Geld zu bewilligen. Man bewilligte
3 ihm 20000 As. Er weihte diese Tempel, beide im Bezirk des
Circus Flaminius, und veranstaltete drei Tage lang nach der
Weihung des Junotempels und zwei Tage lang nach der des
Dianatempels Spiele auf der Bühne und je einen Tag Spiele
4 im Circus. Er weihte auch einen Tempel der Laren der See-
fahrer auf dem Marsfeld; den hatte vor elf Jahren L. Aemi-
lius Regillus in der Seeschlacht[87] gegen die Flottenbefehls-
5 haber des Königs Antiochus gelobt. Über der Tür des Tem-
pels wurde eine Tafel mit folgender Inschrift angebracht:
«Zur Beendigung des großen Krieges, zur Unterwerfung
der Könige[88] und zur Wiederherstellung des Friedens zog
L. Aemilius Regillus, der Sohn des Marcus, zum Kampfe aus,
und sein Unternehmen ging ruhmreich zu Ende: unter seiner
Leitung und unter seinem Oberbefehl, unter seinem Glück
und unter seiner Führung ist zwischen Ephesus, Samus und
Chius die bis dahin unbesiegte Flotte des Königs Antiochus
zersprengt, aufgerieben und in die Flucht geschlagen worden,
6 was Antiochus selbst mit seinem ganzen Heer, seiner Reiterei
und seinen Elefanten mit ansehen mußte, und dort verlor
er an diesem Tage 42 Kriegsschiffe mit ihrer ganzen Besat-
zung. Durch diese Schlacht wurde die Seemacht des Königs
Antiochus völlig zerschlagen. Wegen dieses Ereignisses hat
er den Laren der Seefahrer einen Tempel gelobt.»
7 Eine Tafel mit derselben Inschrift ist am Jupitertempel auf
dem Kapitol über der Tür angebracht worden.

Der Krieg in Ligurien

1 53. Zwei Tage, nachdem die Zensoren die Senatsliste ver-
öffentlicht hatten, brach der Konsul Q. Fulvius ins Gebiet

der Ligurer auf, zog mit seinem Heer durch die unwegsamen
Waldschluchten des Ballista und kämpfte mit dem Feind in
offener Feldschlacht; und er besiegte ihn nicht nur im Kampfe, 2
sondern nahm an diesem Tag auch noch sein Lager. 3200
Feinde fielen, und dieser ganze Teil des Ligurerlandes unter-
warf sich. Die unterworfene Bevölkerung siedelte der Konsul 3
im Flachland an und legte Besatzungen auf die Berge.

Schnell kam auch der Brief aus der Provinz nach Rom.
Wegen dieser Taten wurde ein dreitägiges Dankfest be-
schlossen. Die Prätoren brachten bei diesem Dankfest 40 voll 4
ausgewachsene Opfertiere dar.

Von dem anderen Konsul L. Manlius ist im Gebiet der Ligurer nichts Erwähnenswertes vollbracht worden.

Gallier in Italien

Gallier von jenseits der Alpen, 3000 Mann, kamen nach Italien 5
hinüber; sie reizten niemand zum Krieg und baten die Kon-
suln und den Senat um Land, um friedlich unter der Herr-
schaft des römischen Volkes zu leben. Der Senat befahl ihnen, 6
Italien zu verlassen, und der Konsul Q. Fulvius sollte eine
Untersuchung durchführen und die bestrafen, die die An-
stifter und Urheber des Alpenübergangs gewesen waren.

König Philipps Tod

54. Im selben Jahr starb Philipp, der König der Makedonen, 1
von seinem Alter und der Trauer über den Tod seines Sohnes
dahingerafft. Er verbrachte den Winter in Demetrias, gequält 2
von Sehnsucht nach seinem Sohn, noch mehr aber von Reue
über seine eigene Grausamkeit. Ihn beunruhigte auch, daß 3

sein anderer Sohn zweifellos in seinen eigenen Augen und in
denen der anderen der König war und die Blicke aller auf
sich zog und daß er selbst in seinem Alter verlassen war und
die einen auf seinen Tod warteten, die anderen nicht einmal
mehr das taten.

4 Das quälte ihn noch mehr und mit ihm Antigonus, den
Sohn des Echecrates, der den Namen seines Onkels Anti-
gonus[89] trug, der der Vormund Philipps[90] gewesen war, ein
Mann von königlicher Hoheit, der auch durch die bekannte
5 Schlacht[91] gegen den Spartaner Cleomenes berühmt war. Die
Griechen nannten ihn den «Vormund», um ihn durch den
Beinamen von den übrigen Königen dieses Namens zu
6 unterscheiden. Dessen Neffe Antigonus war von den hoch-
gestellten Freunden Philipps als einziger unverdorben ge-
blieben, und diese Treue hatte den Perseus, der keineswegs
7 sein Freund war, zu seinem Todfeind gemacht. Antigonus
sah voraus, welche Gefahr es für ihn bedeutete, wenn Perseus
den Thron erbte. Sobald er merkte, daß der König unsicher
wurde und daß er manchmal vor Sehnsucht nach seinem Sohn
8 aufseufzte, hörte er ihm bald zu, bald weckte er auch die
Erinnerung an die unbesonnen verübte Tat und war selbst
oft bei ihm, wenn er klagte, und klagte mit ihm. Und da die
Wahrheit, wie gewöhnlich, viele Spuren von sich hinterlassen
hatte, sorgte er mit aller Macht dafür, daß alles schneller
9 herauskam. Als Gehilfen bei der Untat waren vor allem Apel-
les und Philocles verdächtig, die als Gesandte nach Rom
geschickt worden waren und den für Demetrius tödlichen
Brief unter dem Namen des Flamininus gebracht hatten.
1 55. Daß er fingiert sei und vom Schreiber[92] gefälscht und daß
das Siegel unecht sei, murmelte man allgemein im Königs-
2 palast. Aber es handelte sich mehr um einen Verdacht als um
eine bewiesene Tatsache. Da kam zufällig Xychus dem Anti-
gonus über den Weg, wurde von ihm ergriffen und in den

Königspalast gebracht. Antigonus ließ ihn unter Bewachung
zurück, ging zu Philipp und sagte: «Ich glaube aus vielen 3
Gesprächen erkannt zu haben, daß es für dich viel bedeuten
würde, wenn du die ganze Wahrheit über deine Söhne wissen
könntest, wer von den beiden gegen den andern mit Betrug
und Hinterlist vorgegangen ist. Der einzige Mensch von 4
allen, der den Knoten dieses Irrtums lösen kann, ist in deiner
Gewalt. Laß ihn rufen, der dir durch das Schicksal in die
Hand gegeben und in den Königspalast gebracht worden
ist!»

Als Xychus vor den König geführt wurde, leugnete er 5
zuerst mit so wenig Festigkeit, daß man sah, er werde zu
einer Aussage bereit sein, wenn man ihm nur ein wenig
Angst mache. Den Anblick des Folterknechts und der Gei-
ßeln konnte er nicht ertragen, und er berichtete über den
ganzen Hergang, wie die Gesandten ihre Tat verübt und
wie er dabei mitgeholfen hatte.

Sofort wurden welche ausgeschickt, die die Gesandten 6
ergreifen sollten, und sie überraschten den Philocles, der am
Ort war. Apelles, der ausgeschickt war, um einen Mann
namens Chaereas zu verfolgen, fuhr, nachdem er von der
Aussage des Xychus gehört hatte, nach Italien hinüber.

Von Philocles ist nichts sicher überliefert. Die einen be- 7
haupten, er habe zuerst frech geleugnet; nachdem er dann
aber dem Xychus gegenübergestellt worden sei, habe er
sich nicht weiter gewehrt. Andere sagen, er habe auch die
Folter ohne ein Geständnis ertragen.

Für Philipp erneuerte und verdoppelte sich die Trauer, 8
und er meinte, sein Unglück mit seinen Kindern sei schwerer,
weil der eine von den beiden noch am Leben sei.

56. Perseus erhielt die Nachricht, daß alles aufgedeckt sei, 1
war aber zu mächtig, als daß er eine Flucht für nötig gehalten
hätte. Er sorgte nur dafür, daß er weit genug weg war, als 2

wenn er sich, solange Philipp lebte, vor der Glut seines leidenschaftlichen Zornes schützen müsse.

Nachdem der die Hoffnung verloren hatte, sich seiner
bemächtigen zu können, um ihn zu bestrafen, tat er, was ihm
noch übrigblieb, und bemühte sich darum, daß er nicht über
die Straflosigkeit hinaus auch noch einen Lohn für sein Ver-
3 brechen erhielt. Er rief also den Antigonus, dem er wegen
der Aufdeckung des Brudermordes verpflichtet war und von
dem er auch meinte, er werde ein König sein, dessen sich
die Makedonen keineswegs zu schämen brauchten und der
ihnen nicht mißfallen werde wegen des noch unverblichenen
4 Ruhmes seines Onkels Antigonus. «Antigonus», sagte er,
«da ich in die Lage gekommen bin, daß mir die Kinderlosig-
keit wünschenswert sein muß, die andere Eltern verfluchen,
habe ich vor, dir das Königreich zu übergeben, das mir von
deinem Onkel durch seine tapfere, nicht nur zuverlässige
Vormundschaftsregierung erhalten und sogar vergrößert
5 wurde und das ich von ihm übernommen habe. Du bist der
einzige, den ich der Herrschaft für würdig halte. Wenn ich
niemand hätte, wollte ich lieber, daß dieses Reich unter-
ginge und ausgelöscht würde, als daß es Perseus als Lohn
6 für seine verbrecherische Tücke zufiele. Ich werde glauben,
daß Demetrius aus dem Totenreich herausgerufen worden
und mir zurückgegeben ist, wenn ich dich an seiner Stelle
zurücklasse, der du als einziger über den Tod des Unschul-
7 digen und über meinen unseligen Irrtum geweint hast.» Nach
diesem Gespräch hörte er nicht auf, ihn mit jeder Art von
Ehre zu erhöhen.

Während Perseus weit weg in Thrakien war, zog Philipp in den Städten Makedoniens umher und empfahl den führenden Männern den Antigonus. Und wenn sein Leben länger gedauert hätte, hätte er ihn zweifellos im Besitz der Herrschaft zurückgelassen.

Nach seiner Abreise von Demetrias hatte er die meiste 8
Zeit in Thessalonice verbracht. Als er von dort nach Amphi-
polis gekommen war, wurde er von einer schweren Krankheit
befallen. Aber es steht fest, daß er mehr an der Seele krank 9
war als am Leibe und daß er, da immer wieder die Gestalt
und der Schatten seines unschuldig getöteten Sohnes ihn
verfolgte, durch Kummer und Schlaflosigkeit unter furcht-
baren Verwünschungen für den anderen starb.

Dennoch hätte Antigonus die Herrschaft antreten können, 10
wenn er dagewesen oder der Tod des Königs sofort bekannt
geworden wäre. Der Arzt Calligenes, der die Behandlung 11
leitete, wartete nicht den Tod des Königs ab, sondern
schickte, wie es verabredet war, bei den ersten Anzeichen,
daß es hoffnungslos war, Boten auf Pferden, die an verschie-
denen Stellen zum Wechseln bereitgestellt waren, zu Per-
seus und verheimlichte den Tod des Königs bis zu dessen
Ankunft vor allen, die im Königspalast waren. 57. Perseus 1
überraschte also alle, ohne daß sie etwas ahnten und wußten,
und trat seine Herrschaft an, die er durch ein Verbrechen an
sich gebracht hatte.

Der Zug der Bastarnen

Der Tod Philipps war sehr günstig für einen Aufschub und 2
um dem Krieg Kräfte zu entziehen[93]. Denn wenige Tage
später überschritt das Volk der Bastarnen, das lange auf-
gereizt worden war, von seinen Wohnsitzen aus mit einer
großen Menge Fußsoldaten und Reitern den Hister. Von dort 3
wurden Antigonus und Cotto vorausgeschickt, um es dem
König zu melden. Cotto war ein angesehener Bastarne,
Antigonus einer vom Hofstaat des Königs, der oft mit Cotto
als Gesandter geschickt worden war, um die Bastarnen an-
zutreiben.

Nicht weit von Amphipolis hörten sie das Gerücht, dann
sichere Nachrichten, daß der König tot sei. Das brachte ihren
4 ganzen Plan durcheinander. Es war so verabredet worden,
daß Philipp den Bastarnen sicheren Durchzug durch Thrakien
gewähre und ihnen Lebensmittel zur Verfügung stelle. Um
das zu können, hatte er den führenden Männern dieser Ge-
genden mit Geschenken seine Verehrung bezeigt und sein
Wort dafür verpfändet, daß die Bastarnen, ohne Gewalt
5 auszuüben, durchziehen würden. Es war vorgesehen, das
Volk der Dardaner[94] zu vernichten und die Bastarnen in
6 ihrem Gebiet anzusiedeln. Daraus hätte sich ein doppelter
Vorteil ergeben: wenn die Dardaner, ein Volk, das Make-
donien sehr feindlich gesinnt war und seinen Königen in
gefahrvollen Zeiten drohte, beseitigt wurden und wenn die
Bastarnen ihre Frauen und Kinder in Dardanien zurückließen
und zur Verwüstung Italiens ausgeschickt werden könnten.
7 Der Weg zum Adriatischen Meer und nach Italien gehe durch
das Land der Scordiscen; auf einem anderen Wege könne ein
Heer nicht hinübergeführt werden. Leicht würden die Scor-
discen den Bastarnen den Durchmarsch gestatten; denn sie
würden vor ihrer Sprache und ihren Sitten nicht zurück-
schrecken[95]. Und sie würden sich ihnen selbst anschließen,
wenn sie sähen, daß sie auf einem Beutezug gegen ein sehr
reiches Volk seien.

8 Für jeden möglichen Ausgang wurden dann weitere Pläne
geschmiedet: Wenn die Bastarnen von den Römern geschla-
gen würden, wären doch die Dardaner beseitigt, und die
Beute von den zurückgebliebenen Bastarnen und der unge-
9 störte Besitz Dardaniens würde ein Trost sein. Wenn sie aber
Glück hätten, wären die Römer durch den Krieg mit den
Bastarnen abgelenkt, und er würde in Griechenland zurück-
gewinnen, was er verloren hatte. Das waren die Pläne Philipps
gewesen.

58. Zunächst kamen die Bastarnen, ohne Gewalt auszu- 1
üben, nach Thrakien. Dann aber machten nach dem Weggang
des Cotto und des Antigonus und nicht lange nach dem Ge-
rücht von Philipps Tod die Thraker Schwierigkeiten beim
Handel, und die Bastarnen konnten mit dem Gekauften nicht
auskommen und konnten nicht dazu gebracht werden, beim
Heerhaufen zu bleiben und sich nicht vom Wege zu entfernen.
Darauf fügten sie sich gegenseitig Unrecht zu, das von Tag 2
zu Tag mehr wurde, und der Krieg entbrannte. Zuletzt, als
die Thraker sich gegen die Gewalt und die Masse der Feinde
nicht mehr behaupten konnten, verließen sie ihre Dörfer in
der Ebene und zogen sich in ein Gebirge von gewaltiger
Höhe zurück – sie nennen es Donuca.

Als die Bastarnen es besteigen wollten, da überfiel sie, die 3
sich vergeblich dem Kamm des Gebirges näherten, ein Un-
wetter, wie es nach der Überlieferung die Gallier, die Delphi
plündern wollten, dahingerafft hat[96]. Denn nicht nur durch 4
Regengüsse und dann durch sehr dichten Hagel wurden sie
überschüttet, begleitet von gewaltigem Krachen des Him-
mels und Donnerschlägen und Blitzen, die ihre Augen blen-
deten, sondern die Blitzstrahlen zuckten auch so von allen 5
Seiten, daß es schien, als ob auf ihre Körper gezielt würde
und nicht nur die Soldaten, sondern auch ihre Führer ge-
troffen umsanken. Als sie daher bei ihrer überstürzten Flucht 6
über die sehr hohen Klippen unvermutet zu Boden geschla-
gen wurden und stürzten, bedrängten die Thraker sie in
ihrer Verwirrung hart; aber sie selbst sagten, die Götter
hätten sie in die Flucht geschlagen und der Himmel sei auf
sie gestürzt.

Als die meisten, durch den Sturm versprengt, wie nach 7
einem Schiffbruch nur halbbewaffnet in das Lager zurück-
kehrten, aus dem sie aufgebrochen waren, begannen sie zu
überlegen, was sie tun sollten. Da kam es zu einer Meinungs-

verschiedenheit; die einen schlugen vor, man solle zurück-
8 kehren, die anderen, man solle in Dardanien einfallen. Ungefähr 30000 Mann gelangten unter der Führung des Clondicus an das ursprüngliche Ziel[97]. Die übrige Menge zog auf dem Wege, auf dem sie gekommen war, nach Apollonia und Mesembria zurück.

Der Beginn von Perseus' Regierung

9 Als Perseus die Macht an sich gebracht hatte, ließ er Antigonus töten. Und damit er inzwischen seine Herrschaft festigen könne, schickte er Gesandte nach Rom, um die Freundschaft, die mit seinem Vater bestanden hatte, zu erneuern[98] und um zu bitten, daß der Senat ihn als König anerkenne. Dies geschah in diesem Jahr in Makedonien.

Der Triumph des Q. Fulvius über die Ligurer

1 59. Der eine der beiden Konsuln, Q. Fulvius, triumphierte über die Ligurer; von diesem Triumph stand fest, daß er ihm mehr aufgrund seiner Beliebtheit als wegen der Größe
2 seiner Taten bewilligt worden war. Er ließ eine große Menge feindlicher Waffen im Triumphzug vorbeitragen, aber überhaupt kein Geld. Jedoch gab er jedem einzelnen Soldaten 300 As, den doppelten Betrag an die Zenturionen, den
3 dreifachen an die Reiter. Bei diesem Triumph war nichts so bemerkenswert, als daß Fulvius zufällig genau an dem Tag triumphierte, an dem er ein Jahr zuvor nach seiner Prätur triumphiert hatte.

Beamtenwahlen

Nach dem Triumph setzte er die Wahlen an, bei denen 4
M. Junius Brutus und A. Manlius Volso zu Konsuln ge-
wählt wurden. Die folgende Wahl der Prätoren unterbrach 5
ein Unwetter, nachdem schon drei[99] gewählt waren; am
folgenden Tag, dem 12. März, wurden die übrigen drei ge-
wählt: M. Titinius Curvus, Tib. Claudius Nero und T. Fon-
tejus Capito.

Wiederholung der Römerspiele

Die Römerspiele wurden von den kurulischen Ädilen 6
Cn. Servilius Caepio und App. Claudius Cento wiederholt
wegen der Himmelszeichen, die es gegeben hatte. Die Erde 7
bebte; in den öffentlichen Heiligtümern, wo das Göttermahl
stattfand, wandten die Götter, die auf den Speisesofas lagen,
ihre Häupter ab[100], und die Schüssel, die dem Jupiter vor- 8
gesetzt worden war, fiel mitsamt der Decke[101] vom Tisch.
Und daß Mäuse vor den Göttern an den Oliven gewesen
waren, wurde auch als Himmelszeichen gedeutet. Um dies
zu sühnen, ist weiter nichts unternommen worden, als daß
die Spiele wiederholt wurden.

EINUNDVIERZIGSTES BUCH

Verteilung der Amtsbereiche

Der Anfang des 41. Buches ist nicht erhalten. Es fehlt ein Quaternio (etwa 13 Seiten dieses Formats); sein Inhalt läßt sich weitgehend erkennen. Zunächst hat Livius von der Verteilung der Amtsbereiche und der Truppen für das Jahr 178 v. Chr. berichtet: Die Konsuln erhielten Ligurien und Gallien als Provinzen; durch das Los kam Ligurien an M. Junius Brutus, Gallien an A. Manlius Volso. Von den Prätoren wurde M. Titinius Stadtprätor, Tib. Claudius Nero fiel die Rechtsprechung in den Prozessen mit Ausländern zu; T. Aebutius Parrus erhielt Sardinien, M. Titinius Curvus das Diesseitige und T. Fontejus Capito das Jenseitige Spanien und C. Cluvius Saxula vermutlich Sizilien.

Dann wird Livius wie bei den anderen Jahren über die Truppenverstärkungen berichtet haben; Einzelheiten lassen sich nicht erkennen.

Himmelszeichen

Durch ein großes Feuer brannten viele Gebäude rings um das Forum nieder; vom Tempel der Vesta blieb dabei keine Spur übrig.

Das heilige Feuer der Vesta ging aus, und die schuldige Vestalin wurde auf Befehl des Pontifex maximus M. Aemilius Lepidus ausgepeitscht. Wegen der Himmelszeichen fanden Bittgänge statt[1].

Reinigungsopfer und Volkszählung

Am Schluß ihrer Amtszeit führten die Zensoren M. Aemilius Lepidus und M. Fulvius Nobilior das feierliche Reinigungsopfer für die ganze Bürgerschaft durch. Bei der Volkszählung dieses Jahres wurden 258294 römische Bürger gezählt[2].

Die Gesandten des Perseus im Senat

Die Gesandten des Perseus wurden vor den Senat gelassen und baten, Perseus als König anzuerkennen und als Freund des römischen Volkes zu betrachten. Obwohl der Senat Perseus' Absichten durchschaute, erfüllte er diese Bitte[3].

Perseus am Anfang seiner Regierungszeit

Vielleicht hat Livius dann im Anschluß an Polybios über die erste Regierungszeit des Perseus berichtet. Bei Polybios (25, 3, 1–7) heißt es: «Nachdem Perseus die Freundschaft mit den Römern erneuert hatte, begann er sogleich, sich um Popularität bei den Griechen zu bemühen, indem er die flüchtigen Schuldner und alle, die auf Grund einer Verurteilung oder wegen eines Majestätsverbrechens hatten in die Verbannung gehen müssen, zurückrief. Er ließ Bekanntmachungen mit ihren Namen in Delus, Delphi und im Tempel der Athena Itonia anschlagen, in denen er ihnen bei ihrer Rückkehr nicht nur persönliche Sicherheit, sondern auch die Rückgabe des Vermögens versprach, das sie vor ihrer Flucht besessen hatten. Er verkündete ferner für Makedonien selbst einen Erlaß der Schulden an den Fiskus und eine Amnestie für die wegen Majestätsvergehens ins Gefängnis Geworfenen. Das machte nicht geringes Aufsehen; denn es schien, als berechtige der neue König alle Griechen zu den schönsten Hoffnungen. Auch in seiner sonstigen Lebensführung ließ seine Haltung königliche Würde erkennen. Er war eine gute Erscheinung, war körperlich so leistungsfähig und gewandt, wie es seine Aufgaben erforderten; sein Gesichtsausdruck zeigte einen Ernst und eine Beherrschtheit, die seinen Jahren nicht unangemessen war. Er hielt sich frei von seines Vaters sexuellen Ausschweifungen und Neigung zum Trunk, trank nicht nur selbst bei Tische mäßig, sondern ebenso auch seine Freunde.»

Die Ereignisse in Spanien

In Spanien errang der Prokonsul Tib. Sempronius Gracchus weitere große Erfolge[4].

Vielleicht waren hier auch die Ereignisse dargestellt, von denen Appian (Hisp. 43) berichtet. Die Stadt Caravis, die mit den Römern verbündet war, wurde von 20000 Keltiberern belagert. Es war zu erwarten, daß sie sich nicht mehr lange halten konnte, und Gracchus eilte daher rasch heran, um der bedrängten Stadt zu helfen. Die Nachricht vom Heranrücken des Gracchus, die den Belagerten Mut zum Durchhalten gab, gelangte durch Cominius, den Führer einer römischen Reiterabteilung, in die belagerte Stadt. Er hatte sich verkleidet unter die Keltiberer gemischt, die für die Belagerer Proviant und Futter holten, war mit ihnen in ihr Lager gelangt und von dort in die belagerte Stadt gelaufen. Beim Heranrücken des römischen Heeres gaben die Keltiberer die Belagerung auf.

Später wäre Gracchus durch eine List der Bewohner der spanischen Stadt Complega beinahe überrumpelt worden. 20000 Menschen zogen aus dieser Stadt mit Olivenzweigen in den Händen vor das römische Lager, als ob sie um Gnade bäten. Dann warfen sie plötzlich die Olivenzweige weg und griffen die Römer an. Zunächst entstand dadurch große Verwirrung. Da gab Gracchus, um den Feind seinerseits zu überlisten, den Befehl, das Lager zu räumen. Die Barbaren hielten den Kampf für gewonnen, wähnten sich sicher und machten sich daran, das Lager zu plündern. Aber Gracchus war plötzlich mit seinem Heer wieder da, drang in das Lager ein und erschlug die meisten und konnte auch ihre Stadt und die ganze Gegend in seine Hand bringen[5].

Insgesamt besetzte Gracchus in diesem Jahr noch 200 Städte[6] *und nahm die Unterwerfung der besiegten Keltiberer entgegen*[7]. *Besitzlosen Spaniern gab er Wohnsitze und Land. Mit der Bevölkerung des unterworfenen Gebietes schloß er Verträge, die durch gegenseitige Eide bekräftigt wurden, und machte sie zu Freunden des römischen Volkes*[8]. *Der spanischen Stadt Ilurcis gab er zur Erinnerung an seine Taten den Namen Gracchuris*[9].

Der Prokonsul L. Postumius Albinus unterwarf die Vaccäer und Lusitaner[10].

Der Krieg in Histrien

Am Ende der Lücke begann die Darstellung des Krieges in Histrien[11]. *In dem fehlenden Stück waren die Verhältnisse erwähnt, die den Konsul A. Manlius bewogen, gegen die Histrier Krieg zu führen. Wegen der zu erwartenden Kämpfe hatte er das Heer in seiner Provinz durch eine in Eile ausgehobene Kohorte aus Placentia*[12] *und durch 3000 Mann gallische Hilfstruppen*[13] *verstärkt.*

1 1. Man sagte, Aepulo habe das Volk, das sein Vater in Frieden gehalten hatte, bewaffnet und sich dadurch bei den jungen Leuten, die auf Beute aus waren, sehr beliebt gemacht.

Als der Konsul die Beratung über den Krieg gegen die Histrier abhielt, meinten die einen, man solle den Krieg sofort führen, bevor die Feinde ihre Truppen zusammenziehen könnten, die anderen, der Senat müsse vorher befragt werden. Es drang die Meinung durch, die den Zeitpunkt nicht hinausschieben wollte.

2 Der Konsul rückte von Aquileja aus und schlug sein Lager am Timavus-See auf. Dieser See liegt ganz nahe am Meer.

Dorthin kam auch mit zehn Schiffen C. Furius, einer der
beiden Flottenbefehlshaber. Gegen die Flotte der Illyrer waren 3
zwei Flottenbefehlshaber ernannt worden, die mit 20 Schiffen
das Adriatische Meer schützen sollten[14] und Ancona sozu-
sagen als Angelpunkt hatten. Von dort aus sollte L. Corne-
lius[15] den rechten Teil der Küste bis nach Tarent, C. Furius
den linken bis nach Aquileja schützen. Diese Schiffe wurden 4
mit Transportschiffen und viel Nachschub zum nächsten
Hafen im Gebiet der Histrier geschickt, und der Konsul
folgte mit den Legionen und schlug ungefähr fünf Meilen
vom Meer entfernt sein Lager auf. Im Hafen wurde in kurzer 5
Zeit ein sehr stark besuchter Markt eingerichtet, und alles
wurde von hier ins Lager geschafft. Und damit dies mit mehr
Sicherheit geschehe, wurden Vorposten auf allen Seiten rings
um das Lager aufgestellt: nach Histrien zu ein ständiger 6
Vorposten, besetzt mit der in Eile ausgehobenen Kohorte
aus Placentia. Der Kriegstribun M. Aebutius von der zwei-
ten Legion erhielt den Befehl, zwei Manipel seiner Leute
zwischen das Meer und das Lager zu führen, um zugleich
auch die Wasserholer am Fluß zu schützen. Die Kriegs- 7
tribunen T. und C. Aelius waren mit der dritten Legion,
die die Futter- und Holzholer schützen sollte, auf der Straße
gezogen, die nach Aquileja führt. In derselben Richtung, 8
ungefähr 1000 Schritt entfernt, war das Lager der Gallier;
der Fürst Catmelus stand hier an der Spitze von nicht mehr
als 3000 Soldaten.

2. Sobald die Römer an den Timavus-See gerückt waren, 1
lagerten sich die Histrier hinter einem Hugel an einer ver-
steckten Stelle, folgten von dort auf Nebenwegen dem Heeres- 2
zug und achteten auf jede Gelegenheit. So entging ihnen
nichts von dem, was auf dem Land und auf dem Meere
geschah. Nachdem sie gesehen hatten, daß die Vorposten 3
vor dem Lager nur schwach waren und daß der Markt von

einer unbewaffneten Menge wimmelte, die zwischen dem Lager und dem Meer Handel trieben ohne jeden Schutz von der Land- oder von der Seeseite, griffen sie zugleich zwei Vorposten, die Kohorte aus Placentia und die Manipel der
4 zweiten Legion, an. Der Morgennebel hatte ihr Unternehmen gedeckt; als er bei der ersten Wärme der Sonne auseinanderging, schimmerte das Tageslicht etwas durch, aber wie gewöhnlich nur trüb und ließ alles, was man ins Auge faßte, mehrmals so groß erscheinen. Auch jetzt täuschte es die Römer und zeigte ihnen die Schlachtreihe der Feinde viel größer,
5 als sie in Wirklichkeit war. Dadurch gerieten die Soldaten der beiden Vorposten in Schrecken, flohen in ungeheurer Panik ins Lager und riefen dort einen noch viel größeren
6 Schrecken hervor, als sie selbst mitgebracht hatten. Denn sie konnten weder sagen, wovor sie geflohen waren, noch auf Fragen Antwort geben. Und man hörte Geschrei an den Toren, wo ja kein Posten stand, der den Angriff der Feinde aufhielt; und das Hin- und Herlaufen im Dämmerlicht, wobei einer über den anderen fiel, machte es ungewiß, ob
7 der Feind schon innerhalb des Walles sei. Man hörte nur einen einzigen Ruf; man rief: «Zum Meer!» Dies war vielleicht zufällig von einem einzelnen ausgerufen worden, ertönte
8 aber ringsumher überall im Lager. Deshalb stürzten zunächst nur wenige, als ob sie dazu Befehl hätten, zum Meer – einige in Waffen, der größte Teil aber unbewaffnet –, dann mehr, zuletzt fast alle und sogar der Konsul selbst, nachdem er vergeblich versucht hatte, die Flüchtenden zurückzurufen, und weder durch seinen Befehl noch durch seine Autorität noch
9 am Ende durch Bitten etwas hatte ausrichten können. Nur einer blieb zurück, M. Licinius Strabo, ein Kriegstribun der dritten Legion, der mit drei Manipeln von seiner Legion zurückgelassen worden war[16]. Nachdem die Histrier in das leere Lager eingedrungen waren und sich ihnen kein anderer

bewaffnet entgegengestellt hatte, überfielen sie diesen, wie
er auf dem Platz vor dem Feldherrnzelt seine Soldaten auf-
stellte und ihnen Mut machte. Der Kampf war heftiger, als 10
man im Verhältnis zu der geringen Zahl der Widerstand
Leistenden hätte erwarten sollen, und fand nicht eher ein
Ende, bis der Tribun und die um ihn gestanden hatten, tot
waren. Das Feldherrnzelt wurde umgestürzt und das, was 11
darin war, geplündert. Dann gelangten die Feinde zum Zelt
des Quästors, dem Forum[17] und der Quergasse, an der die
Zelte der fünften Manipel lagen. Als sie dort eine Fülle von 12
allen Dingen fertig zubereitet und offen hingestellt fanden
und die zurechtgemachten Speisesofas im Quästorenzelt,
legte sich der Fürst zu Tisch und fing an zu essen. Bald taten 13
alle übrigen dasselbe, vergaßen den Kampf und die Feinde,
und da ihnen feinere Kost ungewohnt war, schlugen sie sich
sehr gierig mit Wein und Essen voll.

3. Keineswegs so lagen jetzt die Dinge bei den Römern. 1
Auf dem Land und auf dem Meere zitterte man. Die Seeleute
rissen ihre Zelte ab und trugen eilig die Lebensmittel, die sie
am Strand ausgebreitet hatten, auf die Schiffe. Die Soldaten 2
stürzten voller Angst in die kleinen Boote und ins Meer. Die
Seeleute hatten Sorge, daß ihre Schiffe überfüllt würden, und
die einen stellten sich in den Weg, die anderen fuhren mit
ihren Schiffen vom Ufer weg auf die hohe See. Da kam es zu 3
Streit, bald sogar zu einem Kampf zwischen den Soldaten
und den Seeleuten mit Verwundeten und Toten auf beiden
Seiten, bis sich die Flotte auf Befehl des Konsuls weit vom
Land entfernte.

Darauf fing er an, die Unbewaffneten von den Bewaffneten
zu trennen. Es fanden sich kaum 1200 aus der so großen 4
Menge, die ihre Waffen, und nur sehr wenige Reiter, die ihre
Pferde mit hinausgebracht hatten. Das andere war ein unge-
gliederter Haufen wie von Marketendern und Troßknechten,

der eine fast sichere Beute geworden wäre, wenn die Feinde
5 daran gedacht hätten, daß Krieg war. Dann wurde endlich
ein Bote zur dritten Legion geschickt, um sie zurückzurufen,
und zu der Abteilung der Gallier. Und zugleich begann man
von allen Seiten zurückzukehren, um das Lager wieder zu
6 erobern und die Schande zu tilgen. Die Kriegstribunen der
dritten Legion ließen das Futter und das Holz von den Last-
tieren werfen und gaben den Zenturionen den Befehl, von
den älteren Soldaten je zwei auf die Lasttiere zu setzen, von
denen man die Lasten heruntergeworfen hatte, und die Reiter
sollten je einen von den jüngeren Fußsoldaten zu sich aufs
7 Pferd nehmen. Es werde für die Legion ein außerordentlicher
Ruhm sein, wenn sie das Lager, das durch die Furcht der
zweiten Legion verlorengegangen sei, durch ihre Tapferkeit
zurückeroberten. Und es könne leicht zurückerobert werden,
wenn die Barbaren, die mit dem Beutemachen beschäftigt
seien, plötzlich überfallen würden. So wie diese es erobert
8 hätten, könne es auch zurückerobert werden. Die Soldaten
hörten diese anfeuernden Worte mit höchster Begeisterung.
Sie trugen rasch die Feldzeichen vor, und die Bewaffneten
blieben nicht hinter den Feldzeichenträgern zurück.

Doch kamen der Konsul und die Truppen, die vom Meer
9 zurückgeführt wurden, eher an den Wall. L. Atius, der erste
Kriegstribun der zweiten Legion, feuerte die Soldaten nicht
10 nur an, sondern sagte ihnen auch, wenn die siegreichen Histrier
mit denselben Waffen, mit denen sie das Lager eingenommen
hätten, das eingenommene auch behalten wollten, hätten sie
zuerst den Feind, dem sie das Lager abgenommen hätten,
zum Meer verfolgt, und dann hätten sie bestimmt Posten vor
dem Lager. Es sei wahrscheinlich, daß sie von Wein und
Schlaf überwältigt dalägen.

1 4. Unmittelbar darauf befahl er seinem Feldzeichenträger
A. Baeculonius, einem Mann, der wegen seiner Tapferkeit

bekannt war, das Feldzeichen voranzutragen. Jener sagte, 2
wenn sie ihm folgten, werde er dafür sorgen, daß es schneller gehe. Er kletterte empor, warf sein Feldzeichen über den Wall und drang dann als erster von allen durch das Tor.

Und auf der anderen Seite kamen T. und C. Aelius, die 3
Kriegstribunen der dritten Legion, mit ihrer Reiterei heran. Unmittelbar dahinter folgten auch die, die sie zu je zwei Mann auf die Lasttiere gesetzt hatten, und der Konsul mit dem
ganzen Zug. Von den Histriern aber dachten nur wenige, die 4
nur mäßig Wein getrunken hatten, an Flucht; die anderen wurden im Schlaf getötet. Und die Römer bekamen alles, was ihnen gehörte, wieder, wie es gewesen war, bis auf das, was an Wein und Essen verzehrt worden war.

Auch die kranken Soldaten, die im Lager zurückgelassen 5
worden waren, griffen zu den Waffen, als sie merkten, daß ihre Kameraden innerhalb des Walles waren, und richteten
ein furchtbares Gemetzel an. Vor allem zeichnete sich der 6
Reiter C. Popilius aus – er hatte den Beinamen Sabellus. Er war wegen einer Wunde am Fuß zurückgelassen worden und
tötete bei weitem die meisten Feinde. Ungefähr 8000 Histrier 7
wurden erschlagen; gefangen wurde keiner, weil Zorn und Wut sie nicht an Beute denken ließ. Jedoch wurde der König der Histrier, der vom Gelage berauscht war, von den Seinen
heimlich auf ein Pferd gehoben und konnte fliehen. Von den 8
Siegern kamen 237 Soldaten um, mehr auf der Flucht am Morgen als bei der Rückeroberung des Lagers.

5. Zufällig kam es so, daß Cn. und L. Gavillius Novellus 1
aus Aquileja, die mit Waren kamen, ohne Kenntnis der Situation beinahe in das von den Histriern eroberte Lager geraten
wären. Sie ließen ihre Wagen und ihre Ladung im Stich, 2
flohen nach Aquileja und erfüllten nicht bloß in Aquileja alles mit Schrecken und Unruhe, sondern nach wenigen
Tagen auch in Rom. Dort wurde nicht nur die Eroberung 3

des Lagers durch die Feinde und die Flucht gemeldet, was
wahr war, sondern auch, daß die Lage verzweifelt sei und das
4 ganze Heer vernichtet. Deshalb wurden, wie es bei Kata-
strophen zu geschehen pflegt, außergewöhnliche Aushebun-
gen nicht nur in der Stadt, sondern in ganz Italien angeordnet.
Zwei Legionen römischer Bürger wurden ausgehoben und
10000 Fußsoldaten mit 500 Reitern von den Bundesgenossen
5 und Latinern angefordert. Der Konsul M. Junius erhielt den
Befehl, nach Gallien zu gehen und von den Stämmen seiner
Provinz so viele Soldaten zu verlangen, wie jeder stellen
6 könne. Zugleich wurde beschlossen, der Prätor Tib. Clau-
dius solle den Soldaten der vierten Legion und 5000 Mann
und 250 Reitern von den Bundesgenossen und Latinern
befehlen, sich in Pisae einzufinden, und er solle diese Provinz
7 schützen, solange der Konsul von dort abwesend sei. Der
Prätor M. Titinius solle der ersten Legion und einer gleichen
Anzahl Fußsoldaten und Reitern von den Bundesgenossen
8 befehlen, sich in Ariminum einzufinden. Nero brach im
Kriegsmantel nach Pisae in seine Provinz auf. Titinius führte
in Rom die Aushebung durch, nachdem er den Kriegstribu-
nen C. Cassius nach Ariminum vorausgeschickt hatte, der
das Kommando über die Legion übernehmen sollte.

9 Der Konsul M. Junius zog aus dem Gebiet der Ligurer in
die Provinz Gallien, und nachdem er sofort von den Stämmen
Galliens Hilfstruppen und aus den Kolonien Soldaten ange-
10 fordert hatte, gelangte er nach Aquileja. Dort erhielt er
Nachricht, daß das Heer intakt sei, schrieb einen Brief nach
Rom, damit man sich nicht beunruhigte, entließ die Hilfs-
truppen, die er von den Galliern gefordert hatte, und zog
dann selbst zu seinem Amtsgenossen.

11 In Rom herrschte große und unerwartete Freude. Die Aus-
hebung wurde abgebrochen, die schon den Fahneneid gelei-
stet hatten, von ihrer Verpflichtung entbunden und das Heer,

das in Ariminum von der Seuche befallen worden war, nach Hause entlassen.

Als die Histrier, die mit starken Truppen ihr Lager nicht 12
weit vom Lager des Konsuls hatten, hörten, daß der zweite Konsul mit einem neuen Heer herangekommen sei, liefen sie nach allen Seiten zu ihren Gemeinden auseinander. Die Konsuln führten die Legionen nach Aquileja ins Winterlager zurück.

Ereignisse in Rom

6. Nachdem die Lage in Histrien sich endlich beruhigt 1
hatte, beschloß der Senat, die Konsuln sollten sich untereinander einigen, wer von ihnen beiden nach Rom zurückkehren solle, um die Wahlen durchzuführen.

Die Volkstribunen A. Licinius Nerva und C. Papirius 2
Turdus griffen den abwesenden Manlius in der Volksversammlung heftig an und ließen den Gesetzesvorschlag anschlagen, Manlius solle nach dem 15. März – denn den Konsuln war die Amtszeit in ihren Provinzen schon für ein Jahr verlängert worden – sein Kommando nicht behalten, damit er sofort zur Rechenschaft gezogen werden könne, nachdem
er sein Amt niedergelegt habe. Aber ihr Amtsgenosse Q. Aelius 3
erhob Einspruch gegen diesen Gesetzesvorschlag und erreichte in heftigen Auseinandersetzungen, daß er nicht durchkam.

Als in diesen Tagen Tib. Sempronius Gracchus und 4
L. Postumius Albinus aus Spanien nach Rom zurückkehrten, wurde für sie vom Prätor M. Titinius eine Senatssitzung im Tempel der Bellona einberufen, damit sie einen ausführlichen Bericht über ihre Taten geben und die verdienten Ehrungen fordern könnten und damit den unsterblichen Göttern Ehre erwiesen werde.

Nachrichten aus Sardinien

5 Aus einem Brief des Prätors T. Aebutius, den dessen Sohn
zum Senat gebracht hatte, erfuhr man in der gleichen Zeit,
6 daß auch in Sardinien schwere Kämpfe stattfanden. Die
Ilienser waren mit Unterstützung durch die Balarer in die
friedliche Provinz eingedrungen, und man konnte ihnen
keinen Widerstand leisten, da das Heer nur schwach und
7 zum großen Teil durch die Seuche dahingerafft war. Dasselbe
meldeten auch Gesandte der Sarden und baten, der Senat
möge wenigstens den Städten Hilfe bringen; denn das flache
Land sei schon als verloren anzusehen.

Diese Gesandtschaft und alles, was Sardinien anging, wurde an die neuen Beamten verwiesen.

Eine Gesandtschaft der Lykier in Rom

8 Genauso bedauernswert war eine Gesandtschaft der Lykier,
sie sich über die Grausamkeit der Rhodier beklagten, denen
9 sie von L. Cornelius Scipio unterstellt worden waren[18]. Sie
hätten unter der Herrschaft des Antiochus gestanden. Diese
Sklaverei unter einem König erscheine, verglichen mit ihrem
augenblicklichen Zustand, als herrliche Freiheit. Nicht nur
als Staat würden sie durch die Oberherrschaft gedrückt,
sondern auch als einzelne müßten sie regelrechtes Sklaven-
10 schicksal erdulden. Man vergehe sich an ihren Frauen und
Kindern; man wüte gegen ihren Leib, gegen ihren Rücken;
man beflecke und entehre ihren guten Ruf, was unwürdig
sei; und man begehe in aller Öffentlichkeit hassenswerte
Dinge, um auch von seinem Recht Gebrauch zu machen,
damit sie keinen Zweifel daran hätten, daß es keinen Unter-
schied zwischen ihnen und für Geld erworbenen Sklaven gebe.

Hierdurch bewogen, gab der Senat den Lykiern einen Brief 11
an die Rhodier, sie wollten nicht, daß die Lykier den Rhodiern noch daß überhaupt irgendwelche, die als Freie geboren seien, irgendeinem anderen als Sklaven gegeben
würden. Die Lykier ständen zwar unter der Oberherrschaft 12
und dem Schutz der Rhodier, seien aber zugleich verbündete Gemeinden unter der Gerichtsbarkeit des römischen Volkes[19].

Triumphe über Spanien

7. Dann wurden unmittelbar hintereinander zwei Triumphe 1
über Spanien gefeiert. Als erster triumphierte Sempronius 2
Gracchus über die Keltiberer und ihre Bundesgenossen[20], am nächsten Tage[21] L. Postumius über die Lusitaner und die anderen Spanier in derselben Gegend. 40000 Pfund Silber ließ
Gracchus vorübertragen, 20000 Albinus. An die Soldaten 3
verteilten beide je 25 Denare, den doppelten Betrag an den Zenturio, den dreifachen an den Reiter und an die Bundesgenossen genausoviel wie an die Römer.

Verhandlungen mit M. Junius über den Krieg in Histrien

In denselben Tagen kam gerade der Konsul M. Junius aus 4
Histrien wegen der Wahlen nach Rom. Nachdem die Volks- 5
tribunen Papirius und Licinius ihm im Senat hart zugesetzt hatten durch Fragen über das, was in Histrien geschehen sei,
führten sie ihn auch vor die Volksversammlung. Der Konsul 6
antwortete darauf, er sei nicht mehr als elf Tage in dieser Provinz gewesen; was in seiner Abwesenheit geschehen sei,
wisse auch er – wie sie – nur vom Hörensagen. Dann setzten 7
sie ihm weiter zu, indem sie fragten, warum dann nicht

lieber A. Manlius nach Rom gekommen sei, um dem römischen Volk Rechenschaft darüber abzulegen. Warum sei er aus seiner Provinz Gallien, die er durch das Los erhalten hätte,
8 nach Histrien hinübergegangen? Wann habe der Senat diesen Krieg beschlossen? Wann habe das römische Volk diesen Krieg befohlen? – Allein, beim Herkules, dieser Krieg sei zwar aus eigener Initiative angefangen, aber er sei doch
9 klug und tapfer geführt worden! – Nein, man könne nicht sagen, ob er liederlicher begonnen oder unüberlegter geführt worden sei. Zwei Vorposten seien unerwartet von den Histriern überfallen, das römische Lager erobert, und was an Fußsoldaten, was an Reitern im Lager gewesen sei, sei erschlagen
10 worden. Die übrigen seien ohne Waffen in aufgelöster Ordnung, allen voran der Konsul selbst, zum Meer und zu den Schiffen geflohen. Er werde als Privatmann für diese Dinge Rechenschaft ablegen, da er es als Konsul nicht gewollt habe.

Die Wahl der Beamten und die Verteilung der Amtsbereiche

1 8. Darauf fand die Wahl statt. Zu Konsuln wurden gewählt C. Claudius Pulcher und Tib. Sempronius Gracchus. Und am folgenden Tag wurden die Prätoren gewählt: P. Aelius Tubero zum zweitenmal, C. Quinctius Flamininus, C. Numisius, L. Mummius, Cn. Cornelius Scipio und C. Valerius
2 Laevinus[22]. Tubero erhielt die Rechtsprechung in der Stadt, Quinctius die in den Prozessen mit Ausländern, Numisius Sizilien und Mummius Sardinien; aber diese Provinz wurde wegen der Größe des Krieges einem Konsul übertragen.
3 Scipio und Laevinus erhielten durch das Los Gallien, das in zwei Provinzen aufgeteilt war.

4 Am 15. März, dem Tag, an dem Sempronius und Claudius ihr Konsulat antraten, wurde nur über die Provinzen Sar-

dinien und Histrien verhandelt und über die Feinde der beiden, die in diesen beiden Provinzen den Krieg angefangen hatten.

Am nächsten Tag kamen die Gesandten der Sarden, die 5
an die neuen Beamten verwiesen worden waren, und L. Minucius Thermus, der als Legat des Konsuls Manlius in Histrien gewesen war, in den Senat. Von diesen wurde der Senat informiert, in einem wie schweren Krieg diese Provinzen lagen.

Klagen der Latiner und anderer Bundesgenossen

Eine Erregung des Senates lösten auch die Gesandtschaften 6
der Latiner aus, die den Zensoren und den früheren Konsuln schon hart zugesetzt hatten und jetzt endlich im Senat vorgelassen wurden. Der Hauptpunkt ihrer Beschwerden war, 7
daß ihre Mitbürger in Rom geschätzt würden und daß sehr viele nach Rom gezogen seien. Wenn man das erlaube, werde es nach ganz wenigen Lustren dahin kommen, daß die verlassenen Städte und das verlassene Land keinen Soldaten mehr stellen könne.

Auch die Samniten und Päligner beklagten sich darüber, 8
daß 4000 Familien von ihnen nach Fregellae gegangen seien, und weder müßten sie darum bei der Aushebung weniger noch jene mehr Soldaten stellen.

Zwei Arten des Betruges waren aber eingerissen, wenn 9
einzelne ihre Bürgerschaft wechselten. Ein Gesetz erlaubte den Latinern, die Nachkommen von sich zu Hause zurückließen, römische Bürger zu werden. Indem sie mit diesem Gesetz Mißbrauch trieben, taten einige den Bundesgenossen, andere dem römischen Volk unrecht. Denn um keine Nach- 10
kommen zu Hause zurückzulassen, übergaben sie ihre Kinder irgendwelchen Römern als Sklaven unter der Bedingung,

daß sie freigelassen würden und freigelassene Bürger wären; und die keine Nachkommenschaft hatten, die sie zurücklassen konnten, adoptierten Kinder, um dem Gesetz zu ge-
11 horchen, und wurden so römische Bürger. Später gab man auch diesen Schein eines rechtlichen Verfahrens auf und erlangte unterschiedslos, ohne das Gesetz zu beachten und ohne Nachkommenschaft zu haben, durch Umzug und Aufnahme durch den Zensor das römische Bürgerrecht.

12 Die Gesandten baten darum, dies möge in Zukunft nicht mehr geschehen, und man solle anordnen, daß die Bundesgenossen in ihre Gemeinden zurückkehrten; dann solle man durch ein Gesetz dafür sorgen, daß keiner, um seine Bürgerschaft zu wechseln, einen adoptiere oder einen weggebe, und wenn einer auf diese Art römischer Bürger geworden sei, solle das nicht rechtskräftig sein.

Dies setzten sie durch ihre Bitten beim Senat durch.

Weitere Anordnungen für die Provinzen und Rüstungen

1 9. Dann wurden die Provinzen Sardinien und Histrien, in
2 denen Krieg war, den Konsuln übertragen. Es wurde angeordnet, für Sardinien zwei Legionen auszuheben, jede mit 5200 Fußsoldaten und 300 Reitern, und 12000 Fußsoldaten von den Bundesgenossen und Latinern und 600 Reiter und zehn Fünfruderer, falls der Konsul sie zu Wasser lassen wolle.
3 Ebenso viele Fußsoldaten und Reiter wie für Sardinien wurden für Histrien bestimmt. Und die Konsuln wurden aufgefordert, eine Legion mit 300 Reitern und 5000 Fußsoldaten und 250 Reiter von den Bundesgenossen nach Spanien zu M. Titinius zu schicken.

Himmelszeichen

Bevor die Konsuln über ihre Provinzen losten, wurden 4
Himmelszeichen gemeldet: ein Stein sei im Gebiet von 5
Crustumerium im Hain des Mars vom Himmel gefallen,
ein Junge ohne Gliedmaßen sei im Gebiet von Rom geboren
worden, und eine vierfüßige Schlange sei gesehen worden,
und in Capua habe der Blitz in viele Gebäude am Marktplatz
eingeschlagen, und in Puteoli seien zwei Schiffe vom Blitz
getroffen worden und verbrannt. Gleichzeitig mit den ge- 6
meldeten Ereignissen wurde ein Wolf am hellen Tage durch
Rom gehetzt, nachdem er durch die Porta Collina in die Stadt
gelangt war, und konnte unter großem Lärm der Verfolger
durch die Porta Esquilina entkommen.

Wegen dieser Himmelszeichen opferten die Konsuln voll 7
ausgewachsene Opfertiere, und es fand ein eintägiger Bitt-
gang zu allen Tempeln statt.

Die Konsuln losen um ihre Provinzen

Nachdem die Opfer nach der Vorschrift durchgeführt waren, 8
losten die Konsuln um ihre Provinzen; Claudius erhielt
Histrien, Sempronius Sardinien.

Gesetzliche Bestimmungen über die Bundesgenossen und Latiner

C. Claudius beantragte danach auf Senatsbeschluß ein Gesetz 9
über die Bundesgenossen und ordnete an, daß die Bundes-
genossen und Latiner, die selbst oder deren Vorfahren in der
Zensur von M. Claudius und T. Quinctius[23] oder später bei
den Bundesgenossen oder Latinern geschätzt worden seien,

alle bis zum 1. November, jeder in seine Gemeinde, zurück-
10 kehren sollten. Dem Prätor L. Mummius wurde aufgetragen, zu untersuchen, wer nicht demgemäß zurückgekehrt sei.
11 Zu dem Gesetz und dem Erlaß des Konsuls wurde noch ein Senatsbeschluß hinzugefügt: Wenn einer freigelassen werde und vor einem jetzt oder später amtierenden Diktator, Konsul, Interrex, Zensor oder Prätor die Freiheit erhalte, solle derjenige, der ihn freilasse, schwören, er lasse ihn nicht frei wegen der Änderung des Bürgerrechts. Sie beschlossen, einer, für den er das nicht schwöre, solle nicht freigelassen werden.
12 Dies war für die Zukunft verfügt, und durch einen Erlaß des Konsuls C. Claudius wurde angeordnet...[24] wurde dem Mummius übertragen.

Die Ereignisse in Histrien

1 10. Während dieser Vorgänge in Rom führten M. Junius und A. Manlius, die im vorigen Jahre Konsuln gewesen waren, nachdem sie in Aquileja überwintert hatten, zu Beginn
2 des Frühlings ihr Heer in das Gebiet der Histrier. Als sie dort das Land weit und breit verwüsteten, rüttelte die Histrier, die sahen, wie ihr Hab und Gut geplündert wurde, mehr der Schmerz und die Wut auf als die sichere Hoffnung,
3 daß sie genug Kräfte gegen zwei Heere hätten. Die Jugend aus allen Stämmen strömte zusammen. Das Heer, das sich im Augenblick der Gefahr rasch gebildet hatte, kämpfte
4 zwar heftig im ersten Angriff, aber nicht ausdauernd. Ungefähr 4000 von ihnen wurden im Kampf erschlagen. Die übrigen gaben den Widerstand auf und flohen nach allen Seiten auseinander in ihre Gemeinden. Darauf schickten sie zunächst Gesandte mit der Bitte um Frieden ins römische Lager, dann die verlangten Geiseln.

Als dies in Rom durch einen Brief der Prokonsuln bekannt 5
wurde, fürchtete der Konsul C. Claudius, er könne durch
diese Ereignisse möglicherweise seine Provinz und sein Heer
verlieren. Er brach daher, ohne die Gelübde auszusprechen,
und ohne Liktoren im Kriegsmantel bei Nacht auf und reiste
überstürzt in seine Provinz ab, nachdem er von allen nur
seinen Amtsgenossen informiert hatte. Dort verhielt er sich
noch unüberlegter als bei seinem Kommen. Denn er berief 6
eine Heeresversammlung ein und warf dem A. Manlius seine
Flucht aus dem Lager vor, was die Soldaten nicht gerne
hörten, da sie ja selbst als erste geflohen waren, und machte
dem M. Junius Vorwürfe, weil er sich zum Gefährten der
Schmach seines Amtsgenossen gemacht habe, und befahl
ihnen beiden zum Schluß, die Provinz zu verlassen. Als jene 7
darauf sagten, sie würden dem Befehl des Konsuls auf der
Stelle gehorchen, wenn er nach der Sitte der Ahnen, nachdem
er die Gelübde auf dem Kapitol ausgesprochen hätte, und
mit Liktoren im Kriegsmantel aus der Stadt aufgebrochen
wäre, rief er, rasend vor Zorn, den Proquästor des Manlius, 8
forderte von ihm Ketten und drohte, er werde Junius und
Manlius in Fesseln nach Rom schicken. Auch der beachtete 9
den Befehl des Konsuls nicht. Und das Heer um sie herum,
das zu seinen Feldherrn hielt und dem Konsul feindselig
gegenüberstand, machte ihm Mut, den Befehl zu verweigern.
Zuletzt wurde der Konsul der Beschimpfungen durch ein- 10
zelne und des Spottes der Menge müde – denn sie lachten
ihn obendrein aus – und kehrte auf demselben Schiff, auf
dem er gekommen war, nach Aquileja zurück. Von dort 11
schrieb er seinem Amtsgenossen, er solle dem Teil der neuen
Soldaten, der für die Provinz Histrien ausgehoben sei, be-
fehlen, nach Aquileja zu kommen. Dies wurde von seinem 12
Amtsgenossen getreulich ausgeführt, und es wurde ein naher
Termin für das Eintreffen genannt.

13 Claudius folgte seinem Brief fast auf dem Fuße. Gleich nach
seiner Ankunft hielt er eine Volksversammlung über Manlius
und Junius ab, blieb nicht länger als drei Tage in Rom und
reiste mit den Liktoren im Kriegsmantel und nachdem er die
Gelübde auf dem Kapitol ausgesprochen hatte, genauso überstürzt und schnell wie beim vorigen Mal in seine Provinz ab.

1 11. Wenige Tage vorher hatten Junius und Manlius begonnen, die Stadt Nesattium, wohin sich die Führer der
Histrier und ihr Fürst Aepulo selbst zurückgezogen hatten,
2 mit aller Macht anzugreifen. Dorthin führte Claudius seine
beiden neuen Legionen, entließ das alte Heer mit seinen
Feldherrn, belagerte selbst die Stadt und beabsichtigte, sie
3 mit Sturmdächern anzugreifen, und gab einem Fluß, der
an ihren Mauern vorbeifloß und der beim Angriff ein Hindernis bildete und die Histrier mit Wasser versorgte, in mehr-
4 tägiger Arbeit ein neues Bett und änderte seinen Lauf. Dies
versetzte die Barbaren in Staunen und Schrecken. Aber auch
jetzt dachten sie nicht an Frieden, sondern machten sich
daran, ihre Frauen und Kinder umzubringen, und damit diese
schreckliche Tat auch den Feinden ein Schauspiel bot,
töteten sie sie ganz offen auf der Mauer und stürzten sie
5 dann hinab. Unter dem Geschrei der Frauen und Kinder
und während des unsagbaren Gemetzels überstiegen die
6 Soldaten die Mauer und drangen in die Stadt ein. Als der
König aus dem bangen Geschrei der Flüchtenden merkte, daß
die Stadt eingenommen war, stieß er sich sein Schwert in
7 die Brust, um nicht in Gefangenschaft zu geraten. Die übrigen
wurden gefangen oder erschlagen. Darauf wurden die beiden
Städte Mutila und Faveria mit Gewalt genommen und zerstört.
8 Die Beute war bei einem so armen Volk wider Erwarten groß
und wurde ganz den Soldaten überlassen. 5632 Menschen wurden als Sklaven verkauft. Die für den Krieg Verantwortlichen
wurden mit Ruten geschlagen und mit dem Beil enthauptet.

In ganz Histrien kehrte durch die Zerstörung der drei Städte 9
und den Tod des Königs der Friede ein, und alle Stämme
schickten von überallher Geiseln und kamen zur Unterwerfung.

Die Ereignisse in Ligurien und Sardinien

Gegen Ende des Krieges in Histrien fing man bei den Ligurern 10
an, Versammlungen wegen des Krieges abzuhalten. 12. Der Pro- 1
konsul Tib. Claudius, der im vorigen Jahr Prätor gewesen war,
hatte in Pisae das Kommando und verfügte über eine einzige
Legion. Durch einen Brief von ihm wurde der Senat informiert 2
und beschloß, diesen Brief an C. Claudius weiterzuschicken –
denn der andere Konsul war schon nach Sardinien übergesetzt –,
und fügte die Anordnung hinzu, da ja sein Auftrag in 3
Histrien erledigt sei, solle er sein Heer, wenn es ihm gut
scheine, ins Gebiet der Ligurer hinüberführen. Zugleich wurde 4
aufgrund des Briefes des Konsuls, den er über seine Taten in Histrien geschrieben hatte, ein zweitägiges Dankfest beschlossen.

Auch der andere Konsul, Tib. Sempronius, kämpfte in
Sardinien glücklich. Er führte sein Heer ins Gebiet der 5
sardischen Ilienser. Die Ilienser hatten starke Unterstützung
von den Balarern bekommen. Mit beiden Völkern kämpfte er
in offener Feldschlacht. Die Feinde wurden zersprengt und
in die Flucht gejagt, verloren ihr Lager, und 12000 Bewaffnete wurden erschlagen. Am nächsten Tag befahl der Konsul, 6
die aufgesammelten Waffen auf einen Haufen zu werfen, und
verbrannte sie als Opfergabe für Volcanus. Das siegreiche Heer
führte er ins Winterlager in die verbündeten Städte zurück.

Und nachdem C. Claudius den Brief des Tib. Claudius und 7
den Senatsbeschluß erhalten hatte, führte er seine Legionen
aus Histrien ins Gebiet der Ligurer hinüber. Die Feinde 8
waren in die Ebene hinabgestiegen und hatten an der Scul-

tenna ihr Lager. Dort kämpfte er mit ihnen in offener Feld-
schlacht. 15000 wurden erschlagen, mehr als 7000 entweder
im Kampf oder im Lager – denn auch das wurde erobert –
9 gefangengenommen und 51 Feldzeichen erbeutet. Die Li-
gurer, die dem Blutbad entkommen waren, flüchteten sich
in die Berge, und der Konsul, der die Felder überall in der
10 Ebene verwüstete, stieß nirgendwo auf Widerstand. Claudius
kehrte als Sieger über zwei Völker in einem Jahr und nachdem
er zwei Provinzen in seinem Konsulat unterworfen hatte,
was selten einem anderen gelungen war, nach Rom zurück.

Himmelszeichen

1 13. Als Himmelszeichen wurde in diesem Jahr gemeldet, im
Gebiet von Crustumerium habe ein Vogel, den man Sanqua-
lis[25] nennt, einen heiligen Stein mit seinem Schnabel zer-
2 hackt, ein Rind in Kampanien habe gesprochen und eine
eherne Kuh sei in Syrakus von einem wilden Stier, der von
seiner Herde abgekommen war, besprungen und von seinem
Samen bespritzt worden.

3 Im Gebiet von Crustumerium fand an der Stelle selbst ein eintägiger Bittgang statt, und in Kampanien ließ man das Rind auf Kosten des Staates füttern, und das Zeichen in Syrakus wurde gesühnt, nachdem von den Haruspices die Götter genannt worden waren, die angerufen werden sollten.

Tod und Nachwahl eines Pontifex

4 In diesem Jahr starb der Pontifex M. Claudius Marcellus, der Konsul und Zensor gewesen war. An seiner Stelle wurde sein Sohn M. Marcellus zum Pontifex nachgewählt.

Die Gründung der Kolonie Luna

Und 2000 römische Bürger wurden in diesem Jahr als Kolo-
nisten nach Luna geführt. Die Dreierkommission, die sie 5
hinführte, bestand aus P. Aelius, M. Aemilius Lepidus und
Cn. Sicinius. Jeder erhielt 51½ Morgen Ackerland. Das Land
war von den Ligurern erobert worden; vor den Ligurern
hatte es den Etruskern gehört[26].

Rückkehr und Triumph des Konsuls C. Claudius

Der Konsul C. Claudius kam nach Rom. Nachdem er im 6
Senat einen Bericht über seine Erfolge in Histrien und bei
den Ligurern gegeben hatte, wurde ihm auf seine Forderung
ein Triumph bewilligt. Er triumphierte[27] während seiner
Amtszeit zugleich über zwei Völker. In seinem Triumphzug 7
führte er 307000 Denare und 85702 Victoriaten mit. Die
Soldaten erhielten pro Kopf fünfzehn Denare, die Zenturionen
den doppelten Betrag, die Reiter den dreifachen. Die Bundes- 8
genossen bekamen nur halb soviel wie die Bürger; deshalb
folgten sie schweigend dem Triumphwagen, damit man
merkte, daß sie zornig waren.

Ereignisse in Ligurien

14. Als dieser Triumph über die Ligurer gefeiert wurde, 1
hatten die Ligurer gemerkt, daß nicht nur das Heer des
Konsuls nach Rom weggeführt, sondern auch die Legion in 2
Pisae von Tib. Claudius entlassen worden war. Sie hatten
daher keine Furcht mehr, riefen heimlich ihr Heer zusammen,
überquerten auf Nebenwegen das Gebirge und kamen in

die Ebene hinab, verwüsteten das Gebiet von Mutina und eroberten in einem plötzlichen Angriff die Kolonie selbst.
3 Sobald das in Rom gemeldet wurde, befahl der Senat dem Konsul C. Claudius, die Wahlen so früh wie möglich durchzuführen und nach der Wahl der Beamten für dieses Jahr in seine Provinz zurückzukehren und die Kolonie von den Feinden wieder zurückzugewinnen.

Die Wahlen und die Aufträge für den Konsul C. Claudius

4 Die Wahlen wurden so durchgeführt, wie der Senat es angeordnet hatte. Zu Konsuln wurden gewählt Cn. Cornelius
5 Scipio Hispalus und Q. Petilius Spurinus. Danach wurden M. Popilius Laenas, P. Licinius Crassus, M. Cornelius Scipio, L. Papirius Maso, M. Aburius und L. Aquilius Gallus zu Prätoren gewählt.

6 Dem Konsul C. Claudius wurde das Kommando in seiner Provinz Gallien für ein Jahr verlängert. Und damit die Histrier nicht dasselbe täten wie die Ligurer, sollte er die Bundesgenossen und Latiner wieder nach Histrien schicken, die er wegen des Triumphzuges aus der Provinz weggeführt hatte.

Der Amtsantritt der Konsuln und die Verteilung der Amtsbereiche

7 An dem Tag, an dem die Konsuln Cn. Cornelius und Q. Petilius ihr Amt antraten, opferten sie jeder dem Jupiter ein Rind, wie es Brauch ist. Dabei fand man in dem Opfertier, das Q. Petilius opferte, an der Leber keinen Kopf[28]. Als er das dem Senat berichtet hatte, wurde er aufgefordert, so lange Rinder zu opfern, bis günstige Vorzeichen erschienen.

Darauf wurde der Senat über die Provinzen befragt und 8
bestimmte Pisae und Ligurien als Provinzen für die Konsuln.
Wer Pisae als Provinz erhielt, sollte, wenn es Zeit für die Wahl 9
der Beamten sei, zur Wahlhandlung zurückkehren. Zu dem 10
Beschluß wurde noch hinzugefügt, sie sollten jeder zwei neue
Legionen ausheben und 300 Reiter, und jeder sollte den
Bundesgenossen und Latinern befehlen, 10000 Fußsoldaten
und 600 Reiter zu stellen. Dem Tib. Claudius wurde das 11
Kommando bis zu dem Zeitpunkt verlängert, an dem der
Konsul in die Provinz komme.

15. Während man über diese Dinge im Senat verhandelte, 1
wurde Cn. Cornelius von einem Amtsboten herausgerufen.
Kurze Zeit, nachdem er den Tempel[29] verlassen hatte, kehrte
er mit verstörter Miene zurück und berichtete dem Senat,
daß die Leber des anderthalbjährigen[30] Rindes, das er geop-
fert habe, zerflossen sei. Dies habe er dem Opferdiener, der es 2
meldete, kaum glauben können und habe befohlen, das Was-
ser aus dem Topf, in dem die Eingeweide gekocht wurden,
auszuschütten, und da habe er selbst den übrigen Teil der
Eingeweide unversehrt gesehen, die Leber aber durch eine
unbeschreibliche Fäulnis zersetzt. Und die Senatoren, die 3
durch dieses Himmelszeichen erschreckt waren, versetzte
der andere Konsul in noch größere Sorge, der berichtete, er
habe, weil der Leber der Kopf gefehlt habe, drei Rinder hin-
tereinander geopfert, ohne ein günstiges Vorzeichen zu er-
halten. Der Senat befahl, voll ausgewachsene Opfertiere zu 4
opfern bis zu einem glücklichen Ergebnis. Man sagt, bei den
anderen Göttern habe man glückliche Vorzeichen erhalten,
bei der Salus aber habe Petilius kein günstiges Vorzeichen
erlangt[31].

Darauf losten die Konsuln und Prätoren um ihre Amts- 5
bereiche. Pisae fiel an Cn. Cornelius, Ligurien an Q. Petilius.
Von den Prätoren erhielt L. Papirius Maso durch das Los die

städtische Prätur, M. Aburius die Rechtsprechung in den Prozessen mit Ausländern; M. Cornelius Scipio Maluginensis hatte das Jenseitige Spanien, L. Aquilius Gallus Sizilien.
6 Zwei baten darum, nicht in ihre Provinzen gehen zu müssen. M. Popilius wollte nicht nach Sardinien; Gracchus unterwerfe diese Provinz, und ihm sei der Prätor T. Aebutius vom
7 Senat zur Unterstützung beigegeben. Es sei keineswegs ratsam, den Gang der Ereignisse zu unterbrechen, bei denen der
8 ununterbrochene Fortgang das wirksamste sei. In der Zeit nach der Übergabe des Kommandos, wenn der Nachfolger noch neu sei und sich zunächst einmal mit allem vertraut machen müsse, bevor er etwas unternehmen könne, würden oft die Gelegenheiten verpaßt, einen Erfolg für den Staat zu erringen. Die Entschuldigung des Popilius wurde gutgehei-
9 ßen. P. Licinius Crassus entschuldigte sich, er werde durch traditionelle Opfer[32] daran gehindert, in seine Provinz zu
10 gehen; ihm war das Diesseitige Spanien zugefallen. Er wurde aber aufgefordert, entweder zu gehen oder vor der Volksversammlung zu schwören, daß er durch traditionelle Opfer gehindert werde. Sobald das über P. Licinius beschlossen war, forderte M. Cornelius, auch ihn schwören zu lassen, damit
11 er nicht in das Jenseitige Spanien gehen müsse. Beide Prätoren schworen denselben Eid. Die Prokonsuln M. Titinius und T. Fontejus wurden aufgefordert, ihr Kommando zu behalten und in Spanien zu bleiben, und als Ersatz sollten ihnen 3000 römische Bürger mit 200 Reitern und 5000 Mann und 300 Reiter von den Bundesgenossen und Latinern geschickt werden.

Das Latinerfest und der Tod des Konsuls Cn. Cornelius

1 16. Das Latinerfest war am 5. Mai. Weil bei einem Opfertier der Beamte aus Lanuvium nicht für das römische Volk

gebetet hatte, hatte man Bedenken[33]. Als es dem Senat 2
berichtet worden war und der Senat es an das Kollegium der Pontifices weitergegeben hatte, ordneten die Pontifices an, weil das Latinerfest nicht entsprechend den Vorschriften gefeiert worden sei, solle es wiederholt werden, und die Bewohner von Lanuvium, durch deren Schuld es wiederholt werden müsse, sollten die Opfertiere stellen. Zu den Beden- 3
ken war noch hinzugekommen, daß der Konsul Cn. Cornelius bei seiner Rückkehr vom Albaner Berg stürzte; als er, teilweise gelähmt, sich auf den Weg nach Aquae Cumanae machte, wurde seine Krankheit schlimmer, und er starb in Cumae. Seine Leiche wurde aber von dort nach Rom ge- 4
bracht, und er wurde in einem großartigen Leichenzug zu Grabe getragen und bestattet. Er war auch Pontifex gewesen.

Der Konsul Q. Petilius wurde aufgefordert, sobald er es 5
aufgrund der Auspizien könne, die Nachwahl für seinen Amtsgenossen durchzuführen und das Latinerfest anzusetzen. Er legte die Wahl auf den 3. Sextilis, das Latinerfest auf den 11. Sextilis.

Himmelszeichen

Während die Gemüter von abergläubischer Furcht erfüllt 6
waren, wurden noch obendrein Himmelszeichen gemeldet. In Tusculum war ein Komet am Himmel gesehen worden, in Gabii waren der Apollotempel und mehrere Privathäuser, in Graviscae die Stadtmauer und ein Tor vom Blitz getroffen worden. Der Senat befahl, dies zu sühnen, wie die Pontifices bestimmten.

Die Rückeroberung von Mutina

7 Während die Konsuln zunächst durch ihre religiösen Verpflichtungen[34] festgehalten wurden, dann der eine noch durch den Tod des anderen und durch die Wahl und die Durchführung des Latinerfestes, führte inzwischen C. Claudius sein Heer vor Mutina, das die Ligurer im vorigen Jahr
8 eingenommen hatten. Noch ehe drei Tage seit dem Beginn des Angriffs herum waren, eroberte er die Stadt von den Feinden zurück und gab sie ihren Einwohnern wieder. 8000 Ligurer wurden dort innerhalb der Mauern erschlagen. Sofort wurde ein Brief nach Rom geschrieben, in dem er nicht nur das Ergebnis darstellte, sondern sich auch rühmte, durch seine Tapferkeit und sein Glück befinde sich diesseits der Alpen kein Feind des römischen Volkes mehr und es sei eine Menge Land erobert worden, das an viele tausend Menschen Mann für Mann verteilt werden könne.

Unterwerfung Sardiniens

1 17. Und Tib. Sempronius bezwang gleichzeitig in Sardinien in vielen siegreichen Kämpfen die Sarden ganz und gar.
2 15000 Feinde wurden erschlagen, alle Völker der Sarden, die abgefallen waren, wieder zum Gehorsam gebracht. Denen, die schon früher tributpflichtig gewesen waren, wurde eine Steuer in doppelter Höhe auferlegt und von ihnen ein-
3 getrieben; die übrigen lieferten Getreide ab. Als er die Provinz unterworfen und 230 Geiseln aus der ganzen Insel erhalten hatte, schickte er Gesandte nach Rom, die dies melden und den Senat bitten sollten, wegen dieser glücklichen Ereignisse unter der Führung und Leitung des Tib. Sempronius den unsterblichen Göttern Ehre zu erweisen und ihm selbst

bei seinem Weggang aus der Provinz zu erlauben, sein Heer
mit sich wegzuführen. Der Senat hörte die Worte der Ge- 4
sandten im Tempel des Apollo. Er beschloß ein zweitägiges
Dankfest und befahl den Konsuln, 40 ausgewachsene Opfer-
tiere zu opfern. Tib. Gracchus wurde aufgefordert, als Pro-
konsul mit seinem Heer in diesem Jahr in der Provinz zu
bleiben.

Die Nachwahl des zweiten Konsuls und die Ereignisse in Ligurien

Dann wurde die Nachwahl des einen Konsuls, die auf den 5
3. Sextilis angesetzt war, an diesem Tage noch abgeschlossen.
Unter dem Vorsitz des Konsuls Q. Petilius wurde C. Valerius 6
Laevinus zu seinem Amtsgenossen gewählt, der sogleich sein
Amt antreten sollte.

Petilius selbst war schon lange voll Verlangen nach seiner
Provinz. Als ein Brief eintraf, der für seinen Wunsch günstig
war, daß die Ligurer den Krieg wiederaufgenommen hätten,
verließ er am 5. Sextilis[35] im Kriegsmantel die Stadt. Nach-
dem der Senat den Brief gehört hatte, ordnete er wegen
dieser schlimmen Lage an, die dritte Legion solle zum Pro-
konsul C. Claudius nach Gallien aufbrechen und die beiden 7
Flottenbefehlshaber[36] sollten sich mit der Flotte nach Pisae
begeben; sie sollten an der Küste der Ligurer entlangfahren
und auch von der Seeseite her Schrecken verbreiten. Dorthin, 8
nach Pisae, hatte auch der Konsul Q. Petilius das Heer ein-
berufen. Als der Prokonsul C. Claudius von der Erhebung 9
der Ligurer hörte, hob er zu den Truppen, die er in Parma
bei sich hatte, rasch weitere Soldaten aus und führte sein Heer
zum Gebiet der Ligurer.

18. Die Feinde besetzten unmittelbar vor der Ankunft des 1
C. Claudius, des Feldherrn, von dem sie, wie sie sich erin-

nerten, vor kurzem erst an der Scultenna besiegt und in die Flucht geschlagen worden waren, zwei Berge, den Letum und den Ballista, und befestigten sie obendrein mit Mauern. Denn sie wollten sich mehr durch den Schutz des Geländes als mit den Waffen gegen die Streitmacht verteidigen, die sie
2 unheilvoll kennengelernt hatten. Diejenigen, die zu langsam das Flachland verließen, wurden überrascht, und ungefähr
3 1500 kamen um. Die übrigen hielten sich auf den Bergen, und nicht einmal in ihrer Furcht gaben sie ihre angeborene Wildheit auf und ließen ihre Wut an dem aus, was sie in Mutina erbeutet hatten. Die Gefangenen töteten sie, indem sie sie furchtbar zerfleischten, das Vieh metzelten sie überall in ihren Heiligtümern mehr nieder, als daß sie es regelrecht
4 zum Opfer darbrachten. Als sie sich an dem Blut der Lebewesen gesättigt hatten, schlugen sie das, was unbelebt war, gegen die Wände, Gefäße jeder Art, die mehr zum Gebrauch als zum Schmuck gemacht waren.

5 Der Konsul Q. Petilius schickte, damit der Krieg nicht in seiner Abwesenheit entschieden würde, dem C. Claudius einen Brief, er solle mit dem Heer zu ihm nach Gallien kom-
6 men, in Campi Macri werde er ihn erwarten. Als Claudius den Brief erhalten hatte, verließ er das Gebiet der Ligurer und übergab das Heer bei Campi Macri dem Konsul.

Dorthin kam nach wenigen Tagen auch der andere Konsul,
7 C. Valerius. Die Truppen wurden hier geteilt, und bevor sie auseinandergingen, entsühnten beide gemeinsam ihre Heere. Es schien ihnen gut, wenn sie nicht beide von einer Seite den Feind angriffen, und darum losten sie um das
8 Gebiet, in das sie ziehen sollten. Es stand fest, daß Valerius ordnungsgemäß gelost hatte, weil er im heiligen Bezirk gewesen war. Petilius habe den Fehler gemacht, gaben die Auguren später als Auskunft, daß er außerhalb des heiligen Bezirkes das Los in die Losurne geworfen habe und, als die

Losurne in den heiligen Bezirk gebracht wurde, selbst draußen
geblieben sei, während er im heiligen Bezirk hätte sein müssen.

Sie brachen darauf nach verschiedenen Richtungen auf. 9
Petilius hatte sein Lager gegenüber dem Höhenzug des
Ballista und Letum, der diese Berge in einem ununterbroche-
nen Bergrücken miteinander verbindet. Dort soll er vor der 10
Heeresversammlung, während er den Soldaten Mut zu-
sprach, prophezeit haben, ohne die Doppeldeutigkeit des
Wortes zu bemerken, er werde an diesem Tag den Letum
nehmen[37]. Er begann darauf zugleich mit zwei Abteilungen 11
gegen die gegenüberliegenden Berge heranzurücken. Die
Abteilung, bei der er selbst sich befand, ging rasch vor. Als
die Feinde die anderen in die Flucht trieben, sprengte der
Konsul auf seinem Pferd heran, um die Situation wiederher-
zustellen, die sich zum Schlimmen geneigt hatte. Er konnte
zwar die Seinen von der Flucht zurückrufen. Als er aber ganz
unvorsichtig vor den Feldzeichen herumritt, wurde er von
einem Geschoß getroffen und fiel. Aber die Feinde merkten 12
nicht, daß der Feldherr gefallen war, und die wenigen von
den Seinen, die es gesehen hatten, versteckten seinen Leich-
nam sehr sorgfältig, da sie wußten, daß der Sieg davon abhing.
Die andere Schar der Fußsoldaten und Reiter nahm ohne 13
ihren Feldherrn die Berge, nachdem sie die Feinde hinab-
geworfen hatte. Ungefähr 5000 Ligurer wurden erschlagen.
Vom römischen Heer fielen 52.

Über diesen so augenfälligen Ausgang einer traurigen 14
Prophezeiung hinaus hörte man auch von dem Hühnerwärter,
bei der Vogelschau sei ein Fehler unterlaufen und der Konsul
habe das genau gewußt. Als C. Valerius hörte… 15

Hier beginnt wieder eine größere Lücke. Die folgenden beiden Quaternionen der Handschrift sind bis auf zwei Blätter mit den Kapiteln 19 und 20 verlorengegangen. Da wir nicht wissen, an welchen Stellen die beiden erhaltenen Blätter in den verlorenen Quaternionen gelegen haben, können wir zwar angeben, daß vom Ende von Kap. 18 bis zum Anfang von Kap. 21 insgesamt etwa 23 Seiten dieses Formats in der Überlieferung fehlen, wissen aber nicht, wie viele Seiten davon im einzelnen auf die Lücken vor Kap. 19, vor Kap. 20 und vor Kap. 21 entfallen. Der Inhalt der verlorenen Partien läßt sich zu einem großen Teil angeben.

Zunächst hat Livius berichtet, was C. Valerius nach dem Tod des Q. Petilius in Ligurien unternommen hat. Einzelheiten sind nicht bekannt. Als der Senat die Nachricht vom Tod des Konsuls erhielt, war er über die Soldaten des Petilius empört, weil sie zugelassen hatten, daß der Konsul im Kampf sein Leben verlor. Sie wurden dadurch bestraft, daß ihnen der in diesem Jahr geleistete Kriegsdienst nicht angerechnet wurde und daß sie keinen Sold erhielten[38].

Die Lage in Spanien

Vermutlich hat Livius dann über die Lage in Spanien berichtet, wo M. Titinius Curvus erfolgreich kämpfte. Einzelheiten sind uns nicht bekannt[39].

Die Wahl der Beamten

Am Ende der Darstellung der Ereignisse des Jahres 176 v. Chr. war über die Wahl der neuen Beamten berichtet. Aus diesem Abschnitt ist bei Priscian (inst. gramm. 17, 29) ein Satz zitiert:

16 Die sich auf die Religion und das Staatsrecht verstanden, sagten, da die zwei normal gewählten Konsuln dieses Jahres umgekommen seien, der eine durch Krankheit, der andere im Kriege, könne der nachgewählte Konsul keine rechtmäßige Wahl durchführen.

In diesem Fall war es üblich, daß der Senat einen Interrex zur Durchführung der Wahlen ernannte; dieser konnte höchstens fünf Tage sein Amt innehaben und mußte sich dann einen Nachfolger ernennen. Wer die Wahlen geleitet hat, ist uns unbekannt. Bei den Wahlen für das Jahr 175 v. Chr. wurden P. Mucius Scaevola und M. Aemilius Lepidus zu Konsuln gewählt; Prätoren wurden C. Popilius Laenas, P. Aelius Ligus, Q. Baebius Sulca, Cn. Lutatius Cerco, Ser. Cornelius Sulla und App. Claudius Cento[40].

Die Verteilung der Amtsbereiche und der Truppen

Beim Verteilen der Amtsbereiche erhielten die Konsuln Gallien und Ligurien; durch das Los fiel Gallien an Lepidus und Ligurien an Scaevola. Von den Prätoren wissen wir nur, daß Ser. Cornelius Sulla Sardinien und App. Claudius Cento das Diesseitige Spanien erhielt.

Darauf folgte wohl wie üblich der Bericht über die Verteilung der Truppen.

Himmelszeichen

In diesem Jahr wütete eine schwere Seuche unter den Rindern[41]. Ob von weiteren Himmelszeichen die Rede war, läßt sich nicht mehr erkennen. Livius hat wohl auch berichtet, welche Maßnahmen zur Sühnung ergriffen wurden.

Die Gesandtschaften der Dardaner und der Thessaler

In seinem Bericht über die Gesandtschaft der Dardaner und Thessaler wird sich Livius eng an Polybios angeschlossen haben. Dieser schreibt darüber (25, 6, 2–6): «Dann kamen die Dardaner, berichteten über die große Zahl der Bastarnen, ihren hohen Wuchs und ihre Kühnheit im Kampf, über das Einverständnis zwischen Perseus und den Gal-

liern[42], erklärten, sie fürchteten diesen mehr als die Bastarnen, und baten um römische Hilfe; ferner kamen Thessaler, die die Angaben der Dardaner bestätigten und ebenfalls um Beistand baten[43]. Daher beschloß der Senat, sogleich eine Kommission zu entsenden, um sich von der Richtigkeit dieser Meldungen durch eigenen Augenschein zu überzeugen. Sie bestimmten zum Führer dieser Gesandtschaft A. Postumius Albinus und gaben ihm einige jüngere Männer als Begleiter mit auf die Reise.»

Ob Livius noch von der Behandlung weiterer außenpolitischer Fragen im Senat berichtet hat, wissen wir nicht.

Die Ereignisse im Gebiet der Gallier und Ligurer

Die Ligurer verwüsteten das Gebiet von Luna und Pisae[44]. Gegen sie kämpfte der Konsul P. Mucius Scaevola.

Auch im Gebiet der Gallier kam es zu neuen Unruhen, die Lepidus aber rasch unterdrücken konnte[45]. Dann wandte er sich ebenfalls mit seinen Truppen gegen die Ligurer. Einige Völkerschaften, die sich ihm unterwarfen, siedelte er aus dem Bergland in die Ebene um. Mit den letzten Worten über diese Umsiedlung beginnt das erste erhaltene Blatt der beiden verlorengegangenen Quaternionen.

1 19. ...führte... hinab. Die Garuler, die Lapiciner und die Hergaten hatten diesseits der Apenninen gelebt, die Friniaten jenseits der Apenninen auf dieser Seite der Audena.

P. Mucius führte Krieg mit denen, die Luna und Pisae verwüstet hatten, brachte sie alle unter seine Gewalt und
2 nahm ihnen die Waffen weg. Wegen dieser Taten, die unter der Führung und der Leitung der beiden Konsuln in Gallien und Ligurien vollbracht worden waren, beschloß der Senat ein dreitägiges Dankfest und ließ 40 Opfertiere opfern.

Die Kämpfe zwischen den Dardanern und Bastarnen

Und die Unruhen in Gallien und Ligurien, die im Anfang 3
dieses Jahres ausgebrochen waren, waren ohne große An-
strengung in kurzer Zeit niedergeschlagen worden. An ihre 4
Stelle trat jetzt Sorge wegen eines Krieges gegen Makedonien,
da Perseus die Dardaner und Bastarnen gegeneinander kämp-
fen ließ. Und die Gesandten, die ausgeschickt worden waren,
um die Dinge in Makedonien in Augenschein zu nehmen,
waren schon nach Rom zurückgekehrt und hatten gemeldet,
in Dardanien sei Krieg. Zugleich waren auch von König Per- 5
seus Gesandte gekommen, die ihn reinwaschen sollten: Die
Bastarnen seien weder von ihm herbeigerufen worden noch
täten sie etwas auf seine Veranlassung hin. Der Senat sprach 6
den König weder von dieser Schuld frei noch beschuldigte
er ihn. Er ließ ihm nur sagen, er solle immer wieder dafür
sorgen, daß man sehen könne, daß er den Vertrag, den er
mit den Römern habe, heilig halte[46].

Als die Dardaner merkten, daß die Bastarnen nicht nur aus 7
ihrem Gebiet nicht hinausgingen, wie sie gehofft hatten,
sondern – gestützt auf die thrakischen Anwohner und die
Hilfstruppen der Scordiscen – von Tag zu Tag schwerer zu
ertragen waren, glaubten sie etwas wagen zu müssen, auch
wenn es leichtsinnig sei, und kamen alle von allen Seiten be-
waffnet bei einer Stadt zusammen, die ganz in der Nähe des
Lagers der Bastarnen lag. Es war Winter, und sie hatten diese 8
Jahreszeit ausgewählt, damit die Thraker und Scordiscen in
ihre Gebiete wegzögen. Als sie hörten, das sei so geschehen
und die Bastarnen seien jetzt allein, teilten sie ihre Truppen
in zwei Teile. Der eine Teil sollte geradeswegs offen auf sie
losgehen, um sie zu reizen, der andere durch eine unwegsame
Waldschlucht in ihren Rücken geführt werden und sie von
hinten angreifen. Aber der Kampf begann, bevor sie das Lager 9

der Feinde umgehen konnten. Und die Dardaner wurden besiegt und in die Stadt getrieben, die ungefähr zwölf Meilen
10 vom Lager der Bastarnen entfernt lag. Die Sieger folgten sogleich, lagerten sich um die Stadt herum und glaubten, daß sie diese zweifellos am folgenden Tag einnehmen würden, entweder weil die Feinde sich aus Furcht ergeben würden, oder mit Gewalt.

11 Inzwischen besetzte die andere Gruppe der Dardaner, die in ihren Rücken geführt worden war, ohne Kenntnis von der Niederlage ihrer Landsleute das Lager der Bastarnen, das ohne Bedeckung gelassen worden war...

Hier bricht die Überlieferung wieder ab. Livius hat weiter vom Untergang dieser Bastarnen berichtet. Sie beschlossen, wohl wegen des Verlustes ihres Lagers, in ihre Heimat zurückzukehren. Als sie eine Zeitlang über das Eis der Donau gezogen waren, brach die starke Eisdecke unter der ungeheuren Last zusammen, und fast das ganze Volk kam dabei um[47].

Antiochus Epiphanes

Am Schluß dieser Lücke spricht Livius von Antiochus Epiphanes. Er war der dritte Sohn des syrischen Königs Antiochus' des Großen und hatte seit 189 v.Chr. als Geisel in Rom gelebt. 176 oder 175 schickte sein Bruder Seleucus Philopator, der seit dem Tod seines Vaters im Jahre 187 über Syrien herrschte, seinen eigenen Sohn Demetrius als Geisel zum Austausch nach Rom und ermöglichte so dem Antiochus die Rückkehr nach Syrien[48]. *Auf der Heimreise hielt Antiochus sich einige Zeit in Athen auf. Dort erhielt er die Nachricht von der Ermordung seines Bruders durch einen gewissen Heliodorus. Mit Hilfe von Eumenes und dessen Bruder Attalus gelang es Antiochus, den Königsmörder Heliodorus zu verdrängen und 175 v.Chr. den syrischen Thron zu besteigen*[49].

In der Schilderung der Person des Antiochus hat Livius sich eng an Polybios gehalten: «Polybius nennt im 26. Buch[50] diesen Antiochus nicht Epiphanes, sondern nach seinem Verhalten Epimanes[51]. Er machte sich manchmal aus dem Palast davon, entwischte seinem Gefolge und trieb sich mit einem oder zwei Begleitern irgendwo in der Stadt herum. Am meisten fand man ihn bei den Silber- und Goldschmieden, wo er sich mit den Graveuren und anderen Handwerkern unterhielt und technische Fragen erörterte. Er ließ sich dazu herab, nicht nur mit Leuten aus dem Volk zu verkehren, sondern zechte auch mit zufällig anwesenden Fremden aus den untersten Schichten. Wenn er aber erfuhr, daß irgendwelche jungen Leute, wo es immer sein mochte, miteinander tafelten, erschien er unangemeldet mit einem Schwarm von Flötenspielern und anderen Musikanten, was die meisten so aus der Fassung brachte, daß sie aufstanden und davonliefen. Oft legte er auch die königliche Kleidung ab, zog sich eine Toga an und ging so auf dem Markt umher, als wolle er sich um ein Amt bewerben, schüttelte den Leuten die Hand oder umarmte sie gar und bat sie, ihm ihre Stimme zu geben, um entweder Ädil oder auch Volkstribun zu werden. Wenn er das Amt erhalten hatte…» *(Übersetzung: Hans Drexler)*

An dieser Stelle beginnt das zweite erhaltene Blatt der beiden verlorenen Quaternionen, dessen Text sich genau dem Polybiostext anschließt.

20. …ließ er einen Elfenbeinsitz hinstellen und sprach 1
nach römischer Sitte Recht und entschied Streitigkeiten über
ganz belanglose Dinge. Und er hing so wenig an einer bestimm- 2
ten Stellung und ließ sich durch alle Formen des Lebens
umhertreiben, daß weder er selbst noch andere recht wußten,
was für ein Mensch er denn sei. Seine Freunde sprach er 3
nicht an, kaum Bekannten lächelte er freundlich zu. Durch
unpassende Freigebigkeit machte er sich und andere lächerlich. Einigen angesehenen Leuten, die viel auf sich hielten,

machte er kindische Geschenke, wie etwas zum Essen und
4 Spielen; andere, die nichts erwarteten, machte er reich. Des-
halb schien es einigen, als ob er nicht wisse, was er eigentlich
wolle. Einige glaubten, er tue es einfach zum Zeitvertreib,
einige, er habe zweifellos den Verstand verloren.

5 In zwei großen und ehrenvollen Dingen jedoch war seine
Gesinnung wahrhaft königlich, in den Geschenken an die
6 Städte und in der Verehrung der Götter. Den Einwohnern
von Megalopolis in Arkadien versprach er, ihre Stadt mit
einer Mauer zu umgeben, und er gab ihnen den gröten Teil
des Geldes. In Tegea begann er ein großartiges Theater aus
7 Marmor zu bauen. In Cyzicus stellte er ins Prytaneum – das
ist der Mittelpunkt der Stadt, wo die, denen diese Ehre
zuteil geworden ist, auf Staatskosten speisen – goldene Ge-
fäße für einen Tisch. Den Rhodiern gab er zwar nicht ein
einziges bedeutendes Geschenk, aber dafür solche jeder Art,
wie es ihre Bedürfnisse forderten.

8 Für seine Hochherzigkeit den Göttern gegenüber kann
aber schon allein der Tempel des Olympischen Jupiter in
Athen[52] ein Zeuge sein, der einzige auf Erden, der entspre-
9 chend der Größe des Gottes begonnen worden ist. Aber auch
Delus schmückte er mit einem bedeutenden Altar und einer
Fülle von Standbildern. Und in Antiochia konnte er den
großartigen Tempel des Kapitolinischen Jupiter[53], der nicht
nur eine goldgetäfelte Decke hatte, sondern dessen Wände
auch alle mit Goldblech überzogen waren, nicht vollenden, weil
seine Regierungszeit nur sehr kurz war. Ebenso ging es mit
vielem anderen, das er an anderen Stellen versprochen hatte.

10 Auch durch Großartigkeit der Schauspiele jeder Art über-
traf er die früheren Könige ...[54] und durch die Anzahl der
11 griechischen Künstler. Er gab auch ein Gladiatorenspiel nach
römischem Brauch, das zuerst mehr Entsetzen als Vergnügen
unter den Menschen hervorrief, die ein solches Schauspiel

nicht gewohnt waren; dadurch, daß er sie öfter gab und bald 12
bis zur Verwundung, bald bis zum Tod kämpfen ließ, machte er dann aber auch diese Art des Schauspiels ihren Augen vertraut und lieb und weckte in den meisten jungen Männern
Freude an den Waffen. Daher konnte er, der anfangs von Rom 13
für viel Geld ausgebildete Gladiatoren zu holen pflegte, bald schon in seinem eigenen Reich Leute finden, die sich für die Gladiatorenspiele zur Verfügung stellten...

Damit schließt das zweite erhaltene Blatt der verlorenen Quaternionen. Ob Livius noch weiter von der Person des Antiochus berichtet hat, ist nicht mit hinreichender Sicherheit zu erkennen.

Die Wahl der Beamten

Gegen Ende des Jahres fanden die Wahlen statt. Sp. Postumius Albinus und Q. Mucius Scaevola wurden zu Konsuln gewählt, zu Prätoren C. Cassius Longinus[55]*, P. Furius Philus, L. Claudius, M. Atilius Serranus, Cn. Servilius Caepio und L. Cornelius Scipio, ein Sohn des Scipio Africanus. Bei dieser Wahl wäre L. Scipio durchgefallen, wenn nicht C. Cicerejus, der ehemalige Schreiber seines Vaters, seine Kandidatur zurückgezogen hätte, um nicht dem Sohn seines alten Herrn im Wege zu stehen*[56].

Die Triumphe des Gracchus, des Titinius, des Scaevola und des Lepidus

Tib. Sempronius Gracchus hatte dem Prätor Ser. Cornelius Sulla die Provinz Sardinien übergeben, in der er zwei Jahre gekämpft hatte, und triumphierte bei seiner Rückkehr nach Rom am 23. Februar[57] *über die Sarden. Die Zahl der Kriegsgefangenen, die er von der Insel mitbrachte, war so groß, daß ihr Verkauf sich über längere Zeit hinzog*[58].

Dann triumphierte M. Titinius Curvus über das Diesseitige Spanien[59]. *Am 12. März schließlich triumphierten die beiden Konsuln P. Mucius Scaevola und M. Aemilius Lepidus über die Ligurer*[60].

Das Gesetz des Voconius über das Erbrecht der Frauen

Der Volkstribun Q. Voconius Saxa beantragte in diesem Jahr ein Gesetz, daß keiner, der auf 100 000 As oder mehr geschätzt sei, eine Frau zur Erbin einsetzen oder ihr ein größeres Legat als die Hälfte der Erbschaft vermachen dürfe[61]. *M. Porcius Cato sprach sich für dieses Gesetz aus, und Livius erwähnt, daß diese Rede Catos zu seiner Zeit noch erhalten war.*

Die Entsendung einer Gesandtschaft nach Afrika

Weiterhin ist wohl berichtet worden, daß der Senat beschloß, eine Gesandtschaft nach Afrika zu König Masinissa und nach Karthago zu schicken. Die Römer hatten erfahren, daß Perseus mit den Karthagern verhandelte[62].

Die Verteilung der Amtsbereiche und der Truppen

Im Bericht über die Verteilung der Amtsbereiche setzt die Überlieferung wieder ein. Hiervon fehlen nur die ersten Sätze.

Den Konsuln wurden Gallien und Ligurien als Provinzen zugewiesen; über die Stärke ihrer Truppen ist uns nichts bekannt. Von den Prätoren erhielten C. Cassius Longinus die städtische Prätur,
1 21. L. Cornelius Scipio die Rechtsprechung in den Pro-
zessen mit Ausländern. Dem Prätor M. Atilius war Sardi-
2 nien als Provinz zugefallen; aber ihm wurde befohlen, mit

der neuen Legion, die die Konsuln ausgehoben hatten, 5000 Fußsoldaten und 300 Reitern, nach Korsika hinüberzugehen. Für die Zeit, in der er dort Krieg führte, wurde dem Cornelius das Kommando in Sardinien verlängert. Cn. Servilius 3
Caepio erhielt für das Jenseitige Spanien und P. Furius Philus für das Diesseitige 3000 römische Fußsoldaten und 150 Reiter und von den Bundesgenossen und Latinern 5000 Fußsoldaten und 300 Reiter. L. Claudius erhielt Sizilien ohne Truppenverstärkung. Außerdem wurden die Konsuln aufgefordert, 4
zwei Legionen auszuheben mit der normalen Zahl von Fußsoldaten und Reitern und von den Bundesgenossen 10000 Fußsoldaten und 600 Reiter anzufordern.

Das Wüten der Seuche und weitere Himmelszeichen

Die Aushebung war für die Konsuln sehr schwierig, weil die 5
Seuche, die im vorigen Jahr die Rinder befallen hatte, in diesem Jahr auf die Menschen übergegriffen hatte. Wer daran erkrankt war, kam nicht leicht über den siebten Tag; wer darüber hinweggekommen war, wurde in eine lange Krankheit verwickelt, besonders ein Viertagefieber[63]. Vor allem 6
starben die Sklaven. Haufen von ihnen lagen unbegraben auf allen Straßen. Die Geräte aus dem Hain der Libitina reichten nicht einmal für die Begräbnisse der Freien aus. Die Leichen wurden von den Hunden und Geiern nicht angerührt und verwesten. Und es stand hinreichend fest, daß weder in 7
diesem noch im vorigen Jahr trotz dieses großen Hinsterbens von Rindern und Menschen irgendwo ein Geier gesehen wurde.

Von den Priestern des Staates starben an dieser Krankheit 8
der Pontifex Cn. Servilius Caepio, der Vater des Prätors, der Dezemvir Tib. Sempronius Longus, der Sohn des Tiberius,

die Auguren P. Aelius Paetus und Tib. Sempronius Gracchus, der Curio maximus C. Atellus Mamilius und der Pon-
9 tifex M. Sempronius Tuditanus. Als Pontifices wurden nachgewählt C. Sulpicius Galba an Stelle von Caepio, ...[64] an Stelle von Tuditanus; als Auguren wurden nachgewählt T. Veturius Gracchus Sempronianus an Stelle des Gracchus und Q. Aelius Paetus an Stelle des P. Aelius. Als Dezemvir wurde C. Sempronius Longus nachgewählt, als Curio maximus C. Scribonius Curio.

10 Da die Krankheit kein Ende nahm, beschloß der Senat, die
11 Dezemvirn sollten die Sibyllinischen Bücher befragen. Nach ihrem Bescheid fand ein eintägiger Bittgang statt, und Q. Marcius Philippus sprach die Formel vor, und das Volk auf dem Forum sprach das Gelübde nach, wenn die Krankheit und die Seuche aus dem Gebiet von Rom verschwunden sei, werde es ein zweitägiges Dankfest abhalten.

12 Im Gebiet von Veji wurde ein Junge mit zwei Köpfen geboren, und in Sinuessa einer mit nur einer Hand und in Auximum ein Mädchen mit Zähnen, und ein Regenbogen spannte sich am Tage bei heiterem Himmel über dem Tempel des Saturnus auf dem Forum in Rom, und drei Sonnen erstrahlten zu gleicher Zeit, und in derselben Nacht glitten
13 mehrere Kometen über den Himmel, und die Bewohner von Lanuvium und Caere versicherten, in ihrer Stadt sei eine Schlange mit einem Kamm erschienen, mit gelben Flecken gesprenkelt, und es stand hinreichend fest, daß in Kampanien ein Rind gesprochen hatte.

Römische Gesandtschaften in Afrika und Makedonien

1 22. Am 5. Juni[65] kehrten die Gesandten aus Afrika zurück, die zunächst mit König Masinissa zusammengetroffen und

dann nach Karthago gegangen waren. Aber sie hatten, was in Karthago geschehen war, erheblich genauer von dem König erfahren als von den Karthagern selbst. Trotzdem 2
versicherten sie, es sei erwiesen, daß von König Perseus Gesandte gekommen seien und daß für sie bei Nacht eine Senatssitzung im Tempel des Äskulap stattgefunden habe. Daß von Karthago Gesandte nach Makedonien geschickt worden seien, habe der König versichert, und auch die Karthager selbst hätten es nicht bestimmt genug geleugnet.

Der Senat beschloß, auch nach Makedonien Gesandte zu 3
schicken. Es wurden drei geschickt: C. Laelius, M. Valerius Messala und Sex. Digitius.

Die Situation in Makedonien und Griechenland

In dieser Zeit brach Perseus mit seinem Heer auf, weil einige 4
von den Dolopern ihm nicht gehorchten und eine Untersuchung der strittigen Punkte nicht durch den König, sondern durch die Römer verlangten, und brachte das ganze Volk unter seine Gewalt und seine Gerichtsbarkeit[66].

Von dort stieg er über das Oeta-Gebirge und zog, da eine 5
religiöse Unruhe ihn ergriffen hatte, nach Delphi, um das Orakel zu besuchen. Als er plötzlich mitten in Griechenland erschien, jagte er nicht nur den Städten in der Umgebung einen gewaltigen Schrecken ein, sondern man schickte auch nach Asien zu König Eumenes Boten mit beunruhigenden Nachrichten. Er blieb nicht länger als drei Tage in Delphi 6
und kehrte durch das Phthiotische Achaia und Thessalien in sein Königreich zurück, ohne denen, durch deren Gebiet er zog, einen Schaden oder ein Unrecht zuzufügen. Und er 7
begnügte sich nicht damit, nur die Völkerschaften, durch deren Gebiet er ziehen mußte, für sich zu gewinnen; er

schickte entweder Gesandte oder Briefe und bat, nicht länger an die Streitigkeiten zu denken, die sie mit seinem Vater gehabt hätten. Denn diese seien nicht so schlimm gewesen, daß sie nicht mit ihm selbst beendet werden könnten und
8 müßten. Er jedenfalls sei ihnen gegenüber völlig unvoreingenommen und wolle mit ihnen aufrichtig Freundschaft schließen.

Vor allem suchte er einen Weg, mit dem Volk der Achäer
1 das gute Einvernehmen wiederherzustellen. 23. Dieses Volk als einziges von ganz Griechenland[67] und die Gemeinde der Athener[68] waren in ihrem Zorn so weit gegangen, den Make-
2 donen das Betreten ihres Landes zu verbieten. Deshalb war für die Sklaven, die aus Achaia flohen, Makedonien der Zufluchtsort. Denn die Achäer selbst wagten die Grenzen des Königreiches nicht zu überschreiten, nachdem sie den Make-
3 donen das Betreten ihres Gebietes verboten hatten. Als Perseus das bemerkt hatte, ließ er alle entlaufenen Sklaven ergreifen und schickte einen Brief an die Achäer, in dem er ihnen mitteilte, er werde ihnen ihre Sklaven, die zu ihm geflüchtet seien, in seiner Güte zurückschicken. Aber auch sie müßten dafür sorgen, daß es später nicht mehr zu einer ähnlichen Flucht von Sklaven komme.

4 Dieser Brief wurde durch den Strategen Xenarchus vorgelesen, der nach einer Möglichkeit suchte, sich beim König persönlich beliebt zu machen, und die meisten meinten, dieser Brief sei in einem maßvollen und wohlwollenden Ton geschrieben, und zwar vor allem diejenigen, die wider Erwarten
5 ihre verlorenen Sklaven zurückbekommen sollten. Aus dem Kreis derer, die glaubten, das Wohl ihres Volkes hänge davon ab, daß das Bündnis mit den Römern unverletzt bewahrt werde, sagte Callicrates: «Ihr Achäer, es scheint einigen um
6 eine kleine oder unbedeutende Angelegenheit zu gehen. Ich aber glaube nicht nur, daß über die größte und bedeutendste

von allen Fragen entschieden wird, sondern daß darüber gewissermaßen schon entschieden ist. Denn als wir den Königen der Makedonen und den Makedonen selbst das Betreten unseres Gebietes verboten haben, wußten wir, daß dieser
Beschluß in Kraft blieb, da durch ihn ja Vorsorge getroffen 7
war, daß wir keine Gesandten und keine Boten ihrer Könige vorließen, durch die die Gemüter von einigen von uns verführt werden könnten. Jetzt aber hören wir den König gewissermaßen in Abwesenheit vor unserer Versammlung eine Rede halten, und wenn die Götter es wollen, heißen wir seine
Rede gut. Und während wilde Tiere Nahrung, die ausgelegt 8
ist, um sie zu täuschen, meistens verschmähen und meiden, lassen wir uns ködern, blind durch den bloßen Schein einer kleinen Wohltat, und in der Hoffnung, Sklaven, die wenig wert sind, zurückzuerhalten, dulden wir, daß unsere eigene
Freiheit untergraben und aufs Spiel gesetzt wird. Denn wer 9
sieht nicht, daß man einen Weg für ein Bündnis mit dem König sucht, wodurch das Bündnis mit Rom verletzt wird, von dem für uns alles abhängt? Oder zweifelt einer daran, daß die Römer mit Perseus Krieg führen müssen und daß das, was zu Lebzeiten Philipps erwartet, aber durch seinen Tod aufgehalten wurde, nach dem Tod Philipps eintreten
wird? Philipp hatte, wie ihr wißt, zwei Söhne, den Demetrius 10
und den Perseus. Durch seine Abstammung mütterlicherseits, durch seine guten Eigenschaften, durch sein Wesen und durch seine Beliebtheit bei den Makedonen ragte Deme-
trius bei weitem hervor. Aber weil Philipp den Thron als 11
Belohnung für den Haß gegen die Römer ausgesetzt hatte, ließ er den Demetrius töten – nur aufgrund der Beschuldigung, er habe Freundschaft mit den Römern angeknüpft; den Perseus aber, von dem er wußte, daß er den Krieg mit dem römischen Volk fast noch eher als Erbe übernehmen
würde als den Thron, machte er zum König. Was hat dieser 12

daher nach dem Tode seines Vaters anderes getan als den
Krieg vorbereitet? Zuerst hat er die Bastarnen zum Schrecken
aller nach Dardanien geschickt[69]. Wenn sie diesen Wohnsitz
behalten hätten, hätte Griechenland in ihnen schlimmere
13 Nachbarn gehabt als Asien in den Galliern. In dieser Hoffnung
getäuscht, gab er die Kriegspläne doch nicht auf. Im Gegen-
teil, wenn wir ganz offen sprechen wollen, hat er den Krieg
schon begonnen. Er hat Dolopien mit Waffengewalt unter-
worfen, und als sie in ihren Meinungsverschiedenheiten Be-
rufung einlegten und die Sache vor dem römischen Volk
entscheiden wollten, hat er darauf nicht gehört. Von dort
hat er den Oeta überstiegen, um plötzlich mitten im Herzen
Griechenlands zu erscheinen, und ist nach Delphi gegangen.
14 Welche Absicht, meint ihr, verfolgt er mit diesem ungewöhn-
lichen Marsch? – Dann ist er durch Thessalien gezogen.
Wenn er es tat, ohne einem von denen, die er haßte, Schaden
zuzufügen, dann fürchte ich dieses Experiment um so mehr.
15 Dann schickte er an uns einen Brief mit dem Schein einer
Gefälligkeit und fordert uns auf, darüber nachzudenken, wie
wir in Zukunft auf diese Gefälligkeit nicht zu verzichten
brauchen, das heißt, wir sollen den Beschluß aufheben, durch
den die Makedonen von der Peloponnes ausgeschlossen wer-
16 den, sollen die Gesandten des Königs wieder sehen und Gast-
freundschaft mit ihren führenden Männern pflegen und dann
bald die makedonischen Heere und auch ihn selbst wieder
sehen, wenn er von Delphi aus zur Peloponnes übersetzt –
denn wie schmal ist die Meerenge dazwischen! – und sollen
uns einreihen lassen unter die Makedonen, die sich gegen
die Römer bewaffnen.

17 Ich meine, daß kein neuer Entschluß gefaßt werden und
alles beim alten bleiben muß, bis sichergestellt ist, ob diese
18 unsere Furcht eitel oder begründet war. Wenn der Friede
zwischen den Makedonen und den Römern unverletzt bleibt,

wollen auch wir Freundschaft und Gemeinschaft mit ihnen haben. Jetzt daran zu denken, scheint mir gefährlich und verfrüht.»

24. Nach ihm führte Archo, der Bruder des Strategen 1
Xenarchus, folgendes aus: «Callicrates hat es für mich und alle, die anderer Meinung sind als er, sehr schwer gemacht, zu reden. Indem er nämlich selbst das Bündnis mit Rom zu 2
seiner eigenen Sache machte und sagte, es werde in Frage gestellt und man gehe ihm zu Leibe, obwohl niemand es in Frage stellt und ihm zu Leibe geht, hat er es erreicht, daß jeder, der eine andere Meinung vertritt als er, gegen die Römer zu sprechen scheint. Und so weiß er zuallererst alles 3
und verkündet, was unter Ausschluß der Öffentlichkeit geschehen ist, als wenn er nicht hier bei uns gewesen wäre, sondern entweder aus dem Senatsgebäude des römischen Volkes käme oder an den geheimen Besprechungen der Könige teilgenommen hätte. Kraft göttlicher Eingebung 4
sagt er auch, was geschehen wäre, wenn Philipp länger gelebt hätte, warum unter diesen Verhältnissen Perseus der Erbe des Königreiches ist, was die Makedonen beabsichtigen und was die Römer denken. Wir aber, die wir nicht wissen, warum 5
und wie Demetrius sein Ende gefunden hat, noch was Philipp getan hätte, wenn er am Leben geblieben wäre, müssen uns in unseren Beratungen nach dem richten, was vor aller Augen geschieht. Und wir wissen, daß Perseus, nachdem er 6
den Thron bestiegen hatte, von den Römern als König anerkannt worden ist; wir hören, daß römische Gesandte zu König Perseus gekommen sind und daß sie freundlich aufgenommen wurden. Ich jedenfalls meine, daß dies alles 7
Zeichen des Friedens und nicht des Krieges sind und daß die Römer sich nicht verletzt fühlen können, wenn wir ihnen auch jetzt folgen, wo sie Friedenspolitik treiben, wie wir ihnen folgten, als sie Krieg führten. Warum wir als einzige

von allen einen unversöhnlichen Krieg gegen die Makedonen
8 führen sollen, sehe ich nicht ein. Sind wir etwa durch unmittelbare Nachbarschaft mit Makedonien gefährdet? Oder sind wir die Schwächsten von allen wie die Doloper, die er neulich unterworfen hat? Nein, wir sind im Gegenteil durch unsere Streitkräfte, durch das Wohlwollen der Götter und
9 dadurch, daß unser Land weitab von ihnen liegt, sicher. Aber wären wir auch genauso der Gefahr ausgesetzt wie die Thessaler und Ätoler: haben wir, die wir immer Freunde und Bundesgenossen der Römer gewesen sind, nicht mehr Schutz und Ansehen in ihren Augen als die Ätoler, die eben
10 noch ihre Feinde waren? Was den Ätolern, den Thessalern, den Epiroten, kurz, ganz Griechenland gegenüber den Makedonen gestattet ist, dasselbe soll auch uns gestattet sein. Warum gibt es bei uns allein diese fluchwürdige Auflösung
11 von menschlichem Recht? Philipp mag etwas getan haben, daß wir gegen ihn, der bewaffnet war und Kriege führte, diesen Beschluß gefaßt haben. Wieso hat Perseus, der neue König, der von jedem Unrecht frei ist und uns durch seine Wohltat die Feindseligkeiten seines Vaters vergessen läßt, es verdient, daß wir als einzige von allen seine Feinde sind?
12 Ich könnte vielmehr sagen, daß die Verdienste der früheren makedonischen Könige gegen uns[70] so groß gewesen sind, daß sie die Ungerechtigkeiten des einen Philipp, wenn es etwa welche gegeben hat, jedenfalls nach seinem Tod ver-
13 gessen lassen. Kommt uns nicht ins Gedächtnis, daß wir, als die römische Flotte in Cenchreae lag und der Konsul mit seinem Heer in Elatia stand, drei Tage lang in einer Versammlung beraten haben, ob wir den Römern oder Philipp
14 folgen sollten[71]? Mag auch die augenblickliche Furcht vor den Römern keineswegs bei unserer Entscheidung den Ausschlag gegeben haben, es gab doch jedenfalls etwas, was die Beratung so sehr in die Länge zog. Und das war die alte Ver-

bindung mit den Makedonen, die alten und großen Ver-
dienste ihrer Könige um uns. Auch jetzt mögen eben diese 15
ihre Wirkung zeigen, nicht daß wir in besonderem Maße
Freunde, aber daß wir nicht in besonderem Maße Feinde
sind. Wir wollen nicht so tun, Callicrates, als ob es um etwas
ginge, um was es gar nicht geht. Niemand rät dazu, ein neues
Bündnis oder einen neuen Vertrag abzufassen, durch den wir
uns leichtfertig binden würden, sondern es soll nur eine 16
Gemeinschaft im Gewähren und Einfordern von Rechten
bestehen, wir wollen nicht durch Verschließen unseres Ge-
bietes auch uns vom Gebiet des Königreiches aussperren.
Daß unseren Sklaven nicht erlaubt sein soll, irgendwohin zu
fliehen, wieso ist das gegen die Verträge mit Rom? Warum 17
machen wir eine kleine und offenkundige Angelegenheit zu
einer großen und verdächtigen? Warum erregen wir ohne
Grund Unruhe? Warum machen wir, um selbst die Stelle 18
des Schmeichlers bei den Römern zu haben, andere ver-
dächtig und verhaßt? Wenn es Krieg geben wird, zweifelt
nicht einmal Perseus daran, daß wir den Römern folgen
werden. Im Frieden soll man den Haß, auch wenn man ihn
nicht beendet, doch unterbrechen.»

Dieser Rede stimmten dieselben zu, die dem Brief des 19
Königs zugestimmt hatten; aber die führenden Leute waren
darüber verärgert, daß Perseus mit einem Brief von wenigen
Zeilen etwas erreichte, wofür er nicht einmal eine Gesandt-
schaft für nötig gehalten hatte. Die Entscheidung wurde
daher aufgeschoben.

Später wurden dann vom König Gesandte geschickt, als 20
eine Bundesversammlung in Megalopolis war, und die, die
fürchteten, daß die Römer sich verletzt fühlen könnten,
bemühten sich darum, daß sie nicht vorgelassen wurden.

Die Verhältnisse bei den Ätolern, den Kretern und den Lykiern

1 25. In dieser Zeit wurden die Ätoler von Raserei gegen sich
selbst ergriffen, und das Volk schien sich durch gegenseitiges
2 Morden selbst zu vernichten[72]. Als sie dann erschöpft waren,
schickten beide Parteien Gesandte nach Rom und verhandel-
ten auch selbst untereinander über die Wiederherstellung
der Eintracht. Die Verhandlungen zerschlugen sich durch
eine neue Untat, und dies weckte auch die alte Erbitterung
3 wieder auf. Den Verbannten aus Hypata, die zur Partei des
Proxenus gehörten, war die Rückkehr in ihre Vaterstadt
versprochen und ihnen durch Eupolemus, den ersten Mann
4 in ihrem Staat, Sicherheit zugesagt worden[73]. 80 bekannte
Persönlichkeiten, denen bei ihrer Rückkehr auch Eupolemus
in der übrigen Menge bis vor die Stadt entgegengegangen
war, wurden freundlich begrüßt und empfangen, und man
gab ihnen die Hand. Als sie aber durch das Tor die Stadt
betraten, wurden sie erschlagen, wobei sie vergeblich das
gegebene Wort und die Treue der Götter als Zeugen an-
riefen. Darauf entbrannte der Krieg von neuem noch schlim-
mer.

5 C. Valerius Laevinus, App. Claudius Pulcher, C. Mem-
mius, M. Popilius und L. Canulejus waren im Auftrag des
6 Senates gekommen. Als Gesandte beider Parteien in Delphi
vor ihnen verhandelten und sich heftig stritten, schien Pro-
xenus den Sieg davonzutragen, vor allem aufgrund der
Sache, die er vertrat, aber auch durch seine Beredsamkeit.
Er wurde aber wenige Tage später von seiner Gattin Ortho-
bula durch Gift beseitigt. Sie wurde für dieses Verbrechen
verurteilt und mußte in die Verbannung gehen.

7 Die gleiche Raserei zerriß auch die Kreter[74]. Nach der An-
kunft des Gesandten Q. Minucius, der mit zehn Schiffen
geschickt worden war, um ihre Streitigkeiten zu schlichten,

hatten sie dann Hoffnung auf Frieden gefaßt. Aber der
Waffenstillstand dauerte nur sechs Monate. Dann entbrannte
der Krieg noch viel schlimmer.

Auch die Lykier wurden in derselben Zeit von den Rho- 8
diern durch einen Krieg gequält[75]. Aber es ist nicht der Mühe
wert, zu verfolgen, auf welche Weise die auswärtigen Mächte
alle ihre Kriege untereinander geführt haben, da es ja schon
genug und übergenug Mühe macht, die Taten des römischen
Volkes darzustellen.

Der Krieg in Spanien

26. Die Keltiberer in Spanien, die im Krieg bezwungen wor- 1
den waren und sich Tib. Gracchus ergeben hatten, waren
ruhig geblieben, solange der Prätor M. Titinius die Provinz
innehatte. Sie erhoben sich gleich nach der Ankunft des
App. Claudius und begannen den Krieg mit einem plötz-
lichen Angriff auf das römische Lager. Es war ungefähr das 2
erste Morgengrauen, da riefen die Wachen auf dem Wall und
die an den Toren Posten standen, zu den Waffen, da sie den
Feind von weitem kommen sahen. App. Claudius pflanzte 3
das Zeichen zum Kampf[76] auf, sprach den Soldaten kurz Mut
zu und führte sie dann aus drei Toren zugleich heraus. Die
Keltiberer stellten sich ihnen beim Ausrücken entgegen, und
der Kampf stand zunächst für beide Seiten gleich; denn die
Römer konnten wegen der Enge nicht alle auf dem schmalen
Raum kämpfen. Als aber dann die einen die anderen drängten 4
und sie in den Raum außerhalb des Walles gelangten, so daß
sie die Schlachtreihe entfalten und sich genausoweit aus-
dehnen konnten wie die Flügel der Feinde, von denen sie
umfaßt wurden, drangen sie so schnell auf die Keltiberer ein,
daß diese ihrem Angriff nicht standhalten konnten. Noch vor 5
der zweiten Stunde wurden sie geschlagen. Ungefähr 15000

wurden getötet oder gefangen, und 32 Feldzeichen wurden ihnen abgenommen. Auch ihr Lager wurde an diesem Tag erobert, und der Krieg war zu Ende; denn die den Krieg überlebten, liefen in ihre Städte auseinander. Sie blieben darauf ruhig und gehorchten der Obrigkeit.

Die Senatsliste der Zensoren Fulvius und Postumius

1 27. Die Zensoren, die in diesem Jahr gewählt worden waren, Q. Fulvius Flaccus und A. Postumius Albinus, veröffentlichten die Senatsliste. Erster des Senats wurde M. Aemilius Lepidus, der Pontifex maximus. Neun stießen sie aus
2 dem Senat. Bermerkenswert war die Maßregelung des M. Cornelius Maluginensis, der zwei Jahre vorher Prätor in Spanien gewesen war[77], und des Prätors L. Cornelius Scipio, dem damals die Rechtsprechung zwischen Bürgern und Fremden unterstand[78], und des L. Fulvius[79], der der leibliche Bruder des Zensors war und, wie Valerius Antias überliefert, mit ihm auch in Gütergemeinschaft lebte.

Unruhen in Patavium und Ätolien

3 Die Konsuln sprachen auf dem Kapitol feierlich ihre Gelübde und brachen in ihre Provinzen auf. Von ihnen gab der Senat dem M. Aemilius[80] den Auftrag, den Zwist der Bewohner von Patavium in Venetien zu schlichten, von denen auch ihre eigenen Gesandten gemeldet hatten, daß sie sich durch den Kampf der Parteien zu einem Bürgerkrieg hatten hinreißen lassen.

4 Die Gesandten, die nach Ätolien gegangen waren, um ähnliche Unruhen zu unterdrücken, meldeten, das rasende Volk könne nicht im Zaum gehalten werden.

Für die Bewohner von Patavium bedeutete die Ankunft des Konsuls die Rettung. Da er keinen anderen Auftrag in der Provinz hatte, kehrte er nach Rom zurück.

Die weitere Tätigkeit der Zensoren Fulvius und Postumius

Die Zensoren ließen Straßen in der Stadt pflastern[81] und 5
Straßen außerhalb der Stadt eine Decke aus Kiesschotter
geben und als allererste erhöhte Fußwege daneben anlegen
und ließen an vielen Stellen Brücken bauen. Und sie ließen
eine Bühne bauen und den Ädilen und den Prätoren zur Ver-
fügung stellen[82] und ließen die Startplätze im Circus und die 6
Eier als Zeichen zum Zählen der Runden...[83] und die Wende-
säulen...[83] und die eisernen Käfige, durch die die wilden Tiere
hereingelassen wurden,...[83] am Latinerfest auf dem Albaner
Berg für die Konsuln...[83] und den Aufstieg zum Kapitol[84] 7
pflastern und die Säulenhalle vom Tempel des Saturn auf
das Kapitol zum Senaculum[85] und zum Senatsgebäude ober-
halb davon. Und außerhalb der Porta Trigemina ließen sie 8
den Stapelplatz[86] mit Platten belegen und mit Zaunpfählen
einfassen und die Säulenhalle der Aemilier[87] ausbessern und
bauten einen Treppenaufgang vom Tiber zum Stapelplatz.
Und innerhalb desselben Tores pflasterten sie die Säulenhalle 9
zum Aventin hin und errichteten...[88] vom Tempel der Venus[89].

Dieselben ließen in Calatia und Auximum Mauern errich- 10
ten. Und als dort Staatsland verkauft worden war, verbrauch-
ten sie den Erlös, um die Marktplätze beider Städte mit
Läden zu umgeben.

Und Fulvius Flaccus, der eine von ihnen – denn Postumius 11
hatte verkündet, er werde keinen Auftrag vergeben außer
auf Geheiß des Senates oder des Volkes von Rom –, ließ von
ihrem Geld einen Jupitertempel in Pisaurum errichten und

nach Fundi und nach Potentia auch eine Wasserleitung bauen
12 und in Pisaurum eine Straße pflastern und in Sinuessa eine
Vorstadt bauen…[83] darin und eine Kanalisationsanlage und
eine Mauer ziehen…[83] und den Markt mit Säulenhallen und
13 Läden umgeben und drei Torbogen errichten[90]. Diese Arbei-
ten wurden nur von einem Zensor vergeben, und er erntete
bei den Bewohnern der Kolonien großen Dank.

Auch in der Ausübung des Sittenrichteramtes war ihre Zensur sorgfältig und streng. Vielen wurde der Rittertitel genommen.

Ein Dankfest und ein Bittgang

1 28. Fast am Ende des Jahres war ein eintägiges Dankfest
wegen der Erfolge, die unter Führung und Leitung des Pro-
konsuls App. Claudius in Spanien errungen worden waren;
und es wurden 20 ausgewachsene Opfertiere dargebracht.
2 Und an einem zweiten Tag war ein Bittgang zum Tempel
der Ceres, des Liber und der Libera, weil aus dem Land der
Sabiner ein gewaltiges Erdbeben gemeldet worden war, bei
dem viele Häuser eingestürzt waren.

Die Wahlen und der Triumph des App. Claudius

3 Als App. Claudius aus Spanien nach Rom zurückgekehrt war,
beschloß der Senat, er solle in einem kleinen Triumphzug
in die Stadt einziehen.

4 Schon kamen die Konsulwahlen heran. Bei diesen gab es
wegen der Menge der Bewerber heftige Auseinandersetzun-
gen. Gewählt wurden L. Postumius Albinus und M. Popilius
5 Laenas. Dann wurden N. Fabius Buteo, C. Matienus, C. Ci-
cerejus, M. Furius Crassipes zum zweitenmal, A. Atilius

Serranus zum zweitenmal und C. Cluvius Saxula zum zweitenmal zu Prätoren gemacht.

Als nach den Wahlen App. Claudius Cento im kleinen 6
Triumphzug über die Keltiberer in die Stadt einzog[91], brachte
er 10 000 Pfund Silber und 5000 Pfund Gold in den Staatsschatz.

Zum Flamen des Jupiter wurde Cn. Cornelius geweiht. 7

Die Votivtafel des Tib. Sempronius Gracchus

Im selben Jahr wurde im Tempel der Mater Matuta eine Tafel 8
mit folgender Inschrift aufgestellt: «Unter dem Oberbefehl
und der Leitung des Konsuls Tib. Sempronius Gracchus hat
die Truppe und das Heer des römischen Volkes Sardinien
unterworfen. In dieser Provinz sind über 80 000 Feinde erschlagen oder gefangen worden. Nachdem er für den Staat 9
sehr glücklich gekämpft und die Bundesgenossen befreit
hatte und nachdem er die Steuereinkünfte wiederhergestellt
hatte, hat er das Heer heil und unversehrt, mit Beute voll
beladen, nach Hause zurückgeführt. Zum zweitenmal ist er
im Triumph in die Stadt Rom zurückgekehrt. Deswegen hat
er diese Tafel als Geschenk dem Jupiter geweiht.» Sie hatte 10
die Gestalt der Insel Sardinien, und auf ihr waren Bilder der
Schlachten gemalt.

Die Spiele in diesem Jahr

In diesem Jahr wurden einige Gladiatorenspiele und andere 11
kleine Spiele gegeben. Eins, das des T. Flamininus, war vor den anderen bemerkenswert, das er aus Anlaß des Todes seines Vaters mit einer Fleischspende an das Volk und einem Leichenmahl und Bühnenspielen vier Tage lang veranstaltete. Der Höhepunkt eines großen Festspieles war damals, daß an drei Tagen 74 Menschen gegeneinander kämpften.

ZWEIUNDVIERZIGSTES BUCH

Die Verteilung der Amtsbereiche und der Truppen

1. Als die Konsuln L. Postumius Albinus und M. Popilius 1
Laenas als allererstes die Verteilung der Amtsbereiche und
Heere auf die Tagesordnung des Senates gesetzt hatten,
wurde ihnen beiden das Gebiet der Ligurer zugewiesen; sie 2
sollten beide zusammen neue Legionen ausheben, um mit
ihnen in diese Provinz zu ziehen – jedem wurden zwei bewilligt – und von den Bundesgenossen und Latinern je 10000
Fußsoldaten und 600 Reiter und als Ersatz für Spanien 3000
römische Fußsoldaten und 200 Reiter. Dazu wurden sie auf- 3
gefordert, noch 1500 römische Fußsoldaten mit 100 Reitern
auszuheben, mit denen der Prätor, dem Sardinien zufiel,
nach Korsika übersetzen und dort Krieg führen sollte; in der 4
Zwischenzeit sollte der alte Prätor M. Atilius Sardinien als
Provinz behalten.

Die Prätoren losten darauf um ihre Amtsbereiche. A. Ati- 5
lius Serranus erhielt die städtische Prätur, C. Cluvius Saxula
die Rechtsprechung zwischen Bürgern und Fremden,
N. Fabius Buteo das Diesseitige Spanien, C. Matienus das
Jenseitige, M. Furius Crassipes Sizilien und C. Cicerejus
Sardinien.

Bevor die Beamten in ihre Provinzen aufbrachen, beschloß 6
der Senat, der Konsul L. Postumius solle nach Kampanien
gehen, um das Staatsland von dem Privatland abzugrenzen;
denn es war allgemein bekannt, daß ein gewaltiger Teil davon
im Besitz von Privatleuten war, die nach und nach ihre Grenzlinien vorgeschoben hatten[1].

Der Konsul L. Postumius und die Pränestiner

7 Postumius war zornig auf die Bewohner von Praeneste, weil ihm, als er als Privatmann dorthin gekommen war, um im Tempel der Fortuna ein Opfer darzubringen, von den Pränestinern weder im Namen ihrer Gemeinde noch aus privater Initiative Ehre erwiesen worden war. Bevor er von Rom aufbrach, schickte er daher nach Praeneste einen Brief, die Beamten sollten ihm aus der Stadt heraus entgegenziehen, sie sollten ihm auf Kosten der Gemeinde ein Quartier bereiten, wo er absteigen könne, und es sollten Zugtiere bereitstehen,
8 wenn er dort weggehe. Vor seinem Konsulat war niemals jemand den Bundesgenossen irgendwie zur Last gefallen oder
9 hatte ihnen Kosten verursacht. Die Beamten wurden zu dem Zweck mit Maultieren und Zelten und mit allem anderen Kriegsgerät ausgestattet, daß sie so etwas nicht von den Bun-
10 desgenossen forderten. Sie kehrten bei ihren eigenen Gastfreunden ein; mit diesen gingen sie leutselig und freundlich um, und ihre Häuser in Rom standen ihren Gastfreunden
11 offen, bei denen sie selbst einzukehren pflegten. Gesandte, die plötzlich irgendwo hingeschickt wurden, forderten in jeder Stadt, durch die sie ziehen mußten, ein Zugtier; einen anderen Aufwand hatten die Bundesgenossen nicht für die
12 römischen Beamten. Wenn der Zorn des Konsuls auch berechtigt war, so hätte er ihm doch nicht im Amt Raum geben dürfen, und das zu besonnene oder zu furchtsame Schweigen der Pränestiner bewirkte, als wenn das Beispiel gutgeheißen worden wäre, daß die Beamten das Recht zu von Tag zu Tag drückenderen Befehlen solcher Art erhielten.

Der Bericht der römischen Gesandtschaft über Ätolien und Makedonien

2. Zu Anfang dieses Jahres berichteten die Gesandten, die 1
nach Ätolien und Makedonien geschickt worden waren[2], ihnen sei keine Gelegenheit gegeben worden, mit König Perseus zusammenzukommen. Die einen hätten vorgegeben, er sei abwesend, andere, er sei krank, und beides sei unwahr
gewesen. Ohne Mühe sei es ihnen daher klargeworden, daß 2
ein Krieg vorbereitet werde und daß der König es nicht länger aufschieben werde, zu den Waffen zu greifen.

Ebenso wachse in Ätolien die Uneinigkeit von Tag zu Tag, und die Anführer in dieser Zwietracht hätten sich auch durch ihren Einfluß nicht im Zaume halten lassen.

Himmelszeichen und ihre Sühnung

Da man den Krieg mit Makedonien erwartete, beschloß man, 3
bevor man ihn auf sich nahm, die Himmelszeichen zu sühnen und mit Gebeten, die durch die Sibyllinischen Bücher angeordnet seien, den Frieden der Götter zu erflehen. Man sagte, 4
in Lanuvium sei die Erscheinung einer großen Flotte am Himmel gesehen worden, und in Privernum sei dunkle Wolle aus der Erde hervorgewachsen, und bei Remens im Gebiet von
Veji habe es Steine geregnet. Das ganze Pomptinische Gebiet 5
sei sozusagen von Wolken von Heuschrecken bedeckt gewesen; im Gallischen Gebiet seien, wo ein Pflug in die Erde gedrückt wurde, unter den aufgeworfenen Schollen Fische aufgetaucht.

Wegen dieser Zeichen vom Himmel wurden die Sibylli- 6
nischen Bücher eingesehen, und es wurde von den Dezemvirn angeordnet, welchen Göttern geopfert und welche Opfertiere dargebracht werden sollten, und daß ein Bittgang stattfinden solle, um die Zeichen vom Himmel zu sühnen, und daß ein

7 anderer, der im vorigen Jahr wegen der Gesundheit des Volkes
gelobt worden war, stattfinden solle und daß Feiertage sein
sollten. Und die Opfer und Bittgänge wurden so durchgeführt,
wie die Dezemvirn schriftlich angeordnet hatten.

Der Frevel am Tempel der Juno Lacinia

1 3. Im selben Jahr wurde der Tempel der Juno Lacinia[3] seiner
Dachziegel beraubt. Der Zensor Q. Fulvius Flaccus errichtete
den Tempel der Fortuna der Reiter, den er in Spanien als Prätor im Keltibererkrieg gelobt hatte, und strebte eifrig danach,
daß es in Rom überhaupt keinen größeren oder großartigeren
2 Tempel gab. Er glaubte, er werde diesen Tempel sehr verschönern, wenn die Dachziegel aus Marmor wären, und reiste
darum nach Bruttium und ließ den Tempel der Juno Lacinia
zur Hälfte abdecken; denn er glaubte, dies sei genug, um den
3 Tempel zu decken, der gebaut wurde. Schiffe lagen bereit,
um sie an Bord zu nehmen und wegzuschaffen. Durch die
Autorität des Zensors wurden die Bundesgenossen davon abgehalten, diesen Religionsfrevel zu verhindern.

4 Nachdem der Zensor zurückgekehrt war, wurden die Ziegel
5 aus den Schiffen ausgeladen und zum Tempel gebracht. Obwohl man über ihre Herkunft schwieg, konnte diese doch nicht
geheimgehalten werden. So kam es zu einer Mißfallenskundgebung im Senatsgebäude. Von allen Seiten wurde gefordert,
die Konsuln sollten diese Sache auf die Tagesordnung setzen.
Als aber der Zensor herbeigeholt wurde und in das Senatsgebäude kam, griffen sie ihn, wo er anwesend war, einzeln
6 und zusammen noch viel heftiger an: Ihm sei es nicht genug
gewesen, das erhabenste Heiligtum dieser Gegend zu verletzen, das nicht Pyrrhus und nicht Hannibal verletzt hätten,
sondern er habe sogar den Greuel begangen, es abzudecken

und so fast zu zerstören. Das Dach sei von dem Heiligtum 7
herabgerissen worden, der nackte Dachstuhl sei den Regen-
güssen ausgesetzt und müsse verfaulen. Sei er dazu als Zensor
gewählt worden, der die Sitten lenken solle? Dem es nach
der Sitte der Vorfahren aufgetragen sei, die Ausbesserung der
Dächer an den öffentlichen Heiligtümern zu überwachen und
für ihre Instandhaltung zu sorgen, der ziehe durch die Städte 8
der Bundesgenossen, zerstöre ihre Heiligtümer und decke die
Dächer ihrer Tempel ab! Und was als unwürdig angesehen
werden könne, wenn er es an Privathäusern von Bundesgenos-
sen tue, das tue er an den Tempeln der unsterblichen Götter,
und er verstricke das römische Volk in religiöse Schuld, indem 9
er Tempel baue und andere dafür zerstöre, als wenn die un-
sterblichen Götter nicht überall dieselben wären, sondern die
einen mit dem, was man den anderen abnehme, verehrt und
geschmückt werden müßten! Schon bevor es auf die Tages- 10
ordnung kam, war klar, wie die Senatoren entscheiden wür-
den. Nachdem daher die Sache auf die Tagesordnung gesetzt
worden war, stimmten alle einstimmig dafür, daß man diese
Ziegel zu dem Heiligtum zurücktransportieren lasse und daß
der Juno Sühnopfer dargebracht würden. Was die religiösen 11
Verpflichtungen anging, wurde sorgfältig durchgeführt. Die
Transportunternehmer meldeten, daß die Dachziegel auf dem
Gelände des Heiligtums liegengeblieben seien, da kein Fach-
mann eine Methode finden konnte, sie wieder an ihren Platz
zu legen[4].

Der Tod des Prätors N. Fabius

4. Von den Prätoren, die in ihre Provinzen gegangen waren, 1
starb N. Fabius in Massilia auf dem Weg in das Diesseitige
Spanien. Daher beschloß der Senat, als dies von Gesandten 2
aus Massilia gemeldet worden war, P. Furius und Cn. Servi-

lius, die abgelöst wurden, sollten unter sich losen, wer das Diesseitige Spanien unter Verlängerung seiner Amtszeit be-
3 halten solle. Das Los fiel insofern günstig, als P. Furius, der diese Provinz schon gehabt hatte, zurückblieb.

Die Verteilung des in Ligurien und Gallien eroberten Ackerlandes

Da eine erhebliche Menge des ligurischen und gallischen Ackerlandes, das man im Kriege erobert hatte, herrenlos war, wurde in demselben Jahr ein Senatsbeschluß gefaßt, dieses
4 Land solle an einzelne verteilt werden. Dazu setzte der Stadtprätor A. Atilius eine Zehnerkommission ein, die aus M. Aemilius Lepidus, C. Cassius, T. Aebutius Parrus, C. Tremellius, P. Cornelius Cethegus, Q. und L. Apulejus, M. Caecilius, C. Salonius und C. Munatius bestand. Sie teilten jedem einzelnen zehn Morgen zu, den Bundesgenossen und Latinern je drei.

Ätolische und thessalische Gesandte in Rom

5 In derselben Zeit, in der das geschah, kamen Gesandte aus Ätolien nach Rom wegen ihrer Zwietracht und Uneinigkeit und thessalische Gesandte, die meldeten, was in Makedonien geschah.

Die Lage in Makedonien und Griechenland

1 5. Perseus wälzte in seinem Herzen den Gedanken an den Krieg, den er schon gefaßt hatte, als sein Vater noch lebte, und suchte nicht nur alle Völkerschaften Griechenlands, sondern auch die Städte für sich zu gewinnen, indem er Gesandt-
2 schaften schickte und mehr versprach, als er erfüllte. Ein

großer Teil der Leute war aber geneigt, ihm ihre Gunst zu
schenken, und sie waren ihm viel mehr gewogen als dem 3
Eumenes, obwohl alle Städte Griechenlands und sehr viele
ihrer führenden Männer dem Eumenes aufgrund seiner Wohl-
taten und Geschenke verpflichtet waren[5] und er sich als
König so verhielt, daß die Städte, die unter seiner Herrschaft
standen, ihr Schicksal mit keiner freien Stadt tauschen woll-
ten. Demgegenüber ging das Gerücht, Perseus habe nach dem 4
Tod seines Vaters seine Frau eigenhändig erschlagen[6]. Den
Apelles, seinen ehemaligen Helfershelfer bei dem tückischen
Anschlag zur Beseitigung seines Bruders, der deswegen von
Philipp zur Bestrafung gesucht worden war und der im Aus-
land lebte, habe er nach dem Tod seines Vaters herbeigerufen,
indem er ihm zum Lohn für das Vollbringen einer so großen
Tat ungeheure Versprechungen machte, und ihn heimlich
getötet. Den Perseus, der außerdem noch durch viele Morde 5
in seinem Land und im Ausland verrufen war und der auch
nicht ein einziges Verdienst aufwies, durch das er Vertrauen
verdient hätte, zogen die Städte allgemein dem König vor,
der so treu war gegen seine Verwandten, so gerecht gegen
seine Bürger und so freigebig gegen alle Menschen. Entweder 6
waren sie voreingenommen aufgrund des Rufes und der hohen
Stellung der makedonischen Könige und verachteten den
Ursprung des neuen Königreiches[7], oder sie waren begierig
auf einen Wechsel der Dinge, oder sie wollten nicht, daß alles
den Römern preisgegeben sein solle.

Die Beilegung der inneren Unruhen in Ätolien, Thessalien und Perrhäbien durch die Römer

Es herrschte aber nicht nur bei den Ätolern Streit wegen der 7
gewaltigen Menge der Schulden, sondern auch bei den Thes-

salern. Und durch Ansteckung war dieses Übel wie eine Seuche auch nach Perrhäbien gelangt.

8 Als gemeldet wurde, die Thessaler ständen unter Waffen, schickte der Senat den App. Claudius als Gesandten, um diese Dinge in Augenschein zu nehmen und in Ordnung zu brin-
9 gen. Der tadelte die Führer beider Parteien, hob den ungerechten Zins auf, mit dem die Schulden belastet waren, wobei diejenigen selbst zum großen Teil nachgaben, die diese Zinsen gefordert hatten, und verteilte die Tilgung des
10 rechtmäßigen Darlehens auf Raten über zehn Jahre. Durch denselben Appius und auf dieselbe Weise wurde die Angelegenheit in Perrhäbien in Ordnung gebracht.

Die Streitigkeiten der Ätoler, die zur selben Zeit mit genauso feindseliger Gesinnung geführt wurden, wie sie sie in ihrem Bürgerkrieg gehabt hatten, untersuchte M. Marcellus
11 in Delphi. Da er sah, daß auf beiden Seiten mit Unbesonnenheit und Verwegenheit gekämpft wurde, wollte er durch seine Anordnung keiner Partei Vor- oder Nachteile geben. Er bat beide gemeinsam, sie sollten vom Kriege ablassen, das
12 Vergangene vergessen und ihre Zwietracht beenden. Die Aufrichtigkeit dieser Versöhnung unter ihnen selbst wurde dadurch bekräftigt, daß sie sich gegenseitig Geiseln stellten. Man kam überein, die Geiseln in Korinth unterzubringen.

Marcellus bei den Achäern und Reise des Eumenes nach Rom

1 6. Von Delphi und der Bundesversammlung der Ätoler setzte Marcellus auf die Peloponnes über nach Aegium, wohin er
2 eine Versammlung der Achäer einberufen hatte. Dort lobte er das Volk, weil sie standhaft an dem alten Beschluß festgehalten hätten, die Könige der Makedonen am Betreten ihres Gebietes zu hindern, und ließ den Haß der Römer gegen

Perseus deutlich erkennen. Damit der rascher hervorbrach, 3
kam König Eumenes nach Rom und brachte Aufzeichnungen mit, die er gemacht hatte, als er überall nachforschte, ob Kriegsvorbereitungen getroffen würden.

Die römische Gesandtschaft nach Makedonien und Ägypten

Gleichzeitig wurden fünf Gesandte zum König geschickt, die 4
die Dinge in Makedonien in Augenschein nehmen sollten. Sie erhielten auch den Auftrag, nach Alexandria zu König
Ptolemaeus zu reisen, um die Freundschaft zu erneuern[8]. Die 5
Mitglieder der Gesandtschaft waren C. Valerius, Cn. Lutatius Cerco, Q. Baebius Sulca, M. Cornelius Mammula und M. Caecilius Denter.

Die Gesandten des Antiochus in Rom

Auch von König Antiochus kamen etwa zur gleichen Zeit 6
Gesandte. Deren Führer Apollonius wurde in den Senat geführt und entschuldigte mit vielen triftigen Gründen den König, daß er den Tribut später als zum Termin entrichte[9].
Er habe ihn in voller Höhe mitgebracht, damit man – ab- 7
gesehen vom Zeitpunkt – mit dem König keine Nachsicht
zu haben brauche. Außerdem bringe er ein Geschenk, gol- 8
dene Gefäße im Gewicht von 500 Pfund. Der König bitte, das Freundschaftsbündnis, das mit seinem Vater bestanden habe[10], mit ihm zu erneuern, und das römische Volk solle ihm befehlen, was einem König, der ein guter und getreuer Bundesgenosse sei, befohlen werden müsse. Er werde sich in der
Erfüllung seiner Pflicht niemals säumig zeigen. Die Ver- 9
dienste des Senates gegen ihn seien so groß gewesen, als er

in Rom war, und die Freundlichkeit der jungen Leute so groß, daß er allen Ständen als König, nicht als Geisel gegolten habe.
10 Den Gesandten wurde freundlich geantwortet, und der Stadtprätor A. Atilius erhielt den Auftrag, mit Antiochus das Bündnis zu erneuern, das mit seinem Vater bestanden hatte.
11 Die Stadtquästoren nahmen den Tribut, die Zensoren die goldenen Gefäße entgegen, und sie erhielten den Auftrag, sie in die Tempel zu stellen, wo es ihnen gut schien. Dem Gesandten wurde ein Geschenk von 100000 As geschickt und ein leerstehendes Haus als Wohnung gegeben, und es wurde beschlossen, für seinen Aufwand aufzukommen, so-
12 lange er in Italien sei. Die als Gesandte in Syrien gewesen waren, berichteten, er stehe beim König in höchster Gunst und sei ein großer Freund des römischen Volkes.

Die Ereignisse in Korsika und Ligurien

1 7. In den Provinzen geschah in diesem Jahr folgendes: Der Prätor C. Cicerejus kämpfte in Korsika in offener Feldschlacht; 7000 Korsen wurden erschlagen, mehr als 1700 gefangen. Der Prätor hatte in dieser Schlacht der Juno Moneta einen
2 Tempel gelobt. Als die Korsen darauf um Frieden baten, wurde er ihnen gewährt, und 200000 Pfund Wachs wurden von ihnen gefordert. Von dem unterworfenen Korsika ging Cicerejus nach Sardinien hinüber.

3 Und in Ligurien wurde im Gebiet der Stateller bei der Stadt Carystus gekämpft. Dort war ein starkes Heer der Ligurer
4 zusammengezogen worden. Zuerst hielten sie sich bei der Ankunft des Konsuls M. Popilius hinter den Mauern; dann, nachdem sie sahen, daß der Römer die Stadt angreifen wollte, zogen sie vor die Tore und stellten sich zur Schlacht auf.
5 Auch der Konsul zögerte nicht zu kämpfen, da er gerade das

durch das Drohen mit der Bestürmung hatte erreichen wollen.
Gekämpft wurde mehr als drei Stunden, ohne daß der Sieg
sich einer der beiden Seiten zuneigte. Als der Konsul nun sah, 6
daß die Scharen der Ligurer nirgendwo wichen, befahl er den
Reitern, aufzusitzen und an drei Stellen zugleich mit mög-
lichst viel Lärm auf die Feinde einzustürmen. Ein großer Teil 7
der Reiter durchbrach die Mitte der Schlachtreihe und ge-
langte in den Rücken der Kämpfenden. Da wurden die Ligu-
rer von Panik ergriffen. Zerstreut flohen sie nach allen Seiten, 8
nur sehr wenige zurück in die Stadt, weil vor allem von dort
her die Reiterei sich entgegengeworfen hatte. Der so zähe
Kampf hatte viele Ligurer dahingerafft, und auch auf der
Flucht wurden sie allenthalben erschlagen. 10000 Mann 9
sollen erschlagen worden sein, mehr als 700 wurden gefangen
und 82 Feldzeichen eingebracht. Aber auch der Sieg war nicht 10
unblutig; die Verluste betrugen mehr als 3000 Mann, da
keine der beiden Parteien wich und auf jeder Seite die Vorder-
sten fielen.

8. Als sich die Ligurer nach dieser Schlacht von der wilden 1
Flucht wieder an einer Stelle sammelten und sahen, daß sie
weitaus mehr Bürger verloren hatten, als noch übrig waren –
denn sie waren nicht mehr als 10000 Mann –, ergaben sie sich
bedingungslos. Sie hatten jedoch gehofft, daß der Konsul 2
nicht schrecklicher gegen sie wüten werde als die früheren
Feldherrn. Aber er nahm ihnen allen die Waffen weg, zerstörte 3
ihre Stadt und verkaufte sie selbst und ihre Habe; und dem
Senat schickte er einen Brief über seine Taten. Als der Prätor 4
A. Atilius den im Senatsgebäude vorgelesen hatte – denn der
andere Konsul, Postumius, war damit beschäftigt, den Landbe-
sitz in Kampanien zu überprüfen, und daher nicht anwesend –,
schien die Sache dem Senat schrecklich, daß die Stateller, die 5
als einzige von dem Volk der Ligurer nicht gegen die Römer
zu den Waffen gegriffen hatten, jetzt auch angegriffen und,

obwohl sie nicht von sich aus den Krieg angefangen und sich den Römern auf Gnade und Ungnade ergeben hatten, mit jeder Art äußerster Grausamkeit gequält und vernichtet
6 worden waren und daß so viele Tausende unschuldiger Menschen, die den Schutz des römischen Volkes anflehten, verkauft worden waren und, obwohl sie in Ruhe und Frieden gelebt hatten, überall zerstreut denen als Sklaven dienten, die einst regelrechte Feinde des römischen Volkes gewesen waren. Damit habe er ein sehr schlechtes Beispiel gegeben, und keiner werde in Zukunft mehr wagen, sich zu ergeben.
7 Daher wolle der Senat, der Konsul M. Popilius solle den Käufern den Preis zurückerstatten und den Ligurern selbst die Freiheit wiedergeben und er solle dafür sorgen, daß ihnen ihre Habe, soweit sie wiedererlangt werden könne, zurückgegeben
8 werde. Und auch ihre Waffen sollten ihnen zurückgegeben werden, und dies alles solle so schnell wie möglich geschehen. Und der Konsul solle nicht eher aus der Provinz weggehen, bis er die unterworfenen Ligurer wieder in ihre Wohnsitze geführt habe. Ein Sieg werde berühmt, indem man über die Kämpfenden siege, nicht indem man gegen die zu Boden Geschlagenen wüte.

1 9. Mit derselben Zügellosigkeit, die der Konsul gegenüber
2 den Ligurern gezeigt hatte, widersetzte er sich dem Senat. Er schickte die Legionen sogleich nach Pisae ins Winterlager und kehrte voll Zorn gegen den Senat und voll Feindschaft gegen den Prätor nach Rom zurück. Und er berief sogleich den Senat im Tempel der Bellona ein, fiel mit vielen Worten
3 über den Prätor her, er habe, während er wegen der Kriegserfolge im Senat den Antrag hätte stellen müssen, den unsterblichen Göttern Ehre zu erweisen, einen Senatsbeschluß gegen ihn zugunsten der Feinde erwirkt, durch den der Prätor seinen Sieg den Ligurern zuschanzte und nahe daran war, an-
4 zuordnen, daß der Konsul ihnen ausgeliefert werde. Deshalb

erlege er ihm eine Geldbuße auf. Von den Senatoren fordere er, sie sollten festsetzen, daß der gegen ihn ergangene Senats-beschluß aufgehoben werde, und sie sollten das Dankfest, das 5
sie in seiner Abwesenheit aufgrund seines Briefes über seine Leistungen für den Staat hätten beschließen müssen, in seiner Anwesenheit zunächst zur Ehre der Götter, dann aber doch auch mit einer gewissen Rücksicht auf ihn beschließen.

Er wurde mit einigen keineswegs sanfteren Reden der 6
Senatoren angegriffen als in seiner Abwesenheit und kehrte in seine Provinz zurück, ohne etwas erreicht zu haben.

Die Tätigkeit des Konsuls Postumius und die Beamtenwahlen

Der andere Konsul verbrachte den Sommer damit, den Land- 7
besitz zu überprüfen, und kehrte wegen der Wahlen nach Rom zurück, ohne daß er seine Provinz zu sehen bekommen hätte. Zu Konsuln wurden C. Popilius Laenas und P. Aelius 8
Ligus gewählt[11]; Prätoren wurden dann C. Licinius Crassus, M. Junius Pennus, Sp. Lucretius, Sp. Cluvius, Cn. Sicinius zum zweitenmal und C. Memmius.

Das Ende der Zensur des Q. Fulvius Flaccus und des A. Postumius Albinus

10. In diesem Jahr fand ein Reinigungsopfer statt; die Zen- 1
soren waren Q. Fulvius Flaccus und A. Postumius Albinus. Postumius führte es durch.

Geschätzt wurden 269015 römische Bürger, eine bedeu- 2.3
tend kleinere Zahl, weil der Konsul L. Postumius vor der Volksversammlung angeordnet hatte, von den Bundesgenossen und Latinern, die nach dem Erlaß des Konsuls C. Clau-

dius in ihre Gemeinden zurückkehren mußten, solle keiner in Rom, sondern alle in ihren eigenen Gemeinden geschätzt werden.

4 Die Zensur verlief einträchtig und zum Vorteil des Staates. Alle, die sie aus dem Senat ausstießen und denen sie den Rittertitel nahmen, machten sie zu Ärariern[12] und stießen sie aus ihrer Tribus aus[13]. Und keiner, der von dem einen eine Rüge erhielt, wurde von dem anderen in Schutz genommen.

5 Fulvius weihte[14] den Tempel der Fortuna der Reiter, den er gelobt hatte, als er in Spanien mit den Truppen der Keltiberer kämpfte, sechs Jahre, nachdem er ihn gelobt hatte, und veranstaltete vier Tage lang Spiele auf der Bühne und einen Tag welche im Circus.

Tod und Nachwahl eines Dezemvirn

6 Der Dezemvir L. Cornelius Lentulus starb in diesem Jahr. An seiner Stelle wurde A. Postumius Albinus nachgewählt.

Die Heuschreckenplage in Apulien

7 So große Wolken von Heuschrecken fielen plötzlich vom Meer nach Apulien ein, daß sie mit ihren Schwärmen die
8 Felder weithin bedeckten. Um dieses Unheil für die Feldfrüchte abzuwenden, wurde Cn. Sicinius, der zum Prätor gewählt war, mit Vollmacht nach Apulien geschickt; er zog eine gewaltige Menschenmenge zusammen und brauchte erhebliche Zeit, um die Heuschrecken aufzusammeln.

Die Verteilung der Amtsbereiche

Am Anfang des folgenden Jahres, in dem C. Popilius und 9
P. Aelius Konsuln waren, dauerten die Streitigkeiten aus dem
Vorjahr fort. Der Senat wollte, daß über Ligurien verhandelt 10
und der Senatsbeschluß erneuert werde, und der Konsul
Aelius wollte es auf die Tagesordnung setzen. Popilius legte
bei seinem Amtsgenossen und dem Senat Fürbitte für seinen
Bruder ein, wobei er durchblicken ließ, wenn sie etwas be-
schließen würden, werde er Einspruch erheben. Seinen Amts- 11
genossen schreckte er ab. Die Senatoren waren um so mehr
in gleicher Weise gegen beide Konsuln aufgebracht und be-
standen auf ihrem Vorhaben. Als über die Amtsbereiche ver-
handelt und auf Makedonien[15] Anspruch erhoben wurde,
da der Krieg gegen Perseus schon drohe, wiesen sie daher
beiden Konsuln das Gebiet der Ligurer zu. Sie sagten, sie 12
würden Makedonien nicht zuweisen, wenn nicht über M. Po-
pilius verhandelt werde. Als die Konsuln dann forderten,
ihnen zu gestatten, neue Heere oder Ersatz für die alten aus-
zuheben, wurde beides abgelehnt. Auch den Prätoren, die 13
um Ersatz für Spanien baten, wurde er verweigert, dem
M. Junius für das Diesseitige, dem Sp. Lucretius für das Jen-
seitige. C. Licinius Crassus erlangte durch das Los die Recht- 14
sprechung in der Stadt, Cn. Sicinius die in den Prozessen mit
Ausländern, C. Memmius Sizilien und Sp. Cluvius Sardinien.
Die Konsuln zürnten deswegen dem Senat, setzten das Lati- 15
nerfest auf den frühestmöglichen Termin und verkündeten,
sie würden in ihre Provinz gehen und für den Staat nichts tun
bis auf das, was mit der Verwaltung ihrer Provinzen zusam-
menhing.

König Eumenes von Pergamum in Rom

1 11. Valerius Antias schreibt, Attalus, der Bruder des Königs Eumenes, sei in der Amtszeit dieser Konsuln als Gesandter nach Rom gekommen, um Beschuldigungen gegen Perseus vorzubringen und Mitteilungen über seine Kriegsvorbereitungen zu machen. Eine größere Anzahl von Geschichtswerken, und zwar solche, denen man eher Glauben schenkt, überliefert, Eumenes sei selbst gekommen.

2 Eumenes also wurde, als er nach Rom kam, mit so großer Ehre empfangen, wie man sie nicht nur seinen Verdiensten, sondern auch den ungeheuren Wohltaten, mit denen sie selbst ihn überhäuft hatten, schuldig zu sein glaubte, und wurde
3 vom Prätor in den Senat geführt. Der Grund für ihn, nach Rom zu kommen, sagte er, sei einmal das Verlangen gewesen, die Götter und Menschen zu sehen, durch deren Wohltat er seine hohe Stellung habe, über die hinaus er nicht einmal etwas zu wünschen wage; außerdem aber auch, weil er den Senat persönlich ermahnen wolle, den Unternehmungen des
4 Perseus entgegenzutreten. Er fing dann mit den Plänen Philipps an und berichtete von der Ermordung seines Sohnes Demetrius, der gegen einen Krieg mit Rom war; wie das Volk der Bastarnen aus seinen Wohnsitzen herbeigerufen worden sei, auf deren Hilfstruppen gestützt er nach Italien ziehen
5 wollte; als er das in seinem Herzen erwog, sei das Schicksal über ihn gekommen, und er habe seinen Thron dem hinterlassen, der, wie er gemerkt hatte, der grimmigste Feind der Römer war. Deshalb hege und pflege Perseus schon längst in all seinen Plänen den Krieg, der ihm als Erbe von seinem Vater hinterlassen und zugleich mit der Herrschaft übertragen wor-
6 den sei. Er verfüge außerdem über reichlich junge Mannschaft, eine Generation, die der lange Friede hervorgebracht habe, er verfüge in seinem Reich über große Mittel, er stehe

auch in der Blüte der Jahre. Dies zeige sich in der Kraft und Stärke seines Körpers, sein Geist aber sei durch seine langjährigen Bemühungen um den Krieg und seine Erfahrungen
darin geformt. Schon von Kindheit an sei er durch die Zelt- 7
gemeinschaft mit seinem Vater auch an die Kriege mit den Römern, nicht nur an solche mit den Nachbarn gewöhnt worden, und sein Vater habe ihn auf viele und verschiedenartige
Feldzüge geschickt. Seitdem er jetzt selbst den Thron be- 8
stiegen habe, habe er mit erstaunlichem Erfolg vieles erreicht, was Philipp, obwohl er alles versucht habe, nicht mit Gewalt
und nicht mit List habe zustande bringen können. Zu seiner 9
Stärke komme noch ein Einfluß, wie man ihn in langer Zeit
durch viele große Verdienste erwerbe. 12. Denn die Gemein- 1
den Griechenlands und Asiens empfänden alle Scheu vor seiner hohen Stellung. Für welche Verdienste und für welche Wohltätigkeit ihm so viel zugestanden werde, könne man
nicht sehen, und man könne auch nicht sicher sagen, ob es 2
infolge seines Glückes geschehe oder ob, was er selbst auszusprechen sich scheue, sein Haß gegen die Römer ihn beliebt mache.

Auch unter den Königen selbst genieße er ungeheures An- 3
sehen. Er habe die Tochter des Seleucus geheiratet[16]; dabei habe er nicht um sie geworben, sondern von der anderen Seite sei um ihn geworben worden. Seine Schwester habe er dem
Prusias auf dessen dringendes Bitten hin gegeben. Beide Hoch- 4
zeiten seien festlich begangen worden mit Glückwünschen und Geschenken von zahllosen Gesandtschaften, und bei der Heimführung der Bräute hätten die berühmtesten Völker sozusagen die Rolle der Auspices[17] gehabt.

Die Völkerschaft der Böoter, die Philipp zu gewinnen ge- 5
sucht habe, habe niemals dazu gebracht werden können, einen
Freundschaftsvertrag mit ihm schriftlich festzulegen. Jetzt sei 6
der Vertrag mit Perseus an drei Stellen in Stein gemeißelt[18],

einmal in Theben, zweitens bei Delium in einem sehr heiligen und von sehr vielen Menschen besuchten Tempel, zum dritten in Delphi.

Auf dem Landtag der Achäer aber wäre es beinahe dahin gekommen, daß ihm der Zugang nach Achaia gestattet worden wäre, wenn sich die Sache nicht durch wenige, die drohend auf die römische Macht hinwiesen, zerschlagen hätte.
7 Aber beim Herkules, die Ehrenzeichen für ihn, Eumenes, von dem man kaum sagen könne, ob seine Verdienste gegenüber dieser Völkerschaft aus seinen eigenen oder aus öffentlichen Mitteln größer seien, seien teils preisgegeben worden, indem man sich nicht mehr um sie kümmerte und sie verfallen ließ, teils seien sie in feindseliger Haltung beseitigt worden[19].

Wer wisse vollends nicht, daß die Ätoler bei ihren Parteikämpfen nicht die Römer, sondern Perseus um Hilfe gebeten hätten[20]?

8 Gestützt auf diese Bündnisse und Freundschaften führe er daheim seine Kriegsvorbereitungen durch, ohne fremde Hilfe nötig zu haben. Für 30000 Fußsoldaten und für 5000 Reiter habe er für zehn Jahre Getreide gespeichert, so daß er seine eigenen Felder und die der Feinde nicht brauche, um sein
9 Heer zu verpflegen. Geld schließlich habe er so viel, daß er außer für die makedonischen Truppen für 10000 Söldner Sold für ebenso viele Jahre bereitliegen habe neben den jährlichen Einkünften, die er aus den königlichen Bergwerken erhalte.
10 Waffen habe er sogar für drei so große Heere in seinen Arsenalen zusammengetragen. Um junge Mannschaft wie aus einer nie versiegenden Quelle irgendwo hernehmen zu können, falls sie in Makedonien einmal ausgehe, sei Thrakien unterworfen worden[21].

1 13. Der Rest der Rede war eine Mahnung: «Senatoren», sagte er, «ich berichte euch hier nichts, was in unbestimmten

Gerüchten verbreitet wäre und was ich allzu begierig geglaubt hätte, weil ich wollte, daß die Beschuldigungen gegen meinen Feind wahr seien, sondern was ich erfahren und ausgekundschaftet habe, nicht anders, als wenn ich von euch als Kundschafter geschickt worden wäre und über das berichtete,
was sich meinen Augen dargeboten hat. Und ich hätte mein 2
Königreich, das ihr groß und mächtiger als andere gemacht habt, nicht verlassen und wäre über das weite Meer gefahren, um euch eitle Dinge mitzuteilen und dadurch meine Glaubwürdigkeit zu verscherzen.

Ich sah, daß die berühmtesten Städte Asiens und Griechen- 3
lands Tag für Tag unverhüllter ihre Meinung zeigten und daß sie bald, wenn man es erlaubte, bis zu einem Punkt kommen würden, von wo es keine Rückkehr zur Reue mehr gibt.
Ich sah, daß Perseus sich nicht auf die Herrschaft über Make- 4
donien beschränkte, sondern daß er andere Länder mit Waffengewalt besetzte und wieder andere, die nicht gewaltsam unterworfen werden konnten, mit Zeichen seiner Gunst und
seines Wohlwollens umstrickte. Ich sah, wie ungleich die Si- 5
tuation war, da jener einen Krieg gegen euch vorbereitete, ihr aber ihm die Sicherheit des Friedens gewährtet. Dabei schien er mir den Krieg nicht nur vorzubereiten, sondern fast schon zu führen. Abrupolis, euren Bundesgenossen und Freund, hat
er aus seinem Reich vertrieben[22]. Den Illyrer Arthetaurus, 6
ebenfalls euren Bundesgenossen und Freund, hat er umgebracht, weil er erfuhr, daß er euch gewisse Dinge geschrieben
hatte[23]. Die Thebaner Euersas und Callicritus, hochgestellte 7
Männer in ihrer Stadt, hat er aus dem Wege räumen lassen, weil sie in der Bundesversammlung der Böoter ziemlich frei gegen ihn gesprochen hatten und euch berichten wollten, was
vorging. Den Byzantinern hat er vertragswidrig[24] Hilfe ge- 8
bracht. Dolopien hat er angegriffen. Durch Thessalien und Doris ist er mit seinem Heer gezogen, um durch die Unter-

stützung der schlechteren Partei die bessere[25] niederzuwerfen,
9 wenn es zu einem Bürgerkrieg komme. In Thessalien und Perrhäbien hat er durch die Hoffnung auf Schuldentilgung alles durcheinandergebracht und verwirrt, um durch die Schar der Schuldner, die ihm verpflichtet war, die Aristokratenpartei zu unterdrücken.

10 Weil ihr euch ruhig verhieltet und duldetet, daß er dies tat, und weil er sieht, daß ihm Griechenland von euch überlassen worden ist, hält er es für gewiß, daß ihm niemand bewaffnet entgegentreten wird, bevor er nach Italien gekommen ist.
11 Wie sicher und ehrenvoll das für euch ist, sollt ihr selbst sehen. Ich jedenfalls habe geglaubt, es sei für mich schimpflich, wenn Perseus eher nach Italien käme, um den Krieg ins Land zu tragen, als ich, um euch als Bundesgenosse einzuschärfen,
12 daß ihr euch in acht nehmen sollt. Nachdem ich meine unausweichliche Pflicht erfüllt und mein Gewissen irgendwie befreit und erleichtert habe, was kann ich da weiter tun als die Götter und Göttinnen bitten, daß ihr sowohl für euren Staat sorgt als auch für uns, eure Bundesgenossen und Freunde, die von euch abhängen?»

1 14. Diese Rede beeindruckte die Senatoren. Aber im Augenblick konnte keiner mehr wissen, als daß der König im Senatsgebäude gewesen war; die Verschwiegenheit war so groß, daß nichts über die Schwelle des Senatsgebäudes drang. Als der Krieg schließlich zu Ende war, wurde alles bekannt, was der König gesagt und was man ihm geantwortet hatte.

Die Gesandten des Königs Perseus im Senat

2 Dann wurden wenige Tage später die Gesandten des Königs Perseus vor den Senat gelassen. Aber die Worte des Eumenes waren nicht nur vorher an die Ohren der Senatoren gedrungen,

sondern hatten auch ihre Herzen voreingenommen gemacht,
und jeder Versuch der Gesandten, Perseus zu verteidigen oder
zu entschuldigen, wurde zurückgewiesen. Und die allzu 3
große Dreistigkeit des Harpalus, der der Führer der Gesandt-
schaft war, brachte die Gemüter auf. Er sagte, der König
wünsche und sei darauf bedacht, daß ihm Glauben geschenkt
werde, wenn er sich rechtfertige, er habe nichts Feindseliges
gesagt oder getan. Wenn er aber sehe, daß man ganz hart- 4
näckig nach einem Grund für den Krieg suche, werde er sich
tapfer verteidigen. Der Kriegsgott sei unparteiisch und der
Ausgang eines Krieges ungewiß.

Griechische Gesandtschaften im Senat

Alle Städte Griechenlands und Asiens waren interessiert an 5
dem, was die Gesandtschaft des Perseus und was Eumenes im
Senat vorgebracht hatte. Und da sie glaubten, daß seine An-
kunft einige Wirkung haben werde, hatten die meisten Städte
Gesandte geschickt, die aber irgend etwas anderes zum Vor-
wand nahmen.

Es war auch eine Gesandtschaft der Rhodier gekommen, 6
deren Führer dreist war und sich keinen falschen Anschein
geben wollte, weil er nicht daran zweifelte, daß Eumenes mit
den Anschuldigungen gegen Perseus auch Anschuldigungen
gegen seinen Staat verbunden hatte[26]. Deshalb suchte er auf 7
jede Weise durch Patrone und Gastfreunde eine Gelegenheit,
mit dem König im Senat zu debattieren. Als ihm das nicht 8
gelang, schimpfte er hemmungslos und unbeherrscht auf den
König, er habe die Völkerschaft der Lykier gegen die Rhodier
aufgewiegelt und er sei für Asien eine größere Last als ehedem
Antiochus, und hielt eine Rede, die zwar vom Volk gern ge-
hört wurde[27] und auch den Völkern Asiens nicht unlieb war

9 – denn auch dorthin war schon die Vorliebe für Perseus gedrungen –, die aber vom Senat übel aufgenommen wurde und die für ihn und seinen Staat von Nachteil war.

10 Dem Eumenes aber gewann das Komplott gegen ihn die Gunst der Römer[28]. Es wurden ihm alle Ehren erwiesen, und ihm wurden die großartigsten Geschenke gegeben, die man sich nur denken kann, samt einem Amtssessel[29] und einem Elfenbeinstab[30].

Der Mordanschlag auf Eumenes

1 15. Nachdem die Gesandtschaften entlassen worden waren, kehrte Harpalus, so schnell er konnte, nach Makedonien zurück und meldete dem König, die Römer hätten zwar, als er sie verließ, noch keine Kriegsvorbereitungen getroffen, aber sie seien so voller Feindseligkeit gewesen, daß sich leicht er-
2 kennen ließ, sie würden den Krieg nicht aufschieben. Und Perseus selbst war nicht nur ebenfalls der Ansicht, daß es so kommen werde, sondern er wollte den Krieg auch gerade jetzt, da er glaubte, er stehe auf dem Gipfel seiner Macht.

3 Vor allem gegen Eumenes war er voller Feindseligkeit. Mit dem Vergießen seines Blutes begann er den Krieg. Er stiftete nämlich den Kreter Euander, den Führer seiner Hilfstruppen, und drei Makedonen, die daran gewöhnt waren, bei solchen Freveltaten mitzuhelfen, zur Ermordung des Königs an und gab ihnen einen Brief an seine Gastfreundin Praxo, die in Delphi ein hohes Ansehen besaß und zu den reichsten Leuten zählte.

4 Es stand ziemlich fest, daß Eumenes, um dem Apollo zu opfern, nach Delphi hinaufziehen werde. Die Attentäter mit Euander kamen vor ihm hier an, gingen überall herum und suchten nichts anderes für die Durchführung ihres Unterneh-
5 mens als eine günstige Stelle. Wenn man von Cirrha aus zum

Tempel hinaufzog, war, bevor man in dichtbebautes Gebiet kam, eine Lehmmauer links von einem Fußweg, der ein Stückchen von ihrem Fundament entfernt verlief, wo man nur einzeln gehen konnte, da die rechte Seite infolge eines Erdrutsches steil in die Tiefe abfiel. Hinter der Lehmmauer ver- 6
steckten sie sich, nachdem sie Stufen angebracht hatten, um von ihr wie von einem Wall Geschosse auf ihn zu schleudern, wenn er vorbeiging.

Zunächst umgab ihn auf seinem Weg vom Meer aus die 7
Schar seiner Freunde und Leibwächter; dann wurde der Zug allmählich durch die Enge des Weges auseinandergezogen. Als 8
man an die Stelle kam, wo man einzeln gehen mußte, betrat als erster Pantaleon den Pfad, ein hochgestellter Mann aus Ätolien, mit dem der König ein Gespräch begonnen hatte. Da 9
tauchten die Attentäter auf und stießen zwei gewaltige Felsbrocken hinab, von denen der eine den König am Kopf traf, der andere an der Schulter. Und betäubt stürzte er von dem 10
Pfad in den Abgrund, und als er schon hinabfiel, warfen sie noch viele Steine auf ihn. Und die übrigen, auch die Schar seiner Freunde und Leibwächter, flohen nach allen Seiten, als sie ihn stürzen sahen; Pantaleon dagegen blieb unerschrocken da, um den König zu schützen.

16. Obwohl die Banditen schnell um die Mauer herum zu 1
dem Verletzten hätten laufen können, um ihm den Rest zu geben, flohen sie doch, als ob sie ihre Tat zu Ende gebracht hätten, auf den Kamm des Parnaß, und zwar mit solcher Schnelligkeit, daß sie einen ihrer Begleiter töteten, der durch das unwegsame und steile Gelände nicht leicht folgen konnte und dadurch ihre Flucht aufhielt; denn sie fürchteten, er könne sie verraten, wenn er ergriffen werde.

Bei dem Körper des Königs liefen zuerst seine Freunde, 2
dann seine Leibwächter und seine Sklaven zusammen. Sie hoben den von seiner Verletzung Betäubten auf, ohne daß er

etwas wahrnahm. Daß er aber noch am Leben war, merkten
sie an seiner Körpertemperatur und daran, daß der Atem in
3 seiner Brust noch ging. Es gab nur geringe Hoffnung, ja fast
4 überhaupt keine, daß er am Leben blieb. Einige von den Leib-
wächtern folgten den Spuren der Räuber. Nachdem sie aber
bis zum Kamm des Parnaß gelangt waren und sich ohne Erfolg
abgemüht hatten, kehrten sie unverrichteterdinge zurück.
5 Die Makedonen hatten die Tat recht überlegt und kühn an-
gepackt, gaben das Unternehmen aber unüberlegt und feige
auf.

6 Den König, der schon wieder bei Bewußtsein war, trugen
seine Freunde am nächsten Tag zum Schiff hinab. Von dort
fuhren sie nach Korinth, von Korinth aus ließen sie das Schiff
über den Rücken des Isthmus ziehen[31] und fuhren weiter nach
7 Ägina. Dort wurde er mit solcher Geheimhaltung behandelt
– man ließ niemand zu ihm –, daß das Gerücht nach Asien ge-
8 langte, er sei tot. Auch Attalus glaubte es schneller, als es der
brüderlichen Eintracht angemessen war. Denn er sprach sowohl
mit der Frau seines Bruders als auch mit dem Kommandanten
der Burg, als wenn er schon unbestritten der Erbe des Thro-
9 nes wäre. Dies blieb dem Eumenes später nicht verborgen.
Und obwohl er sich vorgenommen hatte, so zu tun, als ob er
nichts gemerkt hätte, und darüber zu schweigen und es zu
dulden, konnte er sich doch beim ersten Zusammentreffen
nicht beherrschen und warf seinem Bruder die unpassende
Eile bei dem Werben um seine Frau vor.

Auch nach Rom gelangte das Gerücht von dem Tod des
Eumenes.

Der Versuch der Perseus, römische Gesandte und Feldherrn vergiften zu lassen

17. Um dieselbe Zeit kehrte C. Valerius aus Griechenland 1
zurück[32], wohin er als Gesandter geschickt worden war, um
die Verhältnisse in diesem Gebiet in Augenschein zu nehmen
und die Pläne des Königs Perseus zu erkunden. Alles, was er
berichtete, stimmte mit den Anschuldigungen überein, die
Eumenes vorgebracht hatte. Zugleich hatte er auch Praxo von 2
Delphi mitgebracht, deren Haus die Zufluchtsstätte der Ban-
diten gewesen war, und L. Rammius aus Brundisium, der
folgendes aussagte. Rammius war ein angesehener Mann in 3
Brundisium und nahm alle römischen Heerführer und Gesand-
ten als Gastfreund auf, auch bedeutende Gesandte von aus-
wärtigen Völkerschaften, vor allem von den Königen. Daher 4
war er mit Perseus bekannt geworden, ohne mit ihm zusam-
mengekommen zu sein. Als ein Brief ihm Hoffnung auf ver-
trautere Freundschaft und dann auf eine hohe Stellung mach-
te, war er zum König gereist, und bald fing es an, daß er als
enger Vertrauter behandelt und mehr, als ihm lieb war, in
geheime Gespräche hineingezogen wurde. Denn der König 5
versprach ihm ungeheure Belohnungen und bat ihn unauf-
hörlich, da doch alle römischen Feldherrn und Gesandten
seine Gastfreundschaft zu genießen pflegten, solle er denen,
die er selbst ihm aufschreibe, Gift geben lassen. Er wisse, daß 6
das Beschaffen von Gift sehr viel Schwierigkeit und Gefahr in
sich berge. Wenn man es sich beschaffe, habe man mehrere
Mitwisser. Außerdem sei der Ausgang ungewiß. Entweder
würden einem Gifte gegeben, die ausreichend wirksam seien,
um die Sache zu Ende zu bringen, oder solche, die Sicherheit
böten, daß die Sache verborgen bleibe. Er werde ihm etwas 7
geben, was weder beim Eingeben noch danach durch irgend-
ein Symptom entdeckt werden könne. Rammius fürchtete, 8

daß, wenn er sich weigere, an ihm selbst der erste Versuch mit dem Gift gemacht werde. Daher versprach er, es zu tun, und reiste ab. Er wollte aber nicht eher nach Brundisium zurückkehren, bis er sich mit dem Gesandten C. Valerius getroffen
9 hatte, der in der Umgebung von Chalcis sein sollte. Vor ihm machte er zuerst seine Aussage und kam dann auf seinen Befehl mit ihm zusammen nach Rom. Er wurde in das Senatsgebäude geführt und berichtete, was geschehen war.

Der Beschluß des römischen Senates zum Krieg gegen Perseus

1 18. Das kam noch zu dem hinzu, was Eumenes mitgeteilt hatte. Infolgedessen wurde nun Perseus rascher zum Feind erklärt, da sie sahen, daß er nicht nur einen Krieg mit erlaubten Mitteln vorbereitete, wie es eines Königs würdig war, sondern mit allen heimlichen Verbrechen wie dem Einsatz
2 von Banditen und Gift vorging. Die Führung des Krieges wurde erst den neuen Konsuln übertragen. Für den Augenblick jedoch beschloß man, der Prätor Cn. Sicinius, der die Rechtsprechung zwischen Bürgern und Ausländern hatte,
3 solle Soldaten ausheben, die nach Brundisium geführt und so bald wie möglich nach Apollonia[33] in Epirus hinübergeschafft werden sollten, um die Städte am Meer zu besetzen, damit der Konsul, der Makedonien als Amtsbereich erhielt, mit seiner Flotte dort sicher landen und die Truppen bequem ausschiffen könne.

Die Rückkehr des Eumenes nach Pergamum

4 Eumenes, der durch eine gefährliche und schwierige Behandlung eine Zeitlang in Ägina festgehalten worden war, brach,

sobald er es ohne Gefahr konnte, nach Pergamum auf und
rüstete sich mit aller Macht zum Krieg, da ihn außer dem
alten Haß auch noch das neue Verbrechen des Perseus antrieb.
Von Rom kamen Gesandte dorthin und beglückwünschten 5
ihn dazu, daß er einer so großen Gefahr entronnen sei.

Verstärkung für die Truppen in Spanien

Als der Krieg mit Makedonien auf das nächste Jahr verschoben 6
war und die übrigen Prätoren schon in ihre Provinzen abge-
reist waren, setzten M. Junius und Sp. Lucretius, denen die
spanischen Provinzen zugefallen waren, dem Senat hart zu,
indem sie oft denselben Antrag stellten, und erreichten
schließlich, daß ihnen Verstärkung für ihr Heer gegeben
wurde. Sie wurden aufgefordert, 3000 Fußsoldaten und 150
Reiter für die römischen Legionen auszuheben und für das 7
Heer der Bundesgenossen 5000 Fußsoldaten und 300 Reiter
von den Bundesgenossen anzufordern. Diese Truppen wurden
mit den neuen Prätoren nach Spanien geschafft.

Gesetzesvorschlag über die Verpachtung des staatlichen Landbesitzes in Kampanien

19. In demselben Jahr war durch die Untersuchung des Kon- 1
suls Postumius ein großer Teil des kampanischen Ackerlan-
des, das Privatleute, ohne einen Unterschied zu machen, über-
all in Besitz genommen hatten, wieder in den Besitz des Staa-
tes gekommen. Daraufhin machte der Volkstribun M. Lucre-
tius durch öffentlichen Anschlag seinen Gesetzesvorschlag be-
kannt, die Zensoren sollten das kampanische Ackerland zur
Benutzung verpachten, was so viele Jahre nach der Einnahme 2

Capuas nicht geschehen war, daß auf dem herrenlosen Land die Habgier von Privatleuten sich breitmachte.

Gesandtschaften von Ariarathes, dem König von Kappadokien, und einigen thrakischen Stämmen

3 Während der Krieg zwar schon beschlossen, aber noch nicht erklärt war und der Senat abwartete, welche von den Königen seine Freundschaft, welche die des Perseus suchen würden, kamen Gesandte des Ariarathes nach Rom und brachten einen
4 Knaben, den Sohn des Königs, mit. Sie sagten, der König schicke seinen Sohn zur Erziehung nach Rom, damit er sich schon von Jugend auf an römische Sitten und Menschen ge-
5 wöhne. Er bitte darum, daß sie ihm nicht nur achtsame Fürsorge angedeihen ließen wie privaten Gastfreunden, sondern daß sie ihn auch in die Obhut und sozusagen in die Vormund-
6 schaft des Staates nähmen. Diese Gesandtschaft war dem Senat außerordentlich willkommen. Sie beschlossen, der Prätor Cn. Sicinius solle ein Haus einrichten lassen, wo der Sohn des Königs und seine Begleiter in königlichem Stil wohnen könnten.

Und als von den Thrakern die Mäder, Cepnater und Aster durch Gesandte um ein Freundschaftsbündnis baten, wurde ihnen ihre Bitte erfüllt, und jedem einzelnen wurden Ge-
7 schenke für 2000 As geschickt. Sie freuten sich besonders, diese Völker als Bundesgenossen gewonnen zu haben, weil Thrakien im Rücken Makedoniens lag.

Die Entsendung römischer Gesandter nach Kleinasien und den Inseln

Aber um auch in Asien und auf den Inseln alles zu ermitteln,
schickten sie Tib. Claudius Nero und M. Decimius als Ge-
sandte aus. Sie forderten sie auf, nach Kreta und Rhodus zu 8
gehen, die Freundschaft zu erneuern und gleichzeitig auszu-
kundschaften, ob die Bundesgenossen von König Perseus auf-
gewiegelt worden seien.

Himmelszeichen

20. Während die Stadt unruhig war in der Erwartung des 1
neuen Krieges, wurde bei einem nächtlichen Unwetter die
Säule mit den Schiffsschnäbeln, die wegen des Sieges des Kon-
suls M. Aemilius, der als Amtsgenossen den Ser. Fulvius
hatte, im Ersten Punischen Krieg auf dem Kapitol aufgestellt
worden war, durch einen Blitz völlig bis auf den Boden zer-
trümmert. Dieses Ereignis wurde als Himmelszeichen ange-
sehen und vor den Senat gebracht. Die Senatoren ordneten an, 2
die Angelegenheit solle den Haruspices vorgelegt werden,
und die Dezemvirn sollten ihre Bücher befragen. Die Dezem- 3
virn verkündeten, die Stadt müsse entsühnt werden, und ein
Bittgang müsse stattfinden und ein feierliches Gebet verrich-
tet werden, und sowohl auf dem Kapitol in Rom als auch in
Kampanien beim Kap der Minerva müßten voll ausgewach-
sene Tiere als Opfer dargebracht werden; zu Ehren des Jupi-
ter Optimus Maximus müßten so bald wie möglich zehn Tage
lang Spiele veranstaltet werden. Dies alles wurde sorgfältig 4
durchgeführt. Die Haruspices erteilten die Auskunft, dieses
Zeichen vom Himmel werde sich zum Guten wenden, eine
Vergrößerung des Gebietes und der Untergang der Feinde

würden prophezeit, weil die Schiffsschnäbel, die das Unwetter
zertrümmert habe, vom Feinde erbeutet worden seien.
5 Dazu kamen noch andere Dinge, durch die die religiöse
Unruhe wuchs. Es war gemeldet worden, daß es in Saturnia
drei Tage lang in der Stadt Blut geregnet habe, daß in Calatia
ein Esel mit nur drei Füßen geboren und ein Stier mit fünf
Kühen durch einen einzigen Blitzschlag getötet worden sei
6 und daß es in Auximum Erde geregnet habe. Auch wegen
dieser Himmelszeichen wurden Opfer dargebracht, und es
fand ein eintägiger Bittgang statt, und ein Feiertag wurde
begangen.

Der Streit zwischen dem Senat und den Konsuln um M. Popilius

1 21. Die Konsuln waren bis zu dieser Zeit noch nicht in ihre
Provinz gegangen, weil sie der Forderung des Senates nicht
nachgaben, den Fall des M. Popilius auf die Tagesordnung
zu setzen, und weil die Senatoren beschlossen hatten, vorher
2 nichts anderes zu entscheiden. Die Erbitterung wurde noch
vergrößert durch einen Brief des Popilius, in dem der Pro-
konsul schrieb, er habe wieder mit den ligurischen Statellern
gekämpft und 6000 von ihnen erschlagen. Wegen der Un-
gerechtigkeit dieses Krieges griffen auch die übrigen Völker
3 der Ligurer zu den Waffen. Da aber wurde im Senat nicht nur
der abwesende Popilius scharf angegriffen, der mit Unter-
worfenen gegen menschliches und göttliches Recht Krieg
angefangen und friedliche Menschen dazu getrieben hatte,
den Krieg wiederaufzunehmen, sondern auch die Konsuln,
4 weil sie nicht in ihre Provinz gegangen waren. Durch dieses
einstimmige Urteil der Senatoren wurden die Volkstribunen
M. Marcius Sermo und Q. Marcius Scilla dazu gebracht, daß
sie verkündeten, sie würden den Konsuln eine Geldbuße auf-

erlegen, wenn sie nicht in ihre Provinz gingen, und daß sie im Senat einen Gesetzesvorschlag wegen der unterworfenen Ligurer verlasen, den sie durch öffentlichen Anschlag bekanntmachen wollten. Darin wurde festgesetzt, wenn einer von 5
den Statellern, die sich ergeben hatten, bis zum kommenden 1. Sextilis nicht seine Freiheit wiedererhalten hätte, solle der Senat unter Eid bestimmen, wer diese Sache untersuchen und den bestrafen solle, durch dessen widerrechtliches Verhalten der Betreffende in die Sklaverei gekommen sei. Mit der Zustimmung des Senates schlugen sie dann diesen Gesetzesvorschlag öffentlich an.

Der Triumph des C. Cicerejus über Korsika

Bevor die Konsuln aufbrachen, fand für C. Cicerejus, den 6
Prätor des vorigen Jahres, im Tempel der Bellona eine Senatssitzung statt. Er berichtete, was er in Korsika vollbracht 7
hatte, forderte aber vergeblich den Triumph. Er triumphierte dann auf dem Albaner Berg[34]. Denn es war schon zur festen Sitte geworden, daß das geschah, wenn der Senat den Triumph nicht bewilligte.

Die Abstimmung über das Gesetz der Marcier

Dem Gesetzesvorschlag der Marcier wegen der Ligurer 8
stimmte die Plebs mit großer Einmütigkeit zu. Aufgrund dieses Beschlusses der Plebs befragte der Prätor C. Licinius den Senat, wer nach seinem Willen die Untersuchung dieser Sache durchführen solle. Die Senatoren gaben ihm den Auftrag, selbst die Untersuchung zu führen.

Die Abreise der Konsuln und die Rückkehr des M. Popilius

1 22. Da endlich reisten die Konsuln in ihre Provinz ab und
2 übernahmen das Heer von M. Popilius. Doch M. Popilius
wagte nicht nach Rom zurückzukehren. Denn er wollte sich
nicht vor dem Prätor, der wegen der ihm drohenden Unter-
suchung den Senat befragt hatte, verantworten müssen, wäh-
rend der Senat gegen ihn war und das Volk noch größere
3 Feindseligkeit gegen ihn empfand. Dieser seiner Weigerung
begegneten die Volkstribunen durch die Ankündigung eines
weiteren Gesetzesvorschlages: Wenn er nicht vor dem
13. November die Stadt Rom betreten hätte, solle C. Licinius
in Abwesenheit über ihn entscheiden und das Urteil spre-
chen.

4 Als er unter diesem Zwang zurückgekehrt war, kam er in
5 den Senat, dessen Erbitterung ungeheuer war. Dort griffen
ihn viele mit bösen Worten heftig an, und der Senat beschloß,
die Prätoren C. Licinius und Cn. Sicinius sollten dafür sor-
gen, daß die Ligurer, die nach dem Konsulat von Q. Fulvius
und L. Manlius keine Feinde gewesen seien, die Freiheit
zurückerhielten, und der Konsul C. Popilius solle ihnen jen-
6 seits des Po Ackerland geben. Viele tausend Menschen er-
hielten aufgrund dieses Senatsbeschlusses die Freiheit zurück,
wurden über den Po geführt und bekamen dort Ackerland
angewiesen.

7 M. Popilius stand nach dem Gesetz der Marcier zweimal
als Beklagter vor C. Licinius. Der Prätor aber ließ sich dann
durch die Rücksicht auf den abwesenden Konsul und durch
die Bitten der Familie der Popilier erweichen und befahl dem
Angeklagten, sich zum drittenmal am 15. März einzufinden,
an dem Tag, an dem die neuen Beamten ihr Amt antreten
würden, damit er, der dann Privatmann sein würde, ihm nicht
8 das Urteil zu sprechen brauchte. So wurde die Bestimmung

des Gesetzes wegen der Ligurer durch einen trügerischen Kunstgriff vereitelt.

Die Streitigkeiten zwischen den Karthagern und Masinissa vor dem Senat

23. Gesandte aus Karthago waren in dieser Zeit in Rom und 1
Gulussa, der Sohn des Masinissa. Zwischen ihnen kam es zu
heftigen Streitigkeiten im Senat. Die Karthager beklagten 2
sich darüber, daß Masinissa außer dem Gebiet, dessentwegen früher Gesandte von Rom geschickt worden waren, die die Sache an Ort und Stelle untersuchen sollten, mehr als 70 Städte und feste Plätze des karthagischen Gebietes mit Waffengewalt in Besitz genommen habe. Das sei für ihn leicht, da
er sich aus nichts ein Gewissen mache. Die Karthager sähen 3
schweigend zu, weil sie durch den Vertrag gebunden seien;
denn es werde ihnen untersagt, mit den Waffen in der Hand 4
die Grenzen ihres Gebietes zu überschreiten. Sie wüßten zwar, daß sie in ihrem eigenen Gebiet Krieg führen würden, wenn sie die Numider von dort vertrieben, aber sie würden durch jenen ganz eindeutigen Abschnitt des Vertrages abgeschreckt, durch den ihnen ausdrücklich verboten werde, mit Bundesgenossen des römischen Volkes Krieg zu führen.
Doch jetzt könnten die Karthager seinen Hochmut, seine 5
Grausamkeit und seine Habgier nicht weiter ertragen. Sie seien geschickt worden, um den Senat zu bitten, ihnen von
den folgenden drei Dingen eines zu bewilligen: entweder 6
sollten sie ohne Voreingenommenheit zwischen dem verbündeten König und dem karthagischen Volk einen Schiedsspruch fällen, was jedem gehöre, oder sie sollten den Karthagern erlauben, sich gegen den ungerechten bewaffneten Einfall in einem frommen und gerechten Krieg zu wehren, oder

als letztes, wenn bei ihnen Gunst mehr gelte als die Wahrheit,
sollten sie ein für allemal festsetzen, was Masinissa nach ihrem
Willen von dem fremden Land geschenkt bekommen sollte.
7 Wenn sie, die Römer, es ihm gäben, würden sie dabei bestimmt
mit größerer Besonnenheit verfahren; und sie, die Karthager,
würden wissen, was sie gegeben hätten. Masinissa selbst
werde seine Entscheidungen nur nach seiner Willkür treffen.
8 Wenn sie nichts davon erreichten und sie sich auch nur das
geringste seit dem Frieden, den P. Scipio mit ihnen ge-
schlossen habe, hätten zuschulden kommen lassen, sollten
9 die Römer sie lieber selbst bestrafen. Sie wollten lieber römi-
schen Herren untertan sein und Sicherheit haben als in einer
Freiheit leben, die den Ungerechtigkeiten Masinissas aus-
10 gesetzt sei. Auf einmal unterzugehen, sei für sie selbst schließ-
lich besser, als nach dem Gutdünken des rauhesten Henkers
ihr Leben zu fristen. Bei diesen Worten warfen sie sich wei-
nend zu Boden, und auf den Boden hingestreckt, erweckten
sie nicht nur Mitleid mit sich, sondern riefen auch Unwillen
gegen den König hervor.

1 24. Man hielt es für angebracht, Gulussa zu fragen, was er
darauf antworte. Oder, wenn er das lieber wollte, sollte er
2 zuerst darlegen, weshalb er nach Rom gekommen sei. Gu-
lussa sagte, es sei für ihn nicht leicht, über diese Dinge zu
verhandeln, über die ihm sein Vater nichts aufgetragen habe;
und auch für seinen Vater sei es nicht leicht gewesen, ihm
etwas aufzutragen, da die Karthager nicht verraten hätten,
worüber sie verhandeln, noch überhaupt, daß sie nach Rom
3 gehen würden. Im Tempel des Äskulap hätten sie einige
Nächte hindurch eine heimliche Beratung der führenden
Männer abgehalten, von wo nichts hinausgedrungen sei, als
daß Gesandte mit geheimen Aufträgen nach Rom geschickt
4 würden. Das sei für seinen Vater der Grund gewesen, ihn
nach Rom zu schicken, damit er den Senat bitte, er solle nicht

ihren gemeinsamen Feinden glauben, wenn sie ihn beschul-
digten, den sie aus keinem anderen Grund als wegen seiner
unwandelbaren Treue gegen das römische Volk haßten.

Nachdem der Senat diese Darstellung von beiden Seiten 5
gehört hatte, beriet er über die Forderung der Karthager und
ließ folgendes antworten: Gulussa solle sogleich nach Numi- 6
dien abreisen und seinem Vater mitteilen, er solle wegen der
Punkte, über die die Karthager sich beklagten, möglichst
schnell Gesandte zum Senat schicken und es den Karthagern
mitteilen, damit sie zu dem Schiedsspruch kämen. Sie hätten 7
anderes, was sie könnten, Masinissa zu Ehren getan und
würden es auch weiterhin tun; aber der Gunst räumten sie
kein Recht ein. Sie wollten, daß jeder das Land besitze, das 8
ihm gehöre, und sie hätten nicht vor, neue Grenzen festzu-
setzen, sondern die alten zu bewahren. Den Karthagern 9
hätten sie nach ihrer Niederlage die Stadt und das Land ge-
lassen, nicht um ihnen im Frieden das unrechtmäßig zu ent-
reißen, was sie ihnen nach dem Recht des Krieges nicht weg-
genommen hätten. So wurden der Prinz und die Karthager 10
entlassen. Beide erhielten nach der Sitte Geschenke, und
auch die anderen Bräuche der Gastfreundschaft wurden höf-
lich beachtet.

Der Bericht der römischen Gesandten über ihren Aufenthalt in Makedonien

25. Um dieselbe Zeit kehrten die Gesandten Cn. Servilius 1
Caepio, App. Claudius Cento und T. Annius Luscus zurück,
die nach Makedonien geschickt worden waren, um Wieder-
gutmachung zu fordern und um dem König die Freundschaft
aufzukündigen. Sie brachten den Senat, der schon an sich 2
voller Feindseligkeit gegen Perseus war, zu heller Empörung,

indem sie der Reihe nach berichteten, was sie gesehen und
was sie gehört hatten. Sie hätten gesehen, daß man sich in
allen Städten der Makedonen mit höchster Energie zum Krieg
3 vorbereite. Als sie zum König gekommen seien, habe man
ihnen viele Tage lang keine Gelegenheit gegeben, mit ihm
zusammenzutreffen. Zuletzt, als sie schon jede Hoffnung auf
eine Unterredung aufgegeben hätten und abgereist seien,
da endlich seien sie von unterwegs zurückgerufen und zu
4 ihm hineingeführt worden. Das Wesentliche ihrer Rede sei
gewesen: Mit Philipp sei ein Vertrag geschlossen und mit
ihm selbst nach dem Tode seines Vaters erneuert worden,
in dem ihm ausdrücklich untersagt werde, mit den Waffen in
der Hand die Grenzen seines Gebietes zu überschreiten, und
ihm untersagt werde, Bundesgenossen des römischen Volkes
5 zum Krieg zu reizen. Darauf hätten sie der Reihe nach dar-
gelegt, was sie selbst neulich im Senat von Eumenes gehört
6 hätten und was alles wahr und zuverlässig gewesen sei. In
Samothrake habe der König außerdem viele Tage lang eine
geheime Beratung mit den Gesandtschaften der Städte Asiens
7 gehabt. Der Senat meine, es sei recht, daß für diese Un-
gerechtigkeiten Genugtuung geleistet und daß ihnen und
ihren Bundesgenossen das zurückgegeben werde, was er
gegen das Recht des Vertrages besitze.

8 Der König sei darauf zuerst in Zorn ausgebrochen und habe
in scharfem Ton den Römern Habgier und Überheblichkeit
vorgeworfen und habe getobt, daß eine Gesandtschaft nach
der anderen komme, um seine Worte und Taten auszukund-
schaften, weil sie meinten, es gehöre sich, daß er alles nach
9 ihrem Wink und Befehl sage und tue. Er habe heftig und lange
geschrien und ihnen zuletzt befohlen, am nächsten Tag wie-
derzukommen; er wolle ihnen eine schriftliche Antwort geben.

10 Da sei ihnen dann folgendes Schriftstück übergeben wor-
den: Mit dem Vertrag, der mit seinem Vater geschlossen

worden sei, habe er nichts zu schaffen. Daß er erneuert wurde, habe er zugelassen, nicht weil er ihn gutgeheißen habe, sondern weil er in dem frischen Besitz der Herrschaft alles habe zulassen müssen. Wenn sie einen neuen Vertrag mit ihm 11
abschließen wollten, müsse man sich zunächst über die Bedingungen einigen. Falls sie vorhätten, auf der Grundlage der Gleichberechtigung einen Vertrag abzuschließen, werde er wissen, was er zu tun habe, und er glaube, daß auch sie die Interessen ihres Staates wahren würden. Und so sei er davon- 12
gestürzt, und man habe begonnen, sie alle aus dem Königspalast zu treiben. Da hätten sie die Freundschaft und das Bündnis aufgekündigt. Durch diese Worte sei er in helle Wut versetzt worden, sei stehengeblieben und habe ihnen mit lauter Stimme verkündet, sie sollten innerhalb von drei Tagen das Gebiet seines Königreiches verlassen. So seien sie 13
abgereist, und weder beim Weggehen noch während ihres Aufenthaltes hätten sie ein Zeichen der Gastlichkeit oder Freundlichkeit erfahren[35].

Eine thessalische und eine ätolische Gesandtschaft im Senat

Dann wurden die thessalischen und ätolischen Gesandten angehört.

Rückberufung eines Konsuls zur Durchführung der Wahlen

Um so bald wie möglich zu wissen, welche Feldherrn der 14
Staat haben werde, beschloß der Senat, den Konsuln einen Brief zu schicken, derjenige von ihnen, der es könne, solle zu den Beamtenwahlen nach Rom kommen.

26. Die Konsuln hatten in diesem Jahr keine bedeutenden 1
Kriegstaten für den Staat vollbracht, die erwähnt werden

müßten. Es schien mehr im Interesse des Staates zu liegen, wenn die erbitterten Ligurer zur Ruhe gebracht und beschwichtigt wurden.

Vorwürfe der Bewohner von Issa gegen die Illyrer

2 Während man auf den Krieg mit Makedonien wartete, weckten Gesandte aus Issa[36] auch gegen den Illyrerkönig Gentius Argwohn. Sie beklagten sich, er habe ihr Gebiet völlig verwüstet, und teilten gleichzeitig mit, der König der Makedonen und der der Illyrer seien ein Herz und eine Seele, sie bereiteten in gemeinsamem Plan einen Krieg gegen die Römer
3 vor[37], und illyrische Kundschafter, die sich als Gesandte ausgäben, befänden sich in Rom. Sie seien auf Betreiben des Perseus geschickt worden, um zu erfahren, was vorging.

4 Die Illyrer wurden in den Senat gerufen. Sie sagten, sie seien von ihrem König als Gesandte geschickt worden und sollten, wenn die Bewohner von Issa Vorwürfe gegen den
5 König erhöben, diese entkräften. Darauf wurden sie gefragt, warum sie dann den Beamten nicht aufgesucht hätten, damit sie nach der Sitte Wohnung und Bewirtung erhielten und damit man schließlich wisse, daß sie gekommen seien und weshalb sie gekommen seien. Als sie bei der Antwort stockten, wurde ihnen gesagt, sie sollten das Senatsgebäude ver-
6 lassen. Man hielt es nicht für gut, ihnen eine Antwort zu erteilen wie Gesandten, da sie nicht gefordert hatten, vor den Senat gelassen zu werden. Und man beschloß, selbst zum König Gesandte zu schicken, um ihm mitzuteilen, worüber die Bundesgenossen sich beklagten. Der Senat glaube, wer sich gegenüber seinen Bundesgenossen des Unrechts nicht ent-
7 halte, der handle nicht recht. Als Gesandte wurden A. Terentius Varro, C. Plaetorius und C. Cicerejus dorthin geschickt[38].

Rückkehr der römischen Gesandten von den Verbündeten im östlichen Mittelmeergebiet

Aus Asien kehrten die Gesandten[39] zurück, die ringsumher zu den verbündeten Königen geschickt worden waren. Sie berichteten, sie seien mit Eumenes in Ägina, mit Antiochus in Syrien und mit Ptolemaeus in Alexandria zusammengetrof-
fen. Alle habe Perseus durch Gesandtschaften aufzuwiegeln 8
versucht, aber sie beharrten bewundernswert in ihrer Treue und hätten versprochen, alles zur Verfügung zu stellen, was das römische Volk fordere.

Sie hätten auch die verbündeten Stadtstaaten besucht. Die übrigen hätten sie ausreichend treu gefunden, die Rhodier aber schwankend und von den Plänen des Perseus angesteckt.

Rhodische Gesandte in Rom

Es waren Gesandte aus Rhodus gekommen, um sich gegen 9
das zu rechtfertigen, was, wie sie wußten, allgemein über ihren Staat verbreitet wurde. Aber man beschloß, sie nicht vor den Senat zu lassen, bis die neuen Konsuln ihr Amt angetreten hätten.

Die römischen Kriegsvorbereitungen

27. Man beschloß, die Kriegsvorbereitungen nicht aufzu- 1
schieben. Der Prätor C. Licinius erhielt den Auftrag, von den alten Fünfruderern, die an Land gezogen waren und in den Werften von Rom lagen, diejenigen, die noch brauchbar
waren, auszubessern und 50 Schiffe auszurüsten. Wenn er 2
diese Zahl nicht ganz erreichen könne, solle er seinem Amts-

genossen C. Memmius nach Sizilien schreiben, dieser solle die Schiffe, die in Sizilien seien, ausbessern und einsatzfähig machen, so daß sie so bald wie möglich nach Brundisium geschickt werden könnten.

3 Der Prätor C. Licinius wurde aufgefordert, für 25 Schiffe Seesoldaten aus dem Stand der Freigelassenen unter den römischen Bürgern auszuheben. Für weitere 25 sollte Cn. Sicinius die gleiche Zahl von den Bundesgenossen verlangen; derselbe Prätor sollte 8000 Fußsoldaten und 500 Reiter von den Bundesgenossen und Latinern fordern.

4 A. Atilius Serranus, der im vorigen Jahr Prätor gewesen war, wurde ausgewählt, diese Soldaten in Brundisium in Empfang zu nehmen und nach Makedonien zu schicken.

5 Damit der Prätor Cn. Sicinius ein Heer für die Überfahrt bereit fand, schrieb der Prätor C. Licinius im Auftrag des Senates dem Konsul C. Popilius, er solle der zweiten Legion, die am längsten diente und in Ligurien stand, und 4000 Fußsoldaten und 200 Reitern von den Bundesgenossen und Latinern befehlen, sich am 13. Februar in Brundisium einzufinden.
6 Cn. Sicinius erhielt den Befehl, mit dieser Flotte und diesem Heer gegen Makedonien zu operieren, bis ein Nachfolger komme, und seine Befehlsgewalt wurde für ein Jahr verlängert[40].

Dies alles, was der Senat beschlossen hatte, wurde unver-
7 züglich ausgeführt. 38 Fünfruderer wurden aus den Werften zu Wasser gelassen; das Kommando über sie erhielt L. Porcius Licinius, der sie nach Brundisium bringen sollte; 12 wurden aus Sizilien geschickt.

8 Um Getreide für die Flotte und das Heer aufzukaufen, wurden drei Gesandte nach Apulien und Kalabrien geschickt, Sex. Digitius, T. Juventius und M. Caecilius.

Als alle Vorbereitungen getroffen waren, verließ der Prätor Cn. Sicinius im Kriegsmantel die Stadt und kam nach Brundisium.

Die Rückkehr des Konsuls C. Popilius zur Durchführung der Wahlen

28. Gegen Ende des Jahres kam der Konsul C. Popilius nach Rom zurück, erheblich später, als der Senat angeordnet hatte; dieser war der Meinung, da ein so großer Krieg drohe, liege es im Interesse des Staates, daß die Beamten so früh wie möglich gewählt würden. 1

Deshalb fand der Konsul bei den Senatoren kein freundliches Gehör, als er im Tempel der Bellona über seine Taten in Ligurien berichtete. Es gab zahlreiche Zwischenrufe, und man fragte ihn, warum er den Ligurern, die durch das ruchlose Verhalten seines Bruders in große Bedrängnis geraten seien, nicht wieder die Freiheit verschafft habe. 2 3

Die Wahl der Beamten und die Festlegung der Amtsbereiche

Die Konsulwahlen wurden am 18. Februar durchgeführt, an 4
dem Tag, für den sie angesetzt waren. Zu Konsuln gewählt 5
wurden P. Licinius Crassus und C. Cassius Longinus. Am nächsten Tag wurden C. Sulpicius Galba, L. Furius Philus, L. Canulejus Dives, C. Lucretius Gallus, C. Caninius Rebilus und L. Villius Annalis Prätoren. Für diese Prätoren wur- 6
den die Amtsbereiche bestimmt, zwei für die Rechtsprechung in Rom, außerdem Spanien, Sizilien und Sardinien, so daß es bei einem noch unentschieden war, für welchen Amtsbereich ihn der Senat bestimmte.

Den gewählten Konsuln befahl der Senat, an dem Tage, 7
an dem sie ihr Amt antraten, voll ausgewachsene Opfertiere mit den vorgeschriebenen Zeremonien zu opfern und darum zu beten, daß der Krieg, den das römische Volk zu führen im Sinn habe, günstig ausgehe.

Am selben Tag beschloß der Senat, der Konsul C. Popilius 8

solle das Gelübde aussprechen, daß zu Ehren des Jupiter Optimus Maximus zehn Tage lang Spiele durchgeführt und daß allen Göttern Geschenke in ihre Tempel gebracht würden, wenn die Lage des Staates sich nach zehn Jahren nicht
9 verändert habe. So wie es beschlossen war, sprach der Konsul auf dem Kapitol das Gelübde aus, daß Spiele veranstaltet und daß Geschenke dargebracht würden für so viel Geld, wie der Senat in Anwesenheit von nicht weniger als 150 Mitgliedern beschlossen hätte. Der Pontifex maximus Lepidus sprach die Formel vor, und man nahm dieses Gelübde auf sich.

Tod und Nachwahl zweier Priester

10 In diesem Jahr starben von den Priestern das Staates der Dezemvir L. Aemilius Papus und der Pontifex Q. Fulvius Flac-
11 cus, der im Vorjahr Zensor gewesen war. Dieser starb eines abscheulichen Todes. Es kam die Nachricht, daß von seinen beiden Söhnen, die damals als Soldaten in Illyrien waren, der eine umgekommen sei, der andere an einer schweren und
12 gefährlichen Krankheit daniederliege. Trauer und Furcht zugleich verdunkelten seinen Geist. Als seine Sklaven früh am Morgen sein Schlafzimmer betraten, fanden sie ihn an einem Strick hängen. Es ging das Gerücht, er sei nach seiner Zensur seiner selbst nicht mehr ganz mächtig gewesen. Allgemein sagte man, die Juno Lacinia habe in ihrem Zorn wegen der Beraubung ihres Tempels seinen Geist verwirrt.

13 An Stelle des Aemilius wurde als Dezemvir M. Valerius Messala nachgewählt; für Fulvius wurde als Pontifex Cn. Domitius Ahenobarbus, ein noch ganz junger Priester, gewählt.

Die politische Lage vor dem Ausbruch des Dritten Makedonischen Krieges

29. Unter dem Konsulat von P. Licinius und C. Cassius hatten 1
nicht nur die Stadt Rom und Italien, sondern alle Könige und Völkerschaften, die es in Europa und Asien gab, ihre Aufmerksamkeit auf den Krieg zwischen Makedonien und Rom gerichtet.

Den Eumenes trieb sein alter Haß, noch mehr aber der 2
frische Zorn, weil er durch den verbrecherischen Anschlag des Königs in Delphi beinahe wie ein Opfertier hingeschlachtet worden wäre.

Prusias, der König von Bithynien, hatte beschlossen, sich 3
aus dem Kriege herauszuhalten und den Ausgang abzuwarten. Denn die Römer könnten es nicht für recht halten, wenn er gegen den Bruder seiner Frau zu den Waffen greife, und bei Perseus könne er, wenn dieser siege, durch dessen Schwester Gnade erlangen.

Ariarathes, der König der Kappadokier, hatte nicht nur 4
den Römern persönlich Hilfstruppen versprochen, sondern auch, seit er mit Eumenes verschwägert war[41], sich in seiner Politik in Krieg und Frieden diesem ganz angeschlossen.

Antiochus bedrohte das Königreich Ägypten. Er nahm den 5
König wegen seiner Jugend und dessen Vormünder wegen ihrer Untüchtigkeit nicht ernst[42]. Und da sich Streit erhob über Coelesyrien[43], glaubte er, einen Grund zum Krieg zu
bekommen und diesen ungehindert führen zu können, wenn 6
die Römer durch den Krieg mit Makedonien gebunden seien. Zu diesem Krieg hatte er jedoch durch seine Gesandten dem Senat und persönlich ihren Gesandten eifrig alles versprochen.

Ptolemaeus war wegen seiner Jugend damals noch zu keiner 7
eigenen Entscheidung berechtigt. Seine Vormünder rüsteten zum Krieg gegen Antiochus, durch den sie ihren Anspruch

auf Coelesyrien durchsetzen wollten, und versprachen auch den Römern alles für den Krieg gegen Makedonien.

8 Masinissa unterstützte die Römer mit Getreide und traf auch Anstalten, Hilfstruppen mit Elefanten und seinen Sohn Misagenes zum Krieg zu schicken. Er hatte seine Pläne aber für
9 jeden Fall folgendermaßen zurechtgelegt: Wenn der Sieg auf seiten der Römer sei, werde auch für ihn alles beim alten bleiben und er dürfe weiter nichts unternehmen; denn die Römer würden es nicht dulden, daß den Karthagern Gewalt angetan
10 werde. Wenn aber die Macht der Römer gebrochen sei, die jetzt die Karthager schützten, werde ganz Afrika ihm gehören.

11 Der Illyrerkönig Gentius hatte sich zwar bei den Römern verdächtig gemacht, aber er hatte sich noch nicht richtig entschieden, welche Seite er unterstützen wollte, und es schien, als ob er mehr aufgrund eines raschen Entschlusses als aufgrund einer Überlegung sich dieser oder jener Partei anschließen werde.

12 Der Thraker Cotys, der König der Odrysen, stand schon lange auf der Seite der Makedonen.

1 30. Während dies die Einstellung der Könige zu dem Krieg war, hielten bei den freien Völkerschaften und Völkern die einfachen Leute überall, wie gewöhnlich, fast alle zu den Schlechteren und sympathisierten mit dem König und den Makedonen. Bei den führenden Männern konnte man beob-
2 achten, daß sie ganz verschieden Partei ergriffen. Ein Teil war den Römern so ergeben, daß sie ihr eigenes Ansehen durch
3 die Maßlosigkeit ihrer Vorliebe verscherzten. Nur wenige von diesen standen unter dem Eindruck der Gerechtigkeit der römischen Herrschaft; die meisten glaubten, wenn sie sich außerordentlich für die Römer einsetzten, würden sie in ihren
4 Staaten die Macht bekommen. Ein zweiter Teil suchte sich bei dem König einzuschmeicheln. Einige von diesen trieben ihre Schulden und ihre Lage, die hoffnungslos war, wenn alles

beim alten blieb, blindlings zu einem völligen Umsturz aller
Dinge hin, andere ihre Gesinnungslosigkeit, weil die Volks-
gunst sich mehr Perseus zugewandt hatte. Ein dritter Teil, 5
und zwar der beste und klügste, wollte, wenn man sich über-
haupt einen Herrn wählen müsse, lieber unter den Römern als
unter dem König leben. Wenn ihnen in dieser Hinsicht die 6
Entscheidung über ihr Schicksal freistände, wollten sie, daß
keine Partei durch das Niederwerfen der anderen die Ober-
hand gewinne, sondern vielmehr, daß die Kräfte beider Par-
teien nicht geschmälert würden und der Friede aufgrund des
Gleichgewichtes erhalten bleibe. Dann würde zwischen den
beiden Parteien die Situation für ihre Staaten am besten sein,
da die eine Partei immer die Ohnmächtigen vor dem Unrecht
der anderen schützen werde. Die so dachten, warteten still 7
von sicherer Warte aus die Kämpfe derer ab, die zu einer der
beiden Parteien hielten.

Der Amtsantritt der Konsuln und die Verteilung der Amtsbereiche und der Truppen

An dem Tage, an dem die Konsuln ihr Amt antraten, opferten 8
sie auf Senatsbeschluß in allen Tempeln, in denen den größten
Teil des Jahres das Göttermahl stattzufinden pflegt, voll aus-
gewachsene Opfertiere, kündigten dann an, ihre Gebete seien
von den unsterblichen Göttern gehört worden, und berichte-
ten dem Senat, es sei nach der Vorschrift geopfert und das
Gebet wegen des Krieges verrichtet worden.

Die Haruspices erklärten, wenn etwas Neues begonnen wer- 9
den solle, müsse man sich damit beeilen; ein Sieg, ein Triumph
und eine Vergrößerung des Gebietes würden angekündigt.

Der Senat forderte die Konsuln auf, sie sollten – was für das 10
römische Volk gut, günstig und glücklich ausgehen möge –

so bald wie möglich in den Zenturiatkomitien vor dem Volk
den Antrag stellen, weil Perseus, der Sohn Philipps, der König
der Makedonen, gegen das Bündnis, das mit seinem Vater
Philipp geschlossen und nach dessen Tod mit ihm erneuert
worden sei, Bundesgenossen des römischen Volkes angegrif-
11 fen, ihre Felder verwüstet und ihre Städte besetzt habe[44] und
weil er Pläne zur Vorbereitung eines Krieges gegen das
römische Volk gefaßt und Waffen, Soldaten und eine Flotte
deswegen zusammengebracht habe, solle Krieg mit ihm an-
gefangen werden, wenn er hierfür nicht Genugtuung leiste.
Dieser Antrag wurde vor das Volk gebracht.

1 31. Darauf erging der Senatsbeschluß, die Konsuln sollten
sich untereinander über die Amtsbereiche Italien und Make-
donien einigen oder das Los entscheiden lassen. Wem Make-
donien zufalle, der solle gegen König Perseus und seine An-
hänger Krieg führen, wenn sie dem römischen Volk nicht Ge-
nugtuung leisteten.

2 Es wurde beschlossen, vier neue Legionen auszuheben, für
jeden Konsul zwei. Mit dem Kommando in Makedonien wurde
folgendes Vorrecht verbunden: Während die Legionen des
einen Konsuls nach altem Brauch 5200 Fußsoldaten für jede
Legion haben sollten, wurde angeordnet, für Makedonien je
6000 Fußsoldaten auszuheben und je 300 Reiter ohne Unter-
3 schied für jede Legion. Auch bei den Truppen der Bundes-
genossen wurde für den einen Konsul die Zahl erhöht; er
sollte 16000 Fußsoldaten und außer den 600 Reitern, die un-
ter dem Kommando des Cn. Sicinius standen, noch 800 Rei-
4 ter nach Makedonien hinüberschaffen. Für Italien schienen
12000 Fußsoldaten der Bundesgenossen und 600 Reiter aus-
zureichen. Mit dem Kommando in Makedonien war auch das
Vorrecht verbunden, daß der Konsul die alten Zenturionen
und Soldaten, die er haben wollte, bis zum Alter von 50 Jah-
ren ausheben durfte.

Für die Kriegstribunen wurde in diesem Jahr wegen des 5
Makedonischen Krieges eine Neuerung eingeführt, die die
Konsuln auf Senatsbeschluß vor dem Volk beantragten: die
Kriegstribunen sollten in diesem Jahr nicht in einer Abstimmung gewählt werden, sondern die Konsuln und Prätoren
sollten bei ihrer Ernennung völlig freie Hand haben.

Unter den Prätoren wurden die Kommandos folgender- 6
maßen aufgeteilt: Der Prätor, der seinen Aufgabenbereich da
haben sollte, wohin ihn der Senat schickte, sollte nach Brun- 7
disium zur Flotte gehen und dort die Seesoldaten mustern,
diejenigen entlassen, die seiner Meinung nach nicht völlig
geeignet waren, und dann unter den Freigelassenen nach Ersatz suchen und dafür sorgen, daß zwei Drittel römische Bürger und ein Drittel Bundesgenossen seien.

Damit Verpflegung für die Flotte und die Legionen aus 8
Sizilien und Sardinien herangeschafft wurde, beschloß man,
die Prätoren, die diese Provinzen durch das Los erhielten, zu
beauftragen, den Sizilianern und Sarden einen zweiten Zehnten aufzuerlegen, und dieses Getreide sollte zum Heer nach
Makedonien geschafft werden.

Durch das Los erhielt C. Caninius Rebilus Sizilien, L. Fu- 9
rius Philus Sardinien, L. Canulejus Dives Spanien[45], C. Sulpicius Galba die Rechtsprechung in der Stadt und L. Villius
Annalis die mit den Fremden; dem C. Lucretius Gallus fiel
der Amtsbereich zu, den der Senat besonders festgelegt hatte.

Die Entscheidung über die Amtsbereiche der Konsuln und die Verteilung der Legionen

32. Unter den Konsuln kam es zwar nicht zu einem großen 1
Streit, aber doch zu einer boshaften Stichelei wegen ihres
Amtsbereiches. Cassius sagte, er werde sich ohne das Los

Makedonien wählen, und sein Amtsgenosse könne nicht mit
2 ihm losen, ohne seinen Eid zu verletzen. Er habe nämlich als Prätor, um nicht in seine Provinz gehen zu müssen, in der Volksversammlung geschworen, er habe an einem bestimmten Platz und an bestimmten Tagen religiöse Verpflichtungen, die in seiner Abwesenheit nicht richtig erfüllt werden könnten. Diese könnten in der Abwesenheit des Konsuls ebensowenig
3 richtig erfüllt werden wie in der des Prätors, wenn der Senat nicht meine, was P. Licinius als Konsul wolle, müsse stärker berücksichtigt werden, als was er als Prätor geschworen habe. Er werde sich jedoch der Entscheidung des Senates unterwer-
4 fen. Die Senatoren wurden befragt, und da sie glaubten, es sei überheblich, wenn sie einem, dem das römische Volk das Konsulat nicht abgeschlagen habe, eine Provinz abschlügen, befahlen sie den Konsuln zu losen. Dem P. Licinius fiel Make-
5 donien zu, dem C. Cassius Italien. Darauf losten sie um die Legionen. Die erste und dritte sollten nach Makedonien gebracht werden, die zweite und vierte in Italien zurückbleiben.

Die Aushebung

6 Die Aushebung führten die Konsuln mit viel größerer Aufmerksamkeit und Sorgfalt durch als sonst. Licinius hob auch alte Soldaten und Zenturionen aus. Und viele meldeten sich freiwillig, weil sie sahen, daß diejenigen reich geworden waren, die im vorigen Makedonischen Krieg oder gegen Antiochus in Asien Kriegsdienst geleistet hatten.

7 Als die Kriegstribunen, die die Zenturionen aushoben, einfach einen nach dem anderen aufriefen, appellierten 23 Zenturionen, die schon das Kommando über den ersten Triariermanipel gehabt hatten, als sie aufgerufen wurden, an die Volkstribunen. Zwei aus diesem Kollegium, M. Fulvius No-

bilior und M. Claudius Marcellus, wollten die Sache an die
Konsuln verweisen; die Entscheidung darüber müsse bei je-
nen liegen, denen die Aushebung und der Krieg aufgetragen 8
worden sei. Die übrigen sagten, sie würden die Sache unter-
suchen, um derentwillen man an sie appelliert habe, und
wenn ein Unrecht geschehe, würden sie ihren Mitbürgern
ihre Hilfe zuteil werden lassen.

33. Die Sache wurde vor den Sitzen der Tribunen verhan- 1
delt. Dorthin kamen der ehemalige Konsul M. Popilius als
Rechtsbeistand[46] der Zenturionen, die Zenturionen und der
Konsul. Dieser forderte dann, die Sache vor der Volksver- 2
sammlung zu entscheiden, und das Volk wurde zur Volks-
versammlung gerufen.

Für die Zenturionen trug M. Popilius, der zwei Jahre vor-
her Konsul gewesen war, folgendes vor: Als gute Soldaten 3
hätten sie ihren Kriegsdienst ordnungsgemäß geleistet und
seien durch Alter und durch ununterbrochene Strapazen er-
schöpft. Trotzdem weigerten sie sich jedoch nicht, sich dem
Staat zur Verfügung zu stellen. Sie bäten nur darum, daß sie
keinen geringeren Rang bekämen, als sie ihn in ihrer Dienst-
zeit gehabt hätten.

Der Konsul C. Licinius befahl, die Senatsbeschlüsse vorzu- 4
lesen, zunächst den, durch den der Senat den Krieg gegen
Perseus angeordnet, dann den, in dem er sich dafür ausge-
sprochen hatte, daß man möglichst viele alte Zenturionen für
diesen Krieg aushebe und keinen, der unter 50 Jahren sei, vom
Kriegsdienst freistelle. Er bat darauf, in dem neuen Krieg, der 5
in so großer Nähe von Italien und gegen einen sehr machtigen
König geführt werde, die Kriegstribunen, die die Aushebung 6
durchführten, nicht zu behindern und den Konsul nicht da-
von abzuhalten, jedem ein Kommando zuzuweisen, wie es im
Interesse des Staates liege. Wenn in dieser Sache etwas zwei-
felhaft sei, sollten sie es an den Senat verweisen.

1 34. Nachdem der Konsul das, was er wollte, gesagt hatte,
bat Sp. Ligustinus, einer von denen, die an die Volkstribunen
appelliert hatten, den Konsuln und die Tribunen, ihm zu er-
2 lauben, kurz vor dem Volk zu sprechen. Nachdem sie es ihm
alle erlaubt hatten, soll er folgendes gesagt haben: «Ich bin
Sp. Ligustinus aus der Crustuminischen Tribus und stamme
aus dem Sabinerland, Mitbürger. Mein Vater hinterließ mir
einen Morgen Ackerland und eine kleine Hütte, in der ich
geboren und erzogen worden bin, und auch heute wohne ich
3 noch dort. Sobald ich in das Alter kam, gab mein Vater mir
die Tochter seines Bruders zur Frau, die nichts anderes mit
sich brachte als ihren freien Stand, ihre Keuschheit und dazu
eine Fruchtbarkeit, wie sie sogar in einem reichen Haus aus-
4 reichen würde. Wir haben sechs Söhne und zwei Töchter, und
diese sind beide schon verheiratet. Vier Söhne tragen die
5 Männertoga, zwei noch die Knabentoga[47]. Ich bin Soldat ge-
worden unter dem Konsulat von P. Sulpicius und C. Aure-
lius. In dem Heer, das nach Makedonien geschickt wurde,
diente ich zwei Jahre lang als einfacher Soldat gegen König
Philipp. Im dritten Jahr machte mich T. Quinctius Flamininus
wegen meiner Tapferkeit zum Zenturio im zehnten Manipel
6 der Hastati. Als Philipp und die Makedonen geschlagen und
wir nach Italien zurückgebracht und entlassen worden waren,
ging ich sogleich als Kriegsfreiwilliger mit dem Konsul
7 M. Porcius nach Spanien. Daß keiner von allen Feldherrn, die
leben, schärfer auf Tapferkeit achtete und sie besser beurtei-
len konnte, wissen die, die sowohl ihn als auch andere Feld-
herrn in einem langen Kriegsdienst kennengelernt haben.
Dieser Feldherr hielt mich für würdig, das Kommando über
8 den ersten Manipel der Hastati zu übernehmen. Zum dritten-
mal wurde ich Soldat, wieder als Freiwilliger, in dem Heer,
das gegen die Ätoler und König Antiochus geschickt wurde.
Von M'. Acilius wurde mir das Kommando über den ersten

Manipel der Principes gegeben. Als König Antiochus vertrie- 9
ben und die Ätoler unterworfen waren, wurden wir nach
Italien zurückgebracht. Und dann habe ich nacheinander
zweimal in Legionen gedient, die ein Jahr im Dienst standen[48].
Ich bin danach noch zweimal in Spanien Soldat gewesen, ein-
mal während der Prätur des Q. Fulvius Flaccus, das zweite-
mal während der des Tib. Sempronius Gracchus. Von Flaccus 10
wurde ich mit den anderen heimgeführt, die er wegen ihrer
Tapferkeit aus der Provinz zum Triumph mit sich heim-
führte. Auf Bitten des Tib. Gracchus bin ich mit ihm wieder
in die Provinz gegangen. Viermal habe ich innerhalb weniger 11
Jahre das Kommando über den ersten Triariermanipel gehabt,
dreiundvierzigmal bin ich wegen meiner Tapferkeit von mei-
nen Feldherrn ausgezeichnet worden, sechs Bürgerkronen[49]
habe ich erhalten, 22 Jahre habe ich im Heer gedient, und ich
bin über 50 Jahre. Aber wenn ich meinen Kriegsdienst nicht 12
ganz geleistet hätte und mein Alter mir keine Befreiung ver-
schaffte, wäre es doch recht gewesen, auf mich zu verzichten,
P. Licinius, da ich euch vier Soldaten an meiner Stelle geben
kann[50]. Doch ich möchte, daß ihr es recht versteht: Dies habe 13
ich für meine Sache gesagt; ich selbst werde, solange einer,
der ein Heer aushebt, mich als Soldat für tauglich hält, nie-
mals eine Entschuldigung suchen. Welchen Rang ich nach 14
dem Urteil der Kriegstribunen verdiene, liegt in ihrer Hand.
Ich werde mir Mühe geben, daß keiner im Heer mich an Tap-
ferkeit übertrifft. Und daß ich immer so gehandelt habe, da-
für sind meine Feldherrn Zeugen und die, die mit mir Soldat
gewesen sind. Kameraden, ihr habt als junge Männer bei kei- 15
ner Gelegenheit etwas gegen den Willen der Beamten und des
Senates getan. Deshalb wäre es recht, wenn auch ihr, obwohl
ihr durch euren Einspruch euer Recht geltend macht, euch
auch jetzt den Konsuln und dem Senat fügtet und jeden Platz
für ehrenvoll hieltet, an dem ihr den Staat verteidigen werdet.»

1 35. Als er dies gesagt hatte, wurde er mit vielen Worten gelobt, und der Konsul P. Licinius führte ihn aus der Volks-
2 versammlung in den Senat. Auch dort wurde ihm im Namen des Senates Dank ausgesprochen, und die Kriegstribunen gaben ihm wegen seiner Tapferkeit das Kommando über den ersten Triariermanipel der ersten Legion. Die übrigen Zenturionen zogen ihren Einspruch zurück und stellten sich willig der Aushebung.

Weitere Kriegsvorbereitungen in Rom

3 Damit die Beamten zeitiger in ihre Provinzen abreisen könnten, fand das Latinerfest am 1. Juni statt. Nach dieser Feier brach der Prätor C. Lucretius nach Brundisium auf; alles, was
4 bei der Flotte gebraucht wurde, hatte er vorausgeschickt. Der Prätor C. Sulpicius Galba erhielt den Auftrag, außer den Heeren, die die Konsuln aufstellten, noch vier Legionen aus römischen Bürgern auszuheben mit der normalen Zahl an Fußsoldaten und Reitern und für sie vier Kriegstribunen aus dem Senat auszusuchen, die das Kommando über sie haben
5 sollten. Von den Bundesgenossen und Latinern sollte er 15 000 Fußsoldaten und 1200 Reiter anfordern. Dieses Heer sollte bereitstehen, um dort eingesetzt zu werden, wo der Senat es hinschickte.

6 Auf Antrag des Konsuls C. Licinius wurde sein Heer aus Bürgern und Bundesgenossen noch durch Hilfstruppen verstärkt, nämlich durch 2000 Ligurer und durch kretische Bogenschützen – man ließ offen, wie viele die Kreter auf die Bitte hin schicken würden – und ebenso durch numidische
7 Reiter und Elefanten. Deswegen wurden L. Postumius Albinus, Q. Terentius Culleo und C. Aburius als Gesandte zu Masinissa und zu den Karthagern geschickt[51]. Es wurde be-

schlossen, nach Kreta sollten ebenso drei Gesandte gehen, A. Postumius Albinus, C. Decimius und A. Licinius Nerva[52].

Die Gesandten des Perseus in Rom

36. Zur selben Zeit kamen Gesandte von König Perseus. Man 1
beschloß, sie nicht in die Stadt zu lassen, da der Senat schon den Krieg gegen ihren König und die Makedonen beschlossen und das Volk ihn angeordnet hatte. Sie wurden im Tempel 2
der Bellona in die Senatsversammlung geführt und trugen folgendes vor: König Perseus wundere sich darüber, daß Heere nach Makedonien geschafft worden seien. Wenn der 3
König beim Senat erreichen könne, daß diese zurückgerufen würden, werde er wegen der Ungerechtigkeiten an ihren Bundesgenossen, falls sie sich darüber beklagten, daß welche vorgekommen seien, nach dem Ermessen des Senates Genugtuung leisten. Sp. Carvilius, der gerade deswegen von 4
Cn. Sicinius aus Griechenland zurückgeschickt worden war, befand sich im Senat. Als der den Vorwurf erhob, Perrhäbien sei mit Waffengewalt erobert und einige Städte in Thessalien seien besetzt worden[53], und dem König noch anderes zum Vorwurf machte, was er tat oder vorbereitete, wurden die Gesandten aufgefordert, darauf zu antworten. Nachdem sie 5
stockten und sagten, ihnen sei weiter nichts aufgetragen, wurden sie aufgefordert, ihrem König zu melden, der Konsul P. Licinius werde in Kürze mit seinem Heer in Makedonien sein. Zu ihm solle er seine Gesandten schicken, wenn er vor- 6
habe, Genugtuung zu leisten. Daß er außerdem welche nach Rom schicke, dafür gebe es keinen Grund. Es werde bestimmt keinem von ihnen erlaubt werden, durch Italien zu ziehen. Damit entließ man sie, und der Konsul P. Licinius erhielt den 7
Auftrag, ihnen zu befehlen, innerhalb von elf Tagen Italien zu

verlassen, und den Sp. Carvilius mitzuschicken, der sie im Auge behalten sollte, bis sie ihr Schiff bestiegen hätten.

8 Dies geschah in Rom, als die Konsuln noch nicht in ihren Amtsbereich aufgebrochen waren.

Das römische Heer in Epirus

Cn. Sicinius, den man, bevor er sein Amt niederlegte, nach Brundisium zur Flotte und zum Heer vorausgeschickt hatte, war schon mit 5000 Fußsoldaten und 300 Reitern nach Epirus hinübergegangen und hatte bei Nymphaeum im Gebiet von
9 Apollonia sein Lager. Von dort aus schickte er Tribunen mit 2000 Soldaten und besetzte die festen Plätze der Dassareten und Illyrer[54], die selbst um eine Besatzung baten, um größere Sicherheit vor einem Angriff der benachbarten Makedonen zu haben.

Römische Gesandte in Griechenland

1 37. Wenige Tage später[55] landeten Q. Marcius, A. Atilius, P. und Ser. Cornelius Lentulus und L. Decimius, die als Gesandte nach Griechenland geschickt worden waren, mit 1000 Fußsoldaten in Corcyra. Dort verteilten sie unter sich die Gebiete, die sie aufsuchen sollten[55a], und die Soldaten.

2 L. Decimius wurde zu dem Illyrerkönig Gentius geschickt. Wenn er sah, daß der König noch einige Rücksicht auf seine Freundschaft mit dem römischen Volk nahm, sollte er versuchen, ihn auch zu einem Bündnis für den Krieg zu gewinnen.

3 P. und Ser. Lentulus wurden nach Cephallania geschickt und sollten zur Peloponnes übersetzen und an der Westküste bis zum Winter herumreisen.

4 Marcius und Atilius bekamen Epirus, Ätolien und Thessa-

lien als Reisegebiet angewiesen. Ihnen wurde aufgetragen, von dort aus einen Blick auf Böotien und Euböa zu werfen und dann auf die Peloponnes überzusetzen. Sie beschlossen, sich dort mit P. und Ser. Lentulus zu treffen.

Bevor sie von Corcyra wegfuhren, wurde ein Brief von Perseus 5
gebracht, in dem er fragte, welchen Grund die Römer hätten, Truppen nach Griechenland hinüberzuschaffen und Städte zu besetzen. Man beschloß, ihm keine schriftliche Antwort zu 6
geben, sondern seinem Boten, der den Brief gebracht hatte, zu sagen, die Römer täten das, um die Städte selbst zu schützen.

P. und Ser. Lentulus reisten durch die Städte der Pelopon- 7
nes. Sie ermahnten ohne Unterschied alle Gemeinden, in derselben Gesinnung und mit derselben Treue, mit der sie die Römer zuerst im Krieg mit Philipp, dann in dem mit Antiochus unterstützt hätten, ihnen auch gegen Perseus zu helfen. Dadurch lösten sie dumpfes Murren in den Volksversamm- 8
lungen aus; denn die Achäer ärgerten sich darüber, daß sie, die von den Anfängen des Makedonischen Krieges[56] an den Römern alles zur Verfügung gestellt hatten und im Krieg mit Philipp Feinde der Makedonen gewesen waren, genauso behandelt wurden wie die Bewohner von Messenien und Elis, die später für Antiochus gegen das römische Volk gekämpft hatten und die sich, seitdem man sie vor kurzem dem Achäi- 9
schen Bund angeschlossen hatte, darüber beklagten, daß sie wie eine Belohnung für den Krieg den siegreichen Achäern überlassen würden[57].

38. Als Marcius und Atilius nach Gitana, einer Stadt in Epirus, 1
zehn Meilen vom Meer entfernt, hinaufzogen, fand ein Landtag der Epiroten[58] statt, auf dem sie mit großer allgemeiner Zustimmung angehört wurden. Und sie schickten 400 von ihren jungen Leuten ins Gebiet der Oresten zum Schutz für sie, die von den Makedonen befreit worden waren.

2 Von dort zogen sie weiter nach Ätolien und blieben dort wenige Tage, bis an Stelle des verstorbenen Strategen ein anderer nachgewählt wurde. Nachdem Lyciscus Stratege geworden war, von dem man aus hinreichender Erfahrung wußte, daß er die Interessen der Römer förderte, gingen sie nach Thessalien hinüber. Dorthin kamen Gesandte aus Akar-
3 nanien und Verbannte von den Böotern[59]. Die Akarnanen[60] wurden aufgefordert, ihren Landsleuten mitzuteilen, ihnen werde eine Gelegenheit geboten, das in Ordnung zu bringen, was sie zunächst im Krieg mit Philipp, dann in dem mit Antiochus, durch die Versprechungen der Könige getäuscht,
4 gegen das römische Volk begangen hätten. Wenn sie die Milde des römischen Volkes kennengelernt hätten, als sie ihm schlechte Dienste erwiesen hätten, sollten sie dadurch, daß sie ihm gute Dienste erwiesen, seine edle Gesinnung kennen-
5 lernen. Den Böotern wurde vorgeworfen, sie hätten ein Bündnis mit Perseus geschlossen. Als sie die Schuld auf Ismenias, den Führer der anderen Partei, schoben und behaupteten, einige Gemeinden, die anderer Meinung seien, seien in die Sache hineingezogen worden, sagte Marcius, das werde sich zeigen; denn sie würden jeder einzelnen Gemeinde die Möglichkeit geben, selbst für sich ihre Entscheidungen zu treffen.
6 In Larisa fand ein Landtag der Thessaler statt. Dort hatten die Thessaler und die römischen Gesandten eine willkommene Gelegenheit, sich beieinander zu bedanken: die Thessaler für das Geschenk der Freiheit, die Gesandten dafür, daß sie früher in dem Krieg mit Philipp und auch danach in dem mit Antiochus von der Völkerschaft der Thessaler eifrig un-
7 terstützt worden waren[61]. Durch diese gegenseitige Erwähnung der Verdienste wurde die Menge dazu gebracht, alles zu beschließen, was die Römer wollten.

Verhandlungen der römischen Gesandten Marcius und Atilius mit Perseus

Nach dem Landtag kamen Gesandte von König Perseus, vor 8
allem im Vertrauen auf die persönliche Gastfreundschaft, die
er von seinem Vater her mit Marcius hatte. Die Gesandten
begannen mit der Erwähnung dieses Verhältnisses und baten,
er solle dem König Gelegenheit geben, zu einer Unterredung
zu kommen. Marcius sagte, er habe es so von seinem Vater 9
gehört, daß Freundschaft und Gastfreundschaft mit Philipp
bestanden habe, und er habe, als er diesen Auftrag als Gesand-
ter übernahm, dieses Verhältnis keineswegs vergessen. Die 10
Unterredung würde er, wenn er gesund genug wäre, nicht
aufschieben. Jetzt aber würden sie, sobald es ihnen möglich
sei, zum Fluß Peneus kommen, wo der Übergang von Homo-
lium nach Dium sei. Vorher würden sie noch Boten schicken,
die es dem König melden würden.

39. Und hierauf zog sich Perseus aus der Gegend von Dium 1
in das Innere seines Reiches zurück, da sich ihm ein schwacher
Schimmer der Hoffnung zeigte, weil Marcius gesagt hatte, er
habe seinetwegen die Gesandtschaft übernommen. Wenige
Tage später kamen sie zum vereinbarten Ort. Das Gefolge des 2
Königs war groß, weil ihn die Schar seiner Freunde, vor allem
aber die seiner Leibwächter, dicht umdrängte. Die Gesandten
kamen mit einem nicht kleineren Zuge, da ihnen viele von
Larisa aus das Geleit gaben und dazu die Gesandtschaften der
Gemeinden, die in Larisa zusammengekommen waren und die
Genaues, was sie gehört hatten, nach Hause berichten wollten.
Dahinter steckte die den Menschen angeborene Neugier, zu 3
sehen, wie der berühmte König und die Gesandtschaft des
ersten Volkes der ganzen Erde zusammentrafen.

Als sie einander vor Augen standen und nur der Fluß sie 4
noch trennte, entstand dadurch, daß sie eine Zeitlang darüber

verhandelten, welche der beiden Parteien hinüberkommen solle, eine Verzögerung. Jene glaubten, man schulde der hohen Stellung des Königs Respekt, diese, man schulde ihn dem Namen des römischen Volkes, vor allem, weil Perseus um die
5 Unterredung gebeten hatte. Durch ein Scherzwort brachte Marcius die Zögernden dann zum Lachen. «Der Jüngere», sagte er, «soll zum Älteren gehen, und» – weil er selbst den Beinamen Philipp hatte – «der Sohn soll zum Vater herüber-
6 kommen.» Hierdurch ließ der König sich leicht überreden. Dann war man noch über einen anderen Punkt verschiedener Ansicht, nämlich mit wie vielen er herüberkommen solle. Der König hielt es für angebracht, mit seinem ganzen Gefolge hinüberzukommen. Die Gesandten forderten ihn auf, entweder mit dreien zu kommen oder, wenn er einen so großen Zug hinüberführe, Geiseln zu stellen, daß bei der Unterredung
7 kein Betrug geschehen werde. Er gab Hippias und Pantauchus, die er auch als Gesandte geschickt hatte, sehr angesehene Männer aus dem Kreis seiner Freunde, als Geiseln. Doch waren die Geiseln nicht so sehr als Unterpfand der Treue verlangt worden, als daß die Verbündeten sähen, daß der König keineswegs als Gleichgestellter mit den Gesandten zusam-
8 mentreffe. Die Begrüßung erfolgte nicht wie unter Feinden, sondern wie unter Gastfreunden und Freunden, und nachdem man Sitze hingestellt hatte, nahmen sie Platz.

1 40. Nachdem kurze Zeit Schweigen geherrscht hatte, sagte Marcius: «Ich glaube, von uns wird erwartet, daß wir auf deinen Brief antworten, den du nach Corcyra geschickt hast und in dem du fragst, warum wir denn als Gesandte mit Soldaten gekommen seien und warum wir Besatzungen auf die
2 einzelnen Städte verteilten. Ich scheue mich, auf diese deine Frage nicht zu antworten – denn das wäre überheblich –, aber auch, die Wahrheit zu antworten – denn sie würde deinen
3 Ohren allzu bitter klingen. Aber da der, der einen Vertrag ge-

brochen hat, entweder mit Worten oder mit Waffen gezüch-
tigt werden muß, werde ich die Bitterkeit einer Rede gegen
einen Gastfreund auf mich nehmen, ganz gleich, wie es ist,
wie die Ärzte, wenn sie, um zu heilen, unangenehmere Mittel
anwenden; ich hätte ja auch lieber, daß der Krieg gegen dich
einem anderen als mir übertragen worden wäre.

Seitdem du den Thron bestiegen hast, meint der Senat, 4
hättest du nur eine einzige Sache getan, die getan werden
mußte, nämlich daß du Gesandte geschickt hast, um den
Vertrag zu erneuern. Er meint aber, dieser selbst wäre von
dir besser nicht erneuert worden als erst erneuert und dann
verletzt. Abrupolis, einen Bundesgenossen und Freund des 5
römischen Volkes, hast du aus seinem Reich vertrieben. Die
Mörder des Arthetaurus, die den Fürsten getötet hatten, der
von allen Illyrern den Römern am treuesten war, hast du
aufgenommen, damit man sah, daß du dich über den Mord
freutest – um nicht mehr zu sagen. Durch Thessalien und das 6
Gebiet von Malis bist du mit einem Heer entgegen dem Ver-
trag[62] nach Delphi gezogen. Den Byzantinern hast du eben-
falls entgegen dem Vertrag Hilfstruppen geschickt. Mit den
Böotern, unseren Bundesgenossen, hast du für dich selbst ein
Sonderbündnis geschlossen, was nicht erlaubt war[63], und
durch einen Eid bekräftigt. Wer die thebanischen Gesandten 7
Euersas und Callicritus, die zu uns unterwegs waren, getötet
hat, will ich lieber nur fragen als es nachweisen. Wen anders
als deine Leute kann man als schuldig ansehen für den Aus-
bruch des Bürgerkrieges in Ätolien und die Ermordung ihrer
führenden Männer? Das Gebiet der Doloper ist von dir selbst
völlig verwüstet worden. Als König Eumenes von Rom in 8
sein Reich zurückkehrte, wäre er beinahe wie ein Opfertier
in Delphi an geweihter Stätte vor den Altären hingeschlach-
tet worden; wen er beschuldigt, mag ich nicht wiedergeben.
Welche heimlichen Freveltaten dein Gastfreund aus Brundi- 9

sium verrät, weiß ich genau, und daß dir alles von Rom aus geschrieben worden ist und daß deine Gesandten es dir mitgeteilt haben.

10 Daß dies von mir gesagt wurde, hättest du auf eine einzige Art vermeiden können: wenn du nicht gefragt hättest, warum Heere nach Makedonien hinübergeschafft würden und warum wir Besatzungen in die Städte der Bundesgenossen legten. Da du aber gefragt hast, wäre es überheblicher gewesen, zu
11 schweigen, als dir die Wahrheit zu antworten. Ich für meine Person leihe deiner Rede ein geneigtes Ohr bei der Gastfreundschaft zwischen unseren Vätern und wünsche, daß du mir einigen Stoff zur Verfügung stellst, deine Sache vor dem Senat zu vertreten.»

1 41. Darauf erwiderte der König: «Meine Sache, um die es gut stände, wenn sie vor unparteiischen Richtern geführt würde, muß ich vor Richtern führen, die zugleich auch meine
2 Ankläger sind. Die Dinge aber, die mir vorgeworfen werden, sind teils so, daß ich nicht weiß, ob ich mich ihrer nicht rühmen muß, und bestimmt nicht so, daß ich mich schäme, sie zu bekennen, teils so, daß es genügt, was mir mit bloßen Worten vorgeworfen wird, auch mit bloßen Worten in Ab-
3 rede zu stellen. Denn was könnte mir, wenn ich heute nach euren Gesetzen angeklagt wäre, der Denunziant aus Brundisium oder Eumenes vorwerfen, daß sie mich wirklich eher
4 anzuklagen als zu schmähen schienen? Natürlich hat Eumenes, der so vielen aus politischen und aus persönlichen Gründen lästig ist, keinen anderen Feind als mich und konnte ich keinen besseren zur Ausführung meiner Schandtaten finden als Rammius, den ich weder vorher jemals gesehen hatte noch später sehen wollte!

5 Ich muß Rechenschaft ablegen für die Thebaner, von denen es feststeht, daß sie durch einen Schiffbruch umgekommen sind, und auch für die Ermordung des Arthetaurus. In diesem

Fall jedoch wird mir weiter nichts vorgeworfen, als daß seine
Mörder als Verbannte in meinem Reich gelebt haben. Das 6
Unbillige dieser Rechtsgrundlage will ich dann nicht zurück-
weisen, wenn auch ihr es akzeptiert und eingesteht, daß ihr
alle, die sich als Verbannte nach Italien oder Rom begeben
haben, zu den Taten angestiftet habt, für die sie verurteilt
worden sind. Wenn ihr dies zurückweist und auch alle ande- 7
ren Völker, werde auch ich unter den übrigen sein. Und –
beim Herkules – welchen Sinn hat es, daß einem der Weg
in die Verbannung offensteht, wenn es nirgendwo für den
Verbannten einen Platz gibt? Ich habe jedoch diese, sobald 8
ich von euch einen Wink erhielt und erfuhr, daß sie in Make-
donien waren, aufsuchen lassen und ihnen befohlen, mein
Reich zu verlassen, und sie auf ewig aus meinem Gebiet
verbannt.

Diese Dinge sind mir vorgeworfen worden wie einem, der 9
als Angeklagter vor Gericht steht, die folgenden Dinge aber
wie einem König, und sie führen auch zu einem Meinungs-
austausch über den Vertrag, den ich mit euch habe. Denn 10
wenn es in dem Vertrag so geschrieben steht, daß es mir
nicht einmal erlaubt ist, mich und mein Reich zu schützen,
wenn einer mich in meinem eigenen Land angreift, muß ich
gestehen, daß ich den Vertrag verletzt habe, indem ich mich
mit den Waffen gegen Abrupolis, einen Bundesgenossen des
römischen Volkes, zur Wehr gesetzt habe. Wenn es aber so- 11
wohl nach dem Vertrag erlaubt war und auch nach dem bei
allen Völkern geltenden Recht so bestimmt ist, daß Waffen-
gewalt mit Waffengewalt abgewehrt wird, was hätte ich da
schließlich tun sollen, als Abrupolis das Gebiet meines
Königreiches bis Amphipolis verwüstet und viele freie Men-
schen, eine große Anzahl Sklaven und viele tausend Stück
Vieh weggetrieben hatte? Hätte ich mich ruhig verhalten 12
und es dulden sollen, bis er bewaffnet nach Pella und in

meinen Königspalast gelangte? Aber freilich, ich habe ihn zwar in einem gerechten Krieg verfolgt, aber es war nicht an der Ordnung, daß er besiegt wurde und das dulden mußte, was Besiegten geschieht. Da ich deren Los ertragen habe, der ich mit Waffen herausgefordert worden war, wie kann er, der diesen Krieg angefangen hat, sich darüber beklagen, daß es ihn getroffen hat?

13 Ich will mich nicht auf dieselbe Weise dafür rechtfertigen, ihr Römer, daß ich die Doloper mit Waffen zur Räson gebracht habe, weil ich hier nach meinem Recht gehandelt habe, auch wenn sie es nicht verdient hatten. Denn sie gehörten zu meinem Königreich und standen unter meiner Herrschaft und waren durch einen Beschluß von euch meinem
14 Vater zugewiesen worden. Und wenn ich für mein Vorgehen Rechenschaft ablegen müßte, könnte es – von euch und euren Verbündeten ganz zu schweigen – nicht einmal denen, die sogar gegenüber Sklaven wütende und ungerechte Ausübung der Gewalt ablehnen, so vorkommen, als ob ich gegen sie mehr gewütet hätte, als recht und billig war. Denn sie hatten Euphranor, den Statthalter, der von mir eingesetzt worden war, auf so grausame Weise getötet, daß der Tod die geringste Strafe dafür war.

1 42. Aber als ich von dort weiterzog, um Larisa, Antronae und Pteleon[64] zu besichtigen, und Delphi in der Nähe des Weges lag, zog ich, um zu opfern und die schon lange vorher
2 fälligen Gelübde einzulösen, nach Delphi hinauf. Und dazu wird, um den Vorwurf zu vergrößern, noch hinzugefügt, ich sei mit meinem Heer gezogen, natürlich um die Städte zu besetzen und Besatzungen in ihre Burgen zu legen, worüber
3 ich mich nun beklage, daß ihr es tut. Beruft die Gemeinden Griechenlands, durch die ich gezogen bin, zu einer Versammlung! Und sollte sich dann einer, ganz gleich wer, über einen Übergriff eines meiner Soldaten beklagen, dann werde ich es

nicht in Abrede stellen, daß es so aussieht, als ob ich das Opfer nur zum Vorwand gebraucht und etwas anderes beabsichtigt hätte.

Den Ätolern und Byzantinern haben wir Hilfe geschickt, 4
und mit den Böotern haben wir Freundschaft geschlossen. Dies – es sei, wie es wolle – ist durch meine Gesandten in eurem Senat nicht nur mitgeteilt, sondern sogar oft gerechtfertigt worden, wo einige die Sache untersuchten, die mir gegenüber nicht so unparteiisch waren wie du, Q. Marcius,
mein Freund und Gastfreund vom Vater her. Aber Eumenes 5
war noch nicht als Ankläger nach Rom gekommen, der durch falsche Anklagen und Verdrehungen alles verdächtig und verhaßt machte und euch einzureden versuchte, Griechenland könne nicht in Freiheit leben und eure Wohltat genießen, so-
lange das Königreich Makedonien unversehrt sei. Das Blatt 6
wird sich wenden. Bald wird es jemand geben, der nachweist, Antiochus sei umsonst über die Kämme des Taurus zurückgedrängt worden; Eumenes sei für Asien eine viel schwerere Last, als es Antiochus gewesen sei. Eure Bundesgenossen könnten nicht zur Ruhe kommen, solange es den Königspalast in Pergamum gebe. Dieser sei als Burg über die Hauptstädte der benachbarten Staaten gesetzt.

Ich weiß, Q. Marcius und A. Atilius, daß das, was ihr mir 7
vorgeworfen habt oder was ich zu meiner Rechtfertigung gesagt habe, so ist, wie man es hören und aufnehmen will, und daß es nicht so sehr darauf ankommt, was ich oder in welcher Absicht ich es getan habe, sondern vielmehr darauf,
wie ihr das Geschehene aufnehmt. Ich bin mir nicht bewußt, 8
daß ich mir wissentlich etwas habe zuschulden kommen lassen, und wenn ich durch mangelnde Klugheit gestrauchelt bin und etwas getan habe, kann ich durch diese Zurechtwei-
sung gebessert und von meinen Fehlern befreit werden. Ich 9
habe gewiß nichts begangen, was nicht wiedergutgemacht

werden könnte und was nach eurer Meinung mit Krieg und Waffen verfolgt werden müßte. Oder der Ruf eurer Milde und Würde ist irrtümlich bei den Völkern verbreitet, wenn ihr aus solchen Gründen, für die kaum eine Klage und eine Beschwerde angemessen ist, zu den Waffen greift und mit verbündeten Königen Kriege anfangt.»

1 43. Nachdem er dies gesagt hatte und ihm beigepflichtet worden war, regte Marcius an, Gesandte nach Rom zu schicken. Als der König meinte, man müsse alles bis zum äußersten versuchen und man dürfe die Hoffnung nie aufgeben, beriet man weiter darüber, auf welche Weise die Ge-
2 sandten denn einen sicheren Weg hätten. Obwohl dazu die Bitte um einen Waffenstillstand notwendig schien und Marcius ihn wünschte und nichts anderes durch die Unterredung hatte erreichen wollen, gewährte er ihn nur mit vielen Um-
3 ständen und als eine große Gunst für den Bittenden. Die Römer waren nämlich im Augenblick für den Krieg nicht ausreichend vorbereitet, hatten kein Heer und keinen Feldherrn, während Perseus alles vorbereitet und beschafft hatte und gerade zu einem für ihn günstigen und für die Feinde ungünstigen Zeitpunkt den Krieg hätte beginnen können, wenn nicht die eitle Hoffnung auf Frieden seine Entschlüsse verblendet hätte.

Verhandlungen der römischen Gesandten Marcius und Atilius mit den Böotern und Achäern

4 Von dieser Unterredung aus zogen die römischen Gesandten, nachdem man sich Waffenstillstand zugesichert hatte, unver-
5 züglich nach Böotien. Dort war es schon zu Unruhen gekommen, da einige Gemeinden an der allgemeinen Bundesversammlung der Böoter nicht mehr teilnahmen, seitdem gemel-

det worden war, die Gesandten hätten geantwortet, es werde
sich zeigen, welchen Gemeinden es mißfallen habe, daß ein
Bündnis mit dem König abgeschlossen wurde. Als erste be- 6
gegneten ihnen noch unterwegs Gesandte von Chaeronea,
dann von Theben und versicherten, sie seien bei der Ver-
sammlung, auf der dieses Bündnis beschlossen worden sei,
nicht dabeigewesen. Die Gesandten gaben ihnen im Augen-
blick keinen Bescheid, forderten sie vielmehr auf, ihnen nach
Chalcis zu folgen.

In Theben war es über eine andere Sache zu einem großen 7
Streit gekommen. Die Partei, die bei der Wahl des Strategen
und der Böotarchen[65] unterlegen war, versuchte sich für das
erlittene Unrecht zu rächen, rief die Menge in Theben zu-
sammen und ließ sie beschließen, daß die Böotarchen nicht
in die Städte aufgenommen werden sollten. Die Ausgewie- 8
senen gingen alle nach Thespiae; von dort – denn sie waren
ohne Zögern aufgenommen worden – wurden sie nach The-
ben zurückgerufen, da inzwischen die Gesinnung umgeschla-
gen war, und ordneten an, daß die zwölf, die als Privatleute
die Versammlung und die Beratung abgehalten hatten, mit
der Verbannung bestraft werden sollten. Der neue Stratege – 9
es war Ismenias, ein berühmter und mächtiger Mann – ver-
urteilte sie dann in Abwesenheit durch einen Beschluß zum
Tode. Sie waren nach Chalcis geflohen. Von dort waren sie
zu den Römern nach Larisa gegangen und hatten die Schuld
für das Bündnis mit Perseus auf Ismenias geschoben. Über 10
diese Sache war es zu dem Streit gekommen. Gesandte beider
Parteien kamen zu den Römern, sowohl die Verbannten, die
Ismenias anklagten, als auch Ismenias selbst.

44. Als man nach Chalcis gekommen war, sagten die füh- 1
renden Männer der anderen Gemeinden, was den Römern
außerordentlich lieb war, alle nach ihrem eigenen Entschluß
sich von dem Bündnis mit dem König los und schlossen sich

den Römern an. Ismenias hielt es für recht, daß die Völkerschaft der Böoter sich unter den Schutz der Römer stellte[66].
2 Darüber kam es zu einem Streit, und wenn er sich nicht zu dem Richterstuhl der Gesandten geflüchtet hätte, hätte nicht viel daran gefehlt, daß er von den Verbannten und ihren Parteigängern getötet worden wäre.

3 Auch in Theben selbst, der Hauptstadt Böotiens, kam es zu großen Unruhen, da die einen die Stadt zum König hinüber-
4 ziehen wollten, die anderen zu den Römern. Und eine Menge Einwohner von Coronea und Haliartus[67] war zusammengekommen, um den Beschluß zum Bündnis mit dem König zu verteidigen. Aber durch die Festigkeit der führenden Männer, die darauf hinwiesen, wie groß durch die Niederlage Philipps und des Antiochus die Macht und das Glück des Römischen Reiches sei, wurde die Menge schließlich zur Einsicht gebracht und beschloß, das Bündnis mit dem König aufzuheben, schickte diejenigen, die dazu geraten hatten, den Freundschaftsvertrag abzuschließen, zur Wiedergutmachung zu den Gesandten nach Chalcis und ordnete an, daß die Gemeinde sich in den Schutz der Gesandten begebe.

5 Marcius und Atilius hörten die Thebaner voller Freude an und veranlaßten sie und auch die Abgesandten jeder einzelnen Gemeinde für sich, nach Rom Gesandte zu schicken, um
6 die Freundschaft zu erneuern. Vor allem ordneten sie an, die Verbannten zurückzurufen, und verurteilten durch einen Beschluß die, die für das Bündnis mit dem König die Verantwortung trugen[68]. So hatten sie ihr Hauptziel, die Zerschlagung des Böotischen Bundes, erreicht.

Daraufhin brachen sie zur Peloponnes auf, nachdem sie
7 Ser. Cornelius nach Chalcis gerufen hatten[69]. In Argos fand für sie eine Bundesversammlung statt. Dort forderten sie von der Völkerschaft der Achäer nichts anderes, als daß sie 1000
8 Soldaten stellten. Diese wurden als Besatzung nach Chalcis

geschickt, um es zu schützen, bis das römische Heer nach Griechenland hinübergeschafft war.

Nachdem Marcius und Atilius durchgeführt hatten, was in Griechenland zu tun war, kehrten sie zu Beginn des Winters nach Rom zurück.

Die römische Gesandtschaft nach Asien und den Inseln des östlichen Mittelmeergebietes

45. Von dort wurde um dieselbe Zeit eine Gesandtschaft nach 1
Asien und zu den Inseln ringsumher geschickt. Es waren drei 2
Gesandte, Tib. Claudius, Sp. Postumius und M. Junius. Diese
reisten umher und ermahnten die Bundesgenossen, den Krieg
gegen Perseus für die Römer auf sich zu nehmen, und je
mächtiger eine Gemeinde war, desto sorgfältiger gingen sie
zu Werke, weil die kleineren dem Vorbild der größeren folgen
würden. Die Rhodier hielt man in jeder Hinsicht für die be- 3
deutendsten, weil sie den Krieg nicht nur fördern, sondern
in ihm auch mit ihren Streitkräften gute Dienste leisten
konnten; denn sie hatten 40 Schiffe auf Betreiben des Hege-
silochus ausgerüstet. Er hatte das höchste Amt inne – sie 4
selbst nennen es Prytanis – und hatte die Rhodier durch viele
Reden dazu gebracht, daß sie die Hoffnung, die sie an die
Unterstützung der Könige geknüpft und die sich oft als eitel
erwiesen hatte, aufgaben und an dem Bündnis mit den Rö-
mern festhielten, dem einzigen, das damals auf der Welt in
bezug auf die Kräfte und auf die Treue unerschütterlich war.
Ein Krieg mit Perseus stehe bevor. Die Römer würden die- 5
selben Rüstungen zur See erwarten, die sie vor kurzem im
Krieg mit Antiochus und die sie davor in dem mit Philipp
erlebt hätten. Sie selbst würden dann plötzlich beim Aus- 6
rüsten einer Flotte in Bedrängnis geraten, wenn sie geschickt

werden müsse und sie nicht begonnen hätten, die Schiffe wieder flottzumachen und mit Seesoldaten zu bemannen. Das müsse mit größtem Eifer getan werden, um die Vorwürfe, die von Eumenes vorgebracht worden seien, durch den Be-
7 weis ihrer Treue zu widerlegen. Hierdurch getrieben, zeigten sie den römischen Gesandten bei ihrer Ankunft eine Flotte von 40 Schiffen bemannt und ausgerüstet, so daß es offenkundig war, daß man nicht auf eine Ermahnung gewartet
8 hatte. Und diese Gesandtschaft war sehr wichtig, um die Gemeinden Asiens zu gewinnen.

Die Rückkehr des Decimius nach Rom

Decimius kehrte als einziger ohne irgendeinen Erfolg nach Rom zurück. Er stand durch den Verdacht, er habe von den Königen der Illyrer Geld angenommen, in üblem Ruf.

Gesandtschaften von König Perseus

1 46. Nachdem Perseus von der Unterredung mit den Römern nach Makedonien zurückgekehrt war, schickte er Gesandte nach Rom wegen der Bedingungen für den Frieden, über den er mit Marcius zu verhandeln begonnen hatte, und ließ durch Gesandte Briefe nach Byzanz, Rhodus und anderen Gemein-
2 den bringen. In den Briefen war der Inhalt an alle derselbe. Er habe mit den Gesandten der Römer unterhandelt. Was er gehört und was er gesagt hatte, war so dargestellt, daß es scheinen konnte, als sei er der Stärkere in der Verhandlung
3 gewesen. Bei den Rhodiern fügten die Gesandten noch hinzu, er hoffe zuversichtlich, daß Friede sein werde. Denn auf Veranlassung von Marcius und Atilius seien Gesandte nach

Rom geschickt worden. Wenn die Römer dabei blieben, ent-
gegen dem Vertrag einen Krieg anzuzetteln, dann müßten
sich die Rhodier mit all ihrem Einfluß und all ihrer Macht
anstrengen, den Frieden wiederherzustellen. Wenn sie durch 4
Bitten nichts erreichten, müßten sie so handeln, daß das
Recht und die Macht über alles nicht an ein einziges Volk
gelange. Das liege schon im Interesse der übrigen, aber ganz
besonders in dem der Rhodier, weil sie unter den anderen
Staaten an Würde und Macht hervorragten. An deren Stelle
würden Sklaverei und Abhängigkeit treten, wenn man auf
nichts anderes mehr Rücksicht zu nehmen brauche als auf
die Römer. Der Brief und auch die Worte der Gesandten 5
wurden freundlich angehört, konnten aber keine Änderung
der Gesinnung herbeiführen. Der Einfluß der besseren Partei
war nämlich stärker geworden. Aufgrund eines Beschlusses 6
wurde ihnen geantwortet, die Rhodier wünschten den Frie-
den. Wenn Krieg sei, solle der König von den Rhodiern nichts
erhoffen oder verlangen, was die alte Freundschaft zwischen
ihnen und den Römern zerstöre, die durch viele und große
Verdienste in Frieden und Krieg errungen sei.

Auf der Rückkehr von Rhodus besuchten sie[70] auch die 7
Städte Theben[71], Coronea und Haliartus in Böotien, von
denen man glaubte, daß sie gegen ihren Willen durch Druck
dazu gebracht worden seien, das Bündnis mit dem König
aufzugeben und sich den Römern anzuschließen. Die The- 8
baner ließen sich gar nicht beeindrucken, obwohl sie den
Römern wegen der Verurteilung ihrer führenden Männer
und der Zurückführung der Verbannten zürnten[72]. Die Ein- 9
wohner von Coronea und Haliartus[73] schickten mit ihrer an-
geborenen Zuneigung zu den Königen Gesandte nach Make-
donien und baten um Hilfe, um sich gegen die maßlose Über-
heblichkeit der Thebaner schützen zu können. Diese Ge- 10
sandtschaft erhielt vom König die Antwort, er könne wegen

des Waffenstillstandes mit den Römern keine Hilfe schicken. Doch rate er so: Sie sollten sich vor den Ungerechtigkeiten der Thebaner schützen, soweit sie es könnten, ohne den Römern einen Grund zu geben, gegen sie zu wüten.

Marcius und Atilius im Senat

1 47. Als Marcius und Atilius nach Rom gekommen waren, berichteten sie auf dem Kapitol über ihre Gesandtschaft. Dabei rühmten sie sich keiner Sache mehr, als daß sie den König durch den Waffenstillstand und die Hoffnung auf Frieden
2 getäuscht hatten. Denn er sei so gut gerüstet gewesen, während sie selbst nichts vorbereitet gehabt hätten, daß er alle günstigen Plätze hätte besetzen können, ehe sie ihr Heer
3 nach Griechenland schafften. Wenn sie aber die Zeit des Waffenstillstandes nützten, werde es ein Krieg unter gleichen Bedingungen sein. Jener werde um nichts besser vorbereitet, die Römer aber mit allen Dingen besser ausgerüstet den Krieg beginnen. Sie hätten auch den Bund der Böoter durch ihre Geschicklichkeit auseinandergerissen, damit sie sich nicht mehr durch einen gemeinsamen Beschluß mit den Makedonen verbünden könnten.

4 Dies hieß ein Teil des Senates gut, da es mit größter Berechnung geschehen sei. Die Alten, die an die früheren Sitten dachten, sagten, sie erkennten in dieser Gesandtschaft römi-
5 sches Wesen nicht wieder. Nicht durch Waffenstillstände und durch nächtliche Kämpfe und nicht durch vorgebliche Flucht und unvorhergesehene Rückkehr zu einem unvorsichtigen Feind und nicht so, daß sie sich ihrer Verschlagenheit mehr als wirklicher Tugend rühmten, hätten die Ahnen ihre Kriege geführt. Sie hätten Kriege eher zu erklären als zu führen, manchmal auch eine Schlacht anzusagen und den Platz

zu bestimmen gepflegt, an dem sie kämpfen wollten. Mit 6
derselben Redlichkeit sei König Pyrrhus mitgeteilt worden, daß sein Arzt ihm nach dem Leben trachte[74], mit derselben Redlichkeit den Faliskern der Verräter ihrer Kinder gefesselt übergeben worden[75]. Das sei römisches Wesen und habe 7
nichts zu tun mit punischer Verschlagenheit und griechischer Durchtriebenheit, bei denen es rühmlicher gewesen sei, einen Feind zu täuschen, als ihn mit Waffengewalt zu überwinden. Manchmal komme man im Augenblick durch List besser 8
voran als durch Tapferkeit. Aber für immer werde schließlich der besiegt, dem das Bekenntnis abgenötigt werde, er sei nicht durch Geschicklichkeit und nicht durch Zufall, sondern, indem man seine Kräfte im Nahkampf gemessen habe, in einem frommen und gerechten Krieg überwunden worden. Dies meinten die Älteren, denen die neue und allzu durch- 9
triebene Weisheit nicht recht gefiel. Es trug jedoch der Teil des Senates den Sieg davon, dem es wichtiger war, auf das Rücksicht zu nehmen, was nützlich ist, als auf das, was ehrenhaft ist, so daß die erste Gesandtschaftsreise des Marcius völlig gebilligt und er wieder dorthin nach Griechenland mit ...[76] Fünfruderern zurückgeschickt wurde und man ihn aufforderte, das Weitere zu tun, wie es ihm am meisten im Interesse des Staates zu liegen scheine.

Auch A. Atilius schickten sie, um Larisa in Thessalien 10
zu besetzen, da sie fürchteten, Perseus werde, wenn die Frist des Waffenstillstandes abgelaufen sei, eine Besatzung dorthin schicken und so die Hauptstadt Thessaliens in seiner Gewalt haben. Atilius wurde aufgefordert, 2000 Fußsoldaten von 11
Cn. Sicinius kommen zu lassen, um dieses Unternehmen durchzuführen.

Und dem P. Lentulus, der aus Achaia zurückgekehrt war, 12
wurden 300 Soldaten aus Italien gegeben. Er sollte sich in Theben darum bemühen, daß Böotien in ihrer Hand blieb.

Die Gesandten des Perseus vor dem römischen Senat

1 48. Nachdem diese Vorbereitungen getroffen und obwohl die Entschlüsse zum Krieg gefaßt waren, beschloß man trotzdem,
2 die Gesandten des Perseus vor den Senat zu lassen. Fast dasselbe, was der König in der Unterredung gesagt hatte, wurde von den Gesandten mitgeteilt. Der Vorwurf, einen Anschlag auf Eumenes verübt zu haben, wurde mit größter Sorgfalt und dennoch keineswegs überzeugend zurückgewiesen – denn die Sache lag klar zutage. Das übrige war nur eine Bitte
3 um Entschuldigung. Man hörte sie aber mit einer Gesinnung an, die es ausschloß, daß man sich belehren oder umstimmen ließ. Es wurde ihnen mitgeteilt, sie sollten sogleich das Gebiet der Stadt Rom und innerhalb von 30 Tagen Italien verlassen[77].

Aufbruch der Feldherrn von Rom

4 Dem Konsul P. Licinius, dem Makedonien als Amtsbereich zugefallen war, wurde dann mitgeteilt, er solle dem Heer einen möglichst frühen Termin nennen, an dem es sich einzu-
5 finden habe. C. Lucretius, der das Kommando über die Flotte hatte, stach mit 40 Fünfruderern von der Stadt aus in See[78]; denn man hatte beschlossen, von den seetüchtig gemachten Schiffen den Rest für eine andere Verwendung bei der Stadt
6 zurückzubehalten. Der Prätor schickte seinen Bruder M. Lucretius mit einem Fünfruderer voraus und gab ihm den Auftrag, von den Bundesgenossen aufgrund des Vertrages die Schiffe zu übernehmen und dann bei Cephallania zur Flotte
7 zu stoßen. Von den Einwohnern von Regium nahm er einen Dreiruderer, von denen von Locri zwei, von denen von Uria vier. Er fuhr dann an der Küste Italiens entlang über das äußerste Kap von Kalabrien hinaus und über das Jonische

Meer nach Dyrrachium[79]. Dort fand er zehn Kutter von den 8
Einwohnern von Dyrrachium selbst vor, zwölf von den Be-
wohnern von Issa und 54 von König Gentius. Er tat so, als
ob er glaube, diese seien für die Römer herbeigeschafft wor-
den, nahm alle am dritten Tag mit nach Corcyra und fuhr
von dort sogleich nach Cephallania.

Der Prätor C. Lucretius lief von Neapel aus, fuhr durch die 9
Meerenge und landete am fünften Tage in Cephallania. Dort 10
lag die Flotte und wartete darauf, daß die Landtruppen über-
gesetzt würden, und zugleich, daß die Transportschiffe nach-
kämen, die von ihrem Verband abgekommen und auf die
hohe See verschlagen worden waren.

49. Es traf sich, daß der Konsul P. Licinius in diesen Tagen 1
auf dem Kapitol die Gelübde aussprach und im Kriegsmantel
aus der Stadt aufbrach. Immer geschieht das mit großer Würde 2
und Hoheit. Vor allem zieht ein Konsul die Blicke auf sich und
wenden sich ihm die Herzen zu, wenn er gegen einen großen
und durch Tapferkeit und Glück berühmten Feind zieht und
sie ihm dabei das Geleit geben. Sie kommen nämlich nicht nur 3
zusammen, um eine Pflicht zu erfüllen, sondern auch aus Lust
an dem Schauspiel, daß sie ihren Feldherrn sehen, dem sie auf-
getragen haben, mit seiner Macht und seiner Klugheit über
das Wohl und Wehe ihres Staates zu wachen. Dann befällt die 4
Menschen der Gedanke, welche Rolle der Zufall im Kriege
spielt, wie unberechenbar der Lauf des Schicksals und wie
unparteiisch der Kriegsgott ist. Sie denken an Unglück und 5
Glück, welche Niederlagen oft durch Ungeschick und Un-
besonnenheit der Feldherrn eingetreten sind, welche Erfolge
dagegen Klugheit und Tapferkeit gebracht haben. Wer von 6
den Menschen wisse, was für einen Geist und was für ein
Glück der Konsul habe, den sie in den Krieg schickten? Wür-
den sie ihn sehen, wie er bald im Triumph mit dem siegreichen
Heer zum Kapitol hinaufsteige zu denselben Göttern, von

denen er aufbreche, oder würden sie selbst den Feinden diese Freude gewähren?

7 Dem König Perseus aber, gegen den es ging, verlieh sowohl der Kriegsruhm der Makedonen einen Ruf als auch sein Vater Philipp, der neben vielen erfolgreichen Kriegen auch durch seinen Krieg mit Rom[80] bekannt geworden war. Dann war auch der Name des Perseus selbst, seitdem er den Thron bestiegen hatte, in der Erwartung eines Krieges unaufhörlich genannt worden.

8 Mit diesen Gedanken gaben Menschen aller Stände dem
9 Konsul bei seinem Aufbruch das Geleit. Zwei ehemalige Konsuln wurden als Kriegstribunen mit ihm geschickt, C. Claudius und Q. Mucius, und drei junge Männer aus bekannten Familien, P. Lentulus[81] und die beiden Manlius Acidinus; der eine von diesen war ein Sohn des M. Manlius, der andere ein
10 Sohn des L. Manlius. Mit ihnen brach der Konsul zum Heer nach Brundisium auf, setzte von dort mit allen Truppen über und schlug bei Nymphaeum im Gebiet von Apollonia sein Lager auf.

Kriegsrat, Heerschau und Heeresversammlung der Makedonen

1 50. Wenige Tage vorher, nachdem die Gesandten aus Rom zurückgekehrt waren und die Hoffnung auf Frieden zerstört hatten, hielt Perseus einen Kriegsrat ab. Dort wurde eine Zeitlang gestritten, da entgegengesetzte Meinungen vorge-
2 bracht wurden. Es gab welche, die meinten, man müsse Tribut zahlen, wenn er ihnen auferlegt werde, oder einen Teil des Landes aufgeben, wenn sie sie damit bestraften, und alles, was man schließlich sonst noch dem Frieden zuliebe ertragen müsse, dürfe man nicht zurückweisen, und man dürfe es nicht dahin kommen lassen, daß er sich auf ein Glücksspiel einlasse,

das ihm und seinem Reich so großes Unglück bringen könne.
Wenn der Besitz der Königsherrschaft unangetastet bleibe, 3
könnten Zeit und Umstände vieles bringen, wodurch er nicht
nur das Verlorene wiedererlangen, sondern darüber hinaus
denen furchtbar werden könne, die er jetzt fürchte. Aber der 4
weitaus größere Teil war kriegerischer gesinnt. Sie versicher-
ten, wenn er erst einmal in irgendeinem Punkt nachgebe,
müsse er damit zugleich Schritt um Schritt seine Königsmacht
aufgeben. Denn die Römer hätten kein Geld und kein Land 5
nötig, sondern wüßten es, daß alles Menschliche, vor allem
aber gerade die größten Königreiche und Staaten, vielen
Wechselfällen des Schicksals ausgesetzt seien. Sie hätten die 6
Macht der Karthager gebrochen und ihnen einen sehr mäch-
tigen König aus der Nachbarschaft in den Nacken gesetzt.
Antiochus und sein Geschlecht sei über die Kämme des Taurus
zurückgedrängt worden. Das Königreich Makedonien sei das 7
einzige, das in ihrer Nähe liege und das, wie es scheine, in
seinen Königen wieder den alten Mut wecken könne, wenn
dem römischen Volk einmal sein Glück untreu werde. Solange 8
er noch freie Hand habe, müsse Perseus sich entscheiden, ob
er lieber ein Zugeständnis nach dem anderen machen und zu-
letzt, aller Macht entkleidet, als ein König ohne Land die
Römer um Samothrake oder irgendeine andere Insel bitten
wolle, wo er als Privatmann, seine Herrschaft überlebend, in
Verachtung und Armut alt werde, oder ob er bewaffnet seine 9
hohe Stellung und seine Würde verteidige und entweder, wie
es eines tapferen Mannes würdig sei, alles dulde, was der Krieg
an Wechselfällen bringe, oder als Sieger den Erdkreis von der
Herrschaft der Römer befreie. Es sei nicht bewundernswerter, 10
wenn die Römer aus Griechenland vertrieben würden, als daß
Hannibal aus Italien vertrieben worden sei. Und beim Herku-
les, sie sähen nicht, wie es sich miteinander vertrage, daß er
seinem Bruder, der auf unrechte Weise nach der Herrschaft

strebte, mit aller Macht entgegengetreten sei, aber vor Fremden weiche, nachdem er die Herrschaft glücklich erlangt habe.
11 Schließlich sei es bei der Entscheidung, ob Krieg oder Frieden sein solle, allen klar, daß es nichts Schändlicheres gebe, als ohne Kampf seinen Thron aufzugeben, und nichts Herrlicheres, als für die Würde und Hoheit alles zu wagen.

1 51. In Pella, in der alten Königsburg der Makedonen, fand diese Beratung statt. «Wir wollen also», sagte er, «mit der gnädigen Hilfe der Götter den Krieg führen, da es so gut scheint.» Und er schickte Briefe herum an seine Statthalter und zog in Citium – das ist eine Stadt in Makedonien – alle
2 Truppen zusammen. Er selbst brachte der Minerva, die sie Alcidemos nennen, mit 100 Opfertieren ein Opfer dar, wie es eines Königs würdig war, und brach dann mit der Schar seiner Hofleute und Leibwächter nach Citium auf. Dort waren schon alle Truppen der Makedonen und der ausländischen Hilfs-
3 völker zusammengekommen. Er schlug sein Lager vor der Stadt auf und ließ alle Bewaffneten sich in der Ebene in Reih und Glied aufstellen. Es waren im ganzen 43 000 Bewaffnete. Von denen waren fast die Hälfte Soldaten der Phalanx; Hip-
4 pias aus Beroea stand an ihrer Spitze. Dann waren da 2000, die aufgrund ihrer Kräfte und ihrer Jugend aus der ganzen Zahl des leichten Fußvolkes ausgesucht worden waren – sie selbst nennen diese Truppe Agema; sie hatte als Kommandanten Leonnatus und Thrasippus aus der Völkerschaft der Eulyesten.
5 Der Führer des übrigen leichten Fußvolkes, ungefähr 3000 Mann, war Antiphilus aus Edessa. Die Päonier aus Paroreia und aus Parastrymonia – diese Bezirke grenzen an Thrakien – und die Agrianer, denen noch thrakische Einwohner beigegeben waren, erreichten auch selbst ungefähr die Zahl von
6 3000; bewaffnet und zusammengezogen hatte sie der Päonier
7 Didas, der den jungen Demetrius getötet hatte. Es waren da auch 2000 bewaffnete Gallier[82]; ihr Führer war Asclepiodotus

von Heraclea im Lande der Sinter. 3000 freie Thraker hatten
ihren eigenen Führer. Von den Kretern folgte die fast gleiche
Zahl ebenfalls ihren eigenen Führern, Susus aus Phalasarna
und Syllus aus Gnosus. Und der Spartaner Leonides stand an 8
der Spitze von 500 Mann aus Griechenland, einer zusammen-
gewürfelten Gruppe von Menschen. Man sagte, er sei von
königlicher Abstammung; er war ein Verbannter, auf einer
Bundesversammlung der Achäer, bei der viele anwesend wa-
ren, verurteilt, nachdem ein Brief an Perseus abgefangen wor-
den war. Der Kommandant der Ätoler und Böoter, die zu- 9
sammen nicht mehr als 5000 Mann waren, war der Achäer
Lyco. Von diesen zusammengewürfelten Hilfstruppen so vie-
ler Völker und so vieler Völkerschaften kamen ungefähr
12000 Bewaffnete zusammen.

An Reitern hatte er aus ganz Makedonien 3000 zusammen- 10
gezogen. Dorthin war auch der Odrysenkönig Cotys, der
Sohn des Seuthis, mit 1000 ausgesuchten Reitern und fast der
gleichen Zahl Fußsoldaten gekommen. So betrug die Stärke 11
des ganzen Heeres 39000 Fußsoldaten und 4000 Reiter. Es
stand zur Genüge fest, daß, abgesehen von dem Heer, das der
große Alexander nach Asien hinüberführte, niemals ein König
der Makedonen ein so starkes Heer gehabt hatte.

52. Es war das sechsundzwanzigste Jahr, seitdem Philipp 1
auf seine Bitte hin Frieden gewährt worden war. Während 2
dieser ganzen Zeit hatte in Makedonien Ruhe geherrscht, und
es war eine neue Generation herangewachsen, von der ein
großer Teil alt genug für den Kriegsdienst war. Und in un-
bedeutenden Kriegen mit den thrakischen Nachbarn, die es
mehr in Übung hielten als erschöpften, war Makedonien den-
noch ununterbrochen im Kriegszustand gewesen. Und die Tat- 3
sache, daß der Krieg mit Rom lange Zeit zunächst von Phil-
ipp, dann auch von Perseus ins Auge gefaßt worden war,
hatte dafür gesorgt, daß alles beschafft und vorbereitet war.

4 Man ließ die Schlachtreihe kurze Zeit exerzieren – es war
aber kein richtiges Manöver –, damit sie nicht meinten, sie
hätten nur unter Waffen gestanden. Und bewaffnet, wie sie
5 waren, berief er sie zur Heeresversammlung. Er selbst trat auf
die Feldherrntribüne und hatte seine beiden Söhne an seiner
Seite, von denen der ältere, Philipp, von Geburt her sein Bru-
der, durch Adoption sein Sohn war, während der jüngere, der
6 Alexander hieß, sein leiblicher Sohn war. Er feuerte die Sol-
daten zum Krieg an. Er erwähnte die Ungerechtigkeiten des
7 römischen Volkes gegen seinen Vater und gegen ihn. Jenen
hätten sie durch jede Art von Schmach dazu getrieben, den
Krieg wieder anzufangen; er sei aber über den Vorbereitungen
zum Kriege von seinem Schicksal ereilt worden. Zu ihm hät-
ten sie Gesandte geschickt und zugleich Soldaten, um die
8 Städte Griechenlands zu besetzen. Dann sei er durch eine
trügerische Unterredung unter dem Schein, der Frieden könne
wiederhergestellt werden, den Winter über hingehalten wor-
den, damit sie Zeit hätten, sich zu rüsten. Jetzt komme der
Konsul mit zwei römischen Legionen, die jede 6000 Fußsol-
daten und 300 Reiter hätten, und mit einer fast gleichen An-
9 zahl Fußsoldaten und Reiter der Bundesgenossen. Wenn da-
zu noch die Hilfstruppen der Könige Eumenes und Masinissa
kämen, würden es nicht mehr als 37000 Fußsoldaten und 2000
10 Reiter sein. Nachdem sie von den Truppen der Feinde gehört
hätten, sollten sie selbst, die von Jugend auf im Kriegshand-
werk ausgebildet und durch so viele Kriege geschult und ab-
gehärtet seien, auf ihr eigenes Heer schauen, wie sehr sie
durch die Zahl und wie sehr sie durch die Qualität der Soldaten
die Rekruten überträfen, die hastig für diesen Krieg ausgeho-
11 ben worden seien. Die Römer hätten als Hilfstruppen Lyder
und Phryger[83] und Numider, sie Thraker und Gallier, die krie-
gerischsten Völkerschaften. Jene hätten als Waffen das, was
sich jeder arme Soldat angeschafft habe, die Makedonen hätten

ihre aus den königlichen Waffenlagern hervorgeholt, und diese Waffen seien so viele Jahre lang unter der Aufsicht seines
Vaters und auf seine Kosten angefertigt worden. Jene hätten 12
einen weiten Nachschubweg, und er sei allen Gefahren des Meeres ausgesetzt. Er habe, abgesehen von seinen Einkünften aus den Bergwerken, Geld und auch Getreide für zehn Jahre
beiseite gelegt. Alles, was mit der Gnade der Götter und was 13
unter der Leitung der Könige hätte vorbereitet werden müssen, hätten die Makedonen voll und reichlich. Sie müßten 14
Mut haben, wie ihn ihre Vorfahren gehabt hätten, die, nachdem ganz Europa bezwungen war, nach Asien hinübergegangen seien und einen Erdkreis, von dem man noch keine Kunde hatte, mit ihren Waffen erschlossen und nicht eher zu siegen aufgehört hätten, bis der Indische Ozean ihnen eine Grenze gesetzt und es nichts mehr gegeben habe, was sie besiegen
konnten. Aber, beim Herkules, jetzt habe ihnen das Schicksal 15
nicht einen Kampf um die fernsten Küsten Indiens, sondern um den Besitz Makedoniens selbst auferlegt. Als die Römer mit seinem Vater Krieg führten, hätten sie in der Befreiung
Griechenlands einen herrlichen Vorwand gehabt. Jetzt streb- 16
ten sie ganz offen nach der Unterwerfung Makedoniens, damit das römische Volk keinen König zum Nachbarn und damit das kriegsberühmte Volk keine Waffen habe. Diese müßten nämlich den hochmütigen Herren ausgeliefert werden mit ihrem König und ihrem Königreich, wenn sie einen Krieg vermeiden und das, was befohlen werde, tun wollten.

53. Schon während der ganzen Rede war ihm recht häufig 1
Beifall zugerufen worden. Jetzt aber erhob sich ein solches Geschrei der Entrüstung, in dem sie heftige Drohungen ausstießen und teilweise den König aufforderten, guten Mut zu haben, daß er mit seiner Rede aufhörte und ihnen nur noch
befahl, sich zum Abmarsch fertigzumachen; denn es heiße, die 2
Römer rückten schon von Nymphaeum aus vor.

Nachdem er die Heeresversammlung entlassen hatte, begab
er sich zu den Gesandtschaften der Gemeinden Makedoniens,
3 um sie anzuhören. Sie waren aber gekommen, um – jede ent-
sprechend ihren Möglichkeiten – Geld und Getreide für den
4 Krieg zu versprechen. Er sprach allen seinen Dank aus und
erließ es allen. Die Vorräte des Königs, sagte er, reichten dazu
vollkommen aus. Es wurden von ihnen nur Fahrzeuge ange-
fordert, um darauf die Wurfgeschütze und die ungeheure
Menge von Wurfgeschossen, die im voraus angefertigt wor-
den war, und das andere Kriegsmaterial zu transportieren.

Der Zug des Perseus nach Thessalien

5 Er brach dann mit dem ganzen Heer auf, zog nach Eordaea,
schlug am Begorritis-See sein Lager auf und rückte am folgen-
6 den Tag weiter nach Elimea bis zum Fluß Haliacmon. Dann
überschritt er über einen engen Paß das Cambunische Ge-
birge und stieg nach Azorus, Pythoum und Doliche hinab –
7 die Einwohner nennen dieses Gebiet Tripolis. Diese drei
Städte zögerten kurze Zeit, weil sie den Bewohnern von Larisa
Geiseln gestellt hatten, wurden jedoch durch die Furcht vor
8 dem Augenblick umgestimmt und ergaben sich. Nachdem er
sie freundlich angeredet hatte, zweifelte er nicht daran, daß
auch die Perrhäber dasselbe tun würden, und nahm die
Stadt …[84], da ihre Einwohner gar nicht zögerten, gleich bei
9 seiner Ankunft in Besitz. Cyretiae mußte er bestürmen und
wurde am ersten Tag in einem wilden Zusammenprall der
Bewaffneten an den Toren zurückgeschlagen. Am nächsten
Tag griff er sie mit all seinen Truppen an und nahm noch vor
der Nacht die Unterwerfung aller entgegen.

1 54. Mylae, die nächste Stadt, war so befestigt, daß die Hoff-
nung, die Verteidigungsanlagen seien unüberwindlich, die

Einwohner ganz dreist machte. Sie gaben sich nicht damit zufrieden, nur die Stadttore vor dem König zu verschließen, sondern schleuderten auch freche Schimpfworte gegen ihn selbst
und die Makedonen. Dies hatte beim Feind die Angriffswut 2
gesteigert, in ihnen selbst weckte es, da sie nicht mehr auf Gnade hoffen konnten, eine wilde Entschlossenheit, sich zu
verteidigen. Mit ungeheurer Leidenschaft auf beiden Seiten 3
wurde die Stadt daher drei Tage lang bestürmt und verteidigt. Die Menge der Makedonen reichte mühelos aus, die Last des Kampfes abwechselnd zu tragen. Die Bürger, die Tag und Nacht ohne Ablösung die Mauern verteidigten, wurden nicht nur durch die Wunden, sondern auch durch den Mangel an
Schlaf und die ununterbrochene Anstrengung erschöpft. Als 4
am vierten Tag die Sturmleitern von allen Seiten an den Mauern aufgerichtet und auch das Tor mit größerer Energie angegriffen wurde, schlugen die Bürger den Angriff auf die Mauern ab, liefen zusammen, um das Tor zu schützen, und
machten einen plötzlichen Ausfall gegen die Feinde. Da dies 5
mehr ein Zeichen von unüberlegtem Zorn als von echtem Vertrauen auf ihre Kräfte war, wurden sie, die nur wenige und erschöpft waren, von den ausgeruhten Truppen zurückgedrängt, wandten sich zur Flucht und ließen beim Fliehen die Feinde durch das offenstehende Tor in die Stadt eindringen.
So wurde die Stadt eingenommen und geplündert. Auch die 6
Freien, die das Blutbad überlebten, wurden verkauft. Nachdem die Stadt zum großen Teil zerstört und in Brand gesteckt
worden war, brach er auf und zog weiter nach Phalanna. Von 7
dort gelangte er am nächsten Tag nach Gyrto. Als er hörte, daß T. Minucius Rufus und Hippias, der Stratege der Thessaler, mit einer Schutztruppe dort eingezogen seien, versuchte er nicht einmal einen Angriff, sondern zog vorüber und nahm Elatia und Gonnus in Besitz, deren Bürger durch seine uner-
wartete Ankunft mutlos geworden waren. Beide Städte liegen 8

in dem engen Zugang zum Tempetal, vor allem Gonnus. Deshalb verließ er die Stadt erst, nachdem er sie durch eine sehr starke Besatzung von Reitern und Fußsoldaten gesichert und dazu durch einen dreifachen Graben und einen Wall befestigt
9 hatte. Er selbst zog weiter bis Sycurium und beschloß, dort die Ankunft der Feinde zu erwarten. Zugleich befahl er dem Heer, überall auf dem Land, das durch seine Lage den Feinden
10 ausgesetzt war, das Getreide einzubringen. Denn Sycurium liegt unmittelbar am Fuße des Ossa. Wo er sich nach Süden neigt, breitet sich die thessalische Ebene vor ihm aus, in sei-
11 nem Rücken hat er Makedonien und Magnesia. Zu dieser günstigen Lage kommt noch ein höchst gesundes Klima und eine Fülle an Wasser das ganze Jahr hindurch, da mehrere Quellen ringsum liegen.

Der Zug des römischen Heeres nach Thessalien

1 55. Der römische Konsul zog in denselben Tagen auf dem Weg nach Thessalien mit seinem Heer zunächst unbehindert durch
2 Epirus. Nachdem er dann nach Athamanien hinübergekommen war, einem rauhen und nahezu unwegsamen Land, gelangte er unter ungeheuren Schwierigkeiten in kleinen Tage-
3 märschen nur mit Mühe nach Gomphi. Nicht einmal die Römer stellen in Abrede, daß er, dessen Leute und Pferde hart mitgenommen waren und der ein Rekrutenheer führte, im Kampf eine schwere Niederlage erlitten hätte, wenn der König ihm in offener Feldschlacht an einer für ihn günstigen Stelle und zu einem für ihn günstigen Zeitpunkt entgegen-
4 getreten wäre. Nachdem man ohne Kampf nach Gomphi gekommen war, trat zu der Freude, das gefährliche Waldgebirge überwunden zu haben, noch die Verachtung für die Feinde, die so wenig eine für sie günstige Gelegenheit erkannten.

Der Konsul brachte das Opfer mit den vorgeschriebenen 5
Zeremonien dar, gab den Soldaten ihr Getreide und blieb wenige Tage, um Tieren und Menschen Ruhe zu gönnen. Als er dann hörte, die Makedonen streiften zerstreut in Thessalien umher und verwüsteten die Felder seiner Bundesgenossen, führte er seine Soldaten, die sich schon genug erholt hatten,
in die Nähe von Larisa. Als er von dort noch ungefähr drei 6
Meilen entfernt war, schlug er bei Tripolis – sie nennen es das Scaeische – am Ufer des Peneus sein Lager auf.

Verstärkung des römischen Heeres durch Hilfstruppen aus Asien und Griechenland

Zur selben Zeit landete Eumenes mit seinen Brüdern Attalus 7
und Athenaeus in Chalcis. Seinen Bruder Philetaerus hatte er in Pergamum zum Schutz des Königreiches zurückgelassen. Von Chalcis aus kam er mit Attalus und 4000 Fußsoldaten und
1000 Reitern zum Konsul. 2000 Fußsoldaten hatte er in Chalcis 8
zurückgelassen und Athenaeus das Kommando über sie gegeben.

Und auch andere Hilfstruppen stießen dort von überallher aus allen Gebieten Griechenlands zu den Römern, von denen die meisten – so schwach sie waren – in Vergessenheit geraten
sind. Die Einwohner von Apollonia schickten 300 Reiter und 9
100 Fußsoldaten. Von den Ätolern war es so viel wie eine einzige Ale[85], was von einem so großen Reitervolk gekommen
war. Und von den Thessalern, auf deren ganze Reiterei man 10
gehofft hatte, waren nicht mehr als 300 Reiter[86] im Lager der Römer. Die Achäer stellten von ihren jungen Männern ungefähr 1500, vor allem in kretischer Bewaffnung[87].

Die Lage in Böotien

1 56. Etwa gleichzeitig befahl der Prätor C. Lucretius, der das
Kommando über die Schiffe bei Cephallania hatte, seinem
Bruder M. Lucretius, mit der Flotte an Maleum vorbei nach
Chalcis zu fahren. Er selbst bestieg einen Dreiruderer und
fuhr zum Golf von Korinth, um sich früher als Perseus zum
2 Herrn der Lage in Böotien zu machen. Er konnte nur sehr
langsam fahren, weil er krank wurde.

3 Als M. Lucretius in Chalcis ankam und hörte, daß P. Len-
tulus Haliartus bestürmte, schickte er einen Boten, der ihm
im Namen des Prätors befehlen sollte, von dort abzuziehen.
4 Der Abgesandte hatte mit dem Teil der böotischen Jugend,
der auf der Seite der Römer stand, dieses Unternehmen in An-
griff genommen und zog nun von den Stadtmauern ab.

5 Die Aufhebung dieser Belagerung lieferte den Ort einer zweiten, neuen Belagerung aus. Denn M. Lucretius schloß sogleich mit den Soldaten der Flotte, 10000 Bewaffneten, dazu den 2000 Mann des Königs Eumenes, die unter Athenaeus standen, Haliartus ein, und als sie schon mit dem Angriff begannen, kam der Prätor von Creusa dazu[88].

6 Fast zur selben Zeit kamen auch von den Bundesgenossen
Schiffe nach Chalcis, zwei punische Fünfruderer, zwei Drei-
ruderer von Heraclea am Pontus, vier aus Chalcedon, ebenso
7 viele aus Samus und dann fünf Vierruderer aus Rhodus. Diese
schickte der Prätor den Bundesgenossen zurück, weil nirgend-
wo Seekrieg war.

Auch Q. Marcius kam mit seinen Schiffen nach Chalcis, nachdem er Alope in Phthiotis eingenommen und Larisa, das Cremaste genannt wird, bestürmt hatte.

Die Makedonen verwüsten das Gebiet von Pherae

Während dies die Lage in Böotien war, schickte Perseus, der 8
bei Sycurium, wie oben gesagt ist, ein Standlager hatte und
das Getreide von überall ringsum von den Feldern dort hin-
geschafft hatte, Leute, um das Gebiet von Pherae zu verwü-
sten. Denn er glaubte, die Römer könnten, um den Städten 9
ihrer Bundesgenossen zu helfen, weiter von ihrem Lager ent-
fernt und in die Enge getrieben werden. Als er merkte, daß sie 10
sich durch diesen Kriegslärm keineswegs bewegen ließen, ver-
teilte er die Beute außer den Menschen – es war hauptsächlich
Vieh jeder Art – unter die Soldaten zum Essen.

Die Schlacht beim Scaeischen Tripolis

57. Ungefähr zur selben Zeit hielten dann sowohl der Konsul 1
als auch der König einen Kriegsrat ab, wie sie den Krieg be-
ginnen sollten. Den Leuten des Königs war der Mut gewach- 2
sen, weil ihnen der Feind erlaubt hatte, das Gebiet von Pherae
zu verwüsten. Daher meinten sie, man müsse von da vor das
Lager rücken und dürfe dem Feind nicht weiter Zeit zum
Zögern lassen. Auch die Römer merkten, daß ihr Zögern sie 3
bei den Bundesgenossen in schlechten Ruf brachte, die zu-
tiefst darüber entrüstet waren, daß den Bewohnern von
Pherae keine Hilfe gebracht worden war. Als sie noch berie- 4
ten, was man tun solle – Eumenes und Attalus nahmen an der
Beratung teil –, meldete aufgeregt ein Bote, der Feind sei mit
einem großen Heereszug da. Die Beratung wurde abgebro-
chen und sofort das Signal gegeben, zu den Waffen zu eilen.
Unterdessen beschloß man, 100 Reiter und die gleiche Anzahl 5
Schleuderer von den Hilfstruppen des Eumenes ausrücken zu
lassen[89]. Perseus befahl etwa um die vierte Stunde des Tages, 6

als er nur noch etwas mehr als eine Meile vom römischen La-
ger entfernt war, den Abteilungen der Fußtruppen, haltzu-
machen. Er selbst rückte mit den Reitern und Leichtbewaff-
neten vor. Auch Cotys und die Führer der anderen Hilfsvölker
7 gingen mit ihm vor. Sie waren nur noch weniger als 500
Schritt vom Lager entfernt, da kamen die Reiter der Feinde
in Sicht. Es waren zwei Alen, zum großen Teil Gallier[90] –
Cassignatus stand an ihrer Spitze – und ungefähr 100 Leicht-
8 bewaffnete und 50 Myser und Kreter. Der König machte halt,
ungewiß, wie stark der Feind war. Er schickte dann von sei-
nem Heereszug zwei Schwadronen Thraker und zwei Schwa-
dronen Makedonen mit je zwei Kohorten Kretern und Thra-
9 kern los. Da sie an Zahl gleich waren und weder von dieser
noch von jener Seite neue Hilfstruppen herankamen, ging der
Kampf unentschieden aus. Von den Leuten des Eumenes wur-
den ungefähr 30 getötet; mit ihnen fiel Cassignatus, der Füh-
rer der Gallier. Und für jetzt führte Perseus seine Truppen
nach Sycurium zurück.

10 Am nächsten Tag um dieselbe Stunde führte der König
seine Truppen an dieselbe Stelle und ließ Wagen mit Wasser
folgen; denn der Weg betrug zwölf Meilen und war ganz ohne
Wasser und sehr staubig, und es war klar, daß sie beim Kampf
vom Durst gequält gewesen wären, wenn sie beim ersten
11 Sichten der Feinde gekämpft hätten. Da die Römer sich ruhig
verhielten und sogar ihre Posten hinter den Wall zurückzogen,
kehrten auch die Truppen des Königs in ihr Lager zurück.
Das taten sie einige Tage lang und hofften, es werde dahin
kommen, daß die römischen Reiter ihre Nachhut beim Ab-
12 rücken angriffen. Wenn es dann zum Kampf gekommen sei
und sie sie weiter vom Lager weggelockt hätten, werde es für
sie, die an Reiterei und Leichtbewaffneten überlegen seien,
ein leichtes sein, die Schlachtreihe kehrtmachen zu lassen,
ganz gleich, wo sie sich befänden.

58. Nachdem das Vorhaben nicht gelang, rückte der König 1
näher an den Feind heran und schlug in einer Entfernung von
fünf Meilen sein Lager auf. Von dort aus stellte er im Morgen- 2
grauen an der gewohnten Stelle seine Fußsoldaten in Schlacht-
reihe auf und führte seine ganze Reiterei und seine Leicht-
bewaffneten an das Lager der Feinde heran. Daß die Staub- 3
wolke näher als gewöhnlich gesehen wurde und daß sie von
einer größeren Menge herrührte, löste im römischen Lager
Unruhe aus. Und zuerst glaubte man dem, der es meldete,
kaum, weil an allen vorhergehenden Tagen der Feind sich nie-
mals vor der vierten Stunde gezeigt hatte; jetzt war erst Son-
nenaufgang. Als dann durch das Geschrei einer größeren An- 4
zahl und das Weglaufen von den Toren der Zweifel behoben
wurde, entstand eine ungeheure Panik. Die Tribunen, Präfek-
ten und Zenturionen stürmten in das Feldherrnzelt, die Sol-
daten liefen auseinander, jeder zu seinem Zelt. Weniger als 5
500 Schritt vor dem Wall hatte Perseus seine Truppen um
einen Hügel herum aufgestellt, der Callinicus heißt. Das Kom- 6
mando auf dem linken Flügel hatte König Cotys mit allen von
seinem Volk; die Abteilungen der Reiter waren durch Leicht-
bewaffnete, die dazwischengestellt waren, voneinander ge-
trennt. Auf dem rechten Flügel standen die makedonischen
Reiter, unter ihre Schwadronen waren Kreter gemischt. Das 7
Kommando über diesen Truppenteil hatte Midon aus Beroea,
das über die Reiter und den Oberbefehl über diesen ganzen
Teil Meno aus Antigonea. An die Flügel schlossen sich die 8
Reiter des Königs an und ein gemischter Verband, ausgesuchte
Hilfstruppen von mehreren Völkern. Patrocles aus Antigonea
und Didas, der Statthalter von Päonien, standen an ihrer
Spitze. In der Mitte von allen war der König, um ihn herum 9
das sogenannte Agema und die Heiligen Alen der Reiter. Vor 10
sich stellte er Schleuderer und Speerschützen, jede dieser bei-
den Scharen hatte eine Stärke von 400 Mann; Ion aus Thessa-

lonice und dem Doloper Artemon gab er das Kommando über
sie. So hatten sich die Truppen des Königs aufgestellt.

11 Der Konsul stellte die Schlachtreihe der Fußsoldaten hinter
dem Wall auf und ließ selbst die ganze Reiterei mit den
Leichtbewaffneten ausrücken; sie wurden vor dem Wall auf-
12 gestellt. Das Kommando über den rechten Flügel erhielt
C. Licinius Crassus, der Bruder des Konsuls, mit der ganzen
italischen Reiterei, unter die die Leichtbewaffneten der Le-
gionen gemischt waren. Auf dem linken Flügel verfügte
M. Valerius Laevinus über die Reiter der Bundesgenossen
aus den Völkerschaften Griechenlands und über die Leicht-
13 bewaffneten von dort. Die Mitte der Schlachtreihe aber nahm
mit ausgesuchten Leuten aus den Eliteverbänden der Reiterei
der Bundesgenossen Q. Mucius ein. 200 gallische Reiter
waren vor diesen Abteilungen aufgestellt und von den Hilfs-
truppen des Eumenes 300 aus der Völkerschaft der Cyrtier.
14 Die 400 thessalischen Reiter wurden mit einem geringen
Zwischenraum über den linken Flügel hinaus postiert, König
Eumenes und Attalus standen mit ihrer ganzen Schar im
Rücken zwischen dem letzten Glied der Schlachtreihe und
dem Wall.

1 59. Die im wesentlichen auf diese Weise aufgestellten
Schlachtreihen, auf beiden Seiten eine fast gleiche Anzahl
Reiter und Leichtbewaffnete, stießen zusammen, nachdem
die Schleuderer und Speerschützen vorgestürmt waren und
2 den Kampf eröffnet hatten. Als erste von allen stürzten sich
die Thraker – nicht anders als wilde Tiere, die lange in Käfi-
gen eingesperrt waren – so heftig mit gewaltigem Geschrei
3 auf den rechten Flügel, die italischen Reiter, daß diese durch
Kriegserfahrung und von Natur aus furchtlose Völkerschaft
in Verwirrung geriet. Die Thraker gingen jetzt mit ihren
langen Lanzen den Leichtbewaffneten der Legionen zu Leibe,
jetzt schlugen sie den Pferden mit ihren Langschwertern die

Beine ab, jetzt stießen sie ihnen die Schwerter von unten in
den Leib. Perseus drang auf die Mitte der Reihe ein und brachte 4
die Griechen beim ersten Angriff zum Weichen[91]. Als diese
zersprengt waren und ein furchtbarer Feind im Rücken vor-
drang, war die Reiterei der Thessaler, die – durch einen kur-
zen Zwischenraum vom linken Flügel getrennt – als Reserve
außerhalb des Kampfgetümmels gestanden und dem Kampf
zunächst nur zugesehen hatte, jetzt, als die Lage die entschei-
dende Wendung nahm, von größtem Nutzen. Sie gingen 5
nämlich langsam in voller Ordnung zurück, und nachdem sie
an die Hilfstruppen des Eumenes Anschluß gefunden hatten,
boten sie zusammen mit ihm den Bundesgenossen, die auf der
Flucht versprengt worden waren, sichere Zuflucht in ihren
Reihen. Und wenn die Feinde weniger dicht nachdrängten,
wagten sie auch vorzurücken und nahmen viele von den
Fliehenden auf, die ihnen entgegenkamen. Und die Soldaten 6
des Perseus, die sich selbst schon beim Verfolgen zerstreut
hatten, wagten es nicht, sich mit ihnen, die sich in guter
Ordnung und sicher bewegten, auf einen Kampf einzulassen.

Als der König, der im Reiterkampf gesiegt hatte, seine 7
Truppen ins Lager zurückführen wollte, trat ihm einer seiner
Freunde entgegen und riet ihm, die Phalanx herbeizuholen;
wenn sie ihn nur ein klein wenig unterstützt hätte, wäre der
Krieg zu Ende. Und während er dem König zuredete, kam
im rechten Augenblick die Phalanx heran. Hippias und Leon-
natus hatten sie aus eigener Initiative eilends herangeführt,
nachdem sie gehört hatten, die Reiterei habe erfolgreich ge-
kämpft; denn sie wollten bei dem kühnen Unternehmen nicht
fehlen. Der König schwankte zwischen Hoffnung und Furcht, 8
ob er eine so bedeutende Sache versuchen solle. Als der Kreter
Euander, den er als Helfershelfer bei dem Anschlag auf König
Eumenes in Delphi gebraucht hatte, sah, daß der Heereszug
der Fußsoldaten unter seinen Feldzeichen heranrückte, eilte 9

er zum König und hörte nicht auf, ihn zu ermahnen, er solle
nicht, übermütig durch sein Glück, alles unbesonnen und
10 unnötig aufs Spiel setzen. Wenn er sich mit dem Erfolg zu-
friedengebe und sich an diesem Tag ruhig verhalte, werde er
entweder Gelegenheit zu einem ehrenvollen Frieden haben
oder, wenn er lieber Krieg führen wolle, sehr viele, die sich
auf die Seite des Glücks stellten, als Bundesgenossen für den
11 Krieg. Der König war sehr geneigt, diesen Rat anzunehmen.
Deshalb lobte er Euander und ließ die Feldzeichen zurück-
tragen, den Heereszug zurückkehren und der Reiterei zum
Rückzug blasen.

1 60. Es fielen an diesem Tag auf römischer Seite 200 Reiter
und nicht weniger als 2000 Fußsoldaten; gefangen wurden
ungefähr 600. Von den Leuten des Königs aber wurden 20
2 Reiter und 40 Fußsoldaten getötet. Nachdem die Sieger ins
Lager zurückgekehrt waren, herrschte bei allen Ausgelassen-
heit. Aber die maßlose Siegesfreude der Thraker übertrumpfte
die der andern. Denn sie kehrten mit Gesang zurück und
trugen die Köpfe der Feinde auf die Spitzen ihrer Lang-
schwerter gesteckt.

3 Bei den Römern herrschte nicht nur Trauer über den Miß-
erfolg, sondern auch Angst, der Feind werde sogleich das
Lager angreifen. Eumenes riet dem Konsul, das Lager auf die
andere Seite des Peneus zu verlegen, um den Fluß als Schutz
zu haben, bis die verstörten Soldaten wieder Mut gefaßt
4 hätten. Der Konsul schreckte vor der Schande zurück, die
Angst zuzugeben. Er ließ sich jedoch durch die Vernunft
besiegen, führte in der Stille der Nacht seine Truppen hin-
5 über und schlug sein Lager auf dem jenseitigen Ufer auf. Als
der König am nächsten Tag vorrückte, um die Feinde zum
Kampf zu reizen, und bemerkte, daß das Lager jenseits des
Flusses an einem sicheren Ort aufgeschlagen worden war,
gab er zu, es sei ein Fehler gewesen, daß er am Tage zuvor

den Besiegten nicht nachgesetzt hatte. Erheblich größer aber
sei die Schuld, daß man in der Nacht nichts unternommen
habe. Denn wenn er keinen anderen seiner Leute eingesetzt 6
und nur die Leichtbewaffneten vorgeschickt hätte, hätten
die Truppen der Feinde in ihrer Aufregung beim Überschrei-
ten des Flusses zum großen Teil vernichtet werden können.

Den Römern war im Augenblick die Furcht genommen, 7
da sie ihr Lager an einem sicheren Ort hatten. Neben dem
anderen bekümmerte sie vor allem der Verlust ihres Rufes.
Und im Kriegsrat bei dem Konsul schoben sie jeder für sich 8
die Schuld auf die Ätoler. Von ihnen sei die Flucht und die
Panik ausgegangen. Die Angst der Ätoler habe auch die 9
anderen Bundesgenossen von den griechischen Völker-
schaften angesteckt. Fünf führende Männer der Ätoler, von
denen es hieß, man habe gesehen, daß sie sich als erste zur
Flucht gewandt hätten, wurden nach Rom geschickt[92]. Die 10
Thessaler wurden vor der Heeresversammlung gelobt, und
ihre Führer wurden auch wegen ihrer Tapferkeit ausgezeich-
net.

61. Die erbeuteten Rüstungen der erschlagenen Feinde 1
wurden zum König gebracht. Davon gab er den einen aus- 2
gezeichnete Waffen, anderen gab er Pferde und einigen Ge-
fangene zum Geschenk. Schilde waren es über 1500, die
Lederpanzer und Brustharnische erreichten eine Summe von
mehr als 1000, die Zahl der Helme und Schwerter und der
Wurfgeschosse jeder Art war noch erheblich größer. Dies 3
war schon an sich bedeutend und erfreulich und wurde es
noch mehr durch die Worte des Königs, die er sprach, nach-
dem er das Heer zur Heeresversammlung berufen hatte. «Ihr 4
habt den Ausgang des Krieges im voraus entschieden. Ihr
habt den besseren Teil der Feinde zersprengt, die römische
Reiterei, in der unüberwindlich zu sein sie sich rühmten.
Denn Reiter werden bei ihnen die Angesehensten aus der 5

Jugend. Die Reiter sind die Vorschule des Senates; aus ihren
Reihen werden sie in den Senat aufgenommen und zu Kon-
suln und Feldherrn gewählt. Ihre erbeuteten Rüstungen
6 haben wir eben erst unter euch verteilt. Und nicht geringer
ist euer Sieg über die Legionen der Fußsoldaten, die sich euch
durch die nächtliche Flucht entzogen haben und verwirrt wie
Schiffbrüchige, die durcheinanderschwimmen, den Fluß an-
7 füllten. Aber für uns wird es, wenn wir den Besiegten folgen,
leichter sein, den Peneus zu überschreiten, als es für jene in
ihrer Verwirrung war. Und wenn wir hinübergegangen sind,
werden wir sofort ihr Lager angreifen, das wir heute genom-
8 men hätten, wenn sie nicht geflohen wären. Wenn sie aber
in offener Schlacht um die Entscheidung kämpfen wollen,
könnt ihr denselben Erfolg in der Schlacht der Fußtruppen
9 erwarten, wie ihn die Reiter im Kampf gehabt haben.» Die
gesiegt hatten, hörten freudig, die erbeuteten Waffen der
erschlagenen Feinde auf den Schultern tragend, von ihren
Ruhmestaten und schöpften aus dem, was sich ereignet hatte,
10 Hoffnung auf die Zukunft. Und auch die Fußsoldaten wurden
durch den Ruhm der anderen angefeuert, vor allem die von
der makedonischen Phalanx, und wünschten auch für sich
eine Gelegenheit, dem König mit Eifer zu dienen und ähn-
lichen Ruhm vom Feind zu gewinnen.

11 Nachdem die Heeresversammlung entlassen war, brach er
am folgenden Tag von dort auf und schlug am Mopselus sein
Lager auf. Dieser Hügel ragt vor dem Tempetal auf und liegt
auf halbem Wege von Larisa nach Gonnus.

1 62. Die Römer verlegten, ohne das Ufer des Peneus zu ver-
2 lassen, ihr Lager an einen Ort, der mehr Sicherheit bot. Dort-
hin kam der Numider Misagenes mit 1000 Reitern und der
gleichen Anzahl Fußsoldaten, dazu mit 22 Elefanten.

Friedensbemühungen der Makedonen

In diesen Tagen hielt der König einen Kriegsrat ab über die 3
Gesamtlage. Da sich die wilde Freude über den Erfolg schon
gelegt hatte, wagten einige seiner Freunde, ihm den Rat zu
geben, sein Glück lieber als Voraussetzung für einen ehren-
vollen Frieden zu gebrauchen, als sich von einer eitlen Hoff-
nung hinreißen zu lassen und sich dem unerbittlichen Zufall
auszuliefern. Seinem Glück ein Maß aufzuerlegen und sich 4
nicht allzusehr auf das ungetrübte Glück des Augenblicks zu
verlassen sei ein Zeichen dafür, daß ein Mensch klug sei und
sein Glück verdiene. Er solle Leute zum Konsul schicken, die 5
den Vertrag zu denselben Bedingungen erneuern sollten, unter
denen sein Vater Philipp den Frieden von T. Quinctius erlangt
habe[93]. Der Krieg könne nicht großartiger beendet werden 6
als nach einer so denkwürdigen Schlacht, und es biete sich
auch keine besser begründete Hoffnung auf einen dauerhaften
Frieden. Sie werde die Römer, die durch den ungünstig ver-
laufenen Kampf verstört seien, zum Abschließen eines Ver-
trages geneigter machen. Wenn aber die Römer auch jetzt mit 7
ihrer angeborenen Hartnäckigkeit billige Bedingungen ver-
schmähten, würden Götter und Menschen Zeugen sein für die
Mäßigung des Perseus und ihre hartnäckige Überheblichkeit.

Solche Ratschläge waren dem König niemals unwillkom- 8
men. Sobald daher der Vorschlag durch die Zustimmung der
Mehrheit gebilligt war, wurden Gesandte zum Konsul ge-
schickt. Man hörte sie an, wobei ein Kriegsrat aus sehr vielen 9
Personen hinzugezogen wurde. Sie baten um Frieden und 10
versprachen, Perseus werde den Römern einen so großen
Tribut zahlen wie den, zu dem Philipp sich verpflichtet hatte.
Er werde so bald wie möglich die Städte, Gebiete und Plätze
räumen, die Philipp geräumt habe. Dies die Gesandten. Man 11
ließ sie wegtreten, und als man sich beriet, siegte im Kriegsrat

die römische Festigkeit. Es war damals Sitte, im Unglück die Miene des Glücks zu tragen, im Glück dagegen sich zu
12 mäßigen. Man beschloß, ihnen zu antworten, der Friede werde dann gewährt, wenn der König dem Senat das uneingeschränkte Recht gebe, über die Gesamtsituation, über ihn und ganz Makedonien zu beschließen.

13 Als die Gesandten mit dieser Nachricht zurückkamen, löste diese Hartnäckigkeit bei denen, die römisches Wesen nicht kannten, Erstaunen aus, und die meisten verboten, weiter den Frieden zu erwähnen. Bald würden die Römer von
14 sich aus fragen, warum sie das Angebot verschmähten. Perseus fürchtete gerade diesen Stolz – denn er kam aus dem Vertrauen auf ihre Stärke –, erhöhte den Geldbetrag und hörte nicht auf, beim Konsul zu versuchen, ob er für einen
15 Preis den Frieden erkaufen könne. Nachdem der nichts von dem, was er zuerst geantwortet hatte, abänderte, gab er die Hoffnung auf Frieden auf und kehrte nach Sycurium zurück, von wo er aufgebrochen war, entschlossen, das Kriegsglück von neuem zu versuchen.

Die Haltung der Griechen nach der Schlacht

1 63. Als die Kunde von der Reiterschlacht sich durch Griechenland verbreitete, zeigte sich die wahre Gesinnung der Menschen. Denn nicht nur die, die auf der Seite der Makedonen standen, sondern auch sehr viele, die den Römern aufgrund ihrer ungeheuren Wohltaten verpflichtet waren, auch einige, die die Gewalt und den Hochmut des Perseus
2 kennengelernt hatten, vernahmen froh diese Kunde, und das aus keinem anderen Grund als aus dem falschen Eifer, den das niedere Volk auch bei Wettspielen zeigt, wenn es dem Schlechteren und Schwächeren seine Gunst schenkt.

Die Eroberung von Haliartus

Gleichzeitig bestürmte in Böotien der Prätor Lucretius mit 3
aller Macht Haliartus. Und obwohl die Belagerten keine Hilfe
von außen hatten außer den jungen Leuten aus Coronea, die
am Anfang der Belagerung in die Stadt gekommen waren,
und sich auch keine Hoffnung machten, leisteten sie dennoch
Widerstand, mehr mit dem Herzen als mit ihren Kräften.
Denn sie machten häufig Ausfälle gegen die Befestigungs- 4
anlagen, und als der Mauerbrecher herangebracht worden
war, versuchten sie ihn bald mit Stricken aufzufangen, bald
mit einem schweren Bleigewicht an die Erde zu drücken.
Und wenn sie irgendwo einen Stoß nicht hatten ablenken
können, errichteten sie an Stelle der zerstörten Mauer eine
neue in eiliger Arbeit, wobei sie hastig die Steine aus dem
Trümmerhaufen zusammentrugen. Als der Angriff mit den 5
Belagerungswerken sich länger hinzog, befahl der Prätor,
Sturmleitern auf die Manipel zu verteilen, da er die Stadt-
mauer von allen Seiten mit einer Truppenkette angreifen
wollte. Er glaubte, die Menge werde dazu um so eher aus-
reichen, da die Stadt, wo ein Sumpf sie umgibt, weder be-
stürmt werden mußte noch konnte. Er selbst führte an der 6
Stelle, wo zwei Türme und das Stück Mauer zwischen ihnen
eingestürzt war, 2000 ausgesuchte Soldaten heran, damit zur
selben Zeit, in der er selbst die Trümmer zu übersteigen ver-
suchte und die Bürger gegen ihn zusammenliefen, die von
Verteidigern entblößte Mauer mit den Sturmleitern an
irgendeiner Stelle genommen werden könne. Mit aller Ener- 7
gie machten sich die Bürger daran, seinen Angriff abzuweh-
ren. Denn sie warfen über die mit Trümmern bedeckte Stelle
trockene Reisigbündel und standen mit brennenden Fackeln
da und drohten diese Schranke anzuzünden, damit sie, durch
das Feuer vom Feind getrennt, Zeit fänden, weiter innen eine

8 Mauer zu errichten. Dieses ihr Unternehmen verhinderte ein
Zufall. Denn plötzlich setzte ein sehr starker Regen ein, der
es schwer machte, etwas anzuzünden, und der das, was an-
9 gezündet war, wieder auslöschte. Deshalb war der Durchgang
durch die auseinandergerissenen qualmenden Zweige offen,
und da alle damit beschäftigt waren, die eine Stelle zu schüt-
zen, wurde auch die Mauer an mehreren Stellen zugleich mit
10 Sturmleitern genommen. Im ersten Durcheinander bei der
Einnahme der Stadt wurden die alten Leute und die Kinder,
auf die man zufällig stieß, überall erschlagen. Die Bewaffneten
flohen auf die Burg, und am nächsten Tag ergaben sie sich,
da ihnen keine Hoffnung mehr blieb, und wurden in die
11 Sklaverei verkauft. Es waren ungefähr 2500. Die Kostbar-
keiten der Stadt, Standbilder und Gemälde und was es an
wertvoller Beute gab, wurde zu den Schiffen hinabgetragen.
Die Stadt wurde bis auf die Grundmauern zerstört.

Die Besetzung von Theben

12 Von dort wurde das Heer nach Theben[94] geführt. Die Stadt wurde ohne Kampf besetzt, und der Prätor überließ sie den Verbannten und denen, die zur Römerpartei gehörten[95]. Die Sklaven der Leute von der anderen Partei und der Leute, die zum König und den Makedonen hielten, verkaufte er auf dem Sklavenmarkt. Nach diesen Taten kehrte er zum Meer und zu den Schiffen zurück.

Die weiteren Operationen der Makedonen und der Römer in Thessalien

1 64. Während dies in Böotien geschah, blieb Perseus einige
2 Tage lang bei Sycurium im Standlager. Als er dort hörte,

daß die Römer hastig ringsum von den Feldern das abgemähte Getreide zusammenschafften, und dann, daß jeder vor seinem Zelt die Ähren mit Sicheln abschnitt, um das Korn so reiner
dreschen zu können, und daß sie gewaltige Haufen Stroh im 3
ganzen Lager errichtet hatten, glaubte er, das sei günstig für ein Feuer, und ließ Fackeln und Kienholz und Brandpfeile mit Werg, die mit Pech bestrichen waren, bereitmachen. Und so brach er um Mitternacht auf, um sie im Morgengrauen
unbemerkt anzugreifen. Vergeblich wurden die ersten Posten 4
überrumpelt; durch den Lärm und den Schrecken weckten sie die anderen auf, und es wurde das Signal gegeben, sofort zu den Waffen zu greifen. Und zugleich standen die Soldaten
aufgestellt auf dem Wall und an den Toren. Da ärgerte sich 5
Perseus sehr darüber, daß er das Lager unüberlegt angegriffen hatte, ließ seine Schlachtreihe augenblicklich kehrtmachen und befahl zuerst der Bagage abzurücken und dann den Abteilungen der Fußsoldaten, sich in Marsch zu setzen. Er selbst blieb mit der Reiterei und den Leichtbewaffneten zurück, um den Heereszug zu schließen. Denn er glaubte – was auch tatsächlich geschah – daß die Feinde nachsetzen würden, um der Nachhut vom Rücken her Verluste zuzu-
fügen. Es kam nur zu einem kurzen Kampf der Leichtbewaff- 6
neten, vor allem mit den Soldaten, die vorlaufen müssen und den Kampf eröffnen. Die Reiter und die Fußsoldaten kehrten ohne Störung in das Lager zurück.

Nachdem die Römer die Felder ringsum abgeerntet hatten, 7
zogen sie weiter in die Gegend von Crannon, ein Gebiet, das noch vom Krieg verschont geblieben war. Als sie dort sorglos wegen der weiten Entfernung und wegen der Schwierigkeit des Weges zwischen Sycurium und Crannon, der arm an
Wasser ist, ihr Standlager hatten, wurde plötzlich im Mor- 8
gengrauen auf den Hügeln in unmittelbarer Nähe die Reiterei des Königs mit den Leichtbewaffneten gesichtet, und das

löste ungeheure Verwirrung aus. Sie waren am Tage zuvor um Mittag von Sycurium aufgebrochen. Den Zug der Fußtruppen hatten sie vor Morgengrauen in der Ebene in nächster Nähe zurückgelassen.
9 Perseus blieb eine Zeitlang auf den Hügeln stehen und glaubte, er könne die Römer zu einem Reiterkampf herauslocken. Nachdem diese sich nicht rührten, schickte er einen Reiter, der den Fußsoldaten befehlen sollte, nach Sycurium zurückzumarschieren. Er selbst folgte ihnen
10 bald nach. Die römischen Reiter folgten in mäßigem Abstand und versuchten, ob sie irgendwo auf Versprengte und Zerstreute eindringen könnten. Als sie sahen, daß die Abteilungen geschlossen abzogen und Ordnung hielten, kehrten auch sie selbst ins Lager zurück.

1 65. Darauf verlegte der König, unwillig über die Weite des Weges, sein Lager zum Mopselus, und die Römer zogen, nachdem sie die Felder von Crannon abgeerntet hatten, in
2 das Gebiet von Phalanna hinüber. Als der König dort von Überläufern erfuhr, daß die Römer ohne jeden bewaffneten Schutz überall verstreut auf den Feldern mähten, brach er mit 1000 Reitern und 2000 Thrakern und Kretern auf, rückte, so schnell er konnte, in lockerem Verband vor und griff die
3 Römer unerwartet an. Ungefähr 1000 Wagen mit Gespann, die meisten beladen, fielen in seine Hand und ungefähr
4 600 Menschen. Die Beute übergab er 300 Kretern; sie sollten
5 sie bewachen und ins Lager bringen. Er selbst rief die Reiterei und die übrigen Fußtruppen von dem wilden Morden zurück und führte sie zum nächsten Posten. Diesen glaubte er ohne
6 großen Kampf überwältigen zu können. Der Kriegstribun L. Pompejus hatte hier das Kommando. Er nahm die Soldaten, die durch die plötzliche Ankunft der Feinde in Bestürzung geraten waren, auf einen nahen Hügel zurück und wollte sich im Schutz des Geländes verteidigen, weil er an Zahl und
7 Kräften dem Feind nicht gewachsen war. Dort zog er die

Soldaten zu einem Kreis zusammen, damit sie ihre Schilde
dicht aneinanderfügen und sich so gegen den Beschuß mit
Pfeilen und Wurfspeeren schützen konnten. Perseus umzin-
gelte den Hügel mit Bewaffneten und befahl den einen, von
allen Seiten den Aufstieg zu versuchen und Mann gegen
Mann den Kampf zu beginnen, den anderen, aus der Ferne
Geschosse zu schleudern. Ein ungeheurer Schrecken stand 8
rund um die Römer. Denn sie konnten nicht im geschlossenen
Verband die vertreiben, die den Hügel hinaufkletterten; so-
bald sie vorliefen und aus der Reihe traten, setzten sie sich
den Wurfspeeren und Pfeilen aus. Vor allem wurden sie von 9
Pfeilschleudern verwundet. Diese neue Schußwaffe wurde in
jenem Krieg erfunden. Eine zwei Spannen lange Spitze war
auf einen eine halbe Elle langen Schaft von der Dicke eines
Fingers gesteckt. Daran wurden ringsum drei kurze Tannen- 10
triebe als Gefieder angebracht, wie es bei Pfeilen üblich ist.
Die Schleuder hatte in der Mitte zwei verschieden große
Schleuderleder[96]. Wenn der Schleuderer den Pfeil mit größtem
Schwung herumwirbelte und mit dem Riemen kreisen ließ,
schoß er beim Loslassen wie eine Bleikugel davon. Als ein Teil 11
der Soldaten von dieser und von jeder anderen Art von Ge-
schossen verwundet war und sie erschöpft nur noch mühsam
ihre Waffen halten konnten, drang der König in sie, sie sollten
sich ergeben, gab ihnen sein Wort und versprach ihnen zu-
weilen Belohnungen. Aber keiner dachte an Ergebung. Da
zeigte sich ihnen, die schon zu sterben entschlossen waren,
unerwartet ein Hoffnungsstrahl. Denn weil von den Pro- 12
viantholern einige ins Lager zurückgeflohen waren und dem
Konsul gemeldet hatten, der Posten werde belagert, zog er,
bewegt durch die Gefahr so vieler Mitbürger – denn es waren
fast 800 und alle Römer –, mit der Reiterei und den Leicht-
bewaffneten – es waren die neuen Hilfstruppen dazugekom-
men, die numidischen Fußsoldaten und Reiter und die Ele-

fanten – aus dem Lager und befahl den Kriegstribunen, mit
13 den Verbänden der Legionen zu folgen. Er selbst verstärkte
die Leichtbewaffneten der Hilfstruppen noch durch die
Leichtbewaffneten der Legionen und rückte gegen den Hügel
14 voraus. Dem Konsul zur Seite ritten Eumenes und Attalus
und Misagenes, der Fürst der Numider.

1 66. Als die belagerten Römer die ersten Abteilungen ihrer
eigenen Leute erblickten, faßten sie, die in tiefster Verzweif-
2 lung gewesen waren, neuen Mut. Für Perseus wäre es am
allerwichtigsten gewesen, sich mit dem Zufallserfolg zufrie-
denzugeben und, nachdem er eine Anzahl Getreideholer ge-
fangen und erschlagen hatte, seine Zeit nicht mit der Belage-
3 rung des Postens zu vergeuden; oder er hätte, nachdem er
auch dies irgendwie versucht hatte, unbezwungen abziehen
müssen, solange es ihm möglich war, da er wußte, daß er
keine Kerntruppen bei sich hatte. Indessen erwartete er
selbst, durch seinen Erfolg übermütig geworden, die Ankunft
der Feinde und schickte eilends Leute aus, die die Phalanx
4 herbeiholen sollten. Diese wäre aber später angekommen, als
es die Lage erforderte, und hastig herangeführt und durch
das Laufen aus der Ordnung gebracht, wäre sie auf auf-
gestellte und vorbereitete Truppen gestoßen. Der Konsul
5 kam ihm zuvor und begann sofort den Kampf. Zuerst leisteten
die Makedonen Widerstand. Sie waren aber den Römern in
keiner Hinsicht gewachsen, und nachdem sie dann 300 Fuß-
soldaten und 24 von den Vornehmsten der Reiter aus der
Ale, die sie die Heilige nennen, verloren hatten, unter denen
auch Antimachus, der Führer der Ale, fiel, versuchten sie ab-
zurücken.

6 Aber der Rückmarsch war fast noch ärger als der Kampf
selbst. Als die Phalanx, durch die beunruhigende Nachricht
herbeigerufen, hastig herangeführt wurde, stieß sie zuerst in
einem Engpaß auf den Zug der Gefangenen und die mit Ge-

treide beladenen Wagen und blieb stecken. Dort gerieten 7
beide Teile in ungeheure Not, denn keiner wartete, bis der
Haufen sich irgendwie entwirrte, sondern die Bewaffneten
stürzten die Bagage in die Tiefe – anders konnte der Weg
nämlich nicht freigemacht werden –, und die Zugtiere rasten,
weil sie angestachelt wurden, in dem Durcheinander umher.
Kaum hatten sie sich von dem ungeordneten Zug der Gefan- 8
genen losgemacht, da begegneten sie dem Heereszug des
Königs und den verstörten Reitern. Dort aber ließ das Ge-
schrei, mit dem man ihnen den Rückmarsch befahl, die Ver-
wirrung jetzt fast zu einer Katastrophe anwachsen. Wenn die
Feinde gewagt hätten, in den Engpaß einzudringen und sie
weiter zu verfolgen, hätten die Makedonen womöglich eine
große Niederlage erlitten. Der Konsul nahm den Posten von 9
dem Hügel zurück und führte, zufrieden mit einem mäßigen
Erfolg, seine Truppen wieder ins Lager.

Es gibt Quellen[97], die behaupten, an diesem Tag sei eine
große Schlacht geschlagen worden; 8000 Feinde seien gefallen,
darunter Sopater und Antipater, Heerführer des Königs; ge-
fangen worden seien ungefähr 2800 und 27 Feldzeichen er-
beutet. Und der Sieg sei nicht unblutig gewesen: über 4300 10
vom Heer des Konsuls seien gefallen; fünf Feldzeichen der
linken Ale seien verlorengegangen.

Die letzten Operationen dieses Jahres und das Beziehen der Winterquartiere

67. Dieser Tag gab den Römern wieder Mut und machte 1
Perseus niedergeschlagen, so daß er wenige Tage am Mopse-
lus blieb, vor allem mit dem Begraben der Soldaten beschäf-
tigt, die er verloren hatte. Dann ließ er eine ausreichend starke
Besatzung bei Gonnus und führte seine Truppen nach Make-

2 donien zurück. Einen gewissen Timotheus von den königlichen Statthaltern ließ er mit einer kleinen Schar bei Phila und gab ihm Befehl, die Magnesier aus der Nähe in Unruhe zu halten.

3 Als er nach Pella gekommen war, entließ er sein Heer ins Winterlager und zog selbst mit Cotys nach Thessalonice.
4 Dorthin gelangte das Gerücht, der Thrakerfürst Autlesbis und Corragus, ein Statthalter des Eumenes[98], hätten das Gebiet des Cotys angegriffen und das Gebiet, das sie Marene
5 nennen, besetzt. Deshalb glaubte er Cotys entlassen zu müssen, damit er sein eigenes Land schütze, und gab ihm beim Aufbruch große Geschenke mit. An die Reiterei zahlte er 2000 Talente, den Sold für ein halbes Jahr, während er zuerst den Sold für ein ganzes Jahr hatte bezahlen wollen.

6 Nachdem der Konsul hörte, daß Perseus aufgebrochen war, zog er nach Gonnus, um zu versuchen, ob er die Stadt in seine Hand bekommen könne. Sie liegt unmittelbar vor dem Tempetal in seinem engen Zugang und stellt für Makedonien den sichersten Sperriegel und für die Makedonen ein günstiges
7 Einfallstor nach Thessalien dar. Da die Stadt sowohl durch ihre Lage als auch durch ihre starke Besatzung uneinnehmbar war, sah er von dem Unternehmen ab. Er zog dann in anderer Richtung nach Perrhäbien, nahm Malloea beim ersten Angriff und ließ es plündern, brachte die Tripolis und das übrige Perrhäbien in seinen Besitz und kehrte nach Larisa zurück.
8 Von dort entließ er Eumenes und Attalus nach Hause und wies dem Misagenes und den Numidern Winterquartiere in den nächstgelegenen Städten Thessaliens an und verteilte einen Teil seines Heeres so über ganz Thessalien, daß alle ein bequemes Winterquartier hatten und zugleich für die
9 Städte einen Schutz bedeuteten. Den Legaten Q. Mucius schickte er mit 2000 Mann als Besatzung nach Ambracia. Alle Bundesgenossen aus den griechischen Staaten außer den

Achäern entließ der Konsul. Mit einem Teil seines Heeres
rückte er in das Phthiotische Achaia und zerstörte Pteleum bis
auf die Grundmauern, das verlassen dalag, weil die Bürger
geflohen waren, und nahm Antronae mit Zustimmung der
Einwohner in Besitz. Dann führte er sein Heer vor Larisa. 10
Die Stadt lag verlassen da; die ganze Bevölkerung hatte sich
auf die Burg zurückgezogen. Er machte sich daran, diese an- 11
zugreifen. Als erste von allen waren die Makedonen, die
Besatzung des Königs, aus Furcht abgezogen. Von diesen im
Stich gelassen, kamen die Bürger sofort zur Übergabe. Als er
dann überlegte, ob er zuerst Demetrias angreifen oder nach
der Lage in Böotien schauen müsse, riefen ihn die Thebaner 12
nach Böotien, da die Bewohner von Coronea ihnen zu schaf-
fen machten. Auf deren Bitten und weil die Gegend für ein
Winterlager eher geeignet war als Magnesia, zog er nach
Böotien.

DREIUNDVIERZIGSTES BUCH

Die Einnahme und die Plünderung von Ceremia in Illyrien

1. In demselben Sommer, in dem dies in Thessalien geschah, 1
griff der Legat...[1], der vom Konsul nach Illyrien geschickt
worden war[2], zwei reiche Städte an. Ceremia zwang er mit 2
Waffengewalt zur Übergabe und ließ ihnen alle ihre Habe,
um durch den Ruf seiner Milde diejenigen zu gewinnen, die
Carnus, eine befestigte Stadt, bewohnten. Nachdem er sie 3
weder dazu bringen konnte, sich zu ergeben, noch sie durch
eine Belagerung einnehmen konnte, ließ er Ceremia, das er
zuvor unversehrt gelassen hatte, plündern, damit seine Soldaten sich nicht vergeblich in zwei Belagerungen abgemüht hätten.

Der Konsul C. Cassius verläßt mit seinem Heer seinen Amtsbereich

Der andere Konsul, C. Cassius, leistete in Gallien, das er 4
durchs Los erhalten hatte, nichts Erwähnenswertes und versuchte in einem eitlen Unternehmen, seine Legionen durch
Illyrien nach Makedonien zu führen. Daß der Konsul sich auf 5
diesen Marsch gemacht hatte, erfuhr der Senat von Gesandten
aus Aquileja, die sich darüber beklagten, daß ihre Kolonie
neu und schwach und noch nicht genügend befestigt zwischen den feindlichen Völkerschaften der Histrier und der
Illyrer liege. Als sie darum baten, der Senat möge sich darum 6
kümmern, wie diese Kolonie befestigt werde, fragte man sie,
ob sie nicht wollten, daß diese Angelegenheit dem Konsul

7 C. Cassius überlassen werde. Sie gaben zur Antwort, Cassius habe das Heer nach Aquileja kommen lassen und sei dann durch Illyrien nach Makedonien aufgebrochen. Diese Sache erschien zuerst unglaublich, und jeder dachte bei sich, es seien vielleicht die Carner oder die Histrier angegriffen wor-
8 den. Darauf erwiderten die Leute aus Aquileja, sie wüßten weiter nichts, und wagten auch weiter nichts zu versichern, als daß die Soldaten für 30 Tage Getreide erhalten hätten und daß Führer gesucht und weggeführt worden seien, die
9 die Wege aus Italien nach Makedonien kannten. Da war der Senat wahrlich empört, daß der Konsul etwas so Schwerwiegendes gewagt hatte, seinen Amtsbereich zu verlassen, in einen anderen hinüberzugehen, sein Heer auf einem neuen, gefährlichen Weg durch auswärtige Völkerschaften zu führen und so vielen Völkern den Weg nach Italien zu erschließen.
10 In großer Zahl versammelt, faßten sie den Entschluß, der Prätor C. Sulpicius solle drei Gesandte aus dem Senat benennen, die noch an diesem Tage aus der Stadt aufbrechen und, so schnell sie könnten, dem Konsul Cassius nachziehen
11 sollten, ganz gleich, wo er sei. Sie sollten ihm mitteilen, er dürfe mit keinem Volk Krieg anfangen, ohne daß der Senat
12 beschlossen habe, mit diesem Volk Krieg zu führen. Als Gesandte brachen M. Cornelius Cethegus, M. Fulvius und P. Marcius Rex auf. Die Furcht um den Konsul und sein Heer drängte in dieser Zeit die Sorge um die Befestigung von Aquileja in den Hintergrund.

Klagen spanischer Gesandter über Übergriffe römischer Stadthalter

1 2. Darauf wurden die Gesandten einiger Völker der beiden
2 spanischen Provinzen in den Senat geführt. Sie beklagten sich über die Habgier und die Überheblichkeit der römischen

Beamten, fielen auf die Knie und baten den Senat, er solle
nicht zulassen, daß sie als Bundesgenossen schändlicher be-
raubt und geplündert würden als die Feinde. Da sie sich auch 3
über andere Unziemlichkeiten beklagten, es aber ganz offen-
kundig war, daß man unrechtmäßig Geld von ihnen genom-
men hatte, bekam der Prätor L. Canulejus, der Spanien durch
das Los erhalten hatte, den Auftrag, für jeden einzelnen, von
dem die Spanier Schadenersatz verlangten, fünf Sonderrichter
aus dem Senatorenstand einzusetzen und den Spaniern Gele-
genheit zu geben, als Anwälte zu nehmen, wen sie wollten[3].
Die Gesandten wurden ins Senatsgebäude gerufen, der 4
Senatsbeschluß wurde ihnen vorgelesen, und sie wurden auf-
gefordert, ihre Anwälte zu benennen. Sie benannten vier: 5
M. Porcius Cato, P. Cornelius Scipio, den Sohn des Gnaeus,
L. Aemilius Paulus, den Sohn des Lucius, und C. Sulpicius
Gallus[4].

Zuerst fand der Prozeß gegen M. Titinius statt, der im 6
Konsulatsjahr von A. Manlius und M. Junius Prätor im Dies-
seitigen Spanien gewesen war. Zweimal wurde die Sache ver-
tagt, beim dritten Mal wurde der Angeklagte freigesprochen.

Es kam zu einer Meinungsverschiedenheit zwischen den 7
Gesandten der beiden Provinzen. Die Völker des Diesseitigen
Spanien nahmen M. Cato und P. Scipio, die des Jenseitigen
L. Paulus und Gallus Sulpicius zu Anwälten. Von den Völkern 8
des Diesseitigen Spanien wurde P. Furius Philus vor die Son-
derrichter gestellt, von denen des Jenseitigen C. Matienus.
Jener war drei Jahre vorher im Konsulatsjahr des Sp. Postu- 9
mius und Q. Mucius Prätor gewesen, dieser zwei Jahre vorher
im Konsulatsjahr des L. Postumius und M. Popilius. Gegen 10
beide wurden die schwersten Anklagen vorgebracht, und
ihre Sache wurde vertagt. Als sie sich erneut vor Gericht ver-
antworten mußten, wurde ihr Nichterscheinen damit ent-
schuldigt, daß sie die Stadt verlassen hätten und in die Ver-

bannung gegangen seien. Furius ging nach Praeneste, Matie-
11 nus nach Tibur in die Verbannung. Es ging das Gerücht, von den Anwälten werde verhindert, daß Vornehme und Mächtige als schuldig bezeichnet würden, und dieser Verdacht vergrößerte sich noch, als der Prätor Canulejus die Sache unterband und anordnete, eine Aushebung durchzuführen, und dann plötzlich in seine Provinz wegging, damit nicht noch mehr von den Spaniern geplagt würden.

12 Indem so die vergangenen Ereignisse mit Schweigen aus dem Gedächtnis getilgt wurden, wurde jedoch für die Zukunft vom Senat für die Spanier gesorgt. Denn sie erreichten, daß kein römischer Beamter das Recht haben sollte, den Getreidepreis festzusetzen, und daß er die Spanier nicht zwingen durfte, den Zwanzigsten zu einem Preis zu verkaufen, wie er es wollte[5], und daß keine Präfekten in ihre Städte gelegt werden durften, um Gelder einzutreiben.

Eine weitere Gesandtschaft aus Spanien im Senat

1 3. Und es kam noch eine andere Gesandtschaft aus Spanien
2 von einem neuen Menschenschlag. Sie sagten, sie stammten von römischen Soldaten und spanischen Frauen ab, zwischen denen es keine gültige Ehe gebe. Es waren über 4000 Menschen. Und sie baten, man möge ihnen eine Stadt geben, in
3 der sie wohnen könnten. Der Senat beschloß, sie sollten sich bei L. Canulejus melden, und wenn sie welche freigelassen hätten, auch diese. Man wolle, daß sie in Carteja am Ozean
4 angesiedelt würden. Den Einwohnern von Carteja, die in ihrer Heimat bleiben wollten, gebe man die Möglichkeit, sich zu den Ansiedlern rechnen und sich Land anweisen zu lassen. Es solle eine latinische Kolonie sein und sie solle «Kolonie der Freigelassenen» heißen[6].

Verhandlungen des Senats mit Gulussa und den Karthagern

Zu derselben Zeit kamen aus Afrika der Prinz Gulussa, 5
der Sohn des Masinissa, als Gesandter seines Vaters, und
auch Karthager. Gulussa wurde als erster vor den Senat 6
gelassen. Er führte an, was sein Vater für den Makedonischen
Krieg geschickt hatte, und versprach, wenn sie außerdem
noch etwas befehlen wollten, werde er es zur Verfügung
stellen, weil das römische Volk es so verdient habe, und er
ermahnte den Senat, vor der Tücke der Karthager auf der
Hut zu sein. Sie hätten den Plan gefaßt, eine große Flotte zu 7
bauen, angeblich für die Römer und gegen die Makedonen.
Wenn die aber ausgerüstet und bemannt sei, werde es in ihrer
eigenen Macht stehen, wen sie als Feinde oder Bundesgenossen betrachteten. Diese…

Die folgenden vier Quaternionen (etwa 52 Seiten dieses Formats) sind verlorengegangen. Was die Karthager auf die Beschuldigungen des Numiderprinzen antworteten und was der römische Senat daraufhin beschloß, ist unbekannt.

Die Rückkehr des Konsuls C. Cassius und die Wahl der Beamten

Livius hat dann wohl berichtet, was der Konsul C. Cassius in Illyrien und Gallien weiterhin unternahm[7] und wie die Gesandtschaft des Senates[8] mit ihm zusammentraf.

Am Ende des Jahres kam Cassius zur Durchführung der Wahlen nach Rom zurück. Zu Konsuln wurden A. Hostilius Mancinus und A. Atilius Serranus gewählt, zu Prätoren M. Raecius, Q. Maenius, L. Hortensius sowie drei weitere, deren Namen in den erhaltenen Partien des Livius nicht erscheinen (wahrscheinlich Q. Aelius Paetus, T. Manlius Torquatus und C. Hostilius[9]).

Die Verteilung der Amtsbereiche und der Truppen

Beim Verteilen der Amtsbereiche wurden Italien und Makedonien für die Konsuln bestimmt. Italien fiel dann durch das Los an Atilius, Makedonien an Hostilius. Die Prätoren M. Raecius und Q. Maenius erhielten die beiden Aufgabenbereiche der Rechtsprechung in der Stadt und L. Hortensius das Kommando über die Flotte. Die drei anderen Prätoren wurden wahrscheinlich wie im Vorjahr nach Spanien, Sizilien und Sardinien geschickt.

Darauf folgte wohl der Bericht über die Verteilung der Truppen, von dem wir keine Einzelheiten kennen.

Himmelszeichen

Es wurde gemeldet, daß in Casinum ein Mädchen, das noch im Hause seiner Eltern lebte, zu einem Knaben wurde. Auf Anordnung der Haruspices wurde er auf eine verlassene Insel geschafft[10].

Von anderen Himmelszeichen wissen wir aus diesem Jahr nichts.

Die Unternehmungen des P. Licinius in Griechenland

Der Prokonsul P. Licinius Crassus griff Coronea in Böotien an, das zu Perseus hielt, eroberte die Stadt und ließ sie furchtbar plündern. Ein Teil der Bevölkerung wurde in die Sklaverei verkauft. Ebenso verfuhr er mit mehreren anderen griechischen Städten, die auf der Seite der Makedonier standen[11].

Als man in Rom davon erfuhr, war man empört, und der Senat ordnete an, die eroberten Städte sollten die Freiheit wiedererhalten und ihre Bewohner, die als Sklaven verkauft worden waren, sollten aufgesucht, losgekauft und in ihre Heimat zurückgebracht werden[12].

P. Licinius Crassus wurde später für seine Taten vor dem Volk angeklagt, und ihm wurde eine Geldbuße auferlegt[13].

Der Prätor C. Lucretius in Griechenland. Perseus überfällt die römische Flotte bei Oreus

Während der Prätor C. Lucretius Gallus, der das Kommando über die römische Flotte hatte, seine Grausamkeit und Habgier an den griechischen Städten ausließ[14], machte Perseus einen überraschenden Angriff auf die bei Oreus vor Anker liegenden römischen Schiffe; dabei konnte er 20 Frachtschiffe mitsamt der Ladung erbeuten und die anderen mit Getreide beladenen Schiffe sowie vier Fünfruderer versenken[15].

Erfolge des Perseus in Thrakien

Auch in Thrakien kämpfte Perseus erfolgreich, wahrscheinlich an der Seite des Cotys gegen dessen Gegner Autlesbis und Corragus[16].

Die Epiroten treten auf die Seite des Perseus

Der Bericht des Polybios über den Anschluß der Epiroten an Perseus, der Livius als Vorlage für seine Darstellung gedient hat, ist erhalten. Er lautet: «Cephalus, der jetzt aus Epirus kam, hatte schon vorher gute Beziehungen zum makedonischen Königshaus gehabt, nun aber war er durch die Umstände gezwungen worden, die Partei des Perseus zu ergreifen. Der Grund war folgender. Es war da ein Epirote namens Charops, ein in jeder Beziehung hochachtbarer Mann und ein Freund der Römer, dem diese es zu verdanken hatten, daß Philipp aus seiner Stellung an den Engpässen in Epirus geworfen und aus dem ganzen Land verjagt wurde und daß T. Quinctius Flamininus Epirus besetzen und die Makedonen schlagen konnte[17]. Dieser hatte einen Sohn mit Namen Machatas, dieser wiederum einen Sohn, der ebenfalls Charops hieß. Nach dem Tode seines Vaters Machatas schickte diesen Charops, der damals noch fast ein Kind war, sein Großvater

Charops mit einem Gefolge, wie es seinem Rang entsprach, nach Rom, damit er dort Latein in Wort und Schrift lerne. Dieser junge Mann schloß in Rom mit vielen Bekanntschaft und kehrte nach einiger Zeit wieder nach Hause zurück. Der ältere Charops starb dann, und der junge Mann, ein im Innersten schlechter Mensch mit großen Aspirationen, begann anspruchsvoll aufzutreten und den führenden Männern Opposition zu machen. Anfangs beachtete man ihn gar nicht, sondern Antinus und sein Kreis, Männer, die ihm an Lebensalter und Ansehen weit überlegen waren, leiteten die öffentlichen Angelegenheiten nach ihrem Ermessen. Als aber der Krieg gegen Perseus ausbrach, verleumdete der Bursche jene Männer sofort bei den Römern, wobei er sich auf ihre guten Beziehungen zum makedonischen Königshaus von früher her stützte, in der gegenwärtigen Situation aber alles, was sie sagten und taten, genau beobachtete und in ungünstigem Sinn ausdeutete, entweder etwas fortließ oder etwas hinzufügte und damit sogenannte Beweise gegen sie gewann. Cephalus, auch sonst ein verständiger und besonnener Mann, verfolgte unter den damaligen Umständen die einzig richtige Politik. Zuerst hatte er die Götter angefleht, es möge kein Krieg ausbrechen und die Entscheidung nicht mit den Waffen gesucht werden. Als man aber auf den Krieg lossteuerte, wollte er den Römern gegenüber alle Bündnispflichten erfüllen, darüber hinaus jedoch sich ihnen weder würdelos an den Hals werfen noch einen übertriebenen Diensteifer an den Tag legen. Als Charops nun seinen großangelegten Verleumdungsfeldzug gegen ihn eröffnete und alles, was nicht ganz den römischen Wünschen entsprach, als bewußte Sabotage auslegte, nahmen jene Männer das zunächst auf die leichte Schulter, da sie sich keiner feindlichen Gesinnung gegen die Römer bewußt waren. Als sie jedoch sahen, daß die Ätoler Hippolochus, Nicander und Lochagus nach der Reiterschlacht ohne irgendeinen triftigen Grund nach Rom abgeführt wurden und daß man also den Verleumdungen des Lyciscus gegen jene Männer, der in Ätolien dieselbe politische Richtung vertrat wie Charops, Glauben geschenkt hatte[18], gingen sie in Voraussicht ihres Schicksals miteinander zu Rate, was sie tun sollten. Sie beschlossen, lieber alles zu versuchen, als sich dem auszusetzen, daß sie ohne Untersuchung, nur auf Grund der Verleumdungen des Charops, nach Rom abtransportiert würden. So sahen sich also Cephalus und seine Gesinnungsgenossen gezwungen, wider ihren Wunsch und Willen sich zur Partei des Perseus zu schlagen[19].»

Der Aufbruch der Konsuln in ihre Provinzen

Als die Konsuln in ihre Provinzen aufbrachen, wäre Hostilius auf dem Wege durch Epirus beinahe in die Hand des Feindes gefallen. Auch für diesen Abschnitt ist uns bei Polybios die Vorlage des Livius erhalten: «Theodotus und Philostratus begingen eine ruchlose Tat unter klarer Verletzung der Verträge. Als sie erfuhren, daß der römische Konsul A. Hostilius Mancinus auf dem Wege nach Thessalien zum Heer in Epirus eingetroffen war, überzeugt, wenn sie Aulus dem König in die Hände liefern könnten, diesem damit den besten Beweis ihrer Treue zu geben und den Römern den im Augenblick größten Schaden zuzufügen, schrieben sie an Perseus einen Brief nach dem anderen und baten ihn herbeizueilen. Der König wollte auch ihrem Ruf sofort folgen und sich mit ihnen vereinigen; die Molosser hatten jedoch die Brücke über den Aous besetzt und ihm den Weg verlegt, so daß er gezwungen war, zuerst gegen diese zu kämpfen. Aulus aber, der in Phanote bei Nestor aus Cropia (?) eingekehrt war, hatte damit den Feinden eine vorzügliche Gelegenheit gegeben, sich seiner zu bemächtigen, und wenn ein Zufall es nicht zum Besseren gelenkt hätte, wäre er wohl nicht davongekommen. Nun hatte Nestor jedoch wie durch höhere Fügung etwas von der Gefahr geahnt und Aulus daher veranlaßt, sich noch bei Nacht nach Gitana zu begeben. Dieser gab nun die Reise durch Epirus auf, fuhr zu Schiff nach Anticyra und zog von dort weiter nach Thessalien[20].»

Die Kämpfe des Hostilius mit Perseus in Thessalien

Nachdem A. Hostilius Mancinus in Thessalien das Kommando von P. Licinius Crassus übernommen hatte, versuchte er, über die Cambunischen Berge in das Tal des Haliacmon vorzustoßen. Aber Perseus trat ihm entgegen und warf ihn nach Thessalien zurück[21].

Auch einen zweiten Versuch der Römer, unbemerkt auf einem anderen Weg durch Thessalien nach Makedonien einzufallen, konnte der König vereiteln. Er bot dem römischen Feldherrn eine Schlacht an und schreckte ihn damit zurück[22].

Nach dem Rückzug der Römer setzte sich Perseus wieder in den Besitz der nördlichen Teile Thessaliens[23].

Der Feldzug des Perseus gegen die Dardaner

Nebenbei unternahm Perseus einen Feldzug gegen die Dardaner, wie wenn er die Römer verachtete und freie Zeit hätte, hieb 10000 der Barbaren nieder und trieb eine reiche Beute davon[24].

Die Unternehmungen der römischen Flotte

Der Prätor L. Hortensius, der das Kommando über die römische Flotte hatte, war hochmütig, habgierig und grausam wie sein Vorgänger Lucretius.

Zusammen mit Eumenes operierte er an der thrakischen und makedonischen Küste. Die Städte Emathia, Amphipolis, Maronea und Aenus verschlossen ihre Tore vor den Römern, ohne daß diese ihnen etwas anhaben konnten[25]. *Als Abdera auf die Forderung des Hortensius nicht sofort 100000 Denare und 50000 Scheffel Weizen lieferte, sondern zunächst eine Gesandtschaft zum Konsul und zum Senat schicken wollte*[26], *belagerten die Römer und Pergamener die Stadt.*

Pytho, ein angesehener Abderite, der mit 200 seiner Sklaven und Klienten einen wichtigen Abschnitt der Mauer verteidigen sollte, wurde von Eumenes zum Verrat verleitet und ließ die Belagerer in die Stadt[27]. Abdera wurde von den römischen Truppen geplündert und die führenden Männer zum Teil hingerichtet, zum Teil in die Sklaverei verkauft[28].

Hortensius kehrte mit der Flotte nach Chalcis zurück[29].

Die Ereignisse in Spanien

Am Ende der großen Lücke ist von den kriegerischen Ereignissen in Spanien die Rede. Dort hatte Olonicus einen neuen Aufstand angezettelt, der weite Teile des Landes ergriff. In höchster Verwegenheit schlich er sich bald nach Ausbruch des Krieges bei Nacht mit nur einem Gefährten in das römische Lager, wohl in der Absicht, den römischen Feldherrn[30] zu töten. Die beiden Spanier wurden aber noch rechtzeitig entdeckt und erschlagen. Als ihre Köpfe – vielleicht durch Gefangene – in das Lager der Spanier gebracht wurden, brach der Aufstand zusammen[31]. Hiermit setzt die Überlieferung wieder ein.

4. Als sie in das Lager kamen und die Köpfe zeigten, lösten 1
sie einen so großen Schrecken aus, daß man das Lager hätte einnehmen können, wenn man sogleich ein Heer herangeführt hätte. Aber auch so kam es zu einer gewaltigen Flucht. Und 2
es gab welche, die meinten, man müsse Gesandte schicken und um Frieden bitten, und mehrere Stämme kamen auf diese Nachricht hin zur Unterwerfung. Sie entschuldigten sich und 3
schoben die Schuld auf den Wahnsinn der beiden, die sich freiwillig selbst der Strafe ausgesetzt hätten, und fanden beim Prätor Gnade. Er brach sofort zu den anderen Stämmen auf, 4
und da alle das taten, was ihnen befohlen wurde, zog er mit seinem Heer ungestört durch ein befriedetes Land, in dem kurz zuvor noch ein gewaltiger Aufruhr getobt hatte.

Empörung in Rom über die Gewalttätigkeiten des Lucretius und des Hortensius

5 Diese Milde des Prätors, der ohne Blutvergießen eine sehr
kriegerische Völkerschaft gebändigt hatte, war dem Volk
und dem Senat um so lieber, je grausamer und habgieriger
der Krieg in Griechenland von dem Konsul Licinius und dem
6 Prätor Lucretius geführt worden war. Die Volkstribunen
griffen Lucretius in Abwesenheit in den Volksversammlungen
ununterbrochen heftig an, obwohl er damit entschuldigt
wurde, daß er im Staatsdienst abwesend sei. Aber so wenig
war damals sogar das bekannt, was sich in der Nähe der
Stadt abspielte, daß er in dieser Zeit auf seinem Gut bei
Antium war und von dem Erlös seiner Kriegsbeute eine Was-
7 serleitung aus der Loracina nach Antium ziehen ließ. Diese
Arbeit soll er für 130000 As vergeben haben. Auch schmückte
er den Tempel des Äskulap[32] mit Gemälden aus der Beute.

8 Die Empörung und die Verachtung wandte sich von Lucre-
tius ab und richtete sich gegen seinen Nachfolger Hortensius,
als die Gesandten von Abdera weinend vor dem Senats-
gebäude standen und sich darüber beklagten, daß ihre Stadt
9 von Hortensius gestürmt und geplündert worden sei. Der
Grund für die Zerstörung der Stadt sei gewesen, daß sie, als
er 100000 Denare und 50000 Scheffel Weizen forderte, um
eine Frist baten, in der sie wegen dieser Sache sowohl zum
Konsul Hostilius als auch nach Rom Gesandte schicken
10 wollten. Eben erst seien sie beim Konsul angekommen ge-
wesen, da hätten sie gehört, daß ihre Stadt erstürmt, die
führenden Männer mit dem Beil hingerichtet und die übrigen
11 in die Sklaverei verkauft worden seien. Die Sache erschien
dem Senat empörend, und sie beschlossen dasselbe über die
Abderiten, was sie im Jahre davor über die Bewohner von
Coronea beschlossen hatten, und sie ließen den Prätor

Q. Maenius das vor der Volksversammlung bekanntmachen. Und es wurden zwei Gesandte geschickt, um den Abderiten 12 die Freiheit wiederzugeben, C. Sempronius Blaesus und Sex. Julius Caesar. Diese erhielten den Auftrag, dem Konsul 13 Hostilius und dem Prätor Hortensius mitzuteilen, der Senat sei der Meinung, man habe mit den Abderiten einen ungerechten Krieg angefangen, und er halte es für recht, daß alle, die sich in der Sklaverei befänden, aufgesucht würden und daß ihnen die Freiheit zurückgegeben werde.

Gesandte der Gallier, Carner, Histrier und Japyden beklagen sich über Übergriffe des Cassius

5. Zur selben Zeit wurden Klagen über C. Cassius, der im 1 vorigen Jahr Konsul gewesen und jetzt Kriegstribun in Makedonien bei A. Hostilius war[33], vor den Senat gebracht, und zwar kamen Gesandte des Gallierkönigs Cincibilus. Sein 2 Bruder sprach im Senat und klagte darüber, daß C. Cassius das Land der Alpenvölker, ihrer Bundesgenossen, völlig verwüstet und von dort viele tausend Menschen in die Sklaverei verschleppt habe.

Um dieselbe Zeit kamen auch Gesandte der Carner, Histrier 3 und Japyden. Zuerst habe der Konsul Cassius Führer von ihnen gefordert, die ihm, wenn er sein Heer nach Makedonien führe, den Weg zeigen sollten. Im Frieden sei er von ihnen ge- 4 gangen, als wenn er einen anderen Krieg führen wolle. Dann sei er mitten vom Marsch zurückgekehrt und wie ein Feind durch ihr Gebiet gezogen. Überall sei es zu Mord und Raub und Brandstiftung gekommen, und sie wüßten bis jetzt nicht, aus welchem Grund der Konsul sie als Feinde behandelt habe.

Dem abwesenden Fürsten der Gallier und diesen Völkern 5 wurde geantwortet, der Senat habe nicht gewußt, daß dies

geschehen werde, worüber sie sich beklagten, noch billige er
es, wenn es geschehen sei. Aber daß ein ehemaliger Konsul
ohne Untersuchung in Abwesenheit verurteilt werde, sei nicht
6 recht, da er im Staatsdienst abwesend sei. Sobald C. Cassius
aus Makedonien zurückgekehrt sei, werde der Senat, wenn sie
ihn persönlich anklagen wollten, die Sache untersuchen und
7 sich Mühe geben, daß sie Genugtuung erhielten. Und man
beschloß, diesen Völkern nicht nur eine Antwort zu geben,
sondern auch zwei Gesandte über die Alpen zu dem Fürsten
zu schicken und drei zu den Völkern ringsum, die ihnen mit-
8 teilen sollten, was die Meinung des Senates sei. Sie faßten den
Entschluß, jedem Gesandten Geschenke für 2000 As zu schik-
ken. Die beiden Brüder aus königlichem Haus erhielten fol-
gende persönlichen Geschenke: zwei Halsketten aus fünf
Pfund Gold, fünf silberne Gefäße im Gewicht von 20 Pfund,
zwei mit Schmuckplättchen an Stirn und Brust geschmückte
Pferde mit Pferdeknechten, ferner Reiterwaffen und Kriegs-
mäntel und für ihre Begleiter, die Freien und die Sklaven,
9 Kleidungsstücke. Dies wurde ihnen geschickt. Und es wurde
ihnen auf ihre Bitte gestattet, daß jeder zehn Pferde kaufen
durfte und die Erlaubnis erhielt, sie aus Italien auszuführen.
10 C. Laelius und M. Aemilius Lepidus wurden als Gesandte mit
den Galliern über die Alpen geschickt, zu den übrigen Völkern
C. Sicinius, P. Cornelius Blasio und T. Memmius.

Gesandtschaften aus Griechenland, Asien und Afrika im Senat

1 6. Von vielen Staaten Griechenlands und Asiens kamen zu-
2 gleich Gesandte nach Rom. Als erste wurden die Athener vor-
gelassen. Diese führten aus, was sie an Schiffen und Soldaten
gehabt hätten, hätten sie dem Konsul P. Licinius und dem
Prätor C. Lucretius geschickt. Diese hätten sie nicht gebraucht

und von ihnen 100000 Scheffel Getreide gefordert. Obwohl 3
sie ein unfruchtbares Land bestellten und sogar die Bauern
selbst mit Getreide aus fremden Ländern ernähren müßten,
hätten sie es trotzdem aufgebracht, um ihre Pflicht nicht zu
verletzen, und sie seien bereit, auch anderes, was ihnen befoh-
len werde, zu leisten[34].

Die Milesier sagten, sie hätten nichts geleistet, weil die 4
Römer nichts gefordert hätten, und versprachen, wenn der
Senat ihnen etwas für den Krieg befehlen wolle, seien sie be-
reit, es zu leisten.

Die Bewohner von Alabanda erwähnten, sie hätten der 5
Stadt Rom einen Tempel errichtet und jährliche Spiele für
diese Göttin gestiftet[35], und sie hätten einen goldenen Kranz 6
von 50 Pfund mitgebracht, den sie auf dem Kapitol als Ge-
schenk für Jupiter Optimus Maximus niederlegen wollten, und
300 Reiterschilde; diese würden sie abliefern, wo der Senat es
anordne. Sie baten, ihnen zu erlauben, ihr Geschenk auf dem
Kapitol niederzulegen und ein Opfer darzubringen.

Darum baten auch die Bewohner von Lampsacus, die einen 7
Kranz von 80 Pfund mitbrachten und die sagten, sie hätten 8
Perseus verlassen, als das römische Heer nach Makedonien ge-
kommen sei, obwohl sie unter Perseus' und vorher unter Phi-
lipps Herrschaft gestanden hätten[36]. Dafür und für alles, was 9
sie den römischen Feldherrn zur Verfügung gestellt hätten,
bäten sie nur darum, daß sie in die Freundschaft des römischen
Volkes aufgenommen würden, und wenn Friede mit Perseus
geschlossen werde, daß sie dann herausgenommen würden,
damit sie nicht wieder in die Macht des Königs fielen.

Den übrigen Gesandten wurde freundlich geantwortet. Der 10
Prätor Q. Maenius erhielt den Auftrag, die Bewohner von
Lampsacus in das Verzeichnis der Bundesgenossen einzutra-
gen. Allen wurden Geschenke gegeben, und zwar jedem ein-
zelnen für 2000 As. Die Leute von Alabanda wurden aufgefor-

dert, die Schilde dem Konsul A. Hostilius nach Makedonien
zu bringen.

11 Auch aus Afrika kamen Gesandte, zugleich von den Kar-
thagern und von Masinissa. Die Gesandten der Karthager
sagten, sie hätten 1000000 Scheffel Weizen und 50000 Schef-
fel Gerste ans Meer gefahren, um sie dort hinzuschaffen, wo-
12 hin der Senat es wünsche. Sie wüßten, daß diese Gabe, mit der
sie ihre schuldige Pflicht erfüllten, geringer sei, als es den Ver-
diensten des römischen Volkes und ihrem eigenen guten Willen
entspreche. Aber sie hätten sonst, als es beiden Völkern gut ging,
oft die Pflichten dankbarer und treuer Bundesgenossen erfüllt.
13 Ebenso versprachen die Gesandten Masinissas die gleiche
Menge Weizen und 1200 Pferde und zwölf Elefanten. Und
wenn etwas anderes nötig sei, solle der Senat es befehlen. Der
König werde das mit gleicher Bereitwilligkeit zur Verfügung
stellen wie das, was er selbst von sich aus versprochen habe.
14 Sowohl den Karthagern als auch dem König wurde gedankt,
und sie wurden gebeten, das, was sie versprochen hatten, zum
Konsul Hostilius nach Makedonien zu schaffen. Den Gesand-
ten wurden Geschenke geschickt, jedem für 2000 As.

1 7. Die Gesandten der Kreter erwähnten, sie hätten so viele
Bogenschützen nach Makedonien geschickt, wie ihnen der
2 Konsul P. Licinius befohlen habe. Als man sie danach fragte,
stellten sie nicht in Abrede, daß bei Perseus eine größere An-
3 zahl von ihren Bogenschützen diene als bei den Römern, und
man erwiderte ihnen, wenn die Kreter sich ernsthaft und
energisch vornähmen, eine größere Freundschaft mit dem
römischen Volk als mit König Perseus zu haben, werde auch
der römische Senat ihnen eine Antwort geben wie zuverläs-
4 sigen Bundesgenossen. Inzwischen sollten sie ihren Lands-
leuten mitteilen, der Senat wolle, daß die Kreter sich bemüh-
ten, die Soldaten, die sie unter den Truppen des Königs
hätten, sobald wie möglich nach Hause zurückzurufen.

Als die Kreter mit dieser Antwort entlassen worden waren, 5
wurden die Bewohner von Chalcis hereingerufen, deren Ge-
sandtschaft schon durch ihr bloßes Eintreten Bewegung aus-
löste. Denn Micythion, ihr Führer, war an den Füßen ge-
lähmt und wurde auf einer Bahre hereingetragen. Sofort sah 6
man, daß es sich um eine Sache von äußerster Wichtigkeit
handelte, bei der ein so kranker Mann sich anscheinend nicht
einmal selbst mit seinem Gesundheitszustand entschuldigen
wollte oder bei der man eine solche Entschuldigung trotz sei-
ner Bitte nicht gelten ließ. Er begann seine Rede damit, an 7
ihm sei nichts mehr lebendig außer seiner Zunge, um das
Unglück seiner Heimatstadt zu beklagen, und wies dann zu-
erst auf die alten Wohltaten seiner Gemeinde[37] hin und auf die,
die sie im Krieg gegen Perseus den römischen Heerführern
und Heeren erwiesen hätten. Dann berichtete er, was zunächst 8
der Prätor C. Lucretius an seinen Landsleuten hochmütig,
habgierig und grausam getan hatte; weiter, was gerade jetzt
L. Hortensius tue. Zwar glaubten sie alles erleiden zu müs- 9
sen, auch noch Traurigeres, als sie jetzt erlitten, ehe sie untreu
würden. Aber was Lucretius und Hortensius angehe, wüßten
sie, daß es sicherer gewesen wäre, vor ihnen die Stadttore zu
verschließen, als sie in die Stadt aufzunehmen. Die Städte, die 10
ihre Tore vor ihnen verschlossen hätten, Emathia, Amphipolis,
Maronea und Aenus, seien unversehrt. Bei ihnen aber seien
die Tempel alles Schmuckes beraubt, und was C. Lucretius
durch Tempelraub zusammengebracht habe, habe er auf
Schiffen nach Antium[38] weggeschafft. Freie Menschen seien
in die Sklaverei verschleppt worden. Das Hab und Gut von
Bundesgenossen des römischen Volkes sei geplündert worden
und werde täglich geplündert. Denn nach dem Beispiel des 11
Lucretius habe auch Hortensius in ihren Häusern im Winter
genau wie im Sommer Schiffssoldaten einquartiert, und ihre
Häuser seien voll von Schiffsvolk. Sie bewegten sich unter

ihnen, ihren Frauen und Kindern, und sie nähmen weder in ihren Worten noch in ihren Taten irgendwelche Rücksicht.

Die Verurteilung des Lucretius und die Zurechtweisung des Hortensius

1 8. Man beschloß, Lucretius vor den Senat zu holen, damit er
2 seine Sache persönlich führe und sich rechtfertige. Aber als er anwesend war, mußte er noch viel mehr hören, als in seiner Abwesenheit gegen ihn vorgebracht worden war. Und als gewichtigere und mächtigere Ankläger kamen zwei Volkstribu-
3 nen hinzu, M'. Juventius Talna und Cn. Aufidius. Diese griffen ihn nicht nur im Senat heftig an, sondern schleppten ihn auch vor die Volksversammlung, warfen ihm viele Schandtaten vor und setzten den Termin für seinen Prozeß an.

4 Im Auftrag des Senates antwortete der Prätor Q. Maenius den Bewohnern von Chalcis, wenn sie sagten, daß sie sich sowohl früher als auch in diesem Krieg, der jetzt geführt werde, um das römische Volk verdient gemacht hätten, so wisse der Senat, daß sie damit die Wahrheit sagten, und sei ihnen dafür
5 entsprechend dankbar. Könne einer glauben, daß die Taten, die die Prätoren C. Lucretius und L. Hortensius begangen hätten und noch begingen und über die sie sich beklagten, mit Zustimmung des Senates geschehen seien und geschähen,
6 wenn er wisse, daß das römische Volk mit Perseus und vorher mit seinem Vater Philipp Krieg angefangen habe wegen der Freiheit Griechenlands und nicht, damit seine Bundesgenos-
7 sen und Freunde solches von seinen Beamten erlitten? Sie würden dem Prätor L. Hortensius einen Brief schreiben, die Taten, über welche die Einwohner von Chalcis sich beklagten, gefielen dem Senat nicht. Wenn freie Menschen in die Sklaverei verkauft worden seien, solle er dafür sorgen, daß sie

so bald wie möglich aufgesucht würden und ihnen die Freiheit wiedergegeben werde. Der Senat halte es nicht für recht, daß von den Seesoldaten jemand außer den Kapitänen in Privat-
quartiere gelegt werde. Dies wurde dem Hortensius im Auf- 8
trag des Senates geschrieben. Geschenke für 2000 As wurden jedem Gesandten geschickt und auf Staatskosten Fahrzeuge für Micythion gemietet, die ihn bequem nach Brundisium fahren sollten.

Den C. Lucretius klagten die Volkstribunen vor dem Volk 9
an, als der angesetzte Termin gekommen war, und nannten für ihn eine Geldbuße von 1000000 As. In der Abstimmung sprachen ihn alle 35 Tribus schuldig.

Die Lage in Ligurien

9. Im Gebiet der Ligurer geschah in diesem Jahr nichts Be- 1
merkenswertes. Denn die Feinde griffen nicht zu den Waffen, und auch der Konsul führte seine Legionen nicht in ihr Gebiet.
Und da es ihm ganz sicher schien, daß in diesem Jahr Friede 2
blieb, entließ er die Soldaten der zwei Legionen innerhalb von
60 Tagen nach seiner Ankunft in der Provinz. Das Heer der 3
Bundesgenossen und Latiner führte er zeitig ins Winterlager nach Luna und Pisae und suchte selbst mit seinen Reitern sehr viele Städte der Provinz Gallien auf.

Die Lage in Illyrien

Nirgendwo anders als in Makedonien war Krieg. Man be- 4
trachtete jedoch auch den Illyrerkönig Gentius mit Argwohn.
Deshalb beschloß der Senat, acht Schiffe mit voller Ausrüstung 5
von Brundisium zu dem Legaten C. Furius nach Issa zu schik-

ken, der das Kommando auf der Insel hatte und über zwei
6 Schiffe von Issa verfügte. 2000 Soldaten wurden auf diese acht Schiffe gelegt, die der Prätor M. Raecius auf Senatsbeschluß in dem Teil Italiens aushob, der Illyrien gegenüberliegt. Und der Konsul Hostilius schickte App. Claudius nach Illyrien[39] mit 4000 Fußsoldaten, damit er die Nachbarn Illyriens[39]
7 schütze. Der war nicht zufrieden mit den Truppen, die er herangeführt hatte, sondern bettelte sich Hilfstruppen von den Bundesgenossen zusammen und bewaffnete ungefähr 8000 Menschen von verschiedener Herkunft, durchzog dieses ganze Gebiet und lagerte sich bei Lychnidus im Gebiet der Dassareten.

Der Überfall auf Uscana

1 10. Nicht weit von da lag die Stadt Uscana, die zum Gebiet und zum Machtbereich des Perseus gehörte. Sie hatte 10000 Einwohner und als Garnison eine schwache Besatzung von
2 Kretern. Von dort kamen heimlich Boten zu Claudius: Wenn er seine Truppen näher heranführe, seien welche bereit, ihm die Stadt zu verraten. Und es sei der Mühe wert. Er werde nicht nur sich und seine Freunde, sondern auch seine Soldaten
3 mit Beute sättigen. Die Aussicht, die sich seiner Gier bot, verblendete seinen Sinn so, daß er keinen von denen, die gekommen waren, zurückbehielt, keine Geiseln forderte, die ein Unterpfand dafür sein sollten, daß bei der Sache kein Betrug im Spiel sei, keine Kundschafter ausschickte und sich auch kein Versprechen geben ließ. Es wurde nur der Tag festgesetzt, und er brach von Lychnidus auf und schlug zwölf Mei-
4 len vor der Stadt, zu der er wollte, sein Lager auf. In der vierten Nachtwache rückte er dann vor und ließ ungefähr 1000 Mann zum Schutze des Lagers zurück. Ungeordnet, in einem langen Zuge, weit auseinandergezogen, gelangten sie nur in

geringer Zahl an die Stadt heran, da sie sich beim Umherirren
in der Nacht zerstreut hatten. Die Nachlässigkeit wuchs 5
noch, als sie keine Bewaffneten auf der Mauer erblickten. Aber
sobald sie auf Schußweite heran waren, machte man zugleich
aus zwei Toren einen Ausfall. Und zu dem Geschrei der Aus-
fallenden erhob sich auf den Mauern ein ungeheurer Lärm von
heulenden Frauen mit dem Krachen von Bronzebecken auf
allen Seiten, und eine wirre Menge, vermischt mit einem Hau-
fen Sklaven, stieß ein wildes Gebrüll aus. Dieser vielfache 6
Schrecken, der von allen Seiten auf sie einstürmte, bewirkte,
daß die Römer dem ersten Sturm des Ausfalls nicht standhal-
ten konnten. Und so wurden mehr auf der Flucht als im Kampf
getötet. Kaum 2000 Mann mit dem Legaten selbst flüchteten
sich ins Lager. Da der Weg ins Lager sehr weit war, hatten 7
die Feinde Gelegenheit, sehr viele von den Erschöpften ein-
zuholen. Im Lager blieb Appius nicht einmal, um die Seinen, 8
die von der Flucht zersprengt waren, zu sammeln, was denen,
die über die Felder umherirrten, Rettung gebracht hätte, son-
dern führte die, welche die Niederlage überlebt hatten, so-
gleich nach Lychnidus zurück.

Beschlüsse des Senates aufgrund der Ereignisse in Makedonien und Illyrien

11. Von diesem und anderen unglücklichen Ereignissen in 1
Makedonien erfuhr man von dem Kriegstribunen Sex. Digi-
tius, der wegen eines Opfers nach Rom gekommen war. Des- 2
halb fürchteten die Senatoren, daß man eine größere Schande
erleide, und schickten M. Fulvius Flaccus und M. Caninius
Rebilus als Gesandte nach Makedonien. Sie sollten in Erfah-
rung bringen, was vorging, und darüber berichten. Und der 3
Konsul A. Atilius sollte die Konsulwahlen so ansetzen, daß sie

im Januar durchgeführt werden konnten, und sollte so bald
4 wie möglich in die Stadt zurückkehren. Inzwischen wurde dem Prätor M. Raecius aufgetragen, durch einen Erlaß alle Senatoren aus ganz Italien nach Rom zurückzurufen bis auf
5 die, die im Staatsdienst abwesend waren. Die in Rom waren, sollten sich nicht weiter als eine Meile von der Stadt entfernen. Dies geschah, wie der Senat beschlossen hatte.

Die Wahl der Beamten und die Festsetzung der Amtsbereiche für die Prätoren

6 Die Konsulwahlen fanden am 26. Januar statt. Zu Konsuln wurden gewählt Q. Marcius Philippus zum zweitenmal und
7 Cn. Servilius Caepio. Zwei Tage später wurden C. Decimius, M. Claudius Marcellus, C. Sulpicius Gallus, C. Marcius Figulus, Ser. Cornelius Lentulus und P. Fontejus Capito Prä-
8 toren. Für die gewählten Prätoren wurden außer den beiden Amtsbereichen in der Stadt vier Aufgabenbereiche bestimmt: Spanien, Sardinien, Sizilien und die Flotte.

Rückkehr der Gesandten aus Makedonien

9 Die Gesandten kamen aus Makedonien zurück, als der Februar fast zu Ende war. Sie berichteten, welche Erfolge König Perseus in diesem Sommer errungen und wie große Furcht die Bundesgenossen des römischen Volkes befallen habe, nachdem so viele Städte in die Gewalt des Königs geraten seien.
10 Das Heer des Konsuls habe nicht die volle Stärke, da man allgemein Urlaub gebe, um sich beliebt zu machen. Die Schuld dafür gebe der Konsul den Kriegstribunen, diese dagegen
11 dem Konsul. Die Senatoren hörten, wie die Gesandten die

Schande, die man durch die Leichtfertigkeit des Claudius erlitten hatte, abschwächten, indem sie berichteten, man habe dort nur sehr wenige Soldaten aus Italien verloren, und großenteils solche, die überstürzt ausgehoben worden seien.

Die Festsetzung der Amtsbereiche für die Konsuln

Es wurde angeordnet, sobald die gewählten Konsuln ihr Amt 12
angetreten hätten, sollten sie Makedonien im Senat auf die Tagesordnung setzen. Als Amtsbereiche wurden für sie Italien und Makedonien bestimmt.

Die Einfügung eines Schaltmonats

In diesem Jahr wurde ein Schaltmonat eingefügt. Zwei Tage 13
nach den Terminalien begann der Schaltmonat[40].

Tod und Nachwahl von Priestern

Im Laufe dieses Jahres starben von den Priestern der Augur L. Flamininus...[41] Die beiden Pontifices L. Furius Philus und C. Livius Salinator starben. An Stelle des Furius wählten die Pontifices den T. Manlius Torquatus, an Stelle des Livius den M. Servilius.

Die Verteilung der Truppen

12. Am Anfang des folgenden Jahres, als die neuen Konsuln 1
Q. Marcius und Cn. Servilius die Amtsbereiche auf die Tagesordnung gesetzt hatten, beschloß der Senat, sie sollten sich so

bald wie möglich untereinander über Italien und Makedonien
2 einigen oder losen. Bevor das Los darüber entschied, sollte in
der Ungewißheit, damit Begünstigung keine Rolle spielte, für
beide Provinzen festgelegt werden, was die Situation an Er-
3 satz forderte. Sie bewilligten für Makedonien 6000 römische
Fußsoldaten und 6000 von den Bundesgenossen und Latinern
sowie 250 römische Reiter und 300 von den Bundesgenossen.
4 Und die alten Soldaten sollten entlassen werden, so daß in jeder
Legion nicht mehr als 6000 Fußsoldaten und 300 Reiter wären.

5 Für den anderen Konsul wurde keine bestimmte Zahl an
römischen Bürgern festgesetzt, die er als Ersatz ausheben
sollte. Es wurde nur das eine festgesetzt, daß er zwei Legionen
ausheben solle, jede mit 5200 Fußsoldaten und 300 Reitern.
6 Von den Latinern wurde für ihn eine größere Anzahl bestimmt
als für seinen Amtsgenossen, nämlich 10000 Fußsoldaten und
600 Reiter.

Es wurde angeordnet, außerdem vier Legionen auszuheben,
die ins Feld geführt werden sollten, wenn es irgendwo nötig
7 wäre. Daß die Konsuln die Tribunen für sie einsetzten, wurde
nicht gestattet; das Volk wählte sie. Von den Bundesgenos-
sen und Latinern wurden 16000 Fußsoldaten und 1000 Reiter
8 angefordert. Man wollte dieses Heer nur aufstellen, damit es
ausrücken könne, falls die Lage es an irgendeiner Stelle erfor-
derlich mache.

9 Vor allem Makedonien bereitete Sorge. Es wurde angeord-
net, für die Flotte 1000 römische Bürger aus dem Stand der
Freigelassenen als Seesoldaten auszuheben und in Italien 500.
Ebenso viele sollten in Sizilien ausgehoben werden. Und wer
diese Provinz erhielt, bekam den Auftrag, dafür zu sorgen, daß
sie nach Makedonien gebracht würden, ganz gleich, wo die
Flotte war.

10 Für Spanien wurden 3000 römische Fußsoldaten und 300
Reiter als Ersatz bewilligt. Auch dort wurde die Zahl der

Soldaten für jede Legion auf 5200 Fußsoldaten und 300 Reiter
beschränkt, und dem Prätor, der Spanien erhielt, wurde be- 11
fohlen, bei den Bundesgenossen 4000 Fußsoldaten und 300
Reiter anzufordern.

Himmelszeichen

13. Ich weiß wohl, daß mit derselben Gleichgültigkeit, mit 1
der man jetzt allgemein glaubt, daß die Götter uns nichts
prophezeien, überhaupt keine Himmelszeichen mehr der
Öffentlichkeit mitgeteilt und auch keine mehr in den Ge-
schichtswerken aufgezeichnet werden. Doch werde ich, wenn 2
ich die Ereignisse der alten Zeit aufschreibe, – ich weiß nicht
wie – vom Geist der alten Zeit erfüllt, und eine fromme Scheu
hält mich davon ab, zu glauben, das, was jene sehr klugen
Männer als wichtig für den Staat anerkennen zu müssen
meinten, sei es nicht wert, in meinem Geschichtswerk aufge-
zeichnet zu werden.

Aus Anagnia wurden in diesem Jahr zwei Himmelszeichen 3
gemeldet: daß ein Komet am Himmel gesehen worden sei und
daß eine Kuh gesprochen habe; sie werde auf Kosten der Ge-
meinde gefüttert. Auch in Menturnae hatte man in diesen
Tagen gesehen, daß der Himmel in Flammen stand. In Reate 4
regnete es Steine. In Cumae vergoß der Apollo auf der Burg
drei Tage und drei Nächte lang Tränen. In der Stadt Rom
machten zwei Tempelhüter Mitteilungen, der eine, daß im
Tempel der Fortuna eine Schlange mit einem Kamm von
mehreren Menschen gesehen worden sei, der andere von zwei 5
ganz verschiedenen Himmelszeichen, die sich im Tempel der
Fortuna Primigenia, der auf dem Hügel[42] steht, gezeigt hat-
ten: daß eine Palme auf dem Tempelplatz emporgewachsen
sei und daß es bei Tage Blut geregnet habe.

Zwei Himmelszeichen wurden nicht als solche anerkannt, 6

das eine, weil es sich auf privatem Grund und Boden ereignet hatte – T. Marcius Figulus berichtete, daß eine Palme im Bassin seines Hauses emporgewachsen sei –, das andere, weil es sich auf fremdem Grund und Boden zugetragen hatte: in Fregellae sollte im Hause des L. Atreus eine Lanze, die er für seinen Sohn gekauft hatte, der Soldat war, am Tage mehr als zwei Stunden gebrannt haben, ohne daß das Feuer etwas von ihr verzehrte.

7 Wegen der Himmelszeichen, welche die Allgemeinheit angingen, wurden die Sibyllinischen Bücher von den Dezemvirn befragt. Sie ordneten an, die Konsuln sollten 40 voll ausgewachsene Tiere zum Opfer darbringen und es solle ein Bitt-
8 gang stattfinden und alle Beamten sollten in allen Tempeln voll ausgewachsene Opfertiere darbringen und das Volk solle dabei Kränze tragen. Alles geschah, wie die Dezemvirn vorschrieben.

Die Wahl der Zensoren

1 14. Dann wurde die Wahl der Zensoren angesetzt. Um die Zensur bewarben sich die führenden Männer des Staates, C. Valerius Laevinus, L. Postumius Albinus, P. Mucius Scaevola, M. Junius Brutus, C. Claudius Pulcher und Tib. Sempronius Gracchus. Diese beiden wählte das römische Volk zu Zensoren.

Die Aushebung

2 Die Aushebung wurde wegen des Makedonischen Krieges mit größerer Sorgfalt durchgeführt als sonst. Die Konsuln beklagten sich beim Senat über die Plebs, daß die jungen Leute sich
3 nicht stellten. Ihnen gegenüber verteidigten die Prätoren C. Sulpicius und M. Claudius die Plebs. Nicht für die Konsuln

überhaupt, wohl aber für Konsuln, die sich beliebt machen
wollten, sei die Aushebung schwierig; von denen werde ja
keiner gegen seinen Willen zum Soldaten gemacht. Damit die 4
Senatoren auch sähen, daß es tatsächlich so sei, würden sie,
die Prätoren, deren Befehlsgewalt und Ansehen geringer sei,
die Aushebung durchführen, wenn es dem Senat so gut scheine.
Dies wurde den Prätoren zur großen Zufriedenheit der Sena- 5
toren und nicht ohne Hohn gegen die Konsuln aufgetragen.

Die Zensoren gaben, um diese Sache zu unterstützen, in der
Volksversammlung folgendes bekannt: Sie würden für die
Durchführung der Schätzung ein Gesetz verkünden, daß außer
dem allgemeinen Eid aller Bürger weiter noch dieses beschwo-
ren werden solle: «Bist du unter 46 Jahren und hast du dich 6
nach dem Erlaß der Zensoren C. Claudius und Tib. Sempro-
nius der Aushebung gestellt, und wirst du dich jedesmal,
wenn eine Aushebung stattfindet, solange diese Zensoren im
Amt sind, bei der Aushebung stellen, wenn du noch nicht
Soldat gewesen bist?»

Weil ebenso das Gerücht ging, daß viele von den Legionen 7
in Makedonien von ihren Feldherrn, die sich beliebt machen
wollten, ohne bestimmten Grund beurlaubt worden seien und
sich daher nicht bei ihrer Truppe befänden, ordneten sie we-
gen der Soldaten, die unter dem Konsulat von P. Aelius und
C. Popilius[43] oder später für Makedonien ausgehoben worden
waren, an, daß diejenigen von ihnen, die in Italien wären, 8
innerhalb von 30 Tagen in ihre Provinz zurückkehren sollten,
sich aber vorher bei ihnen schätzen lassen müßten. Die unter
der Hand ihres Vaters oder Großvaters ständen, deren Namen
sollten ihnen angegeben werden.

Sie würden auch die Gründe für die Entlassungen unter- 9
suchen, und wenn sie sähen, daß Entlassungen vor Ablauf der
regulären Dienstzeit aus Gefälligkeit erfolgt seien, würden sie
diesen Leuten befehlen, wieder Soldat zu werden.

10 Aufgrund dieses Erlasses und nachdem die Mitteilung der Zensoren in die Markt- und Gerichtsorte geschickt worden war, kam eine so große Zahl junger Leute in Rom zusammen, daß die ungewohnte Menge für die Stadt eine Last bedeutete.

1 15. Außer der Aushebung derjenigen, die als Ersatz geschickt werden mußten, wurden von dem Prätor C. Sulpicius vier Legionen ausgehoben, und innerhalb von elf Tagen wurde die Aushebung durchgeführt.

Die Verteilung der Amtsbereiche und der Truppen

2 Die Konsuln losten darauf um die Provinzen. Denn die Prätoren hatten wegen der Rechtsprechung schon früher gelost.
3 Die Rechtsprechung in der Stadt war dem C. Sulpicius, die in den Prozessen mit Ausländern dem C. Decimius zugefallen. M. Claudius Marcellus hatte durch das Los Spanien erhalten, Ser. Cornelius Lentulus Sizilien, P. Fontejus Capito Sardinien und C. Marcius Figulus die Flotte. Von den Konsuln fiel dem Cn. Servilius Italien, dem Q. Marcius Makedonien zu.

Nachdem das Latinerfest gefeiert worden war, brach Marcius sofort auf.

4 Caepio brachte darauf die Frage vor den Senat, welche beiden Legionen von den neuen er mit sich nach Gallien führen solle. Die Senatoren beschlossen, die Prätoren C. Sulpicius und M. Claudius sollten von den Legionen, die sie ausgehoben hätten, dem Konsul die geben, die sie wollten.

5 Aufgebracht darüber, daß der Konsul dem Ermessen der Prätoren unterworfen worden sei, entließ er den Senat, stellte sich vor die Sitze der Prätoren und forderte, sie sollten für ihn aufgrund des Senatsbeschlusses zwei Legionen bestimmen. Die Prätoren gaben dem Konsul die Entscheidung beim Aussuchen.

Die Amtsführung der Zensoren C. Claudius Pulcher
und Tib. Sempronius Gracchus

Dann gaben die Zensoren die Senatsliste bekannt. M. Aemi- 6
lius Lepidus wurde schon zum drittenmal von den Zensoren
als erster vorgelesen. Sieben wurden aus dem Senat ausge-
stoßen.

Bei der Schätzung des Volkes zwangen sie die Soldaten aus 7
dem makedonischen Heer, in ihre Provinz zurückzukehren;
denn die Schätzung zeigte, wie viele von diesen nicht bei ihrer
Truppe waren. Sie untersuchten die Gründe bei den Entlas- 8
sungen vom Kriegsdienst, und wenn ihnen die Entlassung in
einem Fall nicht zu Recht erfolgt schien, verlangten sie von
dem Betreffenden folgendermaßen einen Eid: «Auf dein Ge-
wissen, wirst du aufgrund der Anordnung der Zensoren C.
Claudius und Tib. Sempronius in die Provinz Makedonien
zurückkehren, soweit du es ohne Arglist[43a] tun kannst?»

16. Bei der Musterung der Ritter war ihre Zensur sehr 1
streng und hart. Sie nahmen vielen den Rittertitel. Nachdem 2
sie damit den Ritterstand aufgebracht hatten, ließen sie die
Flamme des Hasses hell auflodern, indem sie in einem Erlaß
anordneten, es solle keiner von denen, die unter den Zensoren
Q. Fulvius und A. Postumius Staatseinkünfte gepachtet oder
die Durchführung von Staatsaufträgen übernommen hatten,
zu ihren Ausschreibungen zugelassen werden oder Gesell-
schafter oder Teilhaber bei der Verpachtung und dem Ver-
geben der Aufträge sein[44]. Als die alten Staatspächter sich 3
beim Senat oft darüber beklagten, aber nicht erreichen konn-
ten, daß er die Macht der Zensoren einschränkte, fanden sie
schließlich in dem Volkstribunen P. Rutilius, der infolge eines
Streites in einer Privatsache mit den Zensoren verfeindet war,
einen, der sich ihrer Sache annahm. Die Zensoren hatten einen 4
seiner Klienten, einen Freigelassenen, aufgefordert, eine Mauer

an der Via Sacra gegenüber den Staatstempeln niederzureißen,
5 weil sie auf Staatseigentum errichtet sei. Der Privatmann
appellierte an die Tribunen. Da außer Rutilius keiner ein-
schritt, schickten die Zensoren jemand, um ein Unterpfand
zu nehmen, und erlegten dem Privatmann vor der Volksver-
6 sammlung eine Geldbuße auf. Darüber war es zu dem Streit
gekommen. Und als die alten Staatspächter sich an den Tri-
bun gewandt hatten, wurde plötzlich im Namen des einen
7 Tribunen der Antrag angeschlagen, die Verpachtung der
Staatseinkünfte und das Vergeben der Staatsaufträge durch
C. Claudius und Tib. Sempronius solle nicht gültig sein. Sie
sollten von neuem durchgeführt werden, und es sollten alle
ohne Unterschied das Recht haben, zu pachten und Aufträge
8 zu übernehmen. Der Volkstribun setzte einen Tag fest zur
Vorlage dieses Gesetzes. Nachdem der gekommen war und
die Zensoren vortraten, um dagegen zu sprechen, herrschte
Schweigen, solange Gracchus sprach, Claudius aber wurde
überschrien und befahl dem Herold, ihm Gehör zu verschaf-
9 fen. Daraufhin beklagte sich der Tribun, die Leitung der
Volksversammlung sei ihm entzogen und er sei in der Aus-
übung seiner Gewalt beschränkt worden, und verließ das
10 Kapitol, wo die Versammlung war. Am nächsten Tag ver-
ursachte er gewaltigen Aufruhr. Zunächst sprach er den Be-
sitz des Tib. Gracchus den Göttern zu, weil er mit dem Auf-
erlegen des Bußgeldes und dem Verlangen eines Unterpfandes
von dem, der an einen Tribun appelliert hatte, dem Einspruch
nicht nachgegeben und ihn in der Ausübung seiner Gewalt
11 beschränkt habe[45]. Gegen C. Claudius erhob er Anklage, weil
der ihm die Leitung der Versammlung entzogen habe, und
erklärte beide Zensoren des Hochverrates für schuldig und
forderte von dem Stadtprätor C. Sulpicius einen Termin für
12 die Volksversammlung. Die Zensoren wehrten sich nicht da-
gegen[46], daß das Volk so bald wie möglich das Urteil über sie

fällte, und der Termin für die Volksversammlung, die über
den Hochverrat entscheiden sollte, wurde auf den 23. und
24. September angesetzt. Die Zensoren gingen sogleich in 13
den Tempel der Libertas, versiegelten dort ihre Listen, schlossen das Archiv, entließen die Staatssklaven und sagten, sie
würden kein Amtsgeschäft mehr ausüben, bis das Urteil des
Volkes über sie gesprochen sei.

Zunächst wurde über Claudius verhandelt, und als von den 14
zwölf Zenturien der Ritter acht den Zensor schuldig gesprochen hatten und viele andere der ersten Klasse, zogen sogleich
die führenden Männer des Staates vor den Augen des Volkes
ihre goldenen Ringe ab und legten andere Kleidung[47] an, um
bittend unter der Plebs umherzugehen. Vor allem soll jedoch 15
Tib. Gracchus einen Umschwung der Meinung herbeigeführt
haben, weil er, als die Plebs von allen Seiten schrie, für Gracchus bestehe keine Gefahr, feierlich schwor, wenn sein Amtsgenosse verurteilt werde, werde er den Ausgang seines Prozesses nicht abwarten, sondern die Verbannung mit ihm teilen. So sehr stand die Sache jedoch für den Angeklagten auf 16
des Messers Schneide, daß nur acht Zenturien zu seiner Verurteilung fehlten. Nachdem Claudius freigesprochen war,
sagte der Volkstribun, er ziehe die Anklage gegen Gracchus
zurück.

Entsendung weiterer Kolonisten nach Aquileja

17. In diesem Jahr forderten die Gesandten von Aquileja, daß 1
man die Zahl der Siedler vergrößere. 15000 Familien wurden
auf Beschluß des Senates in die Liste eingetragen, und eine
Dreierkommission, die aus T. Annius Luscus, P. Decius Subulo und M. Cornelius Cethegus bestand, wurde geschickt,
um sie hinzuführen.

Die römischen Gesandten in Griechenland

2 Im selben Jahr machten die Gesandten C. Popilius und
Cn. Octavius, die nach Griechenland geschickt worden waren[48], den Senatsbeschluß, den sie zuerst in Theben verlesen
hatten[49], in allen Städten der Peloponnes bekannt, keiner solle
den römischen Beamten irgend etwas für den Krieg zur Verfügung stellen, es sei denn, daß der Senat es angeordnet habe.
3 Das hatte ihnen auch für die Zukunft Zuversicht gegeben,
weil ihnen Lasten und Kosten abgenommen waren, durch die
sie ausgesogen wurden, wenn die einen dies, die andern jenes
forderten.

4 In Aegium fand ein achäischer Landtag für sie statt. Sie
sprachen freundlich und wurden auch so angehört, und sie
ließen die Völkerschaft, die sich außerordentliche Hoffnung
wegen ihrer künftigen Stellung machte, ganz treu ergeben
zurück[50] und gingen nach Ätolien hinüber.

5 Dort herrschte zwar noch kein offener Bürgerkrieg, aber
alles erregte Mißtrauen, und man machte sich gegenseitig
6 Vorwürfe[51]. Deshalb forderten die Gesandten Geiseln[52] und
reisten, ohne die Sache zu einem Ende gebracht zu haben, von
dort nach Akarnanien.

7 In Thyrreum hielten die Akarnanen für die Gesandten einen
Landtag ab. Auch dort herrschte Streit zwischen den Parteien.
Einige der führenden Leute forderten, daß Besatzungen in
ihre Städte gelegt würden als Schutz gegen die Unvernunft
der Leute, die das Volk zu den Makedonen hinüberzuziehen
8 versuchten. Ein Teil lehnte es ab, daß friedliche und verbündete Gemeinden erleiden sollten, was gegenüber im Krieg
Unterworfenen und gegenüber Feinden Sitte sei, eine solche
9 Schmach. Diese Bitte, sie zu verschonen, schien berechtigt.

Die Gesandten kehrten nach Larisa zum Prokonsul Hosti-
10 lius zurück – denn von ihm waren sie geschickt worden. Er

behielt den Octavius bei sich, den Popilius schickte er mit fast 1000 Soldaten ins Winterlager nach Ambracia.

Unternehmungen der Makedonen im Winter in Illyrien

18. Perseus wagte im Anfang des Winters nicht, das Gebiet 1
von Makedonien zu verlassen; denn er fürchtete, die Römer würden irgendwo in sein ungeschütztes Reich einbrechen. Aber um die Zeit der Wintersonnenwende, als der hohe Schnee es unmöglich machte, das Gebirge von Thessalien aus
zu überschreiten, glaubte er, es sei eine Gelegenheit, die Hoff- 2
nungen und den Mut seiner Nachbarn zu brechen, damit von denen keine Gefahr drohe, wenn er sich wegen des Krieges mit den Römern von ihnen abgewandt habe. Von Thrakien her bürgte Cotys für Frieden und von Epirus her Cephalus, der plötzlich von den Römern abgefallen war, und die Dar-
daner hatte der kürzlich geführte Krieg zahm gemacht. Er sah, 3
daß also nur die Seite Makedoniens, die von Illyrien her offen dalag, bedroht war, da die Illyrer selbst nicht ruhig waren und auch den Römern Zugang gewährten. Wenn er die nächsten von den Illyrern bezwungen hätte, glaubte er, auch König Gentius, der schon lange schwankte, zu einem Bündnis verlocken zu können. Er brach daher mit 10000 Fußsoldaten, von
denen ein Teil Soldaten der Phalanx waren, 2000 Leichtbe- 4
waffneten und 500 Reitern auf und kam nach Stuberra. Von 5
dort nahm er für mehrere Tage Getreide mit, befahl, mit dem Gerät für die Bestürmung von Städten zu folgen, und schlug am dritten Tag bei Uscana – das ist die größte Stadt im Lande
der Penesten – sein Lager auf. Bevor er jedoch Gewalt an- 6
wandte, schickte er Leute, die bald die Kommandanten der Besatzung, bald die Bewohner der Stadt zu gewinnen suchen sollten. Dort befand sich aber neben der jungen Mannschaft

7 der Illyrer eine römische Besatzung. Nachdem die Boten nichts
von friedlicher Gesinnung berichteten, begann er mit dem
Angriff und versuchte, die Stadt mit einer Einschließungskette
zu nehmen. Obwohl ohne Unterbrechung bei Tag und bei
Nacht ein Teil Sturmleitern gegen die Mauern, ein Teil Feuer
gegen die Tore herantrug und sie dabei immer wieder durch
andere abgelöst wurden, hielten die Verteidiger der Stadt
8 dennoch diesen Sturm aus, weil Hoffnung bestand, die Make-
donen könnten die Strenge des Winters nicht länger unter
freiem Himmel ertragen und der König habe auch keine so
lange Atempause im Krieg mit den Römern, daß er verweilen
9 könne. Nachdem sie aber sahen, daß Sturmdächer vorgescho-
ben und Türme errichtet wurden, wurde ihre Hartnäckigkeit
besiegt. Denn abgesehen davon, daß sie einem Angriff nicht
gewachsen waren, befand sich nicht einmal ein Vorrat an Ge-
treide oder irgend etwas anderem in der Stadt, da die Belage-
10 rung unerwartet gekommen war. Weil Widerstand daher aus-
sichtslos war, wurden von der römischen Besatzung C. Car-
vilius aus Spoletium und C. Afranius geschickt, die Perseus
zunächst darum bitten sollten, sie bewaffnet mit all ihrer Habe
abziehen zu lassen, und dann, wenn sie das durch ihr Bitten
nicht erreichten, daß ihnen wenigstens Leben und Freiheit
11 zugesichert würden. Das wurde vom König zwar freundlich
versprochen, aber nicht gehalten. Er forderte sie nämlich auf,
mit ihrer Habe herauszukommen, und nahm ihnen dann zu-
erst die Waffen, darauf die Freiheit. Als sie die Stadt verlassen
hatten, übergaben die Kohorte der Illyrer – es waren 500
Mann – und die Bewohner von Uscana sich und ihre Stadt.

1 19. Perseus legte eine Besatzung nach Uscana und führte die
ganze Menge, die sich ihm ergeben hatte und die an Zahl fast
2 an sein Heer herankam, nach Stuberra weg. Dort wurden die
Römer – es waren 4000 Mann[53] – bis auf ihre Führer als Ge-
fangene auf verschiedene Städte verteilt und die Bewohner

von Uscana und die Illyrer verkauft. Er führte dann sein Heer
ins Gebiet der Penesten zurück, um die Stadt Oaeneum in
seine Gewalt zu bringen, die überhaupt günstig liegt und 3
auch einen Zugang zum Gebiet der Labeaten bietet, wo Gen-
tius herrschte.

Als er an einem von vielen Menschen bewohnten festen 4
Platz mit Namen Draudacum vorbeizog, sagten ihm einige,
die diese Gegend kannten, es habe gar keinen Zweck, Oaeneum
zu erobern, wenn nicht auch Draudacum in seiner Hand sei;
es liege noch günstiger für alles. Sobald er sein Heer heran- 5
führte, ergaben sich ihm alle sofort. Diese wider Erwarten
schnelle Übergabe hob seinen Mut, er merkte, wie groß der
Schrecken vor seinem Heer war, und brachte noch elf andere
feste Plätze durch dieselbe Furcht in seine Hand. Nur bei sehr 6
wenigen war Gewalt nötig, die übrigen ergaben sich frei-
willig. Und in ihnen wurden 1500 römische Soldaten gefan-
gengenommen, die auf die Besatzungen verteilt waren. Von 7
großem Nutzen war bei den Verhandlungen Carvilius aus
Spoletium, der sagte, man habe sie selbst nicht mißhan-
delt.

Man gelangte nach Oaeneum, das ohne eine regelrechte
Belagerung nicht eingenommen werden konnte. Diese Stadt
hatte erheblich mehr junge Mannschaft als die übrigen. Da-
durch und durch ihre Mauern war sie stark. Und auf der einen 8
Seite umgab sie ein Fluß mit Namen Artatus, auf der anderen
ein sehr hoher und schwer zu besteigender Berg. Das gab den
Bewohnern der Stadt Hoffnung auf erfolgreichen Widerstand.
Perseus umgab die Stadt mit einem Wall und begann auf der 9
höheren Seite einen Damm zu bauen, der durch seine Höhe
die Mauern übertreffen sollte. Während man dabei war, dieses 10
Werk fertigzustellen, wurde unterdessen in häufigen Kämp-
fen, bei denen die Bewohner der Stadt Ausfälle machten und
ihre Mauern schützten und die Belagerungsarbeiten der

Feinde störten, ein großer Teil von ihnen durch allerlei Un-
glücksfälle dahingerafft. Und die übrigblieben, waren durch
die Anstrengung bei Tag und Nacht und durch ihre Wunden
11 nicht mehr voll einsatzfähig. Sobald der Damm bis an die
Mauer reichte, stieg die königliche Kohorte, die sie Nika-
tores[54] nennen, hinüber, und man machte auch mit Sturm-
leitern an vielen Stellen zugleich einen Angriff auf die Stadt.
12 Die erwachsenen Männer wurden alle getötet, ihre Frauen
und Kinder stellte er unter Bewachung; das übrige wurde den
Soldaten als Beute überlassen.

Verhandlungen des Perseus mit König Gentius

13 Von dort kehrte er als Sieger nach Stuberra zurück und
schickte den Illyrer Pleuratus, der als Verbannter bei ihm
lebte, und den Makedonen Adaeus aus Beroea als Gesandte zu
14 Gentius. Ihnen trug er auf, über seine Taten in diesem Som-
mer gegen die Römer und die Dardaner zu berichten, die
jüngsten Kriegstaten seines Winterfeldzuges in Illyrien hin-
zuzufügen und Gentius zu ermuntern, mit ihm und den
Makedonen Freundschaft zu schließen.

1 20. Diese überquerten den Kamm des Scordus-Gebirges,
und durch die Einöden Illyriens, die die Makedonen mit Ab-
sicht durch Verheeren geschaffen hatten, damit die Dar-
daner nicht leicht nach Illyrien oder Makedonien einfallen
konnten, gelangten sie endlich unter ungeheuren Strapazen
2 nach Scodra. König Gentius war in Lissus. Dorthin wurden
die Gesandten geholt, und als sie vortrugen, was ihnen auf-
getragen war, wurden sie freundlich angehört. Aber sie er-
hielten nur eine unverbindliche Antwort: Ihm fehle nicht der
Wille, mit den Römern Krieg zu führen; aber um das zu
unternehmen, was er wolle, fehle es ihm vor allem an Geld.

Dies meldeten sie dem König in Stuberra, der damals gerade die Gefangenen aus Illyrien verkaufte. Sofort wurden dieselben Gesandten zurückgeschickt und ihnen noch Glaucias aus dem Kreis seiner Leibwächter mitgegeben. Das Geld wurde dabei nicht erwähnt, obwohl der mittellose Barbar nur dadurch, daß man ihm Geld gab, zum Krieg getrieben werden konnte. 3

Perseus verwüstete dann Ancyra, führte sein Heer wieder ins Gebiet der Penesten zurück, verstärkte die Besatzung in Uscana und in allen festen Plätzen ringsum, die er eingenommen hatte, und kehrte nach Makedonien zurück. 4

Unternehmungen der römischen Truppen im Winter in Illyrien und Epirus

21. Der römische Legat L. Coelius hatte das Kommando in Illyrien[55]. Er wagte es nicht, sich zu rühren, solange der König in diesem Gebiet war. Nach seinem Abmarsch endlich versuchte er im Gebiet der Penesten Uscana zurückzuerobern, wurde aber von der Besatzung der Makedonen, die dort lag, zurückgeschlagen und hatte viele Verwundete. Er führte dann seine Truppen nach Lychnidus zurück[56]. 1

Von dort schickte er nach wenigen Tagen M. Trebellius aus Fregellae mit einer hinreichend starken Schar ins Gebiet der Penesten, um in den Städten, die treu die Freundschaft gehalten hatten, die Geiseln entgegenzunehmen. 2
Er befahl ihm, auch ins Gebiet der Parthiner[57] weiterzuziehen – auch diese hatten sich verpflichtet, Geiseln zu stellen. Von beiden Völkern forderte er sie ein, ohne daß es zu Unruhen gekommen wäre. Die Geiseln der Penesten wurden nach Apollonia geschickt, die der Parthiner nach Dyrrachium – damals war bei den Griechen der Name Epidamnus gebräuchlicher. 3

4 App. Claudius wünschte die in Illyrien erlittene Schande
wiedergutzumachen und begann Phanote, einen festen Platz
in Epirus, zu bestürmen. Außer dem römischen Heer führte er
Hilfstruppen der Chaonen und Thesproter mit sich heran,
5 ungefähr 6000 Mann. Er richtete aber nichts aus, da Cleuas,
der von Perseus zurückgelassen worden war[58], es mit einer
starken Besatzung verteidigte.

Perseus' Zug nach Stratus

Und Perseus brach nach Elimea auf, entsühnte in der Gegend
dieser Stadt sein Heer und zog nach Stratus[59], da die Epiroten[60]
6 ihn riefen. Stratus war damals die stärkste Stadt Ätoliens, es
liegt über den Golf von Ambracia hinaus nahe am Inachus[61].
Mit 10000 Fußsoldaten brach er dorthin auf und mit 300 Rei-
tern, die er in geringerer Anzahl mitnahm wegen der Enge
7 und der Schwierigkeit der Wege. Als er am dritten Tage an
den Berg Citius gelangt war, konnte er ihn wegen der Höhe
des Schnees kaum überschreiten und fand auch nur mit Mühe
8 einen Platz für ein Lager. Von dort zog er weiter, mehr, weil
er nicht länger bleiben konnte, als weil der Weg oder das
Wetter erträglich gewesen wäre, und schlug am nächsten
Tag nach ungeheuren Strapazen, vor allem für die Lasttiere,
beim Tempel des Jupiter, den man Nicaeus[62] nennt, sein La-
9 ger auf. Nachdem er eine gewaltige Strecke zurückgelegt
hatte, wurde er dann am Aratthus durch die Tiefe des Flusses
festgehalten und blieb ...[63] dort. In dieser Zeit baute er eine
Brücke. Dann führte er seine Truppen hinüber, rückte einen
Tagesmarsch weiter und begegnete Archidamus, einem füh-
renden Ätoler, durch den ihm die Übergabe von Stratus an-
geboten wurde.

22. An diesem Tag wurde das Lager an der Grenze des ätolischen Gebietes aufgeschlagen. Von da gelangte man am nächsten Tag vor Stratus. Als er dort in der Nähe des Inachus sein Lager aufgeschlagen hatte und darauf wartete, daß ihm aus allen Toren die Ätoler entgegenströmen und sich in seinen Schutz begeben würden, fand er die Tore verschlossen und erfuhr, daß gerade in der Nacht, in der er gekommen war, eine römische Besatzung mit dem Legaten C. Popilius aufgenommen worden war. Die führenden Männer hatten, als Archidamus noch anwesend war, auf seine Veranlassung den König herbeigerufen. Als Archidamus aber die Stadt verlassen hatte, um ihm entgegenzugehen, waren sie gleichgültiger geworden und hatten der Gegenpartei Gelegenheit gegeben, Popilius mit 1000 Fußsoldaten von Ambracia herbeizuholen.

Zur rechten Zeit kam auch Dinarchus, der Hipparch der Völkerschaft der Ätoler, mit 600 Fußsoldaten und 100 Reitern. Es stand hinreichend fest, daß er nach Stratus gekommen war, als wenn er zu Perseus wollte, dann aber, als die Situation anders geworden war, seinen Sinn geändert und sich den Römern angeschlossen hatte, als deren Gegner er gekommen war. Und Popilius war unter so unzuverlässigen Naturen nicht sorgloser, als er sein durfte. Die Schlüssel der Tore und die Bewachung der Mauern brachte er sogleich in seine Gewalt. Er entfernte Dinarchus und die Ätoler mit der jungen Mannschaft von Stratus auf die Burg, angeblich als Besatzung. Als Perseus von den Hügeln aus, die den höher gelegenen Teil der Stadt überragen, Verhandlungen aufzunehmen versuchte und sah, daß sie fest blieben und ihn sogar mit Geschossen aus der Ferne abwehrten, schlug er fünf Meilen von der Stadt entfernt jenseits des Petitarus sein Lager auf. Dort berief er einen Kriegsrat ein. Archidamus und die Überläufer aus Epirus wollten ihn dabehalten, die Führer der

Makedonen dagegen meinten, man solle nicht während der
10 ungünstigen Jahreszeit kämpfen, da für Proviant nicht gesorgt sei und die Belagerer den Mangel daher eher spüren würden als die Belagerten, und vor allem, weil das Winterlager der
11 Feinde nicht weit von dort war. Da geriet er in Furcht und zog nach Aperantia. Die Aperanter nahmen ihn wegen der großen Beliebtheit des Archidamus bei dieser Völkerschaft und wegen seines hohen Ansehens mit allgemeiner Zustimmung auf. Archidamus selbst erhielt mit einer Besatzung von 800 Soldaten das Kommando über sie.

1 23. Der König kehrte nach Makedonien zurück, wobei die Strapazen für Lasttiere und Menschen nicht geringer waren als bei seinem Anmarsch.

Mißerfolge des Appius in Epirus

Die Kunde jedoch, daß Perseus nach Stratus zog, brachte
2 Appius dazu, die Belagerung von Phanote aufzugeben. Cleuas setzte ihm mit den tatkräftigen jungen Männern der Besatzung nach und erschlug in dem äußerst unwegsamen Gelände am Fuße des Gebirges ungefähr 1000 Mann von der mit ihrem Gepäck abziehenden Kolonne und nahm ungefähr 200 gefan-
3 gen. Nachdem Appius die Enge passiert hatte, blieb er in der Ebene, die sie Meleon nennen, wenige Tage lang in einem Standlager. Unterdessen zog Cleuas, zu dem noch Philostratus gestoßen war, der 500 aus dem Volk der Epiroten anführte, in
4 das Gebiet von Antigonea hinüber[64]. Die Makedonen begaben sich ans Plündern, Philostratus lag mit seiner Kohorte an einer versteckten Stelle im Hinterhalt. Als gegen die umherstreifenden Plünderer Bewaffnete aus Antigonea hervorbrachen und die in wilder Flucht Davonstürmenden verfolgten,
5 stürzten sie in das Tal, in dem die Feinde lagen. Dort wurden

an die 1000 getötet und ungefähr 100 gefangen. Und nachdem sie überall Erfolge gehabt hatten, rückten sie nahe an das Standlager des Appius heran, damit ihren Bundesgenossen von dem römischen Heer keine Gewalt angetan werden konnte.

Appius vergeudete umsonst in dieser Gegend seine Zeit, 6
entließ die Truppenabteilungen der Chaonen und Thesproter und der anderen Epiroten, die sich bei ihm befanden, und zog mit den italischen Soldaten nach Illyrien zurück, legte seine Soldaten in den verbündeten Städten der Parthiner ins Winterquartier und kehrte selbst wegen eines Opfers nach Rom zurück.

Der Schutz von Cassandrea

Perseus rief aus dem Gebiet der Penesten 1000 Fußsoldaten 7
und 200 Reiter zurück und schickte sie als Schutztruppe nach Cassandrea.

Weitere Verhandlungen des Perseus mit König Gentius

Von Gentius kamen die Gesandten zurück und berichteten 8
dasselbe. Perseus hörte aber auch danach nicht auf, immer wieder andere zu schicken und ihn anzugehen. Es war offenbar, wieviel seine Hilfe bedeutete, aber er konnte sich doch nicht dazu überwinden, etwas für diese Sache auszugeben, die für alles von größter Bedeutung war.

VIERUNDVIERZIGSTES BUCH

Der Übergang des römischen Heeres nach Makedonien

1. Im Anfang des Frühlings, der auf den Winter folgte, in dem 1
dies geschah, brach der Konsul Q. Marcius Philippus von
Rom mit 5000 Soldaten[1] auf, die er als Ersatz für die Legionen
mit sich hinüberführen wollte, und gelangte nach Brundisium.
Der ehemalige Konsul M. Popilius und einige junge Männer 2
von gleich hoher Herkunft folgten dem Konsul als Kriegs-
tribunen für die Legionen in Makedonien. Während dieser 3
Tage kam auch der Prätor C. Marcius Figulus, dem die Flotte
als Aufgabenbereich zugefallen war, nach Brundisium. Und
sie brachen zugleich aus Italien auf und gelangten am näch-
sten Tag nach Corcyra, am dritten nach Actium, einem Hafen
in Akarnanien. Dann ging der Konsul bei Ambracia an Land 4
und zog auf dem Landweg nach Thessalien. Der Prätor fuhr
an Leucates vorbei, lief in den Golf von Korinth ein, ließ die
Schiffe in Creusa und eilte selbst zu Lande mitten durch
Böotien nach Chalcis zur Flotte – das ist für einen Mann ohne
Gepäck ein Weg von einem Tag.

A. Hostilius hatte in dieser Zeit sein Lager in Thessalien 5
in der Gegend von Palae-Pharsalus. Er hatte zwar keine
erwähnenswerte Waffentat vollbracht, aber der hemmungs-
losen Zügellosigkeit der Soldaten ein Ende gemacht und sie
wieder an strenge Disziplin gewöhnt, den Bundesgenossen
seinen Schutz angedeihen lassen und sie vor jeder Art von
Unrecht bewahrt. Als er von der Ankunft seines Nachfolgers 6
hörte, musterte er Waffen, Männer und Pferde sorgfältig und
rückte dem ankommenden Konsul mit dem Heer in vollem

7 Waffenschmuck entgegen. Ihr erstes Zusammentreffen ent-
sprach ihrer Würde und der des römischen Namens, und auch
8 später bei der Durchführung der Operationen – der Prokonsul
blieb nämlich beim Heer – bestand zwischen ihnen größte
Eintracht.

9 Wenige Tage später hielt der Konsul eine Rede vor den
10 Soldaten. Er begann mit dem Mord, den Perseus an seinem
Bruder begangen, und der Ermordung seines Vaters, die er
geplant hatte[2]; daran schloß er an, was er verübt hatte, nach-
dem er durch ein Verbrechen an die Herrschaft gelangt war:
die Morde durch Gift und auf andere Art, den ruchlosen
Überfall auf Eumenes durch Banditen, die Ungerechtigkeiten
gegen das römische Volk und die Plünderung verbündeter
Städte entgegen dem Vertrag. Wie verhaßt dies alles auch
den Göttern sei, werde er an dem Ausgang seiner Unterneh-
11 mungen merken. Die Götter begünstigten nämlich die
Frömmigkeit und Treue, durch die das römische Volk zu
12 solcher Höhe gekommen sei. Dann verglich er die Kräfte des
römischen Volkes, das schon den Erdkreis umfaßte, mit den
Kräften Makedoniens und verglich die Heere mit den Heeren.
Wieviel größer sei die Macht Philipps und des Antiochus
gewesen, und doch sei sie mit nicht stärkeren Truppen
gebrochen worden!

1 2. Als er die Soldaten durch ermutigende Worte dieser Art
in Begeisterung versetzt hatte, begann er die Beratung über
den strategischen Plan. Dazu kam auch der Prätor C. Marcius
2 von Chalcis, nachdem er die Flotte übernommen hatte. Man
beschloß, nicht länger in Thessalien zu bleiben und dort die
Zeit zu vergeuden, sondern sogleich aufzubrechen und von
3 dort nach Makedonien zu ziehen. Und der Prätor sollte dafür
sorgen, daß gleichzeitig auch die Flotte die Küsten des Fein-
des angreife.

4 Nachdem der Prätor entlassen worden war, erhielten die

Soldaten den Befehl, Getreide für einen Monat bei sich zu
führen, und der Konsul brach am zehnten Tag nach der Über-
nahme des Heeres auf. Als er einen Tagemarsch vorgerückt 5
war, rief er die Wegführer zusammen und befahl ihnen, im
Kriegsrat darzulegen, auf welchem Weg jeder ihn führen
wolle. Dann ließ er sie wegtreten und ließ den Kriegsrat be-
sprechen, welchen Weg man am besten nehmen solle. Den 6
einen gefiel der Weg über Pythoum, den anderen der über die
Cambunischen Berge, auf dem im vorigen Jahr der Konsul
Hostilius gezogen war, anderen der am Ascurischen Sumpf
entlang. Ein ziemliches Stück war der Weg noch gemeinsam. 7
Deshalb wurde die Beratung über diese Frage auf den Zeit-
punkt verschoben, an dem sie das Lager in der Nähe der Stelle
aufschlagen würden, wo die Wege auseinandergingen. Er zog 8
von dort nach Perrhäbien und hatte zwischen Azorus und
Doliche ein Standlager, um wieder zu beraten, welchen Weg
er am besten einschlage.

Da Perseus während dieser Tage erfuhr, daß der Feind 9
herannahte, aber nicht wußte, welchen Weg er nehmen werde,
beschloß er, alle Gebirgspässe mit Posten zu besetzen. Auf 10
den Kamm der Cambunischen Berge – sie selbst nennen die
Stelle Volustana – schickte er 10000 Leichtbewaffnete unter
Führung des Asclepiodotus. Bei dem festen Platz über dem 11
Ascurischen Sumpf – der Ort heißt Lapathus – sollte Hippias
den Paß mit einem Posten von 12000 Makedonen halten.
Perseus selbst hatte mit den übrigen Truppen zunächst ein 12
Standlager in der Nähe von Dium. Dann eilte er von Dium
aus so ratlos, daß es schien, als habe er den Verstand verloren,
mit Reitern ohne jedes Gepäck an der Küste jetzt nach Hera-
cleum, jetzt nach Phila und kam von dort auf demselben Ritt
wieder nach Dium zurück[3].

3. Unterdessen hatte sich der Konsul entschieden, über den 1
Paß zu ziehen, wo der Heerführer des Königs in der Nähe

2 von Ottolobus sein Lager hatte. Er beschloß jedoch, 4000 Bewaffnete vorauszuschicken, um günstige Stellen vorher zu besetzen; das Kommando über sie erhielten M. Claudius und Q. Marcius, der Sohn des Konsuls.

3 Unverzüglich folgten auch die gesamten Truppen. Aber der Weg war so steil und schwierig und holperig, daß die, die ohne Gepäck vorausgeschickt worden waren, innerhalb von zwei Tagen nur mit Mühe einen Weg von 15 Meilen zurücklegten und dann ein Lager aufschlugen und sich ausruhten.
4 Die Stelle, die sie besetzten, heißt Dierum. Von dort rückten sie am folgenden Tag sieben Meilen vor, besetzten einen Hügel nicht weit vom Lager der Feinde und schickten einen Boten an den Konsul zurück, man sei an den Feind herangekommen; sie hätten sich an einem sicheren und in jeder Hinsicht günstigen Ort gelagert; er solle ihnen folgen, so schnell er könne.

5 Der Konsul war wegen der Schwierigkeit des Weges, den er eingeschlagen hatte, und wegen der Lage der Leute, die er zu wenigen mitten zwischen die Posten der Feinde vorgeschickt hatte, beunruhigt. Der Bote erreichte ihn am
6 Ascurischen Sumpf. Auch er selbst gewann daraufhin Zuversicht, und als die Truppen sich vereinigt hatten, wurde das Lager an den Hügel, den man besetzt hatte, angelehnt, wo
7 es nach der Geländebeschaffenheit am günstigsten war. Nicht nur das Lager der Feinde, das wenig mehr als 1000 Schritt entfernt war, sondern die ganze Gegend bis Dium und Phila und die Meeresküste lag vor ihren Augen, da sie von dem so
8 hohen Gebirgskamm einen weiten Ausblick hatten. Das begeisterte die Soldaten, nachdem sie die gesamte Kriegsmacht und alle Truppen des Königs und das feindliche Land aus
9 solcher Nähe erblickten. Sie ermahnten daher den Konsul eifrig, er solle sie sofort zum Lager der Feinde führen. Da sie aber von den Strapazen des Weges erschöpft waren, wurde
10 ihnen ein Tag zum Ausruhen gegeben. Am dritten Tag ließ

der Konsul einen Teil der Truppen zum Schutz des Lagers zurück und zog gegen den Feind.

4. Hippias war vor kurzem vom König geschickt worden, 1
um den Paß zu schützen. Sobald er das römische Lager auf dem Hügel erblickte, bereitete er seine Leute auf den Kampf vor und zog dem herankommenden Heer des Konsuls entgegen. Die Römer waren in Gefechtsbereitschaft zur Schlacht ausgerückt, und der Feind bestand aus Leichtbewaffneten, 2
einem Truppenteil, der sehr geeignet ist, den Gegner zum Kampf zu reizen. Als sie zusammentrafen, schleuderten sie 3
daher sogleich ihre Geschosse. Durch den verwegenen Angriff gab es auf beiden Seiten viele Verwundete; nur wenige von beiden Parteien fielen.

Man war für den nächsten Tag angestachelt und stieß mit 4
stärkeren Truppen und größerer Angriffswut zusammen. Und sie hätten die Entscheidung des Krieges herbeigeführt, wenn Platz genug gewesen wäre, um eine Schlachtreihe zu entfalten. Aber der Gebirgskamm, der zu einem schmalen Rücken zugespitzt war, bot an der Front kaum Platz für drei Manipel in Waffen. Deshalb stand, während nur wenige 5
kämpften, die übrige Menge, vor allem die Schwerbewaffneten, da und sahen dem Kampf zu. Die Leichtbewaffneten 6
konnten auch an den Hängen des Bergkammes vorstürmen und von den Seiten her mit den Leichtbewaffneten auf dem unebenen und dem ebenen Gelände ringsumher den Kampf beginnen. An diesem Tag wurden mehr verwundet als getötet, und der Kampf wurde durch die Nacht unterbrochen.

Am dritten Tag war der römische Feldherr ratlos. Denn 7
er konnte weder auf dem kahlen Gebirgskamm bleiben noch ohne Schande und sogar Gefahr zurückkehren, wenn der Feind ihm beim Zurückweichen von oben her nachsetzte. So blieb nichts anderes übrig, als das kühn Begonnene durch 8
unbeirrbare Kühnheit, die sich zuweilen im Ausgang als klug

9 erweist, zu einem guten Ende zu führen. Es war so weit ge-
kommen, daß man eine schwere Niederlage hätte erleiden
können, wenn der Konsul einen Feind gehabt hätte, der den
alten Königen der Makedonen ähnlich gewesen wäre. Aber
während der König bei Dium an der Küste mit seinen Reitern
umherstreifte und in einer Entfernung von zwölf Meilen fast
das Geschrei und den Lärm der Kämpfenden hörte, verstärkte
er weder seine Truppen, indem er den Ermatteten frische
Kräfte zu Hilfe schickte, noch nahm er selbst am Kampf teil,
10 was von größter Bedeutung gewesen wäre. Der römische
Feldherr dagegen nahm selbst alle Pflichten eines Soldaten
unermüdlich auf sich, obwohl er über 60 Jahre alt und sehr
11 schwer war. Auf vortreffliche Weise führte er das kühne
Unternehmen konsequent zu Ende. Den Popilius ließ er als
Wachtposten auf dem Gebirgskamm zurück. Und da er durch
ein Gebiet ziehen wollte, das keine Wege hatte, schickte er
Leute voraus, die den Weg bahnen sollten, und befahl dem
Attalus und dem Misagenes, beide sollten mit den Hilfstrup-
pen ihres Volkes die schützen, die durch den Bergwald einen
12 Weg schlugen. Er selbst hatte die Reiter und die Bagage vor
sich und schloß den Zug mit den Legionen.

1 5. Unbeschreiblich waren die Strapazen beim Abstieg.
Lasttiere stürzten dabei, und Gepäck ging verloren. Als sie
kaum erst vier Meilen vorgerückt waren, wünschten sie nichts
mehr, als womöglich auf dem Weg zurückzukehren, auf dem
2 sie gekommen waren. Die Elefanten riefen in dem Heereszug
Verwirrung hervor fast wie bei einem feindlichen Angriff.
Denn sobald sie irgendwo hingekommen waren, wo es keine
Wege mehr gab, warfen sie ihre Führer ab und jagten vor
allem den Pferden mit ihrem schaurigen Trompeten einen
gewaltigen Schrecken ein, bis man eine Methode fand, sie
3 hinüberzuführen. An einer abschüssigen Stelle legte man den
Neigungswinkel fest und schlug unten zwei lange, starke

Pfosten in die Erde, die untereinander etwas mehr Abstand
hatten, als die Breite eines Tieres beträgt. Auf ihnen lag ein 4
Querbalken, und 30 Fuß lange Bohlen wurden darauf gelegt,
daß eine Brücke entstand, und darauf wurde Erde geworfen.
In geringem Abstand wurde dann weiter unten eine andere, 5
ähnliche Brücke errichtet, dann eine dritte und mehr der
Reihe nach, wo die Felsen steil waren. Über festen Boden 6
betrat der Elefant die Brücke. Bevor er an ihr Ende gelangte,
wurden die Pfähle unten abgeschlagen, und die Brücke fiel
zusammen und zwang ihn, langsam bis zum Anfang der ande-
ren Brücke zu rutschen. Die einen Elefanten rutschten auf 7
ihren Füßen, die anderen auf ihrem Hinterteil. Sobald die
zweite Brückenfläche sie aufgenommen hatte, wurden sie
wieder durch einen ähnlichen Einsturz des unteren Teils der
Brücke hinabbefördert, bis man in ein ebneres Tal gelangt war.

Etwas mehr als sieben Meilen rückten die Römer an die- 8
sem Tage vor. Nur sehr wenig von dem Weg wurde zu Fuß
zurückgelegt; meistens kamen sie nur vorwärts, indem sie
sich mit ihren Waffen und anderen Lasten unter Beschwerden
aller Art hinunterrollen ließen. Nicht einmal der Heerführer,
der für den Weg die Verantwortung trug, stellte in Abrede,
daß man mit einer kleinen Schar das ganze Heer hätte ver-
nichten können. In der Nacht gelangten sie auf eine kleine 9
Ebene, und sie hatten keine Zeit, sich umzusehen, wie gefähr-
lich diese von allen Seiten eingeschlossene Stelle war, da sie
nur mit Mühe endlich unverhofft einen Platz gefunden hatten,
auf dem sie fest stehen konnten.

Auch am folgenden Tag war es nötig, in dem so tiefen Tal- 10
kessel auf Popilius und die mit ihm zurückgelassenen Truppen
zu warten. Diesen machte die Schwierigkeit des Geländes
ebenfalls sehr zu schaffen, aber von keiner Seite her hatte sie
ein Feind erschreckt. Nachdem die Truppen sich vereinigt 11
hatten, zogen sie am dritten Tag durch das Waldgebirge, das

12 die Einwohner Callipeuce nennen. Am vierten Tag stiegen sie dann durch ebenso unwegsames Gelände, aber mit größerer Erfahrung und mit größerer Hoffnung, weil sich nirgendwo ein Feind zeigte und sie sich dem Meere näherten, in die Ebene hinab und schlugen zwischen Heracleum und Libethrum ihr Lager auf, von dem der größte Teil auf Hügeln
13 lag. Dort lagerten die Fußtruppen. Mit dem Wall umfaßten sie auch den Teil der Ebene, wo die Reiter lagerten.

1 6. Dem König soll, als er gerade badete, gemeldet worden sein, die Feinde seien da. Auf diese Nachricht hin sprang er aufgeschreckt aus der Badewanne, stürzte davon und schrie,
2 er sei ohne Kampf besiegt. Darauf schickte er, von einem ängstlichen Entschluß und Befehl zum andern taumelnd, zwei seiner Freunde, den einen nach Pella, um das Geld, das in Phacus lag, ins Meer zu werfen, den anderen nach Thessalonice, um die Werften in Brand zu stecken. Asclepiodotus und Hippias und die bei ihnen waren, rief er von ihren Posten
3 zurück und öffnete dem Krieg alle Tore. Er selbst schaffte aus Dium alle vergoldeten Standbilder hastig weg, damit sie nicht eine Beute des Feindes würden, und zwang die Einwohner
4 dieses Ortes, nach Pydna zu ziehen. Und was als eine Unbesonnenheit des Konsuls hätte erscheinen können, nämlich daß er bis zu einem Punkt vorgerückt war, von dem er gegen den Willen des Feindes nicht mehr zurückkehren konnte, das ließ der König als eine wohlüberlegte Kühnheit erschei-
5 nen. Denn die Römer hatten nur zwei Pässe, durch die sie dort herauskommen konnten, den einen durch das Tempetal nach Thessalien, den zweiten nach Makedonien an Dium vorbei. Diese waren beide durch Posten des Königs besetzt.
6 Wenn er daher unerschrocken sein Land verteidigt und den ersten Anschein des herannahenden Schreckens ausgehalten hätte, hätten die Römer weder die Möglichkeit gehabt, sich durch das Tempetal nach Thessalien zurückzuziehen noch

Nachschub auf diesem Wege heranzuschaffen. Das Tempetal 7
ist nämlich eine Schlucht, die nur schwer zu durchqueren
ist, auch wenn sie nicht durch den Krieg gefährlich wird.
Denn längs der Enge sind über fünf Meilen hin, wo der Weg 8
für ein beladenes Lasttier eng ist, auf beiden Seiten so schroffe
Felsen, daß man kaum ohne Schwindel zugleich für Augen
und Geist hinabblicken kann. Es erschreckt sowohl das
Getöse als auch die Tiefe des mitten durch das Tal fließenden
Peneus. Diese Gegend, die schon von Natur aus so gefährlich 9
ist, war an vier verschiedenen Stellen durch Posten des
Königs besetzt. Einer war gleich am Eingang bei Gonnus, ein 10
zweiter in Condylus, einem uneinnehmbaren festen Platz,
ein dritter bei Lapathus, das man Charax nennt, ein vierter 11
lag auf dem Wege selbst in der Mitte des Tales an der eng-
sten Stelle, die man sogar mit nur zehn Bewaffneten leicht
verteidigen kann. Da für den Nachschub der Zugang durch 12
das Tempetal abgeschnitten war und zugleich auch für sie
selbst die Rückkehr, hätten sie wieder in die Berge gemußt,
über die sie hinabgestiegen waren. Sie waren dabei zwar 13
durch eine Kriegslist unbemerkt geblieben, aber sie konnten
es nicht in aller Offenheit, da die Feinde die Gipfel darüber
besetzt hielten. Und die Schwierigkeit, die sie kennengelernt
hatten, hätte ihnen jede Hoffnung genommen. So blieb nichts 14
anderes übrig bei dem leichtfertigen Unternehmen, als mitten
durch die Feinde bei Dium nach Makedonien zu ziehen.
Auch das war, wenn die Götter dem König nicht den Ver-
stand genommen hätten, ungeheuer schwierig. Denn die 15
Ausläufer des Olymp lassen bis zum Meer nur einen Raum
von etwas mehr als tausend Schritt. Die Hälfte davon nimmt
die breit aufgestaute Mündung des Baphyrus ein, und einen
Teil der Ebene hat der Jupitertempel und die Stadt inne. Das 16
übrige, das nur sehr wenig ist, konnte durch einen mäßigen
Graben und einen Wall gesperrt werden, und von Steinen

und Holz aus dem Wald war so viel vorhanden, daß man
sogar eine Mauer hätte bauen und Türme errichten können.
17 Da der verblendete Geist des Königs in der Panik, die ihn
plötzlich befallen hatte, keine dieser Möglichkeiten klar sah,
zog er seine Posten von allen Stellen ab, öffnete dem Krieg
alle Tore und floh nach Pydna.

1 7. Der Konsul erkannte, daß sein Schutz und seine Hoff-
nung vor allem auf der Dummheit und der mangelnden Ener-
gie des Feindes beruhte. Er schickte einen Boten zu Sp. Lucre-
tius nach Larisa zurück, er solle die vom Feind verlassenen
festen Plätze am Tempetal besetzen, und schickte Popilius
vor, um die Durchmarschwege bei Dium zu erkunden. Nach-
dem er gemerkt hatte, daß alles nach allen Seiten hin offen
2 dalag, gelangte er in zwei Tagemärschen nach Dium und
ließ unmittelbar vor dem Tempelbezirk das Lager abstecken,
3 damit nichts an der heiligen Stätte verletzt würde. Er selbst
zog in die Stadt ein, die zwar nicht groß, aber doch mit
öffentlichen Anlagen und einer Menge Standbilder ge-
schmückt und außerordentlich stark befestigt war. Er konnte
kaum recht glauben, daß nicht eine List dahinterstecke, daß
4 so große Dinge ohne Grund aufgegeben wurden. Einen Tag
blieb er, um alles ringsum zu erkunden, und zog dann weiter.
Und er war fest davon überzeugt, in Pierien gebe es eine
Menge Getreide, und rückte an diesem Tag bis zu einem
5 Fluß mit Namen Mitys. Am nächsten Tag ging er weiter
vor und besetzte die Stadt Agassae, deren Bewohner sich
ergaben; und um die übrigen Makedonen für sich zu gewin-
nen, gab er sich damit zufrieden, daß Geiseln gestellt wurden,
und versprach ihnen, er werde ihre Stadt ohne Besatzung
lassen und sie könnten frei von Abgaben und nach ihren
6 eigenen Gesetzen leben. Von dort ging er einen Tagemarsch
weiter vor und schlug am Ascordus sein Lager auf. Und je
weiter er von Thessalien weg vorrückte, desto mehr spürte

er Mangel an allen Dingen. Er kehrte daher nach Dium zurück. 7
Allen war der Zweifel genommen, was er hätte erleiden müs-
sen, wenn er von Thessalien abgeschnitten worden wäre, da
es für ihn nicht ungefährlich war, weit von dort wegzuziehen.

Perseus zog alle seine Truppen und Heerführer an einer 8
Stelle zusammen und fuhr die Kommandanten der Posten an,
vor allem Asclepiodotus und Hippias. Von ihnen, sagte er, 9
seien die Sperriegel Makedoniens den Römern übergeben
worden. Dieser Schuld wäre keiner mit mehr Recht angeklagt
worden als er selbst.

Nachdem der Konsul auf der hohen See die Flotte erblickt 10
und das in ihm die Hoffnung geweckt hatte, es kämen Schiffe
mit Nachschub – denn der Getreidepreis war ungeheuer ge-
stiegen, und es herrschte fast Mangel –, hörte er von ihnen,
als sie nun in den Hafen eingelaufen waren, die Transport-
schiffe seien in Magnesia[4] zurückgelassen worden. Er war 11
daher unsicher, was er denn tun solle – so sehr mußte er auch
ohne ein Eingreifen des Feindes, das es noch schwerer ge-
macht hätte, mit der Schwierigkeit der Verhältnisse selbst
kämpfen. Da wurde gerade im rechten Augenblick ein Brief von 12
Sp. Lucretius gebracht, er habe alle festen Plätze, die über dem
Tempetal und bei Phila liegen, besetzt und habe in ihnen eine
Menge Getreide und anderer nützlicher Dinge gefunden.

8. Hierüber freute sich der Konsul sehr und zog von Dium 1
nach Phila, um den Posten dort zu verstärken und zugleich
um das Getreide, das nur langsam herangeschafft wurde, unter
die Soldaten zu verteilen. Über diesen Abmarsch redete man 2
keineswegs gut. Denn die einen sagten, er sei aus Furcht vor
dem Feind zurückgegangen, weil er, wenn er in Pierien geblie-
ben wäre, eine Schlacht hätte liefern müssen; andere, er wisse 3
nicht, wie das Kriegsglück sich von Tag zu Tag ändere, und
habe, als wenn alles nur auf ihn wartete, aus den Händen ge-
lassen, was so bald nicht wiedergeholt werden könne. Denn 4

sobald er Dium aufgab, ermunterte er den Feind, daß er jetzt
endlich merkte, das, was zuvor durch eigene Schuld verloren-
5 gegangen war, könne wiedergewonnen werden. Als er nämlich von dem Abmarsch des Konsuls gehört hatte, kehrte er nach Dium zurück und stellte wieder her, was von den Römern zerstört und verwüstet worden war. Die von den Mauern herabgerissenen Zinnen errichtete er wieder und verstärkte die Mauern nach allen Seiten. Dann schlug er fünf Meilen von der Stadt entfernt diesseits des Elpeusufers sein Lager auf und wollte den Fluß selbst, der sehr schwer zu
6 überschreiten ist, als Bollwerk haben. Er fließt aus einem Tal des Olymp und ist im Sommer klein; durch den Winterregen jedoch wird er reißend und bildet über Klippen gewaltige Wirbel und unterhalb von ihnen, indem er die Erde fortspült und ins Meer trägt, sehr tiefe Strudel. Die Mitte seines Bettes ist ausgehöhlt, und daher hat er auf beiden Seiten steile Ufer.
7 Perseus glaubte, er habe durch diesen Fluß dem Feind den Weg versperrt, und hatte vor, den Rest des Sommers so hinzubringen.

8 Unterdessen schickte der Konsul den Popilius mit 2000
9 Bewaffneten von Phila nach Heracleum. Es ist von Phila ungefähr fünf Meilen entfernt und liegt zwischen Dium und dem Tempetal auf einem Felsen, der über einem Fluß aufragt.

1 9. Bevor Popilius Bewaffnete an die Mauern heranführte, schickte er Leute, die den Beamten und führenden Männern raten sollten, sie sollten lieber versuchen, den Schutz und die
2 Hilfe der Römer als ihre Macht kennenzulernen. Diese Ratschläge machten keinen Eindruck, weil die Wachfeuer aus dem Lager des Königs am Elpeus zu sehen waren. Da begann man von der Land- und von der Seeseite her – auch die Flotte war herangekommen und lag an der Küste – sie zugleich mit Waffen und mit Belagerungsanlagen und Belagerungsmaschinen anzugreifen.

Einige junge Römer wandelten auch ein Circusspiel für den 3
Gebrauch im Kriege ab und nahmen den niedrigsten Teil der
Mauer. Damals, als noch nicht diese Verschwendung ein- 4
geführt worden war, den Circus mit Tieren aller Völker an-
zufüllen, pflegte man sich noch um verschiedene Arten von
Schauspielen zu bemühen. Denn wenn man einmal die Vier-
gespanne und einmal die Kunstreiter[5] in die Bahn geschickt
hatte, füllten beide Läufe kaum die Zeit einer Stunde. Unter 5
anderem ließ man ungefähr 60 junge Männer, zuweilen bei
besonders prächtigen Spielen auch mehr, bewaffnet auftreten.
Deren Auftreten machte teilweise den Eindruck eines Heeres,
das Manöver durchführt, teilweise zeigten die Darbietungen
eine bessere Technik, als sie Soldaten haben, und kamen der
Waffenbeherrschung der Gladiatoren näher. Nachdem sie in 6
ihrem Manöver andere Bewegungen vorgeführt hatten, bil-
deten sie ein Karree, fügten die Schilde über ihren Köpfen
dicht aneinander, wobei die ersten standen, die zweiten sich
etwas bückten, die dritten noch mehr und die vierten, und
die letzten sogar auf die Knie gingen, und bildeten schräg,
wie die Dächer der Häuser sind, ein Schilddach. Ungefähr 7
50 Fuß davon entfernt standen zwei Bewaffnete, stürmten
vor, bedrohten sich gegenseitig, und nachdem sie über die
dicht aneinandergehaltenen Schilde von unten bis zur Spitze
des Schilddaches gelaufen waren, stürmten sie bald wie
Kämpfende auf dem äußersten Rand des Schilddaches, bald
in seiner Mitte gegeneinander und sprangen dabei nicht
anders umher als auf dem festen Boden. Ein diesem ähnliches 8
Schilddach wurde an den niedrigsten Teil der Mauer heran
gebracht. Nachdem die Bewaffneten herangekommen waren
und darauf standen, befanden sie sich an der höchsten Stelle
genauso hoch wie die Verteidiger der Mauer. Sie trieben diese
hinab, und die Soldaten von zwei Manipeln stiegen in die
Stadt hinüber. Nur das war anders, daß die äußersten an der 9

Vorderseite und an den Seiten als einzige ihre Schilde nicht über den Kopf hielten, um nicht ihre Körper ungedeckt zu lassen, sondern sie wie Kämpfende vor sich hielten. So konnten die von der Mauer geschleuderten Geschosse sie selbst beim Heranrücken nicht verletzen, und die auf das Schilddach geworfenen fielen wie Regen, der auf ein glattes Dach fällt, zu Boden, ohne Schaden anzurichten.

10 Und nachdem Heracleum nun gewonnen war, verlegte der Konsul das Lager dorthin vor, als wenn er nach Dium und von dort, nachdem er den König verdrängt hatte, sogar nach
11 Pierien vorrücken wollte. Aber er bereitete schon die Winterquartiere vor und befahl, die Wege für die Heranschaffung des Nachschubs aus Thessalien zu befestigen, geeignete Plätze für Getreidespeicher auszusuchen und Häuser zu bauen, wo die, die den Nachschub heranbrachten, einkehren konnten.

1 10. Perseus erholte sich endlich von dem Schrecken, durch den er betäubt gewesen war, und wollte lieber, daß man seinen Befehlen nicht gehorcht hätte, als er in seiner Panik angeordnet hatte, den Königsschatz in Pella ins Meer zu versenken und die Werften in Thessalonice in Brand zu
2 stecken. Andronicus, der nach Thessalonice geschickt worden war, hatte die Ausführung hinausgezögert und dadurch, was auch wirklich genau so eintrat, Gelegenheit zur Reue gelassen.
3 Weniger vorsichtig war Nicias gewesen, der in Pella den Teil des Geldes, der in Phacus gewesen war, ins Meer geworfen
4 hatte. Aber er schien in einer Sache, die man wiedergutmachen kann, einen Fehler gemacht zu haben, weil es durch Taucher fast ganz wieder herausgeholt wurde. Und der König empfand so große Scham über seine Angst, daß er die Taucher heimlich töten ließ, dann auch den Andronicus und den Nicias, damit es keinen Mitwisser dieses wahnsinnigen Befehls mehr gab.

Unternehmungen der römischen Flotte gegen Makedonien

Unterdessen fuhr C. Marcius mit der Flotte von Heracleum 5
nach Thessalonice, setzte an mehreren Stellen Bewaffnete an
den Strand, verwüstete das Land weit und breit und trieb die,
die von der Stadt her vorrückten, nach mehreren günstig
verlaufenen Gefechten in panischer Angst hinter ihre Mauern.
Und schon wurde er für die Stadt selbst zum Schrecken – da 6
hatte man Wurfgeschütze aller Art an verschiedenen Stellen
aufgestellt, und nicht nur die, die um die Mauern herum-
streiften und sich ihnen leichtsinnig näherten, sondern auch
die, die auf den Schiffen waren, wurden von Steinen getroffen,
die von einem Wurfgeschütz abgeschossen wurden. Die Sol- 7
daten wurden daher auf die Schiffe zurückgerufen und der
Angriff auf Thessalonice aufgegeben, und sie fuhren von da
nach Aenia. Diese Stadt ist 15 Meilen entfernt, liegt gegen-
über von Pydna und hat fruchtbares Land. Nachdem ihr 8
Gebiet völlig verwüstet worden war, gelangten sie an der
Küste entlang nach Antigonea. Die dort an Land gesetzt
wurden, verwüsteten zuerst die Felder überall und brachten
erhebliche Beute auf die Schiffe. Dann griffen die Makedonen, 9
Fußsoldaten und Reiter vermischt, sie an, als sie sich zerstreut
hatten, verfolgten sie, die völlig aufgelöst flohen, zum Meer,
töteten ungefähr 500 und nahmen nicht weniger gefangen.
Und nichts anderes als die äußerste Not stachelte den Mut 10
der römischen Soldaten an, da sie gehindert wurden, sich
sicher zu den Schiffen zurückzuziehen, und da es keine andere
Hoffnung auf Rettung gab und sie zugleich auch das Unwür-
dige ihrer Lage empfanden. Der Kampf wurde am Strand 11
wiederaufgenommen; die auf den Schiffen waren, unter-
stützten sie. Dort wurden ungefähr 200 Makedonen er-
schlagen, die gleiche Zahl gefangengenommen.

Von Antigonea fuhr die Flotte weiter zum Gebiet von

12 Pallene, und man ging dort zum Plündern an Land. Dieses
Land gehörte zum Gebiet von Cassandrea und war das weit-
aus fruchtbarste an der ganzen Küste, an der sie vorbeigefah-
ren waren. Dort stieß König Eumenes, der mit 20 Schiffen
mit Deck von Elaea abgefahren war, zu ihnen, und fünf Schiffe
mit Deck, die von König Prusias geschickt worden waren[6].

1 11. Durch diese Verstärkung seiner Streitkräfte wuchs dem
2 Prätor der Mut, so daß er Cassandrea angriff. Es ist von König
Cassander genau an der Enge gegründet, die das Gebiet von
Pallene mit dem übrigen Makedonien verbindet, und stößt
auf der einen Seite an den Golf von Torone, auf der anderen
3 an den Makedonischen Golf. Denn die Landzunge, auf der es
liegt, ragt in das offene Meer hinaus und springt nicht weni-
ger vor als der durch seine Größe berühmte Berg Athos; sie
befindet sich an der Seite, die nach Magnesia hin liegt, und
hat zwei verschieden große Kaps, von denen das größere
Posideum heißt, das kleinere Canastraeum.

4 Sie machten sich daran, Cassandrea von verschiedenen
Seiten her anzugreifen. Der Römer errichtete bei Clitae
Befestigungsanlagen vom Makedonischen Golf bis zum Golf
von Torone, um den Weg abzuschneiden, und brachte davor
noch geweihartig auslaufende Äste an. An der anderen Seite
5 ist ein Wassergraben. Von dort her griff Eumenes an. Die
Römer hatten mit dem Anfüllen eines Grabens, den Perseus
vor kurzem angelegt hatte, sehr viel Mühe. Als der Prätor
dort, weil nirgends Hügel zu sehen waren, fragte, wohin die
Erde aus dem Graben weggeschafft worden sei, zeigte man
ihm Bögen. Sie seien nicht so dick wie die alte Mauer, son-
6 dern aus einer einfachen Lage Ziegel aufgeführt[7]. Daher faßte
er den Plan, die Wand zu durchbrechen und sich den Weg in
die Stadt zu bahnen. Er glaubte aber, er könne unbemerkt
bleiben, wenn er die Mauern an einer anderen Stelle mit
Sturmleitern angriff und Unruhe auslöste und die Aufmerk-

samkeit der Verteidiger der Stadt ablenkte und sie dazu
brachte, die angegriffene Stelle zu schützen. Die Besatzung 7
von Cassandrea bestand außer der jungen Mannschaft der
Bürger, die man nicht verachten durfte, aus 800 Agrianern
und 2000 illyrischen Penesten, die von Pleuratus aus seiner
Heimat geschickt worden waren, beides kriegerische Völker-
schaften. Während diese die Mauern schützten und die Römer 8
mit aller Macht heranzukommen versuchten, wurden im
Nu die Wände der Bögen durchbrochen und gaben den
Zugang zur Stadt frei. Wenn aber Bewaffnete dagewesen
wären, um in die Stadt einzudringen, hätten sie sie sofort
erobert. Als den Soldaten gemeldet wurde, daß diese Arbeit 9
getan sei, erhoben sie plötzlich ein Geschrei, vor Freude
darüber begeistert, daß sie an mehreren Stellen in die Stadt
eindringen würden.

12. Die Feinde ergriff zunächst Verwunderung, was denn 1
dieses plötzliche Geschrei solle. Nachdem die Kommandanten 2
der Besatzung, Pytho und Philipp, hörten, daß die Stadt offen
dalag, glaubten sie, die Arbeit sei getan zum Vorteil für den,
der mit dem Angriff zuvorkomme, brachen mit einer starken
Schar Agrianer und Illyrer aus und schlugen die Römer, die 3
von hier und da zusammenkamen und zusammengerufen
wurden, um in die Stadt einzudringen, und sich noch nicht
formiert hatten und noch nicht in Reih und Glied standen,
in die Flucht und verfolgten sie bis zum Graben, trieben sie
hinein und füllten ihn mit den Hinabgestürzten an. Ungefähr
600 wurden dort getötet, und fast alle, die zwischen der Mauer
und dem Graben überrascht worden waren, wurden verwun-
det. So wurde der Prätor selbst durch sein eigenes Unterneh- 4
men geschlagen und zeigte weniger Energie für andere Pläne.
Und auch Eumenes, der zugleich vom Meer und vom Land
aus angriff, hatte keinen richtigen Erfolg. Beide beschlossen 5
daher, die Wachen zu verstärken, damit keine Truppen von

Makedonien in die Stadt geschickt werden konnten, und da
offene Gewalt keine Fortschritte gebracht hatte, die Mauern
6 mit Belagerungswerken anzugreifen. Während sie diese vor-
bereiteten, wurden von Thessalonice zehn Kutter des Königs
mit ausgesuchten Hilfstruppen der Gallier geschickt. Als sie
auf der hohen See lagen und die Schiffe der Feinde erblickt hat-
ten, fuhren sie selbst im Dunkel der Nacht, ein Schiff hinter
dem anderen, so nahe sie konnten, am Ufer entlang und gelang-
7 ten in die Stadt. Die Nachricht von dieser Verstärkung der Be-
satzung brachte die Römer und den König dazu, den Angriff
aufzugeben. Sie fuhren um das Kap herum und landeten bei
8 Torone. Auch diese Stadt begannen sie anzugreifen. Sobald
sie aber merkten, daß sie von einer starken Schar verteidigt
wurde, gaben sie das Unternehmen auf und fuhren nach
Demetrias. Als sie sich dort näherten und die Mauern mit
Bewaffneten angefüllt sahen, fuhren sie vorbei und landeten
bei Jolcos und wollten von dort aus, nachdem sie das Land
verwüstet hatten, auch Demetrias angreifen.

Die Belagerung von Meliboea

1 13. Währenddessen schickte auch der Konsul, um nicht nur
träge im Land der Feinde dazusitzen, den M. Popilius mit
2 5000 Soldaten aus, um die Stadt Meliboea anzugreifen. Sie
liegt an den Ausläufern des Ossa, wo er sich nach Thessalien
3 neigt, und ragt günstig über Demetrias auf. Die Ankunft der
Feinde rief unter den Bewohnern des Ortes zunächst Bestür-
zung hervor. Dann faßten sie nach dem unerwarteten Schrek-
ken wieder Mut, liefen in Waffen auseinander zu den Toren
und den Mauern, wo ein Eindringen am ehesten vermutet
wurde, und vereitelten sogleich die Hoffnung, die Stadt könne
4 im ersten Ansturm genommen werden. Man machte sich

also an eine Belagerung und fing an, die Belagerungsanlagen für den Angriff herzustellen.

Als Perseus hörte, daß Meliboea vom Heer des Konsuls belagert wurde und daß zugleich die Flotte bei Jolcos stand, um von dort aus Demetrias anzugreifen, schickte er einen von seinen Heerführern namens Euphranor mit 2000 aus-
gesuchten Soldaten nach Meliboea. Ihm wurde befohlen, 5
wenn er die Römer von Meliboea vertrieben habe, unbemerkt
nach Demetrias zu ziehen, bevor die Römer von Jolcos aus
ihr Lager vor die Stadt verlegten. Und als er sich plötzlich 6
in dem höher gelegenen Gelände zeigte, verließen die Belagerer von Meliboea voller Bestürzung viele Belagerungsanlagen und warfen Feuer hinein. So zog man von Meliboea ab.

Die Besatzung von Demetrias wird verstärkt, und die Römer geben ihre Angriffsabsicht auf

Nachdem Euphranor die eine Stadt von der Belagerung be- 7
freit hatte, zog er sofort nach Demetrias. In der Nacht kam er in die Stadt, und die Einwohner gewannen dadurch so großes Selbstvertrauen, daß sie sich zutrauten, nicht nur ihre Mauern, sondern auch die Felder vor Plünderungen schützen zu können. Und man machte Ausfälle gegen die umherstreifenden Plünderer, nicht ohne die Feinde zu verwunden.
Dennoch ritten der Prätor und der König um die Mauern 8
herum und inspizierten die Lage der Stadt, ob sie an irgendeiner Seite entweder mit Belagerungsanlagen oder im Sturm
einen Angriff wagen könnten. Es gab ein Gerücht, durch den 9
Kreter Cydas und durch Antimachus, der der Kommandant von Demetrias war, sei über die Bedingungen für eine Freundschaft zwischen Eumenes und Perseus verhandelt worden[8]. Von Demetrias zog man jedenfalls ab.

10 Eumenes segelte zum Konsul. Er gratulierte ihm, daß er glücklich nach Makedonien eingedrungen sei, und zog nach Pergamum in sein Königreich davon.

11 Der Prätor Marcius Figulus schickte einen Teil der Flotte ins Winterquartier nach Sciathus und fuhr mit den übrigen Schiffen nach Oreus auf Euböa, da er glaubte, diese Stadt sei am besten geeignet, von dort den Heeren, die in Makedonien und die in Thessalien lagen, Nachschub zu schicken.

12 Über König Eumenes wird ganz verschiedenes überliefert.
Wenn man Valerius Antias glauben darf, so überliefert er,
er habe den Prätor nicht mit seiner Flotte unterstützt, ob-
wohl der ihn oft durch Briefe herbeigerufen habe, und er sei
auch nicht in gutem Einvernehmen mit dem Konsul nach
Asien aufgebrochen, da er sich darüber geärgert habe, daß
es ihm nicht erlaubt worden sei, dasselbe Lager zu benutzen.
13 Man habe ihn nicht einmal dazu bringen können, die gal-
14 lischen Reiter dazulassen, die er mitgebracht hatte. Sein
Bruder Attalus sei beim Konsul geblieben, und seine auf-
richtige Treue sei sich immer gleich gewesen, und er habe
in diesem Krieg Außerordentliches geleistet.

Verschiedene Gesandtschaften im römischen Senat

1 14. Während der Krieg in Makedonien geführt wurde, kamen
Gesandte aus dem Land jenseits der Alpen von einem Fürsten
der Gallier nach Rom – sein Name wird als Balanos angegeben;
der des Volkes, von dem er war, wird nicht überliefert – und
versprachen Hilfstruppen für den Krieg gegen die Make-
2 donen. Der Senat dankte ihnen und schickte ihnen Geschenke,
eine zwei Pfund schwere Goldkette und goldene Schüsseln
im Gewicht von vier Pfund, ein Pferd mit Stirn- und Brust-
schmuck und Reiterwaffen.

Nach den Galliern kamen Gesandte aus Pamphylien[9] und 3
brachten einen goldenen Kranz, der aus 20000 Philippeen gemacht war, in das Senatsgebäude und baten, man möge ihnen erlauben, dieses Geschenk im Tempel des Jupiter Optimus Maximus niederzulegen und auf dem Kapitol zu
opfern. Es wurde ihnen gestattet. Und da die Gesandten die 4
Freundschaft erneuern wollten, wurde ihnen freundlich geantwortet und jedem von ihnen ein Geschenk von 2000 As geschickt.

Dann wurden die Gesandten von König Prusias und wenig 5
später die von den Rhodiern angehört, die sich über dieselbe
Sache völlig anders äußerten. Beide Gesandtschaften redeten 6
von der Wiederherstellung des Friedens mit König Perseus. Prusias bat aber mehr, als daß er forderte, und sagte, er habe bis zu dieser Zeit auf der Seite der Römer gestanden und
werde da stehen, solange der Krieg dauere. Aber als von Per- 7
seus Gesandte zu ihm gekommen seien wegen der Beendigung des Krieges mit den Römern, habe er ihnen versprochen, er werde beim Senat sein Fürsprecher sein. Wenn sie sich dazu verstehen könnten, von ihrem Zorn abzulassen, möchten sie bitte auch seine Verdienste um die Wiederherstellung des Friedens anerkennen. Dies die Gesandten des Königs.

Die Rhodier[10] erwähnten hochmütig ihre Verdienste um 8
das römische Volk und schrieben sich fast den größeren Teil
des Sieges zu, jedenfalls über König Antiochus. Dann fügten 9
sie hinzu, als Friede zwischen den Makedonen und den Römern geherrscht habe, hätten sie Freundschaft mit König Perseus geschlossen. Die hätten sie gegen ihren Willen und ohne daß er an ihnen irgendwie schuldig geworden wäre, gelöst, weil es den Römern gut geschienen habe, sie zu einem
Kriegsbündnis zu zwingen. Sie spürten schon das dritte Jahr 10
viele Nachteile dieses Krieges, da das Meer gesperrt sei. Ihre Insel sei arm und könne nicht bewohnt werden, wenn ihr

11 nicht durch Zufuhr über See geholfen werde[11]. Deshalb hätten sie, da sie das nicht länger ertragen könnten, auch Gesandte zu Perseus nach Makedonien geschickt, die ihm mitteilen sollten, die Rhodier wollten, daß er Frieden mit den Römern schließe. Sie seien nach Rom geschickt worden, um dasselbe
12 mitzuteilen. Die Rhodier würden überlegen, was sie gegen die unternehmen müßten, bei denen die Schuld dafür liege, daß der Krieg kein Ende nehme.

13 Ich weiß genau, daß man dies nicht einmal jetzt ohne Entrüstung lesen oder hören kann. Daher kann man sich vorstellen, was die Senatoren empfanden, als sie das hörten.

1 15. Claudius berichtet, es sei nichts geantwortet worden; es sei nur der Senatsbeschluß vorgelesen worden, durch den das römische Volk anordnete, die Karer und Lykier sollten frei sein[12] und es solle sogleich ein Brief an beide Völker geschickt werden, um ihnen den Senatsbeschluß anzuzeigen.
2 Als der Führer der Gesandtschaft, dessen Großmäuligkeit das Senatsgebäude eben erst kaum hatte fassen können, das hörte, sei er zusammengebrochen.

3 Andere überliefern, es sei geantwortet worden, das römische Volk habe zu Beginn dieses Krieges durch zuverlässige Gewährsmänner erfahren, daß die Rhodier mit König Perseus
4 gegen ihren Staat geheime Pläne geschmiedet hätten, und wenn das früher zweifelhaft gewesen sei, so hätten ihnen die Worte der Gesandten gerade eben Gewißheit darüber gegeben, und meistens enthülle die Tücke sich selbst, auch wenn
5 sie anfangs sehr vorsichtig gewesen sei. Die Rhodier spielten jetzt auf dem Erdkreis den Schiedsrichter über Krieg und Frieden: auf den Wink der Rhodier würden die Römer die Waffen ergreifen und niederlegen; nicht mehr die Götter würden sie als Zeugen für ihre Verträge haben, sondern die
6 Rhodier. Also wirklich? Wenn man ihnen nicht gehorche und die Heere aus Makedonien abziehe, würden sie zusehen,

was sie machen müßten? Was die Rhodier ins Auge fassen würden, wüßten sie. Wenn Perseus ganz besiegt sei, was – wie sie hofften – in naher Zukunft geschehen werde, werde das römische Volk bestimmt zusehen, daß es jedem Staat den Dank erweise, der seinen Verdiensten in diesem Krieg entspreche. 7

Trotzdem wurde den Gesandten jedem einzelnen ein Geschenk von 2000 As geschickt, was diese aber nicht annahmen. 8

Der Brief des Q. Marcius und der Bericht des Onesimus vor dem Senat

16. Dann wurde der Brief des Konsuls Q. Marcius vorgelesen, 1
wie er das Gebirge überschritten habe und nach Makedonien
hinübergegangen sei. Dort habe er aus anderen Gegenden 2
Verpflegung für den Winter besorgt, und von den Epiroten
habe er 20000 Scheffel Weizen und 10000 Scheffel Gerste
bezogen mit der Abmachung, daß das Geld für dieses Getreide
ihren Gesandten in Rom bezahlt werde. Kleidung für die 3
Soldaten müsse von Rom geschickt werden. Er brauche fast
200 Pferde, vor allem Numider, und er finde in dieser Gegend
keine. Der Senat beschloß, dies alles solle entsprechend dem 4
Brief des Konsuls geschehen. Der Prätor C. Sulpicius vergab den Auftrag, 6000 Togen, 30000 Tuniken und 200 Pferde nach Makedonien zu schaffen, wobei die Abnahme der Lieferung in das Ermessen des Konsuls gestellt wurde, bezahlte den Gesandten der Epiroten das Geld für das Getreide und führte Onesimus, den Sohn des Pytho, einen makedonischen Adligen, in den Senat.

Er hatte dem König immer zum Frieden geraten und ihn 5
ermahnt, wie sein Vater Philipp sich bis zum letzten Tag seines Lebens immer an die Gewohnheit gehalten hatte, täglich, ja zweimal am Tage den mit den Römern geschlossenen

Vertrag durchzulesen, diese Sitte, wenn nicht immer, so
6 doch häufig nachzuahmen. Nachdem er ihn nicht vom Krieg
hatte abhalten können, begann er sich zunächst bald aus
diesem, bald aus jenem Grund zurückzuziehen, um nicht an
Dingen teilzunehmen, die er nicht billigte. Zuletzt, als er
sah, daß er Verdacht erregte und hin und wieder des Verrates
beschuldigt wurde, floh er zu den Römern und war dem
7 Konsul von großem Nutzen. Als er in das Senatsgebäude
geführt worden war und das berichtet hatte, befahl der Senat,
ihn in aller Form zum Bundesgenossen zu machen, ihm
Unterkunft und Verpflegung auf Staatskosten zu gewähren,
ihm von dem Ackerland im Gebiet von Tarent, das
Staatsland des römischen Volkes sei, 200 Morgen zu geben
und für ihn ein Haus in Tarent zu kaufen. Dem Prätor
C. Decimius wurde aufgetragen, dafür zu sorgen.

Die Schätzung und die Bautätigkeit der Zensoren C. Claudius Pulcher und Tib. Sempronius Gracchus

8 Die Zensoren führten die Schätzung am 13. Dezember strenger als früher durch[13]. Vielen wurde der Rittertitel genommen, unter anderen dem P. Rutilius, der sie als Volkstribun heftig angeklagt hatte; er wurde auch aus seiner Tribus ausgestoßen und zum Ärarier gemacht[14].

9 Nachdem die Quästoren ihnen zur Durchführung der
öffentlichen Arbeiten auf Senatsbeschluß die Hälfte der
10 Steuern dieses Jahres angewiesen hatten, kaufte Tib. Gracchus von dem Geld, das ihm zur Verfügung gestellt worden
war, das Haus des P. Africanus hinter den Alten Wechselstuben[15] beim Standbild des Vortumnus[16] und die angrenzen-
11 den Fleischbänke und Läden für den Staat und ließ die Basilika
bauen, die später die Sempronische genannt wurde.

Die Wahl der Beamten und die Verteilung der Amtsbereiche

17. Das Jahr ging schon zu Ende, und vor allem wegen des 1
Makedonischen Krieges sprachen die Leute eingehend miteinander über die Frage, welche Konsuln sie dieses Jahr wählen sollten, damit dieser Krieg endlich beendet werde. Des- 2
halb beschloß der Senat, Cn. Servilius solle so bald wie möglich kommen, um die Wahlen durchzuführen. Den Senats- 3
beschluß schickte der Prätor Sulpicius an den Konsul und las wenige Tage später den Brief vor, den er vom Konsul erhalten hatte und in dem dieser die Wahl auf den ...[17] festlegte; er werde vor diesem Tag in die Stadt kommen. Der Konsul beeilte sich, und die Wahl wurde an dem Tage durchgeführt, der dafür bestimmt worden war. Zu Konsuln ge- 4
wählt wurden L. Aemilius Paulus zum zweitenmal, vierzehn Jahre, nachdem er zum erstenmal Konsul gewesen war, und C. Licinius Crassus. Prätoren wurden am nächsten Tage 5
Cn. Baebius Tamphilus, L. Anicius Gallus, Cn. Octavius, P. Fontejus Balbus, M. Aebutius Helva und C. Papirius Carbo.

Die Sorge um den Makedonischen Krieg trieb dazu an, 6
alles früher zu tun. Deshalb beschloß man, die gewählten 7
Beamten sollten sogleich um ihre Amtsbereiche losen, damit, wenn man wisse, welchem Konsul Makedonien und welchem Prätor die Flotte zugefallen sei, diese schon von da an überlegten, was für den Krieg nötig sei, und es beschafften und den Senat befragten, wenn sie in irgendeiner Sache seinen Rat brauchten. Man wolle, daß das Latinerfest nach ihrem 8
Amtsantritt, soweit es mit Rücksicht auf die religiösen Bestimmungen geschehen könne, so früh wie möglich gefeiert werde, damit nichts den Konsul, der nach Makedonien gehen müsse, aufhalte. Nachdem man dies beschlossen hatte, wurden 9
für die Konsuln Italien und Makedonien als Amtsbereiche bestimmt, für die Prätoren außer den beiden Aufgabenberei-

chen der Rechtsprechung in der Stadt die Flotte, Spanien, Sizilien und Sardinien. Von den Konsuln fiel dem Aemilius Makedonien[18], dem Licinius Italien zu, von den Prätoren erhielt Cn. Baebius die städtische Prätur, L. Anicius die Rechtsprechung in den Prozessen mit Ausländern und einen Aufgabenbereich, für den ihn der Senat eventuell noch bestimmen würde, Cn. Octavius die Flotte, P. Fontejus Spanien, M. Aebutius Sizilien und C. Papirius Sardinien.

Die Entsendung einer Gesandtschaft zu den Truppen in Makedonien

1 18. Sogleich wurde es allen klar, daß L. Aemilius diesen Krieg
mit Energie führen werde. Denn er war nicht nur ein guter
Soldat, sondern beschäftigte sich auch Tag und Nacht voll
2 Eifer nur mit dem, was diesen Krieg anging. Nun bat er zu-
allererst den Senat, Gesandte nach Makedonien zu schicken,
um die Truppen und die Flotte zu inspizieren und das Er-
gebnis mitzuteilen, was die Land- und Seestreitkräfte nötig
3 hätten. Außerdem sollten sie, soviel sie könnten, über die
Truppen des Königs in Erfahrung bringen: wo das Opera-
tionsgebiet unter unserer Kontrolle stehe und wo unter der
des Feindes; ob die Römer innerhalb des Gebirges ihr Lager
hätten oder ob schon alle Engpässe überwunden und sie in
4 ebenes Gelände gelangt seien; welche Bundesgenossen uns
treu, welche zweifelhaft und in ihrer Treue von den Umstän-
den abhängig und welche ausgemachte Feinde zu sein schie-
nen; wieviel Verpflegung bereitgestellt sei und von wo auf
dem Landweg und von wo auf dem Seeweg sie herangeschafft
werden könne; was für Taten man in diesem Sommer zu
Lande und zu Wasser vollbracht habe. Wenn man dies genau
erfahren habe, könne man daraus sichere Pläne für die Zukunft

fassen. Der Senat gab dem Konsul Cn. Servilius den Auftrag, 5
drei Männer, die L. Aemilius für passend halte, als Gesandte nach Makedonien zu schicken. Zwei Tage später brachen Cn. Domitius Ahenobarbus, A. Licinius Nerva und L. Baebius als Gesandte auf.

Himmelszeichen

Zweimal wurde am Ende dieses Jahres gemeldet, daß es 6
Steine geregnet habe, einmal im Gebiet von Rom, einmal in dem von Veji. Beidemal wurde ein neuntägiges Opfer dargebracht.

Der Tod zweier Priester

In diesem Jahr starben von den Priestern P. Quinctilius 7
Varus, der Flamen des Mars, und der Dezemvir M. Claudius Marcellus; an seiner Stelle wurde Cn. Octavius nachgewählt.

Die Spiele des P. Cornelius Nasica und des P. Lentulus

Die Prachtliebe nahm damals zu. Es ist aufgezeichnet, daß an 8
den Circusspielen der kurulischen Ädilen P. Cornelius Nasica und P. Lentulus 63 Raubkatzen aus Afrika und 40 Bären und Elefanten beteiligt waren.

Aufschub der Beratungen über Makedonien

19. Am 15. März, dem Anfang des folgenden Jahres, in dem 1
L. Aemilius Paulus und C. Licinius Konsuln waren, war der Senat voller Erwartung, vor allem was der Konsul, dem Make-

donien zugefallen war, wohl über diesen Amtsbereich zur Beratung vorlegen werde. Paulus aber sagte, er habe nichts, was er zur Beratung vorlegen könne, da die Gesandten noch
2 nicht von dort zurückgekehrt seien. Übrigens seien die Gesandten jetzt in Brundisium, nachdem sie auf ihrer Überfahrt zweimal nach Dyrrachium zurückgeworfen worden seien.
3 Wenn er in Kürze erfahren habe, was zuvor zu erfahren zweckmäßig sei, werde er diesen Punkt auf die Tagesordnung setzen; das werde innerhalb ganz weniger Tage der Fall sein.
4 Und damit nichts seine Abreise aufhalte, sei der Termin für das Latinerfest auf den 12. April gelegt worden. Nachdem das Opfer mit den vorgeschriebenen Zeremonien vollzogen sei, würden er und Cn. Octavius, sobald es der Senat beschließe,
5 hinausziehen. Wenn es nötig sei, etwas für diesen Krieg bereitzustellen oder zu schicken, werde sein Amtsgenosse C. Licinius in seiner Abwesenheit dafür sorgen, daß es bereitgestellt und geschickt werde. Inzwischen könnten die Gesandtschaften der auswärtigen Völkerschaften angehört werden.

Die ägyptische Gesandtschaft im Senat

6 Zuerst wurden die Gesandten von König Ptolemaeus[19] und
7 Königin Cleopatra[20] aus Alexandria aufgerufen. In Trauerkleidung, Bart und Haar ungeschoren, betraten sie mit Zweigen des Ölbaums das Senatsgebäude und warfen sich zu Boden, und ihre Rede erregte noch mehr Mitleid als ihre
8 äußere Erscheinung. Antiochus, der König von Syrien, der als Geisel in Rom gewesen war, führte unter dem ehrenhaften Vorwand, dem älteren Ptolemaeus[21] wieder zur Herrschaft zu verhelfen, mit dessen jüngerem Bruder, der jetzt Herr in
9 Alexandria war, Krieg[22], hatte bei Pelusium in einer Seeschlacht gesiegt, in Eile eine Brücke über den Nil geschlagen,

war mit seinem Heer hinübergerückt und setzte Alexandria
selbst durch eine Belagerung in Schrecken, und es schien
nicht mehr viel daran zu fehlen, daß er das sehr reiche König-
reich in seiner Gewalt hatte. Die Gesandten beklagten sich 10
darüber und baten den Senat, dem Königreich und dem
König und der Königin, die mit dem Römischen Reich be-
freundet seien, Hilfe zu bringen. Das römische Volk habe 11
große Verdienste um Antiochus und genieße hohes Ansehen
bei allen Königen und Völkerschaften. Wenn sie daher Ge-
sandte schickten, die erklärten, der Senat wolle nicht, daß
mit dem König und der Königin, die seine Verbündeten seien,
Krieg geführt werde, werde Antiochus sogleich von den
Mauern Alexandrias abziehen und sein Heer nach Syrien weg-
führen. Wenn sie aber zögerten, das zu tun, würden in Kürze 12
Ptolemaeus und Cleopatra, aus ihrem Königreich vertrieben,
nach Rom kommen zur Schande für das römische Volk, weil
sie ihnen, als ihr Geschick aufs äußerste gefährdet war, keine
Hilfe gebracht hätten. Die Senatoren ließen sich durch die 13
Bitten der Alexandriner bewegen und schickten sogleich
C. Popilius Laenas, C. Decimius und C. Hostilius als Ge-
sandte, um den Krieg zwischen den Königen zu beenden. Sie 14
wurden angewiesen, zuerst zu Antiochus, dann zu Ptole-
maeus zu gehen und ihnen zu verkünden, wenn der Krieg
nicht aufhöre, würden sie den, durch dessen Schuld er weiter-
gehe, nicht mehr als Freund und Bundesgenossen betrachten.
20. Diese reisten innerhalb von drei Tagen zusammen mit 1
den Gesandten aus Alexandria ab.

Der Bericht der römischen Gesandten über Makedonien

Die Gesandten aus Makedonien kamen am letzten Tag der Quinquatren[23] an. Man hatte so sehr auf sie gewartet, daß

die Konsuln, wenn es nicht Abend gewesen wäre, sofort den
2 Senat zusammengerufen hätten. Am nächsten Tag fand die Senatssitzung statt, und man hörte die Gesandten an. Sie berichteten, das Heer sei über das unwegsame Gebirge nach Makedonien hineingeführt worden, wobei die Gefahr größer
3 gewesen sei als der Vorteil. Pierien, wohin es vorgerückt sei, halte der König. Das eine Lager liege beinahe so dicht bei dem anderen, daß sie nur durch den Fluß Elpeus, der zwischen ihnen fließe, voneinander getrennt seien. Der König biete keine Gelegenheit zum Kämpfen, und die Unsern hätten keine
4 Gelegenheit, ihn dazu zu zwingen. Obendrein habe auch der Winter den Fortgang der Operationen unterbrochen. Die Truppe werde verpflegt, ohne daß sie etwas leiste. Und man habe nur noch für sechs Tage Getreide. Von den Makedonen
5 heiße es, sie hätten 30000 Bewaffnete. Wenn App. Claudius in der Gegend um Lychnidus über ein Heer von ausreichender Stärke verfügte, hätte er den König in einen Zweifrontenkrieg verwickeln können. Jetzt aber schwebe Appius und was er an Besatzungstruppen bei sich habe, in höchster Gefahr, wenn nicht eilends entweder ein vollständiges Heer dorthin ge-
6 schickt werde oder jene von dort weggeführt würden. Vom Lager aus seien sie zur Flotte gereist und hätten gehört, man habe von den Seesoldaten einen Teil durch Krankheit verloren; ein Teil, vor allem die aus Sizilien stammten, seien nach Hause gegangen, und es fehle an Leuten für die Schiffe. Die da seien, hätten keinen Sold erhalten, und sie hätten auch
7 keine richtige Kleidung. Eumenes und seine Flotte seien, als wenn die Schiffe vom Wind herangeweht worden wären, ohne Grund gekommen und wieder abgesegelt; und man habe keinen ausreichenden Beweis dafür erhalten, daß dieser König seine Gesinnung nicht ändere. Von Eumenes meldeten sie lauter Zweifelhaftes, andererseits sprachen sie von der außerordentlichen Zuverlässigkeit und Treue des Attalus.

Senatsbeschlüsse über militärische Maßnahmen

21. Als man die Gesandten gehört hatte, sagte L. Aemilius, 1
jetzt setze er den Krieg auf die Tagesordnung. Der Senat 2
beschloß, daß für acht Legionen die Konsuln und das Volk
je die gleiche Anzahl Tribunen wählen sollten; es solle aber
in diesem Jahr keiner gewählt werden, der nicht schon ein
Amt gehabt habe. Dann solle L. Aemilius für die beiden 3
Legionen, die für Makedonien bestimmt seien, von allen
Kriegstribunen die aussuchen, die er haben wolle, und nach
der Durchführung des Latinerfestes sollten der Konsul
L. Aemilius und der Prätor Cn. Octavius, dem die Flotte zu-
gefallen sei, in ihr Operationsgebiet aufbrechen. Ihnen wurde 4
als dritter der Prätor L. Anicius beigegeben, der die Recht-
sprechung unter den Ausländern hatte; er sollte in dem
Amtsbereich Illyrien in der Gegend um Lychnidus an die
Stelle des App. Claudius treten.

Die Durchführung der Aushebung wurde dem Konsul 5
C. Licinius übertragen. Er wurde aufgefordert, 7000 römische
Bürger und 200 Reiter auszuheben, von den Bundesgenossen 6
und Latinern 7000 Fußsoldaten und 400 Reiter anzufordern
und dem Cn. Servilius, der Gallien als Amtsbereich hatte, 7
einen Brief zu schicken, er solle 600 Reiter ausheben. Dieses 8
Heer sollte er so bald wie möglich zu seinem Amtsgenossen
nach Makedonien schicken. In diesem Amtsbereich seien
nicht mehr als zwei Legionen. Diese sollten aufgefüllt werden,
daß jede 6000 Fußsoldaten und 300 Reiter hätte. Die übrigen
Fußsoldaten und Reiter sollten auf die Besatzungstruppen
verteilt werden. Wer von ihnen für den Kriegsdienst nicht ge- 9
eignet sei, solle entlassen werden. Außerdem wurden 10000
Fußsoldaten und 800 Reiter von den Bundesgenossen ange-
fordert. Diese wurden dem Anicius zu den beiden Legionen, 10
die er nach Makedonien führen sollte und von denen jede 5200

Fußsoldaten und 300 Reiter hatte, als Verstärkung mitgegeben. Und für die Flotte wurden 5000 Seesoldaten ausgehoben.

11 Der Konsul Licinius wurde aufgefordert, die Aufgaben in seinem Amtsbereich mit zwei Legionen durchzuführen. Diese sollte er noch durch 10000 Fußsoldaten und 600 Reiter von den Bundesgenossen verstärken.

Die Rede des L. Aemilius Paulus vor der Volksversammlung

1 22. Als die Senatsbeschlüsse zustande gekommen waren, ging der Konsul L. Aemilius aus dem Senatsgebäude in die Volks-
2 versammlung und hielt folgende Rede: «Ich glaube bemerkt zu haben, Mitbürger, daß ihr mir, als ich durch das Los Makedonien als Amtsbereich erhielt, mehr Glück gewünscht habt als bei meiner Wahl zum Konsul oder an dem Tage, an dem
3 ich mein Amt antrat, und das aus keinem anderen Grund, als weil ihr glaubtet, daß der Krieg in Makedonien, der sich schon lange hinzieht, durch mich ein der Größe des römischen Volkes würdiges Ende finden könne. Ich hoffe, daß auch die Götter bei diesem Los gnädig gewesen sind und daß sie mir bei
4 der Durchführung meiner Aufgaben beistehen werden. Dies kann ich teils als gutes Vorzeichen aussprechen, teils hoffen. Jenes aber wage ich mit Bestimmtheit zu versichern, daß ich mich mit aller Macht anstrengen werde, daß ihr nicht vergeblich diese Hoffnung auf mich gesetzt habt.

5 Was für den Krieg nötig ist, hat der Senat beschlossen, und weil ich sofort aufbrechen soll und es nicht aufschiebe, wird mein Amtsgenosse C. Licinius, ein vortrefflicher Mann, dies alles ebenso eifrig besorgen, als wenn er selbst diesen Krieg führen würde.

6 Ihr sollt nur das glauben, was ich dem Senat schreibe und was die Beamten euch mitteilen, und sollt euch davor hüten,

Gerüchten, für die es keinen Gewährsmann gibt, durch eure
Leichtgläubigkeit Nahrung zu geben. Denn jetzt achtet nie- 7
mand so wenig auf seinen Ruf, daß er nicht aus der Ruhe ge-
bracht werden könnte – dies geschieht überhaupt, in diesem
Krieg aber ganz besonders, wie ich bemerkt habe. Überall, wo 8
Menschen zufällig zusammentreffen, und auch, wenn es die
Götter so wollen, bei allen Einladungen gibt es welche, die die
Heere nach Makedonien führen, die wissen, wo das Lager auf-
geschlagen werden muß, welche Plätze mit Besatzungen be-
legt werden müssen, wann und über welchen Paß man nach
Makedonien eindringen muß, wo die Kornspeicher angelegt
werden müssen, wo zu Lande und zu Wasser die Verpflegung
herangeschafft werden muß, wann mit dem Feind gekämpft
werden muß und wann es besser ist, sich ruhig zu verhalten.
Und sie setzen nicht nur fest, was getan werden muß, sondern 9
für alles, was anders geschehen ist, als sie selbst beschlossen
haben, klagen sie den Konsul wie in einer Gerichtsverhand-
lung an. Dies bedeutet ein großes Hindernis für die, die han- 10
deln. Denn nicht alle können so viel Stärke und Festigkeit
gegen eine ungünstige öffentliche Meinung haben wie
Q. Fabius, der lieber wollte, daß seine Befehlsgewalt infolge
der Eitelkeit des Volkes eingeschränkt wurde[24], als daß er
einen guten Ruf hatte, aber dabei die Interessen des Staates
schlecht wahrnahm. Mitbürger, ich bin kein Mann, der glaubt, 11
die Feldherrn brauchten nicht beraten zu werden. Im Gegen-
teil, ich halte den, der in allem nur nach seiner Meinung han-
delt, eher für hochmütig als für weise. Wie ist es also? Zu- 12
nächst müssen die Feldherrn von klugen und speziell im
Kriegswesen erfahrenen und durch die Praxis geschulten
Männern beraten werden; dann von solchen, die bei der
Durchführung der Aufgaben zugegen sind, die das Gelände,
die den Feind, die den günstigen Zeitpunkt sehen, die sozu-
sagen im selben Boot sitzen und an der Gefahr teilhaben.

13 Wenn es daher jemand gibt, der sich zutraut – was zum Nut-
zen des Staates sein möge –, mir in diesem Krieg, den ich
führen werde, einen Rat zu geben, der soll dem Staat seine
Hilfe nicht entziehen und mit mir nach Makedonien kommen.
Ich werde ihm ein Schiff, ein Pferd, ein Zelt und sogar Reise-
14 proviant zur Verfügung stellen. Wer aber keine Lust hat, das
zu tun, und das ruhige Leben in der Stadt den Strapazen des
Kriegsdienstes vorzieht, der soll nicht vom Lande aus das
15 Schiff steuern wollen. Die Stadt selbst bietet genug Ge-
sprächsstoff; darauf mag er seine Geschwätzigkeit beschrän-
ken. Er soll wissen, daß wir mit den Ratschlägen zufrieden
sind, die aus dem Lager kommen.»

Die Abreise des Aemilius und des Octavius nach Makedonien

16 Nach dieser Volksversammlung und nachdem am Latinerfest,
das am 31. März[25] war, auf dem Berg das Opfer mit den vor-
geschriebenen Zeremonien vollzogen worden war, brachen
der Konsul und der Prätor Cn. Octavius gleich darauf nach
17 Makedonien auf. Es ist überliefert, daß der Konsul von einer
ungewöhnlich großen Menge begleitet wurde, die ihm das
Geleit gab, und daß die Leute mit einer fast an Sicherheit
grenzenden Hoffnung prophezeiten, der Makedonische Krieg
gehe zu Ende und der Konsul werde rasch und in einem
außergewöhnlichen Triumph zurückkehren.

Perseus' Bemühungen um Bundesgenossen

1-2 23. Während dies in Italien geschah, war es Perseus zum
Bewußtsein gekommen, daß die Römer in das Gebirge einge-
drungen waren und daß der Krieg ein äußerst gefährliches

Stadium erreicht hatte. Er glaubte daher, er dürfe es nicht
länger aufschieben, den Illyrerkönig Gentius zu seinem Bun-
desgenossen zu machen – damit hatte er schon früher ange-
fangen, hatte sich aber immer nicht entschließen können, es
zu Ende zu bringen, weil dazu Geld aufgewandt werden mußte.
Nachdem Gentius durch den Gesandten Hippias sich 300
Talente Silber ausbedungen hatte, wobei von beiden Seiten
Geiseln gegeben werden sollten, schickte Perseus den Pan-
tauchus, einen seiner treuesten Freunde, um die Sache zu
Ende zu bringen. In Meteo in der Landschaft Labeatis traf 3
Pantauchus mit dem illyrischen König zusammen. Dort ließ
er sich vom König den Eid schwören und nahm die Geiseln in
Empfang. Und von Gentius wurde ein Gesandter namens
Olympio geschickt, der von Perseus den Eid und die Geiseln
entgegennehmen sollte. Mit ihm wurden Leute geschickt, um 4
das Geld in Empfang zu nehmen.

Und auf Veranlassung des Pantauchus wurden Parmenio
und Morcus bestimmt, als Gesandte mit den Makedonen nach
Rhodus zu gehen. Ihnen wurde aufgetragen, erst wenn man 5
den Eid geleistet und die Geiseln und das Geld gegeben habe,
nach Rhodus aufzubrechen; durch den Namen zweier Könige
auf einmal könnten die Rhodier zum Krieg gegen die Römer
gebracht werden. Wenn ihr Staat zu einem Bündnis gewon- 6
nen sei, der jetzt als einziger den Ruf einer Seemacht habe,
bleibe den Römern weder zu Lande noch zu Wasser eine Hoff-
nung.

Als die Illyrer kamen, brach Perseus mit der ganzen Rei- 7
terei aus dem Lager am Elpeus auf und traf mit ihnen bei
Dium zusammen. Dort erledigten sie, was vereinbart worden 8
war, wobei der Heerhaufen der Reiter sie umgab, die nach
dem Willen des Königs bei dem Abschluß des Bündnisver-
trages mit König Gentius zugegen sein sollten; denn er
glaubte, das werde ihren Mut beträchtlich erhöhen. Die Gei- 9

seln wurden vor den Augen aller gegeben und entgegengenommen; die das Geld in Empfang nehmen sollten, wurden nach Pella zu den königlichen Schatzkammern geschickt, und die, die mit den illyrischen Gesandten nach Rhodus gehen sollten, wurden aufgefordert, in Thessalonice an Bord zu ge-
10 hen. Dort war Metrodorus, der vor kurzem erst von Rhodus gekommen war, und versicherte im Namen von Dinon und Polyaratus, führenden Männern dieses Staates, die Rhodier seien bereit zum Krieg. Er wurde zum Führer der mit den Illyrern vereinigten Gesandtschaft gemacht.

1 24. Zur selben Zeit ließ Perseus Eumenes und Antiochus das gleiche bestellen, was die Lage der Dinge an Argumenten bieten konnte. Von Natur aus seien eine Republik und ein
2 König miteinander verfeindet. Das römische Volk greife sie einzeln an und bekämpfe, was empörend sei, die Könige mit der Macht der Könige. Mit Hilfe des Attalus sei sein eigener
3 Vater überwältigt worden. Mit Unterstützung des Eumenes und teilweise auch seines Vaters Philipp sei Antiochus bekämpft worden. Gegen ihn ständen jetzt sowohl Eumenes als
4 auch Prusias unter Waffen. Wenn das Königreich Makedonien beseitigt sei, sei Asien das nächste, das sie sich schon teilweise unter dem Vorwand, die Stadtstaaten zu befreien, untertan
5 gemacht hätten[26], dann Syrien. Schon werde Prusias mehr geehrt als Eumenes, schon werde dem siegreichen Antiochus der Zutritt nach Ägypten verwehrt und er um den Lohn des
6 Krieges gebracht. Er forderte beide auf, dies zu bedenken und dafür zu sorgen, daß sie die Römer entweder dazu brächten, mit ihm Frieden zu schließen, oder daß sie sie, wenn sie ihren ungerechten Krieg weiterführen wollten, für die gemeinsamen Feinde aller Könige hielten.

7 An Antiochus waren die Aufträge offen. Zu Eumenes war der Gesandte geschickt worden unter dem Vorwand, die Gefangenen loszukaufen. In Wirklichkeit wurden geheimere

Dinge verhandelt, die Eumenes, der im Augenblick bei den Römern verhaßt und verdächtig war, mit falschen und schwereren Beschuldigungen belasteten. Denn er wurde für einen 8
Verräter und fast für einen Feind gehalten, während die beiden Könige einander zu überlisten suchten und miteinander in Tücke und Habgier wetteiferten. Cydas war ein Kreter, 9
einer von den vertrauten Freunden des Eumenes. Er hatte zuerst bei Amphipolis[27] mit einem gewissen Chimarus, einem Landsmann, der bei Perseus diente, dann später bei Demetrias einmal mit einem gewissen Menecrates, beim zweitenmal mit Antimachus – sie waren beide Heerführer des Königs – unmittelbar vor den Mauern der Stadt verhandelt. Auch Herophon, 10
der damals geschickt wurde, war schon zweimal vorher als Gesandter bei Eumenes gewesen. Diese Gespräche waren geheim, 11
und die Gesandtschaften standen in schlechtem Ruf. Aber was verhandelt worden war oder worin die Könige übereingekommen waren, wußte man nicht. Die Sache aber verhielt sich so:

25. Eumenes wollte weder einen Sieg des Perseus, noch hatte 1
er vor, ihn im Krieg zu unterstützen, nicht so sehr, weil von den Vätern her zwischen ihnen Feindschaft bestand, als weil sie in persönlichem Haß gegeneinander entbrannt waren. Die 2
Rivalität der Könige war so, daß Eumenes nicht mit Gelassenheit hätte ansehen können, daß Perseus so große Macht und so großen Ruhm erlangte, wie ihn nach einem Sieg über die Römer erwartet hätte. Er sah, daß Perseus schon seit Beginn 3
des Krieges auf jede Art herauszufinden versucht hatte, ob Aussicht auf Frieden bestehe, und daß er sich, je näher der Schrecken auf ihn zukam, von Tag zu Tag immer mehr mit nichts anderem beschäftigte und an nichts anderes dachte und 4
daß auch die Römer, sowohl ihre Feldherrn selbst als auch der Senat, nicht vor der Beendigung eines so unbequemen und schwierigen Krieges zurückschreckten, weil der Krieg sich länger hinzog, als sie gehofft hatten.

5 Weil er diesen Wunsch beider Parteien erkundet hatte und
glaubte, es könne durch den Überdruß des Stärkeren und die
Furcht des Schwächeren auch von selbst dazu kommen,
wollte er dabei seine Bemühungen für die Vermittlung des
6 Friedens verkaufen. Denn bald forderte er Lohn dafür, daß er
die Römer nicht im Krieg zu Lande und zu Wasser unter-
stützte, bald dafür, daß er einen Frieden mit den Römern zu-
stande brachte: dafür, daß er nicht am Krieg teilnahm, 500
Talente; dafür, daß er Frieden vermittelte, 1500.
7 Er erklärte, für beide Fälle sei er bereit, nicht nur sein Wort
8 zu geben, sondern auch Geiseln. Perseus war sehr geneigt, die
Sache in Angriff zu nehmen, da ihn die Furcht zwang, und
verhandelte über die Entgegennahme von Geiseln ohne Auf-
schub, und man war übereingekommen, die übernommenen
9 Geiseln nach Kreta zu schicken. Als die Rede auf das Geld
gekommen war, da war er unentschlossen und sagte, der eine
Lohn sei auf jeden Fall für Könige mit einem so großen Namen
schimpflich und schmutzig, sowohl für den, der ihn gebe, aber
10 noch mehr für den, der ihn annehme. Für die Hoffnung auf
einen Frieden mit Rom lehne er eine Ausgabe nicht ab, aber
er werde dieses Geld erst geben, wenn die Sache abgeschlossen
sei; inzwischen werde er es in Samothrake im Tempel depo-
11 nieren. Da diese Insel unter seiner Macht stand, sah Eumenes,
daß es keinen Unterschied machte, ob das Geld dort oder in
12 Pella sei. Er bemühte sich, einen Teil bar zu bekommen. So
versuchten sie sich gegenseitig zu überlisten, hatten aber kei-
nen Erfolg damit und trugen nichts als Schande davon.
1 26. Und nicht nur diese Sache zerschlug sich durch den
Geiz des Perseus – dabei hätte er, wenn er das Geld bezahlt
hätte, entweder durch Vermittlung des Eumenes Frieden ha-
ben können, den er sogar mit einem Teil seines Königreiches
hätte erkaufen müssen; oder er hätte, wenn er hintergangen
worden wäre, seinen Feind, mit dem Lohn beladen, bloßstel-

len und die Römer zu seinen Feinden machen können, wie er es verdiente. Er verzichtete vielmehr aus Geiz auch auf das 2 Bündnis, das er vorher mit König Gentius geschlossen hatte, und auf das Angebot einer ungeheuren Hilfe, das ihm jetzt von Galliern[28] gemacht wurde, die sich über Illyrien ergossen hatten.

Es kamen 10000 Reiter und die gleiche Anzahl Fußsolda- 3 ten, die im Laufen mit den Pferden Schritt hielten und, wenn die Reiter gefallen waren, die herrenlosen Pferde einfingen und weiterkämpften. Sie hatten sich für jeden Reiter zehn 4 Goldstücke[29] in bar ausbedungen, für jeden Fußsoldaten fünf und für ihren Heerführer 1000. Als sie kamen, zog Perseus 5 ihnen von seinem Lager am Elpeus mit der Hälfte seiner Truppen entgegen und begann in den Städten und Dörfern, die in der Nähe des Weges lagen, anzuordnen, sie sollten Proviant bereithalten, damit ein Vorrat an Getreide, Wein und Vieh vorhanden sei. Er selbst brachte ihren Führern Pferde, Hals- 6 ketten und Kriegsmäntel als Geschenk und ein bißchen Gold, das er unter wenige verteilen wollte in der Meinung, die große Menge lasse sich durch die Hoffnung bestimmen. Er 7 gelangte zur Stadt Almana und schlug am Ufer des Axius sein Lager auf. In der Gegend um Desudaba in Mädien hatte sich das Heer der Gallier gelagert und wartete auf den vereinbarten Lohn.

Dorthin schickte er Antigonus, einen seiner Hofleute, der 8 die Menge der Gallier auffordern sollte, nach Bylazora weiterzuziehen – das ist ein Ort in Päonien. Ihre Führer aber sollten in großer Zahl bei ihm erscheinen. Sie waren 75 Meilen vom Axius und dem Lager des Königs entfernt. Als Antigonus 9 ihnen das bestellt und hinzugefügt hatte, wie reiche Vorräte an allem sie an ihrem Weg finden würden, die durch die Fürsorge des Königs für sie bereitgelegt seien, und mit welchen Geschenken an Kleidung, Silber und Pferden der König ihre

Führer bei ihrer Ankunft empfangen werde, antworteten sie,
10 das würden sie schon merken, wenn sie da wären, und fragten nach dem, was sie sich in bar ausbedungen hatten, ob er das Gold, das auf die einzelnen Fußsoldaten und Reiter verteilt
11 werden müsse, mitgebracht habe. Als darauf nichts geantwortet wurde, sagte Clondicus, ihr Fürst: «So geh denn weg und verkünde dem König, die Gallier würden von hier aus keinen Schritt weiter irgendwohin tun, wenn sie nicht das Gold und die Geiseln bekommen hätten.»

12 Als dies dem König gemeldet worden war, berief er einen Kriegsrat, und da offenbar war, was alle raten würden, begann er, der selbst ein besserer Hüter seines Geldes als seines Königreiches war, über die Treulosigkeit und Wildheit der Gallier zu sprechen, die man schon früher durch das Unglück vieler
13 erfahren habe[30]. Es sei gefährlich, eine so große Menge nach Makedonien hineinzulassen. Diese Bundesgenossen würden
14 eine größere Last sein als ihre Feinde, die Römer. 5000 Reiter seien genug; die könnten sie für den Krieg gebrauchen und müßten ihre Menge nicht selbst fürchten.

1 27. Allen war klar, daß er sich nur fürchtete, den Sold für die Menge bezahlen zu müssen. Aber da niemand ihm einen Rat zu geben wagte, als er sie fragte, wurde Antigonus zurückgeschickt. Er sollte mitteilen, der König brauche nur eine Hilfe von 5000 Reitern, die übrige Menge wolle er nicht auf-
2 halten. Als die Barbaren das hörten, war das Murren der übrigen groß, die darüber aufgebracht waren, daß man sie vergeblich aus ihren Wohnsitzen hatte kommen lassen; Clondicus fragte zurück, ob er denn für diese 5000 auszahle, was verein-
3 bart worden sei. Als er sah, daß auch darauf mit Ausflüchten geantwortet wurde, ließ er den trügerischen Boten unverletzt, was der selbst kaum gehofft hatte, und sie kehrten zum Hister zurück, wobei sie Thrakien, soweit es an ihrem Weg lag, schrecklich verwüsteten.

Diese Schar hätte, während der König ruhig am Elpeus den 4
Römern gegenüberlag, das Gebirge von Perrhäbien nach
Thessalien überschreiten, die Felder verwüsten und nur die
nackte Erde noch übriglassen können, daß die Römer von
dort keinen Proviant mehr erwarten konnten. Sie hätten so- 5
gar die Städte selbst zerstören können, da Perseus die Römer
am Elpeus festhielt, daß sie den verbündeten Städten keine
Hilfe bringen konnten. Auch hätten die Römer an sich selbst 6
denken müssen, da sie nach dem Verlust von Thessalien, von
wo ihr Heer verpflegt wurde, nicht hätten bleiben können und
auch nicht vorrücken, da das Lager der Makedonen ihnen ge-
genüberlag. Dadurch, daß Perseus sich diese Unterstützung 7
entgehen ließ, brachte er die Makedonen, die sich an diese
Hoffnung geklammert hatten, nicht wenig aus der Fassung.

Durch denselben Geiz entfremdete er sich den König Gen- 8
tius. Denn als er denen, die Gentius geschickt hatte, in Pella
die 300 Talente gezahlt hatte, ließ er sie das Geld versiegeln.
Davon wurden zehn Talente zu Pantauchus geschickt, und er 9
befahl, diese dem König in bar zu geben. Seinen Leuten, die
das übrige Geld, das mit dem Siegel der Illyrer versiegelt war,
bei sich hatten, befahl er, sie sollten es in kleinen Etappen
transportieren; wenn sie dann an die Grenze Makedoniens 10
gekommen seien, sollten sie dort haltmachen und auf Boten
von ihm warten.

Da Gentius einen kleinen Teil des Geldes erhalten hatte 11
und beständig von Pantauchus angestachelt wurde, die Römer
durch eine feindselige Tat zu reizen, ließ er die Gesandten
M. Perpenna und L. Petilius, die damals gerade zu ihm ge-
kommen waren, ins Gefängnis werfen. Als Perseus das hörte, 12
glaubte er, Gentius habe die Notwendigkeit herauf beschwo-
ren, auf jeden Fall mit den Römern Krieg zu führen, und
schickte Leute, um den zurückzurufen, der das Geld bei sich
hatte, als ob er an nichts anderes dächte, als wie er für die

Römer eine möglichst große Beute nach dem Sieg über ihn aufsparen könne.

13 Und von Eumenes kam Herophon zurück, und es blieb unbekannt, was im geheimen verhandelt worden war. Daß über die Gefangenen verhandelt worden sei, hatten sie selbst bekanntgegeben, und auch Eumenes setzte den Konsul davon in Kenntnis, um nicht in Verdacht zu kommen.

Operationen zur See

1 28. Nach der Rückkehr des Herophon von Eumenes schickte Perseus, in seiner Hoffnung enttäuscht, die Flottenbefehlshaber Antenor und Callippus mit 40 Kuttern – zu dieser Zahl waren noch fünf Schnellsegler gekommen – nach Tenedus;
2 von dort aus sollten sie die Schiffe schützen, die hie und da mit
3 Getreide durch die Kykladen nach Makedonien fuhren. In Cassandrea stachen die Schiffe in See und liefen zuerst die Häfen an, die am Fuß des Berges Athos liegen, von dort fuhren sie bei ruhiger See nach Tenedus und entließen die rhodischen Schiffe ohne Verdeck, die dort im Hafen lagen, und ihren Befehlshaber Eudamus, ohne ihnen etwas anzutun, und sogar
4 nach einer freundlichen Anrede. Als man dann erfuhr, daß auf der anderen Seite der Insel 50 von ihren Transportschiffen eingeschlossen waren und Rammschiffe des Eumenes, über die Damius das Kommando hatte, in der Hafeneinfahrt stan-
5 den, fuhr er eilends um die Insel herum, vertrieb durch den Schrecken die Schiffe der Feinde, gab den Transportschiffen zehn Kutter mit, die sie geleiten sollten, und schickte sie nach Makedonien; die Kutter sollten, wenn sie sie sicher geleitet
6 hätten, nach Tenedus zurückkehren. Nach acht Tagen kehrten sie zur Flotte zurück, die jetzt bei Sigeum stand. Von dort fuhren sie nach Subota – das ist eine Insel zwischen Elaea und Chius.

Zufällig liefen am Tag, nachdem die Flotte nach Subota ge- 7
langt war, 35 Schiffe, die man Hippagogen[31] nennt, von Elaea
aus und waren mit gallischen Reitern und Pferden zum Kap
Phanae auf Chius unterwegs, von wo sie nach Makedonien
hätten hinüberfahren können. Sie wurden dem Attalus von
Eumenes geschickt. Als dem Antenor von einem Wartturm 8
aus ein Zeichen gegeben wurde, daß diese Schiffe über die
offene See rasch dahinfuhren, lief er von Subota aus und fuhr
ihnen zwischen dem Kap von Erythrae und Chius entgegen,
wo die Meerenge am engsten ist. Die Kommandanten des 9
Eumenes glaubten nichts weniger, als daß die Flotte der Ma-
kedonen in diesem Seegebiet kreuze; bald glaubten sie, es
seien die Römer, bald, Attalus oder Leute, die von Attalus zu-
rückgeschickt seien, wollten aus dem römischen Lager nach
Pergamum fahren. Als aber die Form der herankommenden 10
Kutter nicht mehr zweifelhaft war und die schnelle Bewegung
der Ruder und der auf sie gerichtete Bug zeigte, daß Feinde
herankamen, da löste das eine Panik aus. Da keine Hoffnung 11
auf Widerstand war, weil der Schiffstyp nur schwer manövrie-
ren konnte und weil die Gallier das Meer selbst bei ruhiger
Fahrt kaum ertrugen, schwamm ein Teil von ihnen, die der 12
Küste des Festlandes näher waren, im Gebiet von Erythrae
an Land, ein Teil ließ die Schiffe mit vollen Segeln bei Chius
auf Grund laufen, ließ die Pferde im Stich und suchte in wilder
Flucht die Stadt zu erreichen. Da aber die Kutter näher an der 13
Stadt und wo sie einen bequemeren Zugang hatten, Bewaff-
nete an Land gesetzt hatten, holten die Makedonen teils die
fliehenden Gallier auf dem Weg ein und erschlugen sie, teils
vor dem Tor, da sie nicht in die Stadt gelassen wurden; denn
die Bewohner von Chius hatten die Tore verschlossen, weil
sie nicht wußten, wer floh und wer verfolgte. Fast 800 Gallier 14
wurden erschlagen, 200 gerieten in Gefangenschaft. Von den
Pferden kam ein Teil im Meer um, da die Schiffe auseinander-

brachen, einem Teil durchschlugen die Makedonen am Strand
15 die Sehnen. Zwanzig Pferde von auserlesener Schönheit ließ
Antenor mit den Gefangenen auf denselben zehn Kuttern, die
er vorher geschickt hatte, nach Thessalonice transportieren
und befahl den Schiffen, so bald wie möglich zur Flotte zu-
rückzukehren; er werde sie in Phanae erwarten. Ungefähr drei
16 Tage lag die Flotte bei der Stadt. Von dort fuhren sie weiter
nach Phanae; und nachdem die zehn Kutter über Erwarten
schnell zurückgekehrt waren, liefen sie aus und fuhren über
das Ägäische Meer nach Delus hinüber.

1 29. Währenddessen waren die römischen Gesandten C. Po-
pilius, C. Decimius und C. Hostilius mit drei Fünfruderern
aus Chalcis ausgelaufen und kamen nach Delus. Dort fanden
sie die 40 Kutter der Makedonen und fünf Fünfruderer des
2 Königs Eumenes vor. Die Heiligkeit des Tempelbezirks und
der Insel machte sie alle unverletzlich; und so hielten sich die
Schiffssoldaten der Römer, der Makedonen und des Eumenes
miteinander in der Stadt und im Tempelbezirk auf, da die
3 Ehrfurcht vor dem Ort eine Waffenruhe gewährte. Wenn dem
Antenor, dem Befehlshaber des Perseus, von den Warttürmen
aus signalisiert wurde, daß Transportschiffe auf der offenen
See rasch vorbeifuhren, folgte er ihnen selbst mit einem Teil
4 der Kutter, während er einen anderen Teil über die Kykladen
verteilt hatte, und versenkte oder plünderte alle Schiffe bis
auf die, die nach Makedonien fuhren. Soweit er konnte, kam
Popilius entweder mit seinen Schiffen oder mit denen des
5 Eumenes zu Hilfe; aber die Makedonen liefen meistens bei
Nacht unbemerkt aus.

Die makedonisch-illyrische Gesandtschaft in Rhodus

6 Ungefähr um dieselbe Zeit kamen die makedonischen und
illyrischen Gesandten zusammen nach Rhodus. Ihnen verlieh

nicht nur die Ankunft der Kutter Gewicht, die überall zwi-
schen den Kykladen und im Ägäischen Meer umherfuhren,
sondern auch die Verbindung der Könige Perseus und Gen-
tius und die Kunde, daß die Gallier mit einer großen Anzahl
Fußsoldaten und Reiter herankämen. Und da die Stimmung 7
sich schon Dinon und Polyaratus zuneigte, die auf Perseus'
Seite standen, antworteten die Rhodier den Königen nicht
nur freundlich, sondern teilten ihnen offen mit, sie würden
durch ihren Einfluß dem Krieg ein Ende machen; deshalb soll- 8
ten auch die Könige selbst gelassen bleiben, um Frieden zu
erhalten.

Der Krieg gegen Gentius

30. Der Frühling hatte schon angefangen, und die neuen 1
Heerführer waren in ihre Provinzen gekommen, der Konsul
Aemilius nach Makedonien, Octavius nach Oreus zur Flotte
und Anicius, der gegen Gentius Krieg führen sollte, nach
Illyrien.

Gentius war der Sohn des Illyrerkönigs Pleuratus und der 2
Eurydice. Er hatte zwei Brüder, den Plator von beiden Eltern
und den Caravantius, der nur dieselbe Mutter hatte. Wäh- 3
rend dieser von seinem Vater her unebenbürtig und ihm daher
weniger verdächtig war, tötete er den Plator und seine beiden
Freunde Ettritus und Epicadus, tatkräftige Männer, um desto
sicherer zu herrschen. Es ging das Gerücht, er sei auf seinen 4
Bruder mißgünstig gewesen, der sich mit Etuta, der Tochter
des Dardanerfürsten Monunus, verlobt hatte, als wenn er
durch diese Heirat das Volk der Dardaner auf seine Seite hätte
bringen wollen; und daß er dieses Mädchen nach der Ermor-
dung Plators heiratete, machte das sehr wahrscheinlich.

Nachdem die Furcht vor seinem Bruder von ihm genom- 5
men war, begann er für seine Landsleute eine Last zu sein, und

die angeborene Wildheit seines Wesens verschlimmerte sich
noch durch seine Maßlosigkeit im Trinken.
6 Aber er zog, wie oben gesagt worden ist, nachdem er zum
Krieg gegen die Römer angestachelt worden war, alle Trup-
7 pen in Lissus zusammen. Es waren 15000 Bewaffnete. Von
dort schickte er seinen Bruder mit 1000 Fußsoldaten und
500 Reitern gegen die Völkerschaft der Cavier, um sie durch
Gewalt oder durch Schrecken zu unterwerfen, und zog selbst
zu der Stadt Bassania, die fünf Meilen von Lissus entfernt ist.
8 Sie waren Bundesgenossen der Römer; deshalb wollten sie,
als man sie durch vorausgeschickte Boten zu gewinnen suchte,
lieber eine Belagerung ertragen als sich ergeben.

9 Den Caravantius nahm im Gebiet der Cavier die Stadt
Durnium, als er ankam, freundlich auf. Caravandis, eine
andere Stadt, verschloß vor ihm die Tore. Und als er ihre
Felder weit und breit verwüstete, wurden einige Soldaten
beim Umherschweifen von der Landbevölkerung angegriffen
und getötet.

10 Schon hatte auch App. Claudius das Heer, das er hatte,
durch Hilfstruppen aus Bullis, Apollonia und Dyrrachium
verstärkt, war aus dem Winterlager aufgebrochen und hatte
11 nun sein Lager in der Nähe des Genusus. Als er von dem
Bündnis zwischen Perseus und Gentius gehört hatte und von
dem Unrecht an den Gesandten, denen Gewalt angetan wor-
den war, hatte ihn der Zorn gepackt, und er war fest ent-
schlossen, gegen ihn Krieg zu führen.

12 Der Prätor Anicius hörte in dieser Zeit in Apollonia, was
in Illyrien geschah, schickte einen Brief an Appius voraus,
er solle ihn am Genusus erwarten, und kam innerhalb von
13 drei Tagen auch selbst in das Lager und fügte zu den Hilfs-
truppen, die er hatte, noch die jungen Leute der Parthiner
hinzu, 2000 Fußsoldaten und 200 Reiter – das Kommando
über die Fußsoldaten hatte Epicadus, das über die Reiter

Algalsus – und schickte sich an, nach Illyrien zu ziehen, vor allem, um die Bewohner von Bassania von der Belagerung zu befreien.

Sein Angriff wurde aufgehalten durch die Kunde, daß Kutter die Meeresküste verwüsteten. Es waren 80 Kutter, die 14
auf Veranlassung des Pantauchus von Gentius geschickt worden waren, um das Gebiet von Dyrrachium und Apollonia zu verwüsten. Damals... die Flotte bei... 15

An dieser Stelle fehlt ein Blatt der Handschrift (etwa 1½ Seiten dieses Formats). Am Anfang der Lücke war der Standort der Flotte genannt[32]*. Anicius begab sich dorthin, stach gegen die plündernden Kutter des Gentius in See und konnte eine Reihe von ihnen in seine Hand bringen*[33]*; der Rest der geschlagenen Kutter gab daraufhin das Unternehmen auf.*

Dann kehrte Anicius ins Lager am Genusus zurück und trat eilends den Vormarsch nach Norden an, um Bassania von der Belagerung durch Gentius zu befreien. Als das römische Heer heranrückte, gab Gentius die Belagerung ohne Kampf[34] *auf und zog sich mit seiner Streitmacht nach Scodra zurück. Lissus, wo Gentius zunächst seine Truppen gesammelt hatte, ergab sich den vorrückenden Römern. Ein Teil der Untertanen des Gentius fiel von ihm ab*[35] *und*

...ergaben sich. 31. Nacheinander taten auch die Städte 1
dieser Gegend dasselbe, wobei die Milde und Gerechtigkeit des römischen Prätors gegen alle den Sinneswandel unterstützte.

Von dort kam man nach Scodra, das die wichtigste Stadt 2
dieses Krieges war, nicht nur, weil Gentius es sozusagen zum Bollwerk seines ganzen Reiches ausersehen hatte, sondern auch, weil es in der Völkerschaft der Labeaten bei weitem am stärksten befestigt und weil schwierig heranzukommen ist. Zwei Flüsse umgeben es; der Clausal fließt an der Seite 3
der Stadt vorbei, die sich nach Osten erstreckt, der Barbanna, der im Labeatischen Sumpf entspringt, im Westen. Diese 4

beiden Flüsse vereinigen sich und ergießen sich in den Oriundes, der auf dem Scordus entspringt, viele andere Gewässer
5 in sich aufnimmt und in das Adriatische Meer fließt. Der Scordus ist das weitaus höchste Gebirge dieser Gegend; im Osten hat er Dardanien vor sich liegen, im Süden Makedonien, im Westen Illyrien.

6 Obwohl die Stadt durch ihre natürliche Lage befestigt war und das ganze Volk der Illyrer und der König selbst sie schützte, rückte der römische Prätor trotzdem mit dem in Schlachtordnung aufgestellten Heer an die Mauern heran, weil die ersten Unternehmungen erfolgreich ausgegangen waren, und er glaubte, daß ein glücklicher Ausgang des Ganzen auf diese Anfänge folgen und daß der plötzliche Schrecken
7 etwas ausrichten werde. Wenn sie aber ihre Tore verschlossen und Bewaffnete auf die Mauern und die Türme der Tore verteilt und sich so verteidigt hätten, hätten sie die Römer von ihren Mauern vertrieben und ihr Unternehmen vereitelt.
8 Jetzt kamen sie aus dem Tor heraus und begannen den Kampf in dem ebenen Gelände zwar mit großem Mut, hielten aber
9 nicht durch. Denn sie wurden geschlagen und drängten sich auf der Flucht zusammen, und nachdem mehr als 200 in dem engen Zugang des Tores gefallen waren, trugen sie eine so große Panik in die Stadt hinein, daß Gentius sogleich Teuticus und Bellus, führende Männer des Volkes, als Unterhändler zum Prätor schickte, um durch sie um einen Waffenstillstand zu bitten, damit er über seine Situation nachdenken
10 könne. Dazu wurden ihm drei Tage gegeben. Da das römische Lager nur ungefähr 500 Schritt von der Stadt entfernt war, bestieg er ein Schiff und fuhr auf dem Barbanna in den Labeatischen See, als ob er einen abgelegenen Ort suchte, um
11 zu überlegen, aber in Wirklichkeit, wie sich zeigte, in der falschen Hoffnung, sein Bruder Caravantius habe viele tausend Bewaffnete in der Gegend, in die er geschickt worden

war, zusammengezogen und rücke heran. Nachdem sich die- 12
ses Gerücht als eitel herausstellte, ließ er am dritten Tag
dasselbe Schiff flußabwärts nach Scodra fahren. Er schickte
Boten voraus, damit er Gelegenheit erhielt, mit dem Prätor
zu reden, und als man ihm die Erlaubnis gegeben hatte, kam
er ins Lager. Und er fing seine Rede damit an, daß er seine 13
Torheit anklagte. Zuletzt brach er in Bitten und Tränen aus,
fiel zu den Knien des Prätors nieder und gab sich in seine
Gewalt. Er wurde zunächst aufgefordert, guten Muts zu sein, 14
wurde dann auch zum Essen eingeladen, kehrte in die Stadt
zu den Seinen zurück und speiste an diesem Tag ehrenvoll
mit dem Prätor. Dann wurde er dem Kriegstribunen C. Cas- 15
sius zur Bewachung übergeben, ein König, der zehn Talente,
kaum das Handgeld für einen Gladiator[36], von einem König
erhalten hatte, um dieses Schicksal zu erleiden.

32. Als Anicius Scodra in Besitz genommen hatte, ließ er 1
zuerst die Gesandten Petilius und Perpenna aufsuchen und
zu sich führen. Nachdem er sie wieder in einen würdigen 2
Zustand versetzt hatte, wie es ihnen zukam, schickte er
sofort Perpenna aus, um die Freunde und Verwandten des
Königs festzunehmen. Dieser ging nach Meteo, einer Stadt 3
des Volkes der Labeaten, und führte seine Frau Etleva[37] mit
zwei Söhnen, dem Scerdilaedus und dem Pleuratus, und sei-
nen Bruder Caravantius nach Scodra ins Lager.

Anicius brachte den Illyrerkrieg innerhalb von dreißig 4
Tagen zu Ende und schickte als Siegesboten den Perpenna
nach Rom und wenige Tage später König Gentius selbst mit
seiner Mutter, mit seiner Frau und seinen Kindern und mit
seinem Bruder und anderen führenden Leuten der Illyrer.
Dieser Krieg war der einzige, der zu Ende war, noch ehe man 5
in Rom hörte, daß er angefangen hatte.

Die Maßnahmen des Perseus

In den Tagen, in denen dies geschah, schwebte auch Perseus
in großer Angst wegen der Ankunft des neuen Konsuls
Aemilius, der, wie er hörte, im Anmarsch war und ungeheure
Drohungen ausstieß, und zugleich wegen der Ankunft des
6 Prätors Octavius. Und nicht weniger Angst hatte er vor der
römischen Flotte und wegen der Gefährdung der Meeres-
küste. In Thessalonice hatten Eumenes und Athenagoras das
Kommando mit einer schwachen Besatzung von 2000 Mann
7 vom leichten Fußvolk. Dorthin schickte er auch den Befehls-
haber Androcles und befahl ihm, unmittelbar an den Werften
zu lagern. Nach Aenea wurden 1000 Reiter und Creon aus
8 Antigonea geschickt zum Schutz der Meeresküste. Sobald sie
hörten, daß sich irgendeinem Punkt der Küste Schiffe der
Feinde näherten, sollten sie sofort der Bevölkerung der
9 Gegend Hilfe bringen. 5000 Makedonen wurden zum Schutz
von Pythoum und Petra geschickt, das Kommando über sie
10 hatten Histiaeus, Theogenes und Midon. Als diese auf-
gebrochen waren, machte er sich daran, das Ufer des Elpeus
zu befestigen, weil man hindurchschreiten konnte, wenn das
11 Flußbett trocken war. Damit die ganze Menge für diese
Arbeit frei war, brachten die Frauen aus den Nachbarstädten
Essen ins Lager. Die Soldaten wurden aufgefordert, aus den
Wäldern in der Nähe Holz zu holen.

Hier fehlen abermals zwei Blätter der Handschrift (etwa drei Seiten dieses Formats). In dem verlorenen Abschnitt war berichtet, wie Perseus das Elpeusufer vor seinem Lager überall mit Schanzen und hölzernen Schutzwehren, mit Türmen und vielen Wurfgeschützen zu einer fast uneinnehmbaren Verteidigungsanlage ausbaute; er zog sogar einen Damm in das Meer hinein[38]*. Als Perseus diese Anlagen errichtet hatte, «saß er da in aller Ruhe in dem Glauben, er werde den Aemilius durch die Zeit und den Geldaufwand zermürben*[39]*».*

Aemilius Paulus schlägt sein Lager unmittelbar gegenüber den makedonischen Stellungen auf

Inzwischen führte Aemilius Paulus sein Heer von Phila an den Elpeus und schlug unmittelbar gegenüber den Stellungen des Perseus sein Lager auf, so daß nur der Fluß die beiden Lager trennte[40]. In dieser Stellung litten die Römer unter Wassermangel. Die Überlieferung setzt wieder ein mit dem Bericht, wie es Paulus gelingt, diese Schwierigkeit zu überwinden.

33. ...zusammenzutragen. Zuletzt befahl er den Brunnen- 1
gräbern, ihm zum Meer zu folgen, das weniger als 300 Schritt
entfernt war. Am Strand sollten die einen hier, die andern
dort mit geringen Abständen graben. Das Gebirge mit seiner 2
gewaltigen Höhe ließ erwarten – und zwar um so mehr, weil
es keine offenen Bäche hervorquellen ließ –, daß sich ver-
steckt dort Wasser befinde, dessen Adern in das Meer flössen
und sich mit den Wellen vermischten. Kaum war die oberste 3
Schicht des Sandes weggeräumt, da sprudelten zunächst
trübe und dünne Quellen hervor, und dann strömte aus ihnen
viel klares Wasser wie ein Geschenk der Götter. Auch diese 4
Tatsache erhöhte den Ruhm und das Ansehen des Feldherrn
bei den Soldaten beträchtlich[41].

Dann erhielten die Soldaten den Befehl, sich kampfbereit zu machen, und er ging mit den Tribunen und den Kommandanten der ersten Manipel vor, um die Flußübergänge in Augenschein zu nehmen, wo der Abstieg für die Bewaffneten leicht und wo der Anstieg am anderen Ufer am wenigsten gefährlich sei.

Neue Anordnungen für die römischen Truppen

Nachdem er dies hinreichend erkundet hatte, führte er auch 5
noch folgende Neuerungen durch: Zuerst sorgte er dafür, daß

alles im Heereszug in Ordnung und ohne Durcheinander auf
6 einen Wink und Befehl des Feldherrn geschah. Wenn allen
zugleich verkündet werde, was geschehen solle, und es doch
nicht alle genau hörten, würden die einen, da sie den Befehl
nur unklar vernommen hätten, von sich aus etwas hinzufügen
und mehr tun, als befohlen sei, die andern weniger; darauf
komme es dann überall zu verworrenem Geschrei, und die
7 Feinde wüßten eher als sie selbst, was man vorhabe. Er wolle
daher, daß der Kriegstribun dem Kommandanten des ersten
Triariermanipels der Legion unter vier Augen den Befehl
nenne und daß der dann dem nächsten Zenturio, dann so
weiter jeder einzelne Zenturio der Reihe nach immer dem
nächsten sage, was getan werden müsse, sei es, daß der Befehl
von der Spitze zur Nachhut, sei es, daß er von den letzten
zur Spitze übermittelt werden müsse.

8 Auch verbot er den Nachtposten, nach der neuen Sitte
den Schild mit auf die Nachtwache zu nehmen. Denn ein
Nachtposten gehe nicht in den Kampf, daß er Waffen ge-
brauche, sondern um den Wachdienst zu verrichten. Wenn
er das Herankommen von Feinden merke, solle er sich zurück-
9 ziehen und die anderen zu den Waffen rufen. Den Schild vor
sich aufgerichtet, ständen sie da, den Helm auf dem Kopf.
Wenn sie dann müde würden, stützten sie sich auf den Speer,
legten den Kopf auf den Rand des Schildes und ständen
schlafend da, so daß sie mit ihren glänzenden Waffen von
weitem vom Feind gesehen werden könnten, selbst aber
nichts vorher sähen.

10 Er veränderte auch den Dienst der Vorposten. Sie standen
alle den ganzen Tag hindurch unter Waffen, die Reiter sogar
mit aufgezäumten Pferden. Wenn das an Sommertagen ge-
schah und die Sonne unaufhörlich brannte, wurden sie selbst
und die Pferde von der Glut so vieler Stunden von Mattigkeit
ergriffen und erschöpft, und wenn ausgeruhte Feinde sie an-

griffen, machten oft sogar ganz wenige einer größeren Anzahl
schwer zu schaffen. Deshalb ordnete er an, daß sie vom Mor- 11
genposten am Mittag abgezogen würden und daß andere als
Nachmittagsposten an ihre Stelle träten. So waren sie nie-
mals ermüdet, wenn ein ausgeruhter Feind sie angriff.

34. Als er in der Heeresversammlung verkündet hatte, er 1
wolle, daß dieses so geschehe, schloß er noch eine Rede an,
die den gleichen Geist atmete wie seine Rede in der Stadt.
Allein der Feldherr müsse im Heer Vorkehrungen treffen und 2
Beschlüsse fassen, was getan werden müsse, bald für sich al-
lein, bald zusammen mit denen, die er zum Kriegsrat berufen
habe. Die nicht dazu gerufen seien, dürften weder offen noch
geheim seine Maßnahmen besprechen. Ein Soldat müsse für 3
diese drei Dinge sorgen: daß er einen möglichst starken und
behenden Körper habe, daß seine Waffen in gutem Zustand
seien und daß er seinen Proviant bereit habe für plötzliche
Befehle. Er müsse wissen, daß das übrige, was ihn angehe, den 4
unsterblichen Göttern und seinem Feldherrn am Herzen
liege. Wenn in einem Heer die Soldaten sich berieten und der
Feldherr sich vom Gerede der Soldaten leiten lasse, sei dort
kein Heil. Er werde, wie es die Pflicht des Feldherrn sei, dafür 5
sorgen, daß er ihnen eine Gelegenheit gebe, einen Erfolg zu
erringen. Sie dürften nicht fragen, an welchem Tage das
geschehen werde. Wenn das Signal gegeben sei, müßten sie
als Soldaten ihre Pflicht tun.

Mit diesen Vorschriften entließ er die Heeresversammlung. 6
Und auch die altgedienten Soldaten sagten allgemein, sie
hätten an diesem Tag zum erstenmal wie Rekruten gelernt,
was man im Kriegsdienst tun müsse. Sie ließen nicht nur in 7
diesen Äußerungen erkennen, mit wie großer Zustimmung
sie die Worte des Konsuls gehört hatten, sondern die Wirkung
zeigte sich augenblicklich in ihrem Verhalten. Man konnte 8
im ganzen Lager bald keinen mehr in Ruhe sehen. Die einen

schärften ihre Schwerter, andere putzten ihre Helme und den Backenschutz, andere ihre Schilde und ihre Panzer, andere legten ihre Waffen an und erprobten unter diesen die Beweglichkeit ihrer Glieder, andere schwangen die Speere, andere ließen die Schwerter blitzen und schauten nach ihrem Dolch.
9 Man konnte daher leicht sehen, daß sie, sobald sich ihnen eine Gelegenheit bieten würde, mit dem Feind den Kampf zu beginnen, entweder durch einen glänzenden Sieg oder durch einen denkwürdigen Tod den Krieg beenden würden.

10 Als Perseus sah, daß zugleich mit der Ankunft des Konsuls und dem Beginn des Frühlings bei den Feinden alles von Lärm und von Bewegung erfüllt war wie für einen neuen Krieg, daß das Lager von Phila weg an das gegenüberliegende Ufer verlegt worden war und daß der Feldherr bald herumging, um seine Befestigungsanlagen in Augenschein zu nehmen und zweifellos eine Übergangsmöglichkeit erkundete, bald...

Wieder fehlt in der Überlieferung ein Blatt des Textes (etwa 1½ Seiten dieses Formats). Es war zunächst mitgeteilt, welche anderen Maßnahmen des Aemilius Perseus noch beobachtete. Auch Perseus[42] *blieb nicht untätig; er verstärkte seine Verteidigungsanlagen weiter und versetzte seine Soldaten in höchste Kampfbereitschaft. So konnte er einem Angriff der Römer auf seine stark befestigten Stellungen in Ruhe entgegensehen.*

Die Ruhe vor dem Sturm

In diesen Tagen kam es zu keinen Kampfhandlungen. «Aemilius verhielt sich einige Tage ruhig, und man sagte, daß niemals, wenn so große Heere so nahe beieinander lagerten, eine solche Stille geherrscht habe[43]*.»*

Die Nachricht von der Niederlage des Gentius erreicht Perseus und Aemilius

Indessen gelangte die Kunde vom Sieg des Prätors Anicius über den Illyrerkönig Gentius ins Lager des Aemilius und des Perseus. Hiermit setzt die Überlieferung wieder ein.

... sei in der Hand der Römer. 35. Dadurch wuchs den 1
Römern der Mut, die Makedonen und ihren König aber ergriff ein nicht geringer Schrecken. Und Perseus versuchte 2
zuerst, die Kunde davon heimlich zu unterdrücken, und schickte Leute, die Pantauchus, der von dort kam, verbieten sollten, sich dem Lager zu nähern. Aber es waren auch schon 3
einige Jungen, die unter den Geiseln für die Illyrer weggeführt worden waren, von ihren Verwandten gesehen worden, und je sorgfältiger alles verheimlicht wurde, desto leichter drang es durch die Schwatzhaftigkeit der Diener des Königs an die Öffentlichkeit.

Gesandte aus Rhodus im römischen Lager

Um die gleiche Zeit kamen Gesandte aus Rhodus ins Lager 4
mit denselben Aufträgen wegen des Friedens, die in Rom den gewaltigen Zorn der Senatoren erregt hatten. Mit noch viel größerem Unwillen wurden sie von dem Kriegsrat im Lager angehört. Während daher einige meinten, die Gesand- 5
ten sollten in Fesseln gelegt werden, andere, man solle sie Hals über Kopf ohne Antwort aus dem Lager treiben, kündigte der Konsul ihnen an, er werde ihnen nach 14 Tagen eine Antwort geben.

Der Kriegsrat der Römer und der Plan des Aemilius

6 Damit klar wurde, wie wenig der Einfluß der Rhodier galt,
die Frieden stiften wollten, fing er inzwischen an, über die
Art der Kriegführung zu beraten. Einige, vor allem die Jün-
geren, wollten über das Elpeusufer und die Befestigungs-
7 anlagen hinweg angreifen. Wenn sie geschlossen und in einer
Kolonne angriffen, könnten die Makedonen keinen Wider-
stand leisten, die im vorigen Jahr aus so vielen festen Plätzen
vertrieben worden seien, die erheblich höher und stärker be-
festigt gewesen seien und die starke Besatzungen gehabt
8 hätten[44]. Andere wollten, daß Octavius mit der Flotte Thessa-
lonice angriff und durch die Verwüstung der Meeresküste die
Truppen des Königs auseinanderriß; wenn sich ein anderer
Krieg in seinem Rücken zeige, werde er kehrtmachen, um
das Zentrum seines Reiches zu schützen, und werde so ge-
zwungen werden, die Elpeusübergänge teilweise ungeschützt
zu lassen.

Ihm selbst schien das Ufer von Natur aus und durch die
9 Befestigungsanlagen unüberwindlich, und abgesehen davon,
daß überall Wurfgeschütze aufgestellt waren, hatte er auch
gehört, daß der Feind mit Wurfgeschossen besser umgehen
konnte und sicherer traf.

10 Die ganze Absicht des Feldherrn richtete sich auf etwas
anderes. Er entließ den Kriegsrat und ließ heimlich die perrhä-
bischen Kaufleute Coenus und Menophilus holen, die ihm
schon als treue und kluge Männer bekannt waren, und fragte
11 sie, welche Übergänge es in Perrhäbien gebe. Als sie sagten,
das Gelände sei nicht ungünstig, sei aber durch Truppen des
Königs besetzt, schöpfte er Hoffnung, wenn er bei Nacht un-
vermutet mit einer starken Abteilung die Nichtsahnenden
12 angreife, könne die Besatzung hinabgeworfen werden. Denn
Wurfspieße, Pfeile und andere Wurfgeschosse seien in der

Dunkelheit unbrauchbar, wo man von weitem nicht sehen
könne, worauf man schieße. Mit dem Schwert werde die
Sache im Nahkampf ausgetragen in einem wirren Getümmel,
wobei der römische Soldat überlegen sei. Diese beiden Kauf- 13
leute wollte er als Führer brauchen. Er ließ den Prätor Octa-
vius holen, berichtete ihm, was er vorhatte, und befahl ihm,
mit der Flotte nach Heracleum zu fahren und für 1000 Mann
für zehn Tage Proviant bereitzuhalten. Er selbst schickte 14
P. Scipio Nasica und seinen eigenen Sohn Q. Fabius Maxi-
mus[45] mit 5000 ausgesuchten Soldaten nach Heracleum, als
ob sie die Flotte besteigen sollten, um die Meeresküste von
Zentralmakedonien zu verwüsten, was im Kriegsrat bespro-
chen worden war. Insgeheim wurde ihnen gesagt, daß Lebens- 15
mittel für sie bei der Flotte bereitlägen, damit sie durch nichts
aufgehalten würden. Die Wegführer erhielten dann den Auf-
trag, den Weg so einzuteilen, daß sie am dritten Tag in der
vierten Nachtwache Pythoum angreifen könnten.

Die Ablenkungsangriffe des Aemilius

Um den König davon abzuhalten, nach anderen Dingen 16
ringsum zu schauen, begann er selbst am folgenden Tag in
der Morgendämmerung im Flußbett einen Kampf mit den
Vorposten der Feinde; auf beiden Seiten kämpften Leicht-
bewaffnete, mit schwereren Waffen konnte man in dem ziem-
lich unebenen Flußbett nicht kämpfen. Der Abstieg zum 17
Flußbett betrug an jedem der beiden Ufer ungefähr 300
Schritt; von Ufer zu Ufer war der Abstand etwas mehr als
1000 Schritt, und der Fluß hatte hie und da tiefe Stellen. Dort 18
in der Mitte wurde gekämpft. Von beiden Seiten sah man
vom Wall des Lagers aus zu, auf der einen Seite der König
mit dem Heer der Makedonen, auf der andern der Konsul mit

19 seinen Legionen. Mit Wurfgeschossen aus der Ferne kämpften
die Hilfstruppen des Königs besser; im Nahkampf standen die
Römer fester und waren durch den Rundschild oder den
20 ligurischen Schild[46] besser geschützt. Ungefähr am Mittag
ließ der Konsul seinen Leuten das Signal zum Rückzug geben.
So wurde an diesem Tag der Kampf abgebrochen, nachdem
nicht wenige auf beiden Seiten gefallen waren.

21 Bei Sonnenaufgang am nächsten Tag stieß man noch schärfer zusammen, da die Gemüter durch den Kampf gereizt
waren. Aber die Römer wurden nicht nur von denen, mit
denen sie in Kampf geraten waren, sondern viel mehr noch
von der Menge, die auf den Türmen verteilt stand, mit jeder
Art von Wurfgeschossen, vor allem aber mit Steinen verwun-
22 det. Sobald sie näher an das Ufer der Feinde heranrückten,
reichten die Geschosse der Wurfgeschütze sogar bis zu den
letzten. An diesem Tag verlor man noch viel mehr Leute, und
der Konsul zog die Seinen etwas später zurück.

23 Am dritten Tag ließ er es nicht zum Kampf kommen, sondern
stieg nur zum tiefsten Teil des Lagers hinab, als wenn er durch
den in das Meer gezogenen Damm einen Durchbruch versu-
24 chen wollte. Perseus..., was sich vor seinen Augen abspielte...

Hier fehlen in der Überlieferung vier Blätter (etwa 6½ Seiten dieses Formats). Zunächst war noch weiter von dem dritten Ablenkungsmanöver des Paulus an der Elpeusmündung die Rede; Einzelheiten davon sind uns unbekannt. Es ist an diesem Tag hier jedoch zu keinen Kampfhandlungen gekommen. Perseus beobachtete nur mit größter Aufmerksamkeit die Operationen der Römer, die sich vor seinen Augen abspielten.

Die Überrumplung von Pythoum

Während Perseus mit einem Frontalangriff auf seine Stellungen rechnete, konnten die 5000 Mann unter P. Cornelius Scipio Nasica, vom

Feind völlig unbemerkt, ihren Umgebungsmarsch über den Olymp durchführen. Zunächst ging Nasica, wie ihm befohlen war, vom Lager am Südufer des Elpeus nach Heracleum zurück, wo Octavius mit der Flotte lag. Die Täuschung gelang vollkommen, «als ob er das Lager der Feinde zu Schiff umgehen und einschließen wolle»[47]. Bei Heracleum verpflegte er seine Soldaten und teilte den Unterführern nach Einbruch der Dunkelheit ihre wirkliche Aufgabe mit. Dann zog er, geführt von den beiden perrhäbischen Kaufleuten, wahrscheinlich in drei Nachtmärschen[48], wie es geplant war, gegen die feindliche Stellung. Er traf so rechtzeitg in der Nähe von Pythoum ein, daß seine Truppen sich vor dem Angriff eine Zeitlang von den Strapazen des Gebirgsmarsches erholen konnten[49]. Genau zur vorgesehenen Stunde gegen Ende der Nacht[50] überfielen die Römer die nichtsahnende Besatzung von Pythoum, die in tiefem Schlaf lag[51]. Nach der Überrumpelung der Paßfestung verfolgte Nasica die Flüchtigen und stieg ungehindert in die Ebene hinab. Er stand nun im Rücken des Perseus und bedrohte gleichzeitig Pydna[52].

Der Rückzug des Perseus nach Pydna

Wenige Stunden später erfuhr Perseus, der sein Augenmerk ganz auf die Operationen des Paulus am Südufer des Elpeus gerichtet hatte, daß Pythoum gefallen war und Scipio Nasica in seinem Rücken stand.

Gleichzeitig fuhr auch die römische Flotte an seinem Lager vorbei nach Norden[53].

Da «brach Perseus in Eile auf und trat den Rückzug an, voll Schrecken und in seinen Hoffnungen erschüttert. Aber vor Pydna mußte er notgedrungen haltmachen und das Schlachtenglück versuchen oder das Heer aufteilen und den Krieg um die Städte aufnehmen, der, nachdem er einmal ins Land gedrungen war, ohne große Blutopfer nicht mehr daraus zu vertreiben war. Auch schien noch nichts verloren. Denn an Truppenzahl, so stellte man ihm vor, sei er schlechthin den Feinden überlegen, und die Soldaten, die sich für Weiber und Kinder wehrten, während der König das Auge auf sie hatte und an ihren Gefahren teilnahm, seien voll von Kampfesmut. Mit solchen Vorstellungen machten die Freunde dem Perseus neuen Mut, er schlug ein Lager auf, ordnete das Heer zur Schlacht, besichtigte die Gegend und wies jedem der Offiziere seinen Platz an, um den Römern sofort, wenn sie anrückten, entgegenzutreten. Das Gelände schien günstig: es war eine Ebene da für die Phalanx, welche einen festen Standpunkt und flaches Land brauchte, und anschließend eine Hügelkette, welche den leichten Truppen jeder Art Gelegenheit zu Rückzugs- und Umgehungsmanövern bot. Die mitten durch die Ebene strömenden Bäche Aeson und Leucus waren damals nicht sehr tief..., mochten aber doch den Römern einige Schwierigkeiten machen[54].»

Der Vormarsch des Aemilius Paulus

Am folgenden Tag rückte Aemilius Paulus vor, vereinigte sich mit den Truppen des Scipio Nasica und zog in geschlossener Ordnung gegen die neuen Stellungen des Perseus[55]. Mit seinem Eintreffen gegenüber dem in Schlachtordnung aufgestellten makedonischen Heer setzt der überlieferte Text wieder ein.

Aemilius Paulus trifft vor Pydna ein

1 36. Es war nach der Sommersonnenwende[56], der Tag näherte sich schon dem Mittag. Auf dem Weg, den sie zurückgelegt hatten, hatte es viel Staub gegeben, und die Sonne hatte im-
2 mer heißer gebrannt. Man spürte schon Mattigkeit und Durst. Und da es klar war, daß am Mittag die Hitze bald noch stärker werden würde, beschloß er, die so erschöpften Leute nicht gegen einen ausgeruhten und ungeschwächten Feind zu wer-

fen. Aber so großes Verlangen, unter allen Umständen zu 3
kämpfen, brannte in ihnen, daß der Konsul nicht weniger Ge-
schicklichkeit brauchte, um die Seinen, als um die Feinde zu
hintergehen. Noch waren nicht alle Truppen aufgestellt, und 4
er bedrängte die Kriegstribunen, sie sollten sie rasch aufstel-
len. Er selbst ging von Abteilung zu Abteilung. Er feuerte die
Soldaten an und schürte noch ihre Kampfeslust. Dabei forder- 5
ten sie zuerst voll Eifer das Signal. Dann, als die Hitze wuchs,
waren die Mienen weniger lebendig und die Stimmen weni-
ger energisch, und einige standen da, auf ihre Schilde gelehnt
und auf ihre Speere gestützt. Da befahl er jetzt offen den Kom- 6
mandanten der ersten Manipel, sie sollten die Front des La-
gers abstecken und das Gepäck zusammenlegen lassen. Als die 7
Soldaten merkten, daß das geschah, nahmen die einen es nicht
übel auf, die anderen zeigten sogar ganz offen ihre Freude dar-
über, daß er sie, die von der Anstrengung des Weges und der
brennenden Glut erschöpft waren, nicht gezwungen hatte zu
kämpfen.

Die Legaten und die fremden Heerführer standen um den 8
Feldherrn, darunter auch Attalus, und alle stimmten dem
Konsul zu, solange sie meinten, er werde kämpfen – denn
nicht einmal diesen hatte er sein Zaudern erklärt. Jetzt, als 9
bei der plötzlichen Änderung seines Planes die anderen schwie-
gen, wagte Nasica als einziger von allen den Konsul zu ermah-
nen, er solle den Feind, der die früheren Feldherrn zum Nar-
ren gehalten habe und dem Kampf aus dem Wege gegangen
sei[57], nicht aus den Händen lassen. Er fürchte, wenn er in der 10
Nacht abziehe, müsse man ihm mit größter Mühe und Gefahr
in das Innere Makedoniens folgen, und der Sommer werde wie
unter den früheren Feldherrn damit vergehen, daß man über
die Pfade und durch die Schluchten der makedonischen Berge
ziehe. Er rate dringend, den Feind anzugreifen, solange er ihn 11
im offenen Felde habe, und sich die Gelegenheit zum Sieg

12 nicht entgehen zu lassen, die sich ihm biete. Der Konsul war
keineswegs gekränkt durch die freimütige Ermahnung des so
angesehenen jungen Mannes und sagte: «Auch ich habe ein-
mal so gedacht, wie du jetzt denkst, Nasica, und du wirst ein-
13 mal so denken, wie ich jetzt denke. Durch viele Vorfälle im
Krieg habe ich gelernt, wann man kämpfen muß und wann
man es nicht zum Kampf kommen lassen darf. Ich habe jetzt,
wo ich in der Schlachtlinie stehe, keine Zeit, zu zeigen, war-
um es besser ist, daß wir uns heute ruhig verhalten. Die
Gründe dafür sollst du ein anderes Mal verlangen; jetzt wirst
14 du mit dem Wort eines alten Feldherrn zufrieden sein.» Der
Jüngling verstummte; zweifellos sah der Konsul irgendwelche
Hindernisse für den Kampf, die er nicht bemerkte.

1 37. Als Paulus sah, daß das Lager abgesteckt und das Ge-
päck niedergelegt worden war, zog er zuerst aus der letzten
2 Schlachtreihe die Triarier ab, dann die Principes – während
die Hastati in der ersten Schlachtreihe standen für den Fall,
daß der Feind etwas unternähme –, zuletzt die Hastati, indem
er zunächst vom rechten Flügel aus allmählich die Soldaten
3 abteilungsweise wegnahm. So wurden die Fußsoldaten ohne
Unordnung abgezogen, während die Reiter mit den Leicht-
bewaffneten vor der Schlachtreihe dem Feind gegenüberstan-
den. Und die Reiter wurden nicht eher von ihrem Posten zu-
rückgerufen, bis die Vorderseite des Walles und der Graben
4 gezogen war. Obwohl der König ohne Bedenken bereit ge-
wesen wäre, an diesem Tag zu kämpfen, gab er sich damit zu-
frieden, daß man wußte, es habe am Feind gelegen, wenn die
Schlacht hinausgeschoben worden war, und führte auch selbst
seine Truppen ins Lager zurück.

5 Als das Lager befestigt war, rief C. Sulpicius Gallus, ein
Kriegstribun der zweiten Legion, der im vorigen Jahr Prätor
gewesen war, mit Erlaubnis des Konsuls die Soldaten zu einer
6 Heeresversammlung und kündigte ihnen an, in der nächsten

Nacht werde von der zweiten bis zur vierten Stunde der Nacht eine Mondfinsternis sein – denn keiner sollte das für ein schlimmes Zeichen halten. Weil das nach einer natürlichen Ordnung zu bestimmten Zeiten geschehe, könne man es vorher wissen und voraussagen. Wie sie sich nicht wunderten, 7
daß der Mond bald mit voller Scheibe, bald, wenn er abnehme, nur mit einem kleinen Horn leuchte, weil Sonne und Mond zu bestimmten Zeiten auf- und untergingen, dürften sie es daher auch nicht als ein Himmelszeichen ansehen, daß er sich verdunkle, wenn er vom Schatten der Erde verdeckt werde[58].

Als in der Nacht vor dem 4. September der Mond zur an- 8
gekündigten Stunde sich verfinsterte, schien den römischen Soldaten die Weisheit des Gallus beinahe göttlich. Die Make- 9
donen erschütterte es wie ein unheilvolles Zeichen vom Himmel, das den Untergang ihres Königreiches und das Verderben ihres Volkes ankündigte; und nicht anders ging es ihren Sehern. Im Lager der Makedonen gab es Geschrei und Geheul, bis der Mond mit seinem Licht wieder zum Vorschein kam.

Am nächsten Tag – so groß war in beiden Heeren das Ver- 10
langen geworden, aufeinander loszustürmen, daß sowohl dem König wie dem Konsul einige ihrer eigenen Leute vorwarfen, daß man ohne Kampf auseinandergegangen war – war die 11
Verteidigung für den König leicht, nicht nur darum, weil der Feind als erster seine Truppen ins Lager zurückgeführt und ganz offen die Schlacht verweigert hatte, sondern auch weil er seine Abteilungen an einem Punkt aufgestellt hatte, wohin die Phalanx nicht vorrücken konnte, da schon eine geringfügige Unebenheit des Geländes sie unbrauchbar machte.

Der Konsul hatte nicht nur, wie es schien, am Tage zuvor 12
sich die Gelegenheit zum Kämpfen entgehen lassen und dem Feind die Möglichkeit gegeben, bei Nacht abzuziehen, wenn er wollte, sondern dazu schien er auch jetzt die Zeit unter dem Vorwand eines Opfers zu vergeuden, während man bei Tages-

anbruch auf das Signal zum Kampf hin zur Schlacht hätte ausrücken müssen.

13 Nachdem er endlich in der dritten Stunde das Opfer in der vorgeschriebenen Form vollzogen hatte, rief er zu einem Kriegsrat. Und auch dort schien er einigen die Zeit, in der es angebracht gewesen wäre, etwas zu unternehmen, durch Reden und durch unangebrachtes Beraten in die Länge zu ziehen[59]. Da hielt der Konsul gegen solche Äußerungen folgende Rede:

1 38. «P. Nasica, der vortreffliche junge Mann, hat mir als einziger von allen, die wollten, daß am gestrigen Tage gekämpft wurde, offen seine Meinung gesagt. Er hat später geschwiegen, so daß man sehen konnte, daß er sich meiner Mei-
2 nung angeschlossen hatte. Einigen anderen schien es besser, ihren Feldherrn hinterrücks zu schmähen, als ihn ins Gesicht
3 zu ermahnen. Ich werde mich nicht weigern, dir, P. Nasica, und auch allen, die mehr versteckt dasselbe wie du gedacht haben, Rechenschaft zu geben für den Aufschub des Kampfes.
4 Denn ich bin weit davon entfernt, die Zurückhaltung von gestern zu bereuen. Ich glaube vielmehr, daß ich das Heer durch diese Maßnahme gerettet habe. Damit nicht einer von euch glaubt, ich hätte diese Meinung ohne Grund, gut, so soll er mit mir, wenn er will, untersuchen, wieviel für den Feind und gegen uns gesprochen hat.

5 Zuallererst einmal weiß ich sicher, daß jeder von euch vorher genau gewußt hat, wie sehr sie uns an Zahl übertreffen, und daß ihr es auch am gestrigen Tage, als ihr ihre Schlacht-
6 reihe entfaltet saht, bemerkt habt. Aus dieser unserer geringen Zahl war der vierte Teil der Soldaten als Schutz für die Bagage zurückgelassen worden – ihr wißt, daß nicht gerade die Feigsten zur Bewachung des Gepäcks zurückgelassen wer-
7 den. Aber wenn wir auch vollzählig gewesen wären – glauben wir denn eigentlich, es spiele nur eine unbedeutende

Rolle, daß wir aus diesem Lager, in dem wir in dieser Nacht geblieben sind, am heutigen oder spätestens am morgigen Tage mit dem gnädigen Beistand der Götter in die Schlacht
ziehen werden, wenn es so richtig scheint? Macht es keinen 8
Unterschied, ob man einem Soldaten, den weder die Anstrengung des Weges an diesem Tage noch die der Schanzarbeit ermüdet hat, frisch und ausgeruht in seinem Zelt zu den Waffen zu greifen befiehlt und man ihn voll Kraft, stark an Körper
und Geist in die Schlacht führt oder ob man ihn, vom langen 9
Marsch ermüdet und von der Schanzarbeit erschöpft, triefend von Schweiß, die Kehle trocken vom Durst, Mund und Augen voll Staub, unter der sengenden Glut der Mittagssonne einem frischen und ausgeruhten Feind entgegenwirft, der durch
nichts vorher verbrauchte Kräfte in den Kampf bringt? Wer, 10
bei der Treue der Götter, würde nicht den tapfersten Mann besiegen, wenn er ihn in dieser Verfassung stellte – sogar
wenn er selbst ungeschickt und unkriegerisch wäre? Und wie 11
ist es damit, daß die Feinde in aller Ruhe ihre Schlachtreihe aufgestellt und sich auf den Kampf eingestellt hatten und in Reih und Glied in ihren Abteilungen standen, wir aber dann plötzlich beim Aufstellen der Schlachtreihe hin- und herlaufen und ohne Ordnung kämpfen mußten?

39. Beim Herkules, wir hätten allerdings eine ungeordnete 1
und nicht in Abteilungen gegliederte Schlachtreihe gehabt. Aber wir hätten ja wohl ein befestigtes Lager gehabt, für Wasser wäre gesorgt gewesen, wir hätten einen sicheren Weg dorthin gehabt, da Posten aufgestellt waren, und alles ringsum wäre erkundet gewesen – oder hätten wir nichts gehabt, was uns gehörte, außer dem nackten Feld, auf dem wir kämpften?

Eure Vorfahren glaubten, ein befestigtes Lager sei der Ha- 2
fen für alle Wechselfälle eines Heeres, von wo sie zum Kampf auszogen und wohin sie sich zurückziehen konnten, wenn sie

vom Sturm der Schlacht hin- und hergeworfen worden wa-
3 ren. Obwohl sie es mit Befestigungsanlagen umgeben hatten, sicherten sie es deshalb auch mit einer starken Besatzung, weil der, der sein Lager verloren hatte, für besiegt gehalten wurde, auch wenn er im Kampf auf dem Schlachtfeld gesiegt hatte. Das Lager ist für den Sieger der Ort, wohin er zurückkehrt,
4 für den Besiegten eine Zuflucht. Wie viele Heere, für die das Schicksal in der Schlacht weniger glücklich war und die hinter ihrem Wall zusammengedrängt waren, haben in einem für sie günstigen Zeitpunkt, manchmal nur einen Augenblick später, einen Ausbruch gemacht und den siegreichen Feind
5 geworfen! Eine zweite Vaterstadt ist dieser kriegerische Platz, der Wall dient als Mauer, und das Zelt ist für jeden Soldaten sein Heim und Herd. Hätten wir ohne eine Bleibe umherschweifend gekämpft, wohin hätten wir als Besiegte, wohin als Sieger zurückkehren sollen?

6 Diesen Schwierigkeiten und Hindernissen für eine Schlacht wird folgendes entgegengehalten: Wenn nun der Feind in dieser dazwischenliegenden Nacht abgezogen wäre, wieviel Mühe müßte man auf sich nehmen, wenn man ihm wieder ins Landesinnere bis an die äußerste Grenze Makedoniens folgte?
7 Ich aber weiß sicher, daß er weder geblieben wäre noch seine Truppen in Schlachtreihe aufgestellt hätte, wenn er beschlossen hätte, von hier wegzuziehen. Denn wieviel leichter wäre es gewesen, wegzugehen, als wir weit entfernt waren, als jetzt, wo wir ihm auf dem Nacken sitzen und er weder bei Tage noch
8 bei Nacht unbemerkt abziehen kann! Was aber ist uns erwünschter, als sie auf offenem Feld von hinten anzugreifen, wenn sie ihre Befestigungsanlagen verlassen haben und in einem weit ausgedehnten Zug abziehen, wo wir uns doch darangemacht haben, ihr Lager anzugreifen, das durch ein sehr hohes Ufer geschützt und obendrein noch von einem Wall und von zahlreichen Türmen umgeben war?

Dies sind die Gründe für den Aufschub des Kampfes vom
gestrigen Tag auf den heutigen gewesen. Denn auch ich selbst 9
habe beschlossen zu kämpfen, und darum habe ich, weil der
Weg zum Feind durch den Elpeus versperrt war, an einer an-
deren Stelle des Gebirges die Besatzung der Feinde geworfen
und so einen neuen Weg gebahnt, und ich werde nicht eher
aufhören, bis ich den Krieg zu Ende gebracht habe.»

40. Nach dieser Rede herrschte Schweigen; teils war man 1
zu seiner Meinung bekehrt, teils scheute man sich, ihn sinnlos
in einer Sache zu kränken, die auf jeden Fall entschieden war
und nicht mehr rückgängig gemacht werden konnte.

Und auch an diesem Tag wollten weder der Konsul noch 2
der König kämpfen[60]: der König, weil er nicht wie am Tage
vorher die Möglichkeit hatte, Feinde anzugreifen, die vom
Weg ermüdet waren und die beim Aufstellen der Schlacht-
reihe durcheinanderliefen und die gerade erst in Stellung ge-
bracht worden waren; der Konsul, weil in das neue Lager
noch kein Holz und kein Futter geschafft worden war und ein
großer Teil der Soldaten, um dieses aus der Umgebung zu be-
schaffen, das Lager verlassen hatte. Obwohl keiner der beiden 3
Feldherrn es wollte, führte das Schicksal, das mehr vermag als
menschliches Planen, den Kampf herbei.

Die Schlacht bei Pydna

Ein nicht großer Fluß war näher beim Lager der Feinde, aus 4
dem sowohl die Makedonen wie auch die Römer sich mit Was-
ser versorgten[61]. Auf beiden Ufern waren Posten aufgestellt,
damit sie das ohne Gefahr konnten. Zwei Kohorten standen auf 5
der römischen Seite, eine aus Marrucinern und eine aus
Pälignern, und zwei Schwadronen samnitischer Reiter, über
die der Legat M. Sergius Silus das Kommando hatte. Und 6

noch ein anderer Vorposten war vor dem Lager unter dem Legaten C. Cluvius, drei Kohorten aus Firmum, von den Vestinern und aus Cremona und zwei Schwadronen Reiter aus Placentia und aus Aesernia.

7 Während am Fluß Ruhe herrschte und keine der beiden Parteien die andere reizte, entlief ungefähr um die neunte Stunde ein Lasttier den Händen seiner Treiber und floh an
8 das gegenüberliegende Ufer[62]. Durch das Wasser, das fast bis zu den Knien ging, folgten ihm drei Soldaten, und zwei Thraker zogen dieses Lasttier mitten aus dem Flußbett an ihr Ufer und fingen es ein; sie verfolgten diese, töteten den einen von ihnen, brachten das Lasttier wieder in ihren Besitz und zogen sich zu dem Vorposten der Ihren zurück.

9 Eine Bedeckung von 800 Thrakern stand auf dem Ufer der Feinde. Von diesen überschritten zuerst wenige, die darüber aufgebracht waren, daß ihr Landsmann vor ihren Augen erschlagen worden war, den Fluß, um die zu verfolgen, die ihn erschlagen hatten, dann mehr und zuletzt alle, und... mit dem Vorposten...

Mitten im Bericht über den Beginn der Schlacht bricht der überlieferte Text ab; es fehlen zwei Blätter der Handschrift (etwa drei Seiten dieses Formats). Zunächst war vom Kampf der Thraker mit der römischen Bedeckungsmannschaft[63] am Fluß berichtet.

Als Perseus sah, daß sich von beiden Seiten immer mehr Soldaten an diesem Kampf beteiligten, ließ er sein Heer, das gefechtsbereit im Lager stand, zur Schlacht ausrücken. Die Spitze «bildeten die Thraker..., hochgewachsene Männer, bewaffnet mit blendendweißen Schilden und Beinschienen, darunter schwarze Leibröcke, schwere eiserne Schwerter aufgerichtet über der rechten Schulter schwingend. An die Thraker schlossen die Söldner an in verschiedenartigen Rüstungen, unter sie gemischt Päonier. Zu dritt folgten die Auserlesenen, die edelste Blüte der Makedonen selbst an Tapferkeit und Jugendkraft, hellstrahlend mit vergoldeten Waffen und in neuen Purpurröcken. Während sie ihre Stel-

lung bezogen, strömten hinter ihnen die Reihen der Erzbeschildeten aus dem Lager hervor, erfüllten mit dem Glanz des Eisens und dem Schimmer des Erzes die Ebene und ließen von dem Geschrei und dem Schall der Kommandorufe die Berge widerhallen. Und mit so kühnem Mut und solcher Schnelligkeit[64] *rückten sie an, daß die ersten Toten nur zwei Stadien*[65] *vom römischen Lager entfernt niederfielen*[66].»

Als Aemilius von seinem Zelt aus das Heranrücken des feindlichen Heeres sah, eilte er zu seinen Truppen, die schon am Morgen gleich nach dem Opfer zur Schlacht aufgestellt worden waren[67], *ordnete sie* «*und hielt ermunternde Ansprachen. Nasica sprengte zu den im Vorgefecht Stehenden hinaus und sah, daß schon beinahe alle Feinde dabei waren, in den Kampf einzugreifen*[68].»

Die römischen Vorposten mußten vor der Übermacht der Thraker und der makedonischen Söldner zurückweichen; aber am Fuß der Hügel, ungefähr 400 Meter vor dem römischen Lager, machten sie halt. Da drang die Elite des makedonischen Heeres, die Phalanx der Auserlesenen, gegen sie vor. «*Als die Römer beim Zusammenstoß mit der Phalanx nicht durchzubrechen vermochten, erfaßte Salvius, der Führer der Päligner, das Feldzeichen seiner Abteilung und warf es mitten unter die Feinde. Als darauf die Päligner – denn bei den Italikern gilt es als eine Schande vor Gott und den Menschen, das Feldzeichen im Stich zu lassen – nach jener Stelle hindrängten, kam es von beiden Seiten zu einem mörderischen Kampf. Die Römer versuchten mit ihren Schwertern die langen Lanzen wegzuschlagen, sie mit den Schilden wegzustoßen oder auch sie mit den Händen zu erfassen und beiseite zu reißen. Die Makedonen hielten die ausgelegten Lanzen mit beiden Händen fest, durchbohrten die Anlaufenden mitsamt ihren Schutzwaffen, da weder Schild noch Panzer dem Stoß der Sarissa widerstand, und warfen die Leiber der Päligner und Marruciner, die ohne Besinnen mit der Wut wilder Tiere in die drohenden Spieße und den offenbaren Tod hineinrannten, über ihre Köpfe hinweg. Nachdem so die ersten Reihen vernichtet waren*[69], *wurden die hinter ihnen Stehenden zurückgedrängt, und es war zwar keine Flucht, aber ein Zurückweichen nach dem Berge*

Olocrus[70] hin[71].» Dieser Widerstand der Päligner und Marruciner gab dem Konsul Zeit, sein Heer zum Kampf zu ordnen.

Als die Phalanx der Erzbeschildeten «die Schilde von der Schulter nahm und die langen Lanzen auf einen Kommandoruf senkte..., erfaßte den Aemilius, da er die Festigkeit des Zusammenschlusses und die dichte Kette der ausgelegten Lanzenspitzen gewahrte, Schrecken und Furcht. Hatte er doch noch niemals ein so schreckliches Schauspiel zu Gesicht bekommen, und oft gedachte er später noch dieses Anblicks und seiner Erschütterung. Im Augenblick aber zeigte er sich den ... Soldaten gegenüber ruhig und heiter und ritt ohne Helm und Panzer die Front entlang[72].»

Am Ende der Lücke war berichtet, welche Anordnungen Aemilius Paulus traf und in welcher Ordnung er das römische Heer in den Kampf führte. Auf dem linken Flügel standen die Reiter (?), daneben die Hilfsvölker. Daran schloß sich die erste römische Legion, die der Konsul selbst in den Kampf führte. Damit setzt der überlieferte Text wieder ein.

1 41. ... führte ... in den Kampf. Eindruck machte die Hoheit seines Amtes, der Ruhm des Mannes, vor allem aber sein Alter, weil er über 60 Jahre alt war und doch die Pflichten von jungen Männern erfüllte und in besonderem Maße Mühe und Gefahr auf sich nahm. Den Zwischenraum, der zwischen dem leichten Fußvolk und den Abteilungen der Phalanx war, füllte
2 die Legion und unterbrach die Schlachtreihe der Feinde. In ihrem Rücken stand das leichte Fußvolk, Front hatte sie gegen die Soldaten mit den Erzschilden – diese wurden Chalcaspiden genannt.

Der ehemalige Konsul L. Albinus hatte den Befehl, die zweite Legion gegen die Phalanx der Leucaspiden zu führen – das war das Zentrum der feindlichen Schlachtreihe.

3 Auf den rechten Flügel, wo der Kampf am Fluß angefangen hatte, führte er die Elefanten und die Alen der Bundesgenos-
4 sen. Und hier kam es zuerst zur Flucht der Makedonen. Die

meisten neuen Erfindungen der Menschen haben ihre Kraft in
bloßen Worten; bei der Anwendung aber, wenn es darauf an-
kommt, daß etwas geschieht, und nicht, daß erörtert wird,
wie etwas geschehen soll, versagen sie ohne jede Wirkung. So
waren auch jetzt die Elefantenkämpfer der Makedonen ein
bloßer Name ohne Nutzen[73]. Dem Angriff der Elefanten folg- 5
ten die Bundesgenossen und Latiner auf dem Fuße und schlu-
gen den linken Flügel.

Im Zentrum drang die zweite Legion in die Phalanx ein und 6
zersprengte sie. Und nichts trug offensichtlicher zum Siege
bei, als daß weit und breit viele Kämpfe stattfanden, die die
schwankende Phalanx, die unwiderstehlich ist, wenn sie ge-
schlossen ist und von vorgestreckten Lanzen starrt, zunächst
aus der Ordnung brachten und dann auseinanderrissen. Wenn 7
man sie an verschiedenen Stellen angreift und sie zwingt, mit
der durch ihre Länge und ihr Gewicht schwer beweglichen
Lanze eine Schwenkung zu machen, geraten sie in einem wir-
ren Haufen durcheinander. Wenn aber von der Seite oder im
Rücken irgendeine Unruhe entsteht, sind sie so bestürzt, als
wenn eine Katastrophe eingetreten wäre. So wurden sie auch 8
jetzt gezwungen, sich mit ihrer an vielen Stellen unterbroche-
nen Schlachtreihe gegen die in kleinen Gruppen anrennenden
Römer zu wenden. Und überall, wo sich Zwischenräume
zeigten, ließen die Römer ihre Abteilungen eindringen. Wenn 9
sie mit ihrer ganzen Schlachtreihe auf die Front der in Reih
und Glied stehenden Phalanx geprallt wären, hätten sie sich –
was den Pälignern geschah, die zu Beginn der Schlacht un-
bekümmert auf das leichte Fußvolk losgestürmt waren – an
den Lanzen aufgespießt und der geschlossenen Schlachtreihe
nicht standhalten können.

42. Die Fußsoldaten wurden überall niedergehauen, wenn 1
sie nicht die Waffen wegwarfen und flohen. Die Reiterei aber
verließ das Schlachtfeld fast ohne Verluste. Der erste auf der

2 Flucht war der König selbst[74]. Schon jagte er von Pydna mit den Heiligen Alen seiner Reiter nach Pella. Unverzüglich
3 folgte ihnen Cotys und die Reiterei der Odrysen. Auch die übrigen Reiterscharen der Makedonen ritten in voller Ordnung davon; denn die Schlachtreihe der Fußsoldaten stand dazwischen, mit deren Niedermetzelung die Sieger beschäftigt waren, und ließ die römischen Reiter nicht an eine Verfolgung denken.

4 Lange wurde die Phalanx von vorne, von den Seiten und vom Rücken niedergehauen. Zuletzt flohen die, die den Händen der Feinde entronnen waren, waffenlos zum Meer. Einige liefen auch in das Wasser, breiteten die Hände zu denen aus, die auf der Flotte waren, und baten sie flehentlich um ihr
5 Leben. Und als sie sahen, daß Boote von allen Seiten von den Schiffen her auf sie zukamen, glaubten sie, sie kämen, um sie aufzunehmen und sie lieber gefangenzunehmen als zu töten, und gingen weiter ins Wasser, manche schwammen auch.
6 Aber als sie feindselig von den Booten aus erschlagen wurden, schwammen die, die es noch konnten, zurück und suchten das Land zu erreichen, gerieten dort aber in ein anderes, noch gräßlicheres Verderben. Denn die Elefanten wurden von ihren Führern zum Strand getrieben und traten sie nieder oder zerschmetterten sie, wenn sie aus dem Wasser kamen.

7 Es trifft zweifellos zu, daß von den Römern niemals in einer einzigen Schlacht so viele Makedonen getötet worden sind. Erschlagen wurden nämlich ungefähr 20000 Mann; ungefähr 6000, die vom Schlachtfeld nach Pydna geflohen waren, gerieten lebend in ihre Gewalt, und 5000 Mann wurden beim
8 Umherirren auf der Flucht gefangen. Von den Siegern fielen nicht mehr als 100, und von denen waren der weitaus größte Teil Päligner; verwundet wurden erheblich mehr.

9 Wenn man aber eher angefangen hätte zu kämpfen, so daß für den Sieger noch genug vom Tag übriggeblieben wäre,

wären alle Truppen vernichtet worden. Jetzt schützte die heraufziehende Nacht die Fliehenden und nahm den Römern die Lust zur Verfolgung in dem unbekannten Gelände.

Die Flucht des Perseus

43. Perseus floh auf einer Heerstraße mit einer großen Reiter- 1
schar und dem königlichen Gefolge zum Pierischen Wald.
Sobald man in den Wald kam, wo es mehrere Nebenwege 2
nach verschiedenen Richtungen gab, und die Nacht sich
näherte, verließ er mit sehr wenigen, die am treuesten waren,
die Straße. Die Reiter, die ohne Führer zurückgelassen waren, 3
machten sich zu ihren Gemeinden davon, die einen auf die-
sem, die andern auf jenem Weg. Ganz wenige gelangten von
dort schneller als Perseus selbst nach Pella, weil sie auf dem
geraden Weg ohne Hindernisse geritten waren. Der König 4
quälte sich auf dem Weg bis fast um Mitternacht, weil er
umherirrte und weil der Weg mannigfache Schwierigkeiten
machte.

In der Königsburg erschienen Eulaeus und Euctus, die in 5
Pella das Kommando hatten, und die Königsknappen vor
Perseus. Dagegen kam von seinen Freunden, von denen sich
jeder durch einen anderen Zufall aus dem Kampf gerettet
hatte und nach Pella gekommen war, keiner zu ihm, obwohl
sie oft gerufen wurden. Es waren nur drei Begleiter auf der 6
Flucht bei ihm, der Kreter Euander, der Böoter Neo und der
Ätoler Archidamus[75]. Mit ihnen flüchtete er um die vierte 7
Nachtwache, weil er bereits fürchtete, diejenigen, die sich
weigerten, zu ihm zu kommen, würden bald noch mehr
wagen. Es folgten ihm höchstens 500 Kreter. Er ritt nach 8
Amphipolis. Aber er war in der Nacht von Pella weggeritten
und beeilte sich, vor Tagesanbruch den Axius zu überschrei-

ten; denn er glaubte, dort würden die Römer mit der Verfolgung aufhören wegen der Schwierigkeit des Flußübergangs.

Die Sorge des Aemilius Paulus um seinen Sohn P. Scipio

1 44. Als der Konsul siegreich ins Lager zurückkehrte, quälte ihn die Sorge um seinen jüngeren Sohn, so daß er keine reine
2 Freude empfand. Es war P. Scipio, der später auch selbst nach der Zerstörung Karthagos den Beinamen Africanus erhielt, der leibliche Sohn des Konsuls Paulus, durch Adoption ein
3 Enkel des Africanus[76]. Er stand damals im 17. Jahr, ein Umstand, der die Sorge noch vergrößerte. Während er die Feinde weit umher verfolgte, hatte er sich im Getümmel nach einer anderen Richtung hin wegreißen lassen. Ganz spät kehrte er zurück; erst da, als er seinen Sohn unversehrt zurückerhalten hatte, fühlte der Konsul die Freude über diesen großen Sieg.

Die Ereignisse nach der Schlacht von Pydna

4 Die Kunde von der Schlacht war schon nach Amphipolis gelangt, und die Frauen strömten im Tempel der Diana, die sie Tauropolos nennen, zusammen und flehten um Hilfe. Diodorus, der das Kommando in der Stadt hatte, fürchtete, die Thraker, von denen 2000 Mann als Besatzung da waren, würden die Stadt bei dem Durcheinander plündern, und ließ sich daher mitten auf dem Markt von einem, den er zur Täuschung wie einen Briefboten ausgerüstet hatte, einen Brief
5 geben. Darin stand, die römische Flotte sei bei Emathia gelandet und das Land ringsum werde verwüstet; die Befehlshaber von Emathia bäten, er solle die Besatzung gegen

die Plünderer schicken. Als er den Brief gelesen hatte, forderte 6
er die Thraker auf, zum Schutz der Küste bei Emathia aufzubrechen. Sie würden viel Blut vergießen und große Beute machen, da die Römer überall in dem Gebiet umherstreiften.
Zugleich bagatellisierte er die Kunde von dem unglücklichen 7
Ausgang der Schlacht. Wenn das wahr wäre, wäre der eine nach dem anderen frisch von der Flucht aus gekommen.
Unter diesem Vorwand schickte er die Thraker weg, und 8
sobald er sah, daß sie den Strymon überschritten hatten, ließ er die Tore schließen.

45. Am zweiten Tag nach der Schlacht kam Perseus nach 1
Amphipolis. Von dort schickte er Unterhändler mit dem Heroldsstab zu Paulus. Unterdessen waren Hippias, Midon 2
und Pantauchus, die angesehensten unter den Freunden des Königs, von Beroea aus, wohin sie aus der Schlacht geflohen waren, selbst zum Konsul gegangen und ergaben sich den Römern. Auch andere, die von Furcht gepackt wurden, machten einer nach dem anderen Anstalten, dasselbe zu tun.

Der Konsul schickte als Siegesboten seinen Sohn Q. Fa- 3
bius, L. Lentulus und Q. Metellus mit einem Brief nach Rom und überließ den Fußsoldaten die Rüstungen des gefallenen Heeres der Feinde, den Reitern das umliegende Land zur 4
Beute, wenn sie nur nicht länger als zwei Nächte vom Lager wegblieben. Er selbst verlegte das Lager näher ans Meer bei Pydna.

Beroea ergab sich ihm zuerst, dann Thessalonice und Pella 5
und nacheinander fast ganz Makedonien innerhalb von zwei Tagen. Die Bewohner von Pydna, die am nächsten wohnten, 6
hatten noch keine Gesandten geschickt. Die ungeordnete Menge von mehreren Völkerschaften zugleich und der Haufen, der aus der Schlacht durch die Flucht an einer Stelle zusammengedrängt war, verhinderte eine Beratung und eine einmütige Entscheidung der Bürgerschaft; und die Stadttore

waren nicht nur geschlossen, sondern sogar verbarrikadiert.
7 Midon und Pantauchus wurden an die Mauern herangeschickt zu einer Unterredung mit Solon, der das Kommando über die Besatzung hatte. Durch ihn wurde der Soldatenhaufen hinausgeschickt. Die Stadt wurde übergeben und den Soldaten zur Plünderung überlassen.

8 Perseus versuchte nur noch, ob er Aussicht auf Hilfe von den Bisalten hatte. Aber er hatte seine Gesandten vergeblich zu ihnen geschickt. Dann trat er vor die Volksversammlung,
9 seinen Sohn Philipp an der Seite, und wollte die Bewohner von Amphipolis selbst und auch die Reiter und Fußsoldaten, die ihm entweder gefolgt oder die auf der Flucht auch dorthin verschlagen worden waren, anfeuern und ihnen wieder Mut
10 machen. Er setzte einige Male mit Reden an, aber Tränen hinderten ihn. Da teilte er dem Kreter Euander mit, was nach seinem Willen mit der Menge besprochen werden sollte, weil er selbst kein Wort hervorbringen konnte, und stieg von dem
11 heiligen Platz hinab. Die Menge hatte zwar beim Anblick des Königs und bei seinem großes Mitleid erweckenden Weinen auch selbst aufgeseufzt und Tränen vergossen, wollte aber Euanders Rede nicht hören. Einige wagten sogar, mitten aus der Volksversammlung ihm zuzurufen: «Geht weg von hier, damit nicht wir wenigen, die wir noch übrig sind, euretwegen
12 zugrunde gehen!» Ihre Dreistigkeit verschlug Euander die Sprache.

Der König begab sich von dort in sein Haus, ließ sein Geld und Gold und Silber auf Kutter bringen, die auf dem Strymon
13 lagen, und ging selbst zum Strymon hinab. Die Thraker wagten es nicht, sich den Schiffen anzuvertrauen, und verschwanden nach Hause, und so auch der andere Haufen Kriegsvolk. Die Kreter ließen sich von der Aussicht auf Gold bestimmen[77]. Und weil es beim Verteilen mehr Ärger als Dank gegeben hätte, ließ er für sie 50 Talente zum Plündern

am Ufer liegen. Als sie nach dieser Plünderung ohne Ordnung 14
die Schiffe bestiegen, brachten sie einen Kutter, weil er überfüllt war, in der Mündung des Flusses zum Sinken.

An diesem Tag gelangten sie nach Galepsus, am nächsten
nach Samothrake, wo sie hinwollten. Ungefähr 2000 Talente 15
sollen dort hingeschafft worden sein.

46. Paulus verteilte auf alle Gemeinden Makedoniens, die 1
sich ergeben hatten, Kommandanten, damit den Besiegten in dem neuen Frieden kein Unrecht geschehe, hielt die Unterhändler des Königs bei sich zurück und schickte ohne Wissen von der Flucht des Königs P. Nasica mit einer kleinen
Schar Fußsoldaten und Reiter nach Amphipolis. Er sollte 2
zugleich das Gebiet der Sinter verwüsten und alle Unternehmungen des Königs verhindern.

Währenddessen wurde Meliboea von Cn. Octavius ein- 3
genommen und geplündert. Bei Aeginium[78], das zu bestürmen der Legat Cn. Anicius geschickt worden war, verloren 200 Verteidiger bei einem Ausbruchsversuch aus der Stadt das Leben – die Bewohner von Aeginium wußten nämlich noch nicht, daß der Krieg entschieden war.

Der Konsul brach mit dem ganzen Heer von Pydna auf, 4
gelangte am anderen Tag nach Pella und schlug eine Meile vor der Stadt sein Lager auf. Dort hatte er einige Tage lang ein Standlager und schaute sich die Lage der Stadt von allen Seiten an. Dabei bemerkte er, daß sie nicht ohne Grund als
Königsstadt ausgewählt worden war. Sie liegt auf einem Hü- 5
gel, der sich nach Südwesten neigt. Sümpfe von unüberwindlicher Tiefe umgeben sie im Sommer und im Winter, sie
werden von Flüssen gebildet, die sich stauen. Die Burg 6
Phacus ragt in dem Sumpf, welcher der Stadt am nächsten ist, wie eine Insel auf und ist auf einer künstlichen Aufschüttung errichtet, einer gewaltigen Anlage, die auch die Mauer trägt und durch die Feuchtigkeit des sie umgebenden Sump-

7 fes nicht angegriffen wird. Von weitem scheint sie mit der Stadtmauer verbunden; sie ist aber davon getrennt durch einen Wassergraben zwischen den Mauern und zugleich durch eine Brücke mit ihr verbunden, so daß sie, wenn man sie von außen bestürmt, von keiner Seite einen Zugang bietet, und wenn der König dort einen einschließt, er keine Fluchtmöglichkeit hat außer über die Brücke, die sehr leicht zu bewachen ist.

8 Auch der Königsschatz befand sich an diesem Platz; aber jetzt wurde nichts außer den 300 Talenten gefunden, die an König Gentius geschickt, dann aber zurückgehalten worden waren.

9 An den Tagen, in denen das Standlager bei Pella war, wurden zahlreiche Gesandtschaften angehört, die gekommen waren, um Glück zu wünschen, vor allem aus Thessalien.
10 Als der Konsul dann die Nachricht bekam, Perseus sei nach Samothrake übergesetzt, brach er von Pella auf und gelangte
11 am vierten Tag nach Amphipolis. Die ganze Menge strömte ihm entgegen, und das war für jeden ein Zeichen, daß Paulus sie nicht eines guten und gerechten Königs beraubt hatte...

Auch das letzte Blatt des 44. Buches fehlt in der Handschrift; der Umfang des verlorenen Textes beträgt etwa 1½ Seiten dieses Formats. Zunächst war der Einzug des Konsuls in Amphipolis und sein Aufenthalt dort berichtet. Vielleicht hat Livius dabei auch von dem Himmelszeichen erzählt, das Plutarch mitteilt: «Als Aemilius ... in Amphipolis opferte und alles bereits für die heilige Handlung zubereitet war, fuhr ein Blitzstrahl auf den Altar nieder, entzündete das Opfer und half es vollbringen[79].»

Dann zog Aemilius Paulus mit seinem Heer weiter ins Gebiet der Odomanter und schlug bei Sirae[80] sein Lager auf.

FÜNFUNDVIERZIGSTES BUCH

Das Eintreffen der Siegesnachrichten aus Makedonien

1. Die Siegesboten Q. Fabius, L. Lentulus und Q. Metellus 1
beeilten sich aufs höchste und kamen schnell nach Rom; doch
sie mußten feststellen, daß die Freude über dieses Ereignis
schon vorher zum Ausbruch gekommen war. Als am dritten 2
Tag nach der Schlacht gegen den König Spiele im Circus
stattfanden[1], ging plötzlich ein Gemurmel durch die Reihen
der Zuschauer, in Makedonien habe eine Schlacht stattgefun-
den und der König sei vernichtend geschlagen worden; der 3
dumpfe Lärm schwoll dann an, zuletzt schrie alles und
klatschte in die Hände, als wenn eine sichere Siegesnachricht
eingetroffen wäre. Die Beamten wunderten sich und suchten 4
nach dem Urheber dieser plötzlichen Begeisterung. Als keiner
da war, schwand zwar die Freude, die sie im Glauben an eine
verbürgte Nachricht empfunden hatten, aber das glückver-
heißende Vorzeichen blieb fest in ihren Herzen. Als dieses 5
bei dem Eintreffen des Fabius, Lentulus und Metellus durch
wirkliche Nachrichten bestätigt wurde, freute man sich über
den Sieg selbst, aber auch über die Vorahnung im Herzen.

Auch noch ein anderer Freudenausbruch der Volksmenge 6
im Circus ist überliefert, der nicht weniger wahrscheinlich
ist. Am 16. September, dem zweiten Tag der Römerspiele,
als der Konsul C. Licinius auf die Tribüne stieg, um die Vier-
gespanne starten zu lassen, soll ein Briefbote, der sagte, er
komme aus Makedonien, ihm einen mit Lorbeeren geschmück-
ten Brief übergeben haben. Nach dem Start der Viergespanne 7
bestieg der Konsul seinen Wagen, und während er durch den

Circus zu seinem Ehrenplatz zurückfuhr, zeigte er dem Volk
8 den mit Lorbeeren geschmückten Brief. Als das Volk das sah,
dachte es sofort nicht mehr an das Wagenrennen und stürmte
hinab auf die Rennbahn.

Der Konsul berief dort den Senat ein, verlas den Brief und
verkündete dem Volk im Auftrag des Senates von seinem
Ehrenplatz aus, sein Amtsgenosse L. Aemilius habe in offener
9 Feldschlacht mit dem König Perseus gekämpft, das Heer der
Makedonen sei niedergehauen und zersprengt, der König
sei mit nur wenigen Begleitern geflohen; ganz Makedonien
sei unter die Herrschaft des römischen Volkes gekommen.
10 Auf diese Kunde hin erhob sich ein großes Geschrei, und das
Volk klatschte laut Beifall. Ein großer Teil der Menschen
verließ die Spiele und trug die frohe Kunde nach Hause zu
11 den Frauen und Kindern. Dies war der zwölfte Tag nach der
Schlacht in Makedonien.

1 2. Am nächsten Tag fand eine Senatssitzung im Senats-
gebäude statt; ein Dankfest wurde beschlossen und ein
Senatsbeschluß gefaßt, der Konsul solle diejenigen entlassen,
die den Fahneneid gemeinsam geleistet hätten[2] und die er
neben den Soldaten und Seesoldaten unter seinem Kommando
2 habe. Über die Entlassung der Soldaten und der Seesoldaten
solle beraten werden, wenn die Abgesandten des Konsuls
L. Aemilius, die den Briefboten vorausgeschickt hatten, ein-
getroffen wären.

3 Am 25. September um die zweite Stunde betraten die Ab-
gesandten die Stadt; überall, wo sie gingen, liefen ihnen die
Leute entgegen und gaben ihnen das Geleit; so schleppten
sie eine gewaltige Volksmenge mit sich und gelangten auf
das Forum.

4 Der Senat tagte gerade im Senatsgebäude; dorthin führte
der Konsul die Abgesandten. Sie mußten dort so lange blei-
ben, bis sie berichtet hatten, wie stark die Fußtruppen und

die Reiterei des Königs gewesen, wie viele tausend davon
erschlagen, wie viele in Gefangenschaft geraten seien, mit 5
wie geringen eigenen Verlusten dem Feind eine so schwere
Niederlage beigebracht worden und wie überstürzt der
König geflohen sei. Man glaube, er wolle nach Samothrake;
die Flotte liege zur Verfolgung bereit, er könne weder zu
Lande noch zu Wasser entkommen.

Kurz darauf führte man sie vor die Volksversammlung, 6
und sie berichteten dort genau dasselbe. Es kam wieder zu
Freudenausbrüchen, und der Konsul ordnete an, daß alle
Tempel geöffnet würden. Von der Volksversammlung aus
ging ein jeder, um den Göttern zu danken, und die Tempel 7
der unsterblichen Götter waren in der ganzen Stadt gefüllt
von einer ungeheuren Menge nicht nur von Männern, sondern auch von Frauen.

Der Senat wurde wieder ins Senatsgebäude berufen. Er 8
beschloß wegen der Ruhmestat des Konsuls L. Aemilius ein
fünftägiges Dankfest in allen Tempeln[3] und ordnete an, daß
voll ausgewachsene Opfertiere dargebracht würden. Die 9
Schiffe, die auf dem Tiber mit voller Ausrüstung bereitlagen,
um nach Makedonien auszulaufen, wenn die Lage es erforderte, sollten an Land gezogen und in die Werften gebracht
werden, die Seesoldaten sollten den Sold für ein Jahr erhalten 10
und dann entlassen werden und mit ihnen alle, die dem Konsul den Fahneneid geleistet hatten. Und was an Truppen in 11
Corcyra, Brundisium, am Adriatischen Meer oder im Gebiet
von Larinum lag – auf all diese Plätze war das Heer verteilt
worden, mit dem C. Licinius, wenn die Lage es erforderte,
seinem Amtsgenossen Hilfe bringen sollte –, all diese Soldaten
beschloß man zu entlassen. Das Dankfest wurde dem Volk 12
in der Volksversammlung angekündigt für fünf Tage, vom
26. September einschließlich an.

Siegesnachrichten aus Illyrien

1 3. Aus Illyrien berichteten zwei Abgesandte, C. Licinius
Nerva und P. Decius[4], das Heer der Illyrer sei vernichtet,
König Gentius sei gefangen und Illyrien befinde sich in der
2 Gewalt des römischen Volkes. Wegen dieser Taten, die unter
der Führung des Prätors L. Anicius vollbracht worden waren,
beschloß der Senat ein dreitägiges Dankfest; es wurde vom
Konsul für den 29., 30. und 31. Oktober festgesetzt.

Die Gesandtschaft von Rhodus im Senat

3 Einige haben überliefert[5], man habe die Abgesandten der
Rhodier, die noch nicht entlassen worden waren, nach dem
Eintreffen der Siegesnachricht in den Senat gerufen, um sie
4 wegen ihres dreisten Hochmuts zu verspotten. Dort habe
Agepolis, ihr Anführer, sich folgendermaßen geäußert: Die
Rhodier hätten die Gesandten geschickt, um einen Friedens-
schluß zwischen den Römern und Perseus zustande zu brin-
5 gen, weil dieser Krieg für ganz Griechenland eine schwere
Last und ein Mißgeschick sei, für die Römer selbst aber teuer
6 und verlustreich. Es sei gut, daß das Glück des römischen
Volkes ihnen Gelegenheit gegeben habe, nachdem der Krieg
auf eine andere Art zu Ende gegangen sei, den Römern zu
dem gewaltigen Sieg zu gratulieren. Dieses sei von den
Rhodiern vorgebracht worden.

Der Senat habe geantwortet, die Rhodier hätten diese Ge-
sandtschaft nicht geschickt wegen des Wohles der Griechen
und wegen der Unkosten des römischen Volkes, sondern um
7 König Perseus zu helfen. Denn wenn das, was sie fälschlich
angäben, der Grund gewesen wäre, hätten sie die Gesandten
schicken müssen, als Perseus mit seinem Heer in Thessalien

eingefallen war und zwei Jahre lang die Städte der Griechen teils belagerte, teils durch die Androhung von Kriegshand-
lungen in Schrecken versetzte. Damals hätten die Rhodier 8
keinen Friedensschluß vorgeschlagen. Erst als sie gehört hätten, die Pässe seien bezwungen, die Römer seien in Makedonien eingerückt und Perseus sei eingeschlossen, da hätten die Rhodier eine Gesandtschaft geschickt zu keinem anderen Zweck, als König Perseus der drohenden Gefahr zu entreißen. Mit dieser Antwort seien die Abgesandten entlassen worden.

Erfolge des M. Marcellus in Spanien

4. In diesen Tagen kehrte auch M. Marcellus aus Spanien 1
zurück. Er hatte die bedeutende Stadt Marcolica eingenommen und legte zehn Pfund Gold und Silber im Wert von 1 000 000 Sesterzen in die Staatskasse.

Die Gefangennahme des Königs Perseus

Der Konsul Aemilius Paulus hatte sein Lager, wie oben be- 2
richtet ist, in der Nähe von Sirae im Gebiet der Odomanter. Dorthin wurde ihm durch drei Boten von einfacher Herkunft ein Brief von König Perseus gebracht. Als er sah, daß diese Leute Trauerkleidung trugen und weinten, soll auch er selbst
geweint haben über das Menschenlos, daß ein Mann, der 3
noch vor kurzem – mit der Königsherrschaft über Makedonien nicht zufrieden – die Dardaner und Illyrer angegriffen und Hilfstruppen der Bastarnen herbeigerufen hatte, jetzt nach Verlust seines Heeres und seines Thrones auf eine kleine Insel gedrängt und als ein Schutzsuchender nur noch durch die Unverletzlichkeit des Heiligtums sicher sei, nicht mehr

4 durch eigene Kraft. Als er aber gelesen hatte: «König Perseus
entbietet dem Konsul Paulus seinen Gruß!», ließ die Torheit
dieses Mannes, der seine Lage nicht erkannte, jede Regung
5 des Mitleids verstummen. Daher wurde diese Gesandtschaft,
obwohl sonst in dem Brief Bitten in keineswegs königlichem
Ton standen, ohne Antwort und ohne Brief weggeschickt.

6 Perseus merkte, welchen Titel ein Besiegter aus dem Gedächtnis streichen müsse. Er schickte daher einen anderen
Brief, der in der Überschrift nur seinen Namen als Privatmann
trug, und bat und flehte darin, daß welche zu ihm geschickt
würden, mit denen er über seine Lage und seine Situation
7 sprechen könne. Drei Gesandte wurden geschickt: P. Lentulus, A. Postumius Albinus und A. Antonius. Diese Gesandtschaft konnte jedoch nichts erreichen, da Perseus sich
mit aller Gewalt an den Königstitel klammerte, Paulus aber
darauf bestand, daß er sich mit allem, was er hatte, dem
Schutz und der Milde des römischen Volkes anvertraue.

1 5. Während dieser Ereignisse landete die Flotte des Cn.
Octavius in Samothrake. Auch er versuchte den König, dem
die Anwesenheit der Kriegsschiffe einen neuen Schrecken
eingejagt hatte, zur Übergabe zu bewegen, indem er ihm
abwechselnd drohte und Hoffnung machte. Dabei half ihm
ein Umstand, der entweder durch Zufall herbeigeführt war
2 oder durch Überlegung. Als L. Atilius, ein angesehener junger Mann, bemerkte, daß das Volk der Samothraker eine
Volksversammlung abhielt, bat er ihre Beamten, ihm Gele-
3 genheit zu geben, kurz zum Volk zu sprechen. Es wurde ihm
gestattet, und er fragte sie: «Gastfreunde von Samothrake,
haben wir richtig gehört oder falsch, daß diese Insel heilig
4 ist und ihr ganzes Gebiet geweiht und unverletzlich?» Als
alle den Glauben an diese Unverletzlichkeit bestätigten, fuhr
er fort: «Warum hat dann ein Mörder sie befleckt, sie mit
dem Blut des Königs Eumenes entweiht? Jede Einleitungs-

formel zu einer Opferhandlung hält diejenigen, deren Hände
nicht rein sind, von der heiligen Handlung fern. Ihr dagegen
laßt euer Heiligtum durch einen blutbefleckten Räuber ent-
weihen!» Allen Städten Griechenlands war es bekannt, daß 5
dem Euander der Mordanschlag auf König Eumenes in Delphi
beinahe gelungen wäre. Die Samothraker sahen, daß sie 6
selbst, die ganze Insel und der Tempelbezirk in der Gewalt
der Römer waren; dazu waren sie auch der Meinung, dieser
Vorwurf werde nicht ganz zu Unrecht gegen sie erhoben.
Sie schickten daher den Theondas, der bei ihnen der höchste
Beamte war – sie selbst nennen ihn König – zu Perseus; er
sollte ihm mitteilen, Euander aus Kreta werde des Mordes
angeklagt. Es werde aber bei ihnen nach der Sitte der Ahnen 7
Gericht gehalten über die, von denen man sagte, daß sie mit
befleckten Händen den geweihten Bezirk des Tempels be-
treten hätten. Wenn Euander glaube, er werde unschuldig 8
dieses schweren Verbrechens angeklagt, solle er kommen, um
sich vor dem Gericht zu rechtfertigen; wenn er sich aber dem
Gericht nicht zu stellen wage, solle er das Heiligtum nicht
länger entweihen und für sich selbst Maßregeln ergreifen.

Perseus nahm den Euander beiseite und riet ihm, sich auf 9
keinen Fall dem Gericht zu stellen: er werde sowohl aufgrund
der Sachlage als auch aufgrund der allgemeinen Stimmung
den kürzeren ziehen. Dahinter steckte die Angst, jener werde
ihn als den Anstifter dieser ruchlosen Tat verraten, wenn er
erst einmal verurteilt sei. Was bleibe ihm übrig, als tapfer 10
zu sterben? Euander lehnte das nicht offen ab; er sagte viel-
mehr, er wolle lieber durch Gift als durch das Schwert ster-
ben, und bereitete dann heimlich seine Flucht vor. Als das
dem König gemeldet wurde, fürchtete er, den Zorn der Samo-
thraker auf sich zu ziehen, da es den Anschein hatte, als wenn
er den Angeklagten der Bestrafung entzogen hätte, und ließ
den Euander töten.

11 Er hatte diesen Mord aber vorschnell begangen; denn
plötzlich erkannte er, daß er die Blutschuld, die Euander ge-
tragen, jetzt zweifelsohne auf sich geladen hatte. Jener habe
dem Eumenes in Delphi eine Wunde beigebracht, er habe den
Euander in Samothrake ermordet. So seien die beiden größten
Heiligtümer auf Erden einzig durch seine Schuld mit Men-
12 schenblut befleckt. Einer Anklage wegen dieser Sache ent-
ging er dadurch, daß er den Theondas mit Geld bestach,
damit der dem Volk mitteilte, Euander habe sich selbst das
Leben genommen.

1 6. Dadurch, daß er eine so schreckliche Tat an dem treue-
sten Freund beging, der ihm geblieben war, an einem Mann,
der sich in so manchem Fall bewährt hatte und nun von ihm
verraten worden war, weil er ihn nicht hatte verraten wollen,
brachte er jedermann dazu, sich im Herzen von ihm loszu-
2 sagen. Ein jeder ging auf eigene Faust zu den Römern über;
sie ließen ihn fast allein zurück und zwangen ihn, einen
Fluchtplan zu fassen.

Er wandte sich schließlich an Oroandes aus Kreta, dem die
Küste Thrakiens bekannt war, weil er in dieser Gegend Han-
del getrieben hatte: er solle ihn an Bord seines Kutters neh-
3 men und zu Cotys bringen. Demetrium ist ein Hafen an einer
Landspitze Samothrakes; dort lag der Kutter. Kurz vor Son-
nenuntergang wurde das Nötigste ins Schiff geschafft; auch
Geld wurde an Bord gebracht, soviel man heimlich hinschaf-
4 fen konnte. Der König selbst schlich um Mitternacht mit drei
Männern, die in seinen Fluchtplan eingeweiht waren, durch
die Hintertür seines Hauses in einen Garten, der an sein
Schlafgemach grenzte, stieg dann mit Mühe über die Mauer
5 und gelangte ans Meer. Oroandes aber hatte nur so lange ge-
wartet, bis man das Geld an Bord geschafft hatte, war gleich
nach Einbruch der Dunkelheit abgefahren und befand sich
6 jetzt auf hoher See mit Kurs auf Kreta. Als sich das Schiff im

Hafen nicht finden ließ, streifte Perseus eine Zeitlang am Ufer
umher, bekam aber schließlich Angst vor dem nahenden Licht
des Tages; er wagte jedoch nicht, in sein Quartier zurückzu-
kehren, sondern versteckte sich an der Seitenwand des Tem-
pels in der Nähe eines dunklen Winkels.

Königsknappen wurden bei den Makedonen die Söhne der 7
Vornehmen genannt, die zum Dienst beim König ausgewählt
waren. Diese Schar folgte dem fliehenden König und wich
nicht einmal jetzt von ihm, bis auf Befehl des Cn. Octavius
durch einen Herold verkündet wurde, den Königsknappen 8
und den anderen Makedonen, die in Samothrake seien, werde
nichts geschehen, wenn sie zu den Römern überträten, sie
würden auch ihre Freiheit behalten und ihren Besitz, den sie
mitführten oder in Makedonien zurückgelassen hätten. Auf 9
diesen Aufruf hin traten alle über und meldeten sich bei dem
Kriegstribunen C. Postumius. Auch die kleinen Kinder des
Königs[6] übergab Ion aus Thessalonice dem Octavius[7], und bei
dem König blieb keiner außer Philipp, dem ältesten seiner
Söhne, zurück. Da ergab er sich mit seinem Sohn dem Octa- 10
vius und klagte dabei das Schicksal und die Götter an, in de-
ren Tempelbezirk er war, daß sie einem Schutzflehenden mit
ihrer Macht keine Hilfe gewährten.

Es wurde Befehl gegeben, ihn auf das Schiff des Prätors zu 11
bringen, und dorthin wurde auch das Geld geschafft, das noch
übrig war. Sofort segelte dann die Flotte nach Amphipolis
zurück. Von dort schickte Octavius den König ins Lager zum 12
Konsul und sandte einen Brief an diesen voraus, damit er
wisse, daß der König in seiner Gewalt sei und zu ihm geführt
werde.

7. Paulus hielt das für einen zweiten Sieg, was es auch war, 1
und brachte auf diese Nachricht hin Opfer dar. Er berief dann
einen Kriegsrat ein, und nachdem er den Brief des Prätors vor-
gelesen hatte, schickte er den Q. Aelius Tubero dem König

entgegen, die übrigen forderte er auf, möglichst vollzählig im Feldherrnzelt zu bleiben.

2 Kein anderes Mal ist zu irgendeinem Schauspiel eine so große Menge herbeigeströmt. In der Generation ihrer Väter war König Syphax als Gefangener ins römische Lager geführt worden[8]; abgesehen davon, daß er weder durch seinen eigenen Ruf noch durch den seines Volkes mit Perseus zu vergleichen war, war er nur eine Nebenfigur im Punischen Krieg ge-
3 wesen wie Gentius im Makedonischen Krieg. Perseus aber war die Hauptgestalt des Krieges, und nicht nur der Ruf seines Vaters und seines Großvaters[9] und der anderen, mit denen er verwandt war, machten ihn bedeutend, sondern es ging auch der Glanz Philipps und des großen Alexander von ihm aus, die den Makedonen die höchste Macht auf der Erde verschafft hatten.

4 In einem dunklen Mantel betrat Perseus mit seinem Sohn das Lager und hatte keinen anderen von den Seinen als Begleiter; daß nur sein Sohn sein Gefährte im Unglück war, machte den König noch bedauernswerter. Wegen des Gedränges der Menschen, die zu diesem Schauspiel strömten, konnte er nicht weiterkommen, bis vom Konsul Liktoren geschickt wurden, die Platz machten und ihm den Weg zum
5 Feldherrnzelt bahnten. Der Konsul erhob sich – den anderen aber hatte er den Befehl gegeben, sitzen zu bleiben –, ging dem eintretenden König etwas entgegen, streckte ihm die rechte Hand hin, und als er sich ihm zu Füßen warf, hob er ihn auf und duldete es nicht, daß er seine Knie umfaßte, führte ihn in das Zelt hinein und ließ ihn denen gegenüber Platz nehmen, die er zum Kriegsrat gerufen hatte.

1 8. Die erste Frage war, durch welches Unrecht er genötigt worden sei, einen Krieg mit so feindseliger Haltung gegen das römische Volk anzufangen, durch den er sich und sein Reich
2 in die äußerste Gefahr brachte. Als alle auf seine Antwort

warteten und er zu Boden blickte und lange schweigend
weinte, fuhr der Konsul fort: «Wenn du als ein junger Mann 3
den Thron bestiegen hättest, würde ich mich weniger darüber wundern, wenn du nicht gewußt hättest, wie schwer die Freundschaft und die Feindschaft mit dem römischen Volk
wiegt; jetzt aber, wo du an dem Krieg teilgenommen hast, 4
den dein Vater gegen uns geführt hat, und dich auch an den darauffolgenden Frieden erinnern kannst, den wir mit der größten Redlichkeit ihm gegenüber gehalten haben, was war das für ein Entschluß, daß du mit denen, deren Macht im Kriege und deren Redlichkeit im Frieden du erfahren hattest,
lieber Krieg als Frieden haben wolltest?» Als er weder auf die 5
Frage noch auf den Vorwurf antwortete, sprach der Konsul weiter: «Wie dies auch sei, mag es durch menschlichen Irrtum oder durch den Zufall oder durch die Notwendigkeit so gekommen sein, sei voll Zuversicht! Die Milde des römischen Volkes, die man beim Sturz vieler Könige und Völker erfahren hat, bietet dir nicht nur Hoffnung, sondern fast sichere Aus-
sicht auf Rettung.» Dies sagte er in griechischer Sprache zu 6
Perseus, auf lateinisch dann zu seinen Leuten: «Ihr seht hier ein eindrucksvolles Beispiel für die Unbeständigkeit des menschlichen Schicksals. Dies sage ich vor allem zu euch, die ihr noch jung seid. Es ziemt sich also, im Glück nicht übermütig und gewalttätig gegen jemand zu sein und nicht auf das Glück des Augenblicks zu vertrauen, da ungewiß ist, was
der Abend bringt. Der wird am Ende ein Mann sein, den das 7
Glück nicht übermütig macht und das Unglück nicht zerbricht.»

Dann wurde der Kriegsrat entlassen, und Q. Aelius erhielt 8
den Auftrag, für den König zu sorgen. An diesem Tag wurde Perseus zum Konsul eingeladen, und auch jede andere Ehre wurde ihm erwiesen, die ihm in einer solchen Situation erwiesen werden konnte.

Das Heer wurde darauf in die Winterquartiere geführt.
1 9. Der größte Teil der Truppen kam nach Amphipolis, der
Rest in die benachbarten Städte.

Das Ende des Makedonischen Reiches

2 Dies war das Ende des Krieges zwischen den Römern und
Perseus, in dem vier Jahre lang ohne Unterbrechung gekämpft
worden war, und auch das Ende eines Königreiches, das im
3 größten Teil Europas und in ganz Asien berühmt war. Von
Caranus an gezählt, der als erster dort König war, war Per-
seus der zwanzigste König[10]. Perseus bestieg während des
Konsulats von Q. Fulvius und L. Manlius den Thron, er
wurde vom Senat unter dem Konsulat von M. Junius und
A. Manlius als König anerkannt. Er regierte elf Jahre.

4 Das Volk der Makedonen war ganz unbekannt bis zu Phil-
ipp, dem Sohn des Amyntas. Es begann sich dann durch ihn
auszudehnen, hielt sich jedoch noch in den Grenzen Europas
und umfaßte ganz Griechenland und einen Teil Thrakiens
5 und Illyriens. Dann trat es über die Ufer und ergoß sich über
Asien, und in den 13 Jahren, in denen Alexander regierte,
brachte er zunächst das ganze Perserreich in seiner fast un-
6 ermeßlichen Ausdehnung unter seine Herrschaft; dann zog er
durch Arabien und Indien, wo der Indische Ozean das äußerste
7 Ende der Welt umgibt. Damals war das Reich der Makedo-
nen das größte auf der Erde, und auch ihr Ruhm war es. Beim
Tod Alexanders zerfiel es dann in viele Königreiche dadurch,
daß jeder Macht an sich riß. Nachdem die Macht durch die
Aufteilung zerbrochen war, dauerte es vom höchsten Gipfel
seines Glücks bis zum endgültigen Ende nur 150 Jahre.

C. Popilius und C. Decimius in Rhodus

10. Sobald die Nachricht von dem römischen Sieg nach Asien 1
gelangt war, segelte Antenor, der mit einer Flotte von Kut-
tern bei Phanae lag, von dort nach Cassandrea. C. Popilius 2
lag in Delus, um die Schiffe, die nach Makedonien fuhren, zu
schützen. Nachdem er gehört hatte, daß der Krieg in Make-
donien beendet war[11] und daß die Kutter der Feinde ihre Po-
sition verlassen hatten, entließ er die Schiffe des Attalus[12] und
fuhr selbst nach Ägypten weiter, um den übernommenen 3
Auftrag zu Ende zu führen und um den Antiochus noch zu
treffen, bevor dieser vor die Mauern Alexandrias gelangt war.
Als die Gesandten an der Küste Asiens entlangsegelten und 4
nach Loryma kamen, einem Hafen, der etwas mehr als 20 Mei-
len von Rhodus entfernt ist und der Stadt selbst gegenüber-
liegt, wandten sich führende Männer aus Rhodus an sie – 5
denn auch nach dort war die Kunde von dem Sieg schon ge-
langt – und baten sie, nach Rhodus zu kommen. Es sei für den
Ruf und die Existenz ihrer Insel von Bedeutung, daß sie alles
erführen, was in Rhodus geschehen sei und was dort ge-
schehe, und daß sie nicht allgemeine Gerüchte, sondern das
Ergebnis ihrer genauen Erkundigungen nach Rom berichte-
ten. Obwohl die römischen Gesandten sich lange weigerten, 6
ließen sie sich schließlich doch dazu bewegen, für das Wohl der
verbündeten Stadt den kleinen Umweg in Kauf zu nehmen.
Als sie nach Rhodus gekommen waren, schleppten dieselben
Männer sie durch ihre Bitten auch vor die Volksversamm-
lung. Die Ankunft der Gesandten vergrößerte eher die Furcht 7
der Bürgerschaft, als daß sie sie verringerte; denn Popilius
brachte alles wieder vor, was einzelne und die Gesamtheit in
diesem Kriege Feindseliges gesagt oder getan hatten, und der 8
von Natur aus schroffe Mann steigerte die Schrecklichkeit
dessen, was da von ihm vorgebracht wurde, noch durch seine

9 grimmige Miene und seinen anklagenden Ton. Da er keinen
Anlaß zu persönlicher Feindschaft gegen ihre Bürgerschaft
hatte, konnten sie sich also aus dem strengen Auftreten die-
ses einen römischen Senators ein Bild davon machen, wie die
Stimmung des ganzen Senates ihnen gegenüber war.

10 Die Rede des C. Decimius war maßvoller. Er sagte, bei dem
meisten von dem, was Popilius erwähnt habe, liege die Schuld
nicht beim Volk, sondern bei wenigen, die die Masse aufge-
11 wiegelt hätten. Diese hätten eine käufliche Zunge, sie hätten
die Beschlüsse voll Schmeichelei gegenüber dem König zu-
stande gebracht und hätten die Gesandtschaften geschickt,
worüber die Rhodier allezeit nicht weniger Scham als Reue
empfinden müßten. Das alles werde, wenn das Volk vernünf-
tig wäre, auf die Häupter der Schuldigen fallen.

12 Man hörte ihm mit großem Beifall zu, nicht nur darum, weil
er die Masse von der Schuld entlastete, sondern auch, weil er
13 den Verantwortlichen die Schuld gegeben hatte. Als die füh-
renden Männer der Rhodier den Römern antworteten, wur-
den deshalb die Worte derer, die, so gut es ging, abzuschwä-
chen versuchten, was Popilius ihnen vorgeworfen hatte, kei-
neswegs so gerne gehört wie die Worte derjenigen, die dem
Decimius darin zustimmten, die Verantwortlichen müßten
14 für ihre Schuld bestraft werden. Infolgedessen wurde auf der
Stelle ein Beschluß gefaßt, daß jeder, der überführt würde,
etwas für König Perseus gegen die Römer gesagt oder getan
zu haben, zum Tode verurteilt werden sollte. Unmittelbar vor
der Ankunft der Römer waren einige aus der Stadt geflohen,
andere nahmen sich das Leben.

15 Die Gesandten blieben nicht länger als fünf Tage in Rhodus
und fuhren dann nach Alexandria. Darum hielten die Rhodier
aber nicht weniger eifrig Gericht aufgrund des Beschlusses,
der in Anwesenheit der Gesandten gefaßt worden war. Diese
Beharrlichkeit im Durchführen der Sache war in gleicher

Weise auf das sanfte Auftreten des Decimius wie auf das rauhe des Popilius zurückzuführen.

Der Krieg zwischen Syrien und Ägypten und das Eingreifen des C. Popilius

11. Während dieser Ereignisse hatte Antiochus vergeblich die 1
Mauern von Alexandria bestürmt und schließlich die Belagerung aufgehoben. Das übrige Ägypten aber hatte er in seine Gewalt gebracht. Er ließ den älteren Ptolemaeus in Memphis zurück, dem er angeblich mit seinen Streitkräften zur Herrschaft verhelfen wollte – er hatte aber vor, den Sieger dann bald anzugreifen –, und führte sein Heer nach Syrien zurück.

Ptolemaeus durchschaute jedoch seinen Plan. Er glaubte, 2
solange sein jüngerer Bruder die Schrecken der Belagerung noch nicht vergessen habe, gebe es für ihn eine Möglichkeit, in Alexandria wieder aufgenommen zu werden, wenn seine Schwester ihm helfen und die Freunde seines Bruders keinen
Widerstand leisten würden; er schickte daher zuerst zu seiner 3
Schwester, dann zu seinem Bruder und dessen Freunden unaufhörlich Unterhändler, bis er mit ihnen wieder Frieden geschlossen hatte. Antiochus hatte dadurch seinen Verdacht er- 4
regt, daß er ihm zwar das übrige Ägypten übergeben, aber in
Pelusium eine starke Besatzung zurückgelassen hatte. Es war 5
offenkundig, daß er diese Schlüsselstellung behielt, um sein Heer, wenn er wollte, wieder nach Ägypten führen zu können. Ein Krieg im Innern mit seinem Bruder würde so ausgehen, daß der Sieger vom Kampf geschwächt und dem
Antiochus keinesfalls mehr gewachsen wäre. Als diese klugen 6
Wahrnehmungen des älteren Bruders dem jüngeren und seiner Umgebung vorgetragen wurden, gaben sie ihm recht. Die Schwester förderte das sehr, nicht nur durch ihren Rat, son-

7 dern auch durch ihre Bitten. So wurde mit allgemeiner Zustimmung der Friede geschlossen und er wieder in Alexandria aufgenommen; auch die breite Masse des Volkes war nicht dagegen, die im Kriege nicht nur während der Belagerung, sondern auch nach ihrer Aufhebung an allen Dingen Mangel gelitten hatte, weil aus Ägypten nichts herangeschafft wurde.

8 Antiochus hätte sich eigentlich darüber freuen müssen, wenn er mit seinem Heer nach Ägypten gezogen wäre, um ihn nach Alexandria zurückzuführen – diesen prächtigen Vorwand hatte er bei allen Staaten Asiens und Griechenlands gebraucht, wenn er deren Gesandtschaften empfing und wenn er ihnen Briefe schickte. Aber er war so aufgebracht, daß er die Vorbereitungen zum Krieg gegen die beiden mit viel größerer Leidenschaft und Feindseligkeit traf als zuvor gegen
9 den einen. Seine Flotte schickte er sofort nach Zypern[13]. Er selbst brach bei Beginn des Frühlings mit seinem Heer nach
10 Ägypten auf und rückte nach Coelesyrien vor. In der Nähe von Rhinocolura sprachen ihm Gesandte des Ptolemaeus seinen Dank dafür aus, daß er mit seiner Hilfe den Thron seines Vaters wiedererlangt habe, und baten ihn, er solle das, was er verliehen habe, schützen und lieber sagen, was geschehen solle, als aus einem Bundesgenossen zum Feind zu werden und
11 Waffengewalt zu gebrauchen. Sie erhielten zur Antwort, er werde nur dann seine Flotte zurückrufen und sein Heer zurückführen, wenn ihm ganz Zypern und Pelusium samt dem Gebiet an der Nilmündung bei Pelusium überlassen werde. Und er setzte einen Tag fest, bis zu dem er die Antwort erhalten wollte, daß seine Bedingungen erfüllt seien.

1 12. Nachdem die Frist des Waffenstillstands abgelaufen war, rückte er selbst durch die Arabische Wüste vor, während seine Flottenbefehlshaber vor der Nilmündung bei Pelusium
2 kreuzten. Von den Bewohnern des Gebietes um Memphis und von den übrigen Ägyptern wurde er teils aus freiem Willen,

teils aus Furcht aufgenommen. Er zog dann langsam in das
Gebiet von Alexandria. Bei Eleusis, ungefähr vier Meilen von 3
Alexandria entfernt, überschritt er den Fluß; da traten ihm die
römischen Gesandten entgegen. Als diese herankamen und er 4
sie gegrüßt hatte und dem Popilius die rechte Hand entgegen-
streckte, übergab der ihm das Schreiben, das den Senatsbe-
schluß enthielt, und trug ihm auf, zuallererst dieses zu lesen.
Als er es durchgelesen hatte und sagte, er wolle seine Freunde 5
hinzuziehen und mit ihnen beraten, was er tun solle, zog Po-
pilius – entsprechend der auch sonst gezeigten Schroffheit
seines Wesens – mit dem Stock, den er in der Hand hielt, einen
Kreis um den König und sagte: «Bevor du aus diesem Kreis
heraustrittst, gib mir Antwort, was ich dem Senat berichten
soll!» Infolge dieses so barschen Befehls stand der König eine 6
Zeitlang wie betäubt da; dann sagte er: «Ich werde tun, was
der Senat für gut hält.» Da erst gab Popilius dem König die
Hand wie einem Bundesgenossen und Freund.

Als Antiochus dann zum festgesetzten Termin Ägypten ge- 7
räumt hatte, fuhren die Gesandten, die inzwischen durch
ihren Einfluß auch noch die Eintracht unter den Brüdern ge-
festigt hatten, zwischen denen der Friede kaum erst zustande
gebracht worden war, nach Zypern und schickten die Flotte
des Antiochus weg, die in einer Seeschlacht schon die ägyp-
tischen Schiffe geschlagen hatte.

Diese Gesandtschaft wurde berühmt unter den Völkern, 8
weil zweifellos dem Antiochus Ägypten, das er schon in der
Hand hatte, abgenommen und dem Geschlecht des Ptolemaeus
der Thron seiner Väter zurückgegeben worden war.

Die Amtsführung des Konsuls C. Licinius und der Prätoren

9 Wie das Konsulat des einen Konsuls dieses Jahres berühmt war
durch seinen glänzenden Sieg, so war das des anderen ruhm-
los, da er keine Gelegenheit hatte, eine Tat zu vollbringen.
10 Zuerst betrat er schon, als er für die Legionen den Termin
zum Sammeln festsetzte, den geweihten Ort, ohne daß die
Auspicien abgehalten worden wären. Die Auguren entschie-
den, als ihnen die Frage vorgelegt wurde, der Termin sei nicht
11 nach der Vorschrift verkündet worden. Er brach dann nach
Gallien auf und hatte ein Standlager im Gebiet von Macri
Campi bei den Bergen Sicimina und Papinus; dann überwin-
terte er in demselben Gebiet mit den Bundesgenossen und
12 Latinern; die römischen Legionen waren, weil dem Heer der
Tag zum Sammeln nicht nach der Vorschrift angesagt worden
war, in Rom geblieben.

13 Die Prätoren gingen in ihre Provinzen außer C. Papirius
Carbo, dem Sardinien zugefallen war; der Senat hatte be-
schlossen, daß er in Rom zwischen Bürgern und Fremden
Recht sprechen solle, denn auch dieses Amt war auf ihn ge-
fallen[14].

Verschiedene Gesandtschaften im römischen Senat

1 13. Popilius und die Gesandtschaft, die zu Antiochus geschickt
worden war, kehrte nach Rom zurück; er berichtete, daß
der Streit zwischen den Königen geschlichtet und das Heer aus
Ägypten nach Syrien zurückgeführt sei.

2 Später kamen die Gesandten der Könige selbst. Die Ge-
sandten des Antiochus sagten, ihrem König sei der Friede, den
der Senat hätte haben wollen, wichtiger erschienen als jeder
Sieg, und er habe dem Befehl der römischen Gesandten genau-
3 so wie einem Befehl der Götter gehorcht. Dann wünschten sie

Glück zu dem Sieg, den zu erringen ihr König mit seiner
Macht geholfen hätte, wenn er einen derartigen Befehl erhalten hätte.

Die Gesandten des Ptolemaeus bedankten sich im Namen 4
des Königs und der Cleopatra gemeinsam[15]. Mehr als ihren 5
Eltern, ja mehr als den unsterblichen Göttern verdankten sie
dem Senat und Volk von Rom, durch die sie von der furchtbaren Belagerung befreit worden seien und den fast schon verlorenen Thron ihrer Väter wiedererlangt hätten.

Der Senat gab zur Antwort, Antiochus habe, indem er den 6
Gesandten gehorcht hätte, richtig und nach Gebühr gehandelt, und das sei dem Senat und dem Volk von Rom lieb.
Wenn die Römer dem Ptolemaeus und der Cleopatra, dem 7
König und der Königin von Ägypten, etwas Nutzen und Vorteil verschafft hätten, so freue das den Senat sehr, und er werde sich bemühen, daß sie immer der Meinung seien, der beste Schutz ihrer Herrschaft liege in dem treuen Beistand des römischen Volkes. Der Prätor C. Papirius erhielt den Auftrag, den 8
Gesandten dem Brauch gemäß Geschenke zustellen zu lassen.

Aus Makedonien traf dann noch ein Brief ein, der die Freude 9
über den Sieg verdoppelte: König Perseus sei in die Hand des Konsuls gefallen.

Nachdem die Gesandten der Könige entlassen waren, 10
wurde von den Gesandten von Luna und von Pisae ein Streit vorgetragen: die von Pisae beklagten sich darüber, daß sie von römischen Siedlern aus ihrem Gebiet verdrängt würden; die von Luna versicherten, das Gebiet, um das es gehe, sei ihnen
von der Dreierkommission zugewiesen worden. Der Senat 11
schickte fünf Männer, die die Grenzstreitigkeiten untersuchen und eine Entscheidung treffen sollten: Q. Fabius Buteo, P. Cornelius Blasio, T. Sempronius Musca, L. Naevius Balbus und C. Apulejus Saturninus.

Von den Brüdern Eumenes, Attalus und Athenaeus kam 12

eine gemeinsame Gesandtschaft, um zu dem Sieg Glück zu wünschen.

Dem Masgaba, dem Sohn des Königs Masinissa, der in
Puteoli sein Schiff verlassen hatte, war der Quästor L. Man-
lius zu Diensten, der ihm mit Geld entgegengeschickt worden
13 war und ihn auf Staatskosten nach Rom bringen sollte. Als er
ankam, durfte er sofort in den Senat kommen. Dort sprach der
junge Mann so, daß er die Taten, die an sich schon dankens-
wert waren, durch seine Worte noch dankenswerter machte.
Er erwähnte, wie viele Fußsoldaten und Reiter, wie viele
Elefanten und wieviel Getreide sein Vater in diesen vier Jah-
14 ren nach Makedonien geschickt hatte. Zwei Dinge hätten die-
sem die Schamröte ins Gesicht getrieben: zunächst, daß der
Senat ihn um das, was zum Krieg nötig war, durch Gesandte
gebeten und es nicht befohlen hätte, und dann, daß er ihm
15 Geld für das Getreide geschickt hätte. Masinissa erinnere sich
daran, daß das römische Volk ihm sein Reich verschafft und
es vergrößert und vervielfacht habe. Er sei zufrieden mit der
Nutznießung der Herrschaft und wisse, daß das Eigentums-
16 recht bei denen liege, die es verliehen hätten. Es gehöre sich
daher, daß sie von ihm nähmen und ihn nicht bäten, und daß
sie nicht von den Früchten des Landes das kauften, was sie
nötig hätten, sondern daß sie alles als ihr Eigentum betrach-
teten, was dort wüchse. Für Masinissa sei jetzt und für alle
17 Zukunft das genug, was das römische Volk nicht brauche. Mit
diesen Aufträgen sei er von seinem Vater aufgebrochen; es
seien ihm aber später Reiter gefolgt, die ihm meldeten, Make-
donien sei geschlagen, und ihm den Auftrag gaben, dem Senat
Glück zu wünschen und ihm mitzuteilen, sein Vater freue sich
über dieses Ereignis so sehr, daß er nach Rom kommen und
dem Jupiter Optimus Maximus auf dem Kapitol opfern und
Dank sagen wolle. Wenn das nicht lästig sei, bitte er den Se-
nat darum, daß es ihm erlaubt werde.

14. Dem Prinzen wurde geantwortet, sein Vater Masinissa handle so, wie es zu einem dankbaren und wohlgesinnten Mann passe, wenn er einer Wohltat, die man ihm schuldig gewesen sei, einen solchen Wert beilege und darin eine Ehrung sehe. Das römische Volk habe von ihm im Punischen Krieg tapfere und treue Hilfe erfahren, und er habe seine Herrschaft durch die Gunst des römischen Volkes antreten können; dies halte sich die Waage. Später habe er in Kriegen gegen drei Könige[16] immer wieder alle seine Pflichten erfüllt. Daß ein König, der sein und seines Reiches Schicksal unlöslich mit dem des römischen Volkes verknüpft habe, sich über den Sieg des römischen Volkes freue, sei nicht verwunderlich. Den Göttern solle er für diesen Sieg in seiner Heimat Dank sagen; in Rom solle sein Sohn es an seiner Statt tun. Es genüge auch, wenn er in seinem und seines Vaters Namen Glück gewünscht habe. Der Senat meine, wenn er selbst sein Königreich verlasse und aus Afrika weggehe, so liege das nicht im Interesse des römischen Staates[17], davon abgesehen, daß es ihm selbst keinen Nutzen bringe.

Als Masgaba bat, daß Hanno, der Sohn Hamilkars, als Geisel anstelle von ...[18] gefordert werde, erhielt er die Antwort, es scheine nicht recht, wenn der Senat von den Karthagern nach dem Ermessen Masinissas Geiseln fordere.

Der Quästor erhielt den Auftrag, für den Fürsten auf Senatsbeschluß Geschenke für 100 Pfund Silber zu kaufen, ihm nach Puteoli das Geleit zu geben, alle Kosten zu tragen, solange er in Italien sei, und zwei Schiffe zu mieten, auf denen er selbst und seine Begleiter nach Afrika fahren konnten; allen seinen Begleitern, Freien wie Sklaven, wurden Kleidungsstücke geschenkt.

Nicht so lange danach traf ein Brief ein, Misagenes, der zweite Sohn des Masinissa, sei nach dem Sieg über Perseus von L. Aemilius mit seinen Reitern nach Afrika entlassen

worden; auf der Überfahrt aber sei seine Flotte im Adriatischen Meer zerstreut und er selbst mit drei Schiffen krank
9 nach Brundisium verschlagen worden. Mit gleichen Geschenken, wie sie sein Bruder in Rom erhalten hatte, wurde der Quästor L. Stertinius nach Brundisium zu ihm geschickt; er hatte den Auftrag, dafür zu sorgen, daß ein Haus als Quartier …

Hier fehlt ein Blatt der Handschrift (ca. 1½ Seiten dieses Formats).

Der Quästor sollte dafür sorgen, daß Misagenes ein gutes Quartier und gute Pflege bekam und für alle Kosten für den Prinz und sein Gefolge aufkommen. Auch sollte er ihm Schiffe für die Rückfahrt nach Afrika besorgen. Jeder einzelne der numidischen Reiter erhielt ein Pfund Silber und 500 Sesterzen. – Misagenes erlag trotz aller Fürsorge in Brundisium seiner Krankheit[19].

Die Wahl der Beamten

Zu Konsuln wurden Q. Aelius Paetus und M. Junius Pennus gewählt, zu Prätoren Q. Cassius, M'. Juventius Talna, Tib. Claudius Nero, Cn. Fulvius, C. Licinius Nerva und A. Manlius Torquatus[20].

Maßnahmen der Zensoren C. Claudius Pulcher und Tib. Sempronius Gracchus

Am Ende ihrer Amtszeit führten die Zensoren C. Claudius Pulcher und Tib. Sempronius Gracchus das feierliche Reinigungsopfer für die ganze Bürgerschaft durch. Bei der Volkszählung dieses Jahres wurden 312805 römische Bürger gezählt[21].

Im Anschluß daran ist berichtet, wie die beiden Zensoren die staatsrechtliche Stellung der Freigelassenen regelten. Gracchus scheint vorgeschlagen zu haben, ihre Rechte radikal zu beschneiden. Der über-

*lieferte Text setzt ein mit der Darstellung der rechtlichen Situation,
die die Freigelassenen infolge der Maßnahmen der früheren Zensoren
hatten.*

15. ... Die Freigelassenen waren auf die vier städtischen Tri- 1
bus verteilt außer denen, die einen Sohn hatten, der älter war
als fünf Jahre, und denen, die ein Grundstück oder Landbesitz 2
im Wert von mehr als 30000 Sesterzen hatten; jenen befahlen
sie, sich dort schätzen zu lassen, wo sie beim letzten Mal ge-
schätzt worden waren ...[22] erhielten das Recht, sich ...[22] schät-
zen zu lassen. Da man sich daran gehalten hatte, sagte Clau- 3
dius, das Stimmrecht könne ein Zensor ohne Volksbeschluß
keinem Menschen entziehen, erst recht nicht einer ganzen
Klasse. Denn wenn er aus einer Tribus ausschließen könne, 4
was nichts anderes sei, als in eine andere Tribus zu versetzen,
so könne er darum nicht von allen 35 Tribus ausschließen,
das heißt des Bürgerrechts und der Freiheit berauben, und
nicht nur festsetzen, wo einer geschätzt werden solle, sondern
ihn von der Schätzung überhaupt ausschließen. Hierüber 5
stritten sie sich. Schließlich einigte man sich dahin, von den
vier städtischen Tribus eine in aller Öffentlichkeit im Heilig-
tum der Libertas durchs Los zu bestimmen, in die alle kom-
men sollten, die Sklave gewesen waren[23]. Das Los fiel auf die 6
Esquilinische Tribus. Tib. Gracchus verkündete, es sei be-
schlossen, daß in ihr alle Freigelassenen geschätzt würden.

Diese Angelegenheit brachte den Zensoren beim Senat 7
große Ehre ein. Er sprach sowohl dem Sempronius seinen
Dank aus, weil er in einer guten Sache fest geblieben war, als
auch dem Claudius, weil er keinen Einspruch erhoben hatte.

Aus dem Senat und dem Ritterstand wurden mehr ausge- 8
stoßen als von früheren Zensoren. Genau dieselben wurden
von beiden aus ihrer Tribus ausgestoßen[24] und zu Ärariern
gemacht[25]. Und bei keinem wurde der Verweis, den der eine
Zensor ausgesprochen hatte, von dem anderen aufgehoben.

9 Als sie baten, ihnen dem Brauch gemäß die Zeit von einem Jahr und sechs Monaten zur Beaufsichtigung der Ausbesserungs- und Neubauarbeiten und für die Abnahme der Arbeiten, die sie vergeben hatten, zu verlängern, erhob der Tribun Cn. Tremellius Einspruch, weil er nicht in den Senat aufgenommen worden war.

Ereignisse im religiösen Bereich

10 Im selben Jahr weihte C. Cicerejus den Tempel der Moneta auf dem Albaner Berg, fünf Jahre, nachdem er ihn gelobt hatte. In sein Amt als Flamen des Mars wurde in diesem Jahr L. Postumius Albinus eingeführt[26].

Die Verteilung der Amtsbereiche

1 16. Die Konsuln Q. Aelius und M. Junius setzten die Verteilung der Provinzen auf die Tagesordnung, und der Senat beschloß, aus Spanien, das während des Makedonischen Krieges nur eine Provinz gewesen war, sollten wieder zwei Provinzen
2 werden. Makedonien und Illyrien sollten dieselben Männer, L. Paulus und L. Anicius, behalten, bis sie nach dem Vorschlag von Abgesandten die infolge des Krieges verworrenen Verhältnisse geordnet und diesen Staaten statt der bisherigen monarchischen eine andere Verfassung gegeben hätten.

3 Den Konsuln wurden Pisae und Gallien zugewiesen mit je zwei Legionen von 5200 Fußsoldaten und 400 Reitern. Von den Prätoren erhielten durchs Los Q. Cassius die städtische Prätur, M'. Juventius Talna die Rechtsprechung für Prozesse mit Ausländern, Tib. Claudius Nero Sizilien, Cn. Fulvius das Diesseitige und C. Licinius Nerva das Jenseitige Spanien.

A. Manlius Torquatus hatte Sardinien erhalten; aber er 4
konnte nicht in seine Provinz gehen, da er vom Senat zurückgehalten wurde, um schwere Verbrechen zu untersuchen.

Behandlung religiöser Fragen im Senat

Dann wurde der Senat wegen der gemeldeten Zeichen vom 5
Himmel befragt. Der Tempel der Penaten auf der Velia war vom Blitz getroffen worden und in der Stadt Minervium zwei Tore und ein bedeutendes Stück der Mauer. In Anagnia hatte es Erde geregnet, und in Lanuvium war ein Komet am Himmel gesehen worden. In Calatia, einem Gebiet, das Staatsland war, meldete der römische Bürger M. Valerius, aus seinem
Herd sei drei Tage und zwei Nächte lang Blut geflossen. Vor 6
allem deswegen wurden die Dezemvirn beauftragt, die Sibyllinischen Bücher zu Rate zu ziehen; sie ordneten für das Volk einen eintägigen Bittgang an und opferten fünfzig Ziegen auf dem Forum. Wegen der anderen Zeichen vom Himmel fand an einem weiteren Tag ein Bittgang zu allen Tempeln statt, und es wurden voll ausgewachsene Opfertiere dargebracht, und die Stadt wurde entsühnt.

Der Senat beschloß weiterhin zur Ehre der unsterblichen 7
Götter, da die Feinde überwunden und die Könige Perseus und Gentius mit Makedonien und Illyrien in der Gewalt des
römischen Volkes seien, sollten die Prätoren Q. Cassius und 8
M'. Juventius dafür sorgen, daß den Göttern genauso viele Geschenke dargebracht wurden, wie unter dem Konsulat von App. Claudius und M. Sempronius wegen des Sieges über König Antiochus in allen Tempeln dargebracht worden waren[27].

Anordnungen des Senates über Makedonien und Illyrien

1 17. Sie bestimmten darauf die Abgesandten, nach deren Vor-
schlag die Feldherrn L. Paulus und L. Anicius die Verhält-
nisse ordnen sollten, zehn für Makedonien und fünf für Illy-
2 rien. Die für Makedonien wurden zuerst benannt: A. Postu-
mius Luscus und C. Claudius, die beide schon Zensor gewe-
sen waren, Q. Fabius Labeo, Q. Marcius Philippus und
C. Licinius Crassus, der zusammen mit Paulus Konsul gewe-
sen war und jetzt unter Verlängerung seines Kommandos
3 Gallien als Provinz hatte; zu diesen Männern, die alle Konsuln
gewesen waren, kamen noch Cn. Domitius Ahenobarbus,
Ser. Cornelius Sulla, L. Junius, T. Numisius Tarquiniensis
4 und A. Terentius Varro. Für Illyrien aber wurden folgende
benannt: P. Aelius Ligus, ein ehemaliger Konsul, C. Cicerejus
und Cn. Baebius Tamphilus – dieser war im letzten Jahre,
Cicerejus schon vor vielen Jahren Prätor gewesen –, P. Teren-
tius Tuscivicanus und P. Manilius.

5 Die Konsuln wurden darauf von den Senatoren ermahnt, da
ja einer von ihnen die Nachfolge des C. Licinius in Gallien
antreten müsse, der als Abgesandter benannt worden war,
sollten sie sich so schnell wie möglich über ihre Provinzen
einigen oder das Los entscheiden lassen; sie taten das letztere.
6 M. Junius erhielt Pisae, Q. Aelius Gallien. M. Junius sollte,
bevor er in seine Provinz ging, noch die Gesandtschaften in
den Senat führen, die von überallher nach Rom gekommen
waren, um Glück zu wünschen.

7 Obwohl solche Männer geschickt wurden, daß man hoffen
konnte, auf ihren Rat hin würden die Feldherrn nichts be-
schließen, was der Milde und der Größe des römischen Vol-
kes unwürdig sei, wurden im Senat doch die Grundzüge be-
sprochen, so daß alles schon einmal durchdacht war, was die
Abgesandten aus der Heimat den Feldherrn überbrachten.

18. Zuallererst wurde festgesetzt, die Makedonen und die Illyrer sollten frei sein, damit allen Völkern klar werde, daß die Waffen des römischen Volkes nicht freien Völkern die Knechtschaft, sondern im Gegenteil denen, die in Unfreiheit lebten, die Freiheit brächten. Die Völker, die in Freiheit leb- 1 2
ten, sollten überzeugt sein, daß ihre Freiheit unter dem Schutz des römischen Volkes sicher sei und dauern werde; die aber, die von Königen regiert würden, daß ihre Könige für den Augenblick mit Rücksicht auf das römische Volk milder und gerechter regierten und daß, wenn ihre Könige einmal Krieg mit dem römischen Volk hätten, das Ende dieses Krieges den Römern den Sieg, ihnen aber die Freiheit bringen werde.

Auch sollte die Verpachtung der makedonischen Bergwerke, 3
weil die Pachtsumme ungeheuer groß war, und die der Landgüter nicht weiter erfolgen, denn sie könne nicht ohne Staats- 4
pächter durchgeführt werden, und wo ein Staatspächter sei, dort sei entweder das Recht des Staates ein leerer Begriff oder die Bundesgenossen besäßen keine Freiheit. Aber auch Make- 5
donen könnten die Pachtsumme nicht eintreiben; wo den Verwaltern die Beute leicht zugänglich sei, dort werde es niemals an Anlaß zu Zerwürfnissen und Streit fehlen[28].

Schließlich sollte Makedonien in vier Bezirke aufgeteilt 6-7
werden, von denen jeder seinen eigenen Landtag haben sollte, damit nicht, wenn das Volk einen gemeinsamen Landtag hätte, ein frecher Demagoge einmal die Freiheit, die ihnen in gesundem Maß gegeben worden sei, in verderbliche Willkür ausarten lasse.

Und es wurde beschlossen, die Hälfte der Steuern, die sie ihren Königen zu entrichten pflegten, sollten sie dem römischen Volk bezahlen.

Ähnliche Aufträge wurden auch für Illyrien erteilt. Das 8
übrige wurde den Feldherrn und den Abgesandten überlas-

sen, denen die Beschäftigung mit den Dingen an Ort und Stelle bestimmtere Beschlüsse eingeben würde.

Attalus in Rom

1 19. Unter den vielen Gesandtschaften von Königen, Völker-
schaften und Völkern lenkte Attalus, der Bruder des Königs
Eumenes, ganz besonders die Aufmerksamkeit aller auf sich.
2 Er wurde nämlich von denen, die zusammen mit ihm an die-
sem Krieg teilgenommen hatten, viel freundlicher aufgenom-
men, als wenn der König Eumenes selbst gekommen wäre.
3 Nach Rom geführt hatten ihn zwei auf den ersten Blick hin
ehrenhafte Anlässe, einmal ein Glückwunsch, wie er sich bei
einem solchen Sieg gehörte, zu dem er selbst beigetragen hatte,
dann eine Klage über den Angriff der Gallier und die erlittene
Niederlage, durch die das Königreich in Gefahr geraten
4 war[29]. Dahinter steckte aber auch eine geheime Hoffnung auf
Ehrungen und Belohnungen vom Senat, die ihm kaum zuteil
werden konnten, ohne daß er seine Pflicht als Bruder verletzte.
Es gab nämlich auch einige Römer, die ihm keine guten Rat-
geber waren und seinen Ehrgeiz weckten, indem sie ihm Hoff-
5 nung machten: in Rom habe man von Attalus und Eumenes
die Meinung, daß der eine ein zuverlässiger Freund der Rö-
mer, der andere aber als Bundesgenosse weder den Römern
6 noch dem Perseus treu gewesen sei. Deshalb könne man kaum
entscheiden, ob das, was er für sich, oder das, was er gegen
seinen Bruder erbitten werde, vom Senat leichter zu erhalten
sei. So sehr schrieben alle ihm alles Gute zu und stritten es
7 jenem ab. Attalus gehörte, wie sich herausstellte, zu den Men-
schen, die bekommen wollen, was die Hoffnung verspricht,
wenn nicht die kluge Ermahnung eines einzigen Freundes sei-
nem im Glück übermütigen Geist sozusagen Zügel angelegt

hätte. Bei ihm befand sich der Arzt Stratius, den Eumenes, der 8
voller Sorge war, zu dem Zweck nach Rom geschickt hatte,
daß er beobachte, was sein Bruder dort treibe, und daß er ihn
getreulich ermahne, wenn er sehe, daß er ihm untreu werde.
Als er zu ihm kam und fand, daß man ihm schon in den Ohren 9
gelegen und sein Gemüt heftig erregt hatte, wandte er sich
mit passenden Worten an ihn und brachte die Sache, die sich
schon fast zu weit entwickelt hatte, wieder in Ordnung, in-
dem er sagte, die einen Königreiche seien durch diese, die
anderen durch jene Mittel groß geworden; ihr Reich sei jung, 10
nicht auf alte Macht gegründet, und beruhe auf der Eintracht
zwischen den Brüdern[30], weil zwar nur einer den Königsnamen
führe und das Diadem trage, aber alle Brüder die Königs-
herrschaft ausübten. Wen gebe es denn, der den Attalus, der 11
den Lebensjahren nach der nächste sei, nicht für einen König
halte? Und das nicht nur darum, weil man sehe, daß er jetzt
schon so große Macht besitze, sondern weil er in Kürze König
sein werde; denn Eumenes sei krank und alt und habe keinen
Nachkommen – er hatte nämlich noch nicht den als Sohn
anerkannt, der später König wurde[31]. Sei es da zweckmäßig, 12
wegen etwas, das ihm doch bald von selbst zufallen werde,
Gewalt anzuwenden? Als ein neues Unwetter sei nun auch
noch der Angriff der Gallier über das Königreich hereingebro-
chen, den man kaum abwehren könne, wenn Einigkeit und
Eintracht unter den Königen herrschten; wenn aber zu dem 13
Krieg gegen den Feind von außen noch ein innerer Zwist hin-
zukomme, könne man sich nicht mehr behaupten. Er werde
dann nichts anderes tun, als, um seinen Bruder nicht im Besitz
der Herrschaft sterben zu lassen, sich selbst der nahen Aus-
sicht auf die Königsherrschaft zu berauben. Wenn beides 14
rühmlich wäre, sowohl seinem Bruder die Herrschaft zu retten,
wie auch sie ihm zu entreißen, so würde doch das Lob wegen
der Rettung des Reiches größer sein, weil darin auch die Er-

füllung seiner Pflicht liege. Da aber das andere eine verab-
scheuenswerte Tat sei und an Brudermord grenze, wie könne
15 er da beim Überlegen noch schwanken? Wolle er denn einen
Teil der Herrschaft anstreben oder wolle er sie ihm ganz ent-
reißen? Wenn er einen Teil wolle, würden sie beide durch die
Aufspaltung ihrer Kräfte geschwächt und offenkundig allen
Gewalttätigkeiten ausgesetzt sein. Wenn er aber das Ganze
wolle, werde er folglich dann seinen älteren Bruder als Privat-
mann leben lassen oder ihn trotz seines Alters und seines
schlechten Gesundheitszustandes in die Verbannung schicken
16 oder ihm am Ende das Leben nehmen? Von dem in der Tra-
gödie dargestellten Ende der Brüder, die ihre Bruderpflicht
vergessen hätten[32], wolle er schweigen; ihm komme das Ende
des Perseus vortrefflich vor, der das Diadem, das er nach der
Ermordung seines Bruders an sich gerissen hatte, im Heilig-
tum von Samothrake ablegen mußte, zu den Füßen seines
siegreichen Gegners niedergestreckt, als wenn die Götter
selbst gegenwärtig gewesen wären und die Strafe vollzogen
17 hätten. Gerade die Leute, die ihn aufhetzten – nicht aus
Freundschaft zu ihm, sondern aus Feindschaft gegen Eumenes
–, würden sein Pflichtgefühl und seine Festigkeit loben, wenn
er sich seinem Bruder bis zuletzt als treu erweisen werde.

1 20. Diese Worte gaben bei Attalus den Ausschlag. Als er in
den Senat geführt wurde, sprach er daher seinen Glückwunsch
zu dem Siege aus. Dann berichtete er von seinen Verdiensten
in diesem Kriege und von denen seines Bruders, wenn es wel-
che waren, und von dem Abfall der Gallier, zu dem es vor
2 kurzem in einem furchtbaren Aufruhr gekommen war. Und
er bat, der Senat möge Gesandte zu ihnen schicken, auf deren
Geheiß sie die Waffen niederlegen sollten. Nachdem er sich
dieser Aufträge im Interesse seines Reiches entledigt hatte,
3 bat er für sich um Aenus und Maronea[33]. Dann verließ er das
Senatsgebäude, und diejenigen, die geglaubt hatten, er werde

seinen Bruder anklagen und um eine Teilung des Reiches bitten, waren so in ihrer Hoffnung getäuscht worden.

Nur selten ist sonst ein König oder Privatmann mit so großen Gunstbezeigungen und so großem allgemeinem Beifall angehört worden; mit allen möglichen Ehren und Geschenken wurde er in der Zeit seiner Anwesenheit ausgezeichnet, und als er wegging, gab man ihm das Geleit.

Die Gesandtschaft von Rhodus

Unter den vielen Gesandtschaften aus Asien und Griechen- 4
land zog vor allem die Gesandtschaft der Rhodier die Auf-
merksamkeit der Bürgerschaft auf sich. Man hatte sie nämlich 5
zuerst in weißen Gewändern gesehen, wie es sich gehörte für
Leute, die einen Glückwunsch aussprechen wollten; wenn sie
Trauerkleidung getragen hätten, hätte es den Eindruck er-
wecken können, als ob sie über das Schicksal des Perseus
trauerten. Nachdem der Senat vom Konsul M. Junius befragt 6
worden war, wobei die Gesandtschaft vor dem Senatsgebäude
stehen mußte, ob man ihnen Quartier und Bewirtung gewäh-
ren und sie vor den Senat lassen solle, und man beschlossen
hatte, man wolle ihnen kein Gastrecht gewähren, trat der 7
Konsul aus dem Senatsgebäude. Als die Rhodier sagten, sie
seien gekommen, um wegen des Sieges Glück zu wünschen
und um sich zu rechtfertigen wegen der Vorwürfe gegen ihren
Staat, und baten, man möge sie vor den Senat lassen, verkün- 8
dete er ihnen, die Römer pflegten sich gegen Bundesgenossen
und Freunde im allgemeinen gefällig und gastlich zu zeigen
und sie auch vor den Senat zu lassen; die Rhodier aber ver-
dienten es aufgrund ihrer Haltung in diesem Kriege nicht, daß
man sie als Freunde und Bundesgenossen betrachte. Als sie 9
das hörten, warfen sich alle zu Boden und baten den Konsul

und alle Anwesenden, sie sollten es doch nicht für recht hal-
ten, daß neue und falsche Beschuldigungen den Rhodiern
mehr schadeten, als die alten Verdienste ihnen nützten, deren
Zeugen sie selbst seien. Sogleich legten sie Trauerkleidung an
und gingen in den Häusern der führenden Männer reihum
und trugen ihnen unter Anrufungen und Tränen ihre Bitte
vor, sie möchten die Angelegenheit doch untersuchen, ehe sie
sie verurteilten.

1 21. Der Prätor M'. Juventius Talna, in dessen Hand die
Rechtsprechung zwischen Bürgern und Ausländern lag, hetzte
2 das Volk gegen die Rhodier auf und hatte durch öffentlichen
Anschlag den Gesetzesvorschlag eingebracht, den Rhodiern
solle der Krieg erklärt werden und aus dem Kreis der Beamten
dieses Jahres solle man einen auswählen, der dieses Unterneh-
men mit der Flotte durchführen solle; dabei hatte er die Hoff-
nung, daß er selbst das sein werde.

3 Diesem Antrag traten die Volkstribunen M. Antonius und
4 M. Pomponius entgegen. Aber der Prätor hatte die Sache auf
eine neue Art angefangen und ein schlechtes Beispiel gegeben,
weil er, ohne vorher die Entscheidung des Senates eingeholt
und ohne den Konsuln Mitteilung gemacht zu haben, nach
eigenem Gutdünken dem Volk die Frage vorlegte, ob es wolle
5 und anordne, daß den Rhodiern der Krieg erklärt werde; vor-
her war dagegen, wenn es um einen Krieg ging, immer zuerst
der Senat befragt und dann erst nach dem Gutachten des Se-
6 nates der Antrag vor das Volk gebracht worden. Auch die
Volkstribunen setzten sich über das Herkommen hinweg;
denn es war Sitte, daß ein Volkstribun gegen ein Gesetz erst
Einspruch erhob, nachdem Privatleuten Gelegenheit gegeben
worden war, für und gegen das Gesetz zu sprechen; infolge-
dessen war es oft dahin gekommen, daß Tribunen, die nicht
angekündigt hatten, daß sie Einspruch erheben wollten, doch
Einspruch erhoben, nachdem sie aus den Reden der Männer,

die von dem Gesetz abrieten, die Fehler des Gesetzes erkannt
hatten; und andererseits hatten Tribunen, die gekommen wa- 7
ren, um Einspruch zu erheben, sich den Argumenten der Be-
fürworter des Gesetzes gebeugt und von ihrem Einspruch ab-
gesehen. Damals wetteiferten der Prätor und die Tribunen
darin, alles zur Unzeit zu tun. Dadurch, daß sie vor der Zeit 8
Einspruch erhoben, *ahmten* die Tribunen das übereilte Han-
deln des Prätors *nach; bei ihrem Einspruch gebrauchten sie den Vor-
wand, die Entscheidung solle* bis zur Ankunft des Feldherrn *ver-
tagt werden.*

Hier fehlt wieder ein Blatt der Handschrift (ca. 1½ Seiten dieses Formats).

Da der Prätor dem Einspruch der Tribunen nicht nachgab, zerrte Antonius ihn schließlich von der Rednertribüne und verschaffte den Rhodiern Gelegenheit, im Senat zu sprechen[34].

Die Rhodier betraten den Senat in Trauergewändern und mit Ölbaumzweigen in den Händen. Bei ihrem Eintritt warfen sie sich zu Boden und weinten[35]. *Als man sie dann aufforderte, sich zu erheben und ihr Anliegen vorzutragen, ergriff Astymedes das Wort*[36]. *Von seiner Rede fehlt der Anfang. Er beklagte die Situation der Rhodier, deren Schuld die Römer schon als erwiesen ansähen, noch ehe sie ihren Fall richtig untersucht hätten.*

22. ... ist. Ob wir uns vergangen haben, ist bis jetzt um- 1
stritten. Alle Art von Strafe und Schande müssen wir aber
schon ertragen. Früher, als wir nach dem Sieg über die Kar-
thager, über Philipp und Antiochus nach Rom kamen, zogen
wir aus einem vom Senat angewiesenen Quartier in das Se-
natsgebäude, um euch, Senatoren, Glück zu wünschen, und
dann aus dem Senatsgebäude aufs Kapitol und brachten euren
Göttern Geschenke dar; jetzt kommen wir Rhodier aus einer 2
schmutzigen Herberge, in die man uns kaum für Geld aufge-
nommen hat, und nachdem man uns fast, wie es bei Feinden
geschieht, befohlen hätte, außerhalb der Stadt zu bleiben, in

diesem Trauergewand in das Senatsgebäude von Rom, wir,
die ihr erst vor kurzem mit den Provinzen Lykien und Karien
3 beschenkt, die ihr aufs reichste belohnt und geehrt habt. Ihr
habt, wie wir gehört haben, angeordnet, daß die Makedonen
und Illyrer frei seien, die in Unfreiheit lebten, bevor sie mit
4 euch Krieg führten – wir beneiden niemand um sein Schicksal,
vielmehr erkennen wir darin die Milde des römischen Volkes.
Wollt ihr die Rhodier, die in diesem Krieg nichts anderes ge-
tan haben, als daß sie neutral geblieben sind, aus Bundesgenos-
5 sen zu Feinden machen? Ihr seid doch gewiß dieselben Römer,
die darauf hinweisen, daß ihre Kriege darum gut ausgehen,
weil sie gerecht sind; und ihr rühmt euch weniger des sieg-
reichen Ausgangs dieser Kriege als ihrer Anfänge, daß ihr sie
6 nämlich niemals ohne Grund auf euch nehmt. Die Karthager
habt ihr als Feinde behandelt, weil sie Messana in Sizilien an-
griffen, und Philipp, weil er Athen angriff und Griechenland
zu unterwerfen versuchte und weil er Hannibal mit Geld und
7 Hilfstruppen unterstützte. Antiochus kam selbst aus freiem
Willen, von den Ätolern, euren Feinden, herbeigerufen, mit
seiner Flotte aus Asien nach Griechenland; nachdem er De-
metrias und Chalcis und den Paß bei den Thermopylen be-
setzt hatte, versuchte er, euch aus dem Besitz der Herrschaft
8 zu verdrängen. Daß Perseus eure Bundesgenossen angriff und
daß er Fürsten und führende Männer von Völkerschaften und
Völkern umbrachte, war für euch der Grund zum Krieg gegen
9 ihn. Was werdet ihr schließlich als Grund für unser Unglück
angeben, wenn wir untergehen sollen? Ich trenne die Sache
unseres Staates noch nicht von Polyaratus und Dinon, unse-
ren Mitbürgern, und denen, die wir mitgebracht haben, um
sie euch auszuliefern. Wenn wir Rhodier alle in gleicher Weise
schuldig wären, was wäre dann unsere Schuld in diesem
10 Kriege? Wir haben zur Partei des Perseus gehalten, und wie
wir im Kriege gegen Antiochus und gegen Philipp auf eurer

Seite gegen die Könige gestanden haben, so haben wir jetzt
auf der Seite des Königs gegen euch gestanden. Wie wir unse- 11
ren Bundesgenossen zu helfen und wie eifrig wir den Krieg zu
führen pflegen, danach fragt den C. Livius und den L. Aemi-
lius Regillus, die das Kommando über eure Flotten in Asien
hatten. Niemals haben eure Schiffe ohne uns gekämpft. Wir 12
haben mit unserer Flotte einmal bei Samus gekämpft[37], dann
vor Pamphylien gegen den Feldherrn Hannibal[38]. Dieser Sieg 13
ist für uns besonders rühmlich; denn obwohl wir in der un-
günstig verlaufenen Schlacht bei Samus einen großen Teil
unserer Flotte und die Blüte unserer Jugend verloren hatten,
haben wir uns nicht einmal durch diese schwere Niederlage
abschrecken lassen und es wiederum gewagt, der Flotte des
Königs, die aus Syrien kam, uns entgegenzustellen. Dies habe 14
ich berichtet, nicht um zu prahlen – denn dazu ist unsere
jetzige Lage nicht geschaffen –, sondern um euch daran zu
erinnern, wie die Rhodier ihren Bundesgenossen beizustehen
pflegen.

23. Nach dem Sieg über Philipp und über Antiochus haben 1
wir von euch sehr reiche Belohnungen erhalten[39]. Wenn Per-
seus das Glück gehabt hätte, das ihr jetzt durch die Güte der
Götter und eure Tapferkeit habt, und wir zu dem siegreichen
König nach Makedonien gekommen wären, um Belohnungen
zu erbitten, was würden wir dann sagen? Daß er von uns mit 2
Geld oder Getreide unterstützt worden sei? Mit Hilfstruppen
zu Lande oder zu Wasser? Welche Stellung wir für ihn besetzt
gehalten hätten? Wo wir unter seinen Führern oder auf eigene
Faust gekämpft hätten? Wenn er uns fragen würde, wo unser 3
Landheer, wo unsere Schiffe innerhalb seiner Stellungen ge-
wesen seien, was würden wir dann antworten? Wir würden
uns dann bei dem Sieger vielleicht verteidigen müssen, wie
wir es jetzt bei euch tun. Das haben wir nämlich dadurch er- 4
reicht, daß wir zu beiden Parteien Gesandte wegen des Frie-

dens schickten, daß wir bei keiner der beiden Parteien Dank
ernteten, sondern daß wir von der einen sogar eine Anklage
5 hören müssen und uns der Prozeß gemacht wird. Perseus
würde uns indessen mit Recht vorhalten, was ihr, Senatoren,
nicht könnt, daß wir am Anfang des Krieges zu euch Gesandte
geschickt haben, die euch versprechen sollten, was zum Kriege
nötig sei, und daß wir mit unseren Schiffen, unseren Waffen
und unserer jungen Mannschaft wie in früheren Kriegen zu
6 allem bereit seien. Daß wir das nicht erfüllten, lag an euch, da
ihr – aus welchem Grund auch immer – unsere Hilfe damals
verschmäht habt. Wir haben uns also in keiner Weise wie
Feinde gegen euch benommen, haben die Pflicht guter Bun-
desgenossen nicht versäumt, sondern sind von euch gehindert
worden, sie zu erfüllen.

7 ‹Wie? Ist in eurem Staat, ihr Rhodier, nichts getan oder ge-
sagt worden, was ihr ungeschehen machen möchtet und wo-
durch das römische Volk sich mit Recht verletzt fühlen
könnte?›

Ich will hier jetzt nicht verteidigen, was geschehen ist – so
wahnsinnig bin ich nicht –, sondern die Sache unseres Staates
8 von der Schuld einzelner trennen. Es gibt keinen Staat, der
nicht zuweilen schlechte Bürger und immer eine unerfahrene
9 Menge hat. Ich habe gehört, daß es auch bei euch Leute ge-
geben hat, die mit Schmeichelei gegenüber der breiten Masse
zu Werke gingen, und daß die Plebs einmal von euch weg-
10 gezogen ist und der Staat nicht mehr in eurer Hand war. Wenn
das in diesem Staat mit so guter Tradition geschehen konnte,
kann sich dann einer wundern, daß es bei uns welche gegeben
hat, die die Freundschaft des Königs suchten und unsere ein-
fachen Leute durch ihre Pläne verdarben? Diese konnten je-
doch nicht mehr erreichen, als daß wir in unserer Pflicht-
11 erfüllung säumig wurden. Ich will nicht übergehen, was die
schwerste Schuld unseres Staates in diesem Kriege gewesen

ist: daß wir gleichzeitig zu euch und auch zu Perseus Gesandte wegen des Friedens geschickt haben. Diesen unseligen Plan hat, wie wir später gehört haben, ein wahnsinniger Unterhändler zur größten Torheit gemacht, der, wie feststeht, 12
so gesprochen hat, als wenn der römische Gesandte C. Popilius spräche, den ihr geschickt habt, um die Könige Antiochus und Ptolemaeus dahin zu bringen, daß sie mit dem Kriege aufhörten. Aber mag man dies nun Überheblichkeit oder Dumm- 13
heit nennen, dasselbe, was bei euch geschah, ist auch bei Perseus geschehen.

Die Sitten der Völker sind wie die einzelner Menschen: die 14
einen sind jähzornig, andere waghalsig, manche furchtsam, andere mehr dem Wein und dem Liebesgenuß ergeben. Man 15
sagt, daß das Volk der Athener übereilt handle und waghalsig sei über das Maß seiner Kräfte hinaus, das Volk der Spartaner dagegen zum Zögern neige und kaum das anfange, was es sich zutraue[40]. Ich will nicht abstreiten, daß das ganze Gebiet von 16
Asien Leute hervorbringt, die viele Worte machen, und daß die Art, wie unsere Leute reden, recht geschwollen ist, weil wir unter den Nachbarstaaten herauszuragen glauben – dies aber nicht so sehr aufgrund unserer eigenen Kräfte als aufgrund eurer Ehrungen und Entscheidungen. Gewiß ist doch 17
jene Gesandtschaft auch schon damals gleich auf der Stelle hart genug gestraft worden, als sie mit einer so strengen Antwort von euch entlassen wurde. Wenn wir damals noch nicht genug Schmach erlitten haben, so wäre doch bestimmt diese beklagenswerte, demütig bittende Gesandtschaft hier eine ausreichende Sühne sogar für eine noch unverschämtere Gesandtschaft, als es jene gewesen ist. Überheblichkeit, vor 18
allem in Worten, hassen die Zornigen, die Klugen lachen darüber, besonders wenn es die Unverschämtheit eines Schwachen gegenüber einem Stärkeren ist; noch niemals hat jemand geglaubt, daß sie mit dem Tode bestraft werden müsse. Denn 19

die Gefahr bestand freilich, daß die Rhodier die Römer verachteten. Manche fahren sogar die unsterblichen Götter mit sehr ungestümen Worten an, und doch haben wir noch nicht gehört, daß einer deswegen vom Blitz getroffen worden wäre.

1 24. Was bleibt uns übrig, wofür wir uns entschuldigen müßten, wenn wir überhaupt nichts Feindseliges unternommen haben und die recht geschwollenen Worte des Gesandten zwar die Ohren kränken, aber nicht die Vernichtung eines
2 Volkes heraufbeschwören können. Ich höre, daß sozusagen der Streitwert unserer stillschweigenden Zuneigung in den Gesprächen unter euch, Senatoren, abgeschätzt wird: daß wir zum König gehalten und lieber gewollt haben, daß er siegte, deshalb glauben die einen, daß gegen uns Krieg geführt wer-
3 den muß; die anderen von euch meinen, wir hätten dies zwar gewollt, aber deshalb brauche kein Krieg gegen uns geführt zu werden. Bei keinem Volk gebe es eine Tradition oder eine gesetzliche Anordnung, daß einer, wenn er will, daß sein Feind umkomme, aber nichts tut, damit das eintritt, zum
4 Tode verurteilt wird. Diesen, die uns von der Strafe, nicht aber von der Schuld freisprechen, sind wir zwar dankbar. Wir selbst aber stellen dieses Gesetz für uns auf: Wenn wir alle gewollt haben, was uns vorgeworfen wird – wir unterscheiden den Willen nicht von der Tat –, trifft uns alle die
5 Strafe. Wenn von unseren führenden Männern die einen zu euch, die anderen zum König gehalten haben, fordere ich nicht, daß wegen uns, die zu eurer Partei gehört haben, diejenigen, die zum König gehalten haben, straffrei bleiben. Nur darum bitte ich, daß wir nicht um jener willen zugrunde
6 gehen müssen. Ihr seid gegen jene nicht feindlicher eingestellt, als unsere Bürgerschaft es ist. Und weil sie das wußten, sind die meisten von ihnen entweder geflohen oder haben sich das Leben genommen; andere sind von uns verurteilt und
7 werden in eurer Gewalt sein, Senatoren. Wir übrigen Rhodier

haben in diesem Krieg ebensowenig Dank wie Strafe verdient.
Die Menge unserer früheren Wohltaten möge das, was wir an
unserer Pflicht in diesem Krieg versäumt haben, aufwiegen.
Mit drei Königen habt ihr in diesen Jahren Krieg geführt. Uns 8
möge nicht mehr schaden, daß wir in einem Krieg säumig ge-
wesen sind, als es uns nützt, daß wir in zwei Kriegen für euch
gekämpft haben. Laßt Philipp, Antiochus und Perseus wie 9
drei Stimmen gelten; zwei sprechen uns frei, eine ist unent-
schieden. Auch wenn sie schwerer wöge, wären wir, wenn
jene über uns zu entscheiden hätten, verurteilt worden. Ihr,
Senatoren, trefft die Entscheidung, ob Rhodus weiter auf der
Erde bestehen oder ob es ganz und gar zerstört werden soll.
Denn ihr entscheidet nicht über einen Krieg, Senatoren, den 10
ihr uns zwar ins Land tragen, den ihr aber nicht führen könnt,
weil niemand von den Rhodiern Waffen gegen euch tragen
wird. Wenn ihr bei eurem Zorn beharrt, werden wir euch um 11
Zeit bitten, um diese unheilvolle Nachricht nach Hause zu
bringen. Wir Freien, was an Männern und Frauen in Rhodus
ist, werden mit allem Geld unsere Schiffe besteigen und unse- 12
ren Staat und unsere Häuser mit ihren Schutzgöttern verlas-
sen und nach Rom kommen und alles Gold und Silber, was
dem Staat und was einzelnen gehört, auf dem Comitium, dem
Vorplatz eures Senatsgebäudes, aufhäufen und werden uns
selbst, unsere Frauen und Kinder eurer Gewalt ausliefern, um
hier zu erdulden, was erduldet werden muß. Fern von unseren 13
Augen möge unsere Stadt geplündert und in Brand gesteckt
werden. Die Römer können die Rhodier zu Feinden erklären, 14
aber nicht dazu machen. Wir haben nämlich auch noch eine
gewisse Entscheidungsfreiheit, wonach wir uns niemals zu
euren Feinden erklären und nichts Feindseliges unternehmen
werden, auch wenn wir das Äußerste erdulden müßten.»

25. Nach dieser Rede warfen sich alle wieder zu Boden, 1
baten um Gnade und schwenkten ihre Ölbaumzweige.

Schließlich forderte man sie auf, sich zu erheben, und sie verließen das Senatsgebäude.

2 Dann begann die Diskussion. Die schärfsten Feinde der Rhodier waren die, die als Konsuln oder Prätoren oder als Legaten in Makedonien Krieg geführt hatten. Für sie trat am meisten M. Porcius Cato ein, der sonst von rauhem Wesen war, sich aber bei dieser Gelegenheit als ein sanfter und milder
3 Senator zeigte. Ich will hier nicht eine Nachbildung des Originals einfügen, indem ich mit vielen Worten wiedergebe, was er gesagt hat. Die Aufzeichnung seiner Rede ist ja noch vorhanden und steht im fünften Buch der «Origines».

4 Die Rhodier erhielten den Bescheid, daß sie weder Feinde würden noch Bundesgenossen blieben. Philocrates und Asty-
5 medes waren die Führer der Gesandtschaft. Man beschloß, daß der eine Teil der Gesandtschaft mit Philocrates in Rhodus Bericht erstatten, der andere Teil mit Astymedes in Rom zurückbleiben solle, um in Erfahrung zu bringen, was unternommen
6 werde, und ihre Landsleute davon in Kenntnis zu setzen. Für den Augenblick ordneten sie an, die Befehlshaber aus Lykien und Karien bis zu einem bestimmten Termin abzuberufen[41].

Obwohl diese Nachrichten an sich traurig waren, weckten sie, als sie in Rhodus eintrafen, Freude, weil die Furcht vor einem größeren Übel von ihnen genommen war; sie hatten
7 nämlich einen Krieg befürchtet. Sie beschlossen daher sofort die Herstellung eines Kranzes für 20000 Goldstücke. Damit schickten sie Theaetetus, den Oberbefehlshaber ihrer Flotte, als Gesandten ab. Sie wollten, daß er sich um ein Bündnis mit Rom bemühe, ohne daß deswegen ein Volksentscheid stattfand oder etwas in einem Schreiben niedergelegt wurde; denn wenn sie nichts erreichten, wäre die Schande dann infolge der
8 Zurückweisung größer. Der Befehlshaber der Flotte hatte allein das Recht, in dieser Angelegenheit zu verhandeln, ohne
9 daß ein entsprechender Beschluß erfolgt war. Denn sie hatten

so viele Jahre lang in einem Freundschaftsverhältnis gestanden, ohne sich durch einen regelrechten Bündnisvertrag mit den Römern zu binden; dazu hatten sie keinen anderen Grund, als daß sie den Königen nicht die Hoffnung auf ihre Hilfe nehmen wollten, wenn sie sie einmal brauchten, und sich selbst nicht die Hoffnung, aus ihrem Wohlwollen und ihrer
Stellung Nutzen zu ziehen. Jetzt schien es ihnen gut, auf jede 10
Art einen Bündnisvertrag zustande zu bringen, nicht als ob der sie gegenüber anderen sicherer gemacht hätte – denn sie fürchteten niemand außer den Römern –, sondern um selbst bei den Römern weniger verdächtig zu erscheinen.

Ungefähr in der gleichen Zeit fielen die Bewohner von 11
Caunus von ihnen ab[42], und die Bewohner von Mylassa[43] be-
setzten die Städte der Euromenser[44]. Der Mut der Rhodier 12
war nicht so sehr gebrochen, daß sie nicht merkten, sie würden auf die Küsten einer kleinen und unfruchtbaren Insel beschränkt, die keineswegs die Bevölkerung einer so großen Stadt ernähren könne, wenn ihnen Lykien und Karien von den Römern abgenommen und die übrigen Gebiete entweder selbst abfallen und sich befreien oder aber von den Nachbarn
besetzt würden. Sie schickten also schnell ihre junge Mann- 13
schaft und zwangen die Caunier, obwohl sie sich bei den Einwohnern von Cibyra[45] Hilfe geholt hatten, ihrer Herrschaft zu gehorchen. Und die Bewohner von Mylassa und Alabanda[43], die ihre Truppen vereinigt hatten und gekommen waren, um den Bezirk der Euromenser an sich zu reißen, besiegten sie in der Nähe von Orthosia in einer Schlacht.

Maßnahmen in Illyrien und Epirus

26. Während dies dort geschah und anderes in Makedonien 1
und anderes in Rom, übergab inzwischen in Illyrien L. Ani-

cius, in dessen Hand König Gentius gefallen war, wie oben
2 berichtet ist, dem Gabinius das Kommando über die Besatzung, die er nach Scodra, dem ehemaligen Königssitz, gelegt hatte; das Kommando in Rhizo und Olcinium, Städten mit günstiger Lage, erhielt C. Licinius.

3 Nachdem er diesen das Kommando in Illyrien übertragen hatte, brach er mit dem übrigen Heer nach Epirus auf[46]. Dort ergab sich ihm zuerst Phanote, wo die ganze Bevölkerung ihm
4 mit Binden um den Kopf entgegenströmte. Er legte eine Besatzung in die Stadt und zog von hier aus nach Molossis; als er dort alle Städte außer Passaro, Tecmo, Phylace und Horreum in seiner Hand hatte, führte er seine Truppen zunächst
5 in das Gebiet von Passaro. Antinous und Theodotus waren die Anführer in dieser Stadt, Männer, die sich durch ihre Vorliebe für Perseus und ihren Haß gegen die Römer hervortaten und die schuld waren, daß die ganze Völkerschaft von den
6 Römern abgefallen war. Diese ließen im Bewußtsein ihrer persönlichen Schuld die Tore schließen; weil es für sie selbst keine Hoffnung auf Gnade gab, wollten sie, daß ihre ganze Vaterstadt mit ihnen umkomme, und ermahnten die Volks-
7 menge, den Tod dem Verlust der Freiheit vorzuziehen. Niemand wagte gegen diese allmächtigen Männer den Mund aufzutun. Endlich siegte in einem jungen Mann namens Theodotus, der ebenfalls aus dem Adel stammte, die größere Furcht vor den Römern über die Angst vor seinen Anführern, und er sagte: «Was für ein Wahnsinn treibt euch, daß ihr das Schicksal unseres Staates mit der Schuld zweier Menschen
8 verknüpft! Ich habe oft jemand sagen hören, er würde für sein Vaterland den Tod erleiden; diese sind die ersten, die es für recht halten, wenn ihr Vaterland für sie untergeht. Warum öffnen wir nicht die Tore und nehmen eine Herrschaft an, die
9 der Erdkreis angenommen hat?» Als die Menge auf seine Rede hörte und ihm folgte, drangen Antinous und Theodotus un-

ter die Vorposten der Feinde und suchten und fanden dort
den Tod; die Stadt wurde den Römern übergeben.

Tecmo hatte infolge ähnlicher Hartnäckigkeit seines An- 10
führers Cephalo die Tore versperrt; als dieser erschlagen wor-
den war, nahm der römische Feldherr die Unterwerfung der
Stadt entgegen.

Weder Phylace noch Horreum hielten dem Sturm stand. 11

So war Epirus unterworfen. Die Truppen wurden in ge-
eignete Städte ins Winterquartier gelegt, Anicius selbst
kehrte nach Illyrien zurück und hielt in Scodra, wohin die
fünf Abgesandten aus Rom gekommen waren, einen Landtag
ab und berief die führenden Männer aus der ganzen Provinz
dorthin. Hier verkündete er nach einer Beratung von der Ge- 12
richtstribüne aus, der Senat und das Volk von Rom ordneten
an, daß die Illyrer frei seien; er werde aus allen Städten, Bur-
gen und festen Plätzen die Besatzungen abziehen. Die Einwoh- 13
ner von Lissus und die Taulantier, die Piruster aus dem Volk
der Dassareten und die Bewohner von Rhizo und Olcinium
sollten nicht nur in Freiheit leben, sondern auch von Abgaben
befreit sein, weil sie zu den Römern abgefallen waren, als
Gentius noch stark war. Auch den Daorsern verlieh er die 14
Steuerfreiheit, weil sie Caravantius verlassen hatten und mit
ihren Waffen zu den Römern übergelaufen waren. Den Be-
wohnern von Scodra, den Dassarensern, den Selepitanern und
den übrigen Illyrern wurde die Steuer auf die Hälfte dessen
ermäßigt, was sie dem König gezahlt hatten. Darauf teilte er 15
Illyrien in drei Bezirke: zum einen Teil machte er das Gebiet,
das oberhalb von Dicta liegt, zum zweiten das ganze Gebiet
der Labeaten, zum dritten das Gebiet von Agravium, Rhizo
und Olcinium und die Umgebung dieser Städte. Diese Anord-
nungen wurden in Illyrien verkündet; er selbst kehrte von
dort nach Passaro in Epirus ins Winterlager zurück.

Strafexpedition gegen einige Städte

1 27. Während dieser Ereignisse in Illyrien schickte Paulus noch
vor der Ankunft der zehn Abgesandten seinen Sohn Q. Maxi-
mus, der schon von Rom zurückgekehrt war, zur Plünderung
2 von Aeginium und Agassae. Agassae war wieder zu Perseus
abgefallen, obwohl sich die Stadt dem Konsul Marcius ergeben
und von sich aus um ein Bündnis mit Rom gebeten hatte[46a].
Die Schuld der Einwohner von Aeginium war ungewöhnlich:
3 Sie hatten der Kunde von dem Sieg der Römer keinen Glau-
ben geschenkt und an einigen Soldaten, die in die Stadt ge-
kommen waren, ihre Feindseligkeit ausgelassen.
4 Ferner schickte er den L. Postumius aus, um die Stadt der
Aenier zu plündern, weil sie hartnäckiger als die Nachbar-
gemeinden den Kampf fortgesetzt hatten.

Rundreise des Aemilius Paulus durch Griechenland

5 Es war beinahe Herbst. Paulus beschloß, den Anfang dieser
Jahreszeit zu einer Rundreise durch Griechenland und zur Be-
sichtigung der berühmten Stätten zu benutzen, von denen
6 man Größeres gehört hat, als man dort sehen kann. Den Be-
fehl über das Lager übertrug er dem C. Sulpicius Gallus. Er
brach ohne großes Gefolge auf, seinen Sohn Scipio und
Athenaeus, den Bruder des Königs Eumenes, an der Seite, und
zog durch Thessalien nach Delphi, dem berühmten Orakel.
7 Dort brachte er dem Apollo ein Opfer dar. Im Vorhof des
Heiligtums fand er Säulen, an denen man zu arbeiten ange-
fangen hatte und auf die man Standbilder des Königs Per-
seus hatte setzen wollen; als Sieger bestimmte er diese für seine
8 Standbilder[47]. Auch in Lebadia besuchte er den Tempel des
Jupiter Trophonius; als er dort die Öffnung der Höhle gesehen

hatte, durch die die Benutzer des Orakels hinabsteigen, um die Götter zu befragen, brachte er dem Jupiter und der Hercynna, denen das Heiligtum dort gehört, ein Opfer dar und zog darauf nach Chalcis hinab, um den Euripus und Euböa zu besichtigen, diese so große Insel, die durch eine Brücke mit dem
Festland verbunden ist. Von Chalcis fuhr er nach Aulis hin- 9
über, das nur drei Meilen entfernt ist, dem Hafen, der berühmt ist durch den einstigen Aufenthalt der tausend Schiffe der Flotte des Agamemno, und zu dem Tempel der Diana, wo jener König der Könige seine Tochter als Opfer an den Altar führte und dadurch zu erreichen suchte, daß seine Schiffe nach
Troja fahren konnten. Von dort kam man nach Oropus in 10
Attika, wo ein Seher aus alter Zeit[48] als Gott verehrt wird und wo ein altes Heiligtum ist, das in einer schönen Gegend mit
Quellen und Bächen ringsum liegt. Von dort ging er nach 11
Athen, das zwar auch voll ist von seinem alten Ruhm, aber auch vieles besitzt, was sehenswert ist: die Burg, den Hafen, die Mauern, die Piräus mit der Stadt verbinden, die Werften, die Denkmäler seiner großen Feldherrn, die Bildnisse von Göttern und Menschen, ausgezeichnet durch jede Art von Material und künstlerische Fertigkeit.

28. Er brachte der Minerva, der Herrin der Burg, in der 1
Stadt ein Opfer dar, zog weiter und gelangte am nächsten Tag
nach Korinth. Damals, vor ihrer Zerstörung, war die Stadt 2
sehr schön; auch die Burg und der Isthmus stellten eine Sehenswürdigkeit dar: die Burg, die innerhalb der Stadtmauern zu gewaltiger Höhe aufragte und von Quellen sprudelte; der Isthmus, der zwei benachbarte Meere im Westen und Osten
durch eine schmale Landenge trennt. Von dort aus besuchte 3
er die berühmten Städte Sicyon und Argos, dann Epidaurus, das nicht gleich an Macht ist, aber berühmt durch das bekannte Heiligtum des Äskulap, das fünf Meilen von der Stadt entfernt ist und jetzt an Spuren abgerissener Geschenke[49],

damals an Geschenken reich war, die die Kranken zum Dank
4 für wirksame Heilmittel dem Gott geweiht hatten. Von dort
aus besuchte er Sparta, das nicht durch die Großartigkeit sei-
ner Kunstwerke, sondern durch seine strenge Zucht und seine
Verfassung denkwürdig ist. Weiter zog er über Megalopolis
5 nach Olympia hinauf. Dort besichtigte er auch andere Se-
henswürdigkeiten; als er den Jupiter[50] betrachtete, wurde er
im Innersten bewegt, als wenn er den Gott selbst vor sich
hätte; er ließ deshalb ein ungewöhnlich reiches Opfer zurüsten,
nicht anders, als wenn er auf dem Kapitol hätte opfern wollen.

6 So durchzog er Griechenland, ohne Nachforschungen dar-
über anzustellen, wie ein jeder im Perseuskrieg als Privatmann
oder als Politiker gesinnt gewesen war; er wollte nämlich
nicht die Bundesgenossen durch Angst vor etwas beunruhi-
gen. Schließlich kehrte er mit seiner Begleitung nach Deme-
trias zurück. Unterwegs begegnete ihm eine Gruppe Ätoler
7 in Trauergewändern. Als er sich wunderte und fragte, was das
bedeute, wurde ihm berichtet, 550 vornehme Männer seien
von Lyciscus und Tisippus umgebracht worden, nachdem ihr
Senatsgebäude von römischen Soldaten umzingelt worden
war, die A. Baebius, der Kommandant der Besatzungstruppe,
geschickt hatte, andere seien in die Verbannung getrieben
worden, und das Vermögen der Ermordeten und der Verbann-
8 ten sei beschlagnahmt[51]. Die Angeschuldigten erhielten den
Befehl, sich in Amphipolis einzufinden. Er selbst traf in De-
metrias mit Cn. Octavius zusammen, und als die Kunde ein-
traf, die zehn Abgesandten hätten das Meer schon überquert,
ließ er alles andere liegen und machte sich zu ihnen nach
9 Apollonia auf den Weg. Als Perseus ihm ohne jede Bewachung
von Amphipolis aus dorthin entgegenkam – das ist ein Tage-
marsch –, redete er ihn selbst zwar freundlich an; aber als er
ins Lager bei Amphipolis kam, soll er den C. Sulpicius heftig
10 angefahren haben, zunächst, weil er den Perseus so weit weg

von sich in der Provinz habe umherziehen lassen, dann, weil er gegen seine Soldaten allzu nachsichtig gewesen war, indem er duldete, daß sie Ziegel von den Mauern der Städte nahmen und damit ihre Winterquartiere deckten. Er befahl, die Ziegel zurückzubringen und die Stellen, wo man sie weggenommen hatte, wieder instand zu setzen, wie sie gewesen waren. Den Perseus und seinen ältesten Sohn Philipp übergab er 11
dem A. Postumius und ließ sie bewachen; die Tochter und den jüngsten Sohn des Perseus, die er von Samothrake nach Amphipolis geholt hatte, behandelte er mit der größten Milde.

Verfassung und Einteilung Makedoniens

29. Der Tag war gekommen, an dem nach seinem Befehl je 1
zehn führende Männer aus den Gemeinden in Amphipolis erscheinen sollten; auch sollten zu diesem Termin alle Dokumente – gleich, an welchem Platz sie aufbewahrt wurden – und das Geld, das dem König gehörte, herangeschafft werden. Er nahm mit den zehn Abgesandten auf der Gerichtstribüne Platz, und die ganze Masse der Makedonen lagerte sich ringsum. Obwohl sie die Herrschaft eines Königs gewohnt wa- 2
ren, gab in ihren Augen die Gerichtstribüne der neuen Herrschaft ein schreckliches Gepräge: das Heranschreiten, nachdem Platz geschafft worden war, der Herold, das Hinaufschreiten, all dies, das ihren Augen und Ohren ungewohnt war und sogar Bundesgenossen, wieviel mehr aber besiegte Feinde in Schrecken versetzen konnte.

Durch den Herold wurde Schweigen geboten, und Paulus 3
verkündete auf lateinisch, was dem Senat und was ihm selbst aufgrund der Beratung als richtig erschienen war. Der Prätor Cn. Octavius – denn er war persönlich zugegen – übersetzte das und gab es auf griechisch wieder:

4 Zuallererst sei angeordnet, die Makedonen sollten frei sein;
sie sollten dieselben Städte und Gebiete behalten, ihre eigenen
Gesetze haben und jedes Jahr ihre Beamten wählen; die Hälfte
der Abgaben, die sie ihren Königen geleistet hätten, sollten
sie dem römischen Volk leisten[52].

5 Dann solle Makedonien in vier Bezirke aufgeteilt werden:
einer, und zwar der erste, werde das Land zwischen dem
6 Strymon und dem Nessus sein; zu diesem Bezirk kämen noch
die Dörfer, festen Plätze und Städte, die Perseus östlich des
Nessus besessen habe, außer Aenus, Maronea und Abdera,
und westlich des Strymon die ganze Bisaltica mit Heraclea im
7 Lande der Sinter. Der zweite Bezirk werde sein, was im Osten
der Strymon begrenze – außer Heraclea im Lande der Sinter
und dem Gebiet der Bisalten – und im Westen der Axius, da-
zu das Gebiet der Päonier, soweit sie östlich des Axius leb-
8 ten. Der dritte Bezirk wurde das Land zwischen dem Axius
im Osten und dem Peneus im Westen[53], den nördlichen Ab-
schluß[54] bildet das Bora-Gebirge; zu diesem Bezirk gehörte
auch noch der Teil Päoniens, der sich am westlichen Ufer des
Axius erstreckt; auch Edessa und Beroea kamen noch dazu.
9 Der vierte Bezirk lag jenseits des Bora-Gebirges und grenzte
auf der einen Seite an Illyrien, auf der anderen an Epirus. Zu
Bezirkshauptstädten, wo die Landtage zusammenkommen
sollten, machte er für den ersten Bezirk Amphipolis, für den
zweiten Thessalonice, für den dritten Pella, für den vierten
Pelagonia[55]. Er ordnete an, daß die Landtage dort nur für den
betreffenden Bezirk einberufen werden dürften und daß dort die
Steuern abgeliefert und die Beamten gewählt werden sollten[56].

10 Dann verkündete er, keiner dürfe außerhalb der Grenzen
des eigenen Bezirks heiraten und Land oder Häuser erwerben.
11 Auch dürften die Gold- und Silberbergwerke nicht weiterbe-
trieben werden, der Betrieb der Eisen- und Kupferbergwerke
sei ihnen gestattet. Von den Pächtern wurde die Hälfte von

dem verlangt, was sie dem König gezahlt hatten. Weiterhin verbot er die Salzeinfuhr[57].

Als die Dardaner Päonien wiederhaben wollten, weil es 12
ihnen gehört hatte[58] und an ihr Gebiet grenzte, verkündete er nochmals, er gebe allen die Freiheit, die unter der Herrschaft
des Perseus gestanden hätten. Nachdem sie Päonien nicht be- 13
kommen hatten, gab er ihnen das Recht, Salz zu kaufen; dem dritten Bezirk befahl er, es nach Stobi in Päonien zu bringen, und setzte den Preis dafür fest.

Er verbot ihnen, selbst Holz zum Bau von Schiffen zu fällen 14
und auch es von anderen fällen zu lassen. Den Bezirken, die Barbaren zu Nachbarn hatten – mit Ausnahme des dritten waren das aber alle –, erlaubte er, in den Grenzbezirken einen bewaffneten Grenzschutz zu unterhalten.

30. Dieses wurde am ersten Tag der Versammlung verkün- 1
det. Man nahm es unterschiedlich auf. Die wider Erwarten verliehene Freiheit und die Minderung der jährlichen Abgaben
ließ ihre Herzen höher schlagen. Da der Handel zwischen den 2
Bezirken verboten war, schien ihnen Makedonien so zerrissen, als wenn ein Lebewesen in seine einzelnen Glieder auseinandergerissen wäre, von denen das eine das andere doch nötig hat. So wenig wußten die Makedonen, wie groß ihr Land war, wie leicht zu teilen und wie jeder Teil sich mit sich selbst begnügen konnte.

Im ersten Bezirk wohnen die Bisalten, sehr tapfere Männer 3
– sie wohnen jenseits des Nessus und diesseits des Strymon –, und es gibt in diesem Bezirk viele Arten von Früchten und Bergwerke; und dann liegt Amphipolis sehr günstig, denn es
beherrscht im Osten alle Zugänge nach Makedonien. Im 4
zweiten Bezirk liegen die sehr belebten Städte Thessalonice und Cassandrea, dazu Pallene, ein fruchtbares und ertragreiches Gebiet; auch verschaffen ihm die Häfen von Torone und am Berge Athos und die von Aenea und Acanthus einen günsti-

gen Zugang zum Meer: die einen liegen günstig für die Über-
fahrt nach Thessalien und der Insel Euböa, die anderen für die
5 Fahrt zum Hellespont. Im dritten Bezirk liegen die berühm-
ten Städte Edessa, Beroea und Pella, und dort wohnt das krie-
gerische Volk der Vettier; es gibt dort auch sehr viele gal-
6 lische und illyrische Einwohner, tüchtige Bauern. Den vierten
Bezirk bewohnen die Eordäer, Lyncester und Pelagonen; mit
diesen ist vereinigt die Atintania, das Gebiet um das Tymphe-
7 Gebirge und die Elimiotis; dieses ganze Land ist kalt und
schwer zu bebauen und rauh. Auch die Einwohner sind in
ihrem Wesen ähnlich wie das Land. Wilder noch macht sie die
Tatsache, daß sie Barbaren zu Nachbarn haben, mit denen sie
bald im Kriege liegen und sich bald im Frieden von ihren Sit-
ten beeinflussen lassen.

8 Die Teilung Makedoniens zeigte also, da jeder Bezirk seine
Vorteile für sich hatte, wie groß das Ganze war.

Untersuchungen in Griechenland

1 31. Als diese Anordnungen für Makedonien getroffen waren
und er ihnen in Aussicht gestellt hatte, er werde ihnen auch
Gesetze geben, wurden die Ätoler vor Gericht gerufen. Bei
dieser Untersuchung wurde mehr geprüft, welche Partei zu
den Römern und welche zu dem König gehalten hatte, als
2 welche Unrecht getan und welche Unrecht erlitten hatte. Die
Mörder wurden von der Schuld freigesprochen. Daß man
andere verbannt hatte, wurde ebenso gutgeheißen, wie daß
man jene getötet hatte. Nur A. Baebius wurde verurteilt, weil
er römische Soldaten zur Ausführung des Mordes zur Verfü-
gung gestellt hatte.

3 Dieser Ausgang des Ätolerprozesses ließ bei allen Völker-
schaften und Völkern Griechenlands den Übermut derjenigen,

die auf der Seite der Römer gestanden hatten, unerträglich
anschwellen und gab ihnen diejenigen, die auch nur irgendwie
der Verdacht getroffen hatte, es mit dem König zu halten,
völlig preis. In den einzelnen Staaten gab es drei Arten von 4
führenden Männern: zwei, die ihre Mitbürger unterdrückten
und entweder durch Schmeichelei gegenüber der Macht der
Römer oder durch Buhlen um die Freundschaft der Könige
für sich eine Machtstellung zu gewinnen suchten; mitten da-
zwischen stand eine Gruppe, die anders war als diese beiden
und die Freiheit und die Gesetze schützte. Diese genossen bei 5
ihren Landsleuten größere Liebe, bei den auswärtigen Mäch-
ten aber waren sie weniger beliebt. Durch das Glück der Rö-
mer emporgetragen waren damals nur solche, die es mit ihnen
gehalten hatten, im Besitz eines Amtes oder unter den Mit-
gliedern einer Gesandtschaft. Da diese zahlreich aus der Pe- 6
loponnes, aus Böotien und aus den anderen Bundesversamm-
lungen der Griechen kamen, lagen sie den zehn Abgesandten
dauernd in den Ohren: Nicht nur die, die sich in ihrer Eitel- 7
keit offen als Gastfreunde und Freunde des Perseus gebrüstet
hätten, sondern noch viel mehr andere hätten heimlich zum
König gehalten, die in den Bundesversammlungen so getan
hätten, als ob sie die Freiheit schützen wollten, und alles mög-
liche gegen die Römer angestellt hätten; diese Völkerschaften 8
würden nur dann in Treue verharren, wenn der Mut der Ge-
genpartei gebrochen und das Ansehen derer gestärkt werde,
die nichts anderes im Auge hätten als die Macht der Römer.
Von ihnen wurden auch Namen angegeben, und diese Leute 9
wurden durch einen Brief des Feldherrn aus Ätolien, Akar-
nanien, Epirus und Böotien herbeigerufen und sollten nach
Rom kommen, um sich dort zu rechtfertigen. Nach Achaia
brachen zwei von den zehn Abgesandten auf, C. Claudius
und Cn. Domitius, um sie selbst durch einen Erlaß vor Ge-
richt zu laden[59]. Dies geschah aus zwei Gründen: einmal weil 10

sie glaubten, die Achäer besäßen mehr Selbstvertrauen und
mehr Mut zum Ungehorsam und vielleicht könnten auch
Callicrates und die übrigen Urheber der Beschuldigungen und
11 Denunzianten in Gefahr geraten; der zweite Grund, warum
sie sie persönlich vor Gericht laden wollten, war, daß man von
den anderen Völkerschaften Briefe der führenden Männer im
Archiv des Königs gefunden hatte, bei den Achäern aber be-
züglich eines Vergehens in dunkeln tappte, da kein Brief von
ihnen gefunden worden war.

12 Nach der Entlassung der Ätoler wurde die Völkerschaft der
Akarnanen vorgeladen. Bei ihnen wurde nichts verändert, als
daß Leucas dem Bund der Akarnanen weggenommen wurde.
13 Als man dann sehr genau untersuchte, wer offen oder ver-
steckt zur Partei des Königs gehalten hatte, dehnte man die
14 Untersuchung auch auf Asien aus und schickte den Labeo,
Antissa auf der Insel Lesbus zu zerstören und die Einwohner
dieser Stadt nach Methymna zu schaffen, weil sie den Antenor,
den königlichen Flottenkommandanten, in ihrem Hafen auf-
genommen und mit Proviant unterstützt hatten, als er mit
seinen Kuttern in der Gegend von Lesbus kreuzte.

15 Zwei bedeutende Männer wurden mit dem Beil hingerich-
tet: der Ätoler Andronicus, der Sohn des Andronicus, weil er
seinem Vater gefolgt war und Waffen gegen das römische Volk
getragen hatte, und der Thebaner Neo, auf dessen Betreiben
sie das Bündnis mit Perseus geschlossen hatten.

Weitere Anordnungen in Makedonien

1 32. Nachdem diese Untersuchungen der auswärtigen Ange-
legenheiten zwischendurch erledigt worden waren, wurde
2 wieder eine Versammlung der Makedonen einberufen. Zur
Verfassung Makedoniens wurde verkündet, Senatoren, die sie

selbst Synedri nennen, sollten gewählt werden, nach deren
Rat der Staat[60] verwaltet werden sollte. Dann wurden die 3
Namen der führenden Makedonen verlesen, die mit ihren Kin-
dern, soweit sie älter als 15 Jahre waren, nach Italien voraus-
fahren sollten. Dies schien auf den ersten Blick grausam, aber 4
bald wurde es der Menge der Makedonen klar, daß es für ihre
Freiheit geschehen war. Genannt wurden nämlich die Freunde
des Königs und die Höflinge, die Heerführer, die Kommandan-
ten der Schiffe und der Besatzungen, die gewohnt waren, dem 5
König sklavisch zu dienen, den anderen aber überheblich Be-
fehle zu erteilen. Die einen waren ungeheuer reich, die ande-
ren hatten den gleichen Aufwand getrieben wie diese, ohne
daß ihr Vermögen so groß war. Sie alle lebten und kleideten
sich wie Könige, keiner war gesinnt wie ein Bürger, sie unter-
warfen sich weder den Gesetzen noch duldeten sie allgemeine
Freiheit. Es erhielten also alle, die irgendein Amt für den Kö- 6
nig ausgeübt hatten, und auch alle, die einer Gesandtschaft
angehört hatten, den Befehl, Makedonien zu verlassen und
nach Italien zu gehen. Denen, die dem Befehl nicht gehorch-
ten, wurde der Tod angedroht.

Dann gab er den Makedonen Gesetze mit solcher Sorgfalt, 7
daß es schien, als wenn er sie nicht besiegten Feinden gebe,
sondern Bundesgenossen, die sich sehr verdient gemacht hat-
ten, und daß sich auch bei der Anwendung in langer Zeit, als
man Erfahrungen mit ihnen machte, die allein zur Verbesse-
rung von Gesetzen führen, kein Mangel an ihnen erkennen
ließ[61].

Die Siegesspiele in Amphipolis und die Beute

Nach diesen ernsten Angelegenheiten veranstaltete Paulus 8
mit großem Aufwand Spiele in Amphipolis; er hatte sie lange
vorbereitet und Leute zu den Gemeinden in Asien und zu den

Königen geschickt, die diesen davon Mitteilung machen soll-
ten, und sie selbst den führenden Männern in Griechenland
9 angekündigt, als er durch ihre Städte reiste. Von Künstlern
jeder Art, die zur Kurzweil ein Kunststück zeigen konnten,
und von Wettkämpfern und bekannten Pferden war aus der
ganzen Welt eine Menge zusammengekommen, auch Ge-
sandtschaften mit Opfertieren und was sonst bei großen Spie-
len Göttern und Menschen zuliebe in Griechenland zu ge-
10 schehen pflegt. So kam es, daß man nicht nur die Großartig-
keit, sondern auch sein Geschick beim Veranstalten der Schau-
spiele bestaunte, worin die Römer bis dahin unerfahren wa-
11 ren. Auch ein Gastmahl wurde für die Gesandtschaften ver-
anstaltet und war genauso großartig und sorgfältig hergerich-
tet. Überall sprach man von einem Ausspruch, den er getan
hatte: Ein Mann, der im Kriege zu siegen verstehe, müsse
auch ein Gastmahl veranstalten und Spiele durchführen kön-
nen.

1 33. Nach den Spielen ließ er die ehernen Rundschilde auf
die Schiffe bringen. Die übrigen Waffen aller Art ließ der Feld-
2 herr zu einem gewaltigen Haufen auftürmen und rief den
Mars, die Minerva, die Mutter Lua und die anderen Götter
an, denen die erbeuteten Waffen der Feinde zu weihen Recht
und Pflicht ist, hielt dann eine Fackel daran und steckte den
Haufen selbst in Brand. Dann warfen die Kriegstribunen, die
ringsum standen, jeder für sich Brände hinein.

3 Bei jener Versammlung Europas und Asiens, bei der die
Menge von überallher, teils um Glück zu wünschen, teils um
das Schauspiel zu genießen, sich versammelt hatte und so
starke See- und Landstreitkräfte zusammengezogen waren,
fiel der reiche Vorrat an allem und der geringe Getreidepreis
4 auf; infolgedessen bekamen Privatleute, aber auch Gemeinden
und Völkerschaften sehr viel davon vom Feldherrn geschenkt,
nicht nur für den augenblicklichen Bedarf, sondern auch, was

sie mit nach Hause nehmen sollten. Der Menge, die gekom- 5
men war, boten die Spiele auf der Bühne, die Wettkämpfe der
Menschen und die Wagenrennen kein größeres Schauspiel als
die gesamte makedonische Beute, die zur Besichtigung aufge-
stellt war: Standbilder und Gemälde, Webereien und Gefäße
aus Gold, Silber, Bronze und Elfenbein, die mit außerordent-
licher Sorgfalt in dieser Residenz hergestellt worden waren,
und zwar nicht nur als Schmuck für den Augenblick – von 6
solchen Gegenständen war der Königspalast in Alexandria
vollgestopft –, sondern sie waren für dauernden Gebrauch be-
stimmt. Dies wurde auf die Flotte geschafft, und Cn. Octavius 7
sollte es nach Rom bringen.

Bestrafung der Illyrer und Epiroten. Abzug des römischen Heeres nach Italien

Paulus entließ die Gesandten gnädig, überschritt den Stry-
mon und schlug eine Meile von Amphipolis entfernt sein La-
ger auf. Von dort brach er auf und gelangte am fünften Tag
nach Pella. Er zog an der Stadt vorbei, hielt sich zwei Tage 8
beim sogenannten Pellaeum auf, schickte P. Nasica und sei-
nen Sohn Q. Maximus mit einem Teil der Truppen, um das
Gebiet der Illyrer zu verwüsten, die dem Perseus im Kriege
beigestanden hatten, und gab ihnen den Befehl, bei Oricum
wieder zu ihm zu stoßen. Er selbst zog nach Epirus und ge-
langte in fünfzehn Tagen nach Passaro.

34. Nicht weit davon entfernt befand sich das Lager des 1
Anicius. An den schickte er einen Brief, er solle sich nicht
durch das, was geschehe, beeinflussen lassen: der Senat habe
die Gemeinden von Epirus, die zu Perseus abgefallen seien,
seinem Heer als Beute überlassen. In die einzelnen Städte 2
schickte er Zenturionen, die sagen sollten, sie seien gekom-

men, um die Besatzungen wegzuführen, damit die Epiroten frei seien wie die Makedonen, und ließ aus jeder Gemeinde zehn führende Männer zu sich kommen. Nachdem er ihnen gesagt hatte, Gold und Silber müsse abgeliefert werden,
3 schickte er seine Kohorten[62] in alle Städte. Die in die weiter entfernten Städte mußten, waren früher aufgebrochen als die, die in die näher gelegenen Städte gingen, so daß sie alle an
4 einem Tage an ihrem Ziel ankamen. Die Tribunen und Zenturionen hatten Anweisungen, was geschehen sollte. Am frühen Morgen wurde alles Gold und Silber herbeigebracht; in der vierten Stunde wurde den Soldaten das Zeichen zum
5 Plündern der Städte gegeben; die Beute war so groß, daß jeder Reiter 400 Denare und jeder Fußsoldat 200 erhielt und
6 150000 Menschen weggeschleppt wurden. Die Mauern der geplünderten Städte wurden dann geschleift; es waren ungefähr 70 Städte. Die ganze Beute wurde verkauft; daraus wurde das Geld für die Soldaten ausgezahlt.

7 Paulus zog ans Meer nach Oricum. Seine Soldaten waren aber keineswegs zufriedengestellt, wie er geglaubt hatte, sondern sie beschwerten sich darüber, sie hätten, als wenn in Makedonien kein Krieg geführt worden wäre, keinen Anteil
8 an der dem König abgenommenen Beute. Nachdem er in Oricum die Truppen, die er mit Scipio Nasica und seinem Sohn Maximus geschickt hatte, angetroffen hatte, ließ er das
9 Heer an Bord gehen und fuhr nach Italien zurück. Wenige Tage später fuhr auch Anicius nach Italien hinüber; er hatte auf die Schiffe gewartet, die die Makedonienarmee benutzt hatte, und hatte in der Zwischenzeit eine Versammlung der restlichen Epiroten und Akarnanen durchgeführt und ihren Führern, deren Sache er vom Senat untersuchen lassen wollte, befohlen, nach Italien zu kommen.

Die römische Gesandtschaft bei den Galliern

Während dieser Ereignisse in Makedonien und Epirus waren 10
die Gesandten, die mit Attalus zur Beendigung des Krieges
zwischen den Galliern und König Eumenes geschickt worden
waren, nach Asien gekommen. Für den Winter war Waffen- 11
stillstand geschlossen worden; die Gallier waren in ihr Gebiet
abgezogen, und der König war ins Winterlager nach Perga-
mum gegangen und war sehr krank gewesen. Der Frühlings-
anfang ließ die Gallier aus ihrem Gebiet aufbrechen, und sie
waren schon nach Synnada gelangt. Eumenes hatte im Raum
von Sardes sein Heer von allen Seiten zusammengezogen. Als 12
die Römer dort erfuhren, daß auch Solovettius, der Führer
der Gallier, in Synnada war, beschlossen sie, dorthin zu gehen,
um mit ihm zu reden. Attalus ging mit ihnen; man beschloß
aber, daß er das Lager der Gallier nicht betreten solle, damit
sie sich nicht bei der Diskussion erregten. P. Licinius, ein 13
Mann, der schon Konsul gewesen war, sprach mit dem Für-
sten der Gallier und berichtete, er sei durch seinen Vermitt-
lungsversuch noch wilder geworden. Es kann einem sonder- 14
bar vorkommen, daß die Worte der Abgesandten der Römer
bei so mächtigen Königen wie Antiochus und Ptolemaeus so
viel Gewicht gehabt haben, daß sie auf der Stelle Frieden
schlossen, auf die Gallier dagegen überhaupt keinen Einfluß
hatten[63].

Heimkehr des Aemilius Paulus, des Anicius und des Octavius

35. Zuerst wurden die gefangenen Könige Perseus und Gen- 1
tius mit ihren Kindern nach Rom in Gewahrsam gebracht,
darauf die übrige Schar der Gefangenen, und dann die Make-
donen und die führenden Männer aus Griechenland, denen

2 befohlen worden war, nach Rom zu kommen; denn auch diese hatten nicht nur bei persönlicher Anwesenheit einen Bescheid bekommen, sondern waren auch, wenn es hieß, sie befänden sich bei den Königen, durch Briefe herbeigeholt worden.

3 Paulus selbst fuhr nach wenigen Tagen auf einem Schiff des Königs, das ungeheuer groß war und sechzehn Ruderreihen hatte und nicht nur mit besonders prächtigen Waffen aus der makedonischen Beute, sondern auch mit Webereien aus dem Königsschatz geschmückt war, den Tiber aufwärts zur Stadt. Die Volksmenge war ihm entgegengeströmt und hatte die Ufer besetzt.

4 Wenige Tage später kamen Anicius und Octavius mit ihrer Flotte an.

Verhandlungen über den Triumph des Aemilius Paulus

Ihnen allen dreien wurde vom Senat der Triumph bewilligt, und der Prätor Q. Cassius erhielt den Auftrag, mit den Volkstribunen zu verhandeln, daß sie nach dem Senatsbeschluß den Antrag vor das Volk brächten, ihnen an dem Tage, an dem sie im Triumph in die Stadt einzögen, die Amtsgewalt zu geben.

5 Das Mittelmaß wird vom Neid nicht getroffen; dieser richtet sich fast immer nur gegen das Höchste. Weder dem Triumph des Anicius noch dem des Octavius gegenüber gab es Bedenken; an Paulus, mit dem sich zu vergleichen diese
6 selbst sich geschämt hätten, mäkelte die Mißgunst. Er hatte die Soldaten mit der alten Strenge behandelt; von der Beute hatte er ihnen weniger gegeben, als sie bei den großen Schätzen des Königs gehofft hatten, da sie, wenn er ihrer Habgier nachgegeben hätte, ihm nichts übriggelassen hätten, um es
7 in den Staatsschatz zu legen. Die ganze Makedonienarmee war zornig auf ihren Feldherrn und wollte bei der Abstim-

mung über den Gesetzesantrag keinen großen Eifer zeigen.
Aber Ser. Sulpicius Galba, der als Kriegstribun der zweiten 8
Legion in Makedonien gewesen war, im Privatleben ein Feind
des Feldherrn – hatte persönlich mit den Soldaten geredet und
sie durch die Soldaten seiner Legion aufgewiegelt und hatte
sie so dazu getrieben, in großer Zahl bei der Abstimmung zu
erscheinen. Sie sollten sich an dem herrschsüchtigen und 9
knauserigen Feldherrn durch die Ablehnung des Antrages,
der wegen seines Triumphes eingebracht würde, rächen; die
breite Masse der Stadt werde sich der Entscheidung der Sol-
daten anschließen. Jener habe nicht die Möglichkeit gehabt,
das Geld zu geben; der Soldat aber habe die Möglichkeit,
Ehre zu geben. Er solle nicht dort auf Dank für eine Gunst
hoffen, wo er ihn nicht verdient habe.

36. So waren diese aufgewiegelt worden. Als der Volkstri- 1
bun Tib. Sempronius auf dem Kapitol diesen Gesetzesantrag
stellte und die Privatleute Gelegenheit hatten, über dieses Ge-
setz zu sprechen, und keiner vortrat, um es zu befürworten,
da die Sache völlig sicher war, trat Ser. Galba plötzlich vor 2
und forderte von den Volkstribunen, da es schon die achte
Stunde des Tages sei und er nicht genug Zeit habe, auszu-
führen, warum sie einen Triumph des L. Aemilius nicht an-
ordnen dürften, sollten sie die Sache auf den nächsten Tag
verschieben und sie am kommenden Morgen weiterverhan-
deln; er brauche einen ganzen Tag, um über diese Sache zu
reden. Als die Tribunen ihm befahlen, es an diesem Tag zu 3
sagen, wenn er etwas wolle, zog er die Angelegenheit bis in
die Nacht hin, indem er redete und berichtete und in Erinne-
rung brachte, daß er die Erfüllung der Soldatenpflichten mit
Strenge gefordert habe; mehr Strapazen und mehr Gefahren,
als die Lage erfordert hätte, seien ihnen aufgebürdet, dagegen
sei bei Belohnungen und Auszeichnungen alles knapp zuge-
messen worden. Der Kriegsdienst werde schrecklicher und 4

härter für die Kriegführenden sein, wenn man solche Feld-
herrn habe, und er werde ihnen, auch wenn sie siegten, kei-
nen Reichtum und keine Ehre bringen. Die Makedonen
5 hätten es besser als die römischen Soldaten. Wenn sie in
großer Zahl am nächsten Tag erschienen, um das Gesetz ab-
zulehnen, würden die mächtigen Männer erkennen, daß nicht
alles in der Hand der Feldherrn liege, sondern etwas auch in
der Hand der Soldaten.

6 Durch diese Worte aufgewiegelt, füllten am nächsten Tag
die Soldaten in so großer Zahl das Kapitol, daß sonst keiner
7 zur Abstimmung gelangen konnte. Als die ersten Tribus auf-
gerufen waren und den Antrag ablehnten, eilten die führen-
den Männer der Bürgerschaft auf das Kapitol und schrien, es
sei eine schändliche Tat, den L. Paulus, den Sieger in einem
8 so bedeutenden Kriege, um seinen Triumph zu bringen. Die
Feldherrn würden abhängig und der Willkür und Habgier der
Soldaten ausgeliefert. Schon jetzt werde allzuoft aus Liebe-
dienerei das Verkehrte getan. Was aber, wenn die Soldaten
die Herren ihrer Feldherrn würden? Gegen Galba schleuderte
9 jeder für sich Beschimpfungen. Endlich legte sich dieser Tu-
mult, und M. Servilius, der Konsul und Magister equitum
gewesen war, bat die Tribunen, die Sache noch einmal ganz
von neuem vorzubringen und ihm Gelegenheit zu geben, zum
10 Volk zu sprechen. Nachdem die Tribunen sich zur Beratung
zurückgezogen hatten, fingen sie unter dem Einfluß der füh-
renden Männer an, ihren Antrag erneut vorzubringen, und
verkündeten, sie würden dieselben Tribus noch einmal auf-
rufen, wenn M. Servilius und andere Privatleute, die reden
wollten, geredet hätten.

1 37. Da hielt Servilius seine Rede: «Wenn man aus keiner
anderen Tatsache erkennen könnte, ein wie großer Feldherr
L. Aemilius gewesen ist, so reicht wohl dies dazu aus, daß es
in seinem Heer keine Meuterei gab, obwohl er so aufrühre-

rische und leicht zu beeinflussende Soldaten und einen so be-
kannten und so unversöhnlichen Gegner im Lager hatte, der
über eine so große Beredsamkeit zum Aufwiegeln der Menge
verfügte. Dieselbe Strenge in der Ausübung des Kommandos, 2
die sie jetzt hassen, hat sie damals in Schranken gehalten. Und
so haben sie, da sie mit der alten Strenge behandelt worden
sind, nichts in aufrührerischer Absicht gesagt oder getan.

Wenn aber Ser. Galba mit seiner Anklage gegen L. Paulus 3
sein erstes Probestück ablegen und einen Beweis seiner Bered-
samkeit geben wollte, brauchte er nicht den Triumph zu ver-
hindern, den – abgesehen von allem anderen – der Senat für
wohlbegründet gehalten hatte, sondern er hätte ihn am ersten 4
Tag nach seinem Triumph, wenn er ihn als Privatmann sehen
konnte, anklagen und vor Gericht bringen können; oder er
hätte etwas später, wenn er sein erstes Amt erlangt hätte, eine
Anklage gegen seinen Gegner erheben und ihn vor das Gericht
des Volkes bringen können. So würde L. Paulus als Lohn für 5
rechtes Handeln den Triumphzug erhalten wegen seiner her-
vorragenden Kriegführung – und Strafe, wenn er etwas getan
hätte, was seines alten und auch seines neuen Ruhmes un-
würdig gewesen wäre. Aber man sehe nur: er wollte den 6
Ruhm eines Mannes schmälern, gegen den er keine Anschul-
digung und keinen Vorwurf vorbringen konnte. Gestern hat
er einen ganzen Tag beansprucht, um L. Paulus anzuklagen.
Vier Stunden, soviel, wie vom Tag noch übrig war, hat er mit
Reden vergeudet. Welcher Angeklagte ist jemals so schuldig 7
gewesen, daß die Fehler seiner Lebensführung in so viel Stun-
den nicht dargestellt werden konnten? Was hat er ihm indes-
sen vorgeworfen, was L. Paulus, wenn er sich vor Gericht
verteidigte, bestritten haben möchte?

Einer soll mir für kurze Zeit zwei Versammlungen gewäh- 8
ren, eine mit den Soldaten aus Makedonien und eine andere –
unbeeinflußt und ohne vorgefaßte Meinung, weder durch

Zuneigung noch durch Haß befangen – des ganzen römischen Volkes.

Bei der Volksversammlung der Bürger aus der Stadt soll der Angeklagte zuerst vorgeführt werden. Was würdest du vor
9 den römischen Bürgern sagen, Ser. Galba? Denn ganz abgeschnitten wäre dir deine geläufige Art zu reden: ‹Auf Posten hast du gewissenhafter und angespannter stehen müssen; die Nachtwachen sind schärfer und genauer kontrolliert worden; du hast mehr Schanzarbeit verrichten müssen als vorher, da der Feldherr selbst wie ein Aufseher umherging. Am selben Tag bist du marschiert und vom Marsch aus in die Schlacht
10 gezogen. Nicht einmal als Sieger hat er dir Ruhe gegönnt; er hat dich sogleich zur Verfolgung der Feinde geführt. Während er dich durch die Verteilung der Beute reich machen konnte, will er den Königsschatz im Triumph an der Bevölkerung vorbeiziehen lassen und ihn in den Staatsschatz legen.›
11 Solche Worte haben zwar die Kraft, Soldaten aufzuwiegeln, die meinen, man hätte ihrer Zügellosigkeit und ihrer Habgier zu wenig nachgegeben; aber beim römischen Volk hätten sie
12 keine Wirkung gehabt. Denn wenn es sich auch längst Vergangenes und was es von den Eltern gehört hat, nicht ins Gedächtnis zurückruft, welche Niederlagen erlitten worden sind infolge der Liebedienerei der Feldherrn und welche Siege errungen worden sind durch Strenge im Kommando, so erinnert es sich doch bestimmt daran, was für ein Unterschied im letzten Punischen Krieg bestand zwischen dem Magister equitum
13 M. Minucius und dem Diktator Q. Fabius Maximus. So hätte es sich gezeigt, daß er als Ankläger den Mund nicht hätte aufreißen können und daß eine Verteidigung des Paulus überflüssig gewesen wäre.

14 Ich will jetzt zu der anderen Versammlung übergehen. Es scheint mir so, als wenn ich euch nicht als Mitbürger, sondern als Soldaten anreden sollte, wenn dieser Name wenig-

stens Scham wecken und eine gewisse Scheu vor der Verlet-
zung des Feldherrn hervorrufen könnte.
38. Mir selbst ist ganz anders zumute, wo es mir vorkommt, 1
als wenn ich vor dem Heer spräche, als kurz zuvor, als ich bei
meiner Rede das römische Volk im Auge hatte. Was aber sagt
ihr, Soldaten? Gibt es in Rom einen außer Perseus, der nicht 2
will, daß über die Makedonen triumphiert wird? Und würdet
ihr ihn nicht mit denselben Händen in Stücke reißen, mit de-
nen ihr die Makedonen besiegt habt? Wer euch hindert, im
Triumphzug in die Stadt einzuziehen, hätte euch auch gehin-
dert zu siegen, wenn er es gekonnt hätte. Ihr irrt euch, Sol- 3
daten, wenn ihr meint, der Triumph sei nur eine Ehrung für
den Feldherrn und nicht auch für die Soldaten und das ganze
römische Volk. Nicht allein um den Ruhm des Paulus geht es 4
hierbei. Viele, denen vom Senat der Triumph nicht bewilligt
wurde, haben auch auf dem Albaner Berg triumphiert. Dem
L. Paulus kann man ebensowenig die Ehre nehmen, den Make-
donischen Krieg beendet zu haben, wie man dies bei C. Luta-
tius für den Ersten Punischen Krieg und bei P. Cornelius für
den Zweiten kann und bei jenen, die nach ihnen triumphiert
haben; und der Triumph wird den Paulus nicht zu einem 5
kleineren oder größeren Feldherrn machen. Noch mehr geht
es dabei um den Ruhm der Soldaten und des ganzen römischen
Volkes, zunächst einmal, daß es nicht in den Ruf kommt, miß- 6
günstig und undankbar ausgerechnet gegen seine berühmte-
sten Bürger zu sein und darin das Volk von Athen nachzu-
ahmen scheint, das aus Mißgunst seine führenden Männer
schimpflich behandelte. Genug ist an Camillus von euren 7
Vorfahren gesündigt worden[64], den sie jedoch kränkten, bevor
die Stadt durch ihn von den Galliern befreit wurde, genug
jüngst von euch selbst an Africanus[65]. Laßt uns vor Scham rot
werden, daß in Liternum Wohnung und Heimstatt des Be-
zwingers von Afrika gewesen ist, daß in Liternum sein Grab

8 gezeigt wird. An Ruhm mag L. Paulus jenen Männern gleich
sein, gleiches Unrecht sollt ihr ihm aber nicht antun.

Diese Schmach soll also zuerst getilgt werden, die bei ande-
9 ren Völkern abstoßend ist, bei uns aber unheilvoll. Denn wer
möchte einem Africanus oder Paulus ähnlich sein in einem so
undankbaren und gegen die Tüchtigen so unfreundlichen
10 Staat? Wenn es keine Schande wäre und es nur um den Ruhm
ginge: welcher Triumph schließt nicht eine allgemeine Ehre
11 für den römischen Namen in sich? Werden so viele Triumphe
über die Gallier, so viele über die Spanier, so viele über die
Punier nur als solche der Feldherrn selbst oder als solche des
römischen Volkes bezeichnet? Wie die Triumphe nicht nur
über Pyrrhus und Hannibal, sondern über die Epiroten und
Karthager gefeiert worden sind, so haben nicht nur M'. Curius
und P. Cornelius, sondern die Römer triumphiert[66].

12 Für die Soldaten ist es ihr eigenes Anliegen, die, auch selbst
mit Lorbeeren bekränzt und jeder mit den Auszeichnungen,
die er erhalten hat, geschmückt, den Triumphruf ausstoßen
und ihr eigenes Lob und das ihres Feldherrn singen und so
13 durch die Stadt ziehen. Wenn die Soldaten einmal nicht aus
ihrer Provinz zum Triumph heimgeführt worden sind, dann
murren sie; und doch glauben sie auch dann, obwohl sie nicht
dabei sind, zu triumphieren, weil der Sieg mit ihren Händen
14 errungen ist. Wenn einer euch fragen sollte, Soldaten, wozu
ihr nach Italien heimgeführt und nicht sofort nach der Er-
füllung eurer Aufgabe entlassen worden seid, warum ihr in so
großer Zahl mit euren Einheiten nach Rom gekommen seid,
warum ihr hier bleibt und nicht hierhin und dorthin jeder in
seine Heimat weggeht, was würdet ihr anderes antworten,
als daß ihr im Triumphzug gesehen werden wollt? Ihr müßtet
jedenfalls wünschen, daß man euch als Sieger sähe.

1 39. Vor einiger Zeit ist über seinen Vater Philipp und über
Antiochus triumphiert worden; beide übten ihre Herrschaft

aus, als über sie triumphiert wurde. Soll über Perseus, der gefangen und mit seinen Kindern in unsere Stadt gebracht worden ist, nicht triumphiert werden? Wenn aber L. Paulus als 2
ein Privatmann in der Menge der Bürger in der Toga von ebener Erde aus die auf dem Triumphwagen mit Gold und Purpur geschmückt zum Kapitol Hinauffahrenden fragte: ‹L. Anicius und Cn. Octavius, glaubt ihr, daß ihr eines Triumphes eher würdig seid als ich?›, ich glaube, sie würden ihren Wagen verlassen und voller Scham ihm ihre Triumphalinsignien selbst übergeben. Und ihr, Mitbürger, wollt lieber, 3
daß Gentius im Triumph durch die Stadt geführt wird als Perseus, und lieber, daß über ein Nebenereignis des Krieges als über den eigentlichen Krieg ein Triumph gefeiert wird? Und sollen die Legionen aus Illyrien mit Lorbeer geschmückt 4
in die Stadt einziehen und die Seesoldaten, die makedonischen Legionen aber, denen der eigene Triumph verweigert wurde, den Triumph der anderen sehen? Was wird endlich mit der großen Beute, mit den in einem so glänzenden Sieg erbeuteten Waffen geschehen? Wo sollen denn die vielen tausend Waffen, 5
die man den gefallenen Feinden weggenommen hat, hingeschafft werden? Sollen sie etwa nach Makedonien zurückgeschickt werden? Wohin mit den Bildwerken aus Gold, Marmor und Elfenbein, mit den Gemälden, den Webereien, mit so viel getriebenem Silbergerät, mit so viel Gold, mit dem so großen Königsschatz? Soll das etwa bei Nacht wie Diebesgut 6
in den Staatsschatz gebracht werden? Wie? Wo soll jenes große Schauspiel, der berühmteste und reichste König als Gefangener, dem siegreichen Volk gezeigt werden? Sehr viele 7
von uns erinnern sich noch daran, wie man zusammenlief, um König Syphax, eine Nebenfigur des Punischen Krieges, als Gefangenen zu sehen[67]. Soll die Bürgerschaft um den Anblick des gefangenen Königs Perseus und Philipps und Alexanders, der Söhne des Königs, der Träger solcher bedeutender Na-

8 men, gebracht werden? Aller Augen verlangen danach, Pau-
lus selbst, den zweimaligen Konsul, den Bezwinger Griechen-
lands, zu sehen, wie er auf dem Triumphwagen in die Stadt
einfährt; dazu haben wir ihn zum Konsul gemacht, daß er den
Krieg zu Ende bringe, der sich schon vier Jahre zu unserer
9 großen Schande hinzog. Wollen wir ihm, dem durch das Los
die Provinz zugefallen ist, dem wir beim Aufbruch den Sieg
und den Triumph prophezeit haben, als Sieger den Triumph
verweigern? Und wollen wir nicht nur ihn, sondern auch die
10 Götter um die ihnen zustehende Ehre betrügen? Denn auch
den Göttern, nicht nur den Menschen ist man den Triumph
schuldig. Eure Vorfahren haben alle bedeutenden Angelegen-
heiten mit den Göttern angefangen und mit ihnen beendet.
11 Ein Konsul oder Prätor, der mit den Liktoren im Kriegsman-
tel in seine Provinz und zum Kriege aufbricht, macht den
Göttern feierlich auf dem Kapitol seine Gelübde. Wenn der
Krieg zu Ende ist, kehrt er als Sieger wieder dorthin zum Ka-
pitol zurück zu denselben Göttern, denen er die Gelübde aus-
gesprochen hat, und bringt ihnen die gebührenden Ge-
12 schenke. Nicht der unbedeutendste Teil des Triumphzuges
sind die Opfertiere, die an der Spitze ziehen, damit deutlich
wird, daß der Feldherr zurückkehrt, um den Göttern dafür
zu danken, daß sie die Geschicke des Staates gut gelenkt
13 haben. Führt alle diese Opfertiere, die er im Triumph mitzu-
führen gelobt hat, weg, die einen hierhin, die anderen dorthin,
und schlachtet sie! Weiter: Ist jenes Mahl des Senates, das
nicht auf privatem Gelände und nicht auf Staatsgelände außer-
halb eines heiligen Bezirks, sondern auf dem Kapitol stattfin-
det, zum Vergnügen der Menschen oder zur Ehre der Götter?

Das alles wollt ihr auf Veranlassung des Ser. Galba um-
14 stoßen? Sollen die Tore für den Triumph des L. Paulus ge-
schlossen werden? Soll Perseus, der König der Makedonen,
mit seinen Kindern und der übrigen Schar der Gefangenen,

soll die makedonische Beute im Circus des Flaminius bleiben?
Soll L. Paulus als Privatmann, als wenn er vom Land zurück-
kehrte, von dem Tor in sein Haus gehen? Und du, Zenturio 15
und Soldat, höre lieber, was der Senat über den Feldherrn
Paulus beschlossen hat, als was Ser. Galba schwätzt, und höre
lieber auf das, was ich sage, als auf jenen. Jener hat nichts ge- 16
lernt, als seine Zunge zu gebrauchen, und das, um zu schmä-
hen und zu lästern. Ich habe dreiundzwanzigmal mit dem
Feind nach einer Herausforderung gekämpft. Von allen, mit
denen ich gekämpft habe, habe ich die Rüstung als Beute
heimgebracht. Mein Körper ist von ehrenvollen Narben ge-
zeichnet, und alle habe ich sie auf der Brust.»

Man sagt, er habe sich dann entblößt und berichtet, in 17
welchem Krieg er die einzelnen Wunden erhalten hatte. Wäh-
rend er sie zeigte und zufällig auch entblößte, was bedeckt
werden mußte, erregte eine Geschwulst am Unterleib bei den
Zunächststehenden ein Gelächter. Da sagte er: «Auch dies, 18
worüber ihr lacht, habe ich, weil ich Tage und Nächte hin-
durch auf dem Pferde saß, und ich schäme und ärgere mich
darüber genausowenig wie über diese Narben, weil es mich
niemals gehindert hat, daheim und im Felde mich für das
Wohl des Staates einzusetzen. Ich habe diesen Körper, der oft 19
vom Schwert getroffen worden ist, als ein alter Soldat euch
jungen Soldaten gezeigt. Galba soll doch einmal seinen hüb-
schen und unverletzten Körper entblößen!

Tribunen, wenn es euch gut scheint, ruft die Tribus wieder 20
zur Abstimmung. Ich ... zu euch, Soldaten...»

Hier ist ein Blatt der Handschrift (ca. 1½ Seiten dieses Formats) verlorengegangen.

Der letzte Satz der Rede kann aus Plutarch ergänzt werden: «Ich *komme* zu euch, Soldaten, *herunter und gehe mit allen mit und werde so erfahren, wer schlecht und undankbar ist und im Felde lieber gehätschelt als kommandiert werden will*[68].»

Durch die Rede des Servilius wurde die Masse der Soldaten so erschüttert und umgestimmt, daß dem Aemilius der Triumph von allen Tribus bewilligt wurde[69].

Der Triumph des Aemilius Paulus

L. Aemilius Paulus feierte seinen Triumph über Makedonien und König Perseus drei Tage lang am 27., 28. und 29. November[70].

Der erste Tag[71] *reichte kaum für die erbeuteten Statuen und Gemälde, die auf 250 Wagen*[72] *vorbeigefahren und zur Schau gestellt wurden.*

Am folgenden Tag wurden die schönsten und kostbarsten der makedonischen Waffen auf vielen Wagen vorgeführt[73]*. Dahinter trugen 3000 Männer das erbeutete Silbergeld in 750 Gefäßen von je drei Talenten Gewicht vorüber*[74]*. Dann folgten – wohl auf einer großen Anzahl Wagen – silberne Mischkrüge, Trinkhörner, Schalen und Becher, wohlgeordnet für die Betrachtung und alle von außerordentlicher Größe und Schönheit, mit reichen plastischen Ornamenten.*

Am dritten Tag zogen morgens Trompeter auf und bliesen wie zum Kampf. Hinter diesen führten junge Männer voll ausgewachsene Opfertiere. Dann wurden 77 Gefäße mit Goldmünzen, jedes drei Talente schwer, vorübergetragen[74]*. Es folgte die heilige Schale, die Aemilius aus zehn Talenten Gold hatte anfertigen lassen und die mit Edelsteinen reich verziert war. Danach wurden die goldenen Geräte aus dem makedonischen Königsschatz*[75] *vorgeführt – auch diese wohl wieder auf Wagen –, schließlich der Wagen des Perseus*[76]*, seine Waffen und, auf den Waffen liegend, sein Diadem. In einem Abstand kamen dann die Gefangenen, darunter die Frau des Perseus*[77] *und seine drei Kinder, zwei Knaben und ein Mädchen, und Bithys*[78]*, der Sohn des Thrakerkönigs Cotys. Perseus selbst ging hinter seinen Kindern und deren Dienerschaft, in ein dunkles Gewand gekleidet und in Schuhen, wie sie in Makedonien landesüblich sind; infolge der Größe seines Unglücks wirkte* *er wie einer, der völlig betäubt ist und den Verstand verloren hat. Auf ihn folgten 250 vornehme Makedonen*[79].

Vor dem Triumphwagen des Paulus wurden 400 goldene Kränze vorbeigetragen, welche die Gemeinden ihm als Siegespreis durch Abordnungen übersandt hatten.

40. ... Valerius Antias überliefert, daß die Summe des ge- 1
samten erbeuteten Goldes und Silbers, das er im Triumphzug vorüberführen ließ, den Wert von 120 Millionen Sesterzen gehabt habe; ohne Zweifel ergibt sich aber eine erheblich größere Summe als diese aus der Zahl der Wagen und der Menge des Goldes und Silbers, die er selbst im einzelnen angibt[80].
Man sagt, daß eine andere, ebenso große Summe für den letz- 2
ten Krieg verbraucht oder auf der Flucht, als Perseus nach Samothrake wollte, verschleudert worden sei. Erstaunlicher aber noch als das war, daß so viel Gold innerhalb von 30 Jahren nach dem Krieg Philipps gegen die Römer teils aus den Einkünften von den Bergwerken, teils aus anderen Abgaben
zusammengerafft worden war. Philipp begann also sehr arm 3
an Geld mit den Römern Krieg zu führen, Perseus dagegen ungeheuer reich.

Zuletzt kam Paulus selbst auf einem Wagen. Er strahlte 4
große Würde aus durch seine majestätische Erscheinung, dazu noch mehr durch sein Alter. Hinter dem Wagen schritten mit anderen bedeutenden Männern seine beiden Söhne Q. Maximus und P. Scipio, dann kamen die Reiter nach Schwadronen und die Kohorten der Fußsoldaten, jede nach Manipeln geordnet.

Jedem einzelnen Fußsoldaten wurden 100 Denare gegeben, 5
der doppelte Betrag dem Zenturio, der dreifache dem Reiter. Man glaubt, daß er den Fußsoldaten einen weiteren Betrag von gleicher Höhe gegeben hätte und entsprechend auch den anderen, wenn sie sich bei der Abstimmung für seine Ehre eingesetzt oder, als ihnen dieser Betrag freundlich bewilligt worden war, Beifall geäußert hätten.

6 Aber nicht nur Perseus, der in Ketten vor dem Wagen des Siegers durch die Stadt geführt wurde, bot in diesen Tagen ein Beispiel für die Unbeständigkeit menschlichen Glücks, sondern auch der Sieger Paulus, der in Gold und Purpur
7 prangte. Denn von den beiden Söhnen, die er als einzige Erben seines Namens, seines Hauskultes und seines Familienverbandes im Hause zurückbehalten hatte, nachdem er zwei hatte adoptieren lassen, starb der jüngere im Alter von ungefähr zwölf Jahren fünf Tage vor dem Triumph, der ältere, der vier-
8 zehn Jahre alt war, drei Tage nach dem Triumph. Sie hätten in der purpurverbrämten Toga mit ihrem Vater auf dem Triumphwagen fahren und sich dabei selbst ähnliche Triumphzüge zum Ziel setzen sollen.

Rede des Aemilius Paulus an das Volk

9 Wenige Tage später wurde von dem Volkstribunen M. Antonius eine Volksversammlung für ihn einberufen. Da sprach Paulus wie die übrigen Feldherrn ausführlich über seine Taten, und seine Rede war bedeutsam und eines großen Römers würdig.

1 41. «Mitbürger, obwohl ich glaube, daß ihr genau wißt, mit welchem Erfolg ich mein Amt geführt habe und welche beiden Blitzschläge in diesen beiden Tagen mein Haus getroffen haben, laßt mich doch, da euch mein Triumphzug und fast gleichzeitig das Begräbnis meiner Söhne ein Schauspiel ge-
2 wesen ist, ganz kurz mein persönliches Geschick mit dem Glück des Staates vergleichen in der Gesinnung, in der ich es sehen muß.

3 Ich verließ Italien und fuhr mit der Flotte bei Sonnenaufgang aus dem Hafen von Brundisium. In der neunten Stunde des Tages erreichte ich mit allen Schiffen Corcyra. Am fünften

Tag danach opferte ich in Delphi dem Apollo für mich und
eure Heere und Flotten. Von Delphi aus gelangte ich am 4
fünften Tag ins Lager. Dort übernahm ich das Heer, änderte
einige Dinge, die große Hindernisse für einen Sieg waren,
rückte vor, und da das Lager der Feinde nicht zu erobern war
und der König nicht zum Kampf gezwungen werden konnte,
überwand ich zwischen seinen Stellungen den Paß bei Petra
und besiegte den König bei Pydna im Kampf. Ich habe Make- 5
donien in die Gewalt des römischen Volkes gebracht, und den
Krieg, den drei Konsuln vor mir vier Jahre lang so geführt
haben, daß sie ihrem Nachfolger immer eine schwerere Auf-
gabe hinterließen, habe ich innerhalb von fünfzehn Tagen[81]
beendet. Es folgte darauf eine Fülle anderer glücklicher Er- 6
eignisse: ganz Makedonien ergab sich; der Königsschatz fiel
in meine Hand; der König selbst wurde im Heiligtum von
Samothrake mit seinen Kindern gefangen, so daß die Götter
ihn fast selbst auslieferten. Auch mir kam das Glück jetzt all-
zugroß vor und war mir darum verdächtig. Ich fing an, die 7
Gefahren des Meeres bei dem Hinüberschaffen des so großen
Königsschatzes und dem Rücktransport des siegreichen Hee-
res nach Italien zu fürchten. Nachdem alles nach glücklicher 8
Überfahrt nach Italien gelangt war und es nichts mehr gab,
um was ich weiter hätte bitten können, habe ich, da das
Schicksal von seiner Höhe sich zurückzuwälzen pflegt, ge-
wünscht, daß lieber mein Haus als der Staat seinen Wechsel
zu spüren bekomme. Deshalb hoffe ich, daß das Glück des 9
Staates es überstanden hat mit meinem so in die Augen fallen-
den Unglück, weil mein Triumph, wie zur Verhöhnung
menschlichen Schicksals, zwischen den beiden Begräbnissen
meiner Kinder lag. Ich und Perseus stehen als Beispiele des 10
Menschenloses jetzt besonders deutlich im Blickfeld: jener,
der selbst ein Gefangener ist, hat zwar sehen müssen, wie
seine Kinder als Gefangene vor ihm geführt wurden, aber er

11 hat sie unversehrt; ich dagegen, der ich über ihn triumphiert habe, stieg vom Begräbnis des einen Sohnes auf den Triumphwagen und fand den anderen, als ich vom Kapitol zurückkehrte, fast schon in den letzten Zügen. Und aus der so großen Schar meiner Kinder ist keiner mehr übrig, der den Na-
12 men des L. Aemilius Paulus trägt. Denn zwei habe ich, da ich ja so viele Söhne hatte, adoptieren lassen, und sie gehören jetzt zu den Familien der Cornelier und Fabier. In meinem Haus ist außer einem alten Mann kein Paulus mehr. Aber über dieses Unglück meines Hauses tröstet mich euer Glück und das Glück des Staates.»

1 42. Daß er dies mit so hoher Gesinnung vortrug, erschütterte die Zuhörer mehr, als wenn er in seiner Rede den Verlust seiner Kinder kläglich beweint hätte.

Der Triumph des Octavius

2 Cn. Octavius feierte am 1. Dezember seinen Triumph über König Perseus als Flottenbefehlshaber[82]. Es war ein Triumph
3 ohne Kriegsgefangene und ohne erbeutete Waffen. Jedem von den Seesoldaten gab er 75 Denare, den Steuerleuten, die auf den Schiffen gewesen waren, den doppelten Betrag, den Kapitänen den vierfachen.

Senatsbeschluß über Perseus, Bithys und die anderen Gefangenen

4 Darauf fand eine Senatssitzung statt. Die Senatoren beschlossen, Q. Cassius solle König Perseus mit seinem Sohn Alexander[83] nach Alba in Gewahrsam führen. Sein Gefolge, sein Geld, sein Silber und was er an Kleidung und Hausrat bei sich hatte, solle er ihm lassen und ihm nichts wegnehmen[84].

Bithys, der Sohn des Thrakerkönigs Cotys, wurde mit den 5
Geiseln nach Carseoli in Gewahrsam geschickt.

Es wurde beschlossen, die übrigen Gefangenen, die im Triumphzug mitgeführt worden waren, in den Kerker zu werfen.

Gesandtschaft des Königs Cotys

Wenige Tage danach kamen Gesandte von dem Thrakerkönig 6
Cotys mit Geld, um seinen Sohn und die anderen Geiseln los-
zukaufen. Sie wurden in den Senat geführt und betonten in 7
ihrer Rede vor allem, Cotys habe nicht freiwillig den Perseus
unterstützt, sondern sei gezwungen worden, Geiseln zu stel-
len; und sie baten darum, diese zu einem Preis, den der Senat
selbst festsetzen sollte, loskaufen zu dürfen. Aufgrund eines 8
Senatsbeschlusses wurde ihnen geantwortet, das römische
Volk erinnere sich der Freundschaft, die mit Cotys, seinen
Vorfahren und der Völkerschaft der Thraker bestanden habe.
Das Stellen der Geiseln sei ein Vergehen und nicht eine Ent- 9
schuldigung für ein Vergehen, da das Volk der Thraker den
Perseus nicht einmal zu fürchten brauchte, als er Ruhe hatte,
geschweige denn, als er durch einen Krieg mit den Römern
in Anspruch genommen war. Aber wenn Cotys auch die Gunst 10
des Perseus der Freundschaft des römischen Volkes vorgezo-
gen habe, werde es, was seiner würdig sei, für wichtiger hal-
ten, als daß Cotys behandelt werde, wie er es verdiene, und
werde ihm seinen Sohn und die Geiseln zurückschicken. Die 11
Wohltaten des römischen Volkes erfolgten ohne Entgelt; es
wolle lieber, daß die Dankbarkeit in den Herzen derer bleibe,
die eine Wohltat erhielten, als den Preis auf die Hand fordern.

Es wurden drei Gesandte ernannt, T. Quinctius Flamininus, C. Licinius Nerva und M. Caninius Rebilus, welche

die Geiseln nach Thrakien zurückführen sollten; den Thrakern wurden auch Geschenke gegeben, jedem einzelnen für
12 2000 As. Bithys wurde mit den übrigen Geiseln aus Carseoli herbeigeholt und mit den Gesandten zu seinem Vater geschickt.

Der Verbleib der Schiffe des Perseus

Die Schiffe des Königs, die von den Makedonen erbeutet worden waren und die eine bisher noch nicht gesehene Größe hatten, wurden auf das Marsfeld geschafft.

Der Triumph des Anicius

1 43. Während die Erinnerung an den Triumph über Makedonien immer noch nicht nur in den Herzen lebendig war, sondern fast noch vor Augen schwebte, triumphierte L. Anicius an den Quirinalien über König Gentius und die Illyrer.

2 Alles erschien den Menschen mehr ähnlich als gleich: der Feldherr selbst war kleiner, und in seiner Stellung in der Bürgerschaft wurde Anicius an Aemilius gemessen und im Umfang der Befehlsgewalt der Prätor am Konsul. Gentius konnte nicht mit Perseus, die Illyrer nicht mit den Makedonen, die Beute nicht mit der Beute, das Geld nicht mit dem Geld, die
3 Geschenke nicht mit den Geschenken verglichen werden. Daher wurde dieser Triumph durch den vorhergehenden in den Schatten gestellt. Aber es war offenbar, daß er selbst keineswegs zu verachten war, wenn man ihn für sich ins Auge faßte.
4 Völlig bezwungen hatte er innerhalb weniger Tage das auf dem Lande und auf dem Wasser kühne Volk der Illyrer, das sich auf das Gelände und seine Befestigungen verließ. Den

König und alle Mitglieder des königlichen Hauses hatte er
gefangen. Im Triumphzug ließ er viele Feldzeichen vorüber-
ziehen und anderes erbeutetes Kriegsgerät, die Gerätschaften
des Königs, 27 Pfund Gold, 19 Pfund Silber, 13 000 Denare und 5
120 000 illyrische Silberlinge. König Gentius mit seiner Frau 6
und seinen Kindern, Caravantius, der Bruder des Königs, und
eine Anzahl vornehmer Illyrer wurden vor dem Triumph-
wagen einhergeführt.

Von der Beute gab er jedem einzelnen Soldaten 45 Denare, 7
dem Zenturio doppelt, dem Reiter dreimal soviel, den Bun-
desgenossen und Latinern soviel wie den Bürgern, und den
Seesoldaten[85] soviel wie den Soldaten.

Diesem Triumphzug folgten die Soldaten mit größerer Be- 8
geisterung, und der Feldherr selbst wurde in vielen Liedern
gefeiert. Daß von dieser Beute außer dem Gold und Silber,
das in die Staatskasse gelegt wurde, 20 Millionen Sesterzen
eingingen, berichtet Antias. Weil es mir nicht klar wurde,
woher dieser Betrag kommen konnte, habe ich meinen Ge-
währsmann für diese Sache zu Worte kommen lassen.

König Gentius wurde mit seinen Kindern und seiner Frau 9
und seinem Bruder auf Senatsbeschluß nach Spoletium in Ge-
wahrsam geführt, die übrigen Gefangenen wurden in Rom in
den Kerker geworfen. Da die Bewohner von Spoletium die
Bewachung ablehnten, wurde die Königsfamilie nach Iguvium
gebracht.

Der Rest der Beute aus Illyrien waren 220 Kutter. Sie waren 10
von König Gentius erbeutet worden, und Q. Cassius ver-
teilte sie auf Senatsbeschluß an die Bewohner von Corcyra,
Apollonia und Dyrrachium.

Beamtenwahlen

1 44. Die Konsuln verwüsteten in diesem Jahr nur das Gebiet der Ligurer; und da die Feinde ihre Heere niemals ins Feld geführt hatten, kehrten sie, ohne eine erwähnenswerte Tat vollbracht zu haben, nach Rom zurück, um die Wahlen durchzuführen. Am ersten Wahltag wurden M. Claudius Marcellus
2 und C. Sulpicius Gallus zu Konsuln gewählt, dann am folgenden Tag L. Julius, L. Apulejus Saturninus, A. Licinius Nerva, P. Rutilius Calvus, P. Quinctilius Varus und M. Fontejus zu Prätoren. Diesen Prätoren wurden die beiden städtischen Amtsbereiche zugewiesen sowie die beiden Spanien, Sizilien und Sardinien.

Die Einfügung eines Schaltmonats

3 Ein Schaltmonat wurde in diesem Jahr eingefügt; der erste Tag dieses Schaltmonats war am Tag nach den Terminalien[86].

Tod und Nachwahl von Priestern

Der Augur C. Claudius starb in diesem Jahr; an seine Stelle wählten die Auguren den T. Quinctius Flamininus. Auch Q. Fabius Pictor, der Flamen des Quirinus, starb.

König Prusias in Rom

4 In diesem Jahr kam König Prusias mit seinem Sohn Nicomedes nach Rom. Er betrat die Stadt mit großem Gefolge und zog vom Tor zum Forum und zur Gerichtstribüne des Prä-

tors Q. Cassius, und man eilte von allen Seiten zusammen. 5
Er sagte, er sei gekommen, um die Götter, die die Stadt Rom bewohnten, und den Senat und das Volk von Rom zu grüßen und ihnen Glück zu wünschen, weil sie die Könige Perseus und Gentius besiegt und die Makedonen und Illyrer unter ihre Herrschaft gebracht und so ihr Reich vergrößert hätten.
Als der Prätor ihm mitteilte, er könne an diesem Tag in den 6
Senat kommen, wenn er wolle, bat er um eine Frist von zwei Tagen, um in die Tempel der Götter zu gehen und die Stadt zu besichtigen sowie seine Gastfreunde und Freunde zu be-
suchen. Der Quästor L. Scipio, der ihm nach Capua entge- 7
gengeschickt worden war, wurde ihm zugeteilt und sollte ihn herumführen; es wurde auch ein Haus gemietet, in dem er
und sein Gefolge freundliche Aufnahme fanden. Am dritten 8
Tag kam er in den Senat; er sprach seinen Glückwunsch zu dem Sieg aus, erwähnte seine Verdienste in diesem Kriege und bat, ihm zu erlauben, sein Gelübde zu erfüllen, in Rom auf dem Kapitol zehn ausgewachsene Opfertiere zu opfern und in
Praeneste eins für die Fortuna – das seien Gelübde für den Sieg 9
des römischen Volkes – und das Bündnis mit ihm zu erneuern und ihm das Gebiet zu geben, das dem König Antiochus abgenommen, aber vom römischen Volk keinem gegeben worden sei und das jetzt die Gallier in Besitz hätten. Zuletzt empfahl er seinen Sohn Nicomedes dem Senat.

Er wurde durch das Wohlwollen aller, die in Makedonien
Feldherrn gewesen waren, unterstützt. Deshalb wurde ihm 10
das übrige, um das er bat, gewährt. Wegen des Territoriums wurde ihm geantwortet, man würde Gesandte schicken, um die Sache an Ort und Stelle zu prüfen. Wenn dieses Gebiet dem römischen Volk gehört hätte und keinem verliehen worden sei, glaubten sie, Prusias verdiene dieses Geschenk am
ehesten. Wenn es sich aber zeige, daß es dem Antiochus nicht 11
gehört habe und darum auch nicht Eigentum des römischen

Volkes geworden, oder aber, daß es den Galliern zugeteilt
worden sei, so müsse Prusias verzeihen, wenn das römische
Volk es ihm nicht geben wolle, da es dann einem anderen da-
12 mit unrecht tue. Ein Geschenk könne nicht einmal dem, der
es erhalte, angenehm sein, wenn er wisse, daß der Geber es
wieder wegnehmen werde, wenn er wolle.

13 Die Empfehlung seines Sohnes Nicomedes nähmen sie an.
Mit welcher Sorgfalt das römische Volk die Kinder befreun-
deter Könige schütze, dafür diene Ptolemaeus zum Zeugnis,
der König von Ägypten.

14 Mit dieser Antwort wurde Prusias entlassen. Es wurde be-
fohlen, ihm Geschenke für …[87] Sesterzen zu geben und sil-
15 berne Gefäße im Gewicht von 50 Pfund. Und sie beschlossen,
daß dem Nicomedes, dem Sohn des Königs, für denselben
Betrag Geschenke gegeben werden sollten, wie sie dem Mas-
gaba, dem Sohn des Königs Masinissa, gegeben worden wa-
ren[88]. Die Opfertiere und das andere, was zu einem Opfer ge-
höre, sollten dem König wie römischen Beamten auf Kosten
der Staatskasse gegeben werden, ganz gleich, ob er in Rom
16 oder in Praeneste opfern wollte; und von der Flotte, die in
Brundisium liege, sollten ihm zwanzig Kriegsschiffe zur Ver-
17 fügung gestellt werden. Bis der König zur Flotte gelange, die
ihm zum Geschenk gemacht worden sei, solle L. Cornelius
Scipio nicht von seiner Seite gehen und den Aufwand für ihn
selbst und sein Gefolge bestreiten, bis er ein Schiff bestiegen
18 habe. Man sagt, der König sei außerordentlich erfreut gewe-
sen über diese Freundlichkeit des römischen Volkes ihm ge-
genüber; er habe nicht zugelassen, daß die Geschenke für ihn
selbst gekauft wurden, habe aber befohlen, daß sein Sohn das
19 Geschenk des römischen Volkes annehme. Dies berichten
unsere Schriftsteller über Prusias.

Polybius[89] aber überliefert, daß dieser König der Würde
eines so großen Namens unwert gewesen sei. Er sei den Ab-

gesandten regelmäßig mit einer Filzkappe und geschorenem
Kopf[90] entgegengegangen und habe sich als Freigelassener des
römischen Volkes bezeichnet; darum trage er die Kennzeichen
dieses Standes. Auch in Rom habe er, als er in das Senatsge- 20
bäude kam, sich zu Boden geworfen und die Schwelle des
Senatsgebäudes geküßt und den Senat als seine rettenden Göt-
ter angeredet und eine andere Rede gehalten, die für die Zu-
hörer weniger ehrend war als für ihn schimpflich.

Er hielt sich im Gebiet der Stadt nicht länger auf als dreißig 21
Tage und reiste dann in sein Reich zurück.

Verschärfung des Krieges zwischen Eumenes und den Galliern

Der Krieg in Asien zwischen Eumenes und den Galliern wurde heftiger[91].

ANHANG

NACHWORT

von Olof Gigon

Die sieben letzten Bücher, die uns vom Geschichtswerk des Livius einigermaßen vollständig erhalten sind, sind beherrscht durch die Ereignisse im Osten, durch die endgültige Unterwerfung der griechischen Welt durch die Römer; alles andere ist bloß Beiwerk. Der Höhepunkt des Geschehens fällt in die Jahre 168/167. Es ist die Kapitulation des letzten makedonischen Königs und dann die Zerstörung des makedonischen Staates, der im 7. Jahrhundert v. Chr. in die Geschichte eingetreten war und im 4. Jahrhundert durch die Könige Philipp und Alexander zu höchstem Glanz gebracht worden war. Die Nachwelt hat dieses Ereignis nicht ohne Grund interpretiert als den Übergang des Anspruchs auf die Weltherrschaft an die Römer. In der Perspektive der Antike waren zuerst die Assyrer, dann die Meder und Perser und seit der Zeit Alexanders des Großen die Makedonen Träger dieses Anspruchs gewesen. Vorausgegangen waren für Rom die zwei ersten Punischen Kriege, zwei Kriege, die mit der größten Erbitterung geführt worden waren, Rom zweimal an den Rand des Untergangs gebracht und dann doch mit der Niederlage Karthagos geendet hatten.

Diese zwei Kriege sind nun allerdings von denjenigen, die im griechischen Osten geführt wurden, völlig verschieden gewesen. Der Kampf zwischen Rom und Karthago hatte sozusagen epischen Stil. Es standen sich da zwei ebenbürtige Gegner gegenüber, beide getrieben durch weitreichende Eroberungspläne, beide auf eine imposante Macht gestützt, die hier und dort überraschend ähnlich aufgebaut war. Wie Rom die Stämme Italiens, so hatte Karthago die Völkerschaften Nordafrikas rücksichtslos zur Heeresfolge gezwungen. Beide Staatswesen waren vermutlich ungefähr gleich alt, seit Jahrhunderten bald durch Verträge miteinander verbunden, bald in scharfer Rivalität gegeneinander arbeitend.

Kulturell bestand zwischen Rom und Karthago nicht die geringste Beziehung. Der karthagische Staat darf wohl als ein letzter Ausläufer eines altorientalischen Staatstypus bezeichnet werden; daran änderten auch die teilweise sehr starken griechischen Einflüsse nichts. Die Sprache der Karthager war eine semitische, ohne jedes Interesse für die Römer. Die Religion zeigte den archaisch-düsteren Charakter mancher vorderasiatischer Religionen. Menschenopfer sollen vorgekommen sein, über die sich die Römer zutiefst entrüsteten. Es waren zwei in sich geschlossene und im Kern einander völlig fremde Welten, die da aufeinanderstießen.

Mit Griechenland war dies alles anders. Zur griechischen Kultur hat Rom schon früh Beziehungen gehabt. Sie mögen schon am Anfang des 5. Jahrhunderts recht lebhaft gewesen sein, wenn wir annehmen dürfen, daß damals Aristodemos, der Tyrann der Stadt Kyme in Kampanien, einem vertriebenen römischen Fürsten (der auch als Tyrann geschildert wurde) Asyl gewährt hat. In jedem Falle haben die Römer aus Kyme ihre Schrift, vielleicht auch bestimmte Institutionen übernommen. Von der Mitte des 4. Jahrhunderts an setzt der griechische Einfluß mit aller Macht ein. Im nachfolgenden Jahrhundert begann man systematisch, die großen Werke der griechischen Literatur nachzubilden. Zugleich wurde die römische Religion so gründlich griechisch uminterpretiert, daß zweihundert Jahre später schon eine große Menge altrömischer Traditionen entweder untergegangen oder durch griechische Vorstellungen verdrängt waren. Endlich tat die

Verknüpfung der Gründungsgeschichte der Stadt Rom mit Aeneas, einem Helden der Ilias, ein übriges, um ein eigentümlich romantisches Verhältnis zu den Griechen zu erzeugen. Die Griechen waren nicht einfach irgendein Nachbar und Gegner, sondern Vertreter einer kulturellen Tradition, die man bewunderte und an der man selbst teilzuhaben wünschte.

Der erste politische und militärische Zusammenstoß mit dem griechischen Osten hatte zunächst auch noch einen gewissermaßen romantischen Charakter. An König Pyrrhos von Epirus bewunderten die Römer ebensosehr sein militärisches Können wie seine vornehme Ritterlichkeit.

Die ersten schweren Zusammenstöße ereigneten sich erst wieder gegen Ende des 3. Jahrhunderts. In dieser Zeit war in der griechischen Welt schon jener Zerfall sichtbar geworden, dessen Keim schon in der Struktur des Staates Alexanders des Großen gelegen hatte. Dieser Staat war schon ideologisch nicht zu bewältigen. Als eine sonderbare Mischung aus einem archaischen Königtum mit ganz neuen, ausschließlich durch den Erfolg legitimierten Ansprüchen ging er in keine der verfügbaren Kategorien griechischer Staatstheorie ein. Es kam dazu, daß die Dynastie Alexanders faktisch schon mit seiner Person erlosch. In rücksichtslosem Kampf aller gegen alle bemächtigten sich seine Heerführer der weiten eroberten Gebiete. Es entstanden neue Königreiche mit unsicheren Grenzen und unübersichtlichem Aufbau außer dort, wo wie in Ägypten eine geschlossene und noch ungebrochene Tradition zur Übernahme bereitstand. Das makedonische Reich verfügte zwar über ein ziemlich kompaktes Kernland, hatte aber dauernd seine Not mit den nach allen Richtungen ausgreifenden Randgebieten. Im ganzen gesehen war die Labilität der hellenistischen Reiche nach außen wie nach innen extrem. Schon die ersten fünfzig Jahre nach dem Tode Alexanders waren erfüllt von derart rasanten Machtverschiebungen, daß auch die darauf folgende etwas ruhigere Zeit keine geistige und politische Konsolidierung mehr zustande brachte. Gelegentlich wurde versucht, die hellenistischen Monarchien an das homerische Königtum anzuknüpfen. Dies nützte aber wenig, wenn daneben die zahlreichen subtil ausgebauten Mechanismen der Machtverteilung, die die griechische Polis ausgearbeitet hatte und an denen man sich hätte orientieren können, beiseite geschoben wurden. Immer wieder waren die großen Flächenstaaten von Auflösung bedroht, und auch das harte Problem der unzureichenden Legitimität aller Herrscher wurde immer wieder sichtbar.

Dieser fluktuierenden Vielheit trat der energisch durchorganisierte römische Staat gegenüber. Es ist kein Zweifel, daß zunächst die Bewunderung für das Griechentum überwog. Im politischen Bereich schlug diese Bewunderung offensichtlich sehr rasch in Verachtung um und in die zynische Entschlossenheit, die griechische Unordnung für die eigenen Zwecke auszunützen.

Die Griechen wiederum haben wie jedes mit Blindheit geschlagene Volk die Römer zuerst als Bundesgenossen, dann als Schiedsrichter in ihre inneren Angelegenheiten hereingezogen und zu spät entdeckt, daß sie sich damit vollständig dem Gutdünken und der Willkür der Römer auslieferten. Das Verhängnis begann an dem Tag, an dem T. Quinctius Flamininus nach seinem Sieg über Philipp V. von Makedonien (197 v. Chr.) den versammelten Griechen erklärte, die Römer gäben ihnen nun ihre angestammte Freiheit und Autonomie zurück. Wir werden nie erfahren, wieweit diese Erklärung aufrichtig gemeint und wieweit sie bloß eine politische Berechnung war. Natürlich wußte der, der sie abgab, welche Rolle der Ruf nach Freiheit in der griechischen Geschichte im Kampf gegen die Barbaren wie in dem gegen die Tyrannen gespielt hatte. Er war sich wohl aber auch klar darüber, daß die nun frei gewordenen, aber politisch machtlosen Staaten des griechischen Mutterlandes unweigerlich auf die Hilfe Roms angewiesen waren, wenn sie sich gegen Makedonien behaupten wollten. Rom gewöhnte sich sehr rasch daran, sich zunächst als Schutzherr hellenistischer Kleinstaaten wie Pergamon, Bithynien oder Rhodos zu empfehlen, sowie diese sich durch mächtigere Nachbarn bedroht glaubten. Die Griechen nahmen solche Angebote bedenkenlos an. Gerade die Berichte bei Livius zeigen, wie im Laufe der Zeit immer mehr griechische Gesandtschaften nach Rom kamen, um Hilfe zu erbitten oder gar für eine den Römern nicht genehme Politik Buße zu tun. Die Gesandtschaften der Römer in den Osten verwandelten sich aus Freundschaftsbesuchen in Inspektionsreisen einer übergeordneten, alles kontrollierenden Instanz.

Was bei alledem erstaunlich ist, ist nicht das Verhalten der Römer als vielmehr das Benehmen der Griechen. Die Römer traten mit dem Selbstbewußtsein auf, das ihnen eigen gewesen zu sein scheint, seitdem wir sie als geschichtliches Volk kennen. Den Karthagern gegenüber werden sie sich als Repräsentanten einer höheren Kultur empfunden haben. Den Griechen gegenüber vertraten sie Ordnung und Gerechtigkeit. Rom wird gerade in dieser Zeit seinen Anspruch, gerechte Verhältnisse herstellen und verteidigen zu können, gewaltig gesteigert haben. Allerdings bedeutete das Durchsetzen einer gerechten Ordnung zugleich auch die Herrschaft über alle diejenigen, die aus eigener Kraft zu keiner stabilen Ordnung zu gelangen vermochten. Man wird in diesem Punkte den Römern eine durchaus verständliche Mischung aus Grundsatztreue und Beachtung der eigenen Interessen zubilligen können, mag man auch gelegentlich die Unbedenklichkeit, mit der sie ihre Freunde und Schützlinge als Tugendhelden loben und ihre Gegner als Schurken bezeichnen, etwas fragwürdig finden. Erstaunlicher ist, wie gesagt, das Verhalten der Griechen. Hier zeigt sich der totale Zerfall des politischen Denkens, der schon zwei Generationen vor Alexander dem Großen eingesetzt hatte. Er hatte in Athen und anderswo begonnen mit dem Rückzug der Gebildeten aus der Politik; ein eindrückliches Zeugnis dafür ist die spätere attische Komödie. In den hellenistischen Großstaaten wiederum fehlte sowohl eine zuverlässige Verwaltung wie auch eine gesicherte Folge in den verantwortlichen Ämtern und zuletzt jede übergreifende politische Idee. So scheint es denn, daß die Dinge zwangsläufig so kommen mußten, wie sie gekommen sind.

Wir dürfen freilich nicht ganz übersehen, daß diese Charakterisierung der Verhältnisse im frühen 2. Jahrhundert v. Chr. in erheblichem Umfang von unseren Quellen abhängt. Auf sie muß denn auch noch einmal hinübergeblickt werden. Dies liegt um so näher, als wir in den hier dargebotenen Büchern eine verhältnismäßig einfache Situation vor uns haben. Livius hat sich allem Anschein nach fast ausschließlich an drei Autoren gehalten, einen Griechen und zwei Römer. Der Grieche, Polybios, war Zeitgenosse der berichteten Ereignisse, die beiden Römer, Claudius Quadrigarius und Valerius Antias, haben rund drei Generationen nach den Ereignissen gelebt. Dieser Umstand schafft evidentermaßen ein Problem: welches sind die Primärautoren, die sie benutzt und bearbeitet haben? Diese zu kennen und über ihre Beurteilung der Ereignisse informiert zu sein, würde uns natürlich wesentlich mehr interessieren als zu lesen, was die späteren Bearbeiter aus ihren Quellen gemacht haben. Leider kommen wir bis heute in dieser Richtung immer noch nicht sehr weit. Ein Primärautor war zweifellos sehr wichtig: Marcus Porcius Cato, Konsul 195, Zensor 184, der im hohen Alter (er starb 149 v. Chr.) ein Geschichtswerk verfaßt hat, in dem er vor allem die eigene Zeit und die eigenen Leistungen und Erlebnisse ausführlich beschrieben hat. Es muß ziemlich viel Material aus diesem Werk in unsere Bücher des Livius eingegangen sein, wohl bedeutend mehr, als sich zur Zeit nachweisen läßt. Andere Primärautoren, die Claudius und Valerius ausgewertet haben mögen, bleiben bloße Schatten; daß sie direkt oder indirekt auch amtliche Akten, Wahl- und Sitzungsprotokolle, offizielle Berichte der Heerführer an den Senat in Rom, benutzt haben, ist weiterhin wahrscheinlich, auch wenn wir darüber keine zuverlässigen Data besitzen.

In unserem Zusammenhang ist indessen entscheidend nur der tiefe und charakteristische Unterschied zwischen der Darstellung des Griechen und derjenigen der römischen Historiker.

Polybios ist Grieche. Er kennt die Struktur der griechischen Landschaft vielfach aus eigener Anschauung und weiß sie dementsprechend präzis zu beschreiben. Er ist auch im Bilde über die Konfiguration der griechischen Stämme und Staaten. Er hat sich außerdem mit griechischer (vor allem peripatetischer) Staatstheorie befaßt, weiß also, wie eine Demokratie in Pöbelherrschaft und eine Monarchie in Tyrannis übergeht und welches Ende eine Pöbelherrschaft wie eine Tyrannis zu nehmen pflegt. Endlich hat er wie alle nachklassischen Historiker Griechenlands die Werke der attischen Tragiker gelesen. An den Tragikern haben sie alle zu schildern gelernt, wie entgegengesetzte Charaktere, Bestrebungen und Leidenschaften in unheilvolle Verstrickungen geraten und in fürchterlichen Katastrophen enden. Und daß bei Polybios selber der Untergang des Demetrios als eine Tragödie euripideischen Stiles beschrieben war, lassen bei Livius Stellen wie 40, 5, 1 und 40, 56, 9 deutlich erkennen.

Umgekehrt hat Polybios vermutlich nie ganz begriffen, welche Funktion den hohen Magistraturen im Aufbau des römischen Staates zukam, welches der Einfluß der mächtigen alten Familien auf die Politik Roms war, nach welchem Ritual etwa die Verhandlungen im Senat stattfanden und welchen Respekt auch die aufgeklärtesten Römer den Priesterkollegien und den von diesen begutachteten Prodigien entgegenbrachten; alle diese Dinge waren ja schon dem klassischen und erst recht dem hellenistischen Griechenland völlig fremd.

Da setzen nun die römischen Historiker ein. Es ist selbstverständlich, daß für sie Rom im Mittelpunkt allen Geschehens steht, genauer: daß alles Geschehen nur relevant ist, soweit es Rom angeht. Von Rom gehen alle Entscheidungen aus, in Rom werden die Ergebnisse aller Aktionen registriert, und alle Erfolge dienen der Mehrung und Konsolidierung des römischen Reiches. Jahr für Jahr sind es die Wahlen vor Beginn des Amtsjahres, die für die Politik der kommenden zwölf Monate die Weichen stellen. Die Wahlen selbst gehen aus mannigfachen Bündnissen und Rivalitäten unter den großen Familien hervor, desgleichen die Aufträge, die der Senat nach erfolgter Wahl den obersten Magistraten erteilt. Kompetenzkonflikte und Kompetenzüberschreitungen fehlen nicht. Dies sind alles Dinge, über die Livius nur aus seinen römischen Quellen eine einigermaßen exakte und adäquate Auskunft erhalten konnte.

Der Unterschied zwischen den griechischen und den römischen Anteilen in den Büchern des Livius wäre wahrscheinlich wesentlich auffallender, als er uns heute zu sein scheint, wenn Livius nicht hier wie dort massiv gekürzt hätte. Uns macht sein Geschichtswerk den Eindruck, überaus breit angelegt zu sein. Prüfen wir – zum mindesten in den erhaltenen Teilen – das Einzelne, so ergibt sich das Gegenteil. Bei Polybios hat er nach eigenem Eingeständnis all das weggelassen, was nicht direkt oder indirekt für die römische Geschichte von Interesse war; da wird denn an Berichten über die Konflikte der hellenistischen Staaten untereinander, über ihre inneren Schwierigkeiten und über ihre Auseinandersetzungen mit den nichtgriechischen Nachbarstaaten im Osten vieles weggefallen sein. Was die römischen Historiker angeht, so erschließen wir aus den überlieferten Buchzahlen, daß ihre Darstellung vielfach erheblich ausführlicher war als diejenige des Livius. Eindrucksvoll zeigt sich dies an den ersten zehn Büchern des Livius, wo der uns erhaltene, zur Hauptsache nach älteren römischen Autoren gearbeitete Bericht des Dionysios von Halikarnaß die Darstellung des Livius an Umfang wesentlich übertrifft. Livius hat also gekürzt und vereinfacht und damit auch in einem gewissen Umfange vereinheitlicht.

Immerhin läßt sich eines erkennen, was den aufmerksamen Leser immer wieder befremden wird. Es ist die Tatsache, daß sich Polybios, der Grieche, in allen entscheidenden Punkten mit der römischen Auffassung der Ereignisse identifiziert hat. Selbstverständlich ist dies in keiner Weise, und es ist deutlich, daß dabei arge Verzerrungen des Urteils zustande gekommen sind. Es steht nicht von vorneherein fest, daß Philipp V. von Makedonien ein zügelloser und unbeherrschter Gewalttäter war, sein Sohn Demetrios eine reine Seele, die nur das Beste für den Staat wollte, und der andere Sohn Perseus vor der Thronbesteigung ein rücksichtslos ehrgeiziger Schurke, nach der Thronbesteigung teils ein behutsam lavierender Diplomat, teils ein unbegreiflicher Geizhals, der sich selbst durch seine Filzigkeit ins Verderben hineinmanövrierte. Es ist auch nicht ausgemacht, daß Antiochos IV. von Syrien ein eitler Schwächling war und die Kleinkönige von Pergamon und Bithynien mehr oder weniger lächerliche Figuren.

Wir glauben gerne, daß diese Stilisierung den Römern willkommen war. Doch sonderbar bleibt es, daß Polybios niemals auf den Gedanken gekommen zu sein scheint, es habe sich beim Widerstand Philipps, des Perseus und des Antiochos gegen die Römer in Wahrheit um verzweifelte Versuche gehandelt, einer Übermacht gegenüber ein gewisses Maß staatlicher Unabhängigkeit zu retten.

Für Polybios hat die griechische Welt ihr Schicksal verdient. Daß sie in die Hand der Römer kam, war das beste, was ihr geschehen konnte. Aufs Ganze gesehen war dieses Urteil vielleicht nicht unrichtig. Ob es denen gegenüber, die sich mit diesem Ablauf der Dinge nicht abfinden wollten, gerecht war, ist eine andere Frage. Zum mindesten wirkt es peinlich, wie er mehrmals nicht ohne augenscheinliche Schadenfreude erzählt, in welcher Weise sich griechische Fürsten vor römischen Magistraten demütigen mußten. Vom Vorwurf einer etwas opportunistischen Bewunderung dessen, der eben zu guter Letzt der stärkere geblieben ist, kann man ihn nicht freisprechen. Aber dem Livius hat er damit die Arbeit ungemein erleichtert. Er hat zu seinem Teil dazu beigetragen, das Vordringen Roms in den Osten als eine weltgeschichtliche Notwendigkeit erscheinen zu lassen.

Wenn wir die nachfolgenden Bücher des Livius besäßen, würde sich dies noch deutlicher erkennen lassen. Wir haben noch einige umfangreiche Exzerpte aus dem griechischen Text des Polybios, in denen die Katastrophe des Achäischen Bundes und der Untergang Korinths 146 v.Chr. geschildert ist. Es ist einigermaßen beklemmend zu sehen, wie der Historiker die Schuld an diesem Ereignis ausschließlich bei der Unbedachtheit und Starrköpfigkeit der griechischen Politiker sucht.

In dem ganzen Komplex findet sich nur eine Szene, in der solche fatalen Nebentöne nicht zu vernehmen sind. Es ist die Kapitulation des Königs Perseus vor dem Konsul Aemilius Paulus. Hier liegt uns nicht nur der Bericht des Livius, sondern auch einer bei Plutarch vor, der vermutlich nicht aus Polybios stammt. Natürlich ist in dieser Szene der Römer der Held, der sein Glück mit überlegener Weisheit zu tragen vermag. Doch auch der geschlagene König ist nicht etwa eine verächtliche Figur, die nun für ihre Missetaten gestraft wird, sondern – gewissermaßen im Geiste Herodots – einfach ein Mensch, den die Gottheit ins Verderben gestoßen hat. Wir fassen da einen Bericht großen Stiles, der letzten Endes aus der Umgebung des Aemilius Paulus stammen wird.

Was Polybios betrifft, so sind wir nicht ganz sicher, ob er den Rang dieses Ereignisses wirklich begriffen hat. Er scheint sich über das jammervolle Ende des Reiches Alexanders des Großen keine sonderlichen Gedanken gemacht zu haben. Aemilius Paulus selbst mag da wohl klarer gesehen haben.

Denn was nun verblieb, war nur noch die stückweise Liquidation der Reste der griechischen Staaten. Polybios hat sie bis zum Jahre 146 v. Chr. geschildert. An ihn schloß sich das Geschichtswerk des Poseidonios an, das bis in die Zeit des Marius und Sulla weiterführte. In dieser Epoche vollendete sich allerdings nicht nur der Zerfall der griechischen Welt; es zeigten sich auch die ersten Symptome der Zerrüttung im Reiche der Römer – womit sich das Gesamtbild der Geschichte von Grund auf änderte. Leider wissen wir nicht mehr genau genug, wie Livius über diese Zeit berichtet hat. Die Einleitung zum Gesamtwerk läßt immerhin ahnen, daß er auch diese dunkeln Seiten der römischen Geschichte nicht verschwiegen hat.

ANMERKUNGEN ZUR EINLEITUNG

1 Hieronymus, chron. p. 164 (Helm) nach Sueton, De viris illustribus. – Die Richtigkeit dieser Angabe wird von R. Syme, Livy and Augustus, HStClPh 64, 1959, 40 (übersetzt in: Wege der Forschung CXXXII, S. 43 ff.) mit beachtlichen Gründen angezweifelt; er vermutet, daß Livius 64 v. Chr. geboren wurde.

2 Strabon 3, 5, 3; 5, 1, 7. 12; Pomponius Mela 2, 60.

3 Martial 11, 16, 8; Plinius, epist. 1, 14, 6.

4 Quintilian, inst. 8, 1, 3; 1, 5, 56.

5 Seneca, epist. 100, 9 erwähnt popularphilosophische Dialoge, die mit Beispielen aus der Geschichte durchsetzt waren, und rein philosophische Arbeiten.

6 Wir wissen von einem Brief des Livius an seinen Sohn, in dem er diesen nachdrücklich auf Demosthenes und Cicero und alle, die sich in ihrem Stil an diese angeschlossen haben, als Stilmuster hinweist (Quintilian, inst. 10, 1, 39; 2, 5, 20) und ihn vor allem Gesuchten und Gespreizten in der Darstellung warnt (Seneca, contr. 9, 2, 26; Quintilian, inst. 8, 2, 18); auch die kritische Bemerkung über eine Stelle aus den Historien des Sallust, die bei dem Rhetor Seneca (contr. 9, 1, 14) überliefert ist, könnte aus diesem Brief stammen.

7 Seneca, nat. 5, 18, 4.

8 Tacitus, ann. 4, 34, 3.

9 Cicero, Phil. 12, 10; Macrobius, Sat. 1, 11, 22.

10 Besonders deutlich Horaz, epod. 16 und epod. 7.

11 Praef. 5.

12 Praef. 3.

13 Praef. 4 ff.

14 Praef. 10. Zur Geschichte als *magistra vitae:* Cicero, De orat. 2, 36.

15 Cicero, leg. 1, 6–7; zur Kennzeichnung dieser Werke werden dabei Wörter wie trocken *(ieiunus)*, dürftig *(exilis)*, bäurisch *(agrestis)*, ungehobelt *(horridus)*, ohne Glanz *(sine nitore)*, Mattigkeit *(languor)*, Unwissenheit *(inscitia)*, geschwätzig *(loquax)*, albern *(ineptus)*, kindisch *(puerilis)* gebraucht. Vgl. auch De orat. 2, 51–54. – Zu den älteren römischen Geschichtsschreibern s. F. Klingner, Römische Geschichtsschreibung, in: Römische Geisteswelt, München

1965^5, S. 66–89. – Die Texte in der Ausgabe von Hermann Peter: Historicorum Romanorum reliquiae, 2 Bände, Leipzig 1914^2 und 1906 (Nachdruck Stuttgart 1967).

16 Cicero, leg. 1, 5; vgl. auch De orat. 2, 55.

17 s. Cicero, De orat. 2, 62–64.

18 Quintilian, inst. 10, 1, 101 f. (Übersetzung nach H. Rahn, Morphologie der antiken Literatur, Darmstadt 1969, S. 129 f.).

19 1, 19, 3 ist von der Schließung des Janustempels unter Caesar Augustus die Rede. Diese Stelle muß nach dem 16. Januar 27 veröffentlicht sein, an dem Octavianus den Beinamen Augustus erhielt, und vor dem Jahre 25, in dem der Janustempel zum zweitenmal unter Augustus geschlossen wurde.

20 Livius, perioch. 121.

21 Plinius, epist. 2, 3, 8.

22 Augustus, Mon. Ancyr. 8.

23 Livius 4, 20, 7; vgl. auch Tacitus, ann. 4, 34, 3.

24 Sueton, Claud. 41, 1.

25 Hieronymus, chron. p. 171 (Helm).

26 Martial 14, 190.

27 Seneca, suas. 6, 17 und 22.

28 T. Livi periochae omnium librorum, fragmenta Oxyrhynchi reperta, Iulii Obsequentis prodigiorum liber, edidit Otto Rossbach, Leipzig 1910 (Nachdruck Stuttgart 1959).

29 Valerius Maximus, Lucan, Frontinus, Plutarch, Florus, Granius Licinianus, Appian, Dio Cassius, Ps.-Aurelius Victor, Eutropius, Festus, Augustinus, Orosius, Cassiodor u. a.

30 Polybios 6, 2, 3; 39, 8, 7.

31 39, 23, 6 – 24, 14.

32 39, 25, 1 – 26, 14.

33 39, 27, 1 – 29, 3.

34 39, 29, 4.

35 39, 33, 2–3.

36 39, 33, 3–4; 39, 34, 1 – 35, 2.

37 39, 35, 2–3.

38 39, 35, 4.

39 39, 53, 12–16; 40, 21, 2 – 22, 8.

40 39, 33, 4 ff.

41 39, 48, 6; vgl. 33, 20, 13; 35, 40, 1; 41, 25, 8.

42 39, 37, 19.

43 39, 37, 9.

44 39, 48, 2–4.

45 39, 46, 6ff.

46 39, 53, 10.

47 39, 48, 5.

48 39, 51, 1–12.

49 39, 53, 2. – Der makedonische König konnte seinen Nachfolger nicht selbst bestimmen, sondern dieser wurde nach seinem Tode vom Heer gewählt; s. W. Tarn – G. T. Griffith, Die Kultur der hellenistischen Welt, S. 53.

50 40, 16, 3.

51 40, 5, 1.

52 40, 5, 2 – 16, 3.

53 40, 20, 3–4.

54 40, 20, 5–6.

55 40, 23, 2.

56 40, 23, 3.

57 40, 23, 6–8.

58 40, 24, 1–8.

59 40, 54, 1 – 57, 1.

60 40, 3, 2 (182 v. Chr.); 40, 21, 2 (181 v. Chr.); 40, 57, 2 (179 v. Chr.).

61 40, 58, 9.

62 S. 240.

63 S. 240f.

64 42, 12, 3–4.

65 41, 6, 8–12. – Nach Polybios 25, 4, 5 wurde das Schreiben nicht den Lykiern mitgegeben, sondern durch römische Gesandte überbracht.

66 Polybios 25, 4, 7–9.

67 S. 271f.

68 40, 19, 4.

69 40, 19, 4–6.

70 S. 274.

71 S. 278. – Vgl. K. E. Petzold, Die Eröffnung des Zweiten Römisch-Makedonischen Krieges, Darmstadt 1968², S. 90, Anm. 23.

72 41, 22, 1–3.

73 41, 22, 4.

74 41, 22, 5–8.

75 41, 22, 8 – 24, 20.

76 41, 25, 1–6.

77 41, 25, 7.

78 42, 2, 1–2; vgl. S. 23.

79 42, 4, 5.

80 42, 5, 1–6.

81 42, 5, 1.

82 42, 6, 4–5

83 42, 5, 8–12.

84 42, 11, 1 – 14, 1.

85 42, 14, 2–4.

86 42, 15, 1–2.

87 42, 15, 3 – 16, 9.

88 42, 17, 1–9.

89 42, 18, 1–3; 42, 36, 8–9.

90 42, 27, 1–8; 42, 32, 6 – 35, 6.

91 42, 19, 7–8.

92 42, 26, 7–8.

93 42, 35, 7; 42, 45, 1–8

94 42, 29, 1 – 30, 7.

95 42, 37, 1 – 38, 7 und 42, 43, 4 – 44, 8.

96 42, 38, 8 – 43, 3.

97 42, 47, 1–9.

98 42, 25, 1–13.

99 42, 46, 1–10.

100 42, 36, 1–8 nach annalistischer Quelle; 42, 46, 1 und 42, 48, 1–3 nach Polybios.

101 42, 50, 1 – 51, 1.

102 42, 62, 3–15.

103 42, 60, 8–9.

104 43, 17, 4–6.

105 43, 21, 5ff.

106 S. 405–407.

107 43, 18, 1 – 20, 4; 43, 23, 8. – Plutarch, Aem. 8, 10 sagt, die Geldgier sei der schlimmste von Perseus' Fehlern gewesen.

108 44, 14, 5–7.

109 44, 13, 9. 12–13; 44, 20, 7; 44, 24, 8–10.

110 44, 23, 1–10; 44, 27, 8–12.

111 44, 24, 1 – 25, 12.

112 44, 23, 10.

113 44, 29, 6–7.

114 44, 14, 5. 8 – 15, 8; 45, 3, 3–8; 44, 35, 4–5. – Vielleicht haben

auch die Römer die Rhodier ermuntert, einen Vermittlungsversuch zu unternehmen, s. Polybios 28, 17, 4–9.

115 42, 26, 2 – 27, 7.

116 44, 30, 1 – 32, 5.

117 44, 35, 6 – 42, 9.

118 45, 4, 2 – 8, 8.

119 44, 19, 6 – 20, 1.

120 45, 11, 1 – 12, 8.

121 45, 29, 1 – 30, 8; 45, 32, 1–7; 45, 26, 11–15.

122 Anwachsende Brutalität der Kriegsführung ist im 2. Jahrhundert v. Chr. auch bei den Makedonen und Griechen zu beobachten; vgl. H. E. Stier, Roms Aufstieg zur Weltmacht und die griechische Welt, 1957, S. 47f.

123 45, 27, 1–4.

124 45, 31, 14.

125 45, 33, 7 – 34, 6.

126 45, 28, 7; 45, 31, 1–2.

127 45, 31, 3–15.

128 44, 15, 1–7; 45, 3, 3–8.

129 45, 10, 1–15.

130 45, 20, 4 – 25, 13.

131 45, 19, 1 – 20, 3.

132 Polybios 30, 3, 7–8.

133 45, 34, 10–14.

134 Livius, perioch. 46; Polybios 30, 19, 1–14; 30, 28.

135 42, 28, 7–9; 42, 30, 8.

136 42, 49, 1–9; 44, 22, 16–17.

137 S. 586f.; 45, 40, 1–8.

138 39, 1, 2.

139 Praef. 9. 12. – Daß Livius die Jahre vor der Schlacht von Pydna noch zur alten Zeit rechnet, wird 43, 13, 1–2 besonders deutlich. Die annalistische Vorlage, der Livius 39, 6, 7 folgt (wahrscheinlich Claudius Quadrigarius), läßt den inneren Niedergang Roms bereits 187 beginnen; bei Polybios setzt er nach dem Sieg der Römer über Perseus ein (31, 25, 3), bei L. Calpurnius Piso Frugi 154 (Plinius, nat. 17, 244), bei Sallust nach der Zerstörung Karthagos im Jahre 146 (Cat. 10, 1ff.; Iug. 41, 2ff.); s. R. M. Ogilvie, A Commentary on Livy, Books I–V, Oxford 1965, S. 28f.

140 Ennius, ann. 500 (Vahlen); Übersetzung von W. Sontheimer.

141 39, 16, 2.

142 39, 29, 5.

143 39, 6, 9; 39, 22, 2; 41, 28, 11; 44, 9, 4.

144 F. Klingner, Cato Censorius und die Krisis Roms, in: Römische Geisteswelt, München 1965[5], S. 34–65. – D. Kienast, Cato der Zensor, Heidelberg 1954.

145 39, 41, 4.

146 39, 42, 5 – 43, 5.

147 39, 44, 1–4. 7–8.

148 43, 14, 1. 5–10; 43, 15, 6 – 16, 16; 44, 16, 8–11.

149 H. E. Stier a. a. O. 123. – Vgl. das ähnliche Verhalten Caesars beim Ausbruch des Helvetierkrieges (Gall. 1, 7, 6).

150 Vgl. seine Bemerkung 7, 31, 1: «Damals galt die Redlichkeit mehr als ein noch so großer Vorteil.»

151 42, 47, 1–9; vgl. 42, 39, 4 – 43, 3. – Noch hinterhältiger überredete derselbe Q. Marcius zwei Jahre später die Rhodier zur Friedensvermittlung, wahrscheinlich um den Römern eine Handhabe gegen sie zu geben (s. Anm. 10 zum 44. Buch).

152 Siehe z. B. 26, 49, 8.

153 s. H. Hoch, Die Darstellung der politischen Sendung Roms bei Livius, Frankfurt 1951.

154 Siehe z. B. Livius 33, 12, 5–13; Polybios 18, 37, 1–12.

155 Siehe z. B. 39, 25, 15.

156 187 überfiel der Prätor M. Furius die gallischen Cenomanen (39, 3, 1–3), 171 der Konsul C. Cassius Longinus gallische Alpenvölker (43, 5, 1–10).

157 173 ließ der Konsul M. Popilius Laenas an den ligurischen Statellern, die sich ergeben hatten, seine Wut aus (42, 7, 3 – 9, 6); 171 wurde die illyrische Stadt Ceremia von einem römischen Legaten geplündert, nachdem sie sich ergeben hatte (43, 1, 1–3); 170 bestrafte der Prokonsul P. Licinius Crassus die böotische Stadt Koroneia, die zu Perseus gehalten hatte, unerhört hart, ebenso andere griechische Städte (S. 404); im gleichen Jahr ließen die Prätoren C. Lucretius Gallus und L. Hortensius ihre Grausamkeit und Habgier an Städten in Griechenland und an der thrakischen Küste aus (S. 405 und 408f.)

158 42, 9, 1–6; 42, 10, 9–15; 42, 21, 1–5; 42, 21, 8 – 22, 5; 42, 28, 1–3.

159 42, 1, 7–12.

160 42, 3, 1–11.

161 43, 2, 1–12.

162 40, 51, 7.

163 s. S. 44.

164 39, 38, 8–12; 40, 35, 3 – 36, 12.

165 39, 39, 1–15.

166 39, 32, 5–13.

167 40, 37, 5–7.

168 40, 19, 11.

169 40, 44, 1.

170 41, 15, 6–11. – Anders ist der Fall des Prätors M. Popilius Laenas zu beurteilen, der im Interesse des Staates wünschte, daß der tüchtigere und bewährte Feldherr Tib. Sempronius Gracchus das Kommando in Sardinien behielt (41, 15, 6–8).

171 42, 32, 1–5.

172 41, 10, 5; 41, 17, 6; 41, 18, 5–6.

173 39, 55, 5.

174 45, 21, 2.

175 39, 3, 1–3.

176 42, 7, 3 – 9, 6.

177 43, 1, 4–12; 43, 5, 1–10.

178 40, 52, 5–7; 41, 28, 8–10.

179 39, 5, 7–10; 39, 22, 1–2; 39, 22, 8–10; 40, 44, 8–12; 40, 45, 6; 40, 52, 1–3; 42, 10, 5; 45, 32, 8 – 33, 7.

180 40, 34, 5; 45, 27, 7.

181 39, 46, 2–4; 41, 28, 11.

182 40, 34, 5.

183 40, 44, 8–12.

184 Cicero, Tusc. 1, 3.

185 Cornelius Nepos, Cato 3.

186 40, 51, 2.

187 43, 10, 3 ff.

188 s. S. 43 ff. mit Anm. 157.

189 42, 45, 8.

190 39, 44, 4.

191 39, 41, 1; 40, 51, 8; 42, 1, 6.

192 Dies hebt auch Sallust (Iug. 41, 2; hist. 1, 11) hervor.

193 z. B. im zweiten Jahr des Dritten Makedonischen Krieges.

194 43, 14, 7

195 43, 14, 2.

196 43, 14, 10.

197 44, 34, 6–9.

198 42, 34, 1 – 35, 2.

199 Aem. 1, 5.

200 36, 2, 6; 37, 2, 11.

201 43, 2, 5

202 37, 55, 7.

203 39, 56, 4.

204 39, 32, 6 über die Wahl für das Jahr 184.

205 Plutarch, Aem. 38, 2.

206 40, 1, 1. 3. 5; 40, 16, 4–6; 40, 17, 6–8; 40, 25, 1 – 28, 10; 40, 34, 7–11.

207 Plutarch, Aem. 6, 8.

208 44, 17, 1–4. – Über den Anteil des Senates an diesem Vorgang s. F. Münzer, Römische Adelsparteien und Adelsfamilien, Darmstadt 1963², S. 153f.

209 Livius stellt das 44, 17, 6–10 falsch dar.

210 44, 18, 1–5; 44, 19, 1–5; 44, 20, 1 – 21, 11.

211 44, 22, 1–15.

212 Plutarch, Aem. 11, 1.

213 Plutarch, Aem. 11, 3.

214 44, 22, 16–17.

215 44, 33, 5 – 34, 10.

216 44, 35, 6 – 45, 7.

217 45, 4, 2/3.

218 Polybios 38, 22, 1–3.

219 45, 7, 2 – 8, 8.

220 45, 27, 5 – 28, 11.

221 Plutarch, Aem. 6, 8–9; Plinius, nat. 35, 135.

222 Plutarch, Aem. 28, 11.

223 45, 31, 1–13; 45, 33, 7 – 34, 6; 45, 34, 9.

224 45, 34, 7.

225 s. F. Münzer a. a. O. 147ff.

226 45, 35, 4 – 39, 20 und S. 585f.

227 S. 586f.; 45, 40, 1–8.

228 Die kinderlosen Q. Fabius Maximus und P. Cornelius Scipio hatten die beiden ältesten Söhne des L. Aemilius Paulus adoptiert, um ihre Familien vor dem Aussterben zu bewahren. Paulus hatte seine beiden Söhne aus seiner ersten Ehe den befreundeten Familien der Fabier und der Cornelier erst zur Adoption gegeben, als seine zweite Frau ihm zwei weitere Söhne geschenkt hatte und der Bestand seiner Familie dadurch gesichert schien.

229 45, 41, 1–12.

230 Plutarch, Aem. 38, 1.
231 F. Leo, Geschichte der römischen Literatur, Berlin 1913 (Nachdruck Darmstadt 1967), S. 229f.
232 Fasti Capitolini zum Jahre 164.
233 Livius, perioch. 46.
234 39, 40, 10.
235 Livius, perioch. 46. – Vgl. Polybios 31, 22, 1–4; 18, 35, 4–8; Plutarch, Aem. 4, 5.
236 Plutarch, Aem. 3, 2–5.
237 s. die Didaskalien zu diesen Komödien.
238 39, 8, 3 – 19, 7.
239 39, 38, 3; 39, 41, 5–7; 40, 37, 1–7; 40, 44, 6.
240 40, 19, 3–8; 40, 36, 14; 41, 6, 6.
241 41, 21, 5–11; 42, 2, 7.
242 41, 16, 3–4; 41, 18, 1.
243 42, 20, 1–6.
244 39, 41, 6. – Livius hält die von Valerius genannte Zahl für zu hoch, da er dessen Freude an großen Zahlen und Übertreibungen kennt.
245 39, 13, 9; 39, 17, 6.
246 39, 17, 6.
247 39, 17, 6; vgl. 39, 15, 8.
248 39, 9, 4.
249 39, 11, 1.
250 39, 9, 4.
251 39, 8, 5.
252 39, 8, 4.
253 39, 8, 5–7; 39, 13, 8–10; 39, 15, 12.
254 39, 8, 4; 39, 10, 9; 39, 13, 9–10; 39, 15, 12.
255 39, 8, 8; 39, 10, 7; 39, 15, 6.
256 39, 13, 12.
257 39, 16, 3.
258 39, 8, 6–7; 39, 10, 4. 6–8; 39, 13, 10. 13. 14.
259 39, 8, 7–8; 39, 13, 10. 11. 13.
260 39, 41, 6–7.
261 40, 19, 9–10.
262 s. vor allem 30, 10, 10.
263 Zum Beispiel für das Datum von Scipios Tod.
264 Polybios 3, 1, 1 – 3, 9.
265 Polybios 3, 4, 1–7; 39, 8, 5–7.
266 Ausgabe von Th. Buettner-Wobst in der «Bibliotheca Teubneriana»,

5 Bände (I²: 1905; II–V: 1889–1904), Nachdruck Stuttgart 1962/63; Übersetzung von Hans Drexler in der «Bibliothek der Alten Welt», 2 Bände, Zürich und Stuttgart 1961–63.

267 Ausgabe in: Historicorum Romanorum reliquiae, ed. H. Peter, Bd. I, 1914² (Nachdruck Stuttgart 1967), S. 205–237 (Q. Claudius Quadrigarius) und S. 238–275 (Valerius Antias).

268 39, 52, 1.

269 39, 42, 6ff.; S. 278; 45, 25, 2–3. – s. auch H. Tränkle, Catos Origines im Geschichtswerk des Livius, in: Forschungen zur römischen Literatur, Festschrift für K. Büchner, Wiesbaden 1970, 274–285.

270 40, 52, 5–7; 41, 28, 8–10.

271 Zusammenstellung der erhaltenen Stellen aus Polybios, die im 39.–45. Buch des Livius benutzt sind.
(BT: Polybios-Ausgabe von Th. Buettner-Wobst in der «Bibliotheca Teubneriana»; BAW: Polybios-Übersetzung von H. Drexler in der «Bibliothek der Alten Welt»)

Livius	Polybios, BT	Polybios, BAW
39, 23, 5 – 29, 4	22, 1, 1–4; 22, 18, 1–11; 22, 6, 1–7	22, 1; 22, 8; 22, 9
39, 33, 1–8	22, 11, 1 – 12, 10	22, 15–16
39, 34, 1 – 35, 4	22, 1, 5; 22, 13, 1 – 14, 12	22, 1; 22, 17–18
39, 35, 8 – 37, 12	22, 2	22, 2
39, 46, 6 – 48, 1	23, 1, 1 – 3, 10	23, 1–3
39, 48, 2–5	23, 4, 1–16	23, 4
39, 50, 9	23, 16, 1–13	23, 16
39, 53, 1–16	23, 7, 1 – 8, 7	23, 7–8
40, 2, 6 – 6, 4	23, 9, 1 – 10, 17	23, 9–10
40, 8, 11–16	23, 11, 1–8	23, 11
40, 20, 1–2	24, 1, 1–7	24, 1
40, 21, 2	24, 4	24, 3
41, 20, 1–13	26, 1, 1–14	26, 1
41, 22, 4–6	22, 18, 4 (?)	22, 8 (?)
42, 13, 5. 7	22, 18, 2–3. 5 (?)	22, 8 (?)
42, 15, 1 – 16, 9	22, 18, 5 (?)	22, 8 (?)
42, 43, 4 – 44, 8	27, 1, 1 – 2, 12	27, 1–2
42, 45, 1–8	27, 3, 1–5	27, 3
42, 46, 1–10	27, 4, 1 – 5, 4	27, 4–5

Livius	Polybios, BT	Polybios, BAW
42, 47, 4–8	13, 3, 1–8	13, 3
42, 48, 1–3	27, 6, 1–4	27, 6
42, 56, 6–7	27, 7, 14–16	27, 7
42, 62, 3–15	27, 8, 1–15	27, 8
42, 63, 1–2	27, 9, 1 – 10, 5	27, 9–10
42, 65, 9–10	27, 11, 1–7	27, 11
43, 17, 2–10	28, 3, 1 – 5, 6	28, 3–5
43, 19, 13 – 20, 4	28, 8, 1–11	28, 8
43, 23, 8	28, 9, 1–8	28, 9
44, 7, 8–9	28, 10	28, 10
44, 9, 3–9	28, 11, 1–3	28, 11
44, 22, 7–10	29, 1, 1–3	29, 1
44, 23, 1 – 27, 13	29, 3, 1 – 9, 13	29, 3–9
44, 29, 6–8	29, 11, 1–6	29, 11
44, 30, 2–5	29, 13, 1–2	29, 13
44, 35, 14. 19	29, 14, 1–4	29, 14
44, 37, 9	29, 16, 1–3 (?)	29, 16 (?)
44, 41, 4	29, 17, 2	29, 17
44, 42, 1	29, 17, 3–4; 29, 18	29, 17
44, 44, 1–3	29, 17, 5 im Apparat	29, 18
45, 3, 3–8	29,19, 1–11	29, 19
45, 8, 6–7	29, 20, 1–4	29, 20
45, 12, 1–8	29, 27, 1–13	29, 27
45, 19, 1 – 20, 3	30, 1, 1 – 3, 9	30, 1–3
45, 25, 4–13	30, 5, 1–16	30, 5
45, 26, 5–10	30, 7, 1–4	30, 7
45, 27, 7	30, 10, 1–2	30, 10
45, 28, 2–5	30, 10, 3–6	30, 10
45, 31, 4	30, 6, 5–8	30, 6
45, 31, 6–11	30, 13, 1–11	30, 13
45, 32, 11	30, 14 (?)	30, 15 (?)
45, 34, 6	30, 15	30, 16
45, 44, 19–20	30, 18, 1–7	30, 19

272 39, 52, 1.

273 Ähnliches haben schon 1679 J. Doujat und 1735 J. B. L. Crévier in ihren Livius-Ausgaben versucht.

274 Livius, perioch. 39 und 41.

275 s. Anm. 29.

ANMERKUNGEN

ZUM NEUNUNDDREISSIGSTEN BUCH

1 187 v. Chr. – Am Ende des 38. Buches ist über die Scipionenprozesse berichtet (38, 50, 4 – 60, 10), bei denen Livius bezüglich der Datierung und der Einzelheiten unsicher ist, da seine Quellen in der Darstellung dieser Ereignisse erheblich voneinander abweichen.

2 Die ersten Kämpfe zwischen Römern und Ligurern in den Jahren 238–236 hatten zu einer teilweisen Unterwerfung der Apuaner, der Vertreibung der Ligurer aus Pisae und der Besetzung von Luna geführt. Im Zweiten Punischen Krieg landete Hannibals Bruder Mago 205 in Ligurien; 203 wurde er geschlagen und schwer verwundet; auf dem Rückzug zur Küste erhielt er den Befehl, nach Afrika zurückzukehren, und starb auf der Rückfahrt an seiner Wunde. Seit 197 versuchten die Römer in lang andauernden Kämpfen, das Land in ihre Gewalt zu bringen.

3 Niederlage der Truppen des Cn. Manlius Volso beim Rückmarsch durch Thrakien 188 v. Chr.; s. Livius 38, 40–41.

4 Mit dem Sieg der Römer im Gallierkrieg 225–222 v. Chr. kehrte nur vorübergehend Ruhe im oberitalischen Gallien ein. Die Römer versuchten ihren Erfolg durch die Anlage der Via Flaminia (220 v. Chr.) und die Gründung der Latinerkolonien Placentia und Cremona (218 v. Chr.) zu sichern. Aber als Hannibal in Oberitalien eingefallen war, erhoben sich mehrere gallische Stämme wieder gegen Rom. Auch nach dem Friedensschluß mit Karthago konnten die Gallier weiterhin Rom trotzen, solange dessen Hauptkräfte im Kampf gegen Philipp V. gebunden waren. Erst nach den Erfolgen im Zweiten Makedonischen Krieg können römische Feldherrn das Land wieder unterwerfen: 197 kämpft C. Cornelius Cethegus erfolgreich gegen die Cenomanen und Insubrer, 196 unterwirft M. Claudius Marcellus die Insubrer endgültig; das Jahr 191 bringt den Sieg des P. Cornelius Scipio Nasica über die Bojer, die nach ihrer Niederlage einen Teil ihres Landes mit ihrer Hauptstadt Bononia verlieren. Seitdem herrscht im oberitalischen Gallien wieder Ruhe. In der Folgezeit suchen die Römer durch Gründung von Kolonien ihre Herrschaft in

diesem Raum zu sichern; 189 wird Bononia als Kolonie latinischen Rechts gegründet (37, 57, 7–8), dann 184 die Bürgerkolonie Pisaurum (39, 44, 10) und 183 die Bürgerkolonien Mutina und Parma (39, 55, 6–8). Auch die in Kap. 2 erwähnten Straßenbauten dienen der Festigung der römischen Herrschaft im Gallischen Gebiet.

5 Die Latiner durften nach Rom ziehen und sich dort schätzen lassen, wenn sie in ihrer Heimat einen Sohn zurückließen. Da viele Latiner von diesem Recht Gebrauch machten und es zum Teil verstanden, die Vorbedingung zu umgehen (vgl. auch 41, 8, 6ff.), wurde es für die latinischen Gemeinden schwer, ihre Verpflichtungen gegenüber Rom zu erfüllen und Jahr um Jahr eine bestimmte Anzahl Soldaten zu stellen.

6 204/203 v. Chr.

7 M. Fulvius Nobilior erhielt als Konsul 189 den Oberbefehl gegen den Ätolischen Bund, der seit 192 im Bund mit Antiochus gegen Rom Krieg führte. Er belagerte Ambracia, das seit etwa 229 Mitglied des Ätolischen Bundes war. Die Stadt ergab sich nach harten Kämpfen unter der Bedingung, daß die ätolische Besatzung freien Abzug erhielt; aus der besetzten Stadt, die einst Residenz des Pyrrhus gewesen war, brachte Fulvius viele Kunstwerke nach Italien (38, 3, 9 – 9,14). – Die Insel Cephallania, die seit etwa 225 mit den Ätolern verbündet war, ergab sich Fulvius, als er 189 mit seinen Truppen dort landete. Aber später schloß die Stadt Same auf Cephallania vor ihm die Tore und konnte erst nach langen Kämpfen erobert werden (38, 28, 5 – 29, 11).

8 Syrakus war 212 von den Römern erobert und geplündert worden.

9 Livius berichtet im 38. Buch, bei den Scipionenprozessen habe sich der Volkstribun Tib. Sempronius Gracchus für P. und L. Cornelius Scipio wegen ihrer Verdienste für den Staat eingesetzt, obwohl er mit ihnen verfeindet war.

10 Cn. Manlius Volso, der Konsul des Jahres 189, der als Oberbefehlshaber in Asien L. Cornelius Scipio ablöste, unternahm einen Feldzug gegen die Verbündeten des bei Magnesia geschlagenen Antiochus, vor allem gegen die Gallier (38, 12–27). Dieser Feldzug brachte ihm und seinen Soldaten reiche Beute.

11 Die beiden Volkstribunen Q. Petilius beantragten 187, zu untersuchen, wo das im Antiochuskrieg erbeutete und eingetriebene Geld geblieben sei. Das Gesetz richtete sich vor allem gegen L. Cornelius Scipio und Cn. Manlius Volso. Der Senat übertrug die Untersuchung dem Prätor Q. Terentius Culleo (38, 54–55). – In den wenigen

Tagen zwischen dem 5. März und dem 15. März, an dem die neuen Beamten ihr Amt antraten, wäre eine Anklage sinnlos gewesen, da der Prozeß in dieser kurzen Zeit nicht zum Abschluß gebracht werden konnte.

12 Es handelte sich hier um eine Staatsanleihe, deren Zahlung dem Volk abverlangt worden war und zu deren Rückzahlung die Staatskasse verpflichtet war, sobald die Finanzlage es gestattete. Genaueres ist uns nicht bekannt.

13 Nachdem sein Vater P. Cornelius Scipio und sein Onkel Cn. Cornelius Scipio 218–211 in Spanien gegen die Karthager gekämpft hatten, vertrieb P. Cornelius Scipio, der spätere Africanus, 210–206 die Karthager endgültig aus Spanien. Das eroberte Land unterstand zunächst prokonsularischen Statthaltern. 197 wurden die beiden Provinzen des Diesseitigen und des Jenseitigen Spanien geschaffen und die Zahl der Prätoren von vier auf sechs erhöht, um in diese neuen Provinzen Magistrate schicken zu können. Immer wieder kam es in dem freiheitsliebenden Land zu schweren Aufständen. Livius bemerkt 28, 12, 12, daß die endgültige Unterwerfung Spaniens erst unter Augustus gelang.

14 Jedes Jahr wurden im September durch die kurulischen Ädilen die Römerspiele und im November durch die plebejischen Ädilen die Plebejerspiele veranstaltet.

15 Er war von den Zensoren als *eques* eingetragen und erhielt vom Staat einen Betrag zum Ankauf und zum Unterhalt eines Pferdes für den Kriegsdienst.

16 Frauen waren nicht voll geschäftsfähig.

17 Sie erhielten damit auch das Recht, die Todesstrafe zu verhängen. Gegen ein «mit außerordentlicher Vollmacht» ausgesprochenes Urteil gab es keine Berufung.

18 In den Häusern angesehener Bürger, die dafür einstehen mußten, daß der Verhaftete nicht entkam.

19 Hier nicht die Burg auf dem Kapitol, sondern auf dem Janiculum; während der Zenturiatkomitien war dort eine Fahne aufgesteckt.

20 Die in Zenturien gegliederte Bürgerschaft bei den Zenturiatkomitien wird häufig als «Heer» bezeichnet.

21 Bestimmte Rechtsstreitigkeiten mußten innerhalb einer bestimmten Frist entschieden werden. Wenn der Kläger sein Recht nicht innerhalb dieser Zeit geltend gemacht hatte, verlor er sein Klagerecht. Der Beklagte verlor sein Recht, wenn er sein Versprechen, vor dem Richter zu erscheinen, nicht hielt.

22 Auf einer in Tiriolo in Bruttium aufgefundenen Erztafel ist ein Schreiben erhalten, das die Konsuln aufgrund der Senatssitzung vom 7. Oktober 186 an die italischen Bundesgenossen richteten (CIL I² 581). Es lautet in Kurt Lattes Übersetzung:

«Die Konsuln Q. Marcius, Sohn des Lucius, und Sp. Postumius, Sohn des Lucius, hielten eine Senatssitzung am 7. Oktober beim Tempel der Bellona. Aufsicht beim Protokoll führten M. Claudius, Sohn des Marcus, L. Valerius, Sohn des Publius, Q. Minucius, Sohn des Gajus.

Betreffend derer, die sich zu Bacchanalienfesten zusammengetan haben, beschlossen sie, folgendes verkünden zu lassen: Niemand von ihnen darf ein Bacchanalienfest abhalten. Sollte jemand erklären, er müsse unbedingt ein Bacchanalienfest feiern, soll er zum Stadtprätor nach Rom kommen, und nach seiner Anhörung soll unser Senat in Anwesenheit von mindestens 100 Senatoren bei dieser Verhandlung entscheiden. Kein römischer Bürger, Angehöriger des latinischen Bundes oder Bundesgenosse darf sich unter die Bacchen mischen, ohne daß er vorher den Stadtprätor angeht und von ihm auf Senatsbeschluß in Anwesenheit von mindestens 100 Senatoren bei dieser Verhandlung dazu ermächtigt wird. Angenommen.

Kein Mann darf Priester sein. Kein Mann und keine Frau darf Vorsteher sein, sie dürfen keine gemeinsame Kasse haben, keinen Beamten noch jemand an eines Beamten Statt ernennen, weder Mann noch Frau. Sie dürfen sich fortan weder durch Eid noch Gelübde noch Vertrag noch Versprechen verbinden noch sich gegenseitig das Wort geben. Niemand soll Feiern im Geheimen begehen. Weder auf öffentlichem noch privatem Boden noch jenseits der Stadtgrenze darf jemand Feiern begehen, ohne daß er vorher den Stadtprätor angeht und von ihm nach Senatsbeschluß in Anwesenheit von mindestens 100 Senatoren bei dieser Verhandlung ermächtigt wird. Angenommen.

Mehr als insgesamt fünf Menschen dürfen keine gemeinsamen Feiern abhalten; unter ihnen dürfen nicht mehr als zwei Männer und drei Frauen sein, es sei denn mit Genehmigung von Stadtprätor und Senat unter den oben erwähnten Bedingungen. (Publikationsverfügung des Beamten:) Dies soll in der Versammlung an zumindest drei Markttagen verkündet werden; nehmet den Senatsbeschluß zur Kenntnis, er lautet folgendermaßen: Handelt jemand entgegen den oben geschriebenen Bestimmungen, so soll man ihm den Kapitalprozeß machen – und laßt dies auf einer Erztafel aufschreiben, so beschloß der Senat, und sie anbringen, wo sie am leichtesten gelesen werden kann. Die Bacchanalien, die in der dortigen Gegend etwa sind, sollen, wo nicht ein religiöses Bedenken vorliegt, binnen zehn Tagen nach Empfang dieser Verfügung beseitigt werden.»

23 s. Anm. 15. – Dadurch wäre er zum Ableisten des Kriegsdienstes als Reiter verpflichtet gewesen.

24 Mit dieser Verfügungsgewalt über ihr Vermögen erhielt sie Rechte, die selbst freigeborene Frauen nicht hatten.

25 Der Sippe ihres verstorbenen *patronus*.

26 Der Frau konnte testamentarisch ein Vormund bestimmt werden; sie konnte aber auch das Recht erhalten, sich selbst einen Vormund zu wählen. Vgl. auch Anm. 16.

27 Eine Ehe zwischen Freigelassenen und Freigeborenen war zwar nicht verboten, aber für den Freigeborenen schimpflich. Faecenia wird durch die Ausnahmegenehmigung einer Freigeborenen gleichgestellt.

28 Die militärischen Aufgaben, die der Senat den Konsuln übertragen hatte und an deren Durchführung sie durch die Untersuchung wegen der Bacchanalien zunächst gehindert waren, hat Livius in Kap. 8 nicht erwähnt und holt das hier nach.

29 Die römischen Manipel hatten Feldzeichen, die Kohorten der Bundesgenossen Fahnen.

30 Das Jenseitige Spanien.

31 Die Taurischen Spiele fanden alle fünf Jahre am 25. und 26. Juni zu Ehren der unterirdischen Götter statt.

32 Vgl. 39, 5, 7–10. – Bei diesen prächtig ausgestatteten Spielen war die Volksbelustigung wichtiger als der religiöse Anlaß.

33 Nach griechischem Vorbild.

34 Das erste bekannte Beispiel einer Tierhetze in Rom.

35 Dies ist der erste Versuch von Galliern, über die östlichen Alpenpässe nach Italien einzudringen. Woher diese Gallier kamen, wissen wir nicht.

36 Die Römer hatten kurz vor dem 225 ausbrechenden Gallierkrieg einen Freundschaftsvertrag mit den Venetern abgeschlossen (Polybios 2, 23, 2).

37 Von diesem Gelübde ist früher nichts gesagt.

38 Die Gesandtschaftsreise des L. Scipio nach Asien ist eine Erfindung des Valerius Antias. Sie dient ihm als ein weiterer Beweis für die Schuldlosigkeit des L. Scipio; sonst hätte der Senat ihm nicht mehr einen solchen Auftrag gegeben. – Anders über die Finanzierung der Spiele Plinius, nat. 33, 138.

39 Anläßlich der Verhandlungen im Tempetal im Frühjahr 185 hat Livius unmittelbar hinter die Ereignisse des Jahres 186 den Bericht über die Ursachen des Dritten Makedonischen Krieges gesetzt. – Den Amtsantritt der Konsuln und die Verteilung der Amtsbereiche und Truppen hat Livius für 185 nicht berichtet. Beide Konsuln erhielten Ligurien (39, 32, 1–4), der Prätor L. Postumius Tempsanus Tarent (39, 29, 8–9; 39, 41, 6–7); über die Amtsbereiche der anderen Prätoren wissen wir nichts.

40 Im Zweiten Makedonischen Krieg (200–197).

41 Die Oresten waren im Zweiten Makedonischen Krieg von Philipp abgefallen; zum Dank dafür waren sie 196 für frei erklärt worden (33, 34, 6). Der genaue Zeitpunkt des Abfalls der Oresten ist nicht überliefert; vielleicht geschah es während des zweimonatigen Waffenstillstandes zu Beginn des Jahres 197 (s. 39, 28, 2 und 32, 36, 8), vielleicht auch schon 199 (Niese II 602f.).

42 197 v. Chr.

43 Nach der Schlacht bei den Thermopylen (April 191) war Antiochus nach Asien geflohen und hatte seine griechischen Verbündeten (den Ätolischen Bund, Athamanien, die Böoter und Euböa) im Stich gelassen. Die römischen Truppen waren nach ihrem Sieg zunächst nach Süden vorgerückt und hatten die Unterwerfung von Phokis, das erst seit 196 wieder zum Ätolischen Bund gehörte, sowie von Böotien und Euböa entgegengenommen (36, 20, 1–4; 21, 2–3). Dann zog das römische Heer wieder zu den Thermopylen, und M'. Acilius besprach hier mit Philipp das weitere Vorgehen gegen den Ätolischen Bund. Die Römer wollten das südlich des Spercheus gelegene Heraclea am Fuß des Oeta angreifen, die Makedonen das nördlich des Flusses liegende Lamia.

44 Nach Livius 36, 14, 7–9 hatte Philipp das mit Antiochus verbündete Athamanien schon vor der Schlacht an den Thermopylen besetzt; Amynander war mit seiner Familie nach Ambracia geflohen. Offensichtlich liegt der Darstellung dieser Ereignisse im 36. Buch eine andere Quelle zugrunde als im 39. Buch.

45 Thessalien war 196 von der makedonischen Oberherrschaft befreit worden (33, 32, 5). Schon bei den Friedensverhandlungen von 197 war es zu Meinungsverschiedenheiten über die thessalisch-ätolische Grenze gekommen. Die Ätoler beanspruchten einige thessalische Städte aufgrund des Vertrages von 212 für sich; in diesem Vertrag war ihnen von den Römern zugesichert worden, sie dürften alle Orte, die im Makedonischen Krieg zu ihnen überträten oder sich

ihnen ergäben, in ihre staatliche Gemeinschaft aufnehmen. Bei diesen Grenzstreitigkeiten fanden die Ätoler bei den Römern kein freundliches Gehör, obwohl sie im Ersten und im Zweiten Makedonischen Krieg ihre Bundesgenossen gewesen waren. Sie waren entsprechend erbittert (33, 49, 8; 34, 23, 7). – Im Winter 192/191 besetzten die Ätoler im Bund mit Antiochus und den Athamanen einen Teil Thessaliens und Perrhäbiens. Durch die römisch-makedonische Gegenoffensive im Frühjahr 191 war schon vor der Schlacht an den Thermopylen fast das ganze Land wieder befreit worden (36, 13).

46 Außer Magnesia besetzte Philipp nach dem Abzug von Lamia noch das Gebiet der Doloper und der Aperanten und einige perrhäbische Städte (36, 33). Im Winter 190/189 mußte er fast das ganze Gebiet der Athamanen und das Gebiet der Aperanten wieder aufgeben (38, 1, 1 – 3, 4).

47 Die thrakischen Städte Maronea und Aenus waren bis 200 unter ägyptischer Herrschaft gewesen, dann wurden sie von Philipp besetzt. 195 nahm Antiochus sie den Makedonen ab. 189 erhielten die beiden Städte durch die Römer die Freiheit (37, 60, 7). Die Parteistreitigkeiten, die bald darauf ausbrachen – die eine der beiden Parteien suchte Anschluß an Makedonien, die andere an Pergamum (39, 34, 4) –, gaben Philipp einen Vorwand, sich hier einzumischen und Besatzungen in die Städte zu legen.

47a Über die Kindesaussetzung im 3. und 2. Jahrhundert in Griechenland und Makedonien s. Tarn-Griffith, Die Kultur der hellenistischen Welt 116ff.

48 «Die Ansiedlung von Thrakern in Makedonien ... war in der Wirtschafts- und Gesellschaftspolitik der makedonischen Könige traditionell.» (Rostovtzeff, Hellen. Welt 1237)

49 Im Winter 186/185; s. Niese III 22.

50 Philipp hatte inzwischen also Amynander wieder aus Athamanien vertrieben (vgl. Anm. 46).

51 Im Frühjahr 185.

52 Worauf hier angespielt wird, ist unbekannt.

53 Bei dem Friedensschluß von 188; vgl. 38, 39, 14.

54 Es sind nur Gesandte der makedonenfeindlichen Partei.

55 189 v. Chr. (37, 60, 7).

56 Wohl die Oresten, vgl. Anm. 41. Von einem Abfall anderer makedonischer Gemeinden wissen wir nichts.

57 Die Verhandlungen zwischen Antiochus und Philipp fanden 192/191 statt; s. Niese II 698f.

58 Der Tempel der Bellona lag am Marsfeld außerhalb des Pomeriums, das die Feldherrn nicht betreten durften, solange sie ihr *imperium* innehatten. In ihm fanden die Senatssitzungen für die siegreichen Feldherrn statt, die über ihre Erfolge berichteten und den Triumph forderten.

59 Bei dem kleinen Triumph, der *ovatio,* zog der Feldherr nicht auf dem Triumphwagen, sondern zu Pferd oder zu Fuß in die Stadt ein.

60 In einer Formation, die bei einem Angriff sogleich nach jeder Seite Front machen konnte.

61 Schon 39, 29, 10 berichtet.

62 Die in § 1 genannten Gesandten hatten sich auf der Rückreise von Makedonien in die Peloponnes begeben. Livius hat das oben nicht erwähnt; ihm geht es in den Kapiteln 23–29 nur um die makedonische Frage. Über den Aufenthalt dieser Gesandtschaft in der Peloponnes berichtet Polybios 22, 10, 1–13: «Dann kam gerade am Hauptfesttag der Nemeischen Spiele Q. Caecilius aus Makedonien, der sich auf der Rückreise von seiner Gesandtschaft zu Philipp befand. Vor den leitenden Beamten des Bundes, die der Stratege Aristainos nach Argos berufen hatte, äußerte Quintus sein Befremden über das ungerecht harte und grausame Vorgehen gegen die Spartaner und forderte in längerer Rede die Wiedergutmachung des begangenen Unrechts. Aristainos enthielt sich des Wortes, und eben sein Schweigen verriet, daß er mit jener Maßregelung nicht einverstanden war und die Auffassung des Caecilius teilte. Diophanes aus Megalopolis aber, ein besserer Soldat als Staatsmann, der nun das Wort ergriff, sagte nicht nur nichts zur Verteidigung der Achäer, sondern, da er mit Philopoimen auf gespanntem Fuße stand, gab er Caecilius sogar noch einen Fingerzeig für einen weiteren Vorwurf gegen die Achäer. Er erklärte, man sei nicht nur mit den Spartanern, sondern auch mit den Messeniern übel umgesprungen. Es gab nämlich unter den Messeniern lebhafte Diskussionen über den Erlaß des Titus betreffs der Verbannten und die Abänderungen, die Philopoimen vorgenommen hatte. Da Caecilius also auch unter den Achäern Leute gefunden zu haben glaubte, die seine Ansicht teilten, wurde er noch zorniger darüber, daß die Versammelten nicht bereitwilligst auf seine Forderungen eingingen. Als aber Philopoimen und Lykortas, dazu Archon in langen Reden und mit den verschiedensten Argumenten begründeten, daß die Anordnungen in Sparta gerechtfertigt gewesen seien und dem Nutzen vor allem der Spartaner selbst gedient hätten, daß es unmöglich sei, an den jetzt bestehenden Ver-

hältnissen etwas zu ändern, ohne menschliches und göttliches Recht zu verletzen, beschlossen die Anwesenden, es solle bei jenen Anordnungen verbleiben und dem römischen Gesandten in diesem Sinne geantwortet werden. Da Caecilius sah, daß die Versammelten fest blieben, forderte er die Einberufung der Vollversammlung des Bundes, um vor ihr sprechen zu können. Die leitenden Beamten der Achäer hießen ihn daraufhin die Vollmachten vorzeigen, die er vom Senat hierfür erhalten habe, und als er dazu schwieg, lehnten sie die Einberufung ab: die Gesetze ließen das nicht zu, es sei denn, er brächte einen schriftlichen Bescheid des Senats mit, in dem angegeben sei, weswegen die Einberufung erfolgen solle. Caecilius geriet darüber, daß man keine einzige seiner Forderungen zu erfüllen bereit war, in solchen Zorn, daß er nicht einmal die offizielle Antwort der Regierung annehmen wollte, sondern ohne eine solche abreiste.»

63 Die Spartaner hatten im Ersten Makedonischen Krieg auf der Seite der Römer und Ätoler gegen die Makedonen und Achäer gekämpft und 207 bei Mantinea durch die Achäer unter Philopoemen eine schwere Niederlage erlitten. Nabis, der seit 207 als Tyrann in Sparta herrschte, kämpfte seit 204 wieder gegen die Achäer. 198 traten die Achäer auf römischer Seite in den Zweiten Makedonischen Krieg ein. Nabis ließ sich 197 von dem bedrängten Philipp Argos abtreten, verband sich dann aber doch nicht mit ihm, sondern erneuerte sein Bündnis mit Rom und griff auf römischer Seite in den Krieg ein. Zwischen Sparta und den Achäern, die jetzt beide mit Rom verbündet waren, wurde eine Waffenruhe vereinbart. – Wegen Argos kam es 195 erneut zum Krieg. Die Achäer forderten die Rückgabe der Stadt, Nabis weigerte sich. Eine Zeitlang leistete er gegen die Römer und ihre griechischen Verbündeten Widerstand, mußte aber schließlich gegenüber der erdrückenden Übermacht nachgeben und Argos räumen. Argos wurde 194 wieder Mitglied des Achäischen Bundes. Nabis mußte sich verpflichten, gegen die Städte, die er abgetreten oder im Krieg verloren hatte, vor allem die Küstenstädte, nichts zu unternehmen; die ehemals spartanischen Städte an der Küste wurden dem Schutz des Achäischen Bundes anvertraut. – Die über den Frieden von 197/196 enttäuschten Ätoler reizten 193 Nabis, die verlorenen Küstenstädte anzugreifen; die Römer würden nichts dagegen unternehmen. Er konnte die meisten Orte rasch in seine Hand bringen, nur Gytheum leistete erfolgreich Widerstand und wurde eingeschlossen. Die Achäer erhoben zunächst Einspruch

und erklärten Nabis den Krieg, als er nicht nachgab; zugleich verständigten sie die Römer. Obwohl die Achäer im Frühjahr 192 den Krieg mit allem Nachdruck führten, konnten sie die Kapitulation von Gytheum nicht verhindern. Als Nabis fast alle seine Truppen verloren hatte und sich kaum noch in Sparta halten konnte, vermittelte T. Quinctius zu seinen Gunsten: Nabis erhielt einen längeren Waffenstillstand, die Achäer mußten Lakonien wieder räumen. – Kurze Zeit später versuchten die Ätoler, Sparta durch einen Trupp unter Führung des Alaxamenus auf ihre Seite zu bringen. Nabis sagte seine Mitwirkung zu, wurde dann aber von den Ätolern bei militärischen Übungen vor der Stadt verräterisch niedergemacht. Als die Ätoler darauf die Stadt plünderten, wurden sie von den Spartanern geschlagen und vertrieben. Philopoemen rückte mit dem achäischen Bundesheer in Sparta ein, und die verstörten Spartaner traten auf seinen Vorschlag dem Achäischen Bund bei. – Wegen der Rückkehr der Verbannten, die von den Tyrannen vertrieben worden waren, kam es schon 191 wieder zu Unruhen in Sparta; denn ihre Rückkehr hätte starke Veränderungen der Besitzverhältnisse zur Folge gehabt. Philopoemen konnte Sparta durch sein persönliches Eingreifen vor der Besetzung durch achäischer Truppen unter Diophanes bewahren und die Ruhe wiederherstellen. Die Verbannten wurden vorerst in den ehemals spartanischen Küstenstädten angesiedelt. – 189 überfielen die Spartaner eine dieser Küstenstädte. Sie wurden zwar schon am folgenden Tag wieder hinausgeworfen, aber bei den Küstenstädten und den Verbannten herrschte große Aufregung. Man wandte sich klagend an den Achäischen Bund. Die Achäer forderten von den Spartanern die Auslieferung der Schuldigen. Aber diese weigerten sich, erhoben sich gegen die Achäer und begaben sich in den Schutz der Römer. Der Ausbruch eines Krieges zwischen Sparta und den Achäern wurde durch die Römer verhindert, die Entscheidung dem Senat überlassen. Bei den Verhandlungen im Winter 189/188 gab der Senat jedoch keine eindeutige Antwort, und die Achäer unter Philopoemen rückten 188 in das spartanische Gebiet ein. Die Spartaner leisteten keinen Widerstand und lieferten Philopoemen jetzt die Schuldigen aus. Von diesen fanden 17 beim Betreten des achäischen Lagers bei Compasium in einem Tumult, der von den spartanischen Verbannten Areus und Alcibiades ausgelöst wurde, den Tod, die übrigen 63 wurden am folgenden Tage verurteilt und hingerichtet. Die Verbannten kehrten nach Sparta zurück. Die Spartaner mußten nun ihre Stadtmauern schleifen und die achäischen

Gesetze annehmen. Die Heloten (bei Livius: die einfachen Leute) mußten auswandern; die zurückblieben, wurden in die Sklaverei verkauft. Die Spartaner wandten sich wegen des Vorgefallenen an den römischen Senat, und M. Lepidus tadelte in einem Schreiben die Achäer (187). 186 schickte Philopoemen daraufhin einen Gesandten nach Rom, um sein Vorgehen zu rechtfertigen. Die römischen Gesandten, die 185 nach Makedonien gingen, hatten auch den Auftrag erhalten, sich um die Angelegenheiten in der Peloponnes zu kümmern (s. Anm. 62).

64 Von seinen Gesandten in Rom (Polybios 22, 13, 1).

65 Bei Philipp.

66 «Auch» bezieht sich darauf, daß jetzt auch Casander keine Aussage gegen Philipp mehr machen konnte. Für Onomastus hatten die Römer den Befehl auf die dringenden Vorstellungen Philipps hin zurückgenommen (Polybios 22, 14, 5).

67 Demetrius war 196 nach der makedonischen Niederlage als Geisel nach Rom gekommen; wegen Philipps Hilfe im Antiochuskrieg durfte er schon 191 nach Makedonien zurückkehren.

68 Gegen die Thraker (Niese III 28).

69 Die Bastarnen; s. 40, 5, 10 und 40, 57, 2 – 58, 8.

70 Areus und Alcibiades waren von Nabis verbannt und 188 von den Achäern wieder nach Sparta zurückgebracht worden (vgl. Anm. 63). Jetzt, nachdem sie die Achäer nicht mehr brauchten, bemühten sie sich bei den Römern darum, daß Sparta wieder selbständig wurde.

71 192 v. Chr. (s. Anm. 63).

72 195 wegen Argos (s. Anm. 63).

73 Lycortas übergeht die Verurteilung und Hinrichtung der 63 Spartaner am nächsten Tag (s. Anm. 63).

74 Die Ausführungen des Lycortas über den spartanischen Mauerbau sind tendenziös entstellt (auch in § 5). Die Spartaner befestigten ihre Stadt 317 zum erstenmal, um sie gegen Cassander zu schützen. 294 beim Angriff des Demetrius Poliorcetes und 273 beim Angriff des Pyrrhus wurden die Befestigungsanlagen provisorisch verstärkt, ebenso 195 im Krieg gegen die Achäer und Römer. Auch damals besaß Sparta noch keine geschlossene Ringmauer. Diese errichtete Nabis erst nach diesem Krieg, durch die schlimmen Erfahrungen belehrt. Diese Mauer des Nabis mußten die Spartaner 188 niederreißen.

75 34, 26, 14 bezeichnet Livius Cleomenes (235–222) als ersten Tyrannen von Sparta; auf ihn folgten Lycurgus (im Winter 220/219 ernannt, vor 211 gestorben), Machanidas (emporgekommen als Vor-

mund von Lycurgus' unmündigem Sohn Pelops, gefallen 207) und Nabis (207–192).

76 Auch dies ist tendenziös verzerrt. Bei der Freiheitserklärung (33, 32, 5) sind die Achäer nicht unter den Völkern erwähnt, die frei werden sollten. Sie hatten ja gar nicht unter makedonischer Herrschaft gestanden, waren also schon vor dem Krieg frei gewesen.

77 Von 198 v. Chr. (s. Anm. 63).

78 Einnahme von Capua 211 v. Chr.; s. 26, 12–16.

79 Die Vertragsurkunde über die Aufnahme Spartas in den Achäischen Bund.

80 Von der Entscheidung in dieser Frage hing es ab, ob ihnen der Triumph bewilligt werden konnte, vgl. 39, 29, 5. – Auch wenn in den folgenden Jahren römische Heerführer immer wieder mit aller Leidenschaft um die Erlaubnis kämpfen, ihre Heere zurückführen zu dürfen, geht es vornehmlich um den Triumph.

81 Indem sie dann ihrerseits gegen jeden anderen Beschluß Einspruch erhoben.

82 Als kurulischer Ädil hätte er die purpurverbrämte Toga getragen. Aber da er nach der Darstellung des Livius erst gewählt war und noch nicht amtierte, hätte ihn nichts gehindert, in der weißen Toga aufzutreten, wie es die Kandidaten für ein Amt zu tun pflegten.

83 Nach einem Gesetz aus dem Jahre 342 (7, 42, 2) war es verboten, daß einer gleichzeitig zwei kurulische Ämter bekleidete. Auch in diesem Punkt ist die Darstellung des Livius in sich widersprüchlich. Denn Flaccus hätte gar nicht zwei Ämter gleichzeitig bekleidet; die Prätur wäre zu Ende gewesen, wenn die Ädilität begann. Mommsen, Staatsrecht I 513, Anm. 3, hat daher vermutet, daß Flaccus 184 kurulischer Ädil war.

84 Ser. Sulpicius Galba war 151/150 als Prätor im Jenseitigen Spanien. Er hatte ein Heer der Lusitaner, das sich ergeben hatte, teils niedermachen lassen, teils in die Sklaverei verkauft. Nur wenige konnten entkommen. Der Volkstribun L. Scribonius Libo klagte ihn deswegen 149 nach seiner Rückkehr an und beantragte gleichzeitig, die gefangenen Lusitaner, die nach Gallien verkauft worden waren, sollten wieder die Freiheit erhalten. Der hochbetagte Cato sprach sich für diesen Antrag aus. Galba, der ein hervorragender Redner war, weckte das Mitleid des römischen Volkes, indem er es bat, sich seiner Kinder und seines Mündels anzunehmen, und entging so der Verurteilung. Cato hat den Bericht über diesen Prozeß mit seiner eigenen Rede kurz vor seinem Tode noch in seine «Origines» auf-

genommen. – Cato stand 149 nicht im 90. Lebensjahr, wie Livius und Plutarch (Cato 15, 5) behaupten; er war 234 geboren.

85 Ein Mann, der als erster aus seiner Familie in den Senat gelangt ist.

86 Auch schon 39, 29, 8/9; s. dazu Klotz, Livius 86.

87 Sie hatten Bürgen gestellt, daß sie sich zum Prozeß einfinden würden, waren dann aber doch nicht erschienen. Die Bürgen mußten in diesem Fall eine Summe bezahlen, deren Höhe von dem Prozeßgegenstand abhing.

88 Im Jahre 192 v. Chr.; vgl. Anm. 4.

89 Wortspiel: Eine bestimmte Art von Gladiatoren wurde nach ihrer Bewaffnung Gallier genannt; s. Festus, ed. Lindsay, p. 358.

90 Der Verlierer mußte dem Gewinner nach dem Spruch des Schiedsrichters eine vereinbarte Summe bezahlen. – Quinctius wagte es nicht, sich in einer Prozeßwette zu verteidigen. Das römische Volk hatte aber bald wieder Mitleid mit ihm. Plutarch, Cato 17, 6, berichtet: «Als er aber bei einer Vorstellung im Theater an den Plätzen für die gewesenen Konsuln vorüberging und sich irgendwo weit hinten niedersetzte, wurde das Volk von Mitleid bewegt, und sie nötigten ihn mit lauten Rufen, wieder umzukehren, indem sie so nach Möglichkeit das Geschehene wiedergutzumachen und zu mildern suchten.»

91 Damit war nicht unbedingt ein Tadel ausgesprochen. Das Staatspferd konnte einem nicht nur wegen irgendwelcher Vergehen entzogen werden, sondern auch, wenn einer durch Alter oder Krankheit zum Dienst in der Reiterei ungeeignet war. Es war allerdings üblich, verdienten Senatoren auch im Alter das Staatspferd zu lassen.

92 Das Reinigungsopfer am Ende der Zensur 189/188.

93 «Man hielt sich, um den Preis zu erfahren, an die Verkäufer.» (Weißenborn-Müller)

94 Der normale Steuersatz betrug 1 Promille. Die erwähnten Gegenstände und Sklaven wurden zu ihrem zehnfachen Wert versteuert und obendrein noch der Steuersatz verdreifacht.

95 Beide Anlagen dienten zur Erweiterung und zur Verbesserung der Via Appia. – Die Neptunquellen (vielleicht auch ein Ort Neptuniae Aquae?) lagen wahrscheinlich bei Tarracina.

96 An der Nordostseite des Kapitols.

97 Es ist die erste Basilika in Rom. Cato versuchte mit diesem Bauwerk dem Mangel an geschützten Räumen für den Markt- und Gerichtsverkehr in Rom abzuhelfen. Die Porcische Basilika lag neben dem Senatsgebäude am Forum; sie brannte 52 v. Chr. nieder und wurde nicht wieder aufgebaut.

98 Der Flamen des Jupiter durfte keine Nacht außerhalb von Rom verbringen (5, 52, 13).

99 Das Kollegium der Pontifices bestand einschließlich des Pontifex maximus aus neun Priestern. Nach dem Tod eines Pontifex wurde von den Pontifices ein neuer Pontifex nachgewählt *(cooptatio)*. Das vollständige Kollegium wählte aus seinen Reihen den Pontifex maximus.

100 Man hatte bisher gemeint, damit werde großes Unheil für Rom angekündigt, etwa daß ein Feind seine Zelte auf dem Forum aufschlagen werde.

101 Im Frieden von Apamea (188) war festgelegt worden, daß Prusias von Bithynien den Pergamenern eine Landschaft Phrygiens, die er früher an sich gebracht hatte, zurückgeben sollte. Da er sich weigerte, kam es bald darauf zum Krieg. Prusias wurde nicht nur durch Makedonien unterstützt; auch Gallier kämpften auf seiner Seite; außerdem hatte Prusias Hannibal in sein Land eingeladen, und dieser leistete ihm wertvolle Hilfe im Krieg. – 183 befand sich außer der pergamenischen auch eine bithynische Gesandtschaft in Rom, um ihre Interessen zu vertreten (Nepos, Hann. 12, 1). – Die Römer schickten eine Gesandtschaft unter T. Quinctius Flamininus, die noch im selben Jahr 183 den Frieden zwischen Eumenes und Prusias wiederherstellte; das umstrittene Gebiet fiel dem Eumenes zu.

102 «Livius deutet durch die Bemerkung an, daß der Senat dem König nur Verlegenheiten bereiten will.» (Weißenborn-Müller)

103 Hiermit deutet Livius an, warum er die Verhandlungen weniger ausführlich als Polybios (23, 4) darstellt.

104 Es handelt sich wohl um Spartaner, die 189 verbannt worden waren.

105 Bei Compasium; s. Anm. 63.

106 Messene hatte sich 192 dem Antiochus angeschlossen. Nach der Schlacht an den Thermopylen mußte es 191 dem Achäischen Bund beitreten; gleichzeitig wurde die Stadt gezwungen, einen Teil ihres Gebietes an die Achäer abzutreten und die Verbannten wieder aufzunehmen. Nachdem Dinocrates im Winter 184/183 in Rom vergeblich versucht hatte, für seine Vaterstadt die Freiheit wiederzuerlangen, war Messene 183 vom Achäischen Bund abgefallen.

107 Philopoemen hatte 201 auf eigene Faust mit einer Schar Freiwilliger Messene vor den Spartanern gerettet (Plutarch, Phil. 19, 2).

108 Der Hipparch.

109 Messene wurde 182 durch Lycortas besiegt und mußte sich den Achäern ergeben.

110 Seine Urne wurde vom ganzen Heer des Achäischen Bundes nach

Megalopolis geleitet. Der junge Polybios, der Sohn des Lycortas, der spätere Historiker, trug die Urne.

111 Auch dem Aratus waren nach seinem Tode 213 göttliche Ehren erwiesen worden (Niese II 473). Das Ehrendekret für Philopoemen ist teilweise erhalten (SIG[4] 624).

112 Polybios und Plutarch haben Biographien über ihn geschrieben.

113 Um den Krieg zwischen Bithynien und Pergamum zu beenden (s. Anm. 101).

114 Hannibal war kurz nach der Schlacht von Magnesia (190 oder 189) aus dem Reich des Antiochus geflohen, um den Römern nicht ausgeliefert zu werden. Er hatte sich zunächst zu Artaxas nach Armenien, dann nach Kreta und schließlich zu Prusias nach Bithynien begeben.

115 Eumenes stand wegen seiner tatkräftigen Hilfe im Antiochuskrieg hoch in der Gunst der Römer.

116 Wir wissen nicht, ob Flamininus vom Senat auch den Auftrag hatte, die Auslieferung Hannibals zu verlangen, oder ob er eigenmächtig handelte. § 3 faßt Livius noch eine andere Möglichkeit ins Auge: daß Prusias von sich aus Hannibal verriet.

117 Wir wissen nicht, worauf hier angespielt wird.

118 Livius hat die Geschichte im 13. Buch erzählt.

119 Mit dem Wort *lustrum*, das eigentlich das Reinigungsopfer bezeichnet, das alle fünf Jahre am Ende der Zensur stattfand, werden auch die fünf Jahre von der einen zur anderen Zensur bezeichnet.

120 Valerius Antias hat den Tod Scipios für das Jahr 187 berichtet. Livius folgt ihm 38, 53, 8, weist dann aber schon 38, 56, 1 ff. auf die widersprüchliche Überlieferung über Scipios Tod hin.

121 Die Zensorenwahlen fanden erst einige Zeit nach dem Amtsantritt der Konsuln statt.

122 Livius 38, 50, 5 – 53, 8.

123 Plutarch, Aem. 8, 11: «Es heißt auch, Perseus sei gar nicht echtbürtig gewesen, sondern Philipps Gemahlin habe ihn als neugeborenes Kind von seiner Mutter, einer Näherin aus Argos namens Gnathainion, sich geben lassen und ihn unvermerkt untergeschoben.» Vgl. auch Plutarch, Arat. 54, 3.

124 Unter Q. Marcius (39, 48, 5).

125 Der römische Statthalter der Provinz Gallien war nach der hier vorgetragenen Meinung auch für das Gebiet der Veneter zuständig, das östlich der Provinz Gallien lag. 40, 34, 2 wird das Gebiet von Aquileja als ein Teil Galliens bezeichnet.

126 Es scheint, als ob M. Claudius die Histrier angreifen wollte, ohne daß diese einen Anlaß gegeben hätten.

127 Diese Koloniegründung sollte der römischen Macht im Gebiet der Veneter einen Rückhalt geben (vgl. Anm. 4). Der Galliereinfall hatte den Römern die Gefährdung dieses Raumes vor Augen geführt.

128 Livius berichtet hier nach Valerius Antias, was er 39, 46, 5 nach Claudius Quadrigarius mitgeteilt hat.

129 Die Teilnahme des L. Scipio Asiaticus und des P. Scipio Nasica an der Gesandtschaft zu Prusias ist von Valerius Antias frei erfunden; vgl. auch Anm. 38.

ZUM VIERZIGSTEN BUCH

1 Cajeta lag im Gebiet von Formiae.

2 Da Pharnaces von Pontus sein Herrschaftsgebiet ausdehnen wollte, war es 183 zwischen ihm und Eumenes zum Krieg gekommen. Beide Parteien tragen in Rom ihren Standpunkt vor. – Im gleichen Jahr hatte Pharnaces die freie Stadt Sinope besetzt. Die Rhodier, die seit langem mit Sinope befreundet waren, vertreten in Rom die Interessen der unglücklichen Stadt.

3 Im Zusammenhang mit den Vorgängen bei der Räumung der thrakischen Gebiete.

4 Die Achäer «baten, ihnen wenn möglich auf Grund des Bündnisvertrages Hilfe gegen die Messenier zu schicken, wo nicht, dann jedenfalls dafür zu sorgen, daß niemand aus Italien Waffen oder Getreide nach Messenien liefere» (Polybios 23, 9, 12).

5 Nach Polybios 23, 9, 1 handelt es sich bei den Spartanern um zwei Gesandtschaften: eine von der in Sparta herrschenden Partei und eine von den aus Sparta Verbannten.

6 Die Antwort, die der Senat den Gesandten Philipps aufgrund von Marcius' Bericht (40, 3, 1) gab, steht bei Polybios 23, 9, 7: «Daher gab der Senat Philipps Gesandten eine Antwort, in der er den König wegen des Geschehenen lobte, ihn aber mahnte, in Zukunft sorgfältig allen Anschein zu vermeiden, als arbeite er den Römern entgegen.»

Über die Haltung des Senates in der spartanischen Frage berichtet Polybios 23, 9, 8–11: «Hinsichtlich der Peloponnes hatte Marcius berichtet, die Achäer wollten sich in keiner Sache an den Senat wenden, sondern in ihrem Dünkel alles selber regeln; wenn der Senat daher jetzt lediglich ihre Wünsche unbeachtet lasse und nur ein wenig sein Mißfallen zu erkennen gebe, werde es sehr bald zwischen Sparta und Messenien zu einem Einverständnis kommen; dann würden die Achäer nur zu glücklich sein, an den Senat appellieren zu können. Demgemäß antwortete der Senat den Gesandten aus Sparta unter Führung des Serippos, um die Stadt im ungewissen zu lassen, sie hätten für Sparta alles getan, was ihnen möglich gewesen sei; zur Zeit ginge sie nach ihrem Dafürhalten die Sache nichts an.»

Auch auf die Bitten der Achäer bezüglich Messenes gingen die Römer nicht ein, sondern antworteten: «Auch wenn Sparta, Korinth oder Argos abfielen, dürften die Achäer sich nicht wundern, wenn die Römer erklärten, das ginge sie nichts an. Nachdem sie diesen Bescheid erteilt hatten, der so gut wie eine öffentliche Bekanntmachung war, soviel an den Römern läge, könne jeder, der Lust hätte, von den Achäern abfallen, hielten sie die Gesandten noch zurück, um abzuwarten, wie sich die Dinge in Messenien für die Achäer entwickeln würden.» (Polybios 23, 9, 13–14) – Nachdem dann die Botschaft eingetroffen war, daß die Achäer Messene wieder unterworfen hatten, erhielten die Gesandten jedoch eine andere Antwort. «Als die Römer erfuhren, daß die Achäer in Messenien den gewünschten Erfolg gehabt hatten, gaben sie denselben Gesandten, ohne irgend von dem früheren Bescheid Notiz zu nehmen, eine andere Antwort: Sie hätten dafür gesorgt, daß niemand aus Italien Waffen oder Getreide nach Messenien einführte.» (Polybios 23, 17, 3)

Für Livius ist es offensichtlich nicht so wichtig, was der Senat den einzelnen Gesandtschaften geantwortet hat (vgl. 39, 48, 6); der Achäer Polybios aber bringt diesen Vorgängen das größte Interesse entgegen.

7 Thessalien hatte bis 196 unter makedonischer Oberherrschaft gestanden.

8 Entweder stammte Poris von den Bewohnern von Aenea ab, die Cassander 315 v. Chr. bei der Gründung von Thessalonice mit der Bevölkerung vieler anderer Orte in der neuen Stadt ansiedelte; dann müßten die ehemaligen Bewohner von Aenea das Gefühl der Zusammengehörigkeit und Verbundenheit mit der alten Heimat die ganze Zeit hindurch bewahrt haben. Oder Poris stammte selbst aus Aenea und war von dort nach Thessalonice gezogen.

9 Philipp denkt hier wohl an Agis IV. (244–241), der mit Leonidas II. in bitterer Feindschaft lebte und darin umkam, an Cleomenes III.

(235–222), der den Archidamus ermordete, und an Lycurgus (Winter 220/219 bis vor 211), der den Agesipolis vertrieb. Diese Entwicklung führte geradlinig zur Tyrannis des Machanidas und des Nabis und zum Ende der spartanischen Selbständigkeit.

10 Pergamum verdankt seinen Aufstieg in der Regierungszeit des Eumenes II. (197–159) vor allem der Protektion durch die Römer.

11 198/197 v. Chr.

12 190/189 v. Chr.

13 Ihr Vater P. Cornelius Scipio war 211 in Spanien gefallen (25, 34), ihr Onkel Cn. Cornelius Scipio 28 Tage später (25, 36, 14). – Zu ihrem Todesjahr (bei Livius falsch 212) s. CAH VIII 71.

14 Ein schlimmes Ende nahmen vor allem Agis (s. Plutarch, Agis 19–20) und Cleomenes (s. Plutarch, Kleon. 37).

15 Livius hat diesen Brief im Gegensatz zu Polybios (23, 3, 8) vorher nicht erwähnt.

16 «Die Sitte des römischen Forums ist auf die vorliegende Verhandlung übertragen» (Weißenborn-Müller). Der Rechtsbeistand *(advocatus)* ist ein Jurist, der durch seinen Rat und durch sein persönliches Ansehen eine Partei unterstützt; der Verteidiger *(patronus)* trägt die Sache vor.

17 Die Erfolge bei den Ligurern waren in den annalistischen Quellen des Livius wohl ausführlicher dargestellt. Gegenüber der dramatischen Zuspitzung der Ereignisse im makedonischen Königshaus treten die anderen Vorgänge des Jahres 182 in der Livianischen Darstellung in den Hintergrund; vgl. den Schluß von Anm. 6.

18 Der Grund ist uns nicht bekannt.

19 In seiner vorigen Prätur (195 v. Chr.) war P. Manlius in Spanien Adjutant des Konsuls M. Porcius Cato gewesen (33, 43, 5).

20 «Im Jenseitigen Spanien konnte das nicht geschehen; denn ...» (Weißenborn-Müller)

21 Schon bald nach 200 begannen die Gebietsstreitigkeiten zwischen Karthago und Masinissa, die schließlich zum Dritten Punischen Krieg und zum Untergang Karthagos führten. Die Westgrenze des karthagischen Gebietes war 202/201 nicht geändert worden. Zwischen dieser Grenze und der von 149 liegen etwa 30000 km², die in dieser Zeit nach und nach numidisch geworden sind; hierbei handelt es sich um zwei Drittel des karthagischen Gebietes. Die Einzelheiten dieser Vorgänge sind uns größtenteils unbekannt. – Die Annexionspolitik Masinissas wurde durch zwei Klauseln im Friedensvertrag von 202/201 wesentlich unterstützt: Masinissa durfte

das Land, auf das er Erbansprüche besaß, von den Karthagern zurückfordern; diese dagegen durften keinen Krieg außerhalb ihres Gebietes führen, und außerdem war ihnen noch ausdrücklich jeder Krieg mit Bundesgenossen des römischen Volkes verboten.

22 Masinissa hatte im Zweiten Punischen Krieg seit 204 auf der Seite der Römer gegen Karthago gekämpft; beim Frieden hatte er das Reich des Syphax erhalten.

23 40, 19, 8 und 40, 25, 7 befindet sich Cn. Baebius wieder in Pisae. Beide Konsuln behielten ihr Kommando bis zum Eintreffen der neuen Konsuln.

24 Nach den Fasti Capitolini hieß der Konsul P. Cornelius Cethegus.

25 Die Lanzen des Mars in der Regia, dem Amtslokal der Pontifices neben dem Vestatempel.

26 Im Hain der Libitina wurden die Geräte für die Bestattung der Toten aufbewahrt.

27 Sardinien und Korsika waren 237 römisch geworden; Korsika gehörte zur Provinz Sardinien. – Auf Korsika und Sardinien hatte lange Zeit Ruhe geherrscht. Allerdings hatten die Römer nur das Küstengebiet wirklich unter Kontrolle. Die Erhebung dieses Jahres steht möglicherweise im Zusammenhang mit den Kämpfen in Ligurien; die Korsen und Sarden fühlten sich den um ihre Freiheit kämpfenden Ligurern verbunden.

28 Ariarathes hatte auf der Seite des Eumenes in den Krieg gegen Pharnaces (s. Anm. 2) eingegriffen. Die römische Gesandtschaft, die die Verhältnisse im pontischen Raum untersuchen sollte (40, 2, 8), hatte berichtet, «daß an Eumenes' Mäßigung in jeder Beziehung, an Pharnaces' Annexionsgelüsten und Größenwahn kein Zweifel bestehen könne» (Polybios 24, 1, 2–3). Im Gegensatz zu Polybios geht Livius auf den Pontischen Krieg, der 179 mit einer Niederlage des Pharnaces endete, und auf die diplomatischen Verhandlungen im Zusammenhang damit nicht weiter ein.

29 Nach Polybios 24, 1, 1 war gleichzeitig auch wieder eine Gesandtschaft aus Sparta selbst in Rom.

30 Wie die Achäer auf diesen Brief reagierten, berichtet Polybios 24, 2, 4–5: «Als dann Bippos (der Führer der achäischen Gesandtschaft) aus Rom zurückkam und berichtete, jener Brief zugunsten der Verbannten entspringe nicht der eigenen Initiative des Senates, dieser habe nur ihrem Drängen nachgegeben, beschlossen die Achäer, es solle bei dem derzeitigen Zustand verbleiben.»

31 Philipp konnte Italien höchstens auf dem Landweg angreifen. Ein

Angriff über See war wegen der Überlegenheit der römischen Flotte nicht zu wagen.

32 Wohl Antigonus Monophthalmus, Philipps Ururgroßvater.

33 Der Aufgang des Hundssterns (Sirius) ist im Mittelmeergebiet im Juli, also in der heißesten Jahreszeit, im Morgengrauen zu beobachten.

34 Philipp hatte 185 bei der Beschränkung seines Gebietes (39, 26, 14) Demetrias und einen Teil Magnesias behalten dürfen.

35 Die Histrier fühlten sich offensichtlich durch die geplante Anlage einer Kolonie dicht bei ihrem Gebiet bedroht.

36 183 war in Etrurien die Kolonie Saturnia gegründet worden (39, 55, 9).

37 In der Livius-Epitome aus Oxyrhynchus Z. 75 heißt der Schreiber L. Neryllus (oder Neryllius).

38 Das Pontifikalrecht regelte die Beziehungen zwischen Göttern und Menschen. Seine Anfänge sollen auf Numa zurückgehen (1, 20, 5ff.).

39 «Numa war damals bereits mit Pythagoras in Verbindung gebracht, sowenig sich das der konventionellen Chronologie fügen wollte, und daher verdient die Angabe Glauben, daß der Inhalt der Bücher pythagoreische Lehren enthielt. Derartige apokryphe Literatur gab es im 2. Jh. im Osten auch sonst. ... Es scheint sich also bei dieser durch ihre Dreistigkeit eindrucksvollen Fälschung um nichts Geringeres gehandelt zu haben als um den Versuch, die römische Kultübung nach den Lehren des damaligen Pythagoreismus zu reformieren. Worum es sich im einzelnen gehandelt hat, können wir nicht wissen. Einführung eines unblutigen Kultes ist ebenso denkbar wie Seelenwanderungslehre oder die Empfehlung der sogenannten pythagoreischen Symbole.» (K. Latte, RRG 269f.)

40 Vgl. 39, 55, 5f. – Die große Zahl der Siedler hängt mit der gefährlichen Lage der Kolonie zusammen, die die Einfälle der Gallier und anderer Völker abwehren sollte. Durch die Größe des zugeteilten Landes sollten viele Siedler angelockt werden, diese nicht ungefährliche Aufgabe zu übernehmen.

41 Auf dem Berg Eryx im Westen Siziliens befand sich ein berühmter Tempel der Liebesgöttin. Die Römer lernten ihn während des Ersten Punischen Krieges kennen. In Rom war der Venus vom Eryx bereits 217 ein Tempel auf dem Kapitol gelobt und 215 geweiht worden (22, 10, 10; 23, 31, 9).

42 «Da die offiziellen Kundgebungen der römischen Politik gerade in diesen Jahrzehnten mit Vorliebe ihre Gottesfurcht betonen, ist die Gründung vielleicht darauf zu beziehen. Aber die Möglichkeit be-

steht, daß auch hier die politisch-soziale Bedeutung der *pietas* gemeint ist, die das Verhältnis zur Gemeinde miteinschließt.» (K. Latte, RRG 238f.)

43 Das erste vergoldete Standbild eines Menschen. Einfache, nicht vergoldete Standbilder für verdiente Personen gab es in Rom seit früher Zeit; vergoldete Standbilder hatte es dagegen bisher nur von Göttern gegeben.

44 Die Mitteilungen über die karthagischen Geiseln sind widersprüchlich. 30, 37, 6 steht, daß die Karthager 202 v. Chr. 100 Geiseln stellen mußten. 32, 2, 3f. werden ihnen 199 v. Chr. 100 Geiseln zurückgegeben; es ist da aber noch von weiteren Geiseln die Rede, deren Rückgabe in Aussicht gestellt wird, wenn die Karthager die Vertragsbedingungen halten.

45 Taurasia war im Dritten Samnitenkrieg (299/298–290) von den Römern erobert worden.

46 Es ist nicht der ganze Stamm; s. 40, 41, 3 und die Fasti triumphales zum Jahre 155.

47 Wohl Denare.

48 Bei diesem A. Postumius handelt es sich wohl um einen Legaten, der in Ligurien das Kommando übernommen hatte, als die beiden Konsuln die Apuaner umsiedelten (40, 38, 2ff.).

49 Entweder war er der leibliche Bruder des Q. Fulvius Flaccus und von den Fulvii Nobiliores adoptiert, was das Cognomen Nobilior erklären würde; oder er war nicht der Bruder, sondern der Vetter des Q. Fulvius Flaccus (*frater* kann auch diese Bedeutung haben).

50 Dem Konsul, der für die zweite Legion zuständig war.

51 Sein Machtbereich erstreckte sich von Lissus im Süden bis zum Naron im Norden.

52 Gemeint ist wohl die Insel Corcyra Nigra (jetzt Kortschula) vor der dalmatischen Küste, die zum Reich des Gentius gehörte. – Es könnte sich aber auch um die Insel Corcyra (jetzt Kerkyra) vor der Küste von Epirus handeln, die seit 229 römisch war; Gentius hätte dann durch seine Piratenschiffe die Römer, die sich auf der Insel befanden, an der Rückfahrt nach Italien gehindert.

53 Die Einsetzung neuer Flottenbefehlshaber hat Livius nicht erwähnt. Sie ist wegen der Seeräuberei im Adriatischen Meer (s. 40, 18, 4; 40, 42, 1–2) erfolgt; vgl. 41, 1, 3.

54 Der Opferkönig durfte kein Staatsamt bekleiden.

55 Der Blitzschlag wird nur bei einer Abstimmung als ungünstiges Zeichen vom Himmel gedeutet (s. Cicero, div. 2, 42).

56 Den von Rom abhängigen Gemeinden war es, mit Ausnahme der Latiner, nicht erlaubt, das Lateinische als Amtssprache zu gebrauchen, wenn es ihnen nicht ausdrücklich gestattet wurde.

57 Die Anlage dieser Kolonie bedeutete einen zusätzlichen Schutz gegen Überfälle der Ligurer.

58 Die beiden Konsuln waren leibliche Brüder, L. Manlius Acidinus Fulvianus war von L. Manlius Acidinus adoptiert worden.

59 Das Gewicht ist nicht überliefert.

60 Für die Prätur und das Konsulat scheint die lex Villia das Mindestalter festgesetzt zu haben, das auch im 1. Jh. v. Chr. noch galt, nämlich 40 Jahre für die Prätur und 43 Jahre für das Konsulat; zwischen Prätur und Konsulat mußten mindestens zwei Jahre liegen; für die Bekleidung der Quästur waren zehn Dienstjahre im Heer Voraussetzung. Vorher hatten Angehörige besonders angesehener Familien schon in sehr jungen Jahren die höchsten Staatsämter erlangt. Das wurde nun durch die lex Villia verhindert.

61 Das Gesetz des Baebius aus dem Jahre 181 bestimmte, daß in jedem zweiten Jahr nur vier Prätoren gewählt werden sollten statt der seit 197 üblichen sechs. Das Gesetz wurde jetzt zum erstenmal angewandt. Wir wissen nicht genau, wann es wieder aufgehoben wurde. Livius nennt für 177 wieder sechs Prätoren; nach seiner Darstellung ist das Gesetz also nur im Jahre 179 angewandt und wohl bald danach, jedenfalls vor den Wahlen für 177, wieder aufgehoben worden. Möglicherweise aber gab es in Wirklichkeit auch 177 und 175 nach dem Gesetz des Baebius nur vier Prätoren (s. Anm. 22 und 40 zum 41. Buch). Bestimmt wissen wir erst wieder, daß für die Wahlen des Jahres 173 das Gesetz des Baebius nicht mehr angewandt wurde.

62 s. 39, 5, 10.

63 Diesen Senatsbeschluß hat Livius im Jahre 182 nicht erwähnt.

64 Von diesen Spielen, die Tib. Sempronius als Ädil im Jahre 182 veranstaltet hatte, hat Livius oben nichts berichtet.

65 Auf dem Albaner Berg, wo das Latinerfest alljährlich gefeiert wurde.

66 Es handelt sich wohl um das Zeichen vom Himmel, das schon 40, 2, 4 berichtet worden ist.

67 Die Schlacht auf dem Forum zwischen Römern und Sabinern schildert Livius 1, 12, 1 – 13, 4, die gemeinsame Regierung des Romulus und T. Tatius 1, 13, 5–8.

68 Die Zerstörung von Alba Longa und die Umsiedlung der Albaner nach Rom: 1, 29, 1 – 30, 2.

69 Nach dem Latinerkrieg (340–338) erhielt ein Teil der Latiner das volle römische Bürgerrecht.

70 Die Sabiner erhielten 268 das römische Bürgerrecht.

71 M. Aemilius Lepidus hatte sich vergeblich um das Konsulat für 189 und für 188 beworben; 187 hatte er das Konsulat erreicht.

72 Zur Prozeßwette s. Anm. 90 zum 39. Buch. Livius hat von dieser Prozeßwette früher nicht gesprochen; sie stand wohl im Zusammenhang mit den 39, 4 berichteten Ereignissen.

73 Livius hat hier übersehen, daß L. Postumius schon 180 in das Jenseitige Spanien gekommen war, noch vor der Ankunft des Tib. Gracchus in seiner Provinz (40, 39, 3); für 179 war ihnen beiden das Kommando verlängert worden (40, 44, 4).

74 Eine Ausstoßung aus dem Senat war nur möglich, wenn beide Zensoren in ihrem Urteil übereinstimmten.

75 Wohl wieder eine Ergänzung oder Verbesserung der Via Appia; vgl. 39, 44, 6 mit Anm.

76 Das Theater des Aemilius am Apollotempel war aus Holz. Es war das erste bleibende Theater in Rom; bis dahin mußte das Theater für jede Aufführung eigens errichtet werden. An seiner Stelle wurde später das Marcellustheater gebaut.

77 Wohl in der Nähe der Werften auf dem Marsfeld.

78 Diese Brücke bekam den Namen Pons Aemilius, obwohl die Pfeiler von Fulvius errichtet wurden.

79 142/141 v. Chr.

80 Die Basilica Fulvia et Aemilia (heute gewöhnlich nur Basilica Aemilia genannt) war nach der 184/183 begonnenen Basilica Porcia die zweite Basilika in Rom.

81 Bei einem großen Brand am Forum waren im Jahre 210 auch die Wechselstuben abgebrannt (26, 27, 2). Bereits 209 wurden die Wechselstuben an der Südseite des Forums wieder errichtet, erst 193 auch die an der Nordseite. Man nannte die zuletzt errichteten die «Neuen Wechselstuben», jene, die früher wieder aufgebaut worden waren, die «Alten Wechselstuben».

82 Der Fischmarkt war ebenfalls dem Brand von 210 zum Opfer gefallen (26, 27, 3); er war bereits 209 wieder errichtet worden (27, 11, 16). Von Fulvius wurde er jetzt nordöstlich der Basilica Fulvia et Aemilia weiter ausgebaut.

83 Die Porta Trigemina hatte ihren Namen nach ihren drei Torbögen und befand sich westlich des Circus maximus.

84 Die Werften lagen auf dem Marsfeld.

85 Die genannten Tempel lagen westlich vom Kapitol zwischen dem Circus Flaminius und dem Tiber.

86 Genauere Einzelheiten sind uns unbekannt.

87 Die Seeschlacht bei Myonessus 190 v. Chr.; s. 37, 29, 8 – 30, 10.

88 Antiochus von Syrien und sein Sohn Seleucus und Ariarathes, der König von Kappadokien.

89 Antigonus Doson, 229–222/221 Regent von Makedonien, war der Vetter Demetrius' II., des Vaters Philipps.

90 Philipp war beim Tode seines Vaters im Jahre 229 erst neun Jahre alt.

91 Bei Sellasia siegte Antigonus Doson 222 über Cleomenes. Mit dieser Schlacht endete die politische Bedeutung Spartas.

92 Der gleich darauf erwähnte Xychus.

93 Perseus wollte nicht, daß der Krieg gegen Rom schon zu diesem Zeitpunkt ausbrach.

94 Die Dardaner, ein kriegerisches Volk im Norden Makedoniens, benutzten seit langem jede Gelegenheit zu verheerenden Einfällen in Makedonien.

95 Livius hält die Bastarnen irrtümlich für ein keltisches Volk, wie die Scordiscen es waren.

96 Gallische Stämme erscheinen seit dem Ende des 4. Jh. im Donauraum. 280/279 fiel Ptolemaeus Ceraunus im Kampf gegen gallische Stämme, und Makedonien wurde von ihnen verheert. Die Gallier drangen dann weiter nach Griechenland vor. Nachdem sie 279 bis Delphi vorgestoßen waren, wurden sie durch ein furchtbares Unwetter zur Umkehr gezwungen.

97 Sie setzten sich dort fest und wurden von Perseus, den Thrakern und den Scordiscen unterstützt (Niese III 101).

98 Verträge waren an die Person des Königs gebunden und mußten daher nach seinem Tode von seinem Nachfolger erneuert werden; s. Tarn-Griffith a. a. O. 66.

99 Es waren T. Aebutius Parrus, M. Titinius und C. Cluvius Saxula. Von der Prätorentätigkeit der beiden ersten berichtet Livius im 41. Buch; zu C. Cluvius Saxula s. Münzer, Römische Adelsparteien und Adelsfamilien 218.

100 Bei den Häuptern der Götter, die sich abwandten, handelt es sich wahrscheinlich um Bündel von Zweigen, die den Gott darstellen sollten; s. Festus, ed. Lindsay, p. 410 s. v. *stroppus*, p. 472 s. v. *struppus* und p. 56 s. v. *capita deorum*.

101 Die Bedeutung des überlieferten *cum integumentis* ist unsicher: entweder eine auf der Schüssel liegende Decke oder ein Deckel.

ZUM EINUNDVIERZIGSTEN BUCH

1 Livius perioch. 41; Julius Obsequens 8.

2 Livius perioch. 41.

3 Livius 40, 58, 9; 41, 24, 6; 45, 9, 3; Diodorus Siculus 29, 30.

4 Livius perioch. 41.

5 Anders stellt Frontin, strat. 2, 5, 14, die Überlistung der Bewohner von Complega dar.

6 Orosius, hist. 4, 20, 33.

7 Livius perioch. 41.

8 Appian, Hisp. 43.

9 Livius perioch. 41 und Festus, ed. Lindsay, p. 86 s.v. *Gracchuris*.

10 Livius perioch. 41.

11 181 war es zu Kämpfen mit den Histriern gekommen (40, 26), da diese die Gründung der Kolonie Aquileja zu hindern versuchten. Nach der Besiedlung von Aquileja scheint in diesem Gebiet vorübergehend Ruhe eingekehrt zu sein.

12 41, 1, 6; 41, 2, 3.

13 41, 1, 8; 41, 3, 5.

14 Zur Seeräuberei im Adriatischen Meer vgl. 40, 18, 4 und 40, 42, 1–2.

15 L. Cornelius Dolabella ist bereits im Jahre 180 als Flottenbefehlshaber erwähnt (40, 42, 8–11); Livius hat weder von der Wahl der beiden Flottenbefehlshaber noch von der Verlängerung ihres Kommandos berichtet.

16 Als die anderen von seiner Legion auf der Straße nach Aquileja zogen (41, 1, 7).

17 Das Zelt des Quästors und das Forum, der für Verpflegungsmanipulationen, Fassungen, Depotanlagen usw. bestimmte Raum, befanden sich hinter dem Feldherrnzelt. Dahinter war im Lager die Quergasse, an der die Zelte der fünften Manipel lagen.

18 Das wäre 189 gewesen. In Wirklichkeit wurde Lykien erst 188 im Vertrag von Apamea rhodisch (38, 39, 13). Es kam dann aber zu Meinungsverschiedenheiten, über die Polybios 22, 5 berichtet: «Zwischen den Lykiern und Rhodiern entstand ein Zerwürfnis aus folgenden Gründen. Zu der Zeit, als die Zehnerkommission die Verhältnisse Asiens ordnete, erschienen bei ihr als Gesandte der Rhodier Theaitetos und Philophron und baten, ihnen zum Dank für ihre im Krieg gegen Antiochos bewiesene Treue und Einsatzbereitschaft Lykien und Karien zu geben. Aus Ilion aber kamen Hipparchos und Satyros mit der Bitte, den Lykiern wegen der Verwandtschaft mit

ihnen die Verfehlungen zu verzeihen. Die Kommission versuchte soweit möglich den Wünschen beider gerecht zu werden. Den Iliern zuliebe verzichtete sie auf eine unnachsichtige Bestrafung, den Rhodiern zu Gefallen schlug sie Lykien als Geschenk der Römer zum rhodischen Festlandbesitz. Diese Entscheidung führte zur Auflehnung der Lykier gegen Rhodos und zu heftiger Feindschaft. Die Gesandten von Ilion nämlich zogen von Stadt zu Stadt durch Lykien und verkündeten überall, sie hätten den Zorn der Römer durch ihre Bitten beschwichtigt; ihnen hätten die Lykier die Freiheit zu verdanken. Theaitetos und Philophron dagegen berichteten ihrer Vaterstadt, die Römer hätten Lykien und Karien bis zum Maeander den Rhodiern zum Geschenk gemacht. Demzufolge kam eine Gesandtschaft der Lykier wegen eines Bündnisses nach Rhodos, die Rhodier ihrerseits wählten einige Bürger und beauftragten sie, die Städte Lykiens und Kariens zu bereisen und die inneren Verhältnisse in jeder von ihnen zu ordnen. Man ging also auf beiden Seiten von ganz verschiedenen Vorstellungen und Voraussetzungen aus. Eine Zeitlang kam dieser Gegensatz noch nicht allen klar zum Bewußtsein; als aber die Lykier in der Volksversammlung der Rhodier auftraten und in einer Rede den Abschluß eines Bündnisses beantragten, dann der rhodische Prytane Pothion sich erhob, den Gegensatz der Auffassungen auf beiden Seiten klarstellte und die Lykier heftig angriff . . . Die Lykier erklärten nämlich, sie würden lieber alles über sich ergehen lassen, als den Befehlen der Rhodier zu gehorchen.»

Erst als Eumenes den Rhodiern 180 zu Hilfe eilte (Polybios 24, 15, 13), konnte der Widerstand der Lykier gebrochen werden. Die Besiegten wurden streng bestraft.

19 Livius folgt 41, 6, 8–12 annalistischer Überlieferung. Bei Polybios 25, 4, 5 (vgl. auch 25, 5, 1) lautet die Antwort des Senates, «die Lykier seien den Rhodiern nicht zum Geschenk gemacht, vielmehr als Freunde und Bundesgenossen zugewiesen worden». Dieser Schiedsspruch ist weniger auf Entrüstung der Römer über das Vorgehen der Rhodier in Lykien zurückzuführen als auf ihre Verärgerung darüber, daß die Rhodier 178 Laodice, die Tochter Seleucus' IV., dem Perseus als Braut zugeführt und ihr mit ihren Schiffen das Ehrengeleit gegeben und daß sie mit ihrer gesamten Flotte großartige Manöver durchgeführt hatten, um ihre Macht zur See zu demonstrieren. Viele Rhodier sahen sehr klar, wodurch sie sich die Gunst der Römer verscherzt hatten und glaubten, die Römer wollten «die Rhodier und Lykier gegeneinander in die Schranken

rufen, um die Rhodier ihre materiellen und finanziellen Reserven erschöpfen zu lassen» (Polybios 25, 4, 7).

20 Nach den Fasti triumphales am 3. Februar.

21 Nach den Fasti triumphales am 4. Februar.

22 Die Angaben des Livius über die Prätur des Cn. Cornelius Scipio und des C. Valerius Laevinus im Jahre 177 sind verdächtig. Wahrscheinlich hat es 177 nach der lex Baebia (s. Anm. 61 zum 40. Buch) nur vier Prätoren gegeben; s. RE IV 1, 1433.

23 189/188 v. Chr.

24 Hier sind einige Worte des Textes ausgefallen. Der Erlaß des Konsuls bestimmte wohl, was mit denen geschehen sollte, die seit der Zensur des M. Claudius und des T. Quinctius wegen der Änderung des Bürgerrechts die Freiheit erhalten hatten. Die Überwachung der Anordnung wurde dem Mummius übertragen.

25 Nach Festus, ed. Lindsay, p. 420/421 s. v. *Sanqualis* handelt es sich wohl um den Seeadler. Der Name Sanqualis besagt, daß dieser Vogel dem Gott Sangus (Sancus) heilig war. Der Sanqualis ist eine der fünf Vogelarten, deren Flug für die Auspizien wichtig ist (Festus, p. 3 s. v. *alites*).

26 Die Gründung der Kolonie Luna und die Landanweisungen an einzelne Bürger im Jahre 173 (42, 4, 3–4) dienen der Romanisierung des unterworfenen Landes. Die einzelnen Kolonisten erhalten in Luna ungewöhnlich viel Land (vgl. Anm. 40 zum 40. Buch).

27 Nach den Fasti triumphales am 1. des Schaltmonats.

28 Wenn an der Leber des Opfertiers kein «Kopf» (eine Protuberanz am rechten Leberlappen) war, galt das als unheilverkündendes Vorzeichen (Festus, ed. Lindsay, p. 286 s. v. *pestifera auspicia*).

29 In dem die Senatssitzung stattfand.

30 Das überlieferte *sescenaris* ist nicht sicher zu deuten. Es könnte auch «600 Pfund schwer» heißen. Ernout-Meillet glauben, es sei verderbt aus *sacenaris*, «mit der *sacena,* der Axt des Pontifex, erschlagen».

31 Die einzelnen Teile der Eingeweide der Opfertiere waren bestimmten Göttern zugeordnet.

32 Durch Opfer, die er zu einer bestimmten Zeit an einem bestimmten Ort darbringen mußte.

33 Die Gebetsformeln mußten immer in der gleichen Weise gesprochen werden. Wenn das nicht geschah, war das Gebet und das Opfer ungültig.

34 Die hohen römischen Beamten mußten am Latinerfest teilnehmen. Für die Dauer des Festes wurde daher ein Praefectus urbi ernannt.

35 Wenn das Datum richtig überliefert ist, hat Q. Petilius sich über seine Verpflichtung, am Latinerfest teilzunehmen, hinweggesetzt.

36 Von der Ernennung dieser beiden Flottenbefehlshaber hat Livius nichts berichtet.

37 *Letum capere* heißt nicht nur «den Letum nehmen», sondern auch «den Tod finden».

38 Valerius Maximus 2, 7, 15; Frontin, strat. 4, 1, 46.

39 M. Titinius hat nach seiner Rückkehr aus Spanien triumphiert, s. S. 278. Livius berichtet 41, 26, 1, daß die Keltiberer ruhig geblieben seien, solange M. Titinius das Kommando in Spanien hatte. Also muß Titinius mit anderen Stämmen gekämpft haben.

40 Von der Amtstätigkeit des P. Mucius Scaevola, des App. Claudius Cento und des Ser. Cornelius Sulla ist in den erhaltenen Partien des Livius weiter unten berichtet. Das Konsulat des M. Aemilius Lepidus ist durch die Fasti Capitolini, durch Julius Obsequens und Orosius 4, 20, 34 belegt; zu den vier Prätoren, deren Namen bei Livius nicht erscheinen, s. Münzer a.a.O. 218f. – Livius hat für 175 sechs Prätoren genannt, da bei ihm schon 177 die lex Baebia (s. Anm. 61 zum 40. Buch) nicht mehr angewandt wird. Möglicherweise hat es aber auch 175 wieder nur vier Prätoren gegeben; dann wären Q. Baebius Sulca und Cn. Lutatius Cerco zu Unrecht bei Livius als Prätoren genannt.

41 41, 21, 5.

42 Mit den «Galliern» sind hier wohl die Bastarnen gemeint (vgl. Anm. 95 zum 40. Buch), nicht die Scordiscen.

43 Perseus' Versuche, sich bei den Griechen Freunde zu verschaffen, hatten bei den Thessalern bald zum Erfolg geführt. Hier, wo die schwersten politischen Gegensätze herrschten, bildete sich – wie auch an anderen Stellen – eine makedonische Partei. Jetzt gerieten die von T. Quinctius an die Herrschaft gebrachten Optimaten in Unruhe und wandten sich an die Römer.

44 41, 19, 1.

45 41, 19, 3.

46 Der Vertrag zwischen den Römern und Philipp V. vom Jahre 196 war beim Regierungsantritt des Perseus erneuert worden (40, 58, 9; 42, 25, 10).

47 Orosius, hist. 4, 20, 34f.

48 Livius perioch. 41.

49 Appian, Syr. 45.

50 Polybios 26, 1, 1–6.

51 Den Beinamen Epiphanes («der auf Erden erschienene Gott») erhielt

Antiochus von dem Volk, das glücklich war, nach der Herrschaft des Heliodor wieder einen rechtmäßigen König zu haben. – Epimanes heißt «der Verrückte».

52 Das Olympieion in Athen war von Peisistratos im 6. Jh. begonnen worden; beim Untergang seiner Dynastie 510 v. Chr. hörte auch die Arbeit an dem gewaltigen Bauwerk auf. Erst Antiochus IV. nahm die Arbeit an diesem Tempel wieder auf, ohne sie zum Abschluß bringen zu können. Kaiser Hadrian gelang es dann schließlich, den riesigen Tempel 129–132 n. Chr. zu vollenden.

53 Antiochus wollte den Kult des Kapitolinischen Jupiter in Syrien einführen.

54 Der Text ist an dieser Stelle verderbt.

55 Zu C. Cassius Longinus s. Münzer a.a.O. 219. Die Namen der anderen Beamten dieses Jahres erscheinen weiter unten in den erhaltenen Partien.

56 Valerius Maximus 4, 5, 3 und 3, 5, 1.

57 Fasti triumphales und Livius 41, 28, 9.

58 «Sarden zu verkaufen» *(Sardi venales)* wurde seit dieser Zeit zu einem geflügelten Wort, um zu bezeichnen, daß etwas nur geringen Wert hatte (Festus, ed. Lindsay, p. 428 s.v. *Sardi venales* und Ps.-Aurelius Victor, De vir. ill. 57, 2).

59 Die Fasti triumphales erwähnen den Triumph des M. Titinius Curvus zwischen dem Triumph des Gracchus und dem Triumph der beiden Konsuln.

60 Fasti triumphales.

61 Livius perioch. 41 und Gajus, inst. 2, 226. 274. – Die lex Voconia ist nach Cicero, Cato 14 erst 169 beantragt worden; man hält allgemein Ciceros Datierung für richtig. – Möglicherweise hat Livius über dieses Gesetz nicht hier, sondern schon zum Jahre 178 berichtet; der Bericht hätte dann in den am Anfang des 41. Buches verlorenen Partien hinter der Volkszählung der Zensoren Aemilius und Fulvius gestanden.

62 41, 22, 1–2.

63 Ein alle vier Tage wiederkehrendes Fieber, von dessen Gutartigkeit die alten Ärzte überzeugt waren. Im Gegensatz zu den tödlichen und akuten Fiebern ist das Viertagefieber das Residuum der Krankheit, das Anzeichen der Genesung oder doch der Errettung vom Tode (RE XXIV 829).

64 Der Name des zweiten nachgewählten Pontifex ist in der Überlieferung verlorengegangen.

65 Das Datum ist nicht überliefert, sondern von Sigonius für das verderbte *IX mil.* der Handschrift konjiziert. Diese Konjektur ist nicht ganz befriedigend, da Livius bei der Rückkehr einer Gesandtschaft im allgemeinen nicht das genaue Datum nennt.

66 Die Doloper waren 185 bei der Beschränkung Philipps auf Makedonien (39, 26, 14) unter makedonischer Herrschaft geblieben. 174 erhoben sie sich und töteten Perseus' Statthalter Euphranor. Das Strafgericht der Makedonen brach so schnell herein, daß die Doloper ihre Absicht, römische Vermittlung anzurufen, nicht mehr verwirklichen konnten.

67 Vielleicht schon 198 beim Abschluß des Bündnisses mit Rom (Niese III 104).

68 200 v. Chr. im Zusammenhang mit dem Ausbruch des Zweiten Makedonischen Krieges.

69 Nach 40, 58, 7/8 trägt daran nicht Perseus die Schuld, sondern es handelt sich um den freien Entschluß eines Teils der Bastarnen unter Führung des Clondicus.

70 Übertreibende Verallgemeinerung: denn von den Vorgängern Philipps hatte nur Antigonus Doson die Achäer unterstützt (im Krieg gegen Cleomenes von Sparta).

71 198 v. Chr. (32, 19, 1 – 23, 3).

72 Die ökonomische Zerrüttung infolge des verlorenen Krieges verschärfte die Gegensätze zwischen den Parteien bei den Ätolern und führte zu heftigen Kämpfen, die mit um so größerer Leidenschaftlichkeit ausgefochten wurden, als es nicht nur um politische Macht, sondern um die wirtschaftliche Existenz ging. Nachdem einmal Blut geflossen war, hörten die Kämpfe nicht mehr auf. Die eine Partei suchte Anschluß an die Römer, die andere, zu der vor allem die Verschuldeten und Bedrängten gehörten, setzte ihre Hoffnung auf Perseus (s. Niese III, 12 und 103).

73 Proxenus war der Führer der römerfreundlichen Partei in Hypata, Eupolemus der Führer der anderen Partei. Nach dem Sieg des Eupolemus hatten die Häupter der Partei des Proxenus in die Verbannung gehen müssen.

74 In Kreta bekämpften sich die Parteien seit langem erbittert untereinander. Polybios 24, 3 spricht von «der ununterbrochenen Folge von Bürgerkriegen und der maßlosen Grausamkeit gegeneinander».

75 Im Lykien war ein neuer Aufstand gegen die drückende rhodische Herrschaft ausgebrochen. – Vgl. Anm. 18.

76 Eine rote Fahne.

77 Er war nicht nach Spanien gegangen (41, 15, 10); wahrscheinlich wurde er aus dem Senat ausgestoßen, weil er damals einen Meineid geleistet hatte.

78 «Als Magistrat blieb er jedoch im Senat und durfte als solcher auch wohl das Wort ergreifen.» (Weißenborn-Müller)

79 Bei Vellejus Paterculus 1, 10, 6 heißt der ausgestoßene Senator Cn. Fulvius.

80 Der Name des M. Aemilius erscheint hier irrtümlich für einen der beiden Konsuln dieses Jahres. Wir wissen nicht, ob Q. Mucius Scaevola oder Sp. Postumius Albinus diesen Auftrag erhielt.

81 Das geschah jetzt in der Stadt zum erstenmal.

82 Die Ädilen und Prätoren leiteten die Spiele.

83 Der Text ist hier durch Beschädigung der Handschrift verstümmelt.

84 Von der Via Sacra zum Kapitol.

85 Das Senaculum lag zwischen dem Kapitol und dem Forum. Hier versammelten sich die Senatoren außerhalb der Senatssitzungen und verhandelten mit den Beamten.

86 Der Stapelplatz lag am Tiber südlich des Aventin.

87 193 von den Ädilen M. Aemilius Lepidus und L. Aemilius Paulus errichtet (35, 10, 12).

88 Der Text ist hier verderbt.

89 Der Tempel der Venus am Forum Boarium westlich des Circus maximus.

90 «Der Mauerbau in Calatia, Auximum und Sinuessa weist deutlich auf eine militärische Maßnahme. Seit dem Aufruhr der apulischen Hirtensklaven im Jahre 185 (39, 29, 8/9) wird zwar nichts mehr über Unruhen in Italien überliefert, doch Livius sagt selbst, daß 185 der Prätor gegen 7000 Menschen verurteilt habe, daß aber ‹viele von dort geflohen sind›. Auf jeden Fall wird die Errichtung neuer Stadtmauern ihre Gründe gehabt haben. Es scheint, daß man bestrebt war, durch die Stärkung städtischer Vororte die wichtigsten Militärstraßen zu sichern und besonders für den bevorstehenden neuen Krieg gegen Makedonien einen reibungslosen Nachschub an die Adriahafen zu garantieren. Auximum lag nämlich an der Straße nach Ancona, welches der wichtigste Kriegshafen der nördlichen Adria war und bereits 178 zum Hauptflottenstützpunkt gegen Illyrien erhoben worden war (41, 1, 3). Calatia aber lag ebenso wie Fundi und Sinuessa an der Via Appia, der großen Militärstraße nach Brundisium, an der ja schon dauernd Verbesserungs- und Erweiterungsarbeiten vorgenommen wurden. Die Arbeiten in Pisaurum und Po-

tentia scheint Flaccus allerdings hauptsächlich deshalb vergeben zu haben, weil an der Gründung dieser Kolonie im Jahre 184 sein Bruder M. Fulvius Flaccus und ein anderer Gentilgenosse, Q. Fulvius Nobilior, beteiligt waren (39, 44, 10), die Fulvier also das Patronat über diese Kolonien hatten. Besonders Pisaurum war aber auch ein wichtiger Hafen.» (Kienast, Cato 82)

91 Nach den Fasti triumphales am 1. März.

ZUM ZWEIUNDVIERZIGSTEN BUCH

1 Das unterworfene kampanische Gebiet war 211 römisches Staatsland geworden (26, 16, 8) und 209 verpachtet worden (27, 11, 8). Von einer Erneuerung der Verpachtung ist nie mehr die Rede. Wohl hatte man 205 und 199 Teile des kampanischen Gebietes verkauft (28, 46, 4; 32, 7, 3) und 197 und 194 römische Kolonisten in Kampanien angesiedelt (32, 29, 3; 34, 45, 3). Aber eine weitere Verpachtung des übrigen Landes scheint unterblieben zu sein, und so hatten allmählich Privatleute einen großen Teil davon in Besitz genommen und die früheren Pächter das gepachtete Land als ihr Eigentum betrachtet.

2 Die 41, 25, 5 und 41, 27, 4 und die 41, 22, 3 erwähnten Gesandtschaften.

3 Dieses berühmte Heiligtum am Lacinischen Vorgebirge südlich von Croton in Bruttium war von den Griechen Süditaliens um 600 errichtet worden.

4 H. Nissen schrieb 1902 (Italische Landeskunde II 944), diese Ziegel seien erst vor einem Menschenalter wiederentdeckt und zerstreut worden.

5 Polybios 32, 8, 5 sagt, Eumenes habe mehr griechischen Städten Wohltaten erwiesen und mehr Privatleuten Unterstützung gewährt als die anderen Könige seiner Zeit. Vgl. Niese III 67ff., 107.

6 Perseus' erste Frau, vielleicht die 40, 5, 10 erwähnte bastarnische Prinzessin, war 179 gestorben. Seine Gegner brachten das Gerücht auf, er habe sie umgebracht.

7 Philetaerus, der Kommandant von Pergamum, hatte 283 seinen Herrn Lysimachus an Seleucus I. verraten und war dafür von diesem als «Dynast» von Pergamum anerkannt worden. Sein Nachfolger Eumenes I. brach 262 mit Antiochus I. und verbündete sich mit Ptolemaeus Philadelphus; seitdem war Pergamum selbständig. 228

nahm Attalus I. den Königstitel an. Seinen Aufstieg in der Regierungszeit des Eumenes II. verdankte Pergamum den Römern, die sich für die treue Bundesgenossenschaft des Attalus und des Eumenes erkenntlich zeigten.

8 Die Römer standen mit dem Ptolemäerreich seit 273 in freundschaftlichen Beziehungen (Livius perioch. 14; Niese II 66).

9 Die Verspätung ist wohl durch die syrischen Thronwirren im Jahre 175 zu erklären.

10 Der Vertrag von Apamea (38, 38, 2–18).

11 Nach den Fasti Capitolini ist es das erstemal, daß zwei Plebejer Konsuln werden.

12 Die Ärarier wurden nach einem höheren Steuersatz besteuert als die übrigen Bürger; der Steuersatz wurde wahrscheinlich von den Zensoren jeweils festgesetzt.

13 «Aus seiner Tribus ausstoßen» *(tribu movere)* bedeutet die Einweisung in eine der vier städtischen Tribus, in denen die große Masse der Stadtbevölkerung eingeschrieben war und deren Mitglieder weniger angesehen waren als die der ländlichen Tribus.

14 Nach den Fasti Antiates am 13. Sextilis (= August).

15 Mit «Makedonien» wird auch das Aufmarschgebiet gegen das Königreich bezeichnet.

16 Perseus hatte 178 Laodice, die Tochter Seleucus' IV., geheiratet.

17 Bei der Hochzeit wurden in Rom ursprünglich wie bei allen wichtigen Angelegenheiten Auspizien durchgeführt. Aufgrund der Auspizien verkündete der Auspex zu Anfang der Hochzeitsfeier, daß die Ehe glücklich sein werde. Auch als die Auspizien bei der Hochzeit nicht mehr durchgeführt wurden, konnten weiterhin bei Hochzeiten Auspices ernannt werden, die beim Abschluß des Heiratskontraktes und der Hochzeitsfeier zugegen waren.

18 Bei den Böotern hatte es schon lange eine starke Partei gegeben, die mit den Makedonen sympathisierte und gegen den Einfluß der Römer kämpfte. Diese hatte jetzt durchgesetzt, daß ein förmlicher Vertrag mit Perseus abgeschlossen wurde, obwohl die Partei der Römerfreunde heftigen Widerstand leistete. Als die Wortführer der römerfreundlichen Partei, Euersas und Callicritus, sich nach Rom auf machten, kamen sie um. Perseus' Gegner behaupteten, er habe sie umbringen lassen (42, 13, 7; 42, 40, 7); er selbst sagte, sie hätten bei einem Schiffbruch das Leben verloren (42, 41, 5).

19 Vgl. Polybios 27, 18, 1 und 28, 7, 3–15.

20 Livius hat bisher nur davon berichtet, daß beide Parteien der Ätoler

sich an die Römer gewandt hatten und daß der Friede durch die Römer wiederhergestellt worden war (41, 25, 1–6; 42, 4, 5; 42, 7, 10–12). Es hatte aber auch Ätoler gegeben, die nicht von den Römern, sondern von Perseus Hilfe erhofften. Perseus war auf ihre Bitten eingegangen und hatte ihnen geholfen (42, 42, 4); daraufhin behaupteten seine Gegner, er habe durch seine Agenten die Streitigkeiten absichtlich geschürt (42, 40, 7).

21 Durch Philipps Unternehmen in den Jahren 184 (39, 35, 4), 183 (39, 53, 12–24) und 181 (40, 21, 1 – 22, 4; 40, 24, 13) war ein großer Teil Thrakiens südlich des Haemus-Gebirges von den Makedonen abhängig oder mit ihnen verbündet. Vor allem der Odrysenkönig Cotys, dessen Gebiet östlich des Rhodope-Gebirges lag, erscheint nach 183 als ein treuer Freund der Makedonen.

22 Nach dem Tod Philipps war Abrupolis, der Fürst der thrakischen Sapäer, dessen Gebiet vom Rhodope-Gebirge bis dicht an das Pangaeum ging, in Makedonien eingefallen und bis Amphipolis vorgedrungen. Perseus trat ihm entgegen, schlug ihn vernichtend und nahm ihm seine Herrschaft (42, 41, 10–11; 42, 40, 5).

23 Arthetaurus, ein Fürst der Illyrer, war von seinen Gegnern ermordet worden, die Mörder hatten in Makedonien Zuflucht gefunden. Es kam der Verdacht auf, Perseus stehe hinter der Tat und Arthetaurus sei beseitigt worden, weil er die Freundschaft Roms suchte. Um diesen Verdacht zu entkräften, wies Perseus die Mörder des Arthetaurus auf die Vorstellungen der Römer hin aus seinem Reich aus (42, 41, 5–8; 42, 40, 5).

24 Im Vertrag von 196 war den Makedonen verboten worden, ohne Befehl des römischen Senats außerhalb Makedoniens Krieg zu führen (33, 30, 6). – Wahrscheinlich hatten die Byzantiner wieder mit ihren Nachbarn im Kampf gelegen (vgl. 39, 35, 4 mit Anm.).

25 Die römerfreundlichen Aristokratenparteien in den einzelnen Städten und Völkerschaften.

26 Eumenes hatte 180 den Rhodiern noch geholfen, den lykischen Aufstand niederzuwerfen. Es war dann aber bald nicht nur zu einer Entfremdung zwischen Rom und Rhodus gekommen (s. 41, 6, 11–12 mit Anm. 19), sondern auch zu einem Zerwürfnis zwischen Rhodus und Eumenes (Polybios 27, 7, 5–7). Als die Lykier sich abermals gegen Rhodus erhoben, behaupteten die Rhodier, Eumenes habe die Lykier aufgewiegelt.

27 Das römische Volk lehnte die Königsherrschaft grundsätzlich ab und war jedem König gegenüber voreingenommen.

28 Unter den Senatoren gab es jedoch auch eine Gruppe, die dem Eumenes nicht ganz traute und glaubte, Eumenes wolle die Römer zum Krieg gegen Perseus treiben, weil er selbst ihn beneidete und fürchtete (Appian, Mak. 3).

29 Die Benutzung des Amtssessels *(sella curulis)* war das Vorrecht der Konsuln, der Prätoren, der kurulischen Ädilen, des Diktators und des Magister equitum.

30 Den Elfenbeinstab zu tragen war in Rom ein Vorrecht des Triumphators. An befreundete Könige konnte er als Ehrenzeichen verliehen werden.

31 Kleinere Schiffe wurden auf einer breiten Rollbahn über den Isthmus gezogen, um ihnen die Fahrt um die Peloponnes zu ersparen.

32 Es ist nicht zu erkennen, ob C. Valerius sich von den anderen 42, 6, 5 genannten Gesandten getrennt hat oder ob sie jetzt gemeinsam zurückkehrten.

33 Die Städte Apollonia und Dyrrachium mit ihrem Gebiet und die Inseln Issa und Corcyra standen seit 229 als Bundesgenossen unter dem Schutz der Römer.

34 Dieser Triumph fand nach den Fasti triumphales am 1. Oktober statt.

35 Dieses Kapitel, in dem Livius sich an eine annalistische Quelle anschließt, steht in scharfem Widerspruch zu der Verhandlungsbereitschaft des Perseus in den Polybianischen Partien (z.B. 42, 36, 1–3; 42, 39; 42, 41, 1 – 43, 3).

36 s. Anm. 33.

37 Von Piraterei des Gentius ist auch sonst die Rede (40, 42, 1–5). Aber der Illyrerkönig schmiedete nicht gemeinsam mit Perseus Kriegspläne gegen die Römer; er wußte vielmehr nicht recht, wie er sich in dem kommenden Krieg verhalten sollte (42, 29, 11). Die davon abweichende Darstellung des Livius ist auf seine annalistische Quelle zurückzuführen.

38 Livius berichtet nichts über das Ergebnis dieser Gesandtschaft.

39 Die 42, 19, 7 genannten Gesandten.

40 Livius hat über den Auftrag für Cn. Sicinius schon 42, 18, 2f. berichtet, dort aber mit weniger Einzelheiten. 42, 31, 3 und 42, 36, 8 nennt Livius für die Truppen unter dem Kommando des Sicinius andere Zahlen. Die Abweichungen sind wohl auf die Benutzung verschiedener Quellen zurückzuführen; s. M. Gelzer, Kl. Schriften III 254.

41 Stratonice, die Tochter des Ariarathes, war die Gattin des Eumenes. Die Heiratsabsprache war 188 erfolgt (38, 39, 6).

42 Ptolemaeus VI. war nach W. Otto (Zur Geschichte der Zeit des 6. Ptolemäers, Abh. München 1934, S. 3ff.) 184/183 geboren; dieser Ansatz ist jedoch umstritten. Nach dem Tode seines Vaters (180) führte zunächst seine Mutter Cleopatra I. für ihn die Regierung. Als sie 176 starb, übernahmen der Eunuch Eulaeus, der ehemalige Wärter des jungen Königs, und Lenaeus, ein ehemaliger Sklave aus Coelesyrien, die Vormundschaft über Ptolemaeus VI. und damit die Regierung.

43 Seit der Schlacht von Ipsus (301 v. Chr.) stritten Syrien und Ägypten um Coelesyrien. 201–198 hatte Antiochus III. ganz Coelesyrien in seine Hand gebracht. Im Winter 194/193 war der Friede feierlich durch die Vermählung Cleopatras, der Tochter des Antiochus, mit Ptolemaeus V. in Raphia besiegelt worden (35, 13, 4). Später behaupteten die Ägypter, Cleopatra habe Coelesyrien als Mitgift erhalten sollen (Polybios 28, 20, 9); tatsächlich ist aber Coelesyrien seit den Kämpfen der Jahre 201–198 ununterbrochen im Besitz der Seleukiden geblieben (Polybios 28, 1, 2f.). Eulaeus und Lenaeus trieben zum Krieg gegen Syrien, in dem sie nicht nur Coelesyrien zurückzuerobern, sondern das ganze Reich der Seleukiden zu gewinnen hofften (Diodorus Siculus 30, 15f.).

44 Das Gebiet des Abrupolis, s. Anm. 22.

45 Da 171 ein Prätor zur besonderen Verfügung steht, wird für die beiden spanischen Provinzen nur ein Prätor ernannt. Bei dieser Regelung bleibt es bis zum Ende des Krieges, s. 45, 16, 1.

46 s. Anm. 16 zum 40. Buch.

47 Die Knaben durften eine Toga mit rotem Saum tragen *(toga praetexta)*. Im Alter von 14–16 Jahren legten die jungen Römer feierlich die Knabentoga ab und erhielten die reinweiße Männertoga *(toga virilis)* zum Zeichen, daß sie das volle Bürgerrecht erlangt hatten. Im allgemeinen geschah das am 17. März, dem Liberalienfest; es konnte aber auch an einem anderen Tag geschehen.

48 Wir wissen nicht genau, was hier gemeint ist. Madvig (Emendationes Livianae 640 Anm.) vermutet, es handle sich um Legionen, die für den Einsatz in Italien aufgestellt und am Ende des Sommers aufgelöst wurden.

49 Die Bürgerkrone erhielt, wer einem römischen Bürger im Kampf das Leben gerettet hatte.

50 «An Stellvertretung ist nicht zu denken; es soll nur gesagt werden, daß, wenn er selbst auch nicht mehr diene, durch ihn genug für den Staat getan sei und seine Stelle mehr als genügend ausgefüllt werde.» (Weißenborn-Müller)

51 Livius teilt weiter nichts über diese Gesandtschaft mit. – Von der Hilfsbereitschaft des Masinissa war schon 42, 29, 8 die Rede, seine Hilfstruppen treffen 42, 62, 2 im römischen Lager ein. – 42, 56, 6 ist berichtet, daß zwei karthagische Schiffe zur Unterstützung der Römer in Chalcis einlaufen. – Kurze Zeit später schickten die Karthager und Masinissa ihrerseits Gesandtschaften nach Rom (43, 3, 5 ff.), auch im folgenden Jahr wieder (43, 6, 11 ff.).

52 Auch von dieser Gesandtschaft berichtet Livius weiter nichts. 42, 57, 7 und 43, 7, 1 ist von kretischen Hilfstruppen im römischen Heer die Rede, im folgenden Jahr auch von einer kretischen Gesandtschaft in Rom (43, 7, 1 ff.).

53 In Wirklichkeit ist Perseus erst nach dem Ausbruch des Krieges in Perrhäbien und Thessalien eingerückt (42, 53, 6 – 54, 11).

54 Plinius, nat. 3, 144, bezeichnet einen Stamm in dieser Gegend als die eigentlichen Illyrer. Dieser Stammesname ist dann zur Bezeichnung aller illyrischen Völkerschaften verwandt worden.

55 In Wirklichkeit schon 172; vgl. 42, 52, 8.

55a Auf einer Stele in Delphi ist eine Inschrift aus diesem Jahr erhalten, die ein Schreiben der römischen Gesandten an die Amphiktyonen von Delphi wiedergibt, in dem die Vorwürfe der Römer gegen Perseus zusammengestellt sind (SIG[4] 643).

56 Des Zweiten Makedonischen Krieges.

57 Messenien und Elis hatten im Ersten und Zweiten Makedonischen Krieg gegen Philipp gekämpft, sich aber 192 Antiochus und den Ätolern angeschlossen; 191 mußten sie auf Befehl der Römer dem Achäischen Bund beitreten.

58 Die Epiroten waren im Ersten und Zweiten Makedonischen Krieg trotz ihres Bündnisses mit Philipp neutral geblieben. 192 schienen sie zunächst auf die Seite des Antiochus treten zu wollen, griffen dann aber als Bundesgenossen der Römer in den Krieg gegen die Ätoler ein.

59 Es sind die 42, 43, 8 f. erwähnten Männer.

60 Die Akarnanen hatten im Ersten und Zweiten Makedonischen Krieg auf der Seite Philipps gestanden. Obwohl sie von den Römern geschont worden waren, hatte im Antiochuskrieg ein Teil des Volkes zu Antiochus gehalten.

61 «Beides ist vorher nicht bestimmt berichtet worden, nur daß sie nicht zu Antiochus übergingen.» (Weißenborn-Müller)

62 Perseus durfte die Grenzen Makedoniens nicht mit seinem Heer überschreiten; s. 42, 25, 4.

63 Nach römischer Ansicht war es unstatthaft, daß Völkerschaften, die durch einen Vertrag an Rom gebunden waren, untereinander Sonderbündnisse schlossen.

64 Philipp hatte 185 bei der Beschränkung seines Gebietes (39, 26, 14) diese drei Städte und Alope im Phthiotischen Achaia behalten dürfen.

65 Die einzelnen Gemeinden des Böotischen Bundes wählten jedes Jahr die Böotarchen, in deren Hand die ausübende Gewalt des Bundes lag.

66 Ismenias suchte den Böotischen Bund als Ganzes zu erhalten und wollte darum «das Schicksal aller Städte des Böotischen Bundes insgesamt in die Hand der römischen Gesandten legen. Das war nun freilich das genaue Gegenteil von dem, was Marcius und seine Kollegen wollten, die ja mehr die Absicht hatten, den Böotischen Bund in seine einzelnen Städte aufzulösen.» (Polybios 27, 1, 2f.) Denn die Römer mußten bei den Parteiverhältnissen in den einzelnen Städten fürchten, daß die Böoter sich eines Tages wieder Perseus zuwenden würden (s. 42, 47, 3).

67 Coronea und Haliartus waren ausgesprochen makedonenfreundlich.

68 Ismenias u.a. nahmen sich in der Haft das Leben (Polybios 27, 2, 9).

69 Ser. Cornelius Lentulus blieb in Chalcis (vgl. Polybios 27, 2, 8).

70 Nach Polybios 27, 5, 1 schickte Perseus zu den böotischen Städten Coronea, Thisbe und Haliartus einen anderen Gesandten als nach Rhodus.

71 In Wirklichkeit handelte es sich nicht um Theben, das sich auf die Seite der Römer gestellt hatte (42, 43, 6; 42, 44, 3ff.; 42, 46, 9f.), sondern um Thisbe. Die Verwechslung zwischen Theben und Thisbe fand Livius schon im Text des Polybios (27, 5, 3) vor.

72 Diesen Satz hat Livius in den Bericht des Polybios eingeschoben, um zu versuchen, den Widerspruch in dem ihm vorliegenden Text des Polybios zu beseitigen.

73 Auch die Einwohner von Thisbe (Polybios 27, 5, 4).

74 s. Anm. 118 zum 39. Buch.

75 Livius erzählt diese Geschichte 5, 27.

76 Die Zahl ist nicht überliefert.

77 Was Livius hier nach Polybios berichtet, hat er 42, 36, 1–7 schon nach einer annalistischen Quelle gebracht; s. Gelzer, Kl. Schriften III 254.

78 Livius hat oben nach annalistischer Quelle schon berichtet, daß eine Flotte von 50 Schiffen ausgerüstet und nach Brundisium verlegt worden (42, 27, 1ff.; 42, 31, 6) und daß der Prätor C. Lucretius im Juni 171 nach Brundisium aufgebrochen war (42, 35, 3). Hier stellt

er diese Vorgänge noch einmal nach Polybios dar; Polybios hat den Aufbruch des Prätors von Rom und die Übernahme der Flotte falsch miteinander verbunden. Vgl. Klotz, Livius 91.

79 s. Anm. 33.

80 Den Zweiten Makedonischen Krieg.

81 Der Aufbruch des P. Lentulus ist hier nach einer annalistischen Quelle berichtet; die anderen Stellen über seine Tätigkeit in Griechenland in diesem Jahr stammen aus Polybios. Livius hat den Widerspruch nicht ausgeglichen (s. RE IV 1, 1374).

82 Es könnte sich um Gallier aus Kleinasien handeln oder um Scordiscen oder Bastarnen (vgl. Anm. 95 zum 40. Buch) oder um Gallier, die sich auf ihren Wanderungen in Makedonien angesiedelt hatten (vgl. 45, 30, 5).

83 Die Lyder und Phryger sind Untertanen des Eumenes, ebenso die 42, 57, 7 erwähnten Myser.

84 Der Name ist nicht überliefert; vielleicht Malloea (s. 42, 67, 7).

85 Ungefähr 500 Mann.

86 42, 58, 14 ist aber von 400 thessalischen Reitern die Rede.

87 Das heißt Schleuderer und andere Leichtbewaffnete.

88 P. Lentulus hatte den Auftrag erhalten, dafür zu sorgen, daß Böotien in der Hand der Römer blieb (42, 47, 12). Da man ihm nur wenige Soldaten mitgegeben hatte, war er auf die Hilfe der Böoter angewiesen, die auf der Seite der Römer standen. Mit ihrer Hilfe griff er Haliartus an, das zu den Makedonen hielt und auch die anderen böotischen Städte auf die Seite des Perseus zu ziehen suchte. Sobald römische Truppen in ausreichender Zahl in Böotien eintrafen, wurden die Böoter nach Hause geschickt, und die Römer übernahmen den Kampf gegen Haliartus.

89 Bald danach müssen weitere Truppen ausgerückt sein, s. § 7.

90 Wohl Gallier aus Kleinasien als Hilfstruppen des Eumenes.

91 Wenn Perseus auf die Mitte der Schlachtreihe gestoßen wäre, hätte er mit den Eliteverbänden der Bundesgenossen zusammentreffen müssen (s. 42, 58, 13); sein Angriff scheint mehr den linken Flügel getroffen zu haben, wo die griechischen Bundesgenossen standen (42, 58, 12). Über das Verhalten der Eliteverbände der Bundesgenossen in dieser Schlacht sagt Livius nichts.

92 Der Argwohn der Römer gegen die hohen ätolischen Offiziere wurde von dem Ätoler Lyciscus geschürt, der sich so seiner politischen Gegner entledigte (Polybios 27, 15, 14).

93 33, 30.

94 Es handelt sich auch hier um Thisbe; s. 42, 46, 7ff. mit Anm.

95 Gesandte aus Thisbe trugen im folgenden Jahr in Rom ihre Wünsche vor. Die Senatsbeschlüsse, die daraufhin am 9. und 14. Oktober 170 über Thisbe gefaßt wurden, sind auf einer Inschrift aus Thisbe erhalten (SIG⁴ 646).

96 Der Pfeil wurde lose zwischen diese beiden Schleuderleder gesteckt (Polybios 27, 11, 5).

97 Wahrscheinlich Valerius Antias; s. Klotz, Livius 5 und 69.

98 Wohl der Statthalter der thrakischen Besitzungen des Eumenes (39, 27, 5).

ZUM DREIUNDVIERZIGSTEN BUCH

1 Der Name ist nicht überliefert.

2 Gegen die illyrischen Völkerschaften, die zu Makedonien hielten.

3 Als Ausländer konnten die Spanier ihre Klage dem Gericht nicht selbst vortragen.

4 M. Porcius Cato war 195 als Konsul in Spanien gewesen, P. Cornelius Scipio 194/193 als Prätor und Proprätor und L. Aemilius Paulus 191–189 ebenfalls als Prätor und Proprätor; C. Sulpicius Gallus war vielleicht zusammen mit L. Aemilius Paulus 191–189 in Spanien gewesen (RE IV A 1, 808, Nr. 66).

5 Es handelt sich einmal um das Getreide, das den Statthaltern für ihren eigenen Bedarf geliefert werden mußte; die Statthalter nahmen das Getreide nicht in natura entgegen, sondern verlangten seinen Wert in Geld oder Edelmetall und setzten dabei den Preis in willkürlicher Höhe an. – Bei dem Zwanzigsten handelt es sich um Getreide, das die Untertanen für die Bedürfnisse der Römer liefern mußten und das mit ihren anderen Abgabepflichten verrechnet wurde; für dieses Getreide setzten die Statthalter den Preis zu niedrig an.

6 Weil von Anfang an in ihr viele Freigelassene lebten. Die Nachkommen der römischen Soldaten und der spanischen Frauen selbst waren Freie, aber *peregrini*.

7 Vgl. 43, 5, 1–4.

8 Vgl. 43, 1, 10–12.

9 Zu Q. Aelius Paetus und T. Manlius Torquatus s. Münzer a.a.O. 219; zu C. Hostilius s. Weißenborn-Müller zu 44, 19, 13 und RE VIII 2, 2501, Nr. 3.

10 Plinius, nat. 7, 4. – Daß dieses Zeichen vom Himmel bei Julius Ob-

sequens nicht genannt ist, spricht nicht gegen seine Erwähnung bei Livius, da Julius Obsequens für die Jahre 174 bis 168 keines der bei Livius berichteten Prodigien notiert hat.

11 Niese III 128 vermutet, es handle sich bei diesen Städten um Thisbe (vgl. 42, 63, 12), das abermals heimgesucht worden wäre, und um die makedonischen Städte der Phthiotis (vgl. 42, 67, 9ff.).

12 Livius perioch. 43; Zonaras 9, 22; Livius 43, 4, 11; Polybios 29, 12, 7. – Von dem Senatsbeschluß über Coronea ist ein kleines Stück erhalten (L. Robert, Études épigraphiques et philologiques, Paris 1938, S. 287ff.).

13 Livius perioch. 43; der Bericht hierüber stand wahrscheinlich an einer späteren Stelle der Lücke.

14 Livius perioch. 43; Livius 43, 4, 5; 43, 7, 8ff.

15 Plutarch, Aem. 9, 3; Niese III 128 vermutet, der Angriff des Perseus sei von Demetrias aus erfolgt.

16 Livius perioch. 43; vgl. Livius 42, 67, 4f.

17 198 v. Chr.

18 Vgl. 42, 60, 9.

19 Polybios 27, 15 (Übersetzung nach H. Drexler).

20 Polybios 27, 16 (Übersetzung nach H. Drexler).

21 44, 2, 6; Plutarch, Aem. 9, 4.

22 Plutarch, Aem. 9, 4.

23 43, 11, 9; 45, 3, 7; Polybios 29, 19, 7; Zonaras 9, 22.

24 Plutarch, Aem. 9, 5 (Übersetzung nach K. Ziegler). – Vgl. 43, 18, 2; 43, 19, 14; perioch. 43; Polybios 28, 8, 2.

25 43, 7, 10; vgl. Niese III 130, A. 1.

26 43, 4, 9.

27 Diodorus Siculus 30, 6; vgl. Niese III 129f.

28 43, 4, 8–10.

29 43, 7, 11.

30 Wahrscheinlich L. Canulejus Dives; s. 42, 31, 9.

31 Livius perioch. 43; Florus 1, 33, 13f.

32 In Antium.

33 «Wahrscheinlich war er, um sich dem Tadel des Senats und der Volkstribunen zu entziehen, nach Ablauf seines Amtsjahres nach Makedonien gegangen, hatte sich von Hostilius als Kriegstribun annehmen lassen und war so im Staatsdienst abwesend.» (Weißenborn-Müller)

34 In Attika wurde zwar nicht viel Getreide angebaut, aber Athens Anteil am Getreidehandel war sehr bedeutend. Als die Römer von den

Athenern die Lieferung der 100000 Scheffel Getreide verlangten, wußten sie, daß im Piräus große Getreidemengen lagerten und daß die Kontrolle über den Getreidehandel zum großen Teil bei den athenischen Kaufleuten geblieben war (Rostovtzeff, Hellen. Welt, S. 500).

35 Der Kult der *dea Roma* ist in Asien nach der Proklamation der Freiheit der Griechen (196 v. Chr.) aufgekommen. Der erste Roma-Tempel wurde 195 in Smyrna errichtet (Tacitus, ann. 4, 56, 1); der zweite ist der an unserer Stelle erwähnte Roma-Tempel von Alabanda. – Zu den Spielen zu Ehren der *dea Roma* s. Tarn-Griffith a. a. O. 134; Latte RRG 312.

36 Elias Bickermann (Philologus 87, 1932, S. 293) vermutet, Philipp V., der auch sonst an der Propontis operierte, habe während des Pontischen Krieges (183–179) Lampsacus gewonnen. Er und sein Sohn Perseus hätten dann die Stadt rund ein Jahrzehnt lang beherrscht.

37 Wohl auf den Widerstand gegen die Ätoler (35, 27, 4 – 38, 12) und gegen Antiochus (35, 46, 2–13) im Jahre 192.

38 Dort hatte er ein Gut (s. 43, 4, 6f.).

39 «Illyrien» bezeichnet in diesem Satz an der ersten Stelle das Gebiet der unabhängigen, zum Teil mit Rom verbündeten illyrischen Stämme nördlich von Epirus, an der zweiten das Reich des Gentius.

40 Die Terminalien waren am 23. Februar. Der Schaltmonat begann einen oder zwei Tage nach den Terminalien. Die Entscheidung über die Einfügung eines Schaltmonats zur Anpassung des Mondjahres an das Sonnenjahr lag seit der lex Acilia vom Jahre 191 in der Hand der Pontifices.

41 Die Nachricht, wer der Nachfolger des L. Flamininus im Augurenkollegium wurde, ist in der Überlieferung verlorengegangen.

42 Dem Quirinalis.

43 172 waren die ersten römischen Truppen gegen Perseus ausgerückt (42, 27).

43a Ohne ein höheres Rechtsgut zu verletzen.

44 «Die von den vorhergehenden Zensoren geschlossenen Kontrakte scheinen für den Staat nicht günstig oder von den Unternehmern schlecht ausgeführt worden zu sein.» (Weißenborn-Müller)

45 Nach dem 3, 55, 7 angeführten Gesetz fiel der Besitz von jemand, der sich über die Rechte eines Tribunen hinwegsetzte, an den Tempel der Ceres, des Liber und der Libera. «Auffallend ist, daß nur Gracchus von dieser Strafe betroffen wird, obwohl der als Grund angegebene Eingriff in die Rechte der Tribunen nach § 5 von beiden Zensoren ausgegangen war.» (Weißenborn-Müller).

46 Die Zensoren beriefen sich nicht darauf, daß sie in ihrer Amtszeit nicht vor Gericht gestellt werden konnten.

47 Wahrscheinlich Trauerkleidung.

48 Diese Gesandtschaft wurde nicht von Rom ausgeschickt, sondern von A. Hostilius; s. § 9.

49 Nach Polybios 28, 3, 2 lasen die Gesandten in Theben nicht den bei Livius erwähnten Senatsbeschluß vor, sondern «sprachen den Thebanern ihre Anerkennung aus und ermahnten sie, den Römern die Treue zu halten». Den Senatsbeschluß erwähnten sie nach Polybios (§ 3) nur in den Städten der Peloponnes.

50 Der Römer Livius berichtet über diese Gesandtschaft weniger genau als der Achäer Polybios (28, 3, 3–10). Bei diesem deuten die römischen Gesandten in den einzelnen Städten der Peloponnes an, sie wüßten genau, wer sich abseits halte und wer sich in den Vordergrund dränge, und lassen klar erkennen, daß ihnen jene nicht weniger mißfielen als die, welche den Römern offen entgegenarbeiteten. «Damit schufen sie eine Atmosphäre allgemeiner Ungewißheit und Angst; niemand wußte mehr, was er sagen oder tun sollte, um es den Römern unter den obwaltenden Umständen recht zu machen.»

51 Genauere Einzelheiten über das Gezänk der ätolischen Politiker auf dem Landtag in Thermus bei Polybios 28, 4.

52 Von den Führern der Partei, die gegen die Römer arbeitete.

53 Die Zahl der gefangenen Römer war in Wirklichkeit wohl nicht so hoch.

54 «Die Siegreichen», nach Hesychios (s. v. νικατῆρες) die Elite des makedonischen Heeres.

55 Auch App. Claudius hatte ein Kommando in Illyrien (43, 9, 6ff. u. ö.). In welchem Verhältnis Coelius zu Claudius stand, ist nicht zu erkennen.

56 Was Livius hier im Anschluß an Polybios berichtet, hat er 43, 10 schon nach annalistischer Quelle dargestellt. Der Polybianische Bericht verdient den Vorzug (s. M. Gelzer, Kleine Schriften III 274f.).

57 Die Parthiner hatten sich 228 den Römern angeschlossen, waren 213 makedonisch und 205 beim Friedensschluß wieder römisch geworden. 196 waren sie unter die Herrschaft des Pleuratus gekommen, der im Zweiten Makedonischen Krieg zu den Römern gehalten hatte, hatten aber später ihre Selbständigkeit wiedererlangt.

58 Perseus hatte den Cleuas wohl in Phanote zurückgelassen, als er versucht hatte, dort den Konsul A. Hostilius in seine Hand zu bringen (s. S. 407).

59 Stratus war seit der Aufteilung Akarnaniens zwischen den Ätolern und Alexander II. von Epirus (249 oder 243; s. F. W. Walbank, A Historical Commentary on Polybios I 239f.) ätolisch.

60 Wahrscheinlich verschrieben für «Ätoler»; vgl. § 9.

61 In Wirklichkeit am Achelous, den Livius mit dem Inachus, seinem Nebenfluß, verwechselt.

62 *Νικαῖος* «der den Sieg Verleihende»; die Lage des Heiligtums ist unbekannt.

63 Die Angabe der Zeitdauer ist in der Handschrift ausgefallen.

64 Antigonea hielt auch nach dem Abfall des Cephalus zu den Römern. Auch andere Teile von Epirus unterstützten weiterhin die Römer, s. 44, 16, 2.

ZUM VIERUNDVIERZIGSTEN BUCH

1 Livius folgt in diesem Abschnitt dem Polybios. Die Zahl weicht von den 43, 12, 3 genannten Zahlen, die aus annalistischer Quelle stammen, erheblich ab. Vgl. Klotz, Livius 91f.

2 Davon ist sonst nirgends die Rede.

3 Wahrscheinlich fürchtete Perseus ein Unternehmen der römischen Flotte gegen die pierische Küste.

4 Nur ein Teil Magnesias mit Demetrias war makedonisch (vgl. 42, 67, 2. 12 und Anm. 34 zum 40. Buch). – Weißenborn-Müller vermutet, es handle sich 44, 7, 10 nicht um die Landschaft, sondern um eine sonst nicht erwähnte Stadt Magnesia.

5 Reiter, die im Galopp von einem Pferd auf das andere sprangen.

6 Am Anfang des Krieges hatte Prusias beschlossen, sich abwartend zu verhalten (42, 29, 3).

7 An dieser Stelle konnten die Verteidiger der Stadt bei einer Belagerung leicht Ausfälle machen, wenn sie die dünne Ziegelwand durchstießen (vgl. 36, 23, 3). – Die Beziehung der Bögen zu der ausgehobenen Erde ist nicht klar.

8 Hier erfahren wir zum erstenmal von Zweifeln der Römer an der Treue des Eumenes; vgl. auch 44, 20, 7. – Genaueres über die Verhandlungen zwischen Eumenes und Perseus berichtet Livius in Kap. 24/25 (dort in 24, 9 nochmals über die Verhandlungen des Cydas mit den Makedonen) und 44, 27, 13.

9 Es sind wohl Gesandte aus dem Gebiet von Aspendus und Side, das 188 die Freiheit erhalten hatte, während der größte Teil

Pamphyliens damals unter pergamenische Herrschaft gekommen war.

10 Das Verhältnis zwischen Rhodus und Rom war seit 178 getrübt (s. Anm. 19 zum 41. Buch), zu einer Zuspitzung war es 172 gekommen (42, 14, 6–9), man fürchtete sogar einen Anschluß der Insel an Perseus (42, 19, 8; 42, 26, 8f.). Die römerfreundliche Partei setzte sich dann aber durch und erreichte, daß die Rhodier für die Römer Schiffe bereitstellten (42, 46, 1–7). Kurz danach forderten die Römer von den Rhodiern Unterstützung zur See, schickten aber bald darauf die rhodischen Schiffe wieder zurück (Polybios 27, 7; Livius 42, 56, 6f.). Die Makedonenpartei in Rhodus unter Führung von Dinon und Polyaratus versuchte aber unaufhörlich, die Insel zur Unterstützung von Perseus' Plänen zu bringen (Polybios 27, 7, 4ff.; 28, 2, 3ff.). Die Römer beobachteten die Vorgänge auf Rhodus sorgfältig. 169 schickten die Rhodier eine Gesandtschaft an den Senat und eine in das römische Lager, um den Römern ihre unverbrüchliche Treue zu versichern (Polybios 28, 2; 28, 16/17). Beide Gesandtschaften wurden freundlich aufgenommen. Q. Marcius Philippus fragte den rhodischen Gesandten Agepolis, warum Rhodus sich nicht um Vermittlung des Friedens bemühe. Über das Motiv zu dieser Frage schreibt Polybios: «Ob er das nun sagte aus Besorgnis vor Antiochus, wenn sich der Krieg gegen Perseus in die Länge zöge, könne den Römern in jenem nach der Einnahme Alexandrias ein neuer gefährlicher Feind erstehen – denn zu dieser Zeit war der Krieg um Coelesyrien schon entbrannt –, oder weil er klar erkannte, daß der Krieg gegen Perseus in kurzem entschieden sein würde, da die römischen Legionen ja bereits in Makedonien standen, weil er dem Ausgang also mit größter Zuversicht entgegensah und nun Rhodus die Rolle des Vermittlers aufdrängen wollte, um damit den Römern einen großartigen Vorwand zu geben, mit ihnen nach Gutdünken zu verfahren, diese Frage sicher zu beantworten ist schwer; ich glaube jedoch mehr an den zweiten Grund, nach dem zu schließen, was den Rhodiern kurz danach widerfuhr.» (Polybios 28, 17, 5–9) – Wie sich die Dinge in Rhodus vor dem Aufbruch der Gesandtschaften zur Vermittlung des Friedens im Jahre 168 entwickelten, berichtet Livius 44, 29, 6–8 (vgl. 44, 23, 4–6. 10 und 44, 28, 3). – In der annalistischen Quelle, der Livius 44, 14, 8ff. folgt, sind die Gesandtschaften der Jahre 169 und 168 zu einer verschmolzen.

11 Über die Schädigung ihres Handels beklagten sich die Rhodier 169

im Senat. Dieser beschloß daraufhin, den Rhodiern mit Getreide aus Sizilien über ihre Verpflegungsschwierigkeiten hinwegzuhelfen (Polybios 28, 2, 2 und 5).

12 Die Karer und Lykier wurden in Wirklichkeit erst 167 frei (45, 25, 6; Polybios 30, 5, 12).

13 Nach ihrem Prozeß hielten die Zensoren eine neue Schätzung ab.

14 s. Anm. 12 und 13 zum 42. Buch.

15 s. Anm. 81 zum 40. Buch.

16 Südwestlich vom Forum.

17 Das Datum ist nicht überliefert.

18 Aemilius erhielt Makedonien nicht durch das Los, sondern der Oberbefehl gegen Perseus wurde ihm vom Volk übertragen (CIL I^2 1, p. 194, el. XV; Plutarch, Aem. 10, 5).

19 Ptolemaeus VIII. Euergetes II., der jüngere Bruder Ptolemaeus' VI. Er war 170 beim Ausbruch des Sechsten Syrischen Krieges (vgl. Anm. 43 zum 42. Buch) zum Mitregenten ernannt worden.

20 Cleopatra II., die Schwester und Gattin Ptolemaeus' VI., die ebenfalls 170 zur Mitregentin ernannt worden war.

21 Ptolemaeus VI. Philometor; vgl. Anm. 42 zum 42. Buch.

22 Nachdem Antiochus große Teile Ägyptens besetzt hatte, versuchte Ptolemaeus VI. mit dem Königsschatz zu fliehen. Er fiel aber in die Hand des Antiochus; dieser söhnte sich mit ihm aus und krönte ihn in Memphis mit der Doppelkrone von Ober- und Unterägypten. Dann machte Antiochus sich daran, Alexandria, wo Ptolemaeus VI. inzwischen nicht mehr anerkannt wurde, zu belagern. In ihrer Not wandten sich der jüngere Ptolemaeus und Cleopatra an Rom.

23 Am 23. März. Die Quinquatren wurden vom 19. bis zum 23. März zu Ehren der Minerva gefeiert.

24 Der Magister equitum M. Minucius Rufus erhielt 217 gleiche Befehlsgewalt wie der Diktator Q. Fabius Maximus; s. 22, 25–26.

25 Anders das Datum in 44, 19, 4; wir wissen nicht, an welcher Stelle das richtige Datum überliefert ist.

26 Die griechischen Städte Asiens, denen die Römer 188 die Freiheit ausdrücklich zugesichert hatten, sahen in ihnen die Garanten ihrer Freiheit gegenüber dem mächtigen Pergamum.

27 Wohl bei dem Unternehmen der Flotte im Jahre 170, s. S. 408.

28 Bastarnen, s. Plutarch, Aem. 12, 4; vgl. Anm. 95 zum 40. Buch.

29 Philippeen.

30 s. Anm. 96 zum 40. Buch.

31 «Pferdetransporter», Transportschiffe für Reiterei.

32 Wahrscheinlich handelte es sich um die Schiffe, auf denen Anicius mit seinen Truppen von Italien nach Illyrien gebracht worden war; diese Schiffe lagen damals wohl noch bei Apollonia. Es zeugt von der Verwegenheit der illyrischen Kutter, daß sie sich trotzdem bis ins Gebiet von Apollonia vorwagten.

33 Appian, Ill. 9.

34 Eutropius 4, 6 erwähnt ausdrücklich, daß in diesem Krieg nur ein einziges Gefecht stattgefunden und Gentius sich danach ergeben habe. Dabei kann es sich nur um den in Kap. 31 berichteten Kampf vor den Toren von Scodra handeln. Vgl. auch Appian, Ill. 9.

35 45, 26, 13f.

36 Die Gladiatoren waren gewöhnlich Kriegsgefangene oder Verbrecher. Aber auch Freie ließen sich hin und wieder für Gladiatorenkämpfe anwerben und erhielten dann ein Handgeld.

37 «Ob eine andere Gemahlin als die 44, 30, 4 erwähnte gemeint oder der Name an einer von beiden Stellen verschrieben ist, läßt sich nicht entscheiden.» (Weißenborn-Müller).

38 Plutarch, Aem. 13, 5; Livius 44, 35, 9. 21–23; 44, 39, 8.

39 Plutarch, Aem. 13, 5.

40 44, 34, 10.

41 In der Lücke vor Kap. 33 ist demnach schon etwas erwähnt worden, wodurch Aemilius Paulus bei den Soldaten besonderes Ansehen gewonnen hatte.

42 44, 34, 10; worin die Maßnahmen des Perseus im einzelnen bestanden, ist nicht überliefert.

43 Plutarch, Aem. 15, 1.

44 Die Übertreibung der Erfolge des vorigen Jahres dient zur Charakterisierung der jungen Offiziere, die diesen Rat geben.

45 Der älteste Sohn des Aemilius Paulus war von Q. Fabius Maximus (Prätor 181 ?) adoptiert worden (RE VI 2, 1790, Nr. 105).

46 Die ligurischen Schilde waren länglich.

47 Plutarch, Aem. 15, 7.

48 Vgl. Plutarch, Aem. 15, 8. Der Marsch konnte kaum in einer einzigen Nacht durchgeführt werden; s. auch Livius 44, 35, 15.

49 Plutarch, Aem. 15, 8 – 16, 1.

50 44, 35, 15.

51 Plutarch, Aem. 16, 3.

52 Zonaras 9, 23.

53 Zonaras 9, 23. – Während der Schlacht von Pydna lag die römische Flotte in unmittelbarer Nähe des Schlachtfeldes, s. 44, 42, 2.

54 Plutarch, Aem. 16, 4–9.

55 Plutarch, Aem. 17, 1.

56 Am 3. September des damaligen römischen Kalenders. Dieses Datum entspricht dem 21. Juni des Sonnenjahres.

57 Diese Entstellung dient ähnlich wie in 44, 35, 7 zur Charakterisierung des Sprechers.

58 Nach Cicero, rep. 1, 23, und Valerius Maximus 8, 11, 1 hat C. Sulpicius Gallus die Mondfinsternis nicht vorausgesagt, sondern am folgenden Tag die natürliche Erklärung dafür gegeben und die Soldaten dadurch von der Meinung befreit, es handle sich um ein Zeichen vom Himmel. Die Voraussage der Mondfinsternis ist annalistische Erfindung.

59 Aemilius Paulus wollte erst am Nachmittag kämpfen, da seine Truppen, die mit Front nach Nordosten standen, dann die Sonne im Rücken hatten (Plutarch, Aem. 17, 13).

60 Keiner der beiden Feldherrn wollte angreifen. Die Römer hätten bei einem Angriff in der Ebene kämpfen müssen, wo die Phalanx fast unüberwindlich war. Die Makedonen mußten bei einem Angriff in das hügelige Gebiet vorrücken, in dem die Römer standen, wobei ihre Phalanx ihre Festigkeit und Geschlossenheit, in der ihre Stärke lag, verloren hätte. Beide Feldherrn waren aber bereit, die Schlacht anzunehmen, wenn der Gegner sie angriff.

61 Der Leucus war vom römischen Lager durchschnittlich 1 km, vom makedonischen durchschnittlich 800 m entfernt (Ed. Meyer).

62 Nach Plutarch, Aem. 18, 1, hat Aemilius Paulus, der es darauf anlegte, daß der Angriff von den Feinden ausging, diesen Zwischenfall mit Absicht herbeigeführt.

63 Bei Plutarch, Aem. 18, 2, kämpfen die Thraker mit den 700 Ligurern, die ausgeschickt waren, um Proviant zu beschaffen.

64 Nach Ed. Meyer hat die makedonische Phalanx vom Ausrücken aus dem Lager bis zum Schlachtfeld etwa 15 Minuten gebraucht.

65 Etwas mehr als 250 Schritt, rund 400 Meter.

66 Plutarch, Aem. 18, 5–9.

67 Plutarch, Aem. 17, 12.

68 Plutarch, Aem. 18, 3–4.

69 Über die Verluste der Päligner und Marruciner s. auch 44, 41, 9 und 44, 42, 8.

70 Dieser Berg ist nicht genauer feststellbar (Ziegler).

71 Plutarch, Aem. 20, 1–5.

72 Plutarch, Aem. 19, 2–3; vgl. Polybios 29, 17, 1.

73 Perseus hatte versucht, durch spitze Nägel auf den Schilden und

Helmen das Fußvolk für den Kampf gegen die Elefanten zu sichern und ebenso die Pferde der Reiterei durch nachgemachte Bilder u. ä. an sie zu gewöhnen; aber in der Schlacht versagten diese künstlichen Erfindungen vollkommen (Ed. Meyer).

74 Perseus hatte seine Reiterei zunächst im Lager gehalten und befand sich bei ihr. Als die Phalanx nichts ausrichtete, konnte auch die Reiterei nicht mehr helfen.

75 Plutarch, Aem. 23, 6: «Als er gar nachts nach Pella gekommen war und Euctus und Eulaeus, seine Schatzmeister, die ihm entgegenkamen und ihm teils wegen des Geschehenen Vorwürfe machten, teils mit unzeitiger Offenheit Ratschläge erteilen wollten, in der Wut selber durch Dolchstiche tötete, blieb keiner mehr bei ihm außer dem Kreter Euander, dem Ätoler Archidamus und dem Böoter Neo.»

76 Der zweite Sohn des Aemilius Paulus war von P. Cornelius Scipio, dem Sohn des Africanus, adoptiert worden.

77 Die Kreter galten als äußerst habgierig.

78 Aeginium war vielleicht wie die epirotischen Städte von den Römern abgefallen.

79 Plutarch, Aem. 24, 3.

80 45, 4, 2.

ZUM FÜNFUNDVIERZIGSTEN BUCH

1 Am 7. September 168.

2 Die *coniurati,* die gemeinsam den Fahneneid geleistet hatten, werden von den Soldaten und Seesoldaten unterschieden, die auf die übliche Art ausgehoben und vereidigt worden waren. Die gemeinsame Vereidigung fand statt, wenn keine Zeit war, die Soldaten einzeln zu vereidigen. Daß der Konsul Licinius Soldaten gemeinsam vereidigt hat, hat Livius bisher nicht berichtet.

3 Nach den Siegen über Hannibal und über Antiochus waren nur dreitägige Dankfeste gefeiert worden, nach dem Sieg über Philipp ein fünftägiges.

4 44, 32, 4 berichtet Livius, Anicius habe den Perpenna als Gesandten nach Rom geschickt. Der Widerspruch ist auch in diesem Fall auf die Benutzung verschiedener Quellen zurückzuführen: 44, 32, 4 folgt Livius dem Polybios, hier einer annalistischen Quelle.

5 Livius berichtet hier nach Polybios von der Gesandtschaft des Jahres

168, die 44, 14, 3ff. nach annalistischer Quelle mit der Gesandtschaft des Jahres 169 verschmolzen ist; s. auch Anm. 10 zum 44. Buch.

6 Den 42, 52, 5 und 45, 39, 7 erwähnten Alexander und die 45, 28, 11 erwähnte Tochter.

7 Hierüber berichtet Plutarch, Aem. 26, 6: «Die Kinder aber erhaschte Ion und lieferte sie ihnen aus; der war voreinst ein Geliebter des Perseus gewesen, wurde jetzt aber an ihm zum Verräter und lieferte den Anlaß, der den stärksten Zwang auf den Menschen ausübt, wie ein Wild, wenn seine Jungen gefangen werden, sich zu stellen und seine Person denen auszuliefern, die jene in ihrer Gewalt hatten.»

8 Syphax hatte seit 213 gegen die Karthager gekämpft, war aber 204 auf die Seite der Karthager getreten, nachdem Hasdrubal ihm seine Tochter Sophoniba zur Frau gegeben hatte. 203 wurde er von Masinissa und Laelius geschlagen und geriet in römische Gefangenschaft. Livius berichtet 30, 13, wie Syphax als Gefangener ins römische Lager gebracht wurde.

9 Demetrius II.

10 Caranus ist nach sagenhafter Überlieferung der Gründer des Makedonischen Reiches (Justinus, hist. Phil. 7, 1, 7ff.; bei Herodot erscheint sein Name noch nicht). Nach Justinus 33, 2, 6 war Perseus der dreißigste König seit Caranus.

11 Die Gesandtschaft war in Rom aufgebrochen, als man dort schon mit dem baldigen Ende des Krieges rechnete. Sie wartete – wohl auf Weisung des Senates – in Delus die Entscheidungsschlacht ab (Niese III 175). – Im Jahre 169 war es weder den verschiedenen griechischen Gesandtschaften (Polybios 28, 20) noch dem römischen Gesandten T. Numisius (Polybios 29, 25, 3) gelungen, Frieden zu stiften.

12 Wohl die 44, 29, 1 erwähnten pergamenischen Fünfruderer.

13 Zypern gehörte zum Ptolemäerreich.

14 Die Rechtsprechung zwischen Bürgern und Fremden war ursprünglich dem L. Anicius zugefallen (44, 17, 10). Als ihm dann die Kriegsführung gegen Gentius übertragen worden war, erhielt C. Papirius Carbo den Aufgabenbereich der Rechtsprechung zwischen Bürgern und Fremden; die Statthalterschaft in Sardinien blieb weiterhin in der Hand des P. Fontejus Capito (43, 15, 3). Auch im Jahre 167 wurde der Prätor, dem Sardinien zugefallen war, mit anderen Aufgaben betraut (45, 16, 4).

15 Diese Gesandtschaft kam wohl nicht nur im Auftrag von Ptolemaeus VIII. und Cleopatra II., die in Rom um Hilfe gebeten hatten, sondern auch im Namen von Ptolemaeus VI. Die annalistische Quelle, der Livius hier folgt, berücksichtigt Ptolemaeus VI. nicht.

16 Philipp V., Antiochus III. und Perseus.

17 Im Hinblick auf die Karthager, s. 43, 3, 6f.

18 Der Name ist nicht überliefert. – Zu den karthagischen Geiseln s. 40, 34, 14 mit Anm.

19 Valerius Maximus 5, 1, 1.

20 Fasti Capitolini und Livius 45, 16, 1–4.

21 Livius perioch. 45.

22 Kleine Lücke im Text. Es war angegeben, wo sich die zweite der genannten Gruppen schätzen lassen sollte.

23 Dadurch, daß die große Masse der Freigelassenen einer einzigen Tribus zugewiesen wurde, war ihr Stimmrecht fast wertlos.

24 s. Anm. 13 zum 42. Buch.

25 s. Anm. 12 zum 42. Buch.

26 Als Nachfolger des 169 verstorbenen P. Quinctilius Varus (44, 18, 7).

27 s. 36, 2, 4. – Die Einlösung des Gelübdes hat Livius zum Jahre 185 nicht berichtet.

28 Es wurden dann aber nur die Gold- und Silberbergwerke stillgelegt; die Eisen- und Kupferbergwerke wurden weiter verpachtet (45, 29, 11). – Die großen königlichen Güter sind wohl aufgeteilt worden und in die Hand von Kleinpächtern gekommen.

29 Die Gallier in Kleinasien hatten 168 das pergamenische Gebiet angegriffen. Eumenes, dessen Truppen zu einem großen Teil in Makedonien waren, konnte nur schwachen Widerstand leisten und wurde geschlagen. Die Gallier opferten von den Kriegsgefangenen, die sie gemacht hatten, die schönsten und stärksten den Göttern, die übrigen töteten sie mit ihren Spießen (Diodor 31, 13). Wie in den früheren Kriegen zitterte ganz Kleinasien vor den furchtbaren Barbaren.

30 Außer Eumenes und Attalus noch Philetaerus und Athenaeus.

31 Attalus III., der 138–133 König von Pergamum war, scheint der Sohn des Eumenes von einer Nebenfrau gewesen zu sein. Eumenes, dessen Ehe mit Stratonice kinderlos war, hat ihn später legitimiert.

32 Anspielung auf Eteokles und Polyneikes.

33 Nach Polybios 30, 3, 5–7 versprach der Senat ihm die Städte, da man erwartete, er werde noch einen Antrag gegen seinen Bruder

stellen. Als er aber gleich nach dieser Zusage Rom verließ, ohne gegen seinen Bruder etwas unternommen zu haben, brach der Senat sein Versprechen und erklärte Aenus und Maronea für frei.

34 Polybios 30, 4, 6.

35 45, 25, 1.

36 Bei Polybios 30, 4, 6 hält vor ihm Philophron, der andere Gesandte der Rhodier, eine Rede. Wahrscheinlich hat Livius diese weniger wichtige Rede nicht einmal erwähnt.

37 Im Jahre 190 (37, 10, 11–11, 13).

38 Im Jahre 190 (37, 23, 2–24, 13).

39 33, 30, 11 und 38, 39, 13.

40 Nach Thukydides 1, 70–71; diese Charakteristik der Athener und Spartaner stimmt mehr für das fünfte Jahrhundert als für das zweite.

41 Nach Polybios 30, 5, 12 mußten die Rhodier nur die Gebiete Kariens und Lykiens freigeben, die nach dem Antiochuskrieg unter ihre Herrschaft gekommen waren.

42 Caunus war 197 aus ptolemäischem in rhodischen Besitz übergegangen (Polybios 30, 31, 6).

43 Mylassa und Alabanda waren unabhängige Griechenstädte.

44 Die Städte der Euromenser hatten schon vor dem Antiochuskrieg zu Rhodus gehört.

45 Cibyra war selbständig.

46 In die im Jahre 170 abgefallenen Teile von Epirus; s. S. 405ff.

46a s. 44, 7, 5.

47 Richtiger berichtet Plutarch, Aem. 28, 4, Paulus habe in Delphi «einen großen viereckigen Pfeiler aus weißen Marmorquadern» vorgefunden, der als Sockel für ein vergoldetes Standbild des Perseus dienen sollte, und ihn für sein Denkmal bestimmt. Überreste dieses Denkmals mit Szenen aus der Schlacht von Pydna sind erhalten. Es trug die Inschrift: L · AIMILIVS · L · F · INPERATOR · DE · REGE · PERSE · MACEDONIBVSQVE · CEPET – Der Feldherr L. Aemilius, der Sohn des Lucius, hat es von König Perseus und den Makedonen erbeutet.

48 Amphiaraus.

49 Das Heiligtum von Epidaurus war 87 v. Chr. von Sulla geplündert worden (Plutarch, Sulla 12, 3).

50 Die Zeusstatue des Phidias.

51 Die Führer der römerfreundlichen Partei in Ätolien glaubten nach dem römischen Sieg freie Hand zu haben und hatten ihre politischen Gegner beseitigt.

52 Nach Plutarch, Aem. 28, 6, mußten die Makedonen den Römern 100 Talente zahlen.

53 Richtiger: im Süden.

54 Richtiger: den westlichen Abschluß.

55 Das bisherige Heraclea im Lande der Lyncester.

56 Von den makedonischen Gebieten in Griechenland wurde Magnesia mit Demetrias selbständig, ebenso die Doloper. Die makedonischen Städte im Phthiotischen Achaia durften sich wieder ihren Stammesgenossen anschließen (Niese III 182).

57 Wir wissen nicht sicher, welchen Sinn diese Bestimmung hatte. H. Küthmann, Salz zum Würzen?, AA 1966, 407–410 weist darauf hin, daß die Makedonen das Salz zum Würzen der Speisen aus dem Meerwasser gewinnen konnten, und vermutet, daß durch das Verbot der Salzeinfuhr die Raffinierung heimlich geförderten Edelmetalls verhindert werden sollte.

58 Vor der Eroberung des Landes durch die Makedonen.

59 Über diese römische Gesandtschaft bei den Achäern berichtet Pausanias 7, 10, 7ff. Mehr als 1000 Achäer, darunter auch Polybios, mußten nach Rom kommen, um sich zu verantworten. In Rom wurden die Achäer und die anderen Griechen nicht vor Gericht gestellt, sondern ohne Untersuchung in Italien als Geiseln festgehalten. Wiederholte Bitten um eine richterliche Entscheidung blieben erfolglos (Polybios 30, 30, 1; 30, 32; 32, 3, 14–17; 33, 1, 3–8; 33, 3; 33, 14; Zonaras 9, 31). Erst 150 konnten die achäischen Geiseln, von denen kaum noch 300 lebten, und die anderen Griechen in ihre Heimat zurückkehren (Plutarch, Cato 9, 2–3; Polybios 3, 5, 4).

60 Die vier Bezirke Makedoniens.

61 Vgl. auch Justinus, hist. Phil. 33, 2, 7.

62 Hier im Sinn von Abteilungen, ohne daß eine bestimmte Truppenstärke gemeint wäre.

63 Polybios 30, 3, 7–8 deutet an, die Römer, die dem Eumenes wegen seiner Verhandlungen mit Perseus zürnten (s. Anm. 8 zum 44. Buch) und die auch über Attalus enttäuscht waren, weil er seinen Bruder nicht verraten hatte (s. Anm. 33), hätten ein doppeltes Spiel getrieben: «Welches deren Aufträge waren, ist nicht leicht zu sagen, nicht schwer aber nach den späteren Ereignissen zu vermuten: die Tatsachen sind, wie man sehen wird, beweisend genug.»

64 5, 32, 8–9.

65 38, 50, 5ff.

66 M'. Curius triumphierte 275 über die Samniten und König Pyrrhus (Fasti triumphales), Scipio 201 über Karthago (30, 45, 2ff.).

67 30, 45, 5.

68 Plutarch, Aem. 31, 10.

69 Plutarch, Aem. 32, 1.

70 Fasti triumphales. – Vellejus Paterculus 1, 9, 6 hebt hervor, daß dieser Triumphzug alle früheren Triumphzüge in den Schatten stellte.

71 Die folgenden Abschnitte in Anlehnung an Plutarch, Aem. 32, 4ff., dessen Darstellung reicher ausgestaltet ist, als sie bei Livius gewesen sein kann. – Die Darstellung des Diodorus Siculus (31, 8, 10–12) weicht von Plutarch in einigen Punkten ab, vor allem in der Verteilung der einzelnen Teile des Triumphzuges auf die verschiedenen Tage.

72 Bei Diodor sind es 500 Wagen mit Kunstwerken.

73 Diodor spricht von 1200 Wagen mit weißen Schilden, 1200 Wagen mit ehernen Schilden, 300 Wagen mit Speeren, Stoßlanzen, Bogen und Wurfgeschossen und vielen anderen Wagen mit Waffen jeder Art, darunter 800 vollständigen Rüstungen an Stangen. Das steht im Widerspruch zu Livius 45, 33, 1–2, wo Aemilius nur die ehernen Rundschilde auf die Schiffe bringen läßt und alle anderen erbeuteten Waffen in Brand steckt. 45, 35, 3 ist noch von besonders prächtigen Waffen, wohl aus dem Königsschatz, die Rede, die Aemilius nach Italien mitnimmt.

74 Nach Valerius Antias (Livius 45, 40, 1) wurde das erbeutete Gold und Silber auf Lastwagen vorgeführt.

75 Diese goldenen Geräte wogen nach Diodor zehn Talente. Bei ihm sind weiterhin noch 2000 Elefantenzähne von drei Ellen Länge erwähnt.

76 Der Wagen des Perseus war nach Diodor aus Gold und Elfenbein und mit Edelsteinen verziert. Außer dem Wagen erwähnt er ein Pferd in vollem Kriegsschmuck mit vergoldetem Geschirr und einem Stirn- und Brustschmuck, der mit Edelsteinen besetzt war, ein goldenes Ruhebett mit bunten Decken und eine goldene Sänfte mit purpurnen Vorhängen.

77 Zonaras 9, 24.

78 Zonaras 9, 24. Bithys hatte mit anderen Thrakern als Geisel am makedonischen Hof gelebt (s. Livius 45, 42, 6–12).

79 Diodorus Siculus 31, 8, 12.

80 Nach Vellejus Paterculus 1, 9, 6 führte Aemilius Paulus 210 Millionen Sesterzen im Triumphzug mit, nach Plinius, nat. 33, 56, 300 Millionen Sesterzen. Das römische Volk brauchte seitdem keine Abgaben mehr zu zahlen.

81 Diese 15 Tage sind nicht von der Übernahme des Kommandos, sondern vom Beginn der Operationen an gerechnet.

82 Der Triumph als Flottenbefehlshaber wird in den Fasti triumphales von den anderen Triumphen unterschieden.

83 Auch seine beiden anderen Kinder lebten bei ihm in Alba.

84 Zonaras 9, 24 berichtet, Perseus habe noch eine Zeitlang geglaubt, er könne auf den makedonischen Thron zurückkehren; als er dann einsah, daß diese Hoffnung eitel war, habe er sich das Leben genommen. Nach Plutarch, Aem. 37, 2, machte er seinem Leben ein Ende, indem er jede Nahrung verweigerte. Die Nachricht, daß die römischen Wachsoldaten den König zu Tode gequält hätten, ist antirömische Propaganda. Perseus starb nach Diodor (31, 9, 7) im Jahre 165, nach Vellejus Paterculus (1, 11, 1) 164, nach Porphyrios (FGrHist. 260 F. 3, 18) 162.

Philipp, der Adoptivsohn des Perseus, starb zwei Jahre nach ihm im Alter von 18 Jahren (Polybios 36, 10, 3); auch die Tochter des Perseus überlebte ihren Vater nicht lange (Zonaras 9, 24). Der zweite Sohn, Alexander, lebte noch eine Zeitlang in Alba. Von ihm bemerkt Plutarch, Aem. 37, 4: «Alexander soll sehr geschickt in der Metalltreibarbeit und anderen feinen Handarbeiten gewesen sein; auch habe er die römische Sprache und Schrift gelernt und sei als Schreiber bei den Behörden tätig gewesen, wobei er sich als gewandt und tüchtig in diesem Dienst erwies.»

85 Es handelt sich wohl um die Besatzung der Schiffe, die die illyrischen Kutter geschlagen hatten (s. S. 487).

86 Vgl. Anm. 40 zum 43. Buch.

87 Die Zahl fehlt in der Überlieferung.

88 s. 45, 14, 6–7.

89 Polybios 30, 18.

90 Das ist die Tracht der soeben Freigelassenen.

91 Im 46. Buch hat Livius berichtet, daß Eumenes im Winter 167 persönlich nach Rom zu kommen beabsichtigte. Der Senat wollte ihn weder zum Feind erklären noch ihn in die Stadt lassen und erließ darum ein Gesetz, kein König dürfe nach Rom kommen. Dies wurde dem Eumenes in Brundisium mitgeteilt, und er kehrte daraufhin nach Pergamum zurück. Im folgenden Jahr besiegte er die Gallier und beendete dadurch den Krieg. Die Gallier behielten durch römische Vermittlung ihre Selbständigkeit, mußten sich aber verpflichten, keine Feldzüge über ihre Grenze hinaus zu führen (Livius perioch. 46; Polybios 30, 19, 1–14; 30, 28).

AUSGEWÄHLTE LITERATUR

Ausgaben und Kommentare

Titi Livi ab urbe condita libri, ed. R.S. Conway – C.F. Walters – S.K. Johnson – A.H. McDonald, bisher 5 Bände mit den Büchern 1–10 und 21–35, (Oxford Classical Texts) Oxford 1914–1965

Da die Oxford-Ausgabe noch nicht abgeschlossen ist, muß für die Bücher 36–40 immer noch die veraltete Teubner-Ausgabe herangezogen werden:

T. Livi ab urbe condita libri, ed. W. Weissenborn – M. Mueller, Buch 36–38 bearbeitet von M. Müller (1890), Buch 39–40 bearbeitet von W. Heraeus (1908), Nachdruck Stuttgart 1959

Die Bücher 41–45 sind gesondert herausgegeben:

Titi Livi ab urbe condita libri XLI–XLV, Caesar Giarratano recensuit, Rom 1937[2]

Livy, with an English Translation by B.O. Foster – F.G. Moore – E.T. Sage – A.C. Schlesinger, 14 Bände, (The Loeb Classical Library) Cambridge/Massachusetts – London 1919–1959
(Lesetext im Anschluß an die genannten Ausgaben mit knappen Anmerkungen, übersichtlichen Karten und einem vorzüglichen Index von R.M. Geer im 14. Band)

Tite-Live, Histoire romaine, Texte établi par J. Bayet – P. Jal et traduit par G. Baillet – J. Bayet – R. Bloch – P. Jal, bisher 8 Bände mit den Büchern 1–7 und 41–42, (Collection Budé) Paris 1940–1971
(mit ausführlicher Einleitung von J. Bayet, in der Textbehandlung konservativer als die Oxford-Ausgabe, mit Erläuterungen)

Titi Livi ab urbe condita libri, bearbeitet von W. Weißenborn – H. J. Müller – O. Roßbach, 10 Bände, unveränderte Nachdrucke der letzten Auflagen der einzelnen Bände (von 1880–1924) Berlin – Dublin – Zürich 1962 u.ö.
(immer noch der einzige Kommentar zum Gesamtwerk)

Deutsche Übersetzungen

G. C. Maternus von Cilano, Hamburg 1777–1779
G. Grosse, Halle 1789–1795
J. Ph. Ostertag, Frankfurt/M. 1790–1798
E. F. Ch. Oertel, München 1821–1833
K. Heusinger, Braunschweig 1821; neu herausgegeben von O. Güthling, Leipzig 1885–1886
C. F. Klaiber, Stuttgart 1826–1834; bearbeitet von W. S. Teuffel, Stuttgart 1854–1855
F. D. Gerlach, Stuttgart 1856–1873
H. A. Gärtner, bisher Bd. II: Der Punische Krieg, Stuttgart 1968

Wörterbuch

D. W. Packard, A Concordance to Livy, 4 vols., Cambridge/Massachusetts 1968

Sprache und Stil

L. Kühnast, Die Hauptpunkte der Livianischen Syntax, Berlin 1872[2]
O. Riemann, Études sur la langue et la grammaire de Tite-Live, Paris 1885[2]
E. Norden, Die antike Kunstprosa, Darmstadt 1958[5], 234–237
H. Tränkle, Beobachtungen und Erwägungen zum Wandel der livianischen Sprache, WSt N.F. 2, 1968, 103–152

Allgemeine Literatur zu Livius

R. Heinze, Livius, in: Die augusteische Kultur, Darmstadt 1960[3], 91–106
H. Bornecque, Tite-Live, Paris 1933
P. G. Walsh, Livy, his historical aims and methods, Cambridge 1961
Wege zu Livius, hrsg. v. E. Burck, Darmstadt 1967 (Wege der Forschung CXXXII; Aufsatzsammlung mit Beiträgen verschiedener Forscher)

Quellenfrage und Komposition

H. Nissen, Kritische Untersuchungen über die Quellen der 4. und 5. Dekade des Livius, Berlin 1863
W. Soltau, Livius' Geschichtswerk, seine Komposition und seine Quellen, Leipzig 1897
K. Witte, Über die Form der Darstellung in Livius' Geschichtswerk, RhM 65, 1910, 270ff., 359ff. (Nachdruck Darmstadt 1969)
U. Kahrstedt, Die Annalistik von Livius Buch 31–45, Berlin 1913
E. Burck, Die Erzählungskunst des T. Livius, Berlin – Zürich 1964[2] (mit Literaturüberblick)
A. Klotz, Livius und seine Vorgänger, 3 Hefte, Leipzig 1940–1941 (Nachdruck Amsterdam 1964)
F. Kern, Aufbau und Gedankengang der Bücher 36–45 des T. Livius, Diss. Kiel 1960 (masch.-schr.)
H. Tränkle, Livius und Polybios, Gymn. 79, 1972, 13–31
P. Steinmetz, Eine Darstellungsform des Livius, Gymn. 79, 1972, 191–208

Geschichte des 2. Jahrhunderts v. Chr.

The Cambridge Ancient History, Vol. VIII: Rome and the Mediterranean, 218–133 B. C., ed. by S. A. Cook – F. E. Adcock – M. P. Charlesworth, Cambridge 1954[2] (Nachdruck 1965)
Fischer Weltgeschichte, Bd. 7: Der Aufbau des Römischen Reiches, hrsg. v. P. Grimal, Frankfurt 1966

H. Bengtson, Griechische Geschichte, München 1969[4]
H. Berve, Griechische Geschichte, 3. Band: Spätzeit des Griechentums, Freiburg 1960
B. Niese, Geschichte der griechischen und makedonischen Staaten seit der Schlacht bei Chaeronea, 3 Bände Gotha 1893–1903 (Nachdruck Darmstadt 1963)
M. Rostovtzeff, Die hellenistische Welt. Gesellschaft und Wirtschaft, übers. von G. und E. Bayer, 3 Bände, Stuttgart 1955–1956
C. Schneider, Kulturgeschichte des Hellenismus, 2 Bände, München 1967–1969
W. Tarn – G. T. Griffith, Die Kultur der hellenistischen Welt, übers. von G. Bayer, Darmstadt 1966

E. Will, Histoire politique du monde hellénistique (323–30 av. J.-C.), 2 Bände, Nancy 1966–1967

H. Bengtson, Grundriß der römischen Geschichte, Band I: Republik und Kaiserzeit bis 284 n. Chr., München 1970[2]

A. Heuss, Römische Geschichte, Braunschweig 1971[3]

E. Kornemann, Römische Geschichte, 1. Band: Die Zeit der Republik, bearbeitet von H. Bengtson, Stuttgart 1970[6]

J. Vogt, Die römische Republik, Freiburg 1959[4]

D. Kienast, Cato der Zensor, seine Persönlichkeit und seine Zeit, Heidelberg 1954

F. Münzer, Römische Adelsparteien und Adelsfamilien, Stuttgart 1920 (Nachdruck Darmstadt 1963)

G. Colin, Rome et la Grèce de 200 à 146 av. J.-C., Paris 1905

J. Deininger, Der politische Widerstand gegen Rom in Griechenland 217–86 v. Chr., Berlin 1971

H. E. Stier, Roms Aufstieg zur Weltmacht und die griechische Welt, Köln-Opladen 1957

L. de Regibus, La repubblica romana e gli ultime re di Macedonia, Genua 1951

F. W. Walbank, Philip V of Macedon, Cambridge 1940

C. F. Edson, Perseus and Demetrius, HStClPh 46, 1935, 191–202

E. Bikerman, Initia belli Macedonici, REG 66, 1953, 479–506

P. Heiland, Untersuchungen zur Geschichte des Königs Perseus, Diss. Jena 1913

P. Meloni, Perseo e la fine della monarchia macedone, Rom 1953

J. Krohmayer, Antike Schlachtfelder in Griechenland, Bd. 2: Die hellenistisch-römische Periode von Kynoskephalai bis Pharsalos, Berlin 1907 (mit Karten)

Ed. Meyer, Die Schlacht von Pydna, SB Berlin 1909, 780ff.

E. V. Hansen, The Attalids of Pergamon, Ithaca/New York 1971[2]

R. B. McShane, The foreign Policy of the Attalids of Pergamon, Urbana/Illinois 1964

H. H. Schmitt, Rom und Rhodos, München 1957

E. R. Bevan, A history of Egypt under the Ptolemaic dynasty, London 1927

A. Bouché-Leclerq, Histoire des Lagides, 4 Bände, Paris 1903–1907
P. Jouguet, Les débuts de règne de Ptolemée Philométor et la sixième guerre syrienne, RPh 63, 1937, 193–238
W. Otto, Zur Geschichte der Zeit des 6. Ptolemäers, Abh. München 1934
H. Winkler, Rom und Ägypten im 2. Jahrhundert v. Chr., Diss. Breslau 1933

U. Kahrstedt, Geschichte der Karthager von 218–146, Berlin 1913
B. H. Warmington, Karthago, übers. v. P. Baudisch, Wiesbaden 1963

J. M. Blázquez, El impacto de la conquista de Hispania en Roma (218–154 a. J. C.), EClás VII, 1962, 1–29
K. Götzfried, Annalen der römischen Provinzen beider Spanien, Diss. Erlangen 1907
H. Simon, Roms Kriege in Spanien, Frankfurt/M. 1962
C. H. V. Sutherland, The Romans in Spain 217 B. C.–A. D. 117, London 1939

N. Lamboglia, Liguria romana, Rom 1939
A. Lauterbach, Untersuchungen zur Geschichte der Unterwerfung Oberitaliens, Diss. Breslau 1905
G. Mezzer-Zerbi, Le fonti di Livio nelle guerre combattute contro i Liguri, RSC VIII, 1960, 329–340; XIII, 1965, 66–78; 287–299; XIV, 1966, 211–224; 359–368.

STOFFÜBERSICHT ZUM 39.–45. BUCH

	187 v. Chr.	186 v. Chr.
ROM UND ITALIEN	Verhandlungen über die Latiner 39, 3, 4–6 Triumph des M. Fulvius 39, 4–5 Beamtenwahlen 39, 6, 1–2 Triumph des Cn. Manlius Volso 39, 6, 3 – 7, 5 Römerspiele und Plebejerspiele 39, 7, 8–10	Verteilung der Amtsbereiche 39, 8, 1–3 Die Bacchanalien 39, 8, 3 – 19, 7 Verteilung der Truppen 39, 20, 1–4 Spiele 39, 22, 1–2 Himmelszeichen 39, 22, 3–5 Spiele des L. Scipio 39, 22, 8–10 Wahlen 39, 23, 1–2 Beschluß zur Wiederbesiedlung von Sipontum und Buxentum 39, 23, 3–4
NORDEN UND WESTEN	Kämpfe in Ligurien 39, 1–2 Ereignisse in Gallien 39, 3, 1–3 Nachrichten aus Spanien 39, 7, 6–7	Der Krieg in Ligurien 39, 20, 5–10 Der Krieg in Spanien 39, 21 Gallier dringen in Oberitalien ein 39, 22, 6–7
DER OSTEN		

	185 v. Chr.	184 v. Chr.
ROM UND ITALIEN	Der Triumph des L. Manlius über Spanien 39, 29, 4–7 Der Sklavenaufstand in Apulien 39, 29, 8–9 Der Aufbruch der Konsuln aus Rom 39, 29, 10 Wahlen 39, 32, 5–15	Senatsverhandlungen über die Lage in Makedonien und Griechenland 39, 33 Die Verteilung der Amtsbereiche und Truppen 39, 38 Der Streit um die Nachwahl eines Prätors 39, 39 Die Wahl der Zensoren M. Porcius Cato und L. Valerius Flaccus 39, 40, 1 – 41, 4 Der Aufbruch der Beamten in ihre Provinzen und die Untersuchungen in Italien 39, 41, 5–7 Rückkehr und Triumph der Prätoren C. Calpurnius und L. Quinctius 39, 42, 2–4 Die Amtsführung der Zensoren M. Porcius Cato und L. Valerius Flaccus 39, 42, 5 – 44, 9 Die Gründung der Kolonien Potentia und Pisaurum 39, 44, 10 Wahlen 39, 45, 1
NORDEN UND WESTEN	Der Krieg in Spanien 39, 30–31 Der Krieg in Ligurien 39, 32, 1–4	Die Lage in Spanien 39, 42, 1
DER OSTEN	Die Ursachen für den Dritten Makedonischen Krieg 39, 23, 5 – 29, 4	Die Ereignisse in Makedonien 39, 34, 1 – 35, 4 Die römische Gesandtschaft in der Peleponnes 39, 35, 5 – 37, 21

183 v. Chr.

ROM UND ITALIEN

Verteilung der Amtsbereiche 39, 45, 1–7
Tod und Nachwahl von Priestern 39, 45, 8 – 46, 1
Leichenspiele für P. Licinius und ein Himmelszeichen 39, 46, 2–5
Verschiedene Gesandtschaften im Rom 39, 46, 6 – 48, 4
Entsendung des Q. Marcius nach Makedonien und zur Peloponnes 39, 48, 5
Das Todesjahr Scipios 39, 52, 1–6
Zum Tod Philopoemens, Hannibals und Scipios 39, 52, 7–9
Die Gründung der Kolonie Saturnia 39, 55, 9
Wahlen 39, 56, 3–5
Himmelszeichen und ihre Sühnung 39, 56, 6

NORDEN UND WESTEN

Die Ausweisung der Gallier aus Italien 39, 54, 1 – 55, 4
Die Pläne des Claudius zu einem Krieg gegen Histrien und die Beratungen über die Gründung der Kolonie Aquileja 39, 55, 4–6
Die Gründung der Kolonien Mutina und Parma 39, 55, 6–8
Die Ereignisse in Spanien 39, 56, 1–2
Die Ereignisse in Ligurien 39, 56, 3

DER OSTEN

Krieg zwischen Messene und dem Achäischen Bund, Tod Philopoemens 39, 48, 6 – 50, 11
Der Tod Hannibals 39, 51
Die Lage in Makedonien 39, 53
Nachtrag zu Hannibals Tod 39, 56, 7

182 v. Chr.

ROM UND ITALIEN

Die Verteilung der Amtsbereiche und der Truppen 40, 1, 1–8
Himmelszeichen 40, 2, 1–4
Tod des P. Sempronius Longus 40, 2, 5
Verschiedene Gesandtschaften im römischen Senat 40, 2, 6–8
Beamtenwahlen 40, 18, 1–2

NORDEN UND WESTEN

Ereignisse in Ligurien 40, 16, 4–6
Ereignisse in Spanien 40, 16, 7–11
Streitigkeiten zwischen Karthago und König Masinissa 40, 17, 1–6
Der Rest des Jahres in Ligurien 40, 17, 6–8

DER OSTEN

Das Verhalten Philipps 40, 3
Theoxena 40, 4
Die Verhältnisse am makedonischen Königshof 40, 5
Der offene Ausbruch des Streites zwischen Perseus und Demetrius 40, 6, 1 – 16, 3

	181 v. Chr.	
ROM UND ITALIEN	Die Verteilung der Amtsbereiche und der Truppen 40, 18, 3–8 Himmelszeichen und ihre Sühnung 40, 19, 1–5 Folgen der Seuche 40, 19, 6–8 Neue Untersuchungen wegen der Bacchanalien 40, 19, 9–10 Ein neues Gesetz 40, 19, 11 Verschiedene Gesandtschaften in Rom 40, 20, 1–4 Die Gründung der Kolonie Graviscae 40, 29, 1–2 Die Dürre in diesem Jahr 40, 29, 2 Die Bücher des Königs Numa 40, 29, 3–14 Weihung von zwei Tempeln 40, 34, 4–6 Der Triumph des L. Aemilius	Paulus über die Ingauner 40, 34, 7–11 Beamtenwahlen 40, 35, 1–2
NORDEN UND WESTEN	Der Krieg in Ligurien 40, 25 – 28 Die Kämpfe in Spanien 40, 30, 1 – 34, 1 Die Gründung der Kolonie Aquileja 40, 34, 2–3 Die Lage in Ligurien, auf Korsika und Sardinien 40, 34, 12–13	Einigung mit den Karthagern 40, 34, 14
DER OSTEN	Vorsichtsmaßnahmen des Demetrius 40, 20, 5–6 Philipps Zug zum Haemus-Gebirge 40, 21, 1 – 22, 14 Die Ermordung des Demetrius 40, 22, 15 – 24, 8	

	180 v. Chr.	179 v. Chr.
ROM UND ITALIEN	Beratung über das Heer in Spanien und Verteilung der Amtsbereiche und Truppen 40, 35, 3 – 36, 14 Rätselhafte Todesfälle in Rom und Italien 40, 37, 1–7 Ergänzung der Priesterkollegien 40, 42, 6–13 Ereignisse in Italien 40, 42, 13 – 43, 3 Rückkehr des Q. Fulvius Flaccus aus Spanien und Konsulwahlen 40, 43, 4–7 Ein Gesetz des Volkstribunen L. Villius 40, 44, 1 Prätorenwahlen 40, 44, 2	Verteilung der Amtsbereiche und Verstärkung des Heeres in Spanien 40, 44, 3–7 Einlösung von Gelübden 40, 44, 8–12 Himmelszeichen und ihre Sühnung 40, 45, 1–5 Die Spiele des Konsuls Q. Fulvius 40, 45, 6 Wahl und Versöhnung der Zensoren M. Aemilius Lepidus und M. Fulvius Nobilior 40, 45, 6 – 46, 16 Die Zensur des Fulvius und Lepidus 40, 51 – 52 Der Triumph des Q. Fulvius über die Ligurer 40, 59, 1–3 Beamtenwahlen 40, 59, 4–5 Wiederholung der Römerspiele 40, 59, 6–8
NORDEN UND WESTEN	Umsiedlung eines Teils der Apuaner 40, 37, 8 – 38, 9 Die Kämpfe in Spanien 40, 39 – 40 Der Krieg in Ligurien 40, 41, 1–6 Vorzeitige Entlassung der 2. Legion durch M. Fulvius Nobilior 40, 41, 7–11	Die Kämpfe in Spanien 40, 47 – 50 Der Krieg in Ligurien 40, 53, 1–4 Gallier in Italien 40, 53, 5–6
DER OSTEN	Nachrichten aus Illyrien 40, 42, 1–5	König Philipps Tod 40, 54, 1 – 57, 1 Der Zug der Bastarnen 40, 57, 2 – 58, 8 Der Beginn von Perseus' Regierung 40, 58, 9

	178 v. Chr.	177 v. Chr.
ROM UND ITALIEN	Verteilung der Amtsbereiche S. 239 Himmelszeichen S. 239 Reinigungsopfer und Volkszählung S. 240 Die Gesandten des Perseus im Senat S. 240 Ereignisse in Rom 41, 6, 1–4 Eine Gesandtschaft der Lykier in Rom 41, 6, 8–12 Triumphe über Spanien 41, 7, 1–3 Verhandlungen mit M. Junius über den Krieg in Histrien 41, 7, 4–10 Die Wahl der Beamten und die Verteilung der Amtsbereiche 41, 8, 1–3	Verhandlungen über Sardinien und Histrien 41, 8, 4–5 Klagen der Latiner und anderer Bundesgenossen 41, 8, 6–12 Weitere Anordnungen für die Provinzen und Rüstungen 41, 9, 1–3 Himmelszeichen 41, 9, 4–7 Die Konsuln losen um ihre Provinzen 41, 9, 8 Gesetzliche Bestimmungen über die Bundesgenossen und Latiner 41, 9, 9–12 Himmelszeichen 41, 13, 1–3 Tod und Nachwahl eines Pontifex 41, 13, 4 Rückkehr und Triumph des Konsuls C. Claudius 41, 13, 6–8 Die Wahlen und die Aufträge für den Konsul C. Claudius 41, 14, 4–6
NORDEN UND WESTEN	Die Ereignisse in Spanien S. 241 f. Der Krieg in Histrien S. 242; 41, 1 – 5 Nachrichten aus Sardinien 41, 6, 5–7	Die Ereignisse in Histrien 41, 10, 1 – 11, 9 Die Ereignisse in Ligurien und Sardinien 41, 11, 10 – 12, 10 Die Gründung der Kolonie Luna 41, 13, 4–5 Ereignisse in Ligurien 41, 14, 1–3
DER OSTEN	Perseus am Anfang seiner Regierungszeit S. 240 f.	

	176 v. Chr.	175 v. Chr.
ROM UND ITALIEN	Der Amtsantritt der Konsuln und die Verteilung der Amtsbereiche 41, 14, 7 – 15, 11 Das Latinerfest und der Tod des Konsuls Cn. Cornelius 41, 16, 1–5 Himmelszeichen 41, 16, 6 Die Nachwahl des zweiten Konsuls 41, 17, 5–6 Die Wahl der Beamten S. 270f.	Die Verteilung der Amtsbereiche und der Truppen S. 271 Himmelszeichen S. 271 Die Gesandtschaften der Dardaner und der Thessaler S. 271f. Die Wahl der Beamten S. 277 Die Triumphe des Gracchus, des Titinius, des Scaevola und des Lepidus S. 277f. Das Gesetz des Voconius über das Erbrecht der Frauen S. 278 Die Entsendung einer Gesandtschaft nach Afrika S. 278
NORDEN UND WESTEN	Die Rückeroberung von Mutina 41, 16, 7–8 Unterwerfung Sardiniens 41, 17, 1–4 Die Ereignisse in Ligurien 41, 17, 6 – 18, 15; S. 269f. Die Lage in Spanien S. 270	Die Ereignisse im Gebiet der Gallier und Ligurer S. 272; 41, 19, 1–2
DER OSTEN		Die Kämpfe zwischen den Dardanern und Bastarnen 41, 19, 3–11; S. 274 Antiochus Epiphanes S. 274f.; 41, 20; S. 277

	174 v. Chr.	
ROM UND ITALIEN	Die Verteilung der Amtsbereiche und der Truppen S. 279; 41, 21, 1–4 Das Wüten der Seuche und weitere Himmelszeichen 41, 21, 5–13 Die Senatsliste der Zensoren Fulvius und Postumius 41, 27, 1–2 Die weitere Tätigkeit der Zensoren Fulvius und Postumius 41, 27, 5–13 Ein Dankfest und ein Bittgang 41, 28, 1–2 Die Wahlen und der Triumph des App. Claudius 41, 28, 3–7 Die Votivtafel des Tib. Sempronius Gracchus 41, 28, 8–10 Die Spiele in diesem Jahr 41, 28, 11	
NORDEN UND WESTEN	Die römische Gesandtschaft in Afrika 41, 22, 1–2 Der Krieg in Spanien 41, 26 Unruhen in Patavium 41, 27, 3–4	
DER OSTEN	Eine römische Gesandtschaft geht nach Makedonien 41, 22, 3 Die Situation in Makedonien und Griechenland 41, 22, 4–24, 20 Die Verhältnisse bei den Ätolern, den Kretern und den Lykiern 41, 25	Unruhen in Ätolien 42, 27, 4

173 v. Chr.

ROM UND ITALIEN	Die Verteilung der Amtsbereiche und der Truppen 42, 1, 1–6 Der Konsul L. Postumius und die Pränestiner 42, 1, 7–12 Der Bericht der römischen Gesandtschaft über Ätolien und Makedonien 42, 2, 1–2 Himmelszeichen und ihre Sühnung 42, 2, 3–7 Der Frevel am Tempel der Juno Lacinia 42, 3 Der Tod des Prätors N. Fabius 42, 4, 1–3 Ätolische und thessalische Gesandte in Rom 42, 4, 5 Die Gesandten des Antiochus in Rom 42, 6, 6–12 Die Tätigkeit des Konsuls Postumius und die Beamtenwahlen 42, 9, 7–8	Das Ende der Zensur des Q. Fulvius Flaccus und des A. Postumius Albinus 42, 10, 1–5 Tod und Nachwahl eines Dezemvirn 42, 10, 6 Die Heuschreckenplage in Apulien 42, 10, 7–8
NORDEN UND WESTEN	Die Verteilung des in Ligurien und Gallien eroberten Ackerlandes 42, 4, 3–4 Die Ereignisse in Korsika und Ligurien 42, 7, 1 – 9, 6	
DER OSTEN	Die Lage in Makedonien und Griechenland 42, 5, 1–6 Die Beilegung der inneren Unruhen in Ätolien, Thessalien und Perrhäbien durch die Römer 42, 5, 7–12 Marcellus bei den Achäern und Reise des Eumenes nach Rom 42, 6, 1–3	Die römische Gesandtschaft nach Makedonien und Ägypten 42, 6, 4–5

172 v. Chr.

ROM UND ITALIEN

Die Verteilung der Amtsbereiche 42, 10, 9–15
König Eumenes von Pergamum in Rom 42, 11, 1 – 14, 1
Die Gesandten des Königs Perseus im Senat 42, 14, 2–4
Griechische Gesandtschaften im Senat 42, 14, 5–10
Der Beschluß des römischen Senats zum Krieg gegen Perseus 42, 18, 1–3
Verstärkung für die Truppen in Spanien 42, 18, 6–7
Gesetzesvorschlag über die Verpachtung des staatlichen Landbesitzes in Kampanien 42, 19, 1–2
Gesandtschaften von Ariarathes, dem König von Kappadokien, und einigen thrakischen Stämmen 42, 19, 3–7
Die Entsendung römischer Gesandter nach Kleinasien und den Inseln 42, 19, 7–8
Himmelszeichen 42, 20
Der Streit zwischen dem Senat und den Konsuln um M. Popilius 42, 21, 1–5
Der Triumph des C. Cicerejus über Korsika 42, 21, 6–7
Die Abstimmung über das Gesetz der Marcier 42, 21, 8
Die Abreise der Konsuln und die Rückkehr des M. Popilius 42, 22
Die Streitigkeiten zwischen den Karthagern und Masinissa vor dem Senat 42, 23 – 24
Der Bericht der römischen Gesandten über ihren Aufenthalt

NORDEN UND WESTEN

DER OSTEN

Der Mordanschlag auf Eumenes 42, 15 – 16
Der Versuch des Perseus, römische Gesandte und Feldherrn vergiften zu lassen 42, 17
Die Rückkehr des Eumenes nach Pergamum 42, 18, 4–5

ROM UND ITALIEN

NORDEN UND WESTEN

DER OSTEN

171 v. Chr.

ROM UND ITALIEN

NORDEN UND WESTEN

DER OSTEN

ROM UND ITALIEN

NORDEN UND WESTEN

DER OSTEN

170 v. Chr.

ROM UND ITALIEN	Die Verteilung der Amtsbereiche und der Truppen S. 404 Himmelszeichen S. 404 Maßnahmen wegen P. Licinius S. 404 Der Aufbruch der Konsuln in ihre Provinzen S. 407 Empörung in Rom über die Gewalttätigkeiten des Lucretius und des Hortensius 43, 4, 5–13 Gesandte der Gallier, Carner, Histrier und Japyden beklagen sich über Übergriffe des Cassius 43, 5 Gesandtschaften aus Griechenland, Asien und Afrika im Senat 43, 6 – 7	Die Verurteilung des Lucretius und die Zurechtweisung des Hortensius 43, 8 Beschlüsse des Senates aufgrund der Ereignisse in Makedonien und Illyrien 43, 11, 1–5 Die Wahl der Beamten und die Festsetzung der Amtsbereiche für die Prätoren 43, 11, 6–8 Rückkehr der Gesandten aus Makedonien 43, 11, 9–11 Die Festsetzung der Amtsbereiche für die Konsuln 43, 11, 12 Die Einfügung eines Schaltmonats 43, 11, 13 Tod und Nachwahl von Priestern 43, 11, 13
NORDEN UND WESTEN	Die Ereignisse in Spanien S. 409; 43, 4, 1–4 Die Lage in Ligurien 43, 9, 1–3	
DER OSTEN	Die Unternehmungen des P. Licinius in Griechenland S. 404 Der Prätor C. Lucretius in Griechenland. Perseus überfällt die römische Flotte bei Oreus S. 405 Erfolge des Perseus in Thrakien S. 405 Die Epiroten treten auf die Seite des Perseus S. 405–407	Aufbruch des Konsuls Hostilius nach Griechenland S. 407 Die Kämpfe des Hostilius mit Perseus in Thessalien S. 408 Der Feldzug des Perseus gegen die Dardaner S. 408 Die Unternehmungen der römischen Flotte S. 408f. Die Lage in Illyrien 43, 9, 4–7 Der Überfall auf Uscana 43, 10

169 v. Chr.

ROM UND ITALIEN

Die Verteilung der Truppen 43, 12
Himmelszeichen 43, 13
Die Wahl der Zensoren 43, 14, 1
Die Aushebung 43, 14, 2 – 15, 1
Die Verteilung der Amtsbereiche und der Truppen 43, 15, 2–5
Die Amtsführung der Zensoren C. Claudius Pulcher und Tib. Sempronius Gracchus 43, 15, 6 – 16, 16
Verschiedene Gesandtschaften im römischen Senat 44, 14 – 15
Der Brief des Q. Marcius und der Bericht des Onesimus vor dem Senat 44, 16, 1–7
Die Schätzung und die Bautätigkeit der Zensoren C. Claudius Pulcher und Tib. Sempronius Gracchus 44, 16, 8–11
Die Wahl der Beamten und die Verteilung der Amtsbereiche 44, 17
Die Entsendung einer Gesandtschaft zu den Truppen in Makedonien 44, 18, 1–5
Himmelszeichen 44, 18, 6
Der Tod zweier Priester 44, 18, 7
Die Spiele des P. Cornelius Nasica und des P. Lentulus 44, 18, 8

NORDEN UND WESTEN

Entsendung weiterer Kolonisten nach Aquileja 43, 17, 1

DER OSTEN

Die römischen Gesandten in Griechenland 43, 17, 2–10
Unternehmungen der Makedonen im Winter in Illyrien 43, 18, 1 – 19, 12
Verhandlungen des Perseus mit König Gentius 43, 19, 13 – 20, 4
Unternehmungen der römischen Truppen im Winter in Illyrien und Epirus 43, 21, 1–5
Perseus' Zug nach Stratus 43, 21, 5 – 23, 1
Mißerfolge des Appius in Epirus 43, 23, 1–6
Der Schutz von Cassandrea 43, 23, 7
Weitere Verhandlungen des Perseus mit König Gentius 43, 23, 8
Der Übergang des römischen Heeres nach Makedonien 44, 1, 1 – 10, 4
Unternehmungen der römischen Flotte gegen Makedonien 44, 10, 5 – 12, 8
Die Belagerung von Meliboea 44, 13, 1–6
Die Besatzung von Demetrias wird verstärkt, und die Römer geben ihre Angriffsabsicht auf 44, 13, 7–14

168 v. Chr.

ROM UND ITALIEN

Aufschub der Beratungen über Makedonien 44, 19, 1–5
Die ägyptische Gesandtschaft im Senat 44, 19, 6 – 20, 1
Der Bericht der römischen Gesandten über Makedonien 44, 20, 1–7
Senatsbeschlüsse über militärische Maßnahmen 44, 21
Die Rede des L. Aemilius Paulus vor der Volksversammlung 44, 22, 1–15
Die Abreise des Aemilius und des Octavius nach Makedonien 44, 22, 16–17
Das Eintreffen der Siegesnachrichten aus Makedonien 45, 1 – 2
Siegesnachrichten aus Illyrien 45, 3, 1–2
Die Gesandtschaft von Rhodus im Senat 45, 3, 3–8
Erfolge des M. Marcellus in Spanien 45, 4, 1
Die Amtsführung des Konsuls C. Popilius und der Prätoren 45, 12, 9–13
Verschiedene Gesandtschaften

NORDEN UND WESTEN

DER OSTEN

Perseus' Bemühungen um Bundesgenossen 44, 23 – 27
Operationen zur See 44, 28, 1 – 29, 5
Die makedonisch-illyrische Gesandtschaft in Rhodus 44, 29, 6–8
Der Krieg gegen Gentius 44, 30, 1 – 32, 5
Die Maßnahmen des Perseus 44, 32, 5–11; S. 490
Aemilius Paulus schlägt sein Lager unmittelbar gegenüber den makedonischen Stellungen auf S. 491; 44, 33, 1–4
Neue Anordnungen für die römischen Truppen 44, 33, 5 – 34, 10; S. 494
Die Ruhe vor dem Sturm S. 494
Die Nachricht von der Niederlage des Gentius erreicht Perseus und Aemilius S. 495; 44, 35, 1–3
Gesandte aus Rhodus im römischen Lager 44, 35, 4–5
Der Kriegsrat der Römer und der Plan des Aemilius 44, 35, 6–15

ROM UND ITALIEN

im römischen Senat 45, 13 – 14; S. 540
Die Wahl der Beamten S. 540
Maßnahmen der Zensoren C. Claudius Pulcher und Tib. Sempronius Gracchus S. 540f.; 45, 15, 1–9
Ereignisse im religiösen Bereich 45, 15, 10

NORDEN UND WESTEN

DER OSTEN

Die Ablenkungsangriffe des Aemilius 44, 35, 16–24; S. 498
Die Überrumplung von Pythoum S. 498f.
Der Rückzug des Perseus nach Pydna S. 499f.
Der Vormarsch des Aemilius Paulus S. 500
Aemilius Paulus trifft vor Pydna ein 44, 36, 1 – 40, 3
Die Schlacht bei Pydna 44, 40, 4 – 42, 9
Die Flucht des Perseus 44, 43
Die Sorge des Aemilius Paulus um seinen Sohn P. Scipio 44, 44, 1–3
Die Ereignisse nach der Schlacht von Pydna 44, 44, 4 – 46, 11; S. 518
Die Gefangennahme des Königs Perseus 45, 4, 2 – 9, 1
Das Ende des Makedonischen Reiches 45, 9, 2–7
C. Popilius und C. Decimius in Rhodus 45, 10
Der Krieg zwischen Syrien und Ägypten und das Eingreifen des C. Popilius 45, 11, 1 – 12, 8

167 v. Chr.

ROM UND ITALIEN

Die Verteilung der Amtsbereiche 45, 16, 1–4
Behandlung religiöser Fragen im Senat 45, 16, 5–8
Anordnungen des Senats über Makedonien und Illyrien 45, 17 – 18
Attalus in Rom 45, 19, 1 – 20, 3
Die Gesandtschaft von Rhodus 45, 20, 4 – 25, 13
Heimkehr des Aemilius Paulus, des Anicius und des Octavius 45, 35, 1–4
Verhandlungen über den Triumph des Aemilius Paulus 45, 35, 4 – 39, 20; S. 585f.
Der Triumph des Aemilius Paulus S. 586f.; 45, 40, 1–8
Rede des Aemilius Paulus an das Volk 45, 40, 9 – 42, 1
Der Triumph des Octavius 45, 42, 2–3
Senatsbeschluß über Perseus, Bithys und die anderen Gefangenen 45, 42, 4–5
Gesandtschaft des Königs Cotys 45, 42, 6–12
Der Verbleib der Schiffe des Perseus 45, 42, 12
Der Triumph des Anicius 45, 43
Beamtenwahlen 45, 44, 1–2
Die Einfügung eines Schaltmonats 45, 44, 3
Tod und Nachwahl von Priestern 45, 44, 3
König Prusias in Rom 45, 44, 4–21

NORDEN UND WESTEN

DER OSTEN

Maßnahmen in Illyrien und Epirus 45, 26
Strafexpedition gegen einige Städte 45, 27, 1–4
Rundreise des Aemilius Paulus durch Griechenland 45, 27, 5 – 28, 11
Verfassung und Einteilung Makedoniens 45, 29 – 30
Untersuchungen in Griechenland 45, 31
Weitere Anordnungen in Makedonien 45, 32, 1–7
Die Siegesspiele in Amphipolis und die Beute 45, 32, 8 – 33, 7
Bestrafung der Illyrer und Epiroten. Abzug des römischen Heeres nach Italien 45, 33, 7 – 34, 9
Die römische Gesandtschaft bei den Galliern 45, 34, 10–14
Verschärfung des Krieges zwischen Eumenes und den Galliern 45, 44, 21

DIE RÖMISCHEN KONSULN 187–167 V. CHR.

187 M. Aemilius Lepidus
C. Flaminius
186 Sp. Postumius Albinus
Q. Marcius Philippus
185 App. Claudius Pulcher
M. Sempronius Tuditanus
184 P. Claudius Pulcher
L. Porcius Licinus
183 M. Claudius Marcellus
Q. Fabius Labeo
182 Cn. Baebius Tamphilus
L. Aemilius Paulus
181 P. Cornelius Lentulus
M. Baebius Tamphilus
180 A. Postumius Albinus Luscus
C. Calpurnius Piso (im Konsulatsjahr gestorben)
Q. Fulvius Flaccus (nachgewählt)
179 Q. Fulvius Flaccus
L. Manlius Acidinus
178 M. Junius Brutus
A. Manlius Volso
177 C. Claudius Pulcher
Tib. Sempronius Gracchus
176 Cn. Cornelius Scipio Hispalus (im Konsulatsjahr gestorben)
Q. Petilius Spurinus (im Konsulatsjahr gefallen)
An Stelle des Cn. Cornelius Scipio nachgewählt: C. Valerius Laevinus
175 P. Mucius Scaevola
M. Aemilius Lepidus (zum zweitenmal)
174 Sp. Postumius Albinus
Q. Mucius Scaevola
173 L. Postumius Albinus
M. Popilius Laenas
172 Q. Popilius Laenas

P. Aelius Ligur
171 P. Licinius Crassus
C. Cassius Longinus
170 A. Hostilius Mancinus
A. Atilius Serranus
169 Q. Marcius Philippus (zum zweitenmal)
Cn. Servilius Caepio
168 L. Aemilius Paulus (zum zweitenmal)
C. Licinius Crassus
167 Q. Aelius Paetus
M. Junius Pennus

DIE HELLENISTISCHEN HERRSCHERHÄUSER

nach H. Bengtson, Griechische Geschichte [4]1969

Die Antigoniden in Makedonien

Antigonos Monophthalmos (321 Stratege von Asien; 315 «Reichsverweser»; 306 Annahme des Königstitels; 301 bei Ipsos gefallen)
Demetrios Poliorketes (306 Annahme des Königstitels zusammen mit seinem Vater; 294–287 König von Makedonien; 283 in syrischer Gefangenschaft gestorben)
Antigonos Gonatas 276–239
Demetrios II. 239–229
Antigonos Doson 229–222/221
Philipp V. 222/221–179
Perseus 179–168; 165 (?) in römischer Gefangenschaft gestorben

Die Attaliden in Pergamon

Philetairos 283–263
Eumenes I. 263–241
Attalos I. Soter 241–197 (seit 228 führen die Attaliden den Königstitel)
Eumenes II. Soter 197–160/159

Die Seleukiden in Syrien

Seleukos I. Nikator 312–281 (seit 305 Königstitel)
Antiochos I. Soter 281–261
Antiochos II. Theos 261–246
Seleukos II. Kallinikos 246–225
Seleukos III. Soter 225–223
Antiochos III., der Große 223–187
Seleukos IV. Philopator 187–175
Antiochos IV. Epiphanes 175–164

Die Ptolemäer in Ägypten

Ptolemaios I. Soter 323–283 (seit 305 Königstitel)
Ptolemaios II. Philadelphos 285–246 (seit 285 Mitregent seines Vaters)
Ptolemaios III. Euergetes I. 246–221
Ptolemaios IV. Philopator 221–204
Ptolemaios V. Epiphanes 204–180
Ptolemaios VI. Philometor 180–145

DAS RÖMISCHE HEER IM FRÜHEN 2. JAHRHUNDERT V. CHR.

Die römische Legion hat in der von Livius in den Büchern 39–45 behandelten Zeit gewöhnlich die Stärke von 5200 Mann Fußvolk und 300 Reitern. Bei den Fußsoldaten der Legion werden die Vollbewaffneten, die in Hastati, Principes und Triarier aufgeteilt sind, und die Leichtbewaffneten *(velites)* unterschieden.

Die Hastati, Principes und Triarier sind in je zehn Manipel gegliedert, jeder Manipel hat zwei Zenturien unter dem Kommando eines Zenturio. Von den beiden Zenturionen eines Manipels hat einer zugleich das Kommando über seinen Manipel *(centurio prior)*. Die Kommandanten der Manipel der Principes sind angesehener als die der Hastati, die der Triarier angesehener als die der Principes. Die Kommandanten der ersten Manipel der Triarier, Principes und Hastati *(primi ordines)* sind die angesehensten und haben Sitz und Stimme im Kriegsrat. Jeder Manipel hat ein eigenes Feldzeichen *(signum)*.

Die 300 Reiter der Legion sind in zehn Schwadronen *(turmae)* eingeteilt. Jede Schwadron hat drei Decurien unter dem Kommando von drei Decurionen, von denen einer wieder das Kommando über die ganze Schwadron hat. – Die Reiterei führt kleine Fahnen *(vexilla)*.

Jede Legion hat sechs Kriegstribunen, die gewöhnlich vom Volk gewählt werden. Der zuerst gewählte Tribun, der *tribunus primus*, ist der angesehenste Tribun der Legion. Ein Tribunenpaar hat zwei Monate das Kommando über die Legion, wobei sie sich Tag um Tag ablösen; die anderen Kriegstribunen stehen während dieser Zeit dem Feldherrn zur Verfügung. Nach zwei Monaten übernehmen dann zwei andere von den Tribunen das Kommando.

Den Oberbefehl über ein Heer hat ein Konsul, ein Prokonsul, ein Prätor oder ein Proprätor. Jede Armee hat einen Quästor für Verwaltungsaufgaben, der zugleich Stellvertreter des Feldherrn ist und auch als Truppenkommandant eingesetzt werden kann. Außerdem hat der Feldherr häufig Legaten aus den Reihen der ehemaligen Beamten zu seiner Unterstützung; diese werden im allgemeinen vom Senat ernannt.

Die Wehrpflicht dauert vom 17. bis zum Ende des 45. Lebensjahres. Die volle Dienstzeit beträgt für den Fußsoldaten sechzehn, für den Reiter zehn Jahre.

In Krisensituationen können Reservelegionen *(legiones tumultuariae)* ausgehoben werden; die Beamten erhalten dann auch die Erlaubnis, überall nach ihrem eigenen Ermessen rasch Soldaten einzuziehen *(subitarii milites)*.

Die Zahl der italischen Bundesgenossen («Bundesgenossen und Latiner») ist im allgemeinen größer als die der Legionssoldaten; vor allem haben die Bundesgenossen eine erheblich stärkere Reiterei zu stellen.

Die Fußsoldaten der Bundesgenossen sind in Kohorten zusammengefaßt; je zehn Kohorten bilden eine Ale, die die Stärke einer Legion hat. Gewöhnlich sind bei einem römischen Heer zwei bundesgenössische Alen, die als rechte und linke Ale unterschieden werden.

Die bundesgenössischen Reiter sind in etwa 300 Mann starke Alen gegliedert, diese wieder in Schwadronen unterteilt wie bei den römischen Reitern.

Das Kommando über die Bundesgenossen haben die Befehlshaber der Bundesgenossen *(praefecti sociorum)*. Diese wählen die besten Soldaten aus und fassen sie als Elitekohorten *(extraordinarii)* und Elitereiter *(equites extraordinarii)* zusammen; zu diesen Eliteabteilungen gehört etwa ein Fünftel des Fußvolkes und ein Drittel der Reiterei.

Neben den Bundesgenossen stehen noch Hilfsvölker *(auxilia)* aus den Provinzen und von ausländischen Verbündeten.

DAS MAKEDONISCHE HEER IM 2. JAHRHUNDERT V. CHR.

Den Kern des makedonischen Heeres bildet das schwere Fußvolk, die Soldaten der Phalanx. Mit «Phalanx» werden auch die Abteilungen des Fußvolks bezeichnet. Die Hauptwaffe der Phalanx ist die Sarissa, eine über sechs Meter lange schwere Stoßlanze, die mit beiden Händen geführt wird. Der Rundschild (bei Livius *clupeus)* wird mit dem Unterarm gehalten. Nach ihren Schilden haben einzelne Abteilungen des Fußvolkes besondere Namen; bei Livius werden die Leucaspiden (Soldaten mit den weißen Schilden) und die Chalcaspiden (Soldaten mit den Erzschilden) genannt.

Neben dem schweren Fußvolk gibt es das leichte (bei Livius *caetrati)*. Die Stoßlanze des leichten Fußvolkes ist etwas kürzer als die des schweren; seine Schilde (bei Livius *caetra)* sind oval.

Das leichte Fußvolk hat eine Eliteabteilung: das Agema, die Auserlesenen. Weiter wird eine «Königliche Kohorte, die sie Nicatores nennen», erwähnt (43, 19, 11).

Die Reiterei ist in Alen gegliedert. Bei den «Heiligen Alen» handelt es sich um Eliteabteilungen.

Außerdem stehen im makedonischen Heer Leichtbewaffnete (Schleuderer, Speerwerfer, Bogenschützen), die Truppenkontingente der verschiedenen Bundesgenossen und Söldner.

MÜNZEN

Römische Münzen

As

Sesterz, Silbermünze im Wert von 4 As

Denar, Silbermünze im Wert von 4 Sesterzen

Victoriatus, Silbermünze im Wert von 3/4 Denar, mit einer Victoria, die ein Tropaion bekränzt, auf der Rückseite

Ausländische Münzsorten

Attische Tetrachme (= Tetradrachme), Vierdrachmenstück aus Silber

Talent, ein Wert von 6000 Drachmen

Philippee, Goldstater im Wert von 24 Drachmen mit dem Bild Philipps II.

Cistophor, Silbermünze im Wert von 4 Drachmen, die seit etwa 190 v. Chr. im Bereich von Pergamum geprägt wurde und das Hauptzahlungsmittel in Kleinasien war, mit einer dionysischen *cista mystica* auf der Vorderseite.

Münze aus Osca, spanische Silbermünze, wahrscheinlich im Wert eines Denars

Illyrischer Silberling, in Dyrrachium und Apollonia geprägte Silbermünze im Wert eines Victoriatus

Außerdem wird häufig ungemünztes Metall erwähnt (1 Pfund = 327 g; 1 Talent = 26,196 kg).

VERZEICHNIS DER EIGENNAMEN

Es sind nicht nur die Stellen angeführt, an denen die Namen selbst vorkommen, sondern auch die, an denen ohne direkte Nennung des Namens von den betreffenden Personen, Orten usw. die Rede ist. – Stellen, an denen Livius einen Namen fälschlich erwähnt, sind durch [ ] gekennzeichnet.

INHALTSVERZEICHNIS